계명대학교 한국학연구 총서 13

# 조선초기의 정치제도와 정치

한 충 희

계명대학교출판부

# 머 리 말

朝鮮初期 官人에게 제수된 官職은 가장 먼저 品階를 쓰고, 다음에 官衙, 그 다음에 官職(行職이나 守職제수 때에는 '行'字나 '守'字가 관아의 앞)을 쓰는 순서로 기재되었다. 官職과 官衙는 그 소재(근무)지나 출신 등에 따라 京官職과 外官職, 中央官衙와 地方官衙, 東班과 西班, 祿職과 無祿職 등으로 분류되는가 하면, 그 지위 등과 관련되어 堂上官과 堂下官 이하, 直啓衙門과 六曹屬衙門 등으로 구분되면서 운영되었다.

또 조선초기의 국정운영은 왕권과 국정운영체계에 따라 신축은 있지만 대개 議政府·六曹·承政院 등의 100여 堂上官이 국왕을 받들고 정치를 주도하였고, 司憲府·司諫院·弘文館이 국왕을 諫諍하고 당상관 이하 모든 경외 관리를 규찰하면서 선정을 보장하였다.

이를 볼 때 官階(品階)는 모든 관직제수의 기초가 되고, 官職과 官衙는 국정을 운영한 실체가 되며, 議政府 등 堂上衙門과 議政 이하 堂上官 및 三司와 그 관원은 국정을 주도하고 선정을 보장하는 즉 국정운영의 중추가 되었다고 하겠다.

따라서 조선초기의 '官階, 官職, 官衙의 淵源·整備, 官衙機能의 整備, 官階·官職·官衙와 국정운영과의 관계' 즉 "政治制度와 政治" 에 대한

연구는 관계 · 관직 · 정치기구와 통치체제에 대한 이해 증진은 물론, 조선왕조의 정치구조와 국가운영 · 통치체제의 구명에 크게 기여할 수 있을 것으로 생각된다.

이 점에서 조선시대의 관계 · 관직 · 관아와 이들과 국정운영과의 관계는 개별적이거나 종합적이거나 간에 조선왕조는 물론, 현대 한국사 연구자들의 관심을 끌면서 그 연혁 · 정비 · 기능변천 등이 종합적으로 정리되고 많은 연구가 되어왔다.

이와 관련하여 필자는 1980년에 조선전기 중심이 된 정치기구인 議政府에 관심을 갖게 되었고 그 설치 · 정비과정과 관아 · 구성원의 기능을 「朝鮮初期 議政府研究」로 정리하여 발표하였으며, 이 과정에서 六曹 · 承政院 등 정치기구, 議政府署事制 · 六曹直啓制와 直啓衙門 · 六曹屬衙門 등 국정운영과 그 체계에 대한 이해를 높일 수 있었다.

이러한 토대 위에서 1981년 이후에 조선초기 六曹 · 承政院 · 六曹屬衙門 등의 정비과정과 기능, 국정의 운영체계, 인사행정, 관계 · 관직, 의정부 등 모든 중앙 정치기구를 검토하였다. 나아가 이를 통하여 조선초기의 관계 · 관직 · 정치기구와 그 운영에 대한 이해를 높였으며, 외람되게 이 분야를 종합적으로 정리해 볼까 하는 욕심을 내게 되었다.

본서는 지금까지 이 분야를 주제로 하거나 언급한 선학들과 필자의 연구를 수렴하고, 이 분야와 관련된 『高麗史』·『朝鮮王朝實錄』·『增補文獻備考』·『國朝人物考』와 『明史』·『九通分類總纂』 등의 기사를 참고하면서 조선개국과 함께 성립되고 太宗·世宗·世祖代 등의 관제정비·국정운영과 함께 정비·정립되었다가 마지막 『經國大典』의 반포와 함께 확립된 조선초기의 관계·관직·관아(기능)의 성립·정비, 이들과 국정운영과의 관계를 종합적으로 살핀 것이다.

본서의 고찰에 있어서 목차구성과 내용서술이 그 간의 선학들과 필자의 연구성과와 관련되어 서술에 중복됨이 많고, 또 대부분의 관계·관직과 의정부·육조·승정원 등은 깊이 있게 고찰하였으나 武班·遞兒職과 그 수가 많은 六曹屬衙門 등은 깊이 있게 다루지 못하였다. 그 외에도 사료의 한계상 일부의 관계·관직·관아와 그 기능은 정비시기를 명확히 밝히지 못하고 추측한 부분이 많았다. 이 모두는 『조선왕조실록』의 사료적 한계와 본서의 체제에서 연유되기도 하지만, 저자의 능력부족에서 기인된 것이다.

본서가 이처럼 출간을 보게 된 것은 대학 재학 이래로 오늘날까지 필자로 하여금 학문의 길을 걷도록 깨우쳐 주시고 이끌어 주신 崔承熙 서울대학교 명예교수님, 주위에서 늘 지도해 주시고 격려해 주신 李秉烋 경북대학교 명예교수님, 그리고 수시로 조언해 준 계명대학교 사학과 교수들의 도움이 있었기에 가능하였다. 평소의 은덕에 진심으로 감사의 말씀을 드린다. 영문초록을 작성하고 교열한 배은숙 박사와 은은기 박사, 편집과 교열에 수고한 임삼조 강사와 고소진 양에게도 고마운 마음을 전한다.

끝으로 어려운 여건 속에서 본서를 한국학연구원 연구총서로 선정해 주고 또 약정한 출판기일을 연기해 주는 등 지원을 아끼지 않은 한국학연구원의 前원장 元明洙 교수님과 본서 간행의 실무를 담당한 계명대학교 출판부 여러분께 감사의 말씀을 드린다.

2006년 2월

계명대학교 영암관에서

明齋 근서

## 차 례

## 표 및 도 차례

표 및 도 차례

# 제1장 序論

## 제1절 기존연구의 검토

조선초기 국가 통치는 왕을 정점으로 直啓衙門인 議政府・六曹 등과 六曹屬衙門인 宗簿寺・弘文館 등 중앙 관아, 道와 府尹府・大都護府・牧・都護府・郡・縣의 지방 관아가 等次的으로 설치되어 담당하였다. 이들 정치기구에는 議政 이하의 堂上官, 直提學・正・上護軍・牧使 이하의 堂下官, 正郎・持平・司直・令・縣令 등 이하의 參上官, 注書・博士・奉教・說書・司正・參軍・副率 등 이하의 참하관이 있어 그 소속 관아를 지휘하거나 실무를 담당하였다. 또 議政 이하 모든 관직은 그들이 가진 官階를 토대로 제수되었다.

이 점에서 官階는 官職除授의 토대가 되고, 官職은 政治機構를 운영한 주체가 되며, 政治機構는 국가를 운영하는 실체가 되었다. 이러한 관계, 관직, 정치기구의 성격과 기능에서 역대의 위정자들은 이 官階, 官職, 政治機構의 연혁, 기능, 직제의 변천을 체계적으로 정리하기 위하여 많은 관심을 경주하였다. 고려부터 조선말까지 편찬된 각종의 官撰史書와 私撰史書에는 대개 「百官志」나 「職官誌」를 두어 이들을 체계적으로 정리하였다. 그 대표적인 사서로는 『三國史記』(직관지), 『高麗史』(백관지), 『增補文獻備考』(직관고), 『燃藜室記述』(별집 관직고)를 들 수 있다. 또 조선시대에 편찬된 『經國大典』 등 제 법전은 조선왕조를 통하여 유지된 정치기구와 그 기능 · 직제를 명확히 수록하고 있다. 그 외에도 『三國史記』, 『高麗史』, 『高麗史節要』, 『朝鮮王朝實錄』 등의 본문과 개인들의 『文集』(연보) 및 「墓碑銘」 등에도 이와 관계된 많은 내용이 기재되어 있다.

이들 사서의 본문과 직관지, 법전, 문집 등을 통하여 삼국시대로부터 조선말까지의 散階(官階) · 官職 · 政治機構의 沿革 · 變遷 · 職制 · 機能 · 주요 在職者는 물론, 각 시기에 가장 중요하고 중심이 된 官職과 政治機構 등을 개략적으로 파악할 수 있다. 특히 『經國大典』 吏 · 兵典 「京 · 外官職」에는 조선왕조 운영의 토대가 된 관계와 관아별 기능 · 관직 · 제수 등이 일목요연하게 정리되어 있어 관직제도 전반을 피상적이기는 하나 쉽게 이해하도록 하고 있다. 또 『燃藜室記述』 別集 「職官考」 · 『增補文獻備考』 「職官考」에는 조선왕조에서 운영된 제정치기구의 연혁, 그 기능과 직제의 변천, 특별한 활동이나 사건과 관계된 관원의 활동 등을 연대순으로 서술함으로써 제정치기구에 대한 개략적인 이해를 가능하게 하고 있다. 이것이야말로 관계, 관직, 정치기구에 대한 본격적인 연구가 지체되게 되는 중요한 요인이 되었을 것이다.

조선초기의 官階, 官職, 官衙, 官階 · 官職 · 官衙와 國政運營이 개별적으로나 종합적으로 검토되기 이전에도 『增補文獻備考』 · 『燃藜室記述』 · 『經國大典』 등에서 관계 · 관직 · 관아 등의 관계기사와 개별적인 관계, 관직, 관아, 조선초기나 조선전기의 통치구조 · 특정왕대의 권력구조 등을 주제로 한 연구에서 이들 분야가 구체적이거나 개략적으로 규명되면서 조선초기 정치제도 전반에 대한 이해를 높였다.

조선초기의 관계, 관직, 관아, 관계 · 관직 · 관아와 국정운영을 개별적으로나 종합적으로 조명한 본격적인 연구는 1956년 末松保和의 「朝鮮議政府考」(『朝鮮學報』 9)와 1962년 李相佰의 「朝鮮王朝의 政治的 構造」(『韓國史』 近世前期篇, 乙酉文化社)가 발표되면서 행해지게 되었다. 물론 이 이전에도 麻生武龜가 1923년에 「中央及地方制度沿革史」(『朝鮮史講座』 分類史)를 발표하기도 하였지만, 조선왕조의 모든 정치제도를 다룬 관계로 관계 · 관직 · 관아(기능)의 연혁과 정비과정 등이 구체적으로 서술되지 않거나 전혀 언급되지 않았다. 그러나 이 논문은 조선시대의 정치제도 전반을 학문적으로 언급한 최초의 업적이라는 점에서 그 의의가 크다.

末松保和는 「朝鮮議政府考」(『朝鮮學報』 9, 1954)에서 『朝鮮王朝實錄』의 내용을 인용하면서 조선전기 국정운영의 중추가 된 議政府의 성립 · 정비와 조선전시기에 걸친 기능의 변천상을 고찰하여 정치제도 연구의 선구가 되었다. 이 이후 현재까지 李成茂, 南智大, 韓忠熙에 의해 관계를 주제로 하거나 관계를 언급한 연구가 발표되면서 조선시대 관계의 중심이 된 文 · 武散階의 연원 · 정비, 宗親 · 儀賓 · 雜職 · 土官階 등 관계 전반의 정비과정과 구조 · 기능 등이 규명되었다.[1] 金善坤, 韓㳓劤, 李光麟,

1) 이들의 연구는 다음과 같다.
南智大, 1992, 「朝鮮初期 散官(官品)의 構造와 機能」, 『韓國文化』 13.
韓忠熙, 2003, 「朝鮮初期 文 · 武散階의 淵源과 整備 小考」, 『仁荷史學』(韓榮國教授停年記念號).
李成茂, 1980, 「兩班과 官階組織」, 『朝鮮初期 兩班硏究』, 一潮閣.
남지대, 1993, 「朝鮮初期 中央政治制度硏究」(서울대학교대학원 박사학위논문).
한충희, 1994, 「관직과 관계」, 『한국사』 23, 국사편찬위원회.

李載龘, 申解淳, 張炳仁, 鄭杜熙, 金昌賢, 朴洪甲, 韓忠熙, 吉田光男 등에 의해 경·외의 각급 문·무 실직, 겸직, 遞兒職, 土官職을 주제로 하거나 관직을 언급한 연구가 발표되면서 議政·觀察使 이하 각급 관직의 정비 과정과 관직적 지위, 정치에 끼친 영향 등이 규명되었다.[2] 李光麟, 韓沽劤, 金成俊, 車文燮, 千寬宇, 金潤坤, 李成茂, 崔承熙, 李樹健, 韓忠熙, 南智大, 閔賢九 등에 의해 관아를 주제로 하거나 이를 체계적으로 언급한

2) 이들의 주요 연구는 다음과 같다. 그 외의 관직을 주제로 하거나 관직을 체계적으로 논급한 연구는 참고문헌 관직항, 정치기구항, 정치구조항 참조.
金善坤, 1963, 「李朝初期 妃嬪考」, 『歷史學報』 21.
韓沽劤, 1966, 「勳官檢校考 - 그 淵源에서 起論하여 鮮初 整備過程에 미침-」, 『진단학보』 29·30.
李光麟, 1967, 「提調制度硏究」, 『東方學誌』 8.
李載龘, 1967, 「朝鮮時代 遞兒職에 대한 고찰 - 西班遞兒를 중심으로 -」, 『역사학보』 35·36.
韓永愚, 1971, 「朝鮮初期의 上級胥吏 成衆官」, 『東亞文化』 10.
張炳仁, 1978, 「朝鮮初期의 觀察使」, 『韓國史論』 4.
鄭杜熙, 1980, 「集賢殿學士硏究」, 『全北史學』 4.
金昌賢, 1986, 「朝鮮初期 承政院에 관한 硏究」, 『(한양대)韓國學論集』 10.
朴洪甲, 1986, 「朝鮮前期의 無祿官」, 『嶠南史學』 2.
韓忠熙, 1990, 「朝鮮初期 議政府舍人·檢詳의 官人的 地位」(『(경북대)歷史教育論集』 13·14), 1990, 「朝鮮初期 六曹正郎·佐郎의 官職的 地位」(『(계명대)韓國學論集』17), 1996, 「朝鮮初期 六曹參議 硏究」『(계명대)韓國學論集』 23.
吉田光男, 1981, 「15世紀朝鮮의 土官制 - 李朝初期 地方支配體制의 一斷面-」, 『朝鮮史硏究論文集』 18.
李成茂, 1980, 「兩班과 官職」, 『朝鮮初期 兩班硏究』 一潮閣.
南智大, 1993, 「朝鮮初期 中央政治制度硏究」(서울대학교 박사학위논문).
한충희, 1987, 「朝鮮初期 承政院硏究」(『韓國史硏究』 59), 1992, 「朝鮮初期 六曹硏究」(고려대학교 박사학위논문, 1998년 『朝鮮初期 六曹와 統治體系』(계명대학교 출판부)로 간행), 1994, 「관직과 관계」(『한국사』 23), 2001, 「(세종대)중앙 정치 기구의 정비」(『세종문화사대계』 3, 세종대왕기념사업회), 2001, 「朝鮮初期 六曹屬衙門硏究 2 -官職의 整備를 중심으로-」, 『啓明史學』 12.

연구가 발표되면서 議政府 이하 각급 경외 관아의 직제・기능의 정비과정과 실제기능의 발휘 등이 규명되었다.[3)]

李相佰은 「朝鮮王朝의 政治的 構造」(『韓國史』 近世前期篇, 乙酉文化社, 1962)에서 조선초기 관계, 관직, 관아의 성립과 정비과정, 그리고 관직・관아와 국정운영 등을 포괄적으로 정리하였다. 이 논문은 비록 그 서술범위와 방법상의 제약이 있어 논증하면서 구체적으로 분석하지는 않았지만 조선초기 정치제도 전반과 그 운영상을 요령있게 정리하여 조선초기 관제 전반에 대한 이해를 높였다. 이후 현재까지 車文燮, 李成茂, 金雲泰, 閔賢九, 崔承熙, 韓忠熙, 南智大 등에 의해 관계・관직・관아

3) 경외 정치기구를 주제로 하거나 정치기구를 체계적으로 언급한 대표적인 연구는 다음과 같다. 그 외의 연구는 참고문헌 정치기구항과 관직・관아와 정치운영항 참조.

李光麟, 1961, 「鮮初의 4部學堂」, 『歷史學報』 16.

韓沽劤, 1961, 「麗末鮮初 巡軍硏究 - 麗初巡檢制에서 起論하여 鮮初 義禁府成立에까지 미침 -」, 『震檀學報』 22.

金成俊, 1964, 「宗親府考」, 『史學硏究』 18.

金潤坤, 1964, 「麗末鮮初의 尙瑞司」, 『歷史學報』 25.

車文燮, 1964, 「鮮初의 內禁衛에 대하여」, 『史學硏究』 18.

千寬宇, 1964, 「朝鮮初期 5衛의 兵種」, 『사학연구』 18.

李成茂, 1967, 「鮮初의 成均館硏究」, 『역사학보』 35・36.

崔承熙, 1967, 1968, 「集賢殿硏究」 상, 하, 『역사학보』 32, 33.

李樹健, 1971, 「朝鮮初期 郡縣制 整備에 대하여」, 『嶠南史學』 1.

韓忠熙, 1980, 1981, 「朝鮮初期 議政府硏究」 상, 하, 『韓國史硏究』 31, 32, 1992, 「朝鮮初期 六曹硏究」(고려대학교 박사학위논문).

南智大, 1994, 「朝鮮初期 禮遇衙門의 成立과 整備」, 『東洋學』 24.

차문섭, 1974, 「정치구조」, 『한국사』 10.

閔賢九, 1983, 『朝鮮初期의 軍事制度와 政治』, 韓國硏究院.

남지대, 1993, 「朝鮮初期 中央政治制度硏究」(서울대학교 박사학위논문)

韓忠熙, 1994, 「정치구조의 정비와 정치기구」, 『한국사』 23, 2001, 「(세종대)중앙 정치 기구의 정비」, 『세종문화사대계』 3, 세종대왕기념사업회.

나 정치구조 또는 관직·관아와 정치운영을 주제로 하거나 이들을 종합적으로 고찰한 연구가 발표되면서 조선초기 정치제도의 정비·조직·기능과 그 운영상이 체계적이고도 깊이 있게 규명되었다.[4]

그 외에 韓㳓劤·李成茂·閔賢九·李泰鎭·權五榮의 『譯註 經國大典』 註釋篇(精神文化硏究院, 1986)은 주석서이지만 吏·戶·禮·兵·刑·工曹, 즉 조선초기 정치제도 전반의 職制·機能과 정치구조를 이해하는 토대를 넓혔다. 또 邊太燮의 고려시대의 중앙정치기구, 중앙정치기구의 행정체계, 정치체제와 권력구조를 주제로 한 연구와[5] 朴龍雲의 고려시대 官階·官職을 주제로 한 연구는[6] 조선정치제도연구의 기초가 되었고, 특히 박용운의 업적은 본서의 계획·집필에 많은 깨우침을 주었다.

필자는 일찍부터 '조선초기의 정치제도', 즉 관계, 관직, 관아, 관계·관직·관아와 정치운영 등에 대해 관심을 갖고 1980년부터 이들을 개별

---

4) 이들의 연구는 다음과 같다. 그 외의 연구는 참고문헌 정치구조항 참조.
車文燮, 1974, 「정치구조」, 『한국사』 10.
李成茂, 1980, 『朝鮮初期 兩班硏究』, 一潮閣.
金雲泰, 1981, 「朝鮮王朝의 統治構造와 機能」, 『朝鮮王朝行政史』 근대편, 博英社.
閔賢九, 1983, 『朝鮮初期의 軍事制度와 政治』, 韓國硏究院.
崔承熙, 1983, 『朝鮮初期 言官·言論硏究』, 서울대학교 출판부.
韓忠熙, 1992, 「朝鮮初期 六曹硏究」(고려대학교 박사학위논문, 1998년에 『朝鮮初期 六曹와 統治體系』(계명대학교 출판부)로 간행), 1994, 「관직과 관계」, 『한국사』 23, 1994, 「정치구조의 정비와 정치기구」, 『한국사』 23, 2001, 「중앙 정치 기구의 정비」, 『세종문화사대계』 3, 세종대왕기념사업회, 2005, 「朝鮮初期 國政運營體制와 國政運營, 『朝鮮史硏究』 14.
南智大, 1993, 「朝鮮初期 中央政治制度硏究」(서울대학교 박사학위논문)

5) 邊太燮, 1971, 『高麗政治制度史硏究』, 一潮閣.

6) 朴龍雲, 1997, 『高麗時代 官階·官職 硏究』, 고려대학교 출판부.

적으로나 종합적으로 고찰한 논문들을 발표해 왔다. 1980, 1981년에 「朝鮮初期 議政府研究」(『한국사연구』 31, 32)를 발표하여 조선전기 정치의 중심이 된 議政府의 직제·기능의 정비와 의정부와 그 관원이 당시의 정치에 발휘한 영향력을 규명하였다. 이어 六曹,[7] 承政院,[8] 義興三軍府[9] 등을[10] 차례로 발표하여 이들 기구의 직제·기능의 정비와 그 관아·관원이 정치에 발휘한 영향력을 규명하였다.

1985년에 「朝鮮初期 判吏·兵曹事研究」(『(계명대)韓國學論集』 12)를 발표하여 判吏·兵曹事의 운영배경·시기와 判事를 겸하고 이·병조의 장관인 判書의 상위에서 吏曹나 兵曹의 중요한 정사를 지휘한 議政 등 구체적인 인물과 그들이 발휘한 기능을 규명하였다. 이어 議政府 舍人·

---

7) 육조연구는 1982년에 「朝鮮初期 六曹研究 -制度의 確立과 實際機能을 중심으로-」(『大丘史學』 20·21합)를 발표하면서 시작되었고, 이후 「朝鮮初期 六曹研究 添補 - 六曹와 統治機構와의 關係를 중심으로 -」(『대구사학』 33, 1987), 「朝鮮初期 六曹研究」(1992년도 고려대학교 박사학위논문), 『조선초기 육조와 통치체계』(계명대학교 출판부, 1998)로 계승되면서 보완되고 확대되면서 마무리되었다. 이러한 작업을 통하여 조선초기 의정부와 함께 국정운영의 중심이 된 육조제의 정비, 육조와 구성원의 기능, 육조의 통치체계상에서의 위치 등이 종합적이면서도 구체적이고 깊이 있게 규명되었다.

8) 1987, 「朝鮮初期 承政院研究」, 『韓國史研究』 59. 이를 통하여 조선초기 국정운영에 중요한 역할을 하였던 승정원제의 정비, 승지들의 출사로·가계·관력 등의 성분, 승정원과 승지의 기능과 통치체제에서의 역할 등이 규명되었다.

9) 1994, 「朝鮮初(태조 2년~태종 1년) 義興三軍府研究」, 『啓明史學』 5. 이를 통하여 조선초에 都評議使司와 양립하면서 군정을 총관한 의흥삼군부의 직제정비·기능, 조선초의 군정체계와 의흥삼군부가 당시의 정치에서 점하는 위치 등이 규명되었다.

10) 정치기구를 주제로 한 연구는 아니나 1983년에 발표된 「朝鮮初期 六曹屬衙門의 行政體系에 對하여(『(啓明大學校)韓國學論集』 10)에서는 六曹와 六曹屬衙門의 행정체계, 이와 관련된 六曹의 屬衙門에 대한 영향력의 발휘를 구체적으로 검토하였다.

檢詳,[11] 六曹 正郎・佐郎,[12] 六曹 參議,[13] 三軍都摠制府 摠制[14] 등을[15] 발표하여 舍人・檢詳, 正郎・佐郎, 參議, 都摠制・摠制 그리고 성종대 三司 官職의 출사로・가계・관력과 기능 및 관직적 지위를 규명하였다. 1994년에는 「관직과 관계」(『한국사』 23, 국사편찬위원회)를 발표하여 조선초기에 운영된 모든 관직과 관계를 종합적으로 정리하였고, 2001년에는 六曹屬衙門을 주제로 한 두 편을 발표하여 육조속아문에 편제된 모든 관직의 정비과정과 관직적 지위를 규명하였다.[16] 다시 2003년에는 「朝鮮初期 文・武散階의 淵源과 整備 小考」(『韓榮國敎授停年紀念史學論叢』, 논총간행위원회)를 발표하여 조선 관계의 중심이 된 文散階와 武散階의 연원과 정비과정을 규명하였다.

1994년에는 「정치구조의 정비와 정치기구」(『한국사』 23, 국사편찬위

11) 1990, 「朝鮮初期 議政府 舍人・檢詳의 官人的 地位 - 舍人・檢詳의 歷官과 그 機能의 分析을 중심으로 -」, 『(경북대)歷史敎育論集』 13・14합집.

12) 1990, 「朝鮮初期 六曹 正郎・佐郎의 官人的 地位 - 그 歷官과 機能의 分析을 중심으로 -」, 『(계명대)韓國學論集』 23.

13) 1996, 「朝鮮初期 六曹參議研究」, 『(계명대)한국학논집』 23.

14) 2000, 「朝鮮 太宗代(정종 2년~세종 4년) 摠制研究」, 『李樹健敎授停年紀念 韓國中世史論叢』, 논총간행위원회, 2000, 「朝鮮 世宗代(세종 5~14년) 摠制研究」, 『朝鮮史研究』 9.

15) 2002, 「朝鮮 成宗代 三司官員의 性分・官歷과 官職的 지위 1 - 堂上官과 正品職을 중심으로 -」, 『朝鮮의 政治와 社會』, 集文堂, 2002, 「朝鮮 成宗代 三司官員의 性分・官歷과 官職的 지위 2 - 從品職을 중심으로 -」, 『朝鮮史研究』 11.

16) 2001, 「朝鮮初期 六曹屬衙門研究 1 - 官員의 性分・官歷과 官職의 地位를 중심으로 -」, 『朝鮮史研究』 10, 「朝鮮初期 六曹屬衙門研究 2 - 官職의 정비를 중심으로 -」, 『啓明史學』 12. 특히 후자에서 모든 육조속아문관을 祿官, 無祿官, 久任官으로 구분하여 성립으로부터 『경국대전』에 법제화되기까지의 그 관직수의 설치・증치・감소・혁거와 관직명의 개칭・통합 등을 종합적이고도 구체적으로 정리하였다.

원회)를 발표하여 조선 개국으로부터 마지막 『경국대전』의 반포로 확립된 조선초기 중앙의 정치구조와 모든 정치기구를 종합적으로 정리하였다. 2001년에는 「(세종대) 중앙 정치 기구의 정비」(『세종문화사대계』 3, 세종대왕기념사업회)를 발표하여 세종대를 중심으로 조선개국과 함께 성립되고 『경국대전』의 반포로 확립된 조선초기 정치기구의 명칭·기능의 정비를 종합적이고도 구체적으로 정리하였다. 다시 2005년에는 「朝鮮初期 國政運營體制와 國政運營」(『朝鮮史研究』 14)을 발표하여 왕과 의정부가 중심이 된 조선초기의 법제적인 국정운영체제와 그 운영상을 종합적이면서도 체계적으로 정리하였다.

## 제2절 研究의 課題

朝鮮初期의 '官階, 官職, 官衙, 官階·官職·官衙와 國政運營'에 대해 개별적이거나 종합적으로 다룬 본격적인 연구는 1956년과 1962년에 末松保和와 李相佰으로부터 시작되었고, 이후 현재까지 이와 관련된 50여 편의 논고가 발표되었다. 그리하여 조선 개국으로부터 『經國大典』에 이르기까지의 官階, 官職, 官衙, 官階·官職·官衙와 國政運營이나 이들 모두를 포괄한, 즉 정치제도 전반 등이 광범하게 검토되면서 구체적이고도 깊이 있게 규명되었다.

朝鮮初期 관계 등의 연구에 활용된 자료는 1970년대 까지는 주로 『經國大典』등 법전과 『增補文獻備考』등 정치제도의 변천을 체계적으로 정리하여 놓은 분류사적인 자료가 이용되었다. 그러나 1980년대 이후는 『朝鮮王朝實錄』은 물론 『文集』, 『國朝人物考』, 『國朝文科榜目』, 『族譜』

등이 광범하게 활용되었다. 연구자료의 이러한 활용은 연구의 범위를 정치기구에 대한 제도사적인 검토나 특정 정치기구 만에 한정시키지 않고, 각 정치기구와 그에 소속된 관원들이 여타의 정치기구·관원들과 어떻게 관련되었고, 어떠한 기능을 발휘하였는지 등을 규명하는 방향으로까지 확대시켜 진행되고 있다.

그러나 이들 업적을 구체적으로 보면 '조선초기의 정치제도' 전반과 그 운영을 종합적으로 검토한 것은 몇 편에 지나지 못하였고, 대다수는 官衙 등을 개별적으로 연구한 것이었다. 官階, 官職, 官衙 등을 개별적으로 고찰한 까닭에 서로간의 연관성이 결여되었고, 관직 등과 정치운영을 종합적으로 고찰한 것도 정치제도의 전반을 종합하면서 체계적으로 정리하지는 못하였다. 또 관계·관직·관아가 정치운영과 어떻게 연관되면서 운영되고 기능을 발휘하였는가는 구체적으로 규명되지 못하였다. 이에서 조선초기 정치제도를 종합적으로 파악하기 위해서는 그 각각의 연구성과를 찾아서 종합할 수밖에 없다. 여기에서 '朝鮮初期 政治制度의 淵源, 成立·整備와 그 運營像'을 종합적이면서도 구체적으로 검토하면서 정리할 필요성이 있다.

본서에서는 필자가 발표한 「朝鮮初期 文·武散階의 淵源과 整備 小考」, 「관직과 관계」, 「정치구조의 정비와 정치기구」, 「朝鮮初期 六曹屬衙門의 行政體系에 대하여」, 「중앙 정치기구의 정비」, 「朝鮮初期 六曹屬衙門研究 1 - 官員의 性分·官歷과 官職의 地位를 중심으로 -」, 「朝鮮初期 六曹屬衙門研究 2 - 官職의 整備를 중심으로 -」, 「朝鮮初期 國政運營體制와 國政運營」, 『朝鮮初期 六曹와 統治體系』 등을 토대로 하고, 조선초기의 정치제도와 그 운영을 개별적으로나 종합적으로 정리한 선학들의 연구 성과를 종합하고 보충하면서 정리하고자 한다. 특히 官階·官職·官衙는 당시

국가운영의 토대가 되었던 만큼 이들이 국가운영과 어떻게 관련되었는가에 중점을 두면서 살피기로 한다.

이에 따라 제1장 서론에서는 본서의 주제와 관련된 연구 성과를 살펴보고 아울러 필자의 본서와 관련된 그간의 연구 성과를 검토하며, 본서의 서술방향을 제시하기로 한다.

제2장 朝鮮 官階·官職·官衙의 淵源에서는 조선초기를 통하여 성립되고 정착된 관계·관직 즉, 文散階·武散階·宗親階·儀賓階·雜職階·土官階·外命婦, 文班·武班·雜職과 堂上官·堂下官·參上官·參下官職 등이 어디에서 淵源되었는가를 고찰할 것이다. 또 정치를 담당한 경외 제 정치기구가 어디서 연원되었는가를 규명할 것이다.

제3장 官階의 成立과 整備에서는 관계의 중심이 된 文·武散階와 宗親階·儀賓階·雜職階·土官階·外命婦의 성립과 그 정비 배경·과정을 규명할 것이다.

제4장 官職의 成立과 整備 1(京官職)에서는 조선의 정치를 주도한 중앙의 관직을 出身, 地位, 職事나 祿俸支給 등과 관련시켜 文班·武班·雜職 으로 구분하여 그 성립과 정비배경·과정을 규명할 것이다.

제5장 官職의 成立과 整備 2(外官職, 女官職)에서는 국왕을 대리하여 백성을 통치한 觀察使·守令과 이들을 보좌한 首領官, 문교와 교통을 담당한 教官과 驛官 등의 성립과 정비과정을 검토할 것이다. 또 궁내에서 각종 소임을 담당한 왕·세자의 後宮과 尙宮 이하 女官의 성립과 정비과정을 고찰할 것이다.

제6장 官衙의 成立과 整備 1(官衙의 構成, 革去衙門, 直啓衙門)에서는 朝鮮初期 官衙의 構成이 어떠하였고, 개국초에 議政府 등으로 개편되면서 혁거되거나 폐지된 都評議使司·門下府 등과 『經國大典』에 법제화

된 議政府·六曹 등 직계아문의 연혁과 이들 관아에 편제된 관직의 정비를 규명할 것이다.

제7장 官衙의 成立과 整備 2(六曹屬衙門, 臨時衙門)에서는 관제정비 등과 관련하여 개국초에 혁거된 敬興府·承寧府·仁壽府·恭安府·慶昌府 등과 『경국대전』에 법제화된 忠翊府·尙瑞院·宗簿寺·司饔院 등 100여 六曹屬衙門의 연혁과 이들 관아에 편제된 관직의 정비를 규명할 것이다.

제8장 官衙의 成立과 整備 3(外官)에서는 중앙과 군현의 중간행정기구인 道의 명칭과 영역이 어떻게 정비되었고, 도의 감독을 받으면서 백성을 통치하였던 府尹府 이하의 군현과 僉節制使·萬戶官이 어떻게 정비되었는가를 규명할 것이다.

제9장 官衙機能의 成立과 整備 1(革去衙門, 直啓衙門)에서는 개국초에 혁거된 都評議使司·門下府 등과 『경국대전』에 법제화 된 議政府·六曹 등 直啓衙門의 법제적인 기능이 어떻게 정비되었고, 실제 기능의 발휘가 어떠하였는가를 검토할 것이다.

제10장 官衙機能의 成立과 整備 2(六曹屬衙門·外官)에서는 『경국대전』에 법제화된 忠翊府·尙瑞院·宗簿寺 등 六曹屬衙門과 外官인 道·郡縣의 법제적인 기능이 어떻게 정비되었고, 실제 기능의 발휘가 어떠하였는가를 규명할 것이다.

제11장 官階·官職의 獲得·昇進과 地位에서는 文散階·武散階·宗親階·儀賓階·雜職階·土官階와 文官職·武官職·雜職·土官職·宗親職·儀賓職이 어떻게 獲得되었고, 문산계 등과 문관직 등이 어떻게 加資되고 遞職·陞職되었으며, 문산계 등과 문관직 등의 地位가 어떠하였는가를 검토할 것이다.

제12장 官職·官衙·國政運營體制와 國政運營에서는 宰相職·淸要職·庶官職이 국정운영에서 발휘한 기능이 어떠하였고, 直啓衙門·六曹屬衙門·臨時衙門이 국정운영에서 발휘한 기능이 어떠하였으며, 議政府署事制·六曹直啓制·院相制 운영기에서 議政府와 六曹가 국정운영에 어떻게 기능하였는가를 검토할 것이다.

결론에서는 第2章으로부터 제12章에서 고찰된 내용을 정리하면서 조선 官階·官職·官衙制의 특징과 이들을 토대로 운영된 政治運營의 특징, 즉 조선초기 정치제도와 그 운영의 특징을 규정하고자 한다.

# 제2장 朝鮮 官階·官職·官衙의 淵源

조선의 官階·官職·官衙制, 즉 政治制度는 1392년(태조 1) 개국과 함께 文·武散階, 門下府 左政丞·諸道 都觀察黜陟使 이하 각급 경외 文·武·雜職, 門下府·道 이하 경외 각급 관아를 두면서 성립되었다. 이들 정치제도는 '太祖卽位敎書'에 "儀章法制는 한결같이 고려의 그것을 계승한다"[1] 라고 하였고, 이어 이들이 망라된 관제를 반포하였음에서 고려말의 관제에서 연원되었을 것이라고 추측된다. 여기에서는 이들 관제가 위에서의 추측과 같이 고려말의 관제에서 연원되었는가의 여부 등 그 실상을 官階·官職, 官衙로 구분하여 살펴본다.

## 제1절 官階의 淵源

官階(散階, 散官)는 관인들의 관직제수와 관료제운영의 토대가 되는 것이다. 조선시대에 운영된 관계에는 각각 文班, 武班, 宗親, 儀賓(駙馬), 雜職官, 土官에게 적용된 文散階, 武散階, 宗親階, 儀賓階, 雜職階, 土官

1) 『태조실록』 권1, 1년 7월 정미 儀章法制一依前朝故事.

階가 있었다. 이 중 文散階는 고려시대의 문산계를 계승·보완하면서 정비되었고, 武散階는 명칭상으로는 고려시대의 무산계를 계승하기는 하나 고려가 鄕吏·耽羅王族·女眞酋長·老兵·工匠·樂人들의 관계로 운영하였음과는 달리 무반의 관계로 정립되었다. 또 종친·의빈계는 고려에서는 종친·부마 등이 문산계를 적용받음에 따라 운영되지 않았지만 조선에서는 종친·의빈의 관계로 정립되었다. 그 외에도 內侍 등·土官에게 적용된 잡직·토관계와 관인의 부인에게 그 남편의 관계에 따라 수여하는 外命婦(階)가[2] 운영되었다. 여기에서는 그 연원을 文·武散階, 宗親·儀賓·雜職·土官階, 外命婦 등으로 구분하여 살펴본다.

## 1. 文散階・武散階[3]

### 1) 文散階

조선의 文散階는 1392년(태조 1) 개국과 함께 정1품 特進輔國崇祿大夫・輔國崇政大夫로부터 종9품 將仕郎까지의 30階를 두면서 성립되었다. 이 문산계는 앞에서 지적하였듯이 피상적으로는 고려말의 문산계에서 연원되었을 것이라고 추측된다.

그러나 태조 1년 7월에 반포된 문산계의 명칭을 보면 '고려의 그것을 계승하였다'라고는 하였지만 고려말의 그것은 물론 고려 초・중・후기

2) 외명부는 『경국대전』 이전 외명부조에 "封爵從夫職"이라 하였듯이 爵으로 명시되고 內命婦에 이어 서술되었음에서 관직으로 파악해도 될 것이다. 그러나 女官인 내명부와는 달리 남편의 관계에 대응되어 제수되었고, 구체적인 명호를 볼 때 관계의 성격이 강하다고 이해되었다. 이에 따라 내명부와는 구별하여 관계에서 파악한다.

3) 한충희, 2003, 「朝鮮初期 文・武散階의 淵源과 整備小考」, 『仁荷史學』 10 (韓榮國敎授停年記念號), 289~322쪽에서 전재.

의 그 어느 것과도 일치되지 않는다. 이제 조선왕조 개창과 함께 반포된 문산계의 연원을 散階名, 散階構造 등을 통하여 살펴본다.

먼저 산계명을 보자. 태조 1년에 반포된 문산계를 보면 다음과 같이 그 명칭은 정1품은 '특진輔國숭록대부'와 '輔國숭정대부', 종1품 이하는 '崇록대부'와 '崇정대부' 등과 같이 '輔國'字나 '崇'字를 넣어 명명하였고, 상하는 輔國大夫·大夫·郎系로 나누고 다시 종6품 이상 랑계와 정7품 이하 랑계를 각각 2계와 1계로 구분하는 등 체계적이고도 정연하게 구성되었다.

정1품 상 特進輔國崇祿大夫
하 輔國崇政大夫
종1품 상 崇祿大夫
하 崇政大夫
정2품 상 正憲大夫
하 資憲大夫
종2품 상 嘉靖大夫
하 嘉善大夫
정3품 상 通政大夫
정3품 하 通訓大夫
종3품 상 中直大夫
하 中訓大夫
정4품 상 奉正大夫
하 奉列大夫
종4품 상 朝散大夫
하 朝奉大夫
정5품 상 通德郎
하 通善郎
종5품 상 奉直郎
하 奉訓郎
정6품 상 承議郎
하 承訓郎
종6품 상 宣敎郎
하 宣務郎
정7품 務工郎
종7품 啓功郎
정8품 通仕郎
종8품 承仕郎
정9품 從仕郎
종9품 將仕郎[4]

태조 1년의 문산계를 당 이래의 역대 중국 및 고려 일대의 문산계(뒤 <표 2-1, 2> 참조)와 비교하여 보면 다음의 분석과 같이 散階名은 역대 중국·고려와 조선 태조 1년의 그것과 일치하는 것은 모두를 합해도 30계중 8계에 지나지 않았다. 그러나 산계명의 구조는 조선과 같이 正

4)『태조실록』권1, 1년 7월 정미.

奉・中奉大夫(송 정4), 朝散・朝列大夫(고려 종4), 承德・承直郎(원 정6)의 예와 같이 각각 '中・朝・承'자가 같고 그 위치도 같은 등 階名의 단어구성이 같았다.[5)]

<표 2-1> 중국 역대 문산계[6)]

| 품 | 당 | 송 | 금 | 원 | 명 | 비 고 |
|---|---|---|---|---|---|---|
| 정1품 | | | | 開府儀同三司<br>儀同三司<br>特進<br>崇進<br>金紫光祿大夫 | 特進光祿大夫<br>特進崇祿大夫 | '6字大夫'階 |
| | | | | 銀青光祿大夫 | | |
| 종1 상 | 開府儀同三司 | → | → | 光祿大夫 | → | '4字大夫'階 |
| 중 | | | 儀同三司 | | | |
| 중차 | | | 特進 | | | |
| 하 | | | 崇進 | 榮祿大夫 | → | |
| 정2 상 | | | 金紫光祿大夫 | 資德大夫 | → | |
| | 特進 | → | | 資政大夫 | → | |
| 하 | | | 銀青光祿大夫 | 資善大夫 | → | |
| 종2 상 | | | 光祿大夫 | 正奉大夫 | → | |
| 중 | 光祿大夫 | → | | 通奉大夫 | → | |
| 하 | | | 崇祿大夫 | 中奉大夫 | → | |
| 정3 상 | 金紫光祿大夫 | → | 資德大夫 | 正議大夫 | → | |
| | | | 資政大夫 | 通議大夫 | → | |
| 중 | | | 資善大夫 | 嘉議大夫 | → | |
| 하 | | | 正奉大夫 | 太中大夫 | → | |

5) 뒤 <표 2-1>, <표 2-2> 송・금・원・명・고려 문종 30년조 등 참조. 당은 복잡한 구성과 관련되어 부분적으로만 같았다.

6) 汪鍾霖撰,『九通分類總纂』職官類 15, 文散官條에서 종합.

| 품 | 당 | 송 | 금 | 원 | 명 | 비 고 |
|---|---|---|---|---|---|---|
| 종3 상 | 銀靑光祿大夫 | → |  |  |  | '4字大夫'階 |
|  |  |  | 通奉大夫 | 中大夫 | → |  |
| 중 |  |  | 中奉大夫 | 亞中大夫 | → |  |
| 하 |  |  |  |  |  |  |
| 정4 상 | 正議大夫 | 正奉大夫 | 正議大夫 | 中議大夫 | 中訓大夫 |  |
| 중 |  |  | 通議大夫 | 中憲大夫 | → |  |
| 하 | 通議大夫 | 中奉大夫 | 嘉議大夫 | 中順大夫 | → |  |
| 종4 상 | 太中大夫 | → | → | 朝請大夫 | → |  |
| 중 |  |  | 中大夫 | 朝散大夫 | 朝議大夫 |  |
| 하 | 中大夫 | → | 少中大夫 | 朝列大夫 | → |  |
| 정5 상 | 中散大夫 | → | 中議大夫 | 奉政大夫 | → |  |
| 중 |  |  | 中憲大夫 |  |  |  |
| 하 | 朝議大夫 | 朝奉大夫 | 中順大夫 | 奉議大夫 | → |  |
| 종5 상 | 朝請大夫 | 朝散大夫 | 朝請大夫 | 奉直大夫 | → |  |
| 중 |  |  | 朝散大夫 |  |  |  |
| 하 | 朝散大夫 | 朝請大夫 | 奉列大夫 | 奉順大夫 | 奉訓大夫 |  |
| 정6 상 | 朝議郞 | 朝奉郞 | 奉政大夫 | 承德郞 | → |  |
| 하 | 承議郞 | 承直郞 | 奉議大夫 | 承直郞 | → |  |
| 종6 상 | 奉議郞 | 奉直郞 | 奉直大夫 | 儒林郞 | → | '郞'階 |
| 하 | 通直郞 | → | 奉訓大夫 | 承務郞 | → |  |
| 정7 상 | 朝請郞 | → | 承議郞 | 文林郞 | → |  |
| 하 | 宣德郞 | → | 承直郞 | 記事郞 | → |  |
| 종7 상 | 朝散郞 | → | 承務郞 | 徵事郞 | → |  |
| 하 | 宣議郞 | 宣奉郞 | 儒林郞 | 從事郞 | → |  |
| 정8 상 | 給事郞 | → | 文林郞 | 登仕郞 | 修職郞 |  |
| 하 | 徵事郞 | 承事郞 | → | 將仕郞 | 迪功郞 |  |
| 종8 상 | 承奉郞 | → | 徵事郞 | 登仕佐郞 | 修職佐郞 |  |
| 하 | 承務郞 | → | 從仕郞 | 將仕佐郞 | 迪功佐郞 |  |
| 정9 상 | 儒林郞 | → | 登仕郞 |  | 등사랑 |  |
| 하 | 登仕郞 | → | 將仕郞 |  | 장사랑 |  |
| 종9 상 | 文林郞 | → | 登仕佐郞 |  | 등사좌랑 |  |
| 하 | 將仕郞 | → | 將仕佐郞 |  | 장사좌랑 |  |

唐의 문산계는 위의 표와 같이 정1품은 없고 종1품 開府儀同三司로부터 종9품 하 將仕郞의 31階를 운영하였다. 그 명칭을 태조 1년 문산계(뒤

<표 2-5>)와 비교하여 보면 고하는 다르지만 종5품 하 朝散大夫(종4품 상)와 정6품 하 承議郎(정6품 상)이 같았다[( )는 조선 태조 1년, 이하 동).]

宋의 문산계는 당제를 계승하여 종1품 開府儀同三司로부터 종9품 하 將仕郎의 31계를 운영하였다. 정4품 상·하 正議·通議大夫를 正奉·中奉大夫로 개정하였음과 같이 정5품 하~종6품 상, 종7품 하, 정8품 하 등 10계를 개정하고 그 외의 종1품 개부의동삼사 등 21계는 그대로 답습하였다. 이 산계를 태조 1년의 문산계와 비교하여 보면 고하는 다르지만 종5품 상 朝散大夫(종4 상), 정5품 하 朝奉大夫(종4 하), 종6 상 奉直郎(종5 상), 종9 하 將仕郎(종9)이 같았다.

金의 문산계는 송제를 받아들이기는 하나 많이 개정하면서 42계를 운영하였다. 정1품은 없고 종1품은 송의 開府儀同三司(上)에 儀同三司(中)·特進(中次)·崇進(下)의 3계를 추가해서 4계를 두었다. 정2품~종5품도 정2품은 特進은 폐지하고 정·종3품인 金紫光祿·銀靑光祿大夫를 격상하고 종2품은 光祿大夫에 추가하여 崇祿大夫를 두었으며, 정3품은 資德·資政·資善大夫의 3계를 두는 등 1~2계를 추가하여 2~3계를 두었다. 정6품 이하는 6품 朝奉郎과 奉直郎을 奉政大夫 와 奉直大夫, 종9품 文林·將仕郎을 登仕·將仕佐郎으로 개칭하는 등 품계마다 2계를 두었다. 이 산계명을 태조 1년의 문산계와 비교하여 보면 고하는 다르지만 종2 하 崇祿大夫(종1 상), 종5 중 朝散大夫(종4 상), 종5 하 奉列大夫(정4 하), 정7 상 承議郎(정6 상), 종8 하 從仕郎(정9), 정9 하 將仕郎(종9)은 같았고, 정6 상 奉政大夫(정4 상 奉正大夫)·종6 奉直大夫와 奉訓大夫(종5 奉直郎과 奉訓郎)·정8 하 承事郎(종8 承仕郎)은 비슷하였다.

元의 문산계는 금제를 받아들이기는 하나 많이 개정하면서 42계를 운영하였다. 정1품은 종1품이었던 開府儀同三司·儀同三司·特進·崇進과 정2품이었던 金紫光祿·銀青光祿大夫를 계승하고 격상시켜 6계를 두었고, 종1품은 종2품 光祿大夫를 격상시켜 계승하고 榮祿大夫를 신치하였다. 정2품~종5품은 정2품은 정3품 資德·資政·資善大夫를 격상시키면서 계승하고 종5품은 종6품 奉直·奉訓大夫를 격상·개칭하면서 각각 3(2~4품)~2(5품)계를 두었다. 정6품~종8품은 정7품 承議·承直郎~종9품 登仕·將仕佐郎을 격상·개칭하면서 계승하였다(9품은 두지 않았다). 이 산계명을 태조 1년의 그것과 비교하여 보면 고하는 차이가 있지만 종4품 중 朝散大夫(종4 상)와 정8품 하 將仕郎(종9)이 같았고, 정4 中議·中憲·中順大夫(종3 中直·中訓大夫)와 종4품 하 朝列大夫(정4 하 奉列大夫)·정5품 상 奉政大夫(정4 상 奉正大夫)·종5품 상 奉直大夫(종5 상 奉直郎) 및 정6 承德·承直郎(정6 承議·承訓郎)은 비슷하였다.

明의 문산계는 원제를 계승하여 부분적으로 개정하면서 42계를 운영하였다. 정1품계에 開府儀同三司 등 모두를 혁거하고 特進光祿·特進崇祿大夫를 신치하였다. 종1품~종7품은 정4품 상 中議大夫를 中訓大夫, 종4품 중 朝散大夫를 朝議大夫, 종5품 하 奉順大夫를 奉訓大夫로 개칭하고 그 외의 종1품 光祿大夫 등 29계는 그내로 답습하였다. 정8품~종9품은 정·종8품은 정·종9품으로 강격시키면서 계승하고 정·종품에 修職郎 등 4계를 신치하였다. 이 산계명을 태조 1년의 그것과 비교하여 보면 정4품 상 中訓大夫(종3품 하)와 정9품 하 將仕郎(종9)이 같았다. 정1품 하 特進崇祿大夫(정1 상 特進輔國崇祿大夫), 종4 상·중 朝請·朝議大夫(종4 朝散·朝奉大夫), 정5 상·종4 하 奉政·朝列大夫(정4 奉正·奉列大夫), 정5 상·하 奉直·奉訓大夫(정5 奉直·奉訓郎), 정6 承德·承直郎(정6 承議·承訓郎)은 비슷하였다.

高麗 역대의 문산계를 보면 다음의 표와 같이 문종 30년에는 종1품 開府儀同三司로부터 종9품 하 將仕郞에 이르는 29계, 충렬왕 24년(충선왕 즉위)에는 종1품 崇祿大夫로부터 종9품 하 將仕郞에 이르는 27계를, 충렬왕 34년(충선왕 복위)에는 정1품 三重大匡으로부터 9품 通仕郞까지의 15계를 각각 운영하였다. 충선왕 2년에는 정1품 三重大匡으로부터 9품 通仕郞까지의 19계를, 공민왕 5년에는 정1품 상 開府儀同三司・하 儀同三司로부터 9품 登仕郞까지의 21계를, 공민왕 11년에는 정1품 상 壁上三韓三重大匡・하 特進三重大匡으로부터 9품 通仕郞까지의 18계를, 공민왕 18년에는 정1품 상 特進輔國三重大匡・하 特進三重大匡으로부터 9품 登仕郞까지의 23계를 각각 운영하였다.[7)]

고려 역대의 문산계를 태조 1년의 그것과 비교하여 보면 종1품이나(충렬왕 24) 정2품 하(공민왕 18) 또는 종2품 하(공민왕 5)의 崇祿大夫(종1 상), 성종 14년 이후의 종5품 하(성종 14・문종 30・충렬왕 1・24)나 종4품 상(공민왕 18, 5년은 종4품) 朝散大夫(조선은 종4품 상), 종4품 상(충렬왕 1・복위) 朝奉大夫(종4 하), 정6품 하(문종 30・충렬왕 24) 承議郞(정6 상)이 같았고, 충선왕 2년의 종5품 朝奉郞은 종4품 하 朝奉大夫와 비슷하였다.[8)]

---

7) 고려 역대의 문산계는 뒤 <표 2-2> 참조. 고려의 문산계는 성종 14년 이전에 실시되고 이후 십수차에 걸쳐 개칭・정비되면서 운영되었다. 그 중 성종 14년 이전, 성종 14년, 충렬왕 1년, 충렬왕 복위, 공민왕 21년 이후의 경우는 전모를 알 수 없어 논급하지 않았다. 성종 14년 이전에는 종2품 光祿大夫 등 7계, 성종 14년에는 종1품 開府儀同三司 등 22계, 충렬왕 1년에는 종2 匡靖大夫 등 11계, 충렬왕 복위년에는 종2품 匡靖大夫 등 7계, 공민왕 21년 이후에는 정1품 壁上三韓三重大匡・三重大匡 등 14계가 각각 확인되었다. 이들 시기의 산계를 표로 정리하여 제시하면 다음과 같다(朴龍雲, 1997, 『高麗時代 官階・官職硏究』, 고려대학교 출판부, 69~70쪽 <표 4>에서 전재)

| | 성종 14년 이전 | 성종 14 | 충렬왕 1 | 충렬왕 복위 | 공민왕 21년 이후 |
|---|---|---|---|---|---|
| 정1품 상 | | | | | (壁上三韓三重大匡) |
| 하 | | | | | (三重大匡) |
| 종1 상 | | 開府儀同三司 | | | (重大匡) |
| 하 | | | | | |
| 정2 상 | | 特進 | | | (大匡) |
| 하 | | | | | (匡靖大夫) |
| 종2 상 | (光祿大夫) | 興祿大夫 | 匡靖大夫 | (匡靖大夫) | (奉翊大夫) |
| 하 | | | | | (通憲大夫) |
| 정3 상 | | 金紫光祿大夫 | (奉翊大夫) | → | (正順大夫) |
| 하 | | | | | (奉順大夫) |
| 종3 상 | 銀青光祿大夫 | → | (正獻大夫) | 正獻大夫 | (中正大夫) |
| 하 | | | | | (中顯大夫) |
| 정4 상 | | (正議大夫) | (榮列大夫) | 榮列大夫 | (奉常大夫) |
| 하 | | | (中列大夫) | → | |
| 종4 상 | | (大中大夫) | (朝奉大夫) | → | (奉善大夫) |
| 하 | (中大夫) | → | (朝顯大夫) | 朝顯大夫 | |
| 정5 상 | | (中散大夫) | → | | (通直郎) |
| 하 | | (朝議大夫) | → | | |
| 종5 상 | | (朝請大夫) | → | | |
| 하 | | (朝散大夫) | → | | |
| 종6 상 | (奉議郎) | → | | | |
| 하 | (通直郎) | → | | | |
| 정7품 상 | | (朝請郎) | | | |
| 하 | | (宣德郎) | | | |
| 종7품 상 | | (宣議郎) | | | |
| 종8품 하 | | (承務郎) | | | |
| 정9품 상 | (儒林郎) | → | | | |
| 하 | | (登仕郎) | | | |
| 종9품 상 | (文林郎) | → | | | |
| 하 | | (將仕郎) | | | |

8) 분석에서 제외한 성종 14년 이전 등의 문산계에 있어서도 성종 14년 이전의 종6 하 通直郎(조선은 정5 상), 성종 14년의 정5 하 朝散大夫(종4 상)·종9 하 將仕郎(종9), 충렬왕 1년의 종4 상 朝奉大夫(종4 하)·종5 하 朝散大夫(종4 상), 공민왕

<표 2-2> 고려 문산계[9]

| | 문종 30 | 충렬왕 24 | 충선왕 2 | 공민왕 5 | 공민왕 11 | 광민왕 18 | 비고 |
|---|---|---|---|---|---|---|---|
| 정1품상 | | | 三重大匡 | 開府儀同三司 | 壁上三韓 | 特進輔國 | 비대부계 |
| | | | | | 三重大匡 | 三重大匡 | |
| 하 | | | | 儀同三司 | 三重大匡 | 特進三重 | |
| 종1 상 | 開府儀同 | 崇祿大夫 | 重大匡 | 金紫光祿大夫 | 重大匡 | 三重大匡 | |
| 하 | 三司 | | | 金紫崇祿大夫 | | 重大匡 | |
| 정2 상 | 特進 | 興祿大夫 | 大匡 | 銀青光祿大夫 | 匡靖大夫 | 光祿大夫 | |
| 하 | | | 正匡 | 銀青榮祿大夫 | | 崇祿大夫 | 대부계 |
| 종2 상 | 金紫光祿 | 正奉大夫 | 匡靖大夫 | 光祿大夫 | 奉翊大夫 | 榮祿大夫 | |
| 하 | 大夫 | | 奉翊大夫 | 榮祿大夫 | | 資德大夫 | |
| 정3 상 | 銀青光祿 | 正議大夫 | 正順大夫 | 正議大夫 | 正順大夫 | 正議大夫 | |
| 하 | 大夫 | | 奉順大夫 | 通議大夫 | 奉順大夫 | 通議大夫 | |
| 종3 상 | 光祿大夫 | 通議大夫 | 中正大夫 | 太中大夫 | 中正大夫 | 太中大夫 | |
| 하 | | | 中順大夫 | 中大夫 | 中順大夫 | 中正大夫 | |
| 정4 상 | 正議大夫 | 太中大夫 | 奉常大夫 | 中散大夫 | 奉常大夫 | 中散大夫 | |
| 하 | 通議大夫 | | | | | 中議大夫 | |
| 종4 상 | 太中大夫 | 中大夫 | 奉善大夫 | 朝散大夫 | 奉善大夫 | 朝散大夫 | |
| 하 | 中大夫 | | | | | 朝列大夫 | |
| 정5 상 | 中散大夫 | → | 通直郎 | 朝議郎 | 通直郎 | 朝議郎 | |
| 하 | 朝議大夫 | → | | | | | |
| 종5 상 | 朝請大夫 | → | 朝奉郎 | → | → | → | 랑계 |
| 하 | 朝散大夫 | → | | | | | |
| 정6 상 | 朝議郎 | → | 承奉郎 | 朝請郎 | 承奉郎 | 朝請郎 | |
| 하 | 承議郎 | → | | | | | |
| 종6 상 | 奉議郎 | → | 宣德郎 | → | → | → | |
| 하 | 通直郎 | → | | | | | |
| 정7 상 | 朝請郎 | → | 從事郎 | 修職郎 | 從事郎 | 修職郎 | |
| 하 | 宣德郎 | → | (7품) | (7품) | (7품) | (7품) | |

21년 이후의 정5 通直郎(정5 상)이 각각 같았고, 충렬왕 1년·충렬왕 복위년의 종3 상 正獻大夫(정2 상 正憲大夫) 등은 비슷하였다. 이 시기의 문산계는 <표 2-2> 참조.

9) 朴龍雲, 앞 책, 40~41쪽 <표 6>에서 전재. 그 내용과 서술의 편의상 성종 14년 이전, 성종 14년, 충렬왕 1년, 충렬왕 복위년, 충선왕 복위년, 공민왕 5년, 공민왕 21년 이후는 제외하였다. 그 구체적인 내용은 앞 주7) 참조(공민왕 5년의 산계는 공민왕 11년과 비슷하다).

| | 문종 30 | 충렬왕 24 | 충선왕 2 | 공민왕 5 | 공민왕 11 | 광민왕 18 | 비고 |
|---|---|---|---|---|---|---|---|
| 종7 상 | 宣議郎 | → | | | | | |
| 하 | 朝散郎 | → | | | | | |
| 정8 상 | 給事郎 | → | 徵事郎 | 承事郎 | 徵事郎 | 承事郎 | |
| 하 | 徵事郎 | → | (8품) | (8품) | (8품) | (8품) | |
| 종8 상 | 承奉郎 | → | | | | | |
| 하 | 承務郎 | → | | | | | |
| 정9 상 | 儒林郎 | → | 通仕郎 | 登仕郎 | 通仕郎 | 登仕郎 | |
| 하 | 登仕郎 | → | (9품) | (9품) | (9품) | (9품) | |
| 종9 상 | 文林郎 | → | | | | | |
| 하 | 將仕郎 | → | | | | | |

다음으로 大夫·郞階를 구분한 경계와 매 품을 1~2階로 세분한 구조 등을 보자. 역대 중국을 보면 대부·랑계의 경계선은 唐·宋·元은 종5품과 정6품이었고, 金은 종6품과 정7품이었으며, 명은 종7품과 정8품이었다.[10] 고려는 문종 30년·충렬왕 24년 등은 종5품과 정6품이었고, 충선왕 2년·공민왕 5년·공민왕 18년 등은 종4품과 정5품이었다.[11] 그런데 대부계는 다시 金紫光祿大夫·正議大夫의 예와 같이 '6字大夫'와 '4字大夫'로 나뉘었는데, 그 경계를 보면 중국에서는 각각 당·송은 대개 종3품과 정4품, 금은 정2품과 종2품, 원·명은 정1품과 종1품이었다. 고려는 문종 30년·성종 14년은 대개 정3품과 종3품이었고, 그 외는 모두 4자 대부로 운영되었다. 또 6자 대부나 4자 대부의 상위에 開府儀同三司 이하(중국 당·송·금·원)나 壁上三韓三重大匡·開府儀同三司 이하(고려 문종 30·충선왕 2·공민왕 11·공민왕 18년 등)를 운영하였다.[12]

이것을 태조 1년의 문산계와 비교하여 보면 대부계와 낭계의 경계선

10) 당 등의 문산계는 앞 <표 2-1> 참조.

11) 고려 역대의 문산계는 앞 <표 2-2> 참조.

12) <표 2-1>, <표 2-2>에서 종합.

은 역대 중국은 종5품(당 · 송 · 원 · 명)과 정6품(당 · 송 · 원 · 명)이나 종6품과 정7품(금)으로 조선의 종4품과 정5품에 비해 낮았다. 고려는 종5품과 정6품(문종 30년 · 충렬왕 24년 등)이나 종4품과 정5품(충선왕 2년 · 공민왕 11년 · 공민왕 18년 등)으로 전자는 조선 보다 낮았지만 후자 즉, 충선왕 2년 · 공민왕 18년 등의 그것은 조선과 같았다.

또 각 품은 대부계와 랑계의 경우 중국은 각각 당 · 송은 정3~종3품은 1계 · 정4~종9품은 3계, 금은 정2품과 정7~종9품은 2계 · 종2~종6품은 2~3계, 원은 종1~종5품 2~3계, 정6~종8품 2계, 명은 정1품과 정8~종9품 2계 · 종1~종7품 2계로 세분하여 운영하였다. 고려는 문종 30년에는 종2품과 정3품은 1계 · 종3~종5품은 1~2계 · 정6~종9품은 2계, 충렬왕 24년에는 종1~종5품은 1~2계 · 정8~종9품은 2계, 충선왕 2년에는 종2~종4품은 1~2계 · 정5~종6품은 2계 · 7~9품은 1계, 공민왕 5년에는 종1~정2품과 정5~종6품은 2계 · 종2~종4품은 1~2계 · 7~9품은 1계, 공민왕 18년에는 정2~종6품은 2계 · 7~9품은 1계로 운영하였다.

위에서 살핀 중국과 고려의 대부 · 낭계의 경계와 품계의 구성을 조선 태조 1년의 그것과 관련시켜 보면 대부 · 낭계의 경계는 고려의 충선왕 2년 · 공민왕 5년 · 공민왕 18년 등은 태조 1년과 동일한 종4품과 정5품이었지만, 중국의 당 · 송 · 금 · 원 · 명과 고려의 문종 30년 · 충렬왕 24년 등은 1품(정 · 종을 고려하면 2품) 이상 낮았다. 품계 구성은 태조 1년의 정1~종6품은 모두가 2계이고 정7~종9품은 1계로 그것과 모두 같은 것은 없었고, 단지 원 · 명의 정1품과 고려 공민왕 5년의 종1~종6품 · 공민왕 18년의 정2~종6품이 같았으며, 정7~종9품은 중국에서는 모두 2계이고 고려는 정 · 종이 구분되지 않고 각품 모두가 1계인 등으로 달랐다.

그 외에 '6字大夫'의 설치 · '6字大夫'와 '4字大夫'의 경계, 정1품의 설치여부를 보면 6자대부는 중국의 당 이하와 고려의 문종 30년 · 공민왕 5년에만 설치되었으며, 그 경계선은 원 · 명 만이 조선과 같이 정1품과 종1품이었다. 정1품은 중국의 원 · 명과 고려의 충선왕 2년 · 공민왕 11년 · 공민왕 18년 등에 만 설치되었지만, 그 명칭은 원 · 명은 6자대부이나 고려는 三重大匡 등이었다.

이를 볼 때 散階名은 중국 · 고려 역대를 통털어 30계중 8계만이 조선 태조 1년의 그 것과 같았다. 그러나 階名의 구조는 중국 · 고려 모두 조선과 같이 1자가 같고 그 위치도 같았다. 6자대부 · 4자대부 · 랑계의 경계는 6자 · 4자대부는 명만이 조선과 같은 정1품과 종1품이었고, 4자대부 · 랑계는 고려의 충선왕 2년과 공민왕 5 · 18년 만이 조선과 같고 역대 중국과 고려 문종 30년 등 때는 조선 보다 2~3품 정도가 낮았다. 품별 산계의 수는 역대의 중국 · 고려 모두 조선과 전체적으로 일치하는 것은 없었고, 부분적으로 원 · 명의 정1품과 고려 공민왕 5 · 18년의 종1~종6품이 같았다. 산계의 상한은 중국의 원 · 명과 고려의 충선왕 2년 · 공민왕 11 · 18년이 조선과 같이 정1품이었고, 하한은 중국의 당 · 송 · 금 · 명과 고려의 성종 14년 · 문종 30년 · 충렬왕 24년이 조선과 같이 종9품이었다(충렬왕 34년 · 충선왕 2년 · 공민왕 5년과 11년 및 18년은 9품).

한편 조선시대 산계 · 관직제도의 정비를 보면 조선왕조는 고려말에 정치 · 경제 · 사회 개혁을 완료하였기에 왕조 개창과 함께 안정된 국정이 운영되었음에도 불구하고 文散階는 태종 1년(1401)경에 정립되었지만,[13] 武散階는 세조 12년(1466)에 가서야 정립되었으며,[14] 宗親 · 儀賓

13) 앞 1) 문산계 참조.

14) 그 정비과정은 뒤 2) 무산계 참조.

階는 세종 25년(1443)에 신정되면서 정착되는[15] 등 정립되기까지 50여년 이상이 소요되었다. 정치기구·관직도 조선 개창과 함께 고려말의 그것을 계승하면서 성립되어 태종~세종대에 크게 정비되었다가 세조대에 거의 정립되는 등 확립되기까지는 60여 년 이상이 소요되었다.[16] 이와 관련하여 李成桂一派가 집권한 우왕 14년~공양왕 4년은 그 기간도 5년 미만에 불과하였을 뿐만 아니라 중심과제가 田制改革이었고,[17] 우왕·창왕·공양왕의 폐위·옹립과 이성계파에 의해 구세력이 축출되는가 하면[18] 鄭夢周派의 언론으로 일시나마 이성계파의 중심인물인 趙浚·

---

15) 그 성립과 정비과정은 뒤 2-1) 종친계·2) 의빈계 참조.

16) 한충희, 2001, 「中央 政治機構의 整備」, 『世宗文化史大系』 3, 세종대왕기념사업회, 14~48쪽, 「中央官府의 構成과 機能」, 앞 책, 53~111쪽. 중앙 정치기구·관직은 개국과 함께 고려말의 그것을 계승하여 都評議使司·3軍都摠制府 이하 90여 東班·西班·流外衙門과 門下左·右侍中(정1) 이하 600여 祿官과 都評議使司判事(시중겸) 이하 100여 겸직 등을 두면서 성립되었고, 이후 성종 16년까지 수십 차에 걸쳐 개변되면서 정립되었다가 마지막 반포된 『경국대전』에 법제화되었다(그 개변상은 뒤 제4장 관직의 성립과 정비, 제6장 관아의 성립과 정비 1, 제7장 관아의 성립과 정비 2 참조).

17) 『고려사』 권45~46 공양왕 1~3년·권118, 조준열전. 전제개혁은 우왕 14년 趙浚에 의해 발의되었고, 이후 구세력의 강경한 반대, 신구세력의 정쟁 등으로 방해를 받기도 하나 개혁파의 강압 속에 공양왕 1년에 토지를 측정하고 다음해에 공사전적을 소각한 후 공양왕 3년 科田法 공포로서 마무리되었다.

18) 『고려사』 공양왕세가·우왕열전·창왕열전, 『고려사절요』 우왕 14년~공양왕 4년조 참조. 이성계파에 의해 치죄된 대표적 구세력은 다음과 같다[( )는 배경이 된 사건].

창왕 1. 9 ; 李崇仁·權近 유배,
공양왕 ; 鄭地·李居仁·柳惠孫·李乙珍·
1. 12 李有仁·柳蕃·趙瑚·安柱 등 30여명 유배(金佇獄事)
1. 12 ; 李穡·李種學 파직, 曺敏修 폐서인(우·창왕 옹립)
공양왕 ; 禹玄寶·權仲和·慶補·張夏
2. 8 유배(개혁파의 공격)
2. 11 ; 池龍奇·朴威·鄭熙啓·尹思德·李彬·沈德符 등 유배( 金宗衍獄事)
3. 6 ; 李穡·李種學·李乙珍·禹

鄭道傳 등이 유배를 가는[19] 등 정치·사회가 크게 혼란하였던 만큼 관계 등 儀章制度를 정비할 만한 겨를이 없었다. 즉, 태조 1년에 반포된 문산계는 그 계명·대부계와 랑계의 구분·품계의 구분 등이 역대의 중국·고려의 그것과 크게 다르고 체계적이고도 정연하게 구성된 것 등에서 조선개창 때에 일시적으로 정비되었다기 보다는 왕조 개창 직전까지 그 토대가 되는 산계가 제정되어 있었을 것으로 추측된다.

그런데 고려말에는 金祉가 편찬한 『周官六翼』과 鄭夢周가 공양왕에게 撰進한 『新律』이 있었다.[20] 두 책은 모두 구체적인 내용은 알 수 없다. 그러나 『주관육익』은 『周禮』·『通典』을 전형으로 삼아 무신집권기 이후 와해된 고려의 문물제도를 복구하고자 성종대의 육전체제에 따라 체계적으로 정리된 법전으로 추측된다.[21] 『신률』은 『大明律』과 원의 『至正條

---

2. 1 ; 曺敏修·權近 원지유배

2. 5 ; 李穡·李琳·禹仁烈·李仁敏·鄭地·張夏·李崇仁·權近·李種學·李貴生 하옥(尹彝李初獄事)

玄寶 등 유배(개혁파의 공격)

4. 4 ; 李穡 방출, 李崇仁 등 폐서인(정몽주살해)

4. 6 ; 禹玄寶 등 20여명 유배.

19) 『고려사』 권46, 공양왕 4년 4월 임자, 『고려사절요』 공양왕 4년 4월.

20) 이들이 저술된 시기는 불명하다. 그런데 김지는 공민왕 11년(1362) 문과를 거쳐 출사하였다가 곧 사직하고 향리로 퇴거하여 저술에 종사하였다고 하였다(『牧隱文藁』). 정몽주는 공민왕 6년(1360) 문과를 거쳐 출사하여 공민왕 16년~우왕 9년(1382)에는 장기간 大司成 이하의 성균관 관직과 簽書密直司事·典法判書 등을 역임하였고, 우왕 10년~공양왕 4년(1392)에는 守門下侍中判都評議司事兵曹尙瑞司事 이하의 재상직을 역임하기는 하나 잦은 국내외의 출사와 이성계 일파와의 정쟁으로 분주하고 곤란을 겪었다(한충희, 「高麗末의 政治와 三隱(李穡·鄭夢周·李崇仁)」, 『인문과학』 12, 경북대학교 인문과학연구소, 1998, 198~200, 203~204, 209~211쪽). 이에서 『주관육익』은 공민왕 11년 이후의 어느 시기에, 『신률』은 공민왕 16년~우왕 9년에 골격이 완료되고 우왕 10년~공양왕 4년에 보완되면서 완료된 것으로 각각 추측된다.

21) 許興植, 1981, 「金祉의 選粹集·周官六翼과 그 價値」, 『奎章閣』 4.

格』을 참작하여 정리한 법령・율령집으로 추측된다.[22] 『주관육익』에는 문산계 등 관제가 포함된 것으로 보이고, 『신률』에는 그 토대가 된 『대명률』・『지정조격』의 내용과[23] 『신률』이 기재된 『고려사』의 기사에 '법률・제수' 등이 언급되었음에서 형법이 중심이기는 하나 문산계 등 관제도 포함된 종합 법전이었을 것이라고 추측된다. 또 『주관육익』은 정도전의 『朝鮮經國典』에 영향을 준 것으로 추측되었다. 이에서 『주관육익』과 『신율』에는 역대 중국・고려의 문무산계를 검토하면서 정리한 문・무산계 등 관제가 포함되어 있었다고 추측된다.

이상에서 태조 1년에 반포된 조선의 文散階는 輔國大夫(정1)・大夫(종1~종4)・郞(정5~종9)系, 각 품은 2(정1~종6)・1(정7~종9)階, 정1~정6품은 상・하계 1자가 같고 또한 1자의 위치가 같은 등 역대 중국・고려의 어느 나라 시대의 그것보다 체계적이면서 정연하게 구성되었다. 태조 1년과 역대 중국・고려 문산계의 명칭, 대부・랑계의 경계, 품계의 구분, 산계의 상한과 하한을 보면 그 모두 부분적으로만 일치될 뿐 대개는 상이하였다. 또 이성계 일파가 집권한 우왕 14년~공양왕 4년에는 신구

22) 『高麗史』 卷46, 恭讓王 4年 2月 甲寅 守侍中鄭夢周進 所撰新定律 王命知申事李詹進講 凡六日 屢嘆其美 謂侍臣曰 此律須要熟究刪定 然後可行於世也 不熟審一切判付 恐有可刪之條也 法律一定不可變更 講至以樂人娼妓爲室者 杖八十離異 政曹外敍用 仍曰 世實多有此等人 深嘉納之.

23) 『대명률』은 명 건국과 함께 공포되었고, 수차에 걸쳐 수정되었다가 1397년에 확정된 名例律과 吏・戶・禮・兵・刑・工律의 7전(30권 460조)으로 구성된 明의 기본 형법이다. 『지정조격』은 元 順帝 至正年間(1341~1367)에 世祖 至元 10년(1273)에 편찬한 『至元新格』과 英宗 正統 6년(1441)에 편찬한 『大元通制』를 참작하고 보완하면서 집대성한 制書 94조 등 條格 1151조와 斷例 71조로 된 원의 법전이다. 이중 단례에 '職制'가 포함되어 있다(延正悅, 1997, 「高麗와 至正條格에 關한 研究」, 『家事調停』 창간호, 서울가정법원조정위원회, 127~131쪽).

세력의 알력 등으로 인한 혼란으로 관제를 정비할 여유가 없었고, 태조 1년 개국과 함께 반포된 문무산계와 관아·관직 등은 이후 50~60여 년간에 걸쳐 개정되면서 정립되었다가 『경국대전』에 법제화되었다. 이 점에서 태조 1년의 문산계는 고려말이나 개국 당시에 이성계일파에 의해 구체적으로 정리되면서 반포되었다고 보기는 어렵다고 생각된다. 그런데 공민왕 말을 전후한 고려말에는 金祉와 鄭夢周에 의해 역대의 중국·고려의 문무산계 등 관제를 참고하여 정비한 관제가 포함된 것으로 추측된 『周官六翼』과 『新律』이 편찬되었다.

따라서 조선 태조 1년의 문산계는 역대의 중국·고려의 문산계에서 연원되기도 하나 직접적으로는 김지가 편찬한 『주관육익』이나 정몽주가 편찬한 『신률』 소재 문산계를 참용하여 부분적으로 수정한 즉, 『주관육익』이나 『신률』 소재 문산계에서 기원하지 않았겠는가라고 추측된다.

2) 武散階

조선의 武散階는 1392년(태조 1) 왕조 개창과 함께 다음과 같이 정3품 折衝將軍·果毅將軍으로부터 종8품 修義副尉까지의 22계를 두면서 성립되었다. 그런데 정1품~종2품에 있어서는 그 계명이 제시되지 않았지만 개국 이래의 관직제수, 『경국대전』의 무산계, 문무직 구분, 金의 무산계 등을 볼 때 문산계가 준용된 것으로 생각된다.[24] 이 무산계의 연원은

24) 무반출신은 종2품 이상에 승진하면 태종대의 조영무나 세종대의 최윤덕 등의 예에서와 같이 정승(의정) 이하의 각급 관직을 역임하였고, 종2품직의 경우 육조 참판 등은 문무가 구분되지 않고 제수되나 병마절도사 등은 주로 무반이 제수되었다. 이점에서 무반은 종2품 이상에 승자하면 문반화되거나 무반으로서 大匡輔國崇祿大夫 이하의 문산계를 받았다고 하겠다. 그런데 金에서는 정1품~종2품은 문산계를 준용하였고, 또 『경국대전』에도 정1~종2품의 무산계는 문산계를 준용

정1품 상 特進輔國崇祿大夫
하 輔國崇政大夫
종1품 상 崇祿大夫
하 崇政大夫
정2품 상 正憲大夫
하 資憲大夫
종2품 상 嘉靖大夫
하 嘉善大夫
정3품 상 折衝將軍
정3품 하 果毅將軍
종3품 상 保義將軍
하 保功將軍
정4품 상 威勇將軍
하 威毅將軍
종4품 상 宣節將軍
하 宣略將軍
정5품 상 忠毅校尉
하 顯毅校尉
종5품 상 顯信校尉
하 彰信校尉
정6품 상 敦勇校尉
하 進勇校尉
종6품 상 承義校尉
하 修義校尉
정7품 敦勇副尉
종7품 進勇副尉
정8품 承義副尉
종8품 修義副尉[25]

'태조즉위교서'를 볼 때 피상적으로는 고려말의 무산계를 계승하였다고 추측된다. 그러나 태조 1년 7월에 반포된 무산계의 명칭을 보면 儀章法制가 고려의 그것을 계승하였다고 하였음과는 달리 고려말은 물론 어느 시대의 그것과도 일치되지 않는다. 이제 조선왕조 개창과 함께 반포된 문산계가 어디에서 연원되었는가를 관계명, 구조 등을 통하여 살펴본다.

먼저 조선과 역대 중국·고려의 散階名을 비교하여 보자. 태조 1년에 반포된 武散階의 명칭을 보면 다음과 같다. 이를 당 이래의 역대 중국과 고려의 그것과 비교하여 보면 중국의 경우는 아래의 표와 같이 唐·宋의 무산계는 조선의 무산계와 일치하는 것이 하나도 없고, 金은 고하는 다르나 정9품 상 保義校尉가 조선 태조 1년의 종3품 상 保義將軍과 비슷하였으며, 元은 정8품 상 保義校尉가 조선의 보의장군과 비슷하였다.

---

하였다. 이에서 태조 1년 7월 관제 반포 때에 정1~종2품의 무산계는 적기되지 않았지만 종2품 이상에 승진한 무반은 무반으로서 문산계를 준용하였다고 하겠다. 따라서 태조 1년부터 정1~종2품의 무산계는 실질적으로는 문산계와 동일하게 규정된 것으로 파악된다.

25) 『태조실록』 권1, 1년 7월 정미.

<표 2-3> 중국 역대 무산계 변천[26]

| 품 | 당 | 송 | 금 | 원 | 명 | 비 고 |
|---|---|---|---|---|---|---|
| 정1품 | | | 用文散階 | | | '大(上)將軍'階 |
| 종1 | 驃騎大將軍 | → | | | | |
| 정2 | | | | 驃騎上將軍 | 龍虎將軍 | |
| | 輔國대장군 | → | | 輔國상장군 | 金吾장군 | '將軍'階 |
| | | 鎭國大將軍 | | 奉國상장군 | 驃騎장군 | |
| 종2 | 鎭軍대장군 | | | 鎭國상장군 | 定國장군 | |
| | | | | | 奉國장군 | |
| | | | | | 鎭國장군 | |
| 정3 상 | 冠軍대장군 | | 驃騎衛上將軍 | 昭武大將軍 | 昭武장군 | |
| | 懷化대장군 | | | | | |
| 중 | | | 龍虎衛상장군 | 昭勇대장군 | 昭勇장군 | |
| 하 | 懷化將軍 | | 金吾衛상장군 | 昭毅대장군 | 昭毅장군 | |
| 종3 상 | 雲麾장군 | → | 輔國상장군 | 安遠대장군 | 安遠장군 | |
| | 歸德大將軍 | | | | | |
| 중 | | | 奉國상장군 | 定遠대장군 | 定遠장군 | |
| 하 | 歸德將軍 | → | 鎭國상장군 | 懷遠대장군 | 懷遠장군 | |
| 정4 상 | 忠武장군 | → | 昭武大將軍 | 廣威將軍 | → | |
| 중 | | | 昭毅대장군 | 宣威장군 | → | |
| 하 | 將武장군 | → | 昭勇대장군 | 明威장군 | → | |
| | 懷化中郎將 | | | | | |
| 종4 상 | 宣威將軍 | → | 安遠대장군 | 顯武장군 | → | |
| 중 | | | 定遠대장군 | | 宣武장군 | |
| 하 | 明威장군 | → | 懷遠대장군 | 宣武장군 | 信武장군 | |
| | 歸德中郎將 | | | | | |

26) 汪鍾霖撰, 『九通分類總纂』, 職官類 15, 武散官條에서 종합. 금에 있어서 '용문산계'는 정1품으로 기재되었으나 그 내용을 참작하여 정1~종2품에 적용되는 것으로 파악한다.

| 품 | 당 | 송 | 금 | 원 | 명 | 비 고 |
|---|---|---|---|---|---|---|
| 정5 상 | 定遠장군 | → | 廣威將軍 | 武節장군 | → | '將軍'階 |
| 중 | | | 宣威장군 | | | |
| 하 | 寧遠將軍 | → | 明威장군 | 武德장군 | → | |
| | 懷化郎將 | | | | | |
| 종5 상 | 遊騎將軍 | → | 信武장군 | 武義장군 | 武毅장군 | |
| 중 | | | 顯武장군 | | | |
| 하 | 遊擊장군 | → | 宣武장군 | 武略장군 | → | |
| | 歸德郎將 | | | | | |
| 정6 상 | 昭武校尉 | → | | 承信校尉 | → | |
| 하 | 昭武副尉 | → | | 昭信교위 | → | '校尉-副尉'階 |
| | 懷化司階 | | | | | |
| 종6 상 | 振威校尉 | → | | 忠武교위 | → | |
| 하 | 振威副尉 | → | | 忠顯교위 | → | |
| | 歸德司階 | | | | | |
| 정7 상 | 致果校尉 | → | | | | |
| 하 | 致果副尉 | → | 承信校尉 | 忠勇교위 | | |
| | 懷化中候 | | 昭信교위 | 忠翊교위 | | |
| 종7 상 | 翊麾校尉 | → | | | | |
| 하 | 翊麾副尉 | → | 忠武교위 | 修武교위 | | |
| | 歸德中候 | | 忠顯교위 | 敦武교위 | | |
| 정8 상 | 宣節校尉 | → | | | | |
| 하 | 宣節副尉 | → | 忠勇교위 | 保義교위 | | |
| | 懷化司戈 | | 忠翊교위 | 進義교위 | | |
| 종8 상 | 禦侮校尉 | 禦武校尉 | 修武교위 | | | |
| 하 | 禦侮副尉 | 禦武副尉 | 敦武교위 | | | |
| | 歸德司戈 | | | | | |
| 정9 상 | 仁勇校尉 | → | 保義교위 | | | |
| 하 | 仁勇副尉 | → | 進義교위 | | | |
| | 懷化執戟 | | | | | |
| 종9 상 | 陪戎校尉 | → | 保義부위 | | | |
| 하 | 陪戎副尉 | → | 進義부위 | | | |
| | 歸德執戟 | | | | | |

고려의 무산계는 아래의 표와 같이 고하는 다르나 정8품 상 宣節校尉가 조선의 종4품 상 宣節將軍과 비슷하였다.

<표 2-4> 고려 무산계[27]

| 품 | 산 계 | 비고 |
|---|---|---|
| 종1품 | 驃騎大將軍 | 대장군계 |
| 정2 | 輔國대장군 | |
| 종2 | 鎭國대장군 | |
| 정3 | 冠軍대장군 | |
| 종3 | 雲麾대장군 | |
| 정4 상 | 中武將軍 | 장군계 |
| 하 | 將武장군 | |
| 종4 상 | 宣威장군 | |
| 하 | 明威장군 | |
| 정5 상 | 定遠장군 | |
| 하 | 寧遠장군 | |

| 품 | 산 계 | 비고 |
|---|---|---|
| 종5품 상 | 遊騎將軍 | 장군계 |
| 하 | 遊擊장군 | |
| 정6 상 | 輝武校尉 | 교위-부위계 |
| 하 | 輝武副尉 | |
| 종6 상 | 振威校尉 | |
| 하 | 振威副尉 | |
| 정7 상 | 致果校尉 | |
| 하 | 致果副尉 | |
| 종7 상 | 翊麾校尉 | |
| 하 | 翊麾副尉 | |
| 정8 상 | 宣節校尉 | |

| 품 | 산 계 | 비고 |
|---|---|---|
| 정8품 하 | 宣節副尉 | 교위-부위계 |
| 종8 상 | 禦侮校尉 | |
| 하 | 禦侮副尉 | |
| 정9 상 | 仁勇校尉 | |
| 하 | 仁勇副尉 | |
| 종9 상 | 陪戎校尉 | |
| 하 | 陪戎副尉 | |

다음으로 將軍·校尉·副尉階의 경계와 각품을 1~3階로 구분한 구조 등을 본다. 장군·교위·부위계의 경계선은 장군·교위계는 송·금·원·명과 고려 모두 종5품과 정6품이었고, 교위·부위계는 금과 고려에서는 정9품과 종9품이고 송은 정6~종9품 상계와 정6~종9품 하계였다(원·명은 부위계가 없었다).[28] 장군·부위의 품계의 구조는 장군계

27) 박용운, 위의 책, 65쪽 <표 3>에서 전재. 정6품 상, 종6품 하, 종7품 상은 고려사에는 각각 輝武將軍, 進武副尉, 翊衛校尉로 기재되었지만 박용운의 교정에 따라 고쳐 파악한다.

28) 당은 품마다 大將軍·將軍, 將軍·中郎將(또는 郎將), 校尉·副尉·司階 등이 혼재되었기에 구분하기가 어렵지만 대개 장군·교위계는 종5품과 정6품이고, 교위·부위계는 정6~종9품 상계와 정6~종9품 하계였다(<표 2-3>).

는 송과 고려는 2계 · 금은 3계 · 원과 명은 2~3계였고, 교위계는 송과 고려는 1계 · 금과 원 및 명은 2계였으며, 부위계는 송과 고려는 1계이고 금은 2계였다.

또 장군계의 상위에 大將軍系 등이 있었는데 당 · 송 · 원과 고려는 대장군계(당 · 송은 종1~정3 상, 고려는 종1~종3)나 上將軍(금은 정3~종3품, 원은 정2~종2품) · 大將軍(금은 정4~종4품, 원은 정3~종3)을 두었다. 무산계의 상한과 하한은 당 · 송 · 고려는 종1품과 종9품이었고, 금은 정1품과 종9품이며(정6품과 종6품은 두지 않았다), 원 · 명은 정2품과 정8품이었다. 그 외에 금은 정1~정3품은 문산계를 준용하였다.

이러한 무산계의 명칭 · 경계 · 구조를 태조 1년의 그것과 비교하여 보면 산계명은 역대 중국은 물론 고려 모두 조선 태조 1년의 계명과 일치하는 것이 없고, 그 모두를 통털어 2계 정도가 비슷하였다. 장군 · 교위계의 경계는 중국과 고려 모두 조선의 그것에 비해 1품(정 · 종을 고려하면 2품)이 낮았고, 교위계의 하한은 명은 같고 원은 2품(정 · 종을 고려하면 3품)이 낮았으며, 교위 · 부위계는 부위계가 운영된 송 · 금 · 고려 모두 조선과 달랐다. 그러나 비록 계명은 일치하지 않으나 단어를 보면 금 · 원 · 명 · 고려 모두 조선과 같이 廣威 · 宣威 · 明威將軍(금 · 원), 昭武 · 昭勇 · 昭毅將軍(명), 中武 · 將武將軍(고려) 등의 예와 같이 1字가 같고 그 위치도 같았다. 그 외 상한계는 금만이 조선과 같고 하한계는 원 · 명(정8)이 조선(종8)과 비슷하였으며, 정1~종2품계가 문산계를 준용한 것은 금만이 조선과 같았다.

그런데 조선시대의 산계 · 관직제도는 문산계에서 검토하였음과 같이 5~60년의 장기간에 걸쳐 정비되면서 정립되었다. 또 이성계와 그 일파가 집권한 우왕 14년~공양왕 4년에는 이들이 정치를 주도하기는 하나 전제개혁 및 구파와의 정쟁으로 인한 혼란속에서 관제를 정비할 겨를이 없었다고 추측되었다. 이에 비해 고려말에 金祉와 鄭夢周는 역대 중국·고려의 문무산계를 참작하여 정비한 문무산계 등 관제가 포함되었을 것이라고 추측된 『周官六翼』과 법률인 『新律』을 편찬하였다.

이상에서 태조 1년 7월에 반포된 무산계는 문산계와 같이 당 이래의 중국 역대와 고려의 무산계에서 연원되고, 보다 직접적으로는 김지의 『주관육익』이나 정몽주의 『신율』 소재 무산계에서 연원되지 않았겠는가고 추측된다. 지금까지 살펴 본 조선 문·무산계의 명칭과 구조의 연원을 표로 재정리하여 덧붙이면 다음과 같다.

<표 2-5> 조선 태조 1년 문산계 명칭 연원

| 당 | 송 | 금 | 원 | 명 | 태조 1년 7월 |
|---|---|---|---|---|---|
| | | 종2 崇祿大夫 | | | 종1상 崇祿大夫 |
| | | | | 종4상 中訓大夫 | 종3하 中訓大夫 |
| | | 종5하 奉列大夫 | | | 정4하 奉列大夫 |
| 종5하 朝散大夫 | 종5상 조산대부 | 종5중 조산대부 | | | 종4상 朝散大夫 |
| | 정5하 朝奉大夫 | | | | 종4하 朝奉大夫 |
| | 종6상奉直郎 | | 종5상 奉直大夫 | | 종5상 奉直郎 |
| 정6하 承議郞 | | 정7상 승의랑 | | | 정6상 承議郞 |
| 종9하 將仕郞 | | 정9하 장사랑 | 정8하 장사랑 | 정9하 장사랑 | 종9 將仕郞 |

| 성종 14년 | 문종 30 | 충렬왕 1 | 충렬왕 24 | 공민왕 18 | 태조 1년 7월 |
|---|---|---|---|---|---|
| | | | | 정1상 特進輔國<br>三重大匡 | 정1상 特進輔國<br>崇祿大夫 |
| | | | 종1 崇祿大夫 | 종2하<br>숭록대부 | 종1상 崇祿大夫 |
| 종5하<br>朝散大夫 | → | → | → | 종4상<br>조산대부 | 종4상 朝散大夫 |
| | | 종4상<br>朝奉大夫 | | 종5 朝奉郎 | 종4하 朝奉大夫 |
| | 정6 承議郎 | | 정6 승의랑 | | 정6상 承議郎 |
| 종9하<br>將仕郎 | → | | 종9하<br>장사랑 | 종9하<br>장사랑 | 종9 將仕郎 |

<표 2-6> 조선 태조 1년 문산계 구조 연원

| 당 | 금 | 원 | 명 | 문종30 | 충렬왕 24 | 충선왕2 | 공민왕5 | 공민왕 18 | 태조1 |
|---|---|---|---|---|---|---|---|---|---|
| 정3~종3<br>6字大夫<br>1계 | 정2<br>→<br>2 | 정1<br>*1 | 정1<br>6字대부<br>2 | 종2·정3<br>6자대부<br>1계 | | | 종1~정2<br>6자대부<br>2 | | 정1<br>6~8字大夫, 2계 |
| 정4~종5<br>4字大夫<br>2계 | 종2~종6<br>→<br>2~3 | 종1~종5<br>→<br>→ | 종1~종7<br>→<br>→ | 종3~종5<br>4자대부<br>1~2계 | 종1~종5<br>→<br>→ | 종2~종4<br>→<br>→ | 종2~종4<br>→<br>→ | 정2~종4<br>→<br>2 | 종1~종4<br>4字大夫<br>2계 |
| 정6~종9<br>郎階<br>2계 | 정7~정9<br>→<br>→ | 정6~정8<br>→<br>→ | 정8·정9<br>→<br>→ | 정6~종9<br>랑계<br>2계 | 정6~종9<br>→<br>→ | 랑계<br>정5~종6<br>2계 | →<br>→ | →<br>→ | 郎階<br>정5~종6<br>2계 |
| | 종9<br>佐郎階<br>2계 | 종8<br>→<br>→ | 종8·종9<br>→<br>→ | | | 7~9품<br>1계 | → | → | 정7~종9<br>1계 |

* 비대부계인 開府儀同三司 등 4계와 대부계인 金紫光祿·銀紫光祿大夫 등 6계.

<표 2-7> 조선 태조 1년 무산계 구조 연원

| 송 | 금 | 원 | 명 | 고려 | 태조 1년 | 비고(연원) |
|---|---|---|---|---|---|---|
| | 用文散階<br>정1~종2<br>2~4계 | | | | 用文散階?<br>정1~종2<br>2계 | 金, 문산계<br>준용 |
| 大將軍階<br>종1~정3<br>1~2계 | →<br>정·종4<br>3 | →<br>정3·종3<br>3 | | 大將軍階<br>종1~종3<br>1 | | 대장군계 |
| | 上將軍系<br>정·종3<br>3계 | →<br>정·종2<br>1~3 | | | | |
| 將軍階<br>종3~종5<br>2계 | →<br>정·종5<br>3 | →<br>정4~종5<br>2~3 | →<br>정2~종5<br>2~3 | →<br>정4~종5<br>2 | 將軍階<br>정3~종4<br>2 | 장군계 |
| 校尉階<br>정6~종9상<br>1계 | →<br>정7~정9<br>2 | →<br>정6~정8<br>2 | →<br>정·종6<br>2 | →<br>정6~종9상1<br>계 | 校尉階<br>정5~종6<br>2 | 교위계 |
| 副尉階<br>정6~종9하<br>1계 | →<br>종9<br>2 | | | 副尉階<br>정6~종9하1<br>계 | 부위계<br>정7~종8<br>1 | 부위계 |

* 금은 6품, 원은 종8~종9품, 명은 7~9품계를 설치하지 않았고, 태조 1년에도 9품계를 설치하지 않았다.

## 2. 宗親階·儀賓階·雜職階·土官階

### 1) 宗親階

조선의 宗親階는 1443년(세종 25)에 신치되면서 정1품 顯祿大夫(상)·興祿大夫(하)로부터 정6품 執順郎(상)·從順郎(하)에 이르는 22계로 정립되었다.[29] 그러면 이 때의 종친계는 이디에서 연원되었겠는가?

먼저 중국의 관제를 보면 당, 송, 원, 명 등에서는 황족만을 대상으로 한 산계는 운영되지 않았다. 황족은 親王(황제 형제·자)~開國縣男(당·송)이나 親王(황제 형제·자)~奉國中尉(황제 6세손 이하)(명)의 봉작을 받았다.[30] 이 때 봉작과 함께 산계가 수여되었는가는 명확하지 못하나 開府儀同三司·金紫光祿大夫와 冠軍大將軍 등을 받았음이 확인됨에서[31] 일반 관료와 함께 문산계나 무산계를 준용한 것으로 추측된다.

다음으로 고려의 관제를 보면 국초부터 왕자나 왕제에게 "(문종의 아들인) 常安公 王琇에게 문종 25년에 開府儀同三司 檢校尙書令守司空 上柱國 平壤侯에 제수하고 食邑 1천호를 주었다"[32]고 하였듯이 文散階(개부의동삼사), 官職(검교상서령수사공), 勳位(상주국), 爵位(평양후)를 수여하였다. 이 때에 수여된 산계, 관직, 훈위, 작위에 있어서 산계는 관직 등에 비하여 그 사례가 많이 확인되지 않는다.[33] 이 점에서 왕자나 왕제

---

29) 『세종실록』 권102, 25년 12월 을축. 그 정비과정과 관계명은 뒤 제3장 제2절 1 종친계 참조.

30) 『신당서』 권46, 지 36, 직관 1 이부, 『송사』 권163, 지 116, 직관 3 이부, 『명사』 권116, 열전 4, 제왕조.

31) 『新唐書』 권79, 列傳 4, 高祖諸子 鄧康王 元裕條 子孝先嗣 開元中爲冠軍大將軍, 같은 책 密貞王 元曉條 子穎嗣 爲南安王 薨 子勗嗣 早薨 以穎弟亮養子曇嗣 開元五年 更詔元曉再從孫東莞郡公徵嗣 徙封濮陽郡王 歷宗正卿 金紫光祿大夫, 같은 책 滕王 元嬰條 武后時進拜開府儀同三司 梁州都督, 『宋史』 권245, 열전 4, 종실 2 濮王 允讓條 子宗樸 贈開府儀同三司, 子宗楚 累拜武勝軍節都使 開府儀同三司 封南陽郡王.

32) 『고려사』 권90, 열전 제3, 종실 1 常安公 琇條.

33) 그 외에도 숙종의 5남인 王侾(개부의동삼사, 왕효묘지명「金蘭英編, 1968, 『韓國金石文追補』, 亞細亞文化社, 153~155쪽), 문종의 손자인 王源(은청광록대부, 왕원묘지명「위 책, 161쪽」), 문종의 증손인 王瑛(금자광록대부, 개부의동삼사, 왕영묘지명(위 책, 181~182쪽) 등이 찾아진다.

들은 산계와 관직 등을 함께 제수받기도 하지만 대개는 관직 등만 제수받은 것으로 추측된다.

2) 儀賓階

조선의 儀賓階는 1443년(세종 25)에 신치되면서 정1품 綏祿大夫(상)·成祿大夫(하)로부터 종3품 明信大夫(상)·敦信大夫(하)에 이르는 12계로 정립되었다.[34] 그러면 이 때의 의빈계는 어디에서 연원되었겠는가?

먼저 중국의 관제를 보면 당, 송, 원, 명 등 역대 중국에서는 황족의 배우자만을 대상으로 한 관계는 운영되지 않았다. 황족녀는 황제와의 친소관계에 따라 大長公主(황제 고모)~縣主(친왕 딸)(당·송)나 대장공주(황제 고모)~鄕君(황제 고손녀)(명)에 봉작되었고,[35] 大長公主·長公主(황제 자매)·公主(황제 딸)와 君主(친왕 여)·縣主(군왕 여)·郡君(황제 손녀)·縣君(황제 증손녀)·鄕君(황제 고손녀)의 배우자는 각각 駙馬都尉나 儀賓에 봉작되었다.[36] 이 때 부마도위나 의빈이 봉작과 함께 산계를 받았는가는 명확하지 못하나, 문무관직에 광범하게 종사하였고, 명의 태조가 누이인 太原長公主의 사망한 남편 王七一에게 榮祿大夫駙馬都尉를 추정하였음에서[37] 문산계를 준용한 것으로 추측된다.

다음으로 고려의 관제를 보면 국초부터 왕녀는 대개 근친인 왕족에게 출가하였고, 일부만이 타성에게 출가하였다.[38] 왕녀에게 장가든 왕족과

34) 그 정비과정과 관계명은 뒤 제3장 제2절 2 의빈계 참조.

35) 『신당서』 권46, 지 36, 백관 1 이부, 『송사』 권163, 지 116, 직관 3, 이부 내명부, 『명사』 권116, 열전 4, 공주조.

36) 『명사』 권116, 열전 4, 공주조.

37) 『명사』 권116, 열전 4 부마조.

38) 『고려사』 권 91, 열전 4 공주조.

타성은 『고려사』에

① 숙종이 (문종 왕자 廣平公) 源에게 輸忠功臣 特進 檢校太尉守司徒를 더하였다. 딸 安壽公主의 부마로 맞고 廣平伯에 책봉하였으며, (곧) 開府儀同三司에 승진시키면서 廣平侯에 책봉하였다[하략, ( )는 필자 보충].[39]

② 공양왕은 딸이 3명이었는데 (중략) 順妃의 소생 貞信宮主는 丹陽君 禹成範에게 시집갔고, 순비의 소생인 敬和宮主는 晉原君 姜淮季에게 시집갔다.[40]

이라고 하였음에서 왕족인 부마에게는 문산계와 관직·작위를 주었고, 타성은 군에 제수되었다. 그런데 우성범과 강회계는 몇 품의 산계를 받았는가가 불명하지만 봉군자는 종2품 이상의 문산계를 가졌음에서[41] 그 지위에 상응된 문산계를 받은 것으로 추측된다. 이를 볼 때 고려의 부마는 문·무반과 같이 문산계를 받았다고 하겠다.

3) 雜職階

조선의 雜職階는 1444년(세종 26)에 신치되면서 정5품 奉事校尉(상)·奉務校尉(하)로부터 종8품 尙功副尉에 이르는 12서반잡직계로 성립되었고, 세조대에 서반잡직계는 정6품이 상한이 되고 계명이 개정 및 정·종9

39)『고려사』권90, 열전 3, 종실 1 王源條.

40)『고려사』권91, 열전 4, 종실 2 공양왕녀조.

41)『牧隱文藁』권16, 韓文敬公(脩)墓地銘·重大匡淸城君韓(公義)平簡公墓地銘·鷄林府院君謚文忠李公(齊賢)墓地銘, 외[( )는 필자 보충].

품계가 신치되며 정6품 供職郎(상)・勵職郎(하)으로부터 종9품 展勤郎에 이르는 10동반계와 10서반계로 정립되었다.[42] 그러면 이 때의 잡직계는 어디에서 연원되었겠는가?

먼저 중국의 관제를 보면 당・송・명에서는 잡직계가 운영되지 않았지만 원에서는 잡직자를 위한 산계(잡직계)가 운영된 것으로 추측된다. 즉, 내시의 산관으로 14계, 太醫의 산관으로 15계, 教坊의 산관으로 15계가 각각 운영되었다.[43] 또 명에서는 공부에 수천명의 잡직이 설치되어 운영되었다.[44]

다음으로 고려의 관제를 보면 잡직계가 운영되지 않았지만 조선시대에 잡직제수의 한 부류인 工匠・樂人들이 무산계를 받았다.[45] 이에서 조선의 잡직계는 원의 내시 등에게 수여한 산관, 고려가 공장・악인에게 수여한 산관, 명이 공부에 설치한 잡직 등에서 연원한 것으로 추측된다.

4) 土官階

조선의 土官階는 1434년(세종 16)에 신치되면서 정5품 通議郎(동반)・建忠隊尉(서반)로부터 종9품 試仕郎(동반)・종8품 效勇徒尉(서반)에 이르는 동반 10계와 서반 8계로 성립되었고, 세조대에 서반에 9품계 즉, 정9품 勵力徒尉와 종9품 彈力徒尉를 가치하면서 정립되었다.[46] 그러면 이 때의 토관계는 어디에서 연원되었겠는가?

---

42) 그 정비과정과 관계명은 뒤 제3장 제2절 3 잡직계 참조.

43) 汪鐘霖,『九通分類總纂』64, 직관 권16, 品級 歷代官品略條.

44)『明史』권76, 지 52, 직관 5, 잡직조.

45) 旗田巍, 1961,「高麗의 武散階- 鄕吏・耽羅의 王族・女眞의 酋長・老兵・工匠・樂人의 位階-」,『朝鮮學報』21・22합집, 385~402쪽.

46) 그 정비과정과 관계명은 뒤 제3장 제2절 4 토관계 참조.

먼저 중국의 관제를 보면 당・송・원・명에서는 토관계가 운영되지 않았다.[47] 그러나 명에서는 宣慰使司 등에 宣慰使(종3품) 이하 吏目(종9)에 이르는 각급 무관 토관직이 설치되었다.[48]

다음으로 고려의 관제를 보면 토관계가 운영되지는 않았지만 조선초에 토관직으로 운영되다가 향리로 개편된 토관직과 관련된 鄕吏・耽羅의 왕족・女眞의 추장 등이 무산계를 받았다.[49] 이에서 조선의 토관계는 명에서 宣慰使司 등에 설치한 토관과 고려에서 향리 등에게 수여한 무산계에서 연원된 것으로 추측된다.

이를 볼 때 역대의 중국과 고려에서는 종친, 의빈, 잡직자, 토관을 위한 별도의 관계를 운영하지 않았다. 그러나 잡직・토관계에 있어서는 비록 그 내용이 일치되지는 않지만 그와 관련된다고 생각되는 관계(원, 고려)와 관직(명, 고려)이 운영되었다. 이점에서 조선 세종대에 성립되고 세조대에 정립된 조선의 종친계・의빈계・잡직계・토관계 중 전2자는 세종대에 독창되었고, 후 2자는 원・명과 고려로부터 연

47) 왕종림찬, 위 책, 64, 직관 16, 품급 역대직관략.

48) 『明史』 권76, 지 52, 직관 5, 토관, 왕종림찬, 위 책, 권63, 직관류 15 토관무직조. 토관이 설치된 관아와 그 관직은 다음과 같았다.

12 宣慰使司 ; 각 宣慰使(1인, 종3), 同知(1, 정4), 副使(1, 종4), 僉事(1, 정5), 經歷司 經歷(1, 종7)・都事(1, 정8).

10 宣撫司 ; 각 宣撫使(1, 종4), 동지(1, 정5), 부사(1, 종5), 첨사(1, 정6), 경력가 경력(1, 종8)・知事(1, 정9)・照磨(1, 종9).

19 按撫司 ; 각 按撫使(1, 종5), 동지(1, 정6), 부사(1, 종6), 첨사(1, 정7), 吏目(1, 종9).

1 招討司 ; 招討使(1, 종5), 副招討(1, 정6), 이목(1, 종9)

73 長官司 ; 각 長官(1, 정6), 副長官(1, 종7), 이목(1, 유외).

41 千戶所 ; 각 千戶(1, 정5), 副千戶(1, 종5), 鎭撫(?)・百戶(10)(정6).

49) 기전외, 위 논문, 385~402쪽.

원된 것으로 생각된다.

### 3. 外命婦

외명부는 조선시대에 왕녀와 종친·문관·무관의 처 등에게 수여된 관계이다.[50] 외명부는 1396년(태조 5)에 1~9품관의 正妻에게 郡夫人(1품), 縣夫人(2품), 淑人(3품), 令人(4품), 宜人(5품), 安人(6품), 孺人(7품 이하)을 제수하면서 성립되었다.[51] 그러면 이 외명부는 어디에서 연원되었겠는가?

중국의 외명부제는 夏·殷·周 때 諸侯·大夫·士·庶人의 처에게 爵位를 내려주면서 시작되었다. 이후 漢, 唐, 宋, 元을 거쳐 明代에 이르러 다음과 같이 公·侯·伯의 부인과 1~7품의 부인의 9名號로 정비되었다.

외명부의 名號에는 아홉이 있었다. 公(의 부인)은 某國夫人이라 하였고, 侯(의 부인)는 某侯夫人이라 하였고, 伯(의 부인)은 某伯夫人이라 하였다. 1품(부인)은 夫人(뒤에는 1품부인)이라 하였고, 2품(의 부인)은 부인이라 하였고, 3품(의 부인)은 淑人이라 하였고, 4품(의 부인)은 恭人이라 하였고, 5품(의 부인)은 宜人이라 하였고, 6품(의 부인)은 安人이라 하였고, 7품(의 부인)은 孺人이라 하였다[(　)는 필자 보충].[52]

---

50) 『경국대전』 권1, 이전 외명부조. 『경국대전』에는 내명부와 외명부를 모두 관작으로 언급하였지만, 외명부는 내명부와는 달리 정원이 없고, 남편의 관계에 상응하여 제수되었음에서 즉, 관계적인 성격을 띠었다고 생각하여 여기에서 고찰한다.

51) 『태조실록』 권9, 5년 6월 병자.

52) 『명사』 권72, 지 48, 직관 1 외명부조.

고려의 외명부는 988년(성종 7) 당 · 송제를 참작하여[53] 왕녀와 문 · 무 상참관 이상의 모 · 처에게 公主 · 大長公主(정1품)로부터 縣君(정5 · 정6품) 을 봉작하면서 시작되었다. 이후 고려말까지 왕녀, 왕비의 모와 6품 이상 문무관의 모 · 처에게 公主 · 宮主와 國大夫人~縣君을 봉작하는 것으로 운영되었다.[54] 그러다가 1391년(공양왕 3) 8월에 처와 모에 대한 봉작을 구분, 즉 1~6품관의 처에게는 小國夫人(1품)~縣君(5 · 6품), 1~6품관 · 3자등과자의 모에게는 大夫人(1~3품)~縣大君(5 · 6품) · 縣君을 각각 봉작하는 것으로 정비되었다.[55]

이를 볼 때 태조 5년에 성립된 조선의 외명부제는 중국 명제를 토대로 남편의 관계에 따라 군부인~유인의 관계를 수여하면서 성립되었다고

---

53) 당에서는 대장공주(皇姑, 정1품), 장공주(皇姉妹) · 공주(황녀)(1품), 郡主(황태자녀, 종1), 縣主(친왕녀, 종2), 國夫人(문무 1품 國公 모와 처), 郡夫人(3품 이상 모 · 처), 郡君(4품 모 · 처), 縣君(5품 모 · 처), 鄕君(훈관 4품 봉작자 모 · 처)이 있었다. 송에서는 군부인 이상은 당과 같았고, 군부인 이하에 淑人 · 碩人 · 令人 · 恭人 · 宜人 · 安人 · 孺人을 두었다(『新唐書』 상, 권46, 지 36, 백관1, 이부 · 외명부, 『宋史』 권163, 지116, 직관3, 이부 외명부조).

54) 왕녀 · 왕비모 · 문무관의 처와 모에 대한 봉작이 어떻게 변천되면서 운영되었는가는 명확하지 못하다. 그런데 『고려사』 권91, 열전4 공주열전 · 권127, 열전40, 이자겸열전과 고려시대 문무관 · 부인들의 묘지명(李蘭暎편, 1968, 『韓國金石文追補』, 亞細亞文化社 소재)을 보면 고려초기 이래로 1391년(공양왕 3)까지 왕녀의 봉작에는 公主 · 宮主 · 宅主 · 院妃 등, 왕비모의 봉작에는 國大夫人, 문무관의 처 · 모의 봉작에는 國大夫人 · 郡大夫人 · 郡夫人 · 郡君 · 縣君 · 郡大君 등이 확인되었다. 이점에서 중기~말기에 왕녀, 왕비모, 문무관처 · 모에게 각각 공주 · 궁주 · 택주 · 현비, 국대부인, 국대부인 · 군대부인 · 군부인 · 군군 · 현군 · 군대군을 제수하는 봉작제가 운영된 것으로 추측된다.

55) 『高麗史』 卷75, 志29 選擧3 恭讓王 3年 8月 都評議使司 上言曰 (중략) 文武一品正妻封小國夫人 二品正妻封大郡夫人 三品正妻封中郡夫人 (1~3품)母竝大夫人 四品正妻封郡君 母郡大君 五六品正妻封縣君 母縣大君 三子登科之母無職人妻特封縣君歲賜如舊 有職人妻加二等[( )필자보].

하겠다. 즉, 조선 외명부제는 명의 외명부제에서 기원되었다고 하겠다. 위에서 살펴 본 역대 중국과 고려의 외명부 중 명과 고려일대 및 조선 태조 5년의 외명부를 표로 재정리하여 덧붙이면 다음과 같다.

<표 2-8> 명, 고려, 조선 태조 5년 외명부

| 품 | 명초 | 고려시대 | | | | 조선 태조5년 | 비고 |
|---|---|---|---|---|---|---|---|
| | | 성종 7년 | 중·후·말기 (왕녀, 왕비모, 처·모) | 공양왕 3년 8월 | | | |
| | | | | 처 | 모 | | |
| 무품 | | 1품 公主, 大長公主 | 公主·宮主·宅主·院妃 | | | | 왕녀 |
| 1품 | 夫人 | | 國大夫人 | | | | 왕비모 |
| | (1품부인) | | 國大夫人 | 小國夫人 | 大夫人 | 郡夫人 | 문무관 |
| 2품 | 夫人 | | 郡大夫人 | 大郡夫人 | 大夫人 | 縣夫人 | |
| 3품 | 淑人 | 國大夫人 | 郡夫人 | 中郡夫人 | 大夫人 | 淑人 | |
| 4품 | 恭人 | 郡大夫人, 郡君 | 郡大君, 郡君 | 郡君 | 郡大君 | 令人 | |
| 5품 | 宜人 | 縣君 | 縣君 | 縣君 | 縣大君 | 宜人 | |
| 6품 | 安人 | 縣君 | 縣君 | 縣君 | 縣大君 | 安人 | |
| 7품 | 孺人 | | | | | 孺人 | |
| 7품 이하 | | | | | 縣君 * | | 무직인 3子登科者 |

이상에서 개국과 함께 성립된 문·무산계는 역대의 중국·고려의 그것에서 연원되기도 하나 직접적으로는 김지가 편찬한 『주관육익』이나 정몽주가 편찬한 『신률』 소재 문산계에서 기원되지 않았겠느냐고 추측된다. 세종대에 설치된 종친·의빈계는 이 때 독창되었고, 잡직·토관계는 원·명과 고려에서 연원되었다고 추측된다. 태조초에 설치된 외명부는 명제에서 연원되었다고 추측된다.

## 제2절 官職의 淵源

개국과 함께 성립된 조선의 관직구조를 보면 그 관직의 소재지와 그 관직에 제수된 자의 출신, 職秩의 고하 등에 따라 각각 京職·外職, 文班·武班·雜職, 宰樞·堂下·參上·參下職 등으로 구성되었다. 또 그 관직에는 경관직에 門下府 領事·左侍中·右侍中 이하 543 正職과 시중이 겸한 都評議使司 判事 이하 101 兼職이 있었고,[56] 외관직에 都觀察黜陟使·都巡問使 이하 600여 관직이 있었다.[57] 이러한 관직제는 태조의 즉위교서에 "儀章法制는 한결같이 고려의 그것을 계승한다"고 하였고,[58] 고려의 관직제는 문종대에 당·송제를 토대로 정립되고 원제의 영향을 받아 개변되었다가 고려말에 문종 구제로 복구되었다.[59] 이에서 조선의 관직제는 당·송과 고려의 관직제에서 연원된 것으로 추측된다. 여기에서는 이 중 경관직과 외관직을 대상으로 그 연원을 살펴본다.

---

56) 『태조실록』 권1, 1년 7월 정미.

57) 조선 개국 때에 설치된 외관에 있어서 7도2면 이하의 군현과 그에 설치된 관직수는 명확하지 못하다. 그러나 『조선왕조실록』 태조 1년~성종 16년조, 『세종실록 지리지』·『신증동국여지승람』 8도조, 『경국대전』 권1, 이전 외관조 등을 종합할 때 2부윤부 이하 297 군현이 설치된 것으로 추측되고, 7도·2면과 297 군현에는 각급 행정관과 교수·훈도관이 파견되었음에서 추정하였다(외관의 구체적인 내용은 한충희, 2002, 「朝鮮初期 官衙構造硏究」, 『啓明史學』 13, 3~6쪽 참조).

58) 『태조실록』 권1, 1년 7월 정미.

59) 『고려사』 권76·77, 지30·31, 백관1·2 참조(이중 육부 제관직은 한충희, 위책 33~34쪽 <표 4> 참조).

## 1. 京官職

조선 개국과 함께 반포된 관제를 보면 경관직의 관직명으로는 총 120여가 있었고, 관직수로는 총 600여가 있었다. 120여 관직명은 門下府·三司·中樞院·六曹 등과 藝文春秋館·成均館·世子官屬 등 즉, 당상아문과 문한기구에 편제된 관직은 대개 직질에 따라 독자적인 관직으로 구성되었다. 그러나 奉常寺·校書監 이하 諸寺·監·署·庫 등 아문에는 편제된 관직은 대개 判事 이하와(정3품 아문) 令·使 이하의(종5품 아문) 동일한 관직이 설치되었다. 그러면서도 일부는 관직명은 같아도 그 관아의 지위에 따라 직질이 달랐다. 예컨대 소경의 경우에 奉常寺 소경은 정4품이나 殿中寺 등의 소경은 종4품이었고, 丞·令은 시·감 승과 司膳署 등 령은 종5품이나 署 丞과 5部 令은 종6품인 등과 같이 상이하였다.[60] 여기에서는 이 중 정1품 영문하부사 이하로부터 종6품 敬承府丞까지의 100여 관직을 대상으로 그 연원을 살펴본다.

먼저 관직명칭에서 태조 1년에 반포된 관직과 고려의 관직과 비교하여 보면 대부분이 조선 개국 직전까지 고려에서 통용되거나 통용되었던 것이었고, 일부만이 새로이 제정된 것이었다. 즉 뒤의 <표 2-9>에서와 같이 門下府領事·左侍中·右侍中, 領三司事, 判都評議司事(이상 정1품) 이하 80여 관직은 당시까지 통용되거나 통용된 것이었다. 同判都評議使司事, 參贊門下府事, 三司 左僕射·右僕射·左諮議·右諮議·左長史·右長史, 訓鍊觀 使·軍諮祭酒·司馬·司直·副司直, 成均典簿, 通贊舍人, 六曹主事, 奉常寺協律郎의 20여 관직만이 새로이 제정된 것이었

---

60) 『태조실록』 권1, 1년 7월 정미(정3품~종6품직은 한충희, 2001, 「朝鮮初期 六曹屬衙門研究 2 - 官職의 整備를 중심으로 -」, 『啓明史學』 12, 58~61쪽 <표 2> 참조).

다.[61] 그러나 이들에게 있어서도 훈련관의 사 등과 삼사 좌·우자의, 성균전부, 봉상협률랑을 제외하고는 비슷하거나 타관아의 관직명으로 통용된 것이었다.[62]

또 조선 태조 1년과 직명이 같았던 고려의 관직과 중국 당·송·원·명의 관직을 비교하여 보면 대개 당시까지 통용되거나 통용된 관직이었고, 일부만이 새로이 제정된 것이었다. 즉 뒤의 <표 2-9>에서와 같이 80여 관직 중 門下府 左·右侍中과 侍郞贊成事 등 70여 관직은 당·송 등의 관직과 같거나 그것이 토대가 된 것이었다.[63] 領三司事와 都評議使司 判事·同判事·使·副使 등 10여 관직만이 차이가 있거나 새로이 제정된 것이었다.

다음으로 관직명이 같아도 그 관아의 지위에 따라 직질이 다른 태조 1년의 少卿·丞·令·博士·注簿 등을 고려와 당 등의 중국 관직과 비교하여 보면 고려와 당 등의 중국 모두 관아의 지위에 따라 직질이 달랐다. 즉 뒤의 <표 2-9>에서와 같이 소경은 당에서는 정4품(太常寺)·종4품(光祿寺 등)직, 고려에서는 정4품(奉常寺)·종4품(典儀寺등)직, 조선에서는 정4·종4품직(고려와 동)으로 각각 운영되었다. 승 등도 승은 정5·

61) 이 중 성균전부와 봉상협률랑은 고려에서는 확인되지 않으나 명에서는 太常寺 등에 전부가 있었고, 당·송·명에서는 太常寺協律郎이 있었음에서 중국의 관직에서 연원되었다고 하겠다.

62) 동판도평의사사는 종1~정2품직으로 구성된 도평의사사가 문하부·삼사 관과 중추원관이 구별되면서 있게 된 것이었고, 참찬문하부사는 참지문하부사가 계승된 것이었다. 삼사의 좌·우복야와 좌·우승은 공민왕 11년 삼사에 통합되었던 상서성에 설치된 관직이었고, 통찬사인은 통사사인이 계승된 것이었다. 육조주사는 6부에 이속직으로 편제된 관직이었다.

63) 문하시중·상장군 등 30여 관직은 관직명이 같았고, 중추사·육부상서 등 40여 관직은 관아명의 개정과 관련되거나 그것이 토대가 되어 조정된 관직이었다.

종5·종6품직, 령은 종5·종6품직, 박사는 정6·종6품직, 주부는 정6·종6품직으로 각각 운영되었다.

이를 볼 때 태조 1년에 반포된 조선 경관직의 명칭과 그 구조는 중국 당·송·원제를 받아들여 정비하고 운영된 고려의 그것을 계승하면서 성립되었다고 하겠다. 즉, 조선의 관직제는 당·송·원의 관직제에서 연원되고 고려말의 관직제가 계승되었다고 하겠다. 조선 태조 1년 관직제와 그의 연원이 된 역대 중국과 고려의 관직제 변천을 표로 정리하여 덧붙이면 다음과 같다.

<표 2-9> 역대 중국·고려, 조선 태조 1년 관직명과 관직구조64)

| 역대중국 | | | 역대고려 | | | 조선 태조 1년 | |
|---|---|---|---|---|---|---|---|
| 당 | 송 | 원(명) | 문종대(이전) | 공민왕대(이전) | 공양왕대(이전) | | |
| 中書令<br>門下侍 | →<br>左·右丞相 | 중서령<br>중서좌·우승상 | 중서령<br>(문하시중)<br><br><br>판도병마사사 | 領門下府事<br>門下左·右侍中<br><br><br>(判都評議使司事) | →<br>→<br><br>(領三司事)<br>→ | 영문하부사<br>문하좌·우시중<br>영삼사사<br>판도평의사사 | 정1 |
| 門下侍郞 | → | 중서평장정사 | (문하시랑평장사)<br>判三司 | 門下贊成事<br>→<br>(도평의사사사) | →<br>→<br>→ | 문하시랑찬성사<br>판삼사사<br>同判都評議使司事 | 종1<br>종1~정2 |
| 參知政事 | 참지정사 | 중서참지정사 | →<br>지문하성사<br>政堂文學 | 참지문하부사<br>知門下府事<br>정당문학 | <br>→<br>→ | 參贊門下府事<br>지문하부사<br>정당문학 | 정2 |

64) 『태조실록』 권1, 1년 7월 정미, 『신당서』·『송사』·『원사』·『명사』 직관지 및 『고려사』 백관지, 姜文奎, 1987, 『중국역대정제고』, 국립편역관 등에서 종합.

| 역대중국 | | | 역대고려 | | | 조선 태조 1년 | |
|---|---|---|---|---|---|---|---|
| 당 | 송 | 원(명) | 문종대 (이전) | 공민왕대 (이전) | 공양왕대 (이전) | | |
| | | | | | (商議門下府事) | 상의문하부사 | 정2 |
| 尙書左·右僕射 | | | 상서좌·우복야 | | | | |
| | 三司使 | | 삼사사 | 삼사 좌·우사 | | 三司左·右僕射 | |
| | 觀文·資政殿大學士 | (華蓋殿·文淵閣 등 대학사) | 集賢院大學士 | 예문관대학사 | 藝文春秋館大學士 | 예문춘추관대학사 | |
| | | | 判中樞院事 | 판중추원사 | → | 판중추원사 | |
| 京城留守 | 開封府牧 | 上都留守 | | 判開城府事 | → | 판개성부사 | |
| | | | | (都評議使司使) | → | 도평의사사사 | |
| | 觀文殿등學士 | 翰林學士 | 藝文春秋館學士 | 예문관학사 | 예문춘추관학사 | 예문춘추관학사 | 종2 |
| | 樞密院使 | → | 中樞使 | 중추사 | → | 중추사 | |
| | 知樞密事 | → | 知中樞事 | 지중추사 | → | 지중추사 | |
| | 同知樞密事 | → | 同知中樞事 | 동지중추사 | → | 동지중추사 | |
| | 簽書樞密事 | → | 簽書中樞事 | 첨서중추사 | → | 첨서중추사 | |
| | 樞密副使 | → | 中樞副使 | 중추부사 | → | 중추부사 | |
| | 同簽書樞密事 | → | 中樞直學士 | 中樞學士 | → | 중추학사 | |
| | | | | | (商議中樞院事) | 상의중추원사 | |
| 大司憲 | 御史大夫 | → | 어사대부 | (大司憲) | → | 대사헌 | |
| 京兆尹 | | | (開城府尹) | 개성부윤 | → | 개성부윤 | |
| | | | 都兵馬副使 | (都評議使司副使) | → | 도평의사사부사 | |
| 左·右散騎常侍 | → | → | (左·右散騎常侍) | 좌·우산기상시 | → | 좌·우산기상시 | 정3 |
| | 都承旨 | | 知奏事 | (都承旨) | → | 도승지 | |
| | 副都承旨 | | 左·右·左副·右副承宣 | (左·右·左副·右副承旨) | → | 좌·우·좌부·우부승지 | |

| 역대중국 | | | 역대고려 | | | 조선 태조 1년 | |
|---|---|---|---|---|---|---|---|
| 당 | 송 | 원(명) | 문종대 (이전) | 공민왕대 (이전) | 공양왕대 (이전) | | |
| 六部尙書 | → | → | 육부상서 | (六曹典書) | 육조판서 | 육조전서 | 정3 |
| 國子大司成 | → | | | (大司成) | → | 대사성 | |
| | 吏部 등 判事 | | (閣門 등*1 判事) | → | → | 각문 등*1 판사 | |
| | | | | | | 訓鍊觀使 | |
| | | 中政院使 | | 왕비부 左·右司尹 | → | 敬興府左·右司尹 | |
| 16衛 上將軍 | 諸衛 상장군 | | (2軍6衛 상장군) | | 8衛 上將軍 | 8위 상장군 | |
| 諫議大夫 | 左·右諫議大夫 | | (左·右諫議大夫) | 좌·우간의대부 | → | 좌·우간의대부 | 종3 |
| | | | 直門下 | 직문하 | → | 직문하 | |
| 尙書左·右丞 | | | 尙書左·右丞 | | | | |
| | 三司副使 | | 지삼사사 | 삼사 좌·우윤 | | 三司左·右丞 | |
| 御史中丞 | | 어사중승 | (司憲中丞) | 중승 | → | 사헌중승 | |
| | | (尙寶司卿) | | | (尙瑞尹) | 상서윤 | |
| 國子祭酒 | → | (국자제주) | 成均祭酒 | 성균제주 | → | 성균제주 | |
| | | | | | | 軍諮祭酒 | |
| | 知閣門事 | | 합문지사 | 閣門知事 | → | 각문지사 | |
| 太常寺 등 卿 | → | → | (奉常寺 등 *2 卿) | → | → | 봉상시등*2 경 | |
| 秘書監 등 監 | → | → | (校書監 등 *3 監) | → | → | 교서감등*3 감 | |
| 大理寺正 | → | | | (書雲觀正) | → | 서운관정 | |
| 16衛 大將軍 | 제위 대장군 | | (대장군) | | 8衛 大將軍 | 대장군 | |
| 中書舍人 | → | | (內史舍人) | 문하사인 | | 내사사인 | 정4 |
| | 三司副使 | | 삼사부사 | 삼사소윤 | | 三司左·右諮議 | |
| 侍御史 | → | → | (司憲侍史) | 시어사 | | 사헌시사 | |

| 역대중국 | | | 역대고려 | | | 조선 태조 1년 | |
|---|---|---|---|---|---|---|---|
| 당 | 송 | 원(명) | 문종대 (이전) | 공민왕대 (이전) | 공양왕대 (이전) | | |
| 六部侍郎 | → | → | 육부시랑 | (六曹議郎) | 총랑 | 육조의랑 | 정4 |
| 國子司業 | → | (국자사업) | | (成均樂正) | → | 성균악정 | |
| | 閤門引進使 | | 합문인진사 | 閤門引進使 | → | 각문인진사 | |
| | | | | (開城少尹) | → | 개성·상서 소윤 | |
| | | (尙寶少卿) | | | (尙瑞少尹) | | |
| 太常少卿 | → | → | 奉常少卿 | 봉상소경 | → | 봉상소경 | |
| 16衛 將軍 | 제위 장군 | | (장군) | | 8衛 將軍 | 도호, 8위장군 | |
| 光祿寺 등 少卿 | → | → | (典醫寺 등 少卿)4 | → | → | 전중시등*4 소경 | 종4 |
| 秘書監 등 少監 | → | | 校書監등*5 少監 | 교서감 등 소감 | → | 교서감등*5 소감 | |
| | | | | (書雲副正) | → | 서운부정 | |
| | | | | | | 訓練司馬 | |
| | | 起居注 | 起居注 | 기거주 | → | 기거주 | |
| 左·右補闕 | | 좌·우보궐 | (左·右補闕) | | | 좌·우보궐 | |
| | 三司判官 | | 삼사판관 | 삼사판관 | | 三司左·右長史 | |
| | | | | (藝文應敎) | → | 예춘응교 | 정5 |
| 殿中侍御史 | → | | (司憲雜端) | | | 사헌잡단 | |
| | | | | (開城判官) | → | 개성판관 | |
| 六部郎中 | → | | 육부낭중 | (六曹正郎) | → | 육조정랑 | |
| | | | | 成均直講 | → | 성균직강 | |
| | 閤門引進副使 | | 합문인진부사 | 閤門引進副使 | → | 각문인진부사 | |
| | | (尙寶司丞) | | | (尙瑞丞) | 상서승 | |
| | | | (중랑장) | | 8衛 中郎將 | 중랑장 | |
| 제위 中郎將 | | | | | | | |
| 國子主簿 | | (太常寺등 典簿) | | (성균승) | | 成均典簿 | 종5 |
| 秘書監 등 丞 | → | → | | (奉常寺등 *6 丞) | → | 봉상시등*6 승 | |

| 역대중국 | | | 역대고려 | | | 조선 태조 1년 | |
|---|---|---|---|---|---|---|---|
| 당 | 송 | 원(명) | 문종대(이전) | 공민왕대(이전) | 공양왕대(이전) | | |
| | | | | | | 訓練司直 | 종5 |
| 典客署 등 令 | | | | 司膳署등*7 令 | → | 사선서등*7 령 | |
| | | | | 料物庫등*8 使 | → | 요물고등*8 使 | |
| 左·右拾遺 | | | (左·右拾遺) | | | 좌·우습유 | 정6 |
| 監察御史 | → | (감찰어사) | (司憲監察) | | | 사헌감찰 | |
| 六部員外郎 | → | | (원외랑) | 六曹佐郎 | → | 육조좌랑 | |
| | | | | | (尙瑞注簿) | 상서주부 | |
| | 太常博士 | | | (奉常博士) | → | 봉상박사 | |
| | | | (낭장) | | 8衛 郎將 | 낭장 | |
| 中書通事舍人 | | | | 통사사인 | | 通贊舍人 | 종6 |
| | 太常奉禮郎 | | | (奉常寺 奉禮郎) | | 봉상시봉례랑 | |
| | | | | | | 訓練副司直 | |
| 太常寺 등 主簿 | → | | 司僕寺등*9 注簿 | → | → | 사복등*9 주부 | |
| 中尙署 등 丞 | | | 司膳署 등 丞*10 | → | → | 사선등*10 승 | |
| | | | (義盈庫 등 副使*11) | → | → | 요물고 등 *11 부사 | |
| 中尙署 등 令 | | | 중상서령 | 5部 令 | → | 공조서·5부 령 | |
| | 中書門下錄事 | | 중서주서 | 門下注書 | → | 문하주서 | |
| | | | (문하녹사) | 문하녹사 | → | 문하도사 | |
| | 尙書都事 | | | 三司都事 | → | 삼사도사 | |
| | | | | (藝文春秋館供奉) | → | 예춘공봉관 | |
| | 樞密計議官 | | 中樞堂後官 | | | 중추당후관 | |
| 京兆司錄參軍 | | | | 開城參軍 | → | 개성참군 | |
| 六部主事 | → | → | 육부주사 | | | 六曹主事 | |

| 역대중국 | | | 역대고려 | | | 조선 태조 1년 |
|---|---|---|---|---|---|---|
| 당 | 송 | 원(명) | 문종대(이전) | 공민왕대(이전) | 공양왕대(이전) | |
| 國子博士 | | | (이속) | | | |
| 太常寺協律郞 | | | | | (尙瑞直長) | 상서직장 |
| | | (국자박사) | | (成均博士) | → | 성균박사 |
| | 太常協律郞 | (태상협률랑) | | | | 봉상시협률랑 |
| 弘文館校書郞 | | | (秘書監校書郞) | 교서랑 | → | 교서랑 |
| | | 中政院院判 | | 왕비부 丞 | → | 경흥부승 |

*1 문종대(이전)는 秘書 · 殿中 · 禮賓省과 衛尉 · 大僕 · 大府 · 司宰寺 및 司天臺 등이고, 태조 1년은 奉常 · 殿中 · 司僕 · 司農 · 內府 · 禮賓寺와 校書 · 繕工 · 司宰 · 軍資 · 司水 · 典醫監과 書雲觀이다.

*2 문종대(이전)는 위위 · 대복 · 대부 · 사재시와 예빈성이고, 태조 1년은 봉상 · 전중 · 사복 · 사농 · 내부 · 예빈시이다.

*3 문종대(이전)은 비서 · 전중성과 사천대이고, 태조 1년은 교서 · 선공 · 사재 · 군자 · 사수 · 전의감이다.

*4 문종대(이전)는 위위 · 대복 · 대부 · 사재시와 예빈성이고, 태조 1년은 전중 · 사복 · 사농 · 내부 · 예빈시이다.

*5 문종대(이전)는 비서 · 전중성과 小府 · 將作 · 軍器監과 사천대이고, 태조 1년은 교서 · 선공 · 사재 · 군자 · 사수 · 전의감이다.

*6 공민왕대(이전)는 비서감 · 宗簿寺이고, 태조 1년은 봉상 · 전중 · 사농 · 예빈시와 교서 · 선공 · 군자 · 전의감과 서운관이다.

*7 공민왕대(이전)는 太史局 · 太廟署 · 諸陵署이고, 태조 1년은 司膳 · 司醞 · 京市署이다.

*8 공민왕대(이전)는 義盈 · 長興 · 常滿庫이고, 태조 1년은 料物 · 의영 · 장흥 · 濟用 · 解典庫와 풍저 · 광흥창이다.

*9 문종대(이전)는 군기감 · 서운관이고, 태조 1년은 사복 · 사농 · 내부 · 예빈시와 선공 · 사재 · 군자감이다.

*10 문종대(이전)는 위위 · 대복 · 대부 · 사재시와 소부 · 장작감 및 예빈성 · 사천대이고, 태조 1년은 사선 · 사온 · 경시서이다.

*11 공민왕대(이전)는 의영 · 장흥 · 상만고이고, 태조 1년은 요물 · 의영 · 장흥 · 제용 · 해전고와 풍저 · 광흥창이다.

## 2. 外官職

조선 개국과 함께 설치된 외관에는 7按廉使 · 2都巡問使, 鷄林(慶州) · 平壤府 府尹 이하 300여 수령과[65] 100여의 經歷과 都事(안렴 · 순문사 보좌관) · 判官(부윤 · 대도호부사 · 목사보좌관) · 儒學教授官(부윤부 · 대도호부 · 목 · 도호부 유학교관)[66] 등이 있었다고 추측된다. 이 가운데 7도 · 2면의 장관과 부윤 이하 수령의 관직연원을 살펴본다.

안렴사 · 도순문사와 부윤 이하 모든 지방수령은 고려말의 관직이 그대로 계승되었다. 즉, 7도의 장관인 안렴사는 충렬왕 2년에 按察使가 개칭되면서 비롯되고 그 후 提察使 · 按察使 · 按廉使 등으로 개칭되었다가 공양왕 4년에 안렴사로, 도순문사는 공민왕대에 兵馬使가 개칭되면서[67] 각각 정착되었다가 조선으로 계승되었다. 府尹 이하 수령인 부윤은 공민왕대 이전, 그 외의 대도호부사 등은 태조로부터 현종대까지에 걸쳐 각각 정착되었다가[68] 조선으로 계승되었다.

또 고려의 안렴사 · 도순문사와 부윤 이하 지방수령은 당 · 송 등 중국 및 통일신라의 외관직과는 그 통치지역과 民戶의 수에서는 차이가 있고,[69] 관직명이 일치되는 것은 부윤(당)과 지주사 · 지군사(송) 및 현령

---

65) 한충희, 2002, 『朝鮮初期 官衙構造硏究』, 『啓明史學』 13, 3쪽(주11). 대도호부사 이하 수령에는 대도호부사 2, 목사 16, 지부사 24, 지군사 82, 현령 37, 현감무 124직이 있었다.

66) 한충희, 위 논문 6쪽, 任先彬, 1998, 「朝鮮初期 外官制度硏究」(한국정신문화연구원 한국학대학원 박사학위논문) 16 · 34 · 52쪽에서 종합.

67) 邊太燮, 1971, 「高麗按察使考」, 『高麗政治制度史硏究』(一潮閣), 182~193쪽, 「高麗 兩界의 支配組織」(위 책), 232~233쪽에서 종합.

68) 『고려사』 권77, 지 30, 백관 2 외직조.

69) 당의 도 · 대도호부 · 도호부 · 주 · 현의 영역은 고려나 조선의 그것에 비해 수십였고, 민호도 당의 상현은 1만호 이상이고 송의 상현은 3만호 이상인 데 비하여

(당 · 통일신라)에 불과하였다. 그러나 그 외에 있어서도 안렴사 · 대도호부사 · 목사 · 지부사 · 현감무는 당 · 송 등의 관찰사 · 대도호부도호 · 목 · 도호보도호 · 현장[70] 등이 토대가 되어 조정된 것으로 추측된다.

이를 볼 때 조선의 외관직은 당 · 송의 외관직을 토대로 정비된 고려 현종대까지 외관직이 부분적으로 개변되면서 고려말까지 운영되다가 조선개국과 함께 조선으로 계승된 즉, 조선의 외관직제는 고려 현종대의 관제에서 기원되었다고 하겠다. 조선 태조 1년의 외관직과 그 연원이 된 역대 중국과 고려 외관직을 표로 정리하여 덧붙이면 다음과 같다.

<표 2-10> 역대 중국, 통일신라, 역대 고려, 조선 태조 1년 외관직[71]

| 역 대 중 국 | | | 통일신라 | 역대 고려 | | | 조선 태조 1년 | |
|---|---|---|---|---|---|---|---|---|
| 당 | 송 | 명 | | 문종대이전 | 공민왕대(이전) | 공양왕대 | | |
| 觀察使<br>節度使 | 관찰사<br>절도사 | | 都督 | 按察使<br>兵馬使 | (按廉使)<br>都巡問使 | 안렴사<br>도순문사 | 안렴사<br>도순문사 | 종2 |
| 尹 | 知府事 | 知府 | 仕臣 | 留守 | (府尹) | → | 부윤 | 종2품 |
| 大都護府<br>大都護 | | | | 大都護府使 | → | → | 대도호부사 | 정3 |
| 牧 | | | | 牧使 | → | → | 목사 | 3~4 |
| 都護府都護 | | | | 都護府使 | → | → | 도호부사 | 3~4 |
| 刺史 | 知州事 | 知州 | | 知州事 | → | → | 지주사 | 3~4 |
| 太守 | 知郡事 | | 太守 | 知郡事 | → | → | 지군사 | 종4 |
| 縣令 | 知縣(현령) | 지현 | 縣令 | 縣令 | → | → | 현령 | 종5 |
| | 縣長 | | | | (縣監務) | → | 현감무 | 종6 |

고려는 부윤부 이하 모든 군현을 통틀어 가정 많은 경우가 1,000丁 이상이었다 (『신당서』 권49하, 지39하, 백관4하 외관, 『송사』 권166 ~7, 직관119 ~120, 백관6~7 외관, 『고려사』 권78, 지33, 식화 1 공해전조 참조).

70) 『신당서』 백관지 외관, 『송사』 백관지 외관조.

71) 한충희, 「조선초기 도제와 군현제 정비연구」, 『계명사학』 15, 2002, 180쪽 <표 1-ㄴ>에서 전재.

### 3. 內命婦[72)]

내명부는 外命婦에 대칭되는 용어이고, 궁중에서 있으면서 王・王世子를 侍寢하는 內官과 王・王妃・王世子・王世子嬪・內官의 지대와 관련된 여러 일을 지휘하거나 수행하는 宮官을 통칭하는 여성관직자, 즉 女官이다.[73)]

내명부는 조선 개국~세종초에는 內官과 宮官을 구분하지 않고 그 모두를 女官으로 불리었고,[74)] 1428년(세종 10)부터 당제를 참고하여 내관제를 정비하면서 정4품 이상과 정5품 이하가 내관과 궁관으로 구분되었다.[75)] 이어 『세종실록』 5례와 1453년(단종 1)에 내명부가 확인됨에서[76)] 늦어도 단종 즉위년 이전에 내관과 궁관을 합하여 내명부로 통칭하였다고 하겠다. 내관과 궁관을 합칭한 내명부의 호칭이 시작된 시기는 정확히 알 수는 없지만 『세종실록』에 수록된 '5禮儀'가 1435년(세종 17)경에 거의 완성되었음에서[77)] 늦어도 세종 17년 이전부터 호칭된 것으로 추측된다. 이 때의 내명부 칭호가 그대로 계승되다가 마지막 반포된 『경국대전』에 법제화되면서 정립되었다.

---

72) 李英淑, 1982, 「朝鮮初期의 內命婦에 대하여」(『역사학보』 96)를 참고하고 부분적으로 보완하면서 재정리.

73) 『경국대전』 권1, 이전 내명부조에서 종합.

74) 『태종실록』 권1, 1년 3월 무진・권9, 5년 1월 임자.

75) 『세종실록』 권39, 10년 3월 경인.

76) 『세종실록』 권132, 5禮 中宮正至命婦朝賀儀條, 『단종실록』 권1, 즉위년 5월 을류 內命婦貴人昭容 外命婦 (文宗喪)服 斬衰三年(( )필자보).

77) 관혼상제와 국가의 대소의례 즉, 오례의 제정을 주관한 儀禮詳定所가 태종 10년에 설치되어 그 사업을 일단락 짓고 세종 17년에 혁거되었다(『조선왕조실록』 태종 10년 8월 임술~세종 17년 11월 병술조). 이러한 의례상정소의 운영에서 추측한다.

조선의 내명부(여관)는 1397년(태조 6)에 判尙瑞司事 趙浚·鄭道傳 등의 건의에 따라 정1품과 종1품의 賢儀 각 1직 이하 정4품과 종4품의 順成 1~2직과 정5품과 종5품 상궁 1~2직 이하 정9품과 종9품의 司飾 각 2직에 이르는 총 28직의 여관을 두면서 정착되었다.[78] 그러면 이 때의 내명부는 어디에서 연원되었겠는가?

중국의 여관제는 夏·殷·周에서 비롯되었다고는 하나[79] 漢代에 美人~中家人子에 이르는 21직의 명칭과 그 고저의 지위에 따라 차등을 두고 곡식을 지급하는 것으로 체계화되었다.[80] 이어 唐代에 뒤의 표와 같이 정1품 惠妃·麗妃·華妃(총 3인) 이하 정4품 才人(7인)에 이르는 20인의 내관과 정5품 尙宮(2인) 이하 정8품 宮闈(6)에 이르는 40인의 궁관으로 정비되었다.[81] 宋代에 賢妃·貴妃·淑妃·德妃 등 이하의 내관과 尙宮·尙食(품 불명) 이하 司給·司簿·司飾·司記(품 불명)의 궁관으로 개정되었고,[82] 명대에 貴妃·淑妃·寧妃·賢妃·嬪 등의 내관과 6局1司에 설치된 尙宮·尙儀·尙服·尙食·尙寢·尙功·宮正 이하로 체계

---

78) 『태조실록』 권11, 6년 3월 무진. 구체적인 관명·직질·인원은 뒤 <표 2-11> 태조 6년조 참조. 그러나 태조 6년 이전에 있어서도 여관제와 관련된 구체적인 내용이 찾아지지 않지만 왕·왕비·왕세자·왕세자빈의 지대를 위한 여관이 있었을 것이고, 또 개국과 함께 반포된 관제가 고려말의 그것을 계승한 것이었음에서 적어도 궁관은 고려말의 그것이 계승되어 운영된 것으로 추측된다.

79) 『淵鑑類函』 권57, 后妃部 1. 그러나 帝嚳·帝堯·帝舜 때에 "昔帝嚳有四妃 以象后妃四星 其一明者爲正妃 餘三小者爲次妃 帝堯因焉 至舜 不告而娶 不立正妃 但三妃而已 謂之夫人"(위 조) 이라고 하였음에서 삼대 이전에도 그 흔적이 찾아진다.

80) 『연감유함』 권57, 후비부 1.

81) 『신당서』 권44, 지24, 직관 3 내관·궁관, 『연감유함』 권57, 후비부 1에서 종합.

82) 『송사』 권242, 열전 제1, 후비 상 태종·진종·인종후비조, 『연감유함』 권57, 후비부에서 종합.

화 한 궁관으로 재정비되었다.[83)]

고려의 여관제는 태조대에 大夫人·夫人 등을 두면서 비롯되었고,[84)] 현종대에 貴妃·淑妃·院主·宮主·宮女(품계불명) 등의 여관과 尙宮·尙寢·尙食·尙針 등(품계불명)의 궁관으로 체계화되고 문종대에 종래의 貴妃·淑妃·宮主 등에 德妃·賢妃가 추가되면서 정1품으로 상정되었다.[85)] 이후 고려말까지의 여관·궁관의 개변상은 불명하나 翁主·宮主·宅主와[86)] 惠妃·益妃·定妃·愼妃(공민왕)와 順妃(공양왕)[87)] 등이 확인됨에서 그 이전의 여관제를 토대로 부분적으로 개변된 여관제가 운영된 것으로 추측된다.

이러한 태조 6년의 여관·궁관의 구분·명호를 역대 중국·고려의 그것과 관련시켜 보면 내관과 궁관은 중국의 당·송·명과 고려의 현종조에서 구분되었다. 내관·궁관의 명호에 있어서는 淑儀·賢儀는 당,[88)] 尙宮은 당·송·명·고려 현종조에서, 司給·司飾·家令은 송에서 각각 운영되었다.[89)] 또 順成은 위에서는 언급되지 않았지만 魏에서 운영되었다.[90)] 단지 贊德·尙官은 그 기원이 불명하다.

---

83) 『명사』 권74, 지 50, 직관 3 여관·권113, 열전 1, 후비 태조·성조·선종 후비조에서 종합.

84) 『고려사』 권88, 열전 1, 후비 1 태조후비조.

85) 『고려사』 권77, 백관지 2 내직·권88, 열전 1, 후비 1 현종·문종후비조.

86) 『고려사』 권77, 백관지 2 내직·권88, 열전 1, 후비 1 충혜왕 후비조에서 종합.

87) 『고려사』 권88, 열전 1, 후비 1 공민왕·공양왕 후비.

88) 숙의는 당대 이전인 진 무제 때에도 운영되었지만(『연감유함』 권57, 후비부 1) 조선 태조대 여관제를 종합적으로 볼 때 진대의 그것보다는 당대의 그것에서 영향된 것으로 추측된다.

89) 이 중 家令에 있어서는 晉에서도 운영되나 그 직장이 "主刑獄穀禾飮食"(『진서』 권24, 지 14 직관)이라고 규정되었음에서 여관이 아닌 것으로 추측된다.

<표 2-11> 역대 중국·고려, 조선 태조 6년 내명부

| 품 | 중국 | | | 고려 | | 조선 태조 6년 | 비고 |
|---|---|---|---|---|---|---|---|
| | 당 | 송 | 명 | 현종 | 문종 | | |
| 정1 | 惠妃·麗妃·華妃(3인) | 賢妃·德妃·宸妃·貴妃·淑妃(품불명) | 貴妃·淑妃·寧妃·賢妃(품불명) | 貴妃·淑妃(품불명) | 貴妃·淑妃·德妃·顯妃 | 賢儀 1인 | 내관 |
| 종1 | | | 嬪(품불명) | | | 賢儀 1 | |
| 정2 | 淑儀·德儀·賢儀·順儀·婉儀·芳儀(6) | 修儀·美人·夫人(품불명) | | | | 淑儀 1 | |
| 종2 | | | | | | 淑儀 1 | |
| 정3 | 美人(4) | | | | | 贊德 1 | |
| 종3 | | | | | | 贊德 2 | |
| 정4 | 才人(7) | | | | | 順成 1 | |
| 종4 | | | | | | 順成 2 | |
| 정5 | 尙宮2 | 尙宮·尙食(품 불명) | 尙宮·尙儀·尙服·尙食·尙寢·尙功·尙正(각1) | 尙宮·尙寢·尙食·尙針(품 불명) | | 尙宮 1 | 궁관 |
| 종5 | | | | | | 尙宮 2 | |
| 정6 | 司記 2, 女史 6, 司闈 6 | 司寶·司衣(품 불명) | | | | 尙官 1 | |
| 종6 | | | | | | 尙官 2 | |
| 정7 | 典記 2, 여사 6, 司言 2, 典闈 6 | 家令(품 불명) | | | | 家令 2 | |
| 종7 | | | | | | 家令 2 | |
| 정8 | 掌記 2, 掌簿 2, 掌闈 6, 女史 4 | 司給·司簿·司飾·司記(품 불명) | | | | 司給 2 | |
| 종8 | | | | | | 司給 2 | |
| 정9 | | | | | | 司飾 2 | |
| 종9 | | | | | | 司飾 2 | |

90) 『淵鑑類函』 권57, 후비부 1.

이를 볼 때 태조 6년에 성립된 조선의 여관제는 명과 고려에서 상궁이 위에서 숙의가 찾아지기도 하나 상궁 등 그 대부분이 당·송에서 운영되었다. 이 점에서 태조 6년의 여관제는 중국 당·송의 여관제에서 연원되었다고 하겠다. 위에서 살펴 본 역대 중국·고려와 조선 태조 6년의 여관제를 표로 재정리하여 덧붙이면 앞의 표와 같다.

이상에서 개국과 함께 성립된 경관직·외관직은 고려말의 경관직과 외관직에서, 태조 6년에 설치된 여관제는 중국의 당·송의 여관직에서 각각 연원되었다고 하겠다.

## 제3절 官衙의 淵源

조선은 개국과 함께 고려말의 경·외 정치기구를 계승하여 문하부 이하 100여 중앙 관아와 7道·2面과 鷄林·慶州府 尹府 이하 300여 군현을 설치하였다. 이들 경·외 정치기구는 '태조즉위교서'를 볼 때 피상적으로는 고려말의 그것에서 연원된 것으로 추측된다. 여기에서는 이중 경외 정치기구를 대상으로 그 연원을 살펴본다.

### 1. 中央 官衙

조선 개국과 함께 성립된 중앙 관아에는 宰樞들의 합의기구인 都評議使司를 위시하여 門下府 등 10여 宰樞衙門, 6曹 등 30여 堂下衙門, 司膳署·料物庫 등 20여 參上衙門, 義鹽倉·架閣庫 등 10여 參下衙門, 養賢庫 등 10여 流外衙門 등 총 80여 아문이 있었다.[91]

---

91) 『태조실록』 권1, 1년 7월 정미.

먼저 이들 80여 아문의 명칭을 보면 대부분의 아문은 고려시대에 등장하였고, 일부만이 조선의 개국과 함께 등장된 것이었다. 즉, 다음의 <표 2-11>에서와 같이 도평의사사와 문하부·삼사 등 60여 아문은 고려 초 이래로 고려말까지 계승되거나 운영된 아문이었고, 세자관속·군자감·경흥부 등 10여 아문은 동궁관·군자시·왕비부가 계승된 것이었다. 단지 훈련관·의흥친군위·동서요·아악서 등 10여 아문만이 새로이 설치된 것이었다.

또 고려일대에 운영된 관아 중 40여 재추·당하아문의 관아명을 중국 당, 송, 원대의 그것과 비교하여 보면 도평의사사를 제외한 문하부·중추원·육조 등 모두는 당·송대의 관아와 명칭이 같거나 그것이 토대가 되어 조정된 것이었다.

이를 볼 때 조선 개국과 함께 성립된 중앙관아는 당·송·원제를 참작하여 성립되고 변개되면서 운영된 고려 문종대의 관직에서 연원되고 공양왕대의 관제에서 기원되었다고 하겠다. 역대 중국·고려와 조선 태조 1년의 중앙관아를 표로 정리하여 덧붙이면 다음과 같다.

<표 2-12> 역대 중국·고려, 조선 태조 1년 중앙관아[92]

| 역 대 중 국 | | | | 역 대 고 려 | | | | 조선 태조 1년 | |
|---|---|---|---|---|---|---|---|---|---|
| 당 | 송 | 원 | 명 | 문종대 (이전) | 충렬·충선왕대 | 공민왕대 | 공양왕 (이전) | | |
| | | | | | 都評議使司 | → | → | 도평의사사 | 재추아문 |
| 門下省 | → | 中書省 | 內閣 | 中書門下省 | 僉議府 | 門下府 | → | 문하부 | |
| | 三司 | | | (三司) | → | → | → | 삼사 | |
| | 秘書省 | 翰林兼國史院 | 翰林院 | | 藝文春秋館 | | | 예문춘추관 | |
| | 樞密院 | | | (中樞院) | | | | 중추원 | |
| | | | | (經筵官) | 密直司 | | | 경연관 | |
| 동궁관 | | 儲政院 | | 東宮官 | | | | 세자관속 | |
| 御史臺 | → | | 都察院 | 어사대 | | | | 사헌부 | |
| 京兆府 | | | | (開城府) | 司憲府 | → | → | 개성부 | |
| | | | | | → | | | 義興親軍左·右衛 | |
| 六部 | → | → | → | (육부) | 六曹 | 육부 | 육조 | 육조 | 당하아문 |
| | | 典書院 | 尙寶司 | | | | (尙瑞司) | 상서사 | |
| 國子監 | → | | | (국자감) | 成均館 | | | 성균관 | |
| | | | | (閣門) | | | | 각문 | |
| 太常寺 | → | 太常禮儀院 | | (太常) | 奉常寺 | | | 봉상시 | |
| 宗正寺 | → | 大宗正府 | | 殿中寺 | 宗簿寺 | 태상시 | | 전중시 | |
| | | | 宗人府 | | | | | 訓鍊觀 | |
| 太僕寺 | → | | | 大僕寺 | 司僕寺 | | | 사복시 | |
| 司農寺 | → | 大司農司 | | 司農 | 典農寺 | | | 사농시 | |
| 大府寺 | → | 太府監 | | 대부시 | 內府寺 | 司農寺 | | 내부시 | |
| 鴻臚寺 | → | | | (禮賓寺) | 典客寺 | | | 예빈시 | |
| | | | | (秘書省) | 典校寺 | 禮賓寺 | | 校書監 | |
| 將作監 | → | 將作院 | | (將作監) | 繕工監 | | | 선공감 | |
| 光祿寺 | → | | | 사재시 | 司宰監 | 선공시 | | 사재감 | |
| 衛尉寺 | → | | | 小府監 | 小府寺 | | | 군자감 | |
| 小府監 | 軍器監 | | | (軍器監) | 혁 | 군기감 | 軍資寺 | 군기감 | |

92) 『태조실록』 권1, 1년 7월 정미, 『신당서』·『송사』·『원사』·『명사』 직관지 및 『고려사』 백관지, 姜文奎, 『中國歷代政制考』, 國立編譯館, 1987 등에서 종합.

| 역 대 중 국 | | | | 역 대 고 려 | | | | 조선<br>태조 1년 | |
|---|---|---|---|---|---|---|---|---|---|
| 당 | 송 | 원 | 명 | 문종대<br>(이전) | 충렬·충선왕대 | 공민왕대 | 공양왕<br>(이전) | | |
| 都水監 | → | | | | 都府署 | | 司水寺 | 사수감 | 당하 |
| | 司天監 | | 欽天監 | (司天臺) | 書雲觀 | | | 서운관 | 아문 |
| 太醫署 | | 太醫院 | | (太醫監) | 典醫寺 | | | 전의감 | |
| 中宮 | | 中政院 | | 王妃府 | → | → | → | 敬興府 | |
| | | | | (2軍6衛) | | | 8衛 | 8위 | |
| | | | | (尙食局) | 司膳署 | | | 사선서 | 참상 |
| | | | | 良醞署 | 司醞監 | | | 사온서 | 아문 |
| | | | | (備用司) | 料物庫 | | | 요물고 | |
| | | | | | 義盈庫 | | | 의영고 | |
| | | | | 大府上庫 | 長興庫 | | | 장흥고 | |
| 大倉署 | | | | 右倉 | 豊儲倉 | | | 풍저창 | |
| | | | | 左倉 | 廣興倉 | | | 광흥창 | |
| | | | | | | | 濟用庫 | 제용고 | |
| | | | | | | 典解庫 | | 解典庫 | |
| 平準署 | | | | (京市署) | | | | 경시서 | |
| | | | | (中尙署) | 供造署 | | | 공조서 | |
| | | | | (5部) | | | | 5부 | |
| | | | | (2軍6衛) | | | 8衛 | 8위 | |
| | | | | | 都府外 | → | → | 도부외 | |
| | | | | | | 義鹽倉 | | 의염창 | 참하 |
| | | | | | | 架閣庫 | | 가각고 | 아문 |
| 織染署 | | | | 都染署 | | | | 도염서 | |
| 大理寺 | → | | 大理寺 | 典獄署 | 혁 | 전옥서 | | 전옥서 | |
| | | | | (典廐署) | | | | 전구서 | |
| | | | | | | | 書籍鋪 | 書籍院 | |
| | | | | 延慶宮提學司 | | | | 壽昌宮提學司 | |
| | | | | | | | 律學 | 율학 | |
| | | | | | | | 算學 | 산학 | |
| | | | | | 大淸觀 | → | (혁) | 대청관 | |
| 5軍 | | | 5군 | | | | 3軍 | 3군 | 유외 |
| | | | | (式目都監) | | | | 식목도감 | 아문 |
| | | | | 養賢庫 | | | | 양현고 | |

| 역 대 중 국 | | | | 역 대 고 려 | | | | 조선<br>태조 1년 | |
|---|---|---|---|---|---|---|---|---|---|
| 당 | 송 | 원 | 명 | 문종대<br>(이전) | 충렬·충선왕대 | 공민왕대 | 공양왕<br>(이전) | | |
| | | | | 東西大悲院<br>社稷壇? | → | → | 惠民典藥局<br>→ | 惠民局<br>동서대비원<br>社稷壇<br>東西窯 | 유외아문 |
| 內侍府<br>掖庭局<br>太樂署 | | | 司禮監 | (掖庭局)<br>(大樂署) | 內侍府<br>典樂署 | 혁(우왕) | 내시부 | 내시부<br>액정서<br>전악서<br>雅樂署 | 잡직아문 |

2. 地方 官衙

조선 개국과 함께 설치된 지방 관아에는 중간행정기구인 7道・2面과 군현인 府尹府・大都護府・牧・都護府・知州・知郡・縣令・監務官이 있었다. 道・面의 장관인 都觀察黜陟使・都巡問使는 왕명을 받아 府尹 이하의 수령을 지휘・감독하면서 관내의 정치・군사를 총관하였고, 부윤 이하 수령은 도관찰출척사・도순문사의 지휘・감독을 받으면서 그 지역의 백성을 다스렸다.

먼저 도・면과 부윤부 이하 지방 관아의 명칭을 보면 道는 고려초에, 面은 공민왕대에 界가 개칭되면서 각각 정착되었다가 조선으로 계승되었다. 府尹府는 공민왕대 이전에 留守府가 개칭되면서, 大都護府・牧・都護府・郡・縣은 고려 초에 각각 정착되었다가[93] 조선으로 계승되었다. 또 고려의 도와 대도호부・도호부・주・군・현은 당・송에서 지방

93) 『고려사』 권77, 지30, 백관2 외직조.

관아로 통용되었고, 부윤부는 당의 都牧과 통일신라의 小京에서 연원된 것이었다.[94]

다음으로 외관을 두어 지방을 통치한 군현제와 중간 행정기구를 두어 군현을 통치한 지방통치구조 또한 조선은 고려의 그것을 계승한 것이었고, 고려제는 당·송 등 중국의 그것을 받아들여 정비한 것이었다.

이를 볼 때 조선 지방 정치기구는 당·송의 지방 정치기구를 받아들여 정비한 고려의 지방 정치기구에서 연원되었다고 하겠다. 지금까지 살펴본 조선 지방정치기구의 연원을 표로 재정리하여 덧붙이면 다음과 같다.

<표 2-13> 역대 중국·고려와 통일신라 및 조선 태조 1년 지방 관아[95]

| 역 대 중 국 | | | | 통일신라 | 역 대 고 려 | | | 조선 태조 1년 |
|---|---|---|---|---|---|---|---|---|
| 당 | 송 | 원 | 명 | | 문종대이전 | 공민왕대(이전) | 공양왕대 | |
| 道 | 路 | 行省 | 행성 | 州 | 道 | → | → | 도 |
| | | | | | 界 | 面 | → | 면 |
| 都牧 | | | 南京 | 小京 | 留守府 | (府尹府) | → | 부윤부 |
| 大都護府 | | | | | 大都護府 | → | → | 대도호부 |
| | | | | | 牧 | → | → | 목 |
| 都護府 | | | | | 都護府 | → | → | 도호부 |
| 州 | → | → | → | | 州 | → | → | 주 |
| 郡 | | | | 郡 | 郡 | → | → | 군 |
| 縣 | → | → | → | 縣 | 縣 | → | → | 현 |

이상에서 조선의 산계는 문·무산계는 당·송의 그것을 받아들여 정비하고 계승한 고려의 문·무산계에서 연원되고 종친·의빈·잡직·토

94) 『신당서』 직관지 백관 외관, 『송사』 직관지 백관 외직, 『삼국사기』 직관지 외관조 참조.

95) 한충희, 위의 논문, 180쪽 <표 1-ㄱ>에서 전재.

관계는 당·송 등 중국의 관제에서 흔적이 찾아지기는 하나 조선에서 독창되었다. 조선의 중앙·지방의 각급 관직·정치기구는 당·송제를 참작하여 정비하고 멸망 때까지 개변되면서 계승된 고려의 그것이 다시 계승되었다. 즉, 조선의 관계·관직·정치기구 등 관제는 중국의 당·송 등의 관제에 기원이 있으며, 당·송 등의 관제를 참작하여 정비한 고려의 관제가 계승된 것이었다고 하겠다.

# 제3장 官階의 成立과 整備

## 제1절 文散階 · 武散階

### 1. 文散階

조선의 문산계는 개국과 함께 정1품 特進輔國崇祿大夫(상) · 輔國崇政大夫(하)로부터 종9품 將仕郞의 30계를 두면서 정착되었다. 이어 태종대에 정1품 상 · 하계가 大匡輔國崇祿大夫 · 輔國崇祿大夫로 개칭되고 종1품 崇祿大夫로부터 종9품 將仕郞까지의 28계가 그대로 계승되면서 정립되었다. 그러면 이들이 개칭되게 된 배경 · 시기와 명칭의 기원은 어떠하였겠는가?

정1품 상계와 하계인 특진보국숭록대부와 보국숭정대부가 대광보국숭록대부와 보국숭록대부로 개칭된 배경 · 시기 · 명칭의 기원은 명확하지 못하다. 그런데 대광보국숭록대부는 閔霽가 정종 2년 3월에 特進輔國崇祿大夫 右政丞[1] 成石璘이 태종 1년 가을(9~11월)에 輸忠同德翼戴佐命功臣 大匡輔國崇祿大夫 昌寧府院君에[2] 각각 제수되었음에서

1) 『정종실록』 권4, 2년 3월 경진, 『國朝人物考』 閔霽碑銘.

2) 『國朝人物考』 成石璘行狀.

정종 2년 3월~태종 1년 11월의 어느 시기에 특진보국숭록대부가 개칭되면서 성립되었다고 하겠다.

그런데 정종 2년과 태종 1년에 정치제도를 정비하기 위한 관제개혁이 있었는데, 그 성격과 내용을 보면 정종 2년에는 도평의사사체제를 의정부체제로 개편하는 데 그쳤고, 태종 1년에는 의정부제의 정립과 관아·관직의 정비 등 보다 구체적이면서도 광범한 개변이 있었다.[3] 이점에서 태종 1년에 특진보국숭록대부가 대광보국숭록대부로 개정된 것으로 보인다.

한편 태종 1년 이전의 역대 중국·고려의 문산계를 보면 '대광보국숭록대부'와 동일한 산계는 없다. 그러나 '大匡, 大匡系'(충선왕 2년, 공민왕 11·18년 정2품 상계·정1 상~종1 하계)·'輔國'字(공민왕 18년, 정1 상)가 포함된 산계가 있었고, 정2품 하계에 '崇祿大夫'(금 , 공민왕 18)가 있었으며, 조선에서도 종1품 상계에 숭록대부가 있었다. 또 정1품계는 중국 원·명과 충선왕 2년 이후 고려에서 운영되었다. 이에서 대광보국숭록대부는 최고위 산계의 위치인 종1품 상계 숭록대부와 역대 고려 산계명에 포함되었던 '대광·보국'자를 종합하면서 성립된 것으로 보인다.

輔國崇祿大夫도 그 개칭된 배경·시기·명칭의 기원 등이 불명하다.

---

3) 한충희, 1994, 「중앙 정치구조」, 『한국사』 권23, 국사편찬위원회, 58쪽. 정종 2년 4월에는 都評議使司·中樞院을 議政府·三軍府로 개편되고 의정부와 삼군부가 각각 정치와 군사를 총관하게 되었으며, 中樞院 承旨가 承政院으로 독립되었다. 태종 1년에도 의정부에 합속되어 있던 문하부가 혁거되면서 재신은 의정부적인 명호로 개칭되고 문하부 낭사는 사간원으로 독립되었으며, 예문춘추관이 예문관과 춘추관으로 분립되었고, 의흥삼군부 등이 승추부 등으로 개칭되고 승정원이 다시 승추부에 합속되었다. 또 사헌부 등의 中丞 등이 執義 등으로 개칭되었고, 사간원 左·右散騎常侍가 혁거되고 左·右諫議大夫가 정3품직 左·右司諫으로 승질·개칭되었으며, 校書監이 校書館으로 개칭되면서 少監 이상 관직이 혁거되었다.

그 시기는 태종 11년에 盧崇이 輔國崇祿大夫 檢校右議政에 제수된 것이 처음으로 확인됨에서 태종 11년 이전에 輔國崇政大夫가 개칭되면서 성립되었다고 하겠다.

그런데 태조 1년의 문산계 중 후대에 개정된 것은 정1품계인 특진보국숭록대부·보국숭정대부뿐이었고, 무산계는 세조 12년에 전면적으로 개정되고 정비되었으며, 특진보국숭록대부가 태종 1년에 대광보국숭록대부로 개정된 것으로 추측되었다. 이에서 태종 1~11년에도 5년에 육조제가 정립되는[4] 등 빈번하게 관제가 개변되기는 하나 보국숭정대부는 태종 1년 특진보국숭록대부가 대광보국숭록대부로 개정될 때 보국숭록대부로 개정된 것으로 보인다.

그 명칭은 태종 1년 이전의 역대 중국·고려의 문산계에 '보국숭록대부'와 동일한 것은 없다. 그러나 공민왕 18년 정1품 상계에 '輔國'字가 포함되어 있었고, 금·고려 공민왕 18년 정2품 하계에 '崇祿大夫'가 있었으며, 조선에서도 종1품 상계에 숭록대부가 있었다. 또 정1품계는 중국 원·명과 충선왕 2년 이후 고려에서 운영되었다. 이에서 보국숭록대부는 2번째 산계의 위치, 고려 산계명에 포함되었던 '보국'자와 1·3위 산계명과 관련시켜 보국과 숭록대부가 종합되면서 개정된 것으로 보인다.

이에서 특진보국숭록대부·보국숭정대부는 태종 1년에 의정부제 정비 등 관아·관직정비 때에 제1~2계인 위치, 역대 중국과 고려의 산계명 등을 참작하여 대광보국숭록대부·보국숭록대부로 개정되었다.

---

4) 태종 5년에 육조는 장관인 정3품 전서 이하가 혁거되고 정2품 판서 이하가 설치되었으며, 속사·속아문제가 정비되었다. 이에 따라 육조는 정3품아문에서 정2품아문으로 승격하였고, 각조는 판서가 조정에 참여하고 속사·속아문을 지휘하면서 서정을 분장하는 즉, 국정의 중심기관이 되었다(韓忠熙, 1997, 『朝鮮初期 六曹와 統治體系』, 계명대학교출판부, 40~49쪽).

<표 3-1> 조선 문산계 정비

| | | 태조 1년 7월 | 태종 1년경 | 『경국대전』 | 비고(계명의 시작) |
|---|---|---|---|---|---|
| 정1품 | 상 | 特進輔國崇祿大夫 | 大匡輔國崇祿大夫 | → | |
| | 하 | 輔國崇政大夫 | 輔國崇祿大夫 | → | 명 특진숭록대부(정1하) |
| 종1 | 상 | 崇祿大夫 | → | → | 금(종2), 고려(종1,정2하,종2하) |
| | 하 | 崇政大夫 | → | → | |
| 정2 | 상 | 正憲大夫 | → | → | |
| | 하 | 資憲大夫 | → | → | |
| 종2 | 상 | 嘉靖大夫 | → | → | |
| | 하 | 嘉善大夫 | → | → | |
| 정3 | 상 | 通政大夫 | → | → | |
| 정3 | 하 | 通訓大夫 | → | → | 명(종4상) |
| 종3 | 상 | 中直大夫 | → | → | |
| | 하 | 中訓大夫 | → | → | |
| 정4 | 상 | 奉正大夫 | → | → | |
| | 하 | 奉列大夫 | → | → | 금(종5하) |
| 종4 | 상 | 朝散大夫 | → | → | 당·송·금·고려(종4상~종5하) |
| | 하 | 朝奉大夫 | → | → | 송(정5하), 고려(종5상, 종5) |
| 정5 | 상 | 通德郎 | → | → | |
| | 하 | 通善郎 | → | → | |
| 종5 | 상 | 奉直郎 | → | → | 송(종6상), 원(종5상) |
| | 하 | 奉訓郎 | → | → | |
| 정6 | 상 | 承議郎 | → | → | 당(정6하)·금(정7상), 고려(정6하) |
| | 하 | 承訓郎 | → | → | |
| 종6 | 상 | 宣教郎 | → | → | |
| | 하 | 宣務郎 | → | → | |
| 정7 | | 務工郎 | → | → | |
| 종7 | | 啓功郎 | → | → | |
| 정8 | | 通仕郎 | → | → | |
| 종8 | | 承仕郎 | → | → | |
| 정9 | | 從仕郎 | → | → | |
| 종9 | | 將仕郎 | → | → | 당·금·원·명(정8하~종9하), 고려(종9하) |

태종 1년경에 정비된 문산계가 후대를 통해 단지 정3품 상계인 通政大夫가 堂下階에서 堂上階로 승격되면서[5] 그대로 계승되다가 성종 16년(1485)에 반포된 마지막 『경국대전』에 법제화되면서 확립되었으며, 이후 조선으로 계승되었다. 태조 1년으로부터 『경국대전』에 이르기까지의 문산계 정비과정을 표로 재정리하면 앞과 같다.

### 2. 武散階

조선의 武散階는 태조 1년 왕조 개창과 함께 정3품 折衝·果毅將軍 이하 종8품 修義副尉의 20계를 두면서 성립되었다. 이에 따라 조선의 무반은 고려의 무반이 문반과 같이 문산계를 적용받았음과는 달리 무산계를 적용받게 되었고, 이는 무과의 실시와 함께 문반과 대등한 지위를 누리면서 명실상부한 양반제의 토대가 되었다. 이 때의 무산계가 이후 세종대와 세조대에 정·종9품계를 신치하고 산계명을 대대적으로 개칭하면서 정립되었다.

태조 1년에 반포된 무산계가 후대로 계승되다가 세종 18년에 정9품 進武副尉와 종9품 進義副尉가 신치되면서 문산계와 동일한 구조로 정비되었다. 이 때에 9품계가 설치되게 된 것은 세종이

5) 당상관에게 수여된 당상관계는 당상관직의 변동, 당상관의 기준을 관직에서 품계로 전환한 조치에 따라 개국 때에는 실직 종2품직 이상에 재직한 嘉善大夫 이상이었고, 세종대에 당상관직을 역임한 통정대부 이상으로 확대되었다가 세조 12년에 동반 通政大夫 이상과 서반 折衝將軍 이상으로 확정되었다. 당상관직과 당상관계의 정비과정은 金松姬, 1998, 『朝鮮初期 堂上官 兼職制研究 -東班 京官職과 臨時職을 중심으로-』, 한양대학교 출판부, 50~58쪽 참조.

> 동반직에는 9품계가 있을 뿐 아니라 權務職까지 있어서 차례로 진급하는데 비하여 서반직에는 9품계가 없으므로 流外職인 隊正·隊副가 곧바로 8품계로 陞資하는 것은 巡資法에 위배된다. 9품계를 가설하여 그 폐단을 개혁하라.6)

고 한 전교에 따라 있게 된 것이었다. 이로서 무산계는 정3~종9품계를 둔 문산계와 같은 구조를 갖게 되었다. 또 신설된 진무·진의부위는 역대의 중국·고려에서 그 명칭이 찾아지지 않는다. 이에서 무산계 정·종9품계는 무관의 정상적인 승진과 제수를 위한 관직제 정비에 따라 조선 독자적인 산계로 설치되었다고 하겠다.

그 후 1466년(세조 12)에 이르러 정1품~종2품계는 문산계를 답습하고, 정3품 이하는 折衝(정3 상)·保功(종3 하)·宣略(종4 하)將軍과 顯信(종5 상)·彰信(종5 하)·敦勇(정6 상)·進勇(정6 하)校尉 및 承義(정8)·修義(종8)副尉 등 9계는 그대로 계승하고 果毅(정3 하)·保義(종3 상)·威勇(정4 상)·宣節(종4 상)將軍은 禦侮·建功·振威·定略將軍, 忠毅(정5 상)·顯毅(정5 하)·承義(종6 상)·修義(종6 하)校尉는 果毅·忠毅·勵節·秉節校尉, 敦勇(정7)·進勇(종7)·振武(정9)·振義(종9)副尉는 迪順·奮順·效力·展力副尉로 각각 계명을 대대적으로 개정하고, 정3품 상계인 절충장군이 堂下官에서 堂上官으로 승격되면서 정립되었다.7)

그 외에 정4품 하 威毅將軍은 언제 昭威將軍으로 개칭되었는가는 불명하나 세조 12년 개칭 때에는 언급이 없다가 『경국대전』에 소위장군으로 명문화되었다. 이에서 위의장군은 태조 1년~성종 16년(『경국

---

6) 『세종실록』 권73, 18년 윤6월 계미.

7) 『세조실록』 권38, 12년 1월 무오.

대전』)의 어느 시기 즉, 태조 1년~세조 11년이나 세조 12년~성종 16년의 어느 시기에 소위장군으로 개칭되었다고 하겠다. 한편 태조 1년의 무산계명을 보면 정3품 折衝·果毅將軍은 상계와 하계가 별개의 용어로 되었지만 종3품 이하는 保義·保功將軍(종3)과 威勇·威毅將軍(정4) 경우 '保'字와 '威'字가 같은 것처럼 2자 중 1자가 같고 그 위치도 같았다. 그런데 그 개정 시기가 세조 12년 이전이라면 '昭威'와 '威勇'은 '威'자가 같기는 하나 그 위치가 다르고, 세조 12년 이후라면 세조 12년에는 '威毅'와 '振威'는 '威'자가 같기는 하나 그 위치가 다르다. 이에 비해 세조 12년에 개정되었다면 그 이전과 이후 모두 여타 계명과 같이 '威'자가 같으면서 그 위치도 같다. 또 특별히 1계만을 세조 12년 보다 먼저나 남겨서 개정하였을 것으로는 생각되지 않는다. 이 점에서 종4품 하 위의장군은 세조 12년에 여타 산계와 같이 소위장군으로 개칭되었으나 실수로 『세조실록』에는 적기되지 못한 것으로 생각된다.

세조 12년에 개정된 階名들은 역대의 중국·고려의 무산계에서 그 명칭이 찾아지지 않았다. 또 이 때는 세조가 재위기를 통하여 추진한 『경국대전』의 편찬이 거의 마무리되었고,[8] 그에 수반되어 정치·군사·경제·사회제도 크게 정비되었다. 이에서 세조 12년의 대대적인

---

8) 『경국대전』은 세조 4년(1458)에 세조가 『경제육전』 이래 당시까지에 걸친 법전과 조례를 집성하여 국가통치의 토대가 될 영세불변의 법전을 편찬한다는 방침에 따라 착수되었고, 이후 세조의 주도아래 최항·노사신 등이 집중적으로 추진하여 세조 12년까지 호전(6년), 형전(7) 등 6전의 초안이 작성되었다. 그 후 보다 완전을 기하기 위한 수정·보완, 세조의 중병과 훙서, 예종의 조서 등과 관련되어 반포·시행이 지연되다가 1차로 성종 2년(1471, 『신묘대전』)에 반포되었고, 다시 수정되었다가 성종 16년에 재차 반포되면서(『을사대전』) 마무리되었다(朴秉濠, 1995, 「『경국대전』의 편찬과 계승」, 『한국사』 22, 국사편찬위원회, 196~213쪽).

무산계 개정은 『경국대전』의 편찬에 수반된 대대적인 관제정비에 따라 명칭을 조정하면서 등장하게 되었다.

<표 3-2> 조선 무산계 정비

| | | 태조 1년 | 세종 28년 | 세조 12년 | 『경국대전』 | 비고(명칭기원) |
|---|---|---|---|---|---|---|
| 정1 | 상 | 문산계 | 문산계 | 大匡輔國崇祿大夫 | → | |
| | 하 | 준용 | 준용 | 輔國崇祿大夫 | → | |
| 종1 | 상 | | | 崇祿大夫 | → | |
| | 하 | | | 崇政大夫 | → | |
| 정2 | 상 | | | 正憲大夫 | → | 문산계와 공통 |
| | 하 | | | 資憲大夫 | → | '大夫'階 |
| 종2 | 상 | | | 嘉靖大夫 | → | |
| | 하 | | | 嘉善大夫 | → | |
| | | | | | → | |
| 정3 | 상 | 折衝將軍 | → | → | → | 이상 당상관 |
| | 하 | 果毅將軍 | → | 禦侮將軍 | → | |
| 종3 | 상 | 保義將軍 | → | 建功將軍 | → | |
| | 하 | 保功將軍 | → | → | → | |
| 정4 | 상 | 威勇將軍 | → | 振威將軍 | → | '將軍'階 |
| | 하 | 威毅將軍 | → | 昭威將軍? | 昭威將軍 | |
| 종4 | 상 | 宣節將軍 | → | 定略將軍 | → | |
| | 하 | 宣略將軍 | → | → | → | |
| 정5 | 상 | 忠毅校尉 | → | 果毅校尉 | → | |
| | 하 | 顯毅校尉 | → | 忠毅校尉 | → | |
| 종5 | 상 | 顯信校尉 | → | → | → | |
| | 하 | 彰信校尉 | → | → | → | 교위계 |
| 정6 | 상 | 敦勇校尉 | → | → | → | |
| | 하 | 進勇校尉 | → | → | → | |
| 종6 | 상 | 承義校尉 | → | 勵節校尉 | → | |
| | 하 | 修義校尉 | → | 秉節校尉 | → | |
| 정7 | | 敦勇副尉 | → | 迪順副尉 | → | |
| 종7 | | 進勇副尉 | → | 奮順副尉 | → | |
| 정8 | | 承義副尉 | → | → | → | 부위계 |
| 종8 | | 修義副尉 | → | → | → | |
| 정9 | | | 進武副尉 | 效力副尉 | → | |
| 종9 | | | 進義副尉 | 展力副尉 | → | |

그리하여 세조 12년의 무산계가 후대로 계승되었다가 성종 16년 마지막 『경국대전』의 반포와 함께 법제화되면서 확립되었으며, 이후 조선일대로 계승되었다. 지금까지 살펴 본 조선 무산계의 정비과정을 표로 제시하면 앞과 같다.

## 제2절 宗親階·儀賓階·雜職階·土官階

### 1. 宗親階

종친은 1443년(세종 25)까지는 문반에 포괄되어 문산계를 받았다. 그러나 1443년 당시까지 걸친 관제정비, 정종 2년 이래의 宗親不仕의 원칙 천명과[9] 관련되어 정1품 顯祿大夫(상)·興祿大夫(하)로부터 정6품 執順郎(상)·從順郎(하)에 이르는 22階의 독자적인 산계를 갖게 되었다.[10]

<표 3-3> 『경국대전』 종친계(이전 경관직조)

| 품 | 계 | 품 | 계 |
|---|---|---|---|
| 정1품 | 顯祿大夫, 興祿大夫 | 정4품 | 宣徽大夫, 廣徽大夫 |
| 종1품 | 昭德大夫, 嘉德大夫 | 종4품 | 奉成大夫, 光成大夫 |
| 정2품 | 崇憲大夫, 承憲大夫 | 정5품 | 通直郎, 秉直郎 |
| 종2품 | 中義大夫, 正義大夫 | 종5품 | 謹節郎, 愼節郎 |
| 정3품 | 明善大夫(당상관), 彰善大夫(당하) | 정6품 | 執順郎, 從順郎 |
| 종3품 | 保信大夫, 資信大夫 | | |

9) 『정종실록』 권4, 2년 5월, 『세종실록』 권37, 9년 8월 기사, 『문종실록』 권13, 2년 4월 경인조.

10) 『세종실록』 권102, 25년 12월 을축.

이 산계가 변동 없이 후대로 계승되다가 『경국대전』의 편찬과 함께 앞의 표와 같이 명문화되었다.

2. 儀賓階

의빈은 1444년(세종 26)까지는 문반에 포괄되어 문산계를 받았다. 그러다가 1444년에 당시까지에 걸친 관제정비, 정종 2년 이래의 儀賓不仕의 원칙 천명과[11] 관련하여 정1품 綏祿大夫(상)·成祿大夫(하)로 부터 종3품 明信大夫(상)·敦信大夫(하)에 이르는 12階의 독자적인 산계를 갖게 되었다.[12] 이 산계가 변동 없이 후대로 계승되다가 『경국대전』의 편찬과 함께 다음의 표와 같이 명문화되었다.

<표 3-4> 『경국대전』 의빈계(이전 경관직조)

| 품 | 계 | 품 | 계 |
|---|---|---|---|
| 정1품 | 綏祿大夫, 成祿大夫 | 정3품 | 奉順大夫(당상관), 正順大夫(당하) |
| 종1품 | 光德대부, 崇德대부 | 종3품 | 明信대부, 敦信대부 |
| 정2품 | 奉憲대부, 通憲대부 | | |
| 종2품 | 資義대부, 順義대부 | | |

3. 雜職階

雜職者는 개국초에는 雜類로 불리면서 문·무산계의 적용을 받았고, 또 처음부터 동·서반 잡직계가 구분되어 설정된 것은 아니었다. 즉 1392년(태조 1)으로부터 1444년(세종 26)까지는 內竪·樂工의 流外職과 工商賤隷·皂隷·所由·羅將·仗首 등 잡류는 문·무산계를 받았다. 그러

11) 『정종실록』 권4, 2년 5월, 『문종실록』 권13, 2년 4월 경인조.

12) 『세종실록』 권105, 26년 7월 무신.

다가 1444년에, 1430년(세종 12)이래의 잡류와 문·무반이 朝班에 혼잡된 문제를 시정하기 위한 서반 잡직의 설정을[13] 뒷받침하기 위하여 우선 정5품 奉事校尉(상)·奉務校尉(하)로부터 종8품 尙功副尉에 이르는 12서반잡직계를 두면서 비롯되었다.[14]

이후 세조대(1455~1468)까지 破陣軍·彭排·隊卒 등의 제수를 위한 서반잡직계는 정6품이 상한이 되고 정·종 9품계의 설정 및 그 산계명도 전면적으로 개칭되는 등 정6품 奉任校尉(상)·修任校尉(하)로 부터 종9품 勤力副尉에 이르는 10계로 개정되었다. 이에 덧붙여 정6품 典樂으로부터 종9품 副典丞 등에 이르는 동반잡직자의 제수를 위해 정6품 供職郎(상)·勵職郎(하)으로부터 종9품 展勤郎에 이르는 10 동반잡직계가 설정되고 정립되었다. 이 동·서반 잡직계가 변동없이 후대로 계승되었다가 『경국대전』의 편찬과 함께 다음의 표와 같이 명문화되었다.

<표 3-5> 『경국대전』 문반·무반 잡직계(이·병전 잡직조)

| 품 | 동반 | 서반 | 품 | 동반 | 서반 |
|---|---|---|---|---|---|
| 정6품 | 供職郎(상),<br>勵職郎(하) | 奉任校尉(상),<br>修任校尉(하) | 정8품 | 면공랑 | 猛健副尉 |
| 종6품 | 謹任郎, 效任郎 | 顯功校尉, 迪功校尉 | 종8품 | 부공랑 | 壯健副尉 |
| 정7품 | 奉務郎 | 騰勇副尉 | 정9품 | 복근랑 | 致力副尉 |
| 종7품 | 承務郎 | 宣勇副尉 | 종9품 | 展勤郎 | 勤力副尉 |

13) 『세종실록』 권49, 12년 9월 을사.

14) 『세종실록』 권105, 26년 윤7월 임오. 동일에 설정된 서반잡직계는 다음과 같다.
정5품 奉事校尉, 奉務校尉 종6품 愼功교위, 愼課교위 정8품 典功부위
종5품 承進교위, 承供교위 정7품 服效副尉 종8품 尙功부위
정6품 修任교위, 修職교위 종7품 服勤부위

## 4. 土官階

土官階는 1434년(세종 16)에 관제정비에 수반되어 고려말로부터 당시까지에 걸쳐 변경지방의 토착적인 유력층을 포섭하여 국방을 강화하고 지방통치를 확보하기 위하여[15] 平壤府·咸興府·義州牧·濟州牧·慶源都護府·寧北鎭·吉州都護府·寧邊都護府에 설치된 土官職을[16] 뒷받침하기 위하여 정5품 通議郞(동반)·建忠隊尉(서반)으로부터 종9품 試仕郞(동반)·종8품 效勇徒尉(서반)에 이르는 동반 10階와 서반 8階를 두면서 성립되었다.[17]

이 토관계가 후대로 계승되다가 1436년(세종 18) 동반직의 예에 따라 서반직에도 정·종9품직을 설치하고 정·종9품계를 둘 때[18] 서반에 정9품 勵力徒尉와 종9품 彈力徒尉가 설치되면서 동반·서반 모두 정5품~종9품의 10계로 정립되었다고 추측된다.[19] 이것이 1485년(성종 15) 마지막 반포된『경국대전』에 법제화되면서 토관계는 확립되었다.『경국대전』에 법제화된 동반·서반 토관계를 표로 재정리하여 덧붙이면 다음과 같다.

---

15) 李載龒, 1966,「朝鮮初期의 土官에 대하여」,『진단학보』29·30합호, 120쪽.

16) 각 지역의 토관 설치시기와 설치관직은 뒤 제4장 제3절 3 토관직 참조.

17)『세종실록』권64, 16년 4월 정묘·무진.

18) 서반 정·종9품 관직과 관계의 설치는 앞 67쪽 참조.

19) 정·종9품의 서반 잡직계가 설치된 시기는 불명하다. 그러나 세종대에는『경국대전』에 법제화된 관직·관계제가 정립되었고, 특히 서반 정·종9품 관직과 관계가 정립되었음에서 서반 관직·관계의 정립과 함께 서반 잡직계도 정비된 것으로 추측하여 파악한다.

<표 3-6>『경국대전』 문반 · 무반 토관계(이 · 병전 토관직조)

| 품 | 동반 | 서반 | 품 | 동반 | 서반 |
|---|---|---|---|---|---|
| 정5품 | 通議郎 | 建忠隊尉 | 정8품 | 務工郎 | 奮勇徒 |
| 종5품 | 奉議郎 | 勵忠隊尉 | 종8품 | 職務郎 | 效勇徒 |
| 정6품 | 宣職郎 | 建信隊尉 | 정9품 | 啓仕郎 | 勵力徒尉 |
| 종6품 | 奉直郎 | 勵信隊尉 | 종9품 | 試仕郎 | 彈力徒尉 |
| 정7품 | 熙功郎 | 敦義徒尉 | | | |
| 종7품 | 注功郎 | 守義徒尉 | | | |

## 제3절 外命婦

외명부는 "大殿乳母, 王妃母, 王女, 王世子女, 宗親妻, 文 · 武官妻에게 내린 爵號였다"[20]고 하였듯이 관직적 성격을 띠었다. 그러면서도 대전유모, 왕비모, 왕녀, 왕세자녀는 왕과의 관계로 인해 상례로 봉작되었고, 종친 · 문관 · 무관의 처는 그 남편이 받은 품계에 따라 차등적으로 수여받았고 또 정수가 없었다.[21] 이 점에서 외명부는 관직인가 관계인가가 명확하지 않지만 職任이 있고, 定員이 있는 즉, 女官인 內命婦와는 달리 관계적인 성격이 강하다고 생각된다. 이에 따라 여기에서는 외명부를 문 · 무관의 처 등에게 수여한 관계로 파악하고, 그 성립배경과 그 정립과정을 대전유모 · 왕비모 · 왕녀 · 왕세자녀, 종친처, 문 · 무관처로 구분하여 살펴본다.

20) 『경국대전』 권1, 이전 외명부 封爵從夫職 - 庶孼及再嫁者勿封, 改嫁者追奪, 王妃母世子女及 宗親二品以上妻 竝用邑號.

21) 『세종실록』 권56, 14년 6월 임진 婦人無爵從夫之爵, 『경국대전』 권1, 外命婦封爵從夫職 - 庶孼及再嫁者勿封 改嫁者 追奪王妃母世子女及宗親二品以上妻 並用邑號.

## 1. 大殿乳母 · 王妃母 · 王女 · 王世子女 · 王子女

### 1) 大殿乳母

대전유모는 왕이 어렸을 때 젖을 먹인 유모였다. 대전유모에 대한 봉작은 1435년(세종 17)에 한 · 당 · 송의 제도를 참작하여 세종이 유모인 李氏에게 종2품의 奉保夫人에 제수하면서 비롯되었다.[22] 이후 봉부부인은 역대 국왕으로부터 많은 재물을 하사받고[23] 그 남편이 당상관까지 승진하는가 하면,[24] 그 친족이 免賤되고[25] 관직에 제수되는[26] 등의 우대를 받았다. 또 1468년(예종 즉위)에 그 직질이 종2품에서 종1품으로 격상되었다가[27] 『경국대전』의 편찬과 함께 종1품직으로 법제화되었다.[28]

### 2) 王妃母

왕비모, 즉 왕의 장모에게 대한 봉작은 조선 개국과 함께 송제를 참작

22) 『세종실록』 권68, 17년 6월 을묘.

23) 『세종실록』 권63, 16년 2월 갑술(노비), 『단종실록』 권9, 1년 12월 무신(전70결) · 권12, 2년 9월 병오(주택) · 권13, 3년 1월 경오(노비), 외.

24) 『성종실록』 권205, 18년 7월 갑진 (奉保夫人白氏夫)姜善爲僉知中樞府事開國以來未有以本係賤隷而授此職者 (하략).

25) 『세종실록』 권56, 14년 6월 병오(아들), 『예종실록』 권2, 즉위년 12월 정유(3촌까지).

26) 『세종실록』 권60, 15년 5월, 『성종실록』 권141, 13년 5월 갑술 · 권205, 18년 7월 갑진.

27) 구체적인 시기는 불명하나 이 때에 호조가 왕명을 받아 봉보부인의 歲賜物을 "미두는 구례에 따라 각60석으로 정하고, 의전과 선반은 빈과 귀인의 예에 따라 지급한다(『예종실록』 권2, 즉위년 12월 신묘)"고 정하였음에서 이 때에 조정된 것으로 추측된다.

28) 『경국대전』 권1, 이전 외명부조.

하여 운영하였던 고려(말)의 관제를 계승하여 神德王后 康氏의 모에게 三韓國大夫人을 추증하면서 비롯되었고, 1401년(태종 1)에 靜妃 閔氏의 모 卞韓國大夫人 宋氏에게 정1품 삼한국대부인을 봉작하면서 정착되었다.[29] 이어 1432년(세종 14)에 詳定所가 "세종으로부터 '신하의 처에게 「國」자를 붙임은 온당하지 못하니 고제를 참작하여 상정하라' 는 명에 따라 '(당시까지) 정1품 이상인 종실의 대군 · 부원군 · 제군과 공신 · 의정인 부원군의 처에게 내리던 「某韓國大夫人」의 봉작을 「府夫人」[30] 으로 개칭하소서"라고 올린 상소를 받아들여 정1품 부부인으로 개정되면서 확립되었다.[31] 이것이 후대로 계승되다가 『경국대전』의 편찬과 함께 법제화되었다.[32]

3) 王女

왕녀에 대한 봉작은 조선 개국과 함께 당 · 송제를 참작하여 운영하였던 고려(말)의 관제를 계승하여 宮主에 제수하면서 시작되었다.[33] 그 후 1422년(세종 4)에 이조가 "고려제를 이어받아 왕녀와 후궁을 구별없이 궁주로 호칭하였다. 중국의 옛 제도에 의거하여 왕녀는 公主로 개칭하여

---

29) 『국조인물고』 권1, 상신 민제묘지명.

30) '某府夫人'의 '某府'에는 당시의 외관이던 도호부의 읍호가 명기되었다. 예컨대 韓明澮의 부인이고 성종비 恭惠王后의 모인 閔氏가 봉작받은 '黃驪府夫人'의 '황려부'가 그것이다(『청주한씨 제6교대동족보』 충성공편).

31) 『세종실록』 권55, 14년 1월 병자.

32) 『경국대전』 권1, 이전 외명부조.

33) 『세종실록』 권15, 4년 2월 계묘 吏曹啓 詩傳有曰 秦已稱皇帝 其男女有稱公子公主 元史亦有王女槩稱公主之文 本朝禮制名號動法 古昔有王女及內職(후궁) 皆稱宮主 盖因前朝(고려)之舊而未革者 乞依古制 稱王女爲公主 以別於內職之號 從之[( )는 필자 주].

공주와 구별하소서" 라는 상계를 받아들여 왕녀가 공주로 개칭되어[34] 정착되었다. 이어 1432년(세종 14) 이전에 후궁의 소생을 왕후의 소생과 구별하여 翁主에 봉작하고, 공주와 옹주 모두를 무품(정1품의 상위)직으로 규정하면서[35] 정립되었다. 이것이 후대로 계승되다가 『경국대전』의 편찬과 함께 무품인 공주·옹주로 법제화되었다.[36]

4) 王世子·王子女

왕세자녀에 대한 봉작은 1400년(정종 2) 왕제인 靖安君 芳遠을 세자에 책봉한 후 그 딸들을 郡主에 봉작하면서 시작된 것으로 추측된다.[37] 그 후 1440년(세종 22) 한·당제를 참작하여 世子嬪과 後宮의 딸을 정2품 郡主와 정3품 縣主에 각각 봉작하면서 정립되었다.[38]

---

34) 동 상조.

35) 『세종실록』 권54, 13년 10월 무신. 공주·옹주가 무품직이 된 시기는 불명하나 세종 14년 명부가 중궁이 중국으로부터 책봉을 받은 것을 하례하는 의식 때에 공주·옹주·부부인이 세자빈의 뒤에 선 것을 두고 세종이 "公主翁主於世子嬪有尊長 又婦人無爵 從夫之爵 則大君府夫人在公主翁主 族長之上甚爲未便" 이라고 하면서 이를 상정소제조에게 고제를 상고하여 상정할 것을 지시하였다(『세종실록』 권56, 14년 6월 임진). 이에서 이 직후에 공주·옹주가 정1품인 대군의 부인보다 상위 즉, 무품으로 승격된 것으로 추측된다.

36) 『경국대전』 권1, 이전 외명부조.

37) 군주에 봉작된 시기는 불면하나 세종 13년 대군·군의 딸에 대한 봉작제가 제정될 때 왕세자녀가 제외된 것은 이미 명호가 있었기 때문이라고 추측되고, 또 태조대에는 왕세자 방석은 딸이 없었다. 이점에서 정종 2년 4월 정안군이 왕세자로 책봉될 때 그 명호가 정해진 것으로 추측한다.

38) 『세종실록』 권89, 22년 4월 병신. 군주와 현주의 품계가 어떠하였는가는 불명하지만 세종대의 관제 등 제도정비에 미루어 이 때에 정2품과 정3품으로 상정된 것으로 추측된다(세종대의 관제 등 제도정비는 한충희, 2001, 「중앙 정치 기구의 정비」, 『세종문화사대계』 3, 세종대왕기념사업회 참조).

왕자녀에 대한 봉작은 1431년(세종 13)에 중국의 당제를 참작하여 친근에 따라 郡主·縣主에 봉작하면서 비롯되었다.[39] 이어 1440년 왕·왕세자녀에 대한 칭호 정비 때에 한·당제를 참작하여 大君의 嫡女는 縣主, 諸君의 적녀·대군의 嫡孫女는 鄕主, 그 외의 宗親女는 亭主로 각각 개정되면서 정비되었다.[40] 그 후 문종대 이후에 책봉할 대상이 없음과[41] 관련되어 『경국대전』의 편찬과 함께 폐기된 것으로 추측된다.

『경국대전』의 편찬과 함께 왕자녀에 대한 봉작은 혁거되었지만, 왕세자녀에 대한 봉작은 그대로 계승되면서 정2품 군주와 정3품 현주로 법제화되었다.[42]

## 2. 宗親妻

종친처에 대한 봉작은 개국과 함께 고려 말의 제도를 계승하여 大君의 처를 翁主에 책봉하면서 비롯되었다.[43] 이어 1417년(태종 17)에 다음과 같이 종실 정1품 大匡輔國崇祿大夫 大君~종4품 朝散大夫 副正尹의 부인을 三韓國大夫人~惠人에 책봉하는 것으로[44] 정비되었다. 그 후 1432년(세종 14)에 신하의 처로서 '國' 자가 포함된 명호를 쓰는 것은 부당하다는 지적에 따라 정1품과 종1품 부인의 명호를 某府夫人과 某郡夫人으

---

39) 『세종실록』 권54, 13년 10월 무신·기유, 권89, 22년 4월 병신.

40) 『세종실록』 권89, 22년 4월 병신. 그 외의 종실녀는 구체적으로 제시되지 않았지만 같은 날의 군주·현주·향주의 봉작대상과 『경국대전』 예전의 五服制 등을 볼 때 제군 서녀·대군자 서녀·대군적손녀 등이 망라된 것으로 추측된다.

41) 『선원세계』 문종·단종·세조·예종·성종조.

42) 『경국대전』 권1, 이전 외명부조.

43) 『태조실록』 권14, 7년 윤5월 병술, 『태종실록』 권26, 13년 8월 병인.

44) 『태종실록』 권34, 17년 9월 갑자.

로 개정하고 아울러 정·종2품도 縣夫人으로 개정되어[45] 재정비되었다(정·종3품은 그대로 계승).

| | | | |
|---|---|---|---|
| 정1품 | 大匡輔國崇祿大夫 大君 妻 | ; | 某韓國大夫人 |
| 종1품 | 崇祿大夫 君 처 | ; | 某韓國夫人 |
| 정2품 | 正憲大夫·종2품 嘉靖大夫 군 처 | ; | 某某宅主 |
| 정3품 | 通政大夫 元尹·종3품 中直大夫 正尹 처 | ; | 愼人 |
| 정4품 | 奉正大夫 副元尹·종4품 朝散大夫 副正尹 처 | ; | 惠人 |

그러다가 1443년(세종 25)경에 정3품계를 당상관·당하관계로 구분하는 등 정1~정6(의빈은 종3)품계의 종친·의빈계의 제정 때에 정·종3품계인 愼人을 정3품 당상계로 愼夫人을 신치하고 정3품당하·종3품계는 신인을 그대로 계승하였고 정·종5품과 정·종6품계에 溫人·順人이 신치되면서 정립된 것으로 추측된다.[46] 이 세종 23년경의 그것이 후대로 계승되다가 『경국대전』의 편찬과 함께 그대로 법제화되었다.

### 3. 文·武官 妻

문·무관의 처에 대한 관작수여는 조선 개국과 함께 고려말의 관제를 계승하여 小國夫人(1품)으로부터 縣君에 제수하면서 시작되었다.[47] 이

45) 『세종실록』 권55, 14년 1월 병자.

46) 세종 25년에는 위에서와 같이 종친·의빈계가 제정되었을 뿐만 아니라 정3품 상계인 통정대부가 제수된 승지·참의 등이 당하관이지만 종2품 당상관과 같이 당상관의 대우를 받기 시작하였다(『세종실록』 권102, 25년 12월 을축, 김송희, 위 책, 54~57쪽).

47) 태조 1년 7월 관제반포시에 문무관처의 봉작에 대한 것은 언급되지 않았다. 그러나 전반적인 관제가 고려말의 그것이 그대로 계승되었고, 1391년(공양왕 3)에 소국부인 이하의 외명부제가 정비되었다. 이에서 1391년의 문무관 외명부가 그

어 1396년(태조 5)에 명제를 참작하여 郡夫人(1품)·縣夫人(2품)·淑人(정3품 대사성 이상)·令人(3품)·恭人(4품)·宜人(5품)·安人(6품)·孺人(참외)으로 개정되었고,[48] 다시 1432년에 군부인과 현부인이 貞淑夫人과 貞夫人으로 개칭되었다(정3품 숙인 이하는 그대로 계승).[49] 그 후 1439년(세종 21)에 "정숙부인의 貞淑이 태조의 증조모인 翼祖妃 貞淑王后의 '貞淑'에 저촉된다" 는 지적에 따라 正卿夫人으로 개칭되었고,[50] 다시 1443년(세종 25)경에 다음과 같이 정3품 숙인이 정3품 당상계의 숙부인과 정3품당하·종3품계로 조정되고 3품~참외계가 4~7품과 9품계로 강격 및 8품에 단인이 신치되면서 정립된 것으로 추측된다.

| 정3품 대사성 이상 淑人 | → | 정3품 당상 | 淑夫人, | 6품 安人 | → | 7품 安人 |
|---|---|---|---|---|---|---|
| | | 정3당하·종3 | 淑人, | 신치 | | 8품 端人 |
| 3품 令人 | → | 4품 | 令人, | 참외 孺人 | → | 9품 孺人 |
| 4품 恭人 | → | 5품 | 恭人, | | | |
| 5품 宜人 | → | 6품 | 宜人, | | | |

이 세종 23년경의 제도가 그대로 계승되다가 『경국대전』의 편찬과 함께 법제화되었다. 한편 모든 관직자의 정실부인에게 봉작을 주었지만 처음부터 정실이 아닌 자와 천계는 제외되었고, 남편이 죽은 뒤에 개가한 자는 봉작을 박탈하였다.[51] 『경국대전』에 법제화된 외명부를 표로

대로 계승된 것으로 추측된다.

48) 『태조실록』 권9, 5년 5월 병자.

49) 『세종실록』 권55, 14년 1월 병자.

50) 『세종실록』 권84, 21년 윤2월 경진.

51) 『태조실록』 권9, 5년 5월 병자.

재정리하여 덧붙이면 다음과 같다.

<표 3-7> 『경국대전』 외명부(이전 외명부조)

<table>
<tr><th colspan="2">품</th><th>대전유모</th><th>왕비모</th><th>왕녀</th><th>왕세자녀</th><th>종친처</th><th>문관·무관처</th></tr>
<tr><td colspan="2">무품</td><td></td><td></td><td>公主(嫡),<br>翁主(庶)</td><td></td><td></td><td></td></tr>
<tr><td colspan="2" rowspan="2">정1품</td><td rowspan="2"></td><td rowspan="2">府夫人</td><td rowspan="2"></td><td rowspan="2"></td><td>府夫人(대군처)</td><td rowspan="3">正卿夫人</td></tr>
<tr><td rowspan="2">郡夫人</td></tr>
<tr><td colspan="2">종1품</td><td rowspan="2">奉保夫人</td><td rowspan="2"></td><td rowspan="2"></td><td rowspan="2">郡主(적)</td></tr>
<tr><td colspan="2">정2품<br>종2품</td><td>縣夫人</td><td>貞夫人</td></tr>
<tr><td rowspan="2">정3품</td><td>당상</td><td></td><td></td><td></td><td rowspan="2">縣主(서)</td><td>愼夫人</td><td>淑夫人</td></tr>
<tr><td>당하</td><td></td><td></td><td></td><td rowspan="2">愼人</td><td rowspan="2">淑人</td></tr>
<tr><td colspan="2">종3품</td><td rowspan="3"></td><td rowspan="3"></td><td rowspan="3"></td><td rowspan="3"></td></tr>
<tr><td colspan="2">4품<br>5품<br>6품</td><td>惠人<br>溫仁<br>順人(정6)</td><td rowspan="2">令人<br>恭人<br>宜人<br>安人<br>端人<br>孺人</td></tr>
<tr><td colspan="2">7품<br>8품<br>9품</td><td></td></tr>
</table>

# 제4장 官職의 成立과 整備 1(京官職)

朝鮮의 官職은 1392년(태조 1) 개국과 함께 고려말의 관직제를 계승하여 모든 관직을 그 除授者의 出身·勤務地·職秩의 고하 등에 따라 文·武班職과 雜類職(뒤에 女官職 추가), 京官職과 外官職, 堂上官職과 堂下·參上·參下官職 및 品外職, 正品職과 從品職, 正職과 兼職으로 구분하면서 성립되었다.[1]

조선 개국 때 관직구성은 이후 마지막 『경국대전』이 반포되는 1485년(성종 16)까지에 걸쳐 王權의 강화, 京·外 統治體制의 정비, 堂上官 중심의 국정운영, 경비절약, 女官制의 운영 등과 관련되어 보다 체계화되고 보완되면서 정비되었다. 즉, 기존의 경관직과 외관직 등은 수정·보완되면서 보다 세분·체계화되었으며, 새로이 實職과 虛職·祿職과 無祿職·政務職등과 禮遇職·常設職이 상정되면서 정비되었다.[2]

본서에서는 이러한 관직구성, 중심이 된 관직이 京·外 文班·武班職인 등과 관련시켜 관직의 성립과 정비과정을 京官職, 外官·女官職의 2장으로 구분하고, 그 각각을 다시 文班·武班·雜職[3] 등으로 세분하여 살펴본다.

---

1) 『태조실록』 권1, 1년 7월 정미.

2) 한충희, 2004, 「朝鮮初期 官職構造研究」, 『大丘史學』 75, 39~57쪽.

## 제1절 文班職

경관직은 議政府 이하 여러 중앙 관아에서 근무하는 관직이다. 경관직은 다시 그 출신과 기능에 따라 文班·武班·雜職으로 구분되고 文·武班職은 다시 正職(祿職)·遞兒職·無祿職·兼職으로 구분되었으며, 雜職은 모두 遞兒職이었다.

### 1. 正職(祿職)

朝鮮初期의 正職은 110(正1品)~10(正·從9品)結의 科田과 1년에 中米 14碩·糙米 40석·田米 2석·黃豆 23석·小麥 10석·紬 6匹·正布 15필·楮貨 10張(1科, 정1品)~조미 8석·전미 1석·황두 2석·소맥 1석·정포 1필·저화 1장(18과, 종9품)의 祿俸이 지급되는[4] 관직이었다.

조선의 文班京官正職(녹직, 이하 문반정직으로 약칭)은 개국과 함께 고려의 관제를 계승하여 뒤의 표와 같이 정1품~종9품의 543직을 두면서 성립되었다. 즉, 정1품직에는 門下府 領事·左侍中·右侍中(각1직)과 三司 領事 1직의 4직, 종1품에는 문하부 侍郎贊成事(2)·삼사 判事(1)의 3직, 정2품에는 문하부 參贊事(4)·知事(1)·政堂文學(1)·商議(2) 등 15

---

3) 문반직은 문과·음서·천거 등으로 출사하여 각종 정치 관아에 종사하는 관직이고, 무반직은 무과·음서·군사 등 출신으로 각종 군사 관아에 종사하는 관직이며, 잡직은 잡과 등 출신으로 각종 기술 관아에 종사하는 관직이다.

4) 과전은 개국과 함께 지급되고 이후 액수가 조정(감액)되면서 계승되다가 『경국대전』에 법제화되었다. 녹봉은 상정된 시기를 정확히 알 수는 없지만 개국 때에 반포된 관제에 "廣興倉 掌收支百官祿俸事"라 하였고, 『태조실록』 권5, 3년 1월 무오('檢校各品祿俸規定')조와 『朝鮮徑國典』 賦典 祿俸條 등을 볼 때 개국 때에 관제반포와 함께 상정되어 지급된 것으로 추측된다(崔貞煥, 1991, 『高麗·朝鮮時代 祿俸制硏究』, 경북대학교출판부, 229~300쪽).

직, 종2품에는 藝文春秋館 學士(2)·中樞院 使(1) 등 23직, 정3품에는 吏·戶·禮·兵·刑·工曹(이하 육조로 약기) 典書(각2) 등 51직, 종3품에는 문하부 左·右諫議大夫(각1) 등 35직, 정4품에는 六曹·刑曹都官議郞(각2) 등 27직, 종4품에는 諸寺·監 少卿·少監·副正 등 28직, 정5품에는 육조·형조도관 正郞(각2) 등 26직, 종5품에는 제시·감 丞 등 24직, 정6품에는 육조·형조도관 佐郞(각2) 등 38직, 종6품에는 제시·감 注簿 등 57직, 정7품에는 육조·형조도관 主事(각2) 등 32직, 종7품에는 제시·감 注簿 등 58직, 정8품에는 제시·감 錄事 등 34직, 종8품에는 諸倉·庫·署 注簿 등 32직, 정9품에는 藝文春秋館 直館(4) 등 28직, 종9품에는 成均館 直學(2)·學諭(4) 등 28직이 각각 설치되었다.[5]

<표 4-1> 태조 1년 7월 문반 정직

| | 宰樞衙門 | 6曹 이하 堂下衙門 | 參上·參下衙門 | 계 |
|---|---|---|---|---|
| 정1품 | 門下府 領事·左侍 中·右侍中 각1, 三司 領事 1 | | | 4직 |
| 종1 | 門下侍郎贊成事 2, 判三司事 1 | | | 3 |
| 정2 | 문하부 參贊事4·知事1·政堂文學1·商議2, 삼사 左·右僕射 각1, 藝文春秋館 大學士 2, 中樞院判事 1, 開城府判事 2. | | | 15 |
| 종2 | 예문춘추관 學士2, 중추원 使1·知事2·同知事4·添書1·副使 6·學士1·商議3, 司憲府 大司憲 1, 開城府尹2 | | | 23 |
| 정3 | 문하부 左·右散騎常侍 각1, 중추원 都·左·右·左副 ·右副承旨 각1. | 吏·兵·戶·刑·禮·工曹典 書 각2, 成均館 大司成 1, 閣門判事 1, 奉常寺 등 6 시·校書監 등 7감·書雲觀 判事 각2, 敬興府 左·右司尹 각1. | | 51 |

5) 『태조실록』 권1, 1년 7월 정미, 한충희, 1994, 「관직과 관계」, 『한국사』 23(국사편찬위원회), 100쪽 주84).

|  | 宰樞衙門 | 6曹 이하 堂下衙門 | 參上·參下衙門 | 계 |
|---|---|---|---|---|
| 종3 | 문하부 左·右諫議 大夫 각1·直門下 1, 삼사 左·右丞 각1, 司憲中丞1 | 成均祭酒 1, 봉상시 등 6시 卿 각2, 교서감 등 7감 監 각2, 서운관 正 2. |  | 35 |
| 정4 | 문하부 內史舍人1, 삼사 左·右諸議 각1, 司憲侍史2, 開城少尹2 | 6曹·刑曹都官 議郞 각2, 成均樂正 2, 閤門引進使 2,奉常少卿 2 |  | 27 |
| 종4 | 예문춘추관 充編修官2(4품이상) | 殿中寺등 5시 少卿 각2, 교서감등 7감 少監 각2, 서운副正 2 |  | 28 |
| 정5 | 문하부 起居注1·左·右補闕 각1, 삼사 左·右長史 각1, 司憲雜端2, 開城判官2 | 6조·형조도관 正郞 각2, 成均直講 1, 각문 引進副使 2 |  | 26 |
| 종5 |  | 成均典簿1, 봉상등 4시·교서등 5감 丞 각1, 서운관·전의감 丞 각2 | 司膳·司醞·京市署 令 각1, 料物·義盈·長興·濟用·解典庫使 각1, 豊儲·廣興倉 使 각1 | 24 |
| 정6 | 문하부 左·右拾遺 각1, 司憲監察20 | 6조·형조도관 좌랑 각2, 봉상박사 2 |  | 38 |
| 종6 |  | 閤門 通贊舍人2·奉禮郞10, 司僕·內府寺 注簿 각1, 司農·禮賓寺·司宰·繕工·典醫監·書雲觀 주부 각2, 軍資·軍器·司水監 주부 각3. | 사선·경시서 丞 각2, 사온승 1,料物·長興·解典庫 副使 각1, 義盈·濟用庫·豊儲·廣興倉 부사 각2, 供造署·5部 令 각1 | 57 |
| 정7 | 문하부 注書·都事 각1, 三司都事2, 藝文春秋館供奉官 2, 中樞堂後官 2, 開城參軍2 | 6조·형조도관 主事 각2, 성균博士 2, 奉常寺協律郞 2, 校書郞 2, 敬興府 丞 2 |  | 32 |
| 종7 |  | 성균敎諭博士2, 전중·사복·사농·내부·예빈시·선공·사재·군자·군기·사수·전의감 注簿 각2, 서운 掌漏 4 | 사선·사온서·의영·장 흥고 直長 각2, 풍저· 광흥·의염창·제용· 해전·요물·가각고·공조서 丞 각2, 전옥서令 2, 전구서·서적원령 각1, 壽昌宮提擧司 提控 4 | 58 |
| 정8 | 예문춘추관 修撰官 2, | 성균進德博士·봉상大祝·교서著作郞 각2, 예빈시·선공·군자·군기·사수감 錄事 각2, 서운視日 4, 경흥부注簿 2 | 사온서副直長 2, 가각고 注簿 2, 도염서 令 2, 수창궁제거사 司直 4 | 34 |

| | 宰樞衙門 | 6曹 이하 堂下衙門 | 參上·參下衙門 | 계 |
|---|---|---|---|---|
| 종8 | | 서운司曆 4, 전의博士 2 | 요물·의영·장흥·제용 ·해전고·풍저·광흥·의염창·경시·전옥서·서적원 丞 각2, 전구서注簿 2, 律學博士 2 | 32 |
| 정9 | 예문춘추관 直館4 | 성균 學正·學錄 각2, 봉상시·교서감錄事 각2, 서운監候 4, 전의檢藥 4 | 사선서食醫 2, 도염서丞 2, 수창궁제거사司涓 4 | 28 |
| 종9 | | 성균 直學2·學諭4, 교서 正字 2, 서운 司辰 4, 전의 助教 2 | 제용·해전고·서적원錄 事 각2, 가각고直長 2, 律學助教 2, 算學博士 2, 大淸館判官 2 | 28 |
| 합계 | 114 | 307 | 122 | 543 |

태조 1년 7월의 이 관직이 이후 태조, 정종, 태종, 세종, 세조, 성종대 등에 걸쳐 통치체제의 개편, 관아의 新置·革去·昇降과 관련되어 다음과 같이 관직이 新置·增置·減員·革去 및 職秩이 昇降되고 명칭이 개정되었다(1). 直啓·六曹屬衙門의 정비와 관련되어 직계·육조속아문의 관직으로 구분되고 육조속아문 관직은 다시 堂上·堂下衙門(弘文館 등 文翰衙門과 寺·監·倉) 및 參上衙門의 관직으로 구분되었다(2). 또 재정의 절약과 관련되어 冗員的 관직이 감축되었고(3), 東班·西班衙門의 조정에 따라 그 관아에 속한 관직이 西班·東班官職으로 編入되거나 移屬되었으며(4), 兼職이 祿職으로 전환되는(5) 등 수십 차에 걸쳐 개변·정비되면서 정립되었다.

(1) 1395년(태조 4) 開城府에서 漢陽府로 천도 및 한양부가 漢城府로 승격되면서 判府事(정2, 1직)·府尹(종2, 1) 등 10여 직이 설치되었고,[6]

6) 『태조실록』 권6, 3년 10월 신묘·권7, 4년 6월 무진·을해. 元永煥은 1981년에 「漢城府研究(1) - 行政制度와 管轄區域을 중심으로-」(『향토서울』 39) 91쪽에서 판사 1·좌윤 1·우윤 1·서윤(종4) 1·판관(종5) 1·주부(종6) 2·참군(정7) 1직을

1400년(정종 2)에는 世子(靖安君 이방원)와 太上王(태조)의 부로 仁壽府와 承寧府를 차례로 설치하고 判事(정2품 승령부) 이하의 관리를 두었고,[7] 都評議使司體制의 議政府體制로의 개편에 수반된 都評議使司와 中樞院의 議政府와 三軍府·承政院으로의 개편 등에 따라 中樞院 都承旨 이하 5승지와 堂後官이 독립된 승정원의 관직이 되었다.[8] 1400년(정종 2) 2월과 6월에 세자부와 상왕(정종)부로 仁壽府와 承寧府가 설치되고 그 각각에 부윤(종2, 2직) 이하 6직과[9] 판사(정2, 1직)·윤(종3, 2) 이하 11직이 설치되었다.

1400년(태종 즉위) 11월에 신설된 恭安府와 仁寧府에 판사(정2, 1) 이하 6직과 司尹(정3, 2) 이하 6직이 설치되었다.[10] 1401년(태종 1) 의정부제의 정립 등 관제개변에 따라 의정부에 合屬되어 있던 문하부가 혁거되면서 그 종2품 이상 관직과 정3품 이하 관직(郎舍)이 議政府的인 명호로 개칭되고 司諫院官職으로 독립·개칭되었고, 藝文春秋館 관직이 藝文館·春秋館 관직으로 분립·개칭되면서 예문관에 大提學(정2, 1) 이하 10여직이 설치되었다. 승정원 도승지·승지가 다시 승추부에 합해되면서 知申事·代言으로 개칭되었고, 成均館 祭酒·樂正·典簿(종5)가 司成·司

---

두었다고 하였다. 개성부가 왕도였을 때에는 판사 2·윤 2·소윤(정4) 2·판관(정5) 2·참군(정7) 2직이 있었다. 그 후 한성부는 정종 2년에 개성부로 천도될 때 판사가 혁거되었다가 태종 5년 다시 수도가 되면서 판사가 복설되었다(『정종실록』 권4, 2년 4월 신축, 『태종실록』 권10, 5년 10월 경오·임신).

7) 『정종실록』 권3, 2년 2월·권3, 2년 6월.

8) 『정종실록』 권4, 2년 4월 신축.

9) 『정종실록』 권3, 2년 2월. 관아설치 때에 관직은 언급되지 않았지만 태종 즉위와 함께 혁거되었다가 세종 즉위년에 복설될 때 부윤 2·소윤 1·판관 1·승 1·부승 1직이 설치되었음에서(『세종실록』 권1, 즉 위 8월 임진) 추정하였다.

10) 『정종실록』 권6, 즉위년 11월조.

藝·注簿(정6)로 개칭되었으며, 司憲府 등의 中丞·侍史·雜端 등이 執義·掌令·持平 등으로 개칭되었다. 校書監이 校書館으로 개칭되면서 少監 이상 관이 혁거 및 校理(종5, 1)·副校理(종6, 1)이 설치되었고(참외관은 계승), 사간원 左·右散騎常侍가 혁거되고 左·右諫議大夫가 정3품 通政大夫 左·右司諫으로 승질·개칭되었다.[11] 1403년에 司平府가 혁거됨에 따라 그 관직이 혁거되고 司水監 등이 司宰監에 병합되면서 그 관직도 합병되었으며, 6曹·6寺7監의 장·차관이 각각 2직에서 1직으로 삭감되었다.[12] 1405년에 육조제의 정립에 수반되어 典書·議郎이 혁거되고 判書(정2품, 각 1직)와 左·右參議(정3상, 각1)가 설치되고 정랑·좌랑 각 1직이 증치되었으며, 司平府·承樞府가 혁거 및 승추부에 합속되어 있던 지신사·대언이 承政院으로 독립되면서 同副代言이 가치되었다.[13] 1414년에 敦寧府와 義禁府가 설치되면서 領府事(정1, 1직) 이하 24직과 鎭撫(정3, 2) 이하 10직(口傳官)이 설치되고 恭安府 領事와 仁寧·敬承府 判事 각 1직이 감축되었다.[14]

1418년(세종 즉위) 신설된 仁壽·慶昌府에 府尹(종2) 이하 12직이 설치되었고,[15] 1419년에 宗簿寺 등 9관아에 尹(종3, 1) 등 16직이 설치되고 漢城府 등 4府의 윤 5직이 혁거되었다.[16] 1420년에 신설된 集賢殿에 副提學 이하 10직을 두었고,[17] 1430년에 敦寧府에 領事(정1, 1직)가 혁거되

11) 『태종실록』 권2, 1년 7월 경자. 그 외에도 봉상시 박사가 주부로 개칭되었다.
12) 『태종실록』 권6, 3년 6월 을해.
13) 『태종실록』 권9, 5년 1월 임자.
14) 『태종실록』 권27, 14년 1월 계묘·권28, 14년 8월 신유.
15) 『세종실록』 권1, 즉위년 8월 임진.
16) 『세종실록』 권6, 1년 12월 병오.
17) 『세종실록』 권7, 2년 3월 갑신.

고 同僉知(종3) 등 5직이 가치되었고,[18] 1431년에 겸관이던 書筵 輔德 등 10직이 녹관이 되었고,[19] 1434년에 6조 參判·參議 각 1직이 삭감되었으며,[20] 1435년과 1436년(세종 18)에 집현전에 16직이 가치되었다가 12직이 석감되었다.[21]

1456년(세조 2) 집현전의 혁파에 따라 副提學(정3당상, 1) 이하 20직이 혁거되었고,[22] 1460년 慶昌府의 혁거에 따라 부윤 이하가 혁거되었고, 導官署 등이 司膳署 등에 합속됨에 따라 令(종5) 등이 혁거되었으며, 典農寺 등이 司贍寺 등으로 개칭됨에 따라 전농시 判事 등이 사섬시 등에 移屬되었다.[23] 1466년 『경국대전』의 편찬과 관련된 관제의 전반적인 정비에 따라 漢城府 등 20 아문의 少尹(종4) 등 50여 관직이 삭감·혁거되고 掌隷院 등 20여 아문의 司評(정6) 등 60여 관직이 신치·증치되었다.[24] 1470년(성종 1) 司諫院에 正言이 加置되었고,[25] 敦寧府에 領事이하가 복설되고 藝文館에 부제학 등 15직이 增置되었다.[26] 1478년 신설된 弘文館에 예문관의 부제학 이하 15직이 이속되었고,[27] 1484년(성종 15)

---

18) 『세종실록』 권50, 12년 윤12월 신해.
19) 『세종실록』 권54, 13년 11월 임신.
20) 『세종실록』 권6, 16년 10월 기사.
21) 『세종실록』 권73, 18년 윤6월 을해, 崔承熙, 1966, 「集賢殿研究」 상, 『歷史學報』 32, 17~18쪽.
22) 『세조실록』 권4, 2년 6월 갑진, 최승희, 위 논문, 16~18쪽.
23) 『세조실록』 권20, 6년 5월 정유.
24) 『세조실록』 권38, 12년 1월 무오.
25) 『성종실록』 권4, 1년 4월 계축.
26) 『성종실록』 권4, 성종 1년 4월 갑술, 崔承熙, 1980, 「弘文館의 成立經緯」, 『韓國史研究』 5, 101쪽.
27) 『성종실록』 권90, 9년 3월 신사, 최승희, 위 논문, 106~110쪽.

에 종5품아문 典校署에서 정3품아문으로 개칭·승격된 校書館에 校理가 설치되었다.28)

(2) 1414년(태종 14)에 諸寺·監 등의 令·正과 副令·副正 등이 尹과 少尹 등, 監과 少監 등이 正과 副正 등으로 개칭되었다.29) 1466년(세조 12)에 육조속아문인 通禮門의 判事 이하가 通禮院 左·右通禮 이하로 개칭되고 尙瑞司·奉常寺 등 판사 이하가 正 이하로 개칭되면서 諸寺·監 이하 아문의 정3품 이하 관직이 正(정3품, 정3품 당하아문) - 副正(종3) - 僉正(종4) - 判官(종5) - 主簿(종6) - 直長(종7) - 副直長(정8) - 奉事(종8) - 副奉事(정9) - 參奉(종9)으로 일원화되었다.30)

(3) 1398년(태조 7) 門下府商議(정2)와 中樞院商議(종2) 10직·한성윤(종2) 1직·藝文春秋館 大學士와 學士 각 2직이 혁거되었고,31) 1403년(태종 3)에 六曹典書(정3)와 6寺7監의 判事(정3)·卿(종3, 시)·監(종3, 감)이 각 2직에서 각 1직으로 삭감되었다.32) 1423년(세종 5)에 開城留後司·仁壽府·通禮院 등 20여 관아의 관원 중 70여 직이 삭감되었다.33) 1460년(세조 6)에는 司諫院 司諫(종3, 1직)·繕工監 副正(종3, 1) 등 20여 관아 40여 직이 삭감되었다.34)

---

28) 『성종실록』 권262, 성종 15년 1월 무신.

29) 『태종실록』 권27, 14년 1월 계사. 통례문 등의 4품 이하도 簽知事, 判官, 注簿, 丞, 副丞 副直長, 錄事, 副錄事 등으로 개칭되었다.

30) 『세조실록』 권38, 세조 12년 1월 무오. 이하 '1466년(세조 12)에'로 설명된 내용 중 전거가 이와 같은 것은 번다함을 피하여 생략한다.

31) 『태조실록』 권14, 7년 5월 정묘.

32) 『태종실록』 권6, 태종 3년 6월 을해.

33) 『세종실록』 권2, 5년 12월 갑인.

34) 『세조실록』 권20, 6년 5월 정유.

(4) 1405년(태종 5) 六曹屬衙門制의 실시와 함께 동반아문이던 訓練院이 서반아문이 되면서 그 관직이 서반관직에 편입되었다.[35] 1430년(세종 12) 신치된 宗親府·中樞院官職이 서반관직이 되고[36] 동반아문이던 敦寧府가 서반아문이 됨에 따라 그 관직이 서반관직이 되었다.[37] 1484년(성종 15) 이전에 종친·돈령부가 동반아문으로 변경됨에 따라 그 관직이 동반관직이 되었다.[38]

(5) 1401년(태종 1) 藝文春秋館에서 분립된 藝文館 兼大提學 이하가 녹직이 되었고,[39] 1423년(세종 5) 通禮門 判官·奉禮郎이 겸직이 되었으며,[40] 1431년에 書筵의 兼輔德 이하가 녹관이 되었다.[41] 1466년(세조 12) 병조 兼知事·正郎·佐郎 각 1직 등 5아문의 30여 직이 녹관이 되었다.[42]

그리하여 문반정직은 1402년(태종 2)에는 정1품직인 判門下·領三司事 이하 종9품직인 濟用庫 등 錄事·架閣庫 直長 등 520여 직으로 조정되었고,[43] 1418년(세종 즉위)에는 570여 직으로 증가되었다가 1466년(세조 12)에는 560여 관직으로 감소되었다.[44] 다시 1484년(성종 15)에는 정1

---

35) 『태종실록』 권9, 5년 3월 병신.

36) 『세종실록』 권50, 12년 12월 계사·윤12월 경술.

37) 『세종실록』 권50, 12년 윤12월 경술.

38) 『경국대전』 권1, 이전 경관직·권4 병전 경관직. 그 시기는 불명하나 세조대에는 『경국대전』의 편찬과 함께 관제가 대대적으로 정비되고, 왕 12년까지 관제정비가 일단락 되었음에서 세조 12년경을 전후한 시기에 조정된 것으로 추측된다.

39) 『태종실록』 권2, 1년 7월 경자.

40) 『세종실록』 권22, 5년 12월 갑인.

41) 『세종실록』 권54, 13년 11월 임신.

42) 『세조실록』 권38, 12년 1월 무오.

43) 『정종실록』 권4, 2년 4월 신축.

44) 한충희, 2001, 「중앙 정치 기구의 정비」, 『세종문화사대계』 3, 정치·경제·군

품 4직~종9품 62직의 510직으로 정비되었다. 즉 정1품직에는 議政府 領·左·右議政(각1직)과 敦寧府領事(1)의 4직, 종1품에는 의정부 左·右贊成(각1)과 敦寧府判事(1)의 3직, 정2품에는 六曹 判書(각1) 등 10직, 종2품에는 육조 參判(각1) 등 11직, 정3품당상관에는 육조 參議·兵曹參知(각1) 등 18직, 정3품당하관에는 敦寧府正·弘文館直提學(각1) 등 21직, 종3품에는 司憲府執義·司諫院司諫(각1) 등 22직, 정4품에는 의정부 舍人(2) 등 14직, 종4품에는 弘文館副應教(1) 등 32직, 정5품에는 의정부 檢詳(1) 등 36직, 종5품에는 홍문관부교리(2) 등 42직, 정6품에는 육조좌랑(각1) 등 69직, 종6품에는 홍문관 副修撰(2) 등 55직, 정7품에는 承政院注書(2) 등 15직, 종7품에는 敦寧府·尙瑞司 直長(각1) 등 28직, 정8품에는 의정부 司祿(2) 등 14직, 종8품에는 돈령부 奉事(2) 등 22직, 정9품에는 弘文館·承文院·校書館 正字(각2) 등 36직, 종9품에는 돈령부 參奉(2) 등 62직이 각각 설치되었다.

이 성종 15년까지 정비된 510직이 마지막 반포된 『경국대전』에 그대로 법제화되면서 조선초기의 문반경관정직은 확립되었다. 『경국대전』에 법제화된 문반경관정직을 표로 정리하여 덧붙이면 다음과 같다.

<표 4-2> 『경국대전』 문반 경관 정직(이전 경관직)

| | 直啓衙門 | 六曹屬衙門 | | |
|---|---|---|---|---|
| | | 堂上·堂下衙門 | | 參上衙門 |
| | | 文翰機構 | 寺·監·倉 등 | |
| 정1품 (4과) | 議政府 領·左·右 議政 각1, 敦寧府 領事 1 | | | |
| 종1 (3) | 의정부 左·右贊成 각1, 敦寧府判事 1 | | | |

---

사·외교·역사편, 세종대왕기념사업회, 36쪽에서 종합.

| | 直啓衙門 | 六曹屬衙門 | | |
|---|---|---|---|---|
| | | 堂上·堂下衙門 | | 參上衙門 |
| | | 文翰機構 | 寺·監·倉 등 | |
| 정2 (10) | 의정부 左·右參贊 각1, 敦寧府知事 1, 6曹 判書 각1, 漢城府判尹 1 | | | |
| 종2 (11) | 敦寧府同知事 1, 6조 參判 각1, 한성부 左·右尹 각1, 司憲府大司憲 1, 開城府留守 1 | | | |
| 정3당상 (18) | 敦寧府都正 1, 6조 參議 각1, 兵曹參 知 1, 承旨 6*2, 司諫院大司諫 1 | 掌隷院判決事 1, 弘文館副提學 1, 成均館大司成 1 | | |
| 정3당하 (20) | 敦寧府正 1 | 弘文直提學 1, 承文院判校 1, 通禮院 左·右通禮 각 1 | 奉常·宗簿·司僕·軍器·內資·內贍·司䆃·禮賓·司贍寺·軍資·財用·繕工·司宰監·司饔·尙衣·掌樂院 正 각1 | |
| 종3 (22) | 돈령부 副正 1, 司憲執義 1, 사간원 司諫 1 | 弘文典翰 1, 成均司成 2, 承文院參校 2, 通禮院相禮 1, 世子侍講院 輔德 1 | 봉상·사복 등 8시·군자 등 4감 副正 각1 | |
| 정4 (14) | 宗親府 典籤 1, 議 政府舍人 2, 司憲掌令 2 | 弘文應敎 1, 成均司藝 3, 通禮院奉禮 1, 侍講弼善 1 | 典設司·豊儲·廣興倉守 각1 | |
| 종4 (32) | 忠勳·儀賓·開城府 經歷 각1,敦寧僉正 2, 義禁府經歷 5*, 漢城府庶尹 1 | 弘文副應敎 1, 승문원校勘 1 | 봉상·군기시·군자감僉正 각2, 사옹·상의원·종부·사복·내자·내섬·사도·예빈·사섬시·제용·선공·사재·장악원* 첨정 각1 | |
| 정5 (36) | 의정부檢詳 1, 6조正郎 20*1,司憲持平 2, 司諫院獻納 1 | 장례원 司議 3, 홍문校理 2, 성균直講 4, 통례원贊儀 1, 시강원文學 1 | | 內需司典需 1 |
| 종5 (42) | 충훈·의빈부 都事 각1, 돈령·한성부 判官 각2, 의금부都事 5*, 개성부 도 | 홍문副校理 2,상서원判官 1, 승문원校理 2, 교서관 校理 1 | 군자감判官 3, 忠翊府都事·봉상·군기시판관 각2, 사복 ·내 | 소격·종묘·사직·평시·사온서·의영·장흥고 슈 |

| | 直啓衙門 | 六曹屬衙門 | | |
|---|---|---|---|---|
| | | 堂上·堂下衙門 | | 參上衙門 |
| | | 文翰機構 | 寺·監·倉 등 | |
| (종5) | 사 1 | | 자·내섬·예빈시·제용·선공감·사옹·상의원 판관 각1 | 각1 |
| 정6 (69) | 6조 좌랑 20, 사헌부감찰 24, 사간원정언 2 | 장예원司評 4, 홍문修撰 2, 성균典籍 13, 승문校檢 1, 시강원司書 1 | | 장원서掌苑·사포서司圃 각1 |
| 종6 (55) | 돈령부주부 2, 개성부교수 1 | 홍문副修撰 2, 통례원引義 8 | 군자감主簿 3, 봉상·사복·군기시 주부 각 2, 종부·내자·내섬·사도·예빈·사섬시·제용·선공·사재감·사옹·상의·장악원 주부 각1, 관상감 天文·地理學敎授 각1, 전의감 醫學·사역원漢學敎授 각2, 풍저·광흥창 주부 각 1 | 내수사副典需·사축서 司畜·조지서 司紙 각1, 사온·전생·전옥서·의영·장흥고·5부 主簿 각 1 |
| 정7 (15) | 漢城參軍 2, 승정원注書 2 | 홍문博士 1, 예문奉敎 2, 성균박사 3, 승문·교서 박사 각2, 시강원설서 1 | | |
| 종7 (28) | 돈령부 직장 2 | 상서直長 1 | 사옹·상의원 直長 각 2, 봉상·종부·군기 등 8 시·군자 등 4감·장악원·풍저창 직장 각 1 | 종묘·평시·사온·전생·의영·장흥고直長각 1, 혜민서 직장이상(~ 주부) 1 |
| 정8 (14) | 의정부 司錄 2 | 홍문著作 1,예문待敎 2, 성균學正3, 상서副直長 2, 승문·교서著作 각 2 | | |
| 종8 (22) | 돈령부奉事 2 | | 사옹원奉事 3, 봉상·군기·내자·내섬·예빈시·군자·제용·선공감·풍저·광흥창 봉사 각1 | 종묘·평시·사온·전생·전옥서·의영·장흥고 奉事 각 1 |

| | 直啓衙門 | 六曹屬衙門 | | |
|---|---|---|---|---|
| | | 堂上·堂下衙門 | | 參上衙門 |
| | | 文翰機構 | 寺·監·倉 등 | |
| 정9<br>(36) | | 홍문·승문·교서 정자 각2, 예문검열 4, 성균학록 3 | 봉상·군기시·군자·제용·선공감·풍저·광흥창 副奉事 각1, 관상감 天文·地理學訓導·전의감醫學訓導 각1,관상감 命課學訓導·사역원 蒙·倭·女眞學訓導 각2, 사역원漢學訓導 4 | 종묘서副奉事 1 |
| 종9<br>(62) | 돈령부參奉 2 | 성균學諭 3,승문·교서副正字 각 2 | 사옹원參奉 3, 봉상·군기·예빈시·군자·제용·선공·사재감 참봉 각 1 | 소격·사직·전생서·5부·文昭·延恩殿·畿內 11 陵殿* 參奉 각2, 典獄署 참봉 1 |
| 합계<br>(510)<br>*1 | 161 | 112*2 | 156*3 | 81 |

*1 겸직 3(승문원 정7 2·정8 2·종9 2 중 1, 장악원 종4 1·종6 1·종7 1 중 2) 제외.

*2 승문원 겸직 1 제외.

*3 장악원 겸직 2 제외.

## 2. 遞兒職

遞兒職은 관인에게 관직종사의 기회를 확대시키면서 녹봉지급을 줄이기 위하여 근무기간에만 녹봉을 주던 관직이다. 체아직에는 醫·譯·算·觀象·律·寫字 등 기술관 종사자와 內侍, 5衛軍·兩班特殊軍·非兩班軍人·習讀官, 工曹·校書館 등의 잡직에 종사한 천인을 각각 대상으로 한 東班職, 西班職, 雜職이 있었다.[45] 그 관직수는 서반체아직이

45) 『경국대전』 권1, 이전 경관직, 권4, 병전 경관직, 권1 이전·권4 병전 잡직조.

절대 다수였고, 동반・잡직체아직은 일부에 불과하였다.[46] 여기에서는 경관 문반 체아직을 살펴본다.

京官文班遞兒職(이하 문반체아직)은 세종 4년 이전에 濟用監 錄事 등에게 관직종사의 기회를 늘리고 녹봉을 절약하기 위한 관직을 두면서 성립되었다.[47]

이 때에 설치된 문반 체아직이 소속된 관아와 관직수는 불명확하다. 그런데 1422년(세종 4) 이전에 "濟用監에 설치된 체아직이 혁거되었다"[48] 고 한 것에서 제용감 등에 체아직이 설치되어 운영된 것으로 추측된다. 이 이후에 문반 체아직이 어떻게 변천되면서 정립되었는가는 사료의 한계로 인해 체계적으로 알기 어렵다. 그러나 『조선왕조실록』을 보면 단편적이기는 하나 1484년(성종 15)까지 관제와 신분제의 정비, 기술관을 문반 정직과 차별한 조치와 관련된 체아직의 변천상이 확인된다. 그 대표적인 내용을 살펴보면 다음과 같다.

(1) 1428년(세종 10) 이전부터 司譯院 漢學 등 權知 역임자와 생도에게 총 15직의 체아직을 제수하였다(한학 7직, 별학 5, 몽고학 2, 왜학 1, 직질 불명).[49]

---

46) 『경국대전』이전 경관직・병전 경관직에 등재된 관직수는 동반직이 105직이었고, 서반직이 3,005직이었다(소속관아별 직질・관직수는 뒤 <표 4-3>, <표 4-12> 참조).

47) 시치시기는 불명하나 『세종실록』 권18, 4년 11월 갑술에 "이전에 제 용감 녹관체아직을 혁파하였다"고 하였음에서 세종 4년 11월 이전의 어느 시기에 동반체아직으로 제용감 등에 체아직이 운영된 것으로 추측된다. 崔貞煥도 1991년에 「朝鮮前期 遞兒祿의 整備」(『高麗・朝鮮時代 祿俸制硏究 』, 慶北大學校出版部) 280・281쪽에서 구체적인 시기는 제시하지 않았지만 체아직의 기원을 특수병의 설치와 관련시켜 세종초로 파악한다.

48) 『세종실록』 권18, 4년 11월 갑술.

(2) 1440년(세종 22)에 의정부가 成衆官 체아직의 西班移次를 두고 "동반체아직은 본래 15직인데 그 모두를 서반에 이차하면 (동반)窠闕이 부족할까 염려됩니다. (중략) 繕工監 直長·司膳署 食醫·廣興倉 丞·典獄署 丞·京市署 錄事와 副錄事 각 1직의 6직은 이전과 같이 동반체아직으로 존속 시키소서"[50]라고 상계하였으나 윤허 받지 못하였다.

(3) 1443년(세종 25)에 書雲觀·典醫監·司譯院의 判事 이하 모든 관직이 本業出身者로 제수되었음에서 이들 관아에 소속된 40여 직이 체아직으로 전환된 것으로 추측되었다.[51]

(4) 1448년에 사역원(역학·산학생도)에 체아직 2직이 설치되었고, 1449년(세종 31)에 서운관·천문학에 7품 이하 체아직 5직이 설치되었다.[52] 또 1455년(단종 3) 선공감에 6~9품 체아직 10(6품 - 1, 7 - 1, 8 - 2, 정9 - 3, 종9 - 3)직이 설치되었다.[53]

(5) 1455년(세조 1)에 궐내 각전에 소속되어 궐내제사에 종사하던 別監·小親侍 등 180여명이 감원되고 7품 이하 30여 체아직이 설치되었고,[54] 1460년에는 廣興倉 丞·義盈庫 直長·長興庫 副直長과 副錄事 각

49) 『세종실록』 권42, 10년 12월 병신.

50) 『세종실록』 권88, 22년 2월 신축.

51) 『세종실록』 권100, 25년 임술. 전의감 등의 판사 이하가 체아직으로 전환된 시기는 불명하다. 그러나 동반 체아직의 대부분이 즉 96직 중 80직이 본업인으로 제수된 내의원·관상감·전의감·사역원·호조·형조· 혜민서의 관직이었고, 세종 25년 이후에 설치된 내의원의 경우 모든 관직이 체아직으로 설치되었다(『세조실록』 권38, 12년 1월 무오). 이 점에서 전의감 등의 판사 이하는 본업인으로 제수되면서 체아직화 된 것으로 추측한다. 40여직은 서운관, 전의감, 사역원 등이다(『태조실록』 권4, 2년 9월 신유, 『태종실록』 권25, 13년 6월 을묘·권27, 14년 1월 계사조에서 종합).

52) 『세종실록』 권119, 30년 1월 경술·권126, 31년 11월 무술.

53) 『단종실록』 권13, 3년 3월 을묘.

1직이 체아직이 되었다.[55)]

(6) 1466년에는 藥房이 개편되면서 설치된 내의원에 正 이하 9직, 算學과 律學이 호조와 형조에 병합되면서 算士·明律 이하 14직의 체아직이 각각 설치되었다.[56)] 동시에 內需所가 개편되면서 설치된 內需司에 典需 이하 5직, 惠民局이 개편되면서 설치된 惠民署에 注簿 이하 7직, 景福宮提擧司가 개편되면서 설치된 典涓司에 提控 이하 8직, 東西活人院이 개편되면서 설치된 活人署에 參奉 1직이 각각 체아직으로 설치되었다.[57)] 또 관상감·전의감·사역원의 判事 이하 체아직이 正 이하로 개칭되었다.[58)]

(7) 1484년(성종 15)까지 내의원·관상감·전의감·호조·형조에서 첨정 3직 이하 8직의 체아직이 삭감되고 사역원·전연사·활인서에서 판관 2직 이하 7직이 증치되었으며, 전연사 제공이 직장으로 개칭되었다.[59)]

---

54) 『세조실록』 권2, 1년 11월 갑신. 30여 체아직은 각각 7품 6직, 8품 9직, 9품 11직이었다.

55) 『세조실록』 권20, 6년 5월 기해.

56) 『세조실록』 권38, 12년 1월 무오. 내의원과 호·형조에 설치된 관직은 다음과 같다.
내의원 ; 정 1직, 첨정 1, 판관 2, 주부 2, 직장 3, 봉사·부봉사·참봉 각2.
호조 ; 산사 1직, 계사 2, 훈도 2, 회사 2.
형조 ; 명률 1직, 심률 2, 훈도 2, 검률 2.

57) 동상조. 그 관직은 다음과 같다.
내수사 ; 전수·부전수·전회·전곡·전화 각 1직.
혜민서 ; 주부·직장·봉사 각 1, 참봉 4직.
전연사 ; 제공 2, 참봉 6직.
활인서 ; 참봉 1직.

58) 동상조. 그 외에 正(관상·전의감)·知事(사역원)는 副正, 副正(관·전)·副知事(사)는 僉正, 視日(관)·博士(전)·副直長(사)은 奉事, 監候(관)·檢藥(전)은 副奉事, 司辰(관)·助教(전)·訓導(사)는 參奉으로 각각 개칭되었다.

59) 『세조실록』 권38, 12년 1월 무오, 『경국대전』 권1, 이전 경관직 호조·형조·내의

이상에서 조선초기 문반체아직은 세종 4년 이전에 제용감에 녹사 등을 두면서 비롯되었고, 이후 세종 25년에 전의감 등의 판사 이하가 본업인으로 제수되어 체아직으로 정착되었다. 이후 성종 15년까지 신설된 내의원 등의 관직이 체아직이 되고 내의원·사역원 등의 일부 관직이 감소·증치되면서 내의원 등 10관아의 정 이하 96 관직으로 확립되었다. 『경국대전』에 법제화된 문반체아직 96직을 표로 정리하여 제시하면 다음과 같다.

<표 4-3>『경국대전』 문반 체아직(이전 경관직)

| | 정3 당하 | 종3 | 종4 | 정5 | 종5 | 종6 | 종7 | 종8 | 정9 | 종9 | 합계 | 비고 |
|---|---|---|---|---|---|---|---|---|---|---|---|---|
| 內醫院 | 正1 | | 僉正1 | | 判官1 | 主簿1 | 直長3 | 奉事2 | 副奉事2 | 參奉1 | 12 | |
| 觀象監 | 정1 | 副正1 | 첨정1 | | 판관2 | 주부2 | 직장2 | 봉사2 | 부봉사3 | 참봉3 | 16*1 | |
| 典醫監 | 정1 | 부정1 | 첨정1 | | | 주부1 | 직장2 | 봉사2 | 부봉사4 | 참봉5 | 17*1 | |
| 司譯院 | 정1 | 부정1 | 첨정1 | | 판관2 | 주부1 | 직장2 | 봉사3 | 부봉사2 | 참봉2 | 15 | |
| 內需司 | | | | | | | 典會1 | 典穀1 | | 典貨2 | 4 | |
| 惠民署 | | | | | | 주부1<br>教授1 | 직장1 | 봉사1 | 訓導1 | 참봉4 | 8* | |
| 戶曹 | | | | | | | 算士1 | 計士2 | 訓導1 | 會士2 | 6 | |
| 刑曹 | | | | | | | 明律1 | 審律2 | 훈도1 | 檢律2 | 6 | |
| 典涓司 | | | | | | | 直長2 | 奉事2 | | 參奉6 | 10 | |
| 活人署 | | | | | | | | | | 참봉2 | 2 | |
| 합계 | 4 | 3 | 4 | 0 | 5 | 7 | 15 | 17 | 14 | 29 | 96 | |

*1 판관이상 1직외 체아.

*1 직장 이상 1직 구임외 체아.

원·관상감·전의감·사역원·전연사·활인서. 삭감되고 증치된 관직은 다음과 같다.

삭감 ; 호조 훈도 1직, 형조 훈도 1, 내의원 판관·주부·참봉 각1, 관상감 첨정 1, 전의감 첨정·판관 각1.

증치 ; 사역원 판관·부봉사 각2직, 전연사 봉사 2, 활인서 참봉 1.

### 3. 無祿職

무록직은 관리의 勸勉 및 녹봉절약과 관련하여 근무성적이 나쁜 정직의 녹관이 좌천되면서 제수되었다가 1년이 경과한 후 그 근무성적이 우수할 때 정직에 복귀되었고, 정직과 같이 5考 3上(참상관)·3考 2上(참하관) 이상의 考課로 加資된 관직이다.[60] 무록직은 경관 문·무반과 외관에 설치되었고, 그 관직에는 鎭撫·使·提擧(경관)와 경기좌·우도 水運判官 이하가 있었다.[61]

경관 문반 무록직(이하 무록직)이 언제부터 운영되었는가는 불명하다. 그런데 1414년(태종 14)에 義禁府에 鎭撫(2, 정3) 이하 10직의 口傳官을 설치하였을 때에 "녹봉을 절감하기 위하여 祿官을 혁거하고 구전관을 설치하였다"[62]고 하였고, 1404년 司圃署에 提擧·別坐·向上別監(관직수 불명)이 확인되었으며,[63] 태종대에도 濟生院[64]·內需司[65]·活人署와 濟生院[66]·承文院[67] 등에 별좌 등과 구전관이 운영되고 있었다. 이에서 무록관은 태종 4년 이전부터 운영되었다고 하겠다.

이 태종대의 무록관이 이후 1484년(성종 15)까지 考課·褒貶制 등 인사제도정비, 관제정비, 경비절감 등과 관련되어 다음과 같이 여러 차례에 걸쳐 변개되면서 운영되었다.

---

60) 『경국대전』 권1, 이전 경관직.

61) 『조선왕조실록』 태종 9년~성종 16년, 『경국대전』 권1, 이전경·외관직조.

62) 『태종실록』 권28, 14년 8월 신유.

63) 『태종실록』 권8, 4년 8월 기축.

64) 『태종실록』 권17, 9년 2월 경진 置口傳別坐.

65) 『태종실록』 권28, 14년 12월 임진 內需別坐改內需所.

66) 『태종실록』 권32, 16년 12월 기미 活人署有別坐 濟生院提擧·別坐兼之.

67) 『태종실록』 권33, 17년 6월 을미 承文院增七品以下口傳官.

(1) 무록관은 운영된 처음에는 提擧·別坐·別監이 있다가 1414년(태종 14)에 鎭撫(정3)·副鎭撫(종3)·知事(4품)·都事(5~6품), 1417년(태종 17)에 使·副使·判官이 추가되었다.[68] 1448년(세종 30)에 鑄字所 등에 설치된 제거가 모두 별좌로 개칭되었다.[69]

(2) 1423년(세종 5)에 禮賓寺 등 20여 관아에 설치된 提擧 등 100여 직이 提調制의 정비에 수반되어 60여 직으로 조정되었다.[70] 1429년(세종 11)에 慣習都監에 사 2직 등 12직이 운영되다가 向上別監이 혁거되었고,[71] 다시 1438년(세종 20)에는 分禮賓寺 등 8아문의 使 이하 18직이 삭감되었다.[72]

(3) 1450년(문종 2)까지 校書館, 內醫院, 承文院·典船色·造紙所·鑄

68) 『태종실록』 권28, 14년 8월 경신(忠扈衛)·신유(의금부), 권33, 17년 2월 경신(공신도감).

69) 『세종실록』 권121, 30년 7월 갑진.

70) 세종 5년에 확인된 제거 이하는 80여직이었지만 세종 즉위년 이래로 10학에 제거·별좌 각 1직, 개국공신도감에 사·부사(수 미상)가 설치되었음 에서 합산하여 파악한 수이다(『세종실록』 권19, 5년 2월 경신·권2, 즉위년 12월 임진·권13, 3년 10월 무신). 세종 5년에 확인된 80여직과 증감된 40여직은 다음과 같다.

제거 ; 서활인원2→1, 제생원2→3, 동활인원2→1, 소격서3-.2.

별제 ; 혜민서1→0

별좌 ; 예빈시3→1, 군기감3→2, 전구서2→1, 혜민서4-.2, 서활인원4→1, 다방 4→0, 제생원7→3, 동활인원7→1,내시원4→0, 소격서1→2, 복흥고 3→2, 사옹우2번 3-.2, 그외 내관 등도 모두 혁거.

부사 ; 관습도감 3→2.

판관 ; 관습도감 3→2.

71) 『세종실록』 권46, 11년 12월 계미.

72) 『세종실록』 권80, 20년 3월 병신. 삭감된 관직은 다음과 같다.

| | | | |
|---|---|---|---|
| 분예빈시·혜민국 | ; 별좌 각2, | 영접도감 | ; 사·부사·판관 각2, |
| 제생원 | ; 제거·별좌 각1, | 악학·별요 | ; 별좌 각2. |
| 동·서요 | ; 판관 각1, | | |

字所·蠶室, 駙馬府, 沉藏庫, 太一算學, 尙衣院 등에 제거·별좌 등 수십 직이 신치·증설되면서 운영되다가[73] 禮葬都監 사·부사·판관 6직이 3직으로 조정되는 등 13관아 사 이하 30여 직이 삭감되었다.[74]

(4) 1484년(성종 15)까지 司鑾所·禁火都監·內醫院의 제거 이하 30여 직이 혁거되고 東窯·西窯·修城禁火司·沉藏庫의 提檢 이하 30여 직이 설치되었으며,[75] 司饔院·尙衣院·掌樂院·司圃署·掌苑署·造紙署·司蓄署 관직은 모두 무록관(별좌)이 되었다.[76]

이상에서 동반 무록관은 태종 4년 이전에 관리를 권면하고 녹봉을

---

73) 『조선왕조실록』 세종 21년~문종 1년조. 무록관의 운영이 확인된 관아와 존치되고 증감된 무록관은 다음과 같다.

조지소 ; 유구전관,
사련소 ; 유별좌,
분예빈시 ; 별좌 2,
혜민국 ; 별좌 2,
교서관 ; 제거·별좌 2,
소격서 ; 별좌·별감 각1,
금화도감 ; 사·부사·판관·별감·녹사 각2,
충호위 ; 유제거·별좌,
내의원 ; 제거·별좌·조교 16,
3의사 ; 각각 유제거·별좌.

74) 『문종실록』 권13, 2년 4월 병인. 그 외에 삭감된 관직은 다음과 같다.

제생원 ; 별좌 2→1,
조지소 ; 별좌 4→3,
관습도감 ; 사·부사·판관 6→4,
악학 ; 별좌 0→2,
내의원 ; 별좌 13(1조관)→12(혁 조관)
금화도감 ; 사·부사·판관 6→4,
주자소 ; 별좌 7→5,
사련소 ; 별좌 2→1,
수성전선색 ; 별감 6→4,
전구서 ; 별좌 1→0,
혜민국 ; 별좌 2(1문관)→1(혁 문관)
군자조성색 ; 별좌 3→3(본관겸)

75) 『조선왕조실록』 단종 1년~성종 16년조. 그 변개상은 다음과 같다.

사련소 ; 별좌 → 혁,
금화도감 ; 사·부사·판관 4→ 혁,
내의원 ; 제거·별좌·조교 16→ 녹관,
동·서요 ; 별좌 2·별제 3,
수성금화사 ; 제검 4·별좌 6·별제 3,
침장고 ; 별좌·별제 7.

76) 『성종실록』 권26, 4년 1월 계묘.

절약하기 위하여 사포서 등에 제거 · 별좌 등을 두면서 성립되었고, 태종 · 세종 · 문종 · 세조 · 성종전반기에 걸쳐 여러 번 변개되면서 司饔院 등 22아문의 提學(3품) 2직 이하~別檢(8품) 4직 등 95직으로 정립되었다가 『경국대전』에 법제화되었다. 『경국대전』에 규정된 동반 무록관을 표로 정리하여 제시하면 다음과 같다.

<표 4-4> 『경국대전』 문반 무록관(이전 경관직조)

| | 제거(정·종3품) | 제검(4품) | 별좌(5품) | 별제(6품) | 별검(8품) | 계 |
|---|---|---|---|---|---|---|
| 사옹원 | | 2 | | | | 4 |
| 수성금 | | 4 | 6 | 3 | | 13 |
| 화사 | | | | | | |
| 예빈시 | | 2 | 2 | 2 | | 6 |
| 전설사 | | 1 | 2 | 2 | | 5 |
| 전연사 | | 1 | 2 | 2 | | 5 |
| 전함사 | 2 | 1 | 2 | 2 | | 5 |
| 교서관 | | | 2 | 2 | | 4 |
| 상의원 | | | 2 | 2 | | 4 |
| 군기시 | | | 2 | 2 | | 4 |
| 내수사 | | | 2 | 2 | | 4 |
| 빙고 | | | 1 | 2 | 1 | 4 |
| 귀후서 | | | | 6 | | 6 |

| | 제거 | 제검 | 별좌 | 별제 | 별검 | 계 |
|---|---|---|---|---|---|---|
| 조지서 | | | | 4 | | 4 |
| 활인서 | | | | 4 | | 4 |
| 장원서 | | | | 3 | | 4 |
| 사포서 | | | | 3 | 4 | 7 |
| 와서서 | | | | 3 | | 3 |
| 호서 | | | | 2 | | 2 |
| 형조 | | | | 2 | | 2 |
| 소격서 | | | | 2 | | 2 |
| 사축서 | | | | 2 | | 2 |
| 도화서 | | | | 2 | | 2 |
| 합 계 | 2 | 11 | 23 | 54 | 5 | 95 |

## 4. 兼職

조선초기 겸직은 科田 · 祿俸의 절약과 국정을 효율적으로 처리하기 위하여 正職(祿職)자로 하여금 정직에 근무하면서 곁들여 근무하게 한 관직(제도)이다. 겸직에는 경관 문 · 무반직과 외관 문 · 무반직이 있었다.77)

77) 『경국대전』 권1, 이전 · 권4 병전 경 · 외관직, 한충희, 2004, 「朝鮮初期 官職構造

조선의 경관문반겸직(이하 문반겸직으로 약칭)은 개국과 함께 고려의 관제를 계승하여 다음의 표와 같이 정1품~종8품에 이르는 101직을 두면서 성립되었다. 즉, 정1~종2품 겸직에는 都評議使司 判事(2, 侍中兼)·藝文春秋館監事(1, 시중)·尙瑞司判事(4, 兩府) 이하 42직, 정3품~정8품 겸직에는 閤門判事·訓鍊觀使(각1) 이하 59직을 두었다.

<표 4-5> 태조 1년 경관 문반 겸직[78]

| | 都評議使司 | | 藝文春秋館 | 世子官屬 | 刑曹都官 | 尙瑞司 | 閤門 |
|---|---|---|---|---|---|---|---|
| 정1품<br>종1~정2<br>정2<br>종2 | 判事 2<br>同判事 11<br>使 1<br>副使 15 | 門下左·右侍中<br>門下府·三司 종1~정2<br>判中樞院事<br>中樞院 종2품 | 監事 1 (시중)<br>知事 2<br>同知事 2 | 左·右師 각1<br>左·右賓客 각1 | | 判事 4 (양부) | |
| 정3<br>종3<br>정4<br>종4 | 經歷 1 | | 編修官 2 | 左·右輔德 각1<br>左·右弼善 각1 | 知事 1 | 尹 1<br>少尹 1 | 判事 1<br>知事 2<br>引進使 2 |
| 정5<br>종5<br>정6<br>종6 | 都事 1 | | 應敎 1 | 左·右文學 각1<br>左·右司經 각1 | | 丞 2<br>注簿 2 | 奉禮郞 10 |
| 정7<br>종7<br>정8 | | | | 左·右正字 각1<br>左·右侍直 각1 | | 錄事 2 | 參軍 4<br>錄事 6 |
| 합계 | 31 | | 6 | 16 | 1 | 12 | 25 |

硏究」, 『大丘史學』 75, 49~50쪽.

78) 『태조실록』 권1, 1년 7월 정미.

|  | 訓鍊觀 | 司僕·內府寺, 司宰監 | 司農·禮賓寺, 繕工·軍資·軍器·司水監 | 書雲觀·典醫監 | 합계 | 비고 |
|---|---|---|---|---|---|---|
| 정1 |  |  |  |  | 7* | * 4는 양부 |
| 종1 ~ 정2 |  |  |  |  | 11 |  |
| 정2 |  |  |  |  | 4 |  |
| 종2 |  |  |  |  | 20 |  |
| 정3 | 使 1 |  |  |  | 2 |  |
| 종3 | 軍諮祭酒 2 |  |  |  | 8 |  |
| 정4 |  |  |  |  | 5 |  |
| 종4 | 司馬 4 |  |  |  | 7 |  |
| 정5 |  |  |  |  | 4 |  |
| 종5 | 司直 4 |  | 丞 각1 | 丞 각2 | 16 |  |
| 정6 |  |  |  |  | 4 |  |
| 종6 | 副司直 4 | 注簿 각1 | 注簿 각1 | 注簿 각2 | 27 |  |
| 정7 |  |  |  |  | 2 |  |
| 종7 | 參軍 4 |  |  |  | 8 |  |
| 정8 | 錄事 6 |  |  |  | 16 |  |
| 합계 | 25 | 3 | 12 | 8 | 101 |  |

태조 1년의 문반겸직이 이후 태조, 정종, 태종, 세종, 세조, 성종대 등에 걸쳐 관제정비, 의정부·육조와 소수의 당상관 중심의 효율적인 국정운영을 위한 提調制의 실시·정비, 재정과 관련된 겸직의 운영·녹직의 겸직전환 등과 관련되어 수십 차에 걸쳐 新置·增置·減員·革去되면서 운영되었다. 그 변개상을 당상관직과 당하관 이하 관직으로 구분하여 살펴본다.

당상관은 (1) 태조대에는 敬興府判事 1직(6년), 戶·刑·禮·工曹判事 각 1직(2년 이전), 世子官屬 左·右副賓客 각 1직(4)이 설치되었다.[79] 정

종대에는 2년에 都評議使司가 議政府로 개편되면서 判事 이하 29직이 혁거되었다.[80]

(2) 태종대에는 藝文春秋館이 藝文館과 春秋館으로 분립되면서 監·知·同知館事가 춘추관관이 되었고(1년),[81] 尙瑞司判事가 혁거되고(5)[82] 判吏·兵·戶·刑·禮·工曹事(각1)가 치·폐를 거듭하면서 운영되었으며,[83] 世子官屬에 師 2직이 설치되었다(1).[84]

(3) 세종대에는 集賢殿에 領事·大提學·提學 각 2직이 새로이 설치되었고(2년),[85] 判吏·兵曹事(각1)와 知兵·刑曹事(각1)가 폐·치되었으며,[86] 城門都監 등에 提調 수십직이 치·폐되면서 운영되었다.[87] 왕 5년에 대대적인 제조제의 정비와 함께 제조 197명(도제조·제조 169, 부제조 28)이[88] 다음의 표와 같이 例兼(實案, 當然職) 57직과 그 외 119직의

---

79) 『태조실록』 권11, 6년 1월 갑오·권3, 2년 5월 갑인·권14, 7년 9월 계유·권7, 4년 5월 계묘.

80) 『정종실록』 권4, 2년 4월 신축.

81) 『태종실록』 권2, 1년 7월 경자.

82) 『태종실록』 권9, 5년 1월 임자.

83) 그 운영기간은 한충희, 1984, 「朝鮮初期 判六曹事 硏究」, 『제27회 전국 역사학대회 발표요지』 85쪽 참조.

84) 『태종실록』 권2, 1년 2월 무인.

85) 『세종실록』 권7, 2년 2월 갑신.

86) 한충희, 위 논문, 85쪽 참조.

87) 『조선왕조실록』 세종 4~28년조. 그 주요한 운영상은 다음과 같다.
성문도감 ; 제조 수십인(치, 4년),
육전수찬색 ; 도제조·제조 각2(치, 4),
금화도감 ; 제조 7(치, 8),
3별요 ; 제조 각1(증치, 13),
공법상정소 ; 제조 ?(치, 18),
세자가례색 ; 제조 ?(혁, 18),
세자빈책봉도감 ; 제조 ?(치, 18),
전제상정소 ; 도제조 1·제조 3 (치, 25)

88) 『세종실록』 권19, 5년 2월 경신·5년 3월 을사조에서 종합. 5년 2월에 확인된

총 176명(도제조 22 「이 중 예겸직이 11」, 제조 134 「예겸 29」, 부제조 20 「예겸 17」)으로 조정되었다.89)

---

제조와 부제조가 73명과 10명이었다. 5년 3월에는 5년 2월에 조정된 제조 외에 새로이 제조(도제조 포함)와 부제조가 96명과 18명이 확인되었는데, 이 제조와 부제조는 5년 2월의 제조정비 때에는 개변이 없었기 때문에 5년 2월에 제시되지 않았다가 이 때에 예겸과 그 외 제조로 상정되었다고 추측된다. 이에 5년 2월에는 이들이 포함된 제조 197명과 부제조 28명이 존치된 것으로 파악한다. 5년 2월과 5년 3월에 확인된 관아별 제조는 다음과 같다.

5년 2월

제조 ; 훈련관 8, 내자시 · 예빈시 · 사재감 · 사옹우2번 각5, 봉상시 · ,내섬시 · 군기감 · 혜민국 · 서활인원 · 사옹우1번 각4, 전농시 · 군자감 · 제생원 · 소격전 · 충호위 각3, 선공감 · 전구서 각2, 제용감 · 광흥창 각1.

부제조 ; 소격전 2, 사역원 · 사섬서 · 풍저창 · 혜민국 · 서활인원 · 제생원 · 상의원 · 사용 좌2번 각1.

5년 3월

도제조 ; 승문원 2, 종묘서 · 문소전 · 광효전 · 인수부 · 사복시 · 의금부 · 의례상정소 · 제학 · 성문도감 · 도화원 · 사옹좌1번 각1.

제조 ; 승문원 · 관습도감 각5, 성문도감 4, 동활인원 · 의금부 · 위의색 각3, 인순부 · 전의감 · 사섬시 · 경복궁 · 혜민국 · 의례상정소 · 이학 등 10학 · 상림원 · 다방조번 · 다방우번 · 사옹좌1번 · 귀후소 각2, 종묘서 · 문소전 · 광효전 · 인수부 · 종부시 · 사복시 · 형조도관 · 사온서 · 도관서 · 의영고 · 장흥고 · 동요 · 서요 · 사련소 · 복흥고 · 습산국 각1.

부제조 ; 훈련관 · 내자시 · 내섬시 · 예빈시 · 사옹우1번 · 인수부 · 인순부 · 승문원 · 사선서 · 경복궁 · 동활인원 · 관습도감 · 상림원 · 도화원 · 사련소 · 복흥고 · 다방좌번 · 다방우번 각1.

89) 金松熙, 1987, 「朝鮮初期의 [提調]制에 關한 硏究」, 『韓國學論集』 12, 40~49쪽, 『세종실록』 권19, 5년 3월 을사조에서 종합.

<표 4-6> 세종 5년 관아별 제조 수( *는 예겸)[90]

| 관아명 | 都提調 | 提調 | 副提調 | 관아명 | 도제조 | 제조 | 부제조 | 관아명 | 도제조 | 제조 | 부제조 |
|---|---|---|---|---|---|---|---|---|---|---|---|
| 宗廟署 | 1* | 1 | | 纛官署 | | 1 | | 風水學 | | 2 | |
| 文昭殿 | 1* | 1 | | 義盈庫 | | 1 | | 樂學 | | 2 | |
| 廣孝殿 | 1* | 1 | | 長興庫 | | 1 | | 算學 | | 2 | |
| 仁壽府 | 1* | 1* | 1* | 豊儲倉 | | 1* | | 律學 | | 3*1 | |
| 仁順府 | | 2* | 1* | 廣興倉 | | 1* | | 尙衣院 | | 2 | |
| 奉常寺 | 1* | 2*1 | | 典廐署 | | 1 | | 慣習都鑑 | | 5*2 | 1* |
| 宗簿寺 | | 1 | | 景福宮 | | 2*1 | 1* | 城門都監 | 1* | 4* | |
| 承文院 | 2* | 5*1 | 1* | 惠民署 | | 2 | | 威儀色 | | 3*2 | |
| 訓鍊觀 | | 6*2 | 1* | 西活人 | | 2*1 | 1 | 上林園 | | 2 | 1* |
| 司僕寺 | 1 | 1 | | 院 | | | | 圖畵院 | 1* | | 1* |
| 典農寺 | 1 | 1 | | 濟生院 | | 2 | | 司䜌所 | | 1 | 1 |
| 內資寺 | 1 | 2*1 | 1* | 東활인 | | 2*1 | 1* | 福興庫 | | 1 | 1* |
| 內贍寺 | 1 | 2*1 | 1* | 원 | | | | 習算局 | | 1 | |
| 禮賓寺 | | 3*2 | 1* | 昭格殿 | | 2 | 2* | 忠扈衛 | 1 | 3 | |
| 繕工監 | 1 | 2*1 | | 東窯 | | 1 | | 茶房左番 | | 2 | 1 |
| 司宰監 | 1* | 2*1 | | 西窯 | | 1 | | 茶房右番 | | 2 | 1 |
| 軍資監 | 1* | 1* | | 義禁府 | 1 | 3 | | 司饔左1番 | 1 | 2 | |
| 濟用監 | | 2 | | 儀禮詳 | 1 | 2 | | 사옹좌2번 | | 3 | |
| 軍器監 | 1 | 2 | | 定所 | | | | 司饔右1番 | | 3 | |
| 司譯院 | | 3 | | 諸學 | 1 | | | 사옹우2번 | | 3 | |
| 典醫監 | | 2 | | 吏學 | | 2 | | 歸厚所 | | 2 | |
| 刑曹 | | 1* | | 儒學 | | 2 | | | | | |
| 都官 | | | | 武學 | | 3 | | | | | |
| 司贍署 | | | 1* | 譯學 | | 2 | | | | | |
| 司醞署 | | 1 | | 字學 | | 2 | | 합계 | 22 <11> | 134 <29> | 20 <17> |
| 司贍寺 | | 2 | | 曆學 | | 2 | | | | | |

(4) 세조대에는 藝文館 大提學 · 提學 각 1직(3년)과[91] 院相 3~9직(13~14)이 설치되었고,[92] 判吏 · 戶 · 禮 · 兵曹事 각 1직이 치 · 폐를 거듭

90) 김송희, 위 논문, 51쪽 <표 3>에서 전재.

91) 『세조실록』 권8, 3년 7월 경인.

92) 『조선왕조실록』 세조 13~14년조, 『성종실록』 권67, 7년 5월 정사(그 겸직자는 金甲周, 1973, 「院相制의 成立과 機能」, 『東國史學』 12, 59쪽 <院相構成員의

하면서 운영되었으며(1~14),[93] 지병·형조사 각 1직이 兵曹參知·辨定院判決事로 개칭되면서 녹직으로 전환되었다(12).[94] 당상겸직의 직명 정비에 따라 藝文·春秋·成均館의 領·知·同知館事가 領·知·同知事로 개칭되는(12)[95] 등 그 관직명이 領·監事 등(문한관아)과 都提調·提調·副提調(문한관아 이외의 육조속아문)로 통일되었다.[96]

(5) 성종대에는 判吏·兵·戶·禮曹事 각 1직이 폐·치되면서 운영되었고(즉위~21년),[97] 藝文館이 弘文館으로 개편되면서 예문관영사·대제학·제학 각 1직이 홍문관직으로 개칭되었으며(9),[98] 성종의 친정에 따라 원상이 혁거되었다(7).[99]

정3품 당하관 이하는 (1) 정종 2년에는 都評議使司가 議政府로 개편되면서 도평의사사 經歷·都事 각 1직이 혁거되었다.[100] 태종대에는 東·中·南·北學에 教授官 2직·訓導官 5직이 설치되었고(11년),[101] 藝文春秋館 直提學·直館 각 1직이 예문·춘추관으로의 분립과 함께 藝文館이 되면서 녹직이 되었다(1).[102]

---

經歷表> 세조 13·14년조 참조).

93) 한충희, 위 논문, 85쪽 <표 2> 참조.

94) 『세조실록』 권38, 12년 1월 무오.

95) 『세조실록』 권38, 12년 1월 무오.

96) 『세조실록』 권38, 12년 1월 무오(그 내용은 뒤 <표 4-7> 참조).

97) 한충희, 위 「조선초기 판육조사 연구」, 85쪽 <표 2>.

98) 『성종실록』 권90, 9년 3월 신사.

99) 『성종실록』 권67, 7년 5월 신유. 그 겸대자는 즉위 때에는 11명이었고, 이후 구치관 등의 사거와 정인지 등의 신규겸대에 따라 12~8명이 유지되었다(김갑주, 위 논문, 59쪽 <원상구성원의 경력표>).

100) 『정종실록』 권4, 2년 4월 신축.

101) 『태종실록』 권22, 11년 11월 계유.

(2) 세종대에는 詹事院·仁壽府 등 20여 관아에 詹事 1·少尹 1직 등 50여 직이 신치·증치되었고(임시기관 제외),[103] 司宰監·書筵 등 10여 관아의 副正 1·輔德 2직 등 20여 직이 감소·혁거되었다.[104] 문종대에는 2년에 兵曹 正·佐郞 각 1직이 설치되었고,[105] 즉위년에 詹事院 詹事 1·同詹事 2직과 世孫講書院 左·右翊善 각 1직이 혁거되었다.[106]

(3) 세조대에는 兵曹·藝文館 등 10여 아문에 正郞 1·兼禮文 15직 40여 관직이 신치·증치되었고,[107] 藝文館·尙瑞司 등 20여 관아의 直提學 1·

---

102) 『태종실록』 권2, 1년 7월 경자.

103) 『조선왕조실록』 세종 1~ 28년조. 그 주요한 변개는 다음과 같다[( )는 연대].

| | | | |
|---|---|---|---|
| 인수부 | ; 부승 1직(1)·소윤 1(3), | 사재감 | ; 부정·주부 각1(27), |
| 경연 | ; 사경 2(2), | 사헌부 | ; 감찰 5(13), |
| 통례문 | ; 봉례랑 5(5), | 인순부 | ; 부승 1(13), |
| 한성부 | ; 1(7), | 전의감 | ; 정·판관·주부 각1(16) |
| 사직서 | ; 승 1(8), | 동·서평관 | ; 감호관 각1(20), |
| 사복시 | ; 주부 1(8), 윤·소윤 각1 (16), | 4부학당 | ; 훈도 각1(20), |
| | | 가각고 | ; 낭청 2(21), |
| 종학 | ; 교관2(9)·교관 2(12경)·박사 2(15)·박사 4(25), | 첨사원 | ; 첨사 1·동첨사 2(24), |
| | | 세손강서원 | ; 좌·우익선 각1(30). |
| 종부시 | ; 주부 1(10)·주부 1(22) | | |

104) 『조선왕조실록』 세종 13~28년조. 그 주요한 변개는 다음과 같다.

| | | |
|---|---|---|
| 통례문; 봉례 5(13), | | |
| 서연 | ; 보덕·필선·문학·사경·정자 각2(13, → 녹직), | 사재감; 부정·주부 각1(28). |
| 3의사 | ; 정 1·판관 ?·주부 ?(28), | |

105) 『문종실록』 권12, 2년 2월 정묘.

106) 『문종실록』 권1, 즉위년 3월 계축·권2, 즉위년 7월 임술.

107) 『조선왕조실록』 세조 3~12년조. 주요한 변개는 다음과 같다.

| | | | |
|---|---|---|---|
| 예문관 | ; 직제학 1(3)·겸예문 15(5), | 종학 | ; 도선 1·전훈 1·사회 2(12), |
| 군기감 | ; 부정 1(6경), | 4학 | ; 교수·훈도 각2(12이전), |
| 양현고 | ; 승 1(8경), | | |

少尹 1직 등 90여 직이 감소·혁거되었다.[108] 성종대에는 겸예문관 15직이 藝文館直提學 등으로 개칭되고(1) 應敎 1직이 설치되었으며(9),[109] 예문관 직제학 등 14직이 신설된 弘文館으로 이차되면서 녹직이 되었다(9).[110]

이와 같이 조선초기 경관 문반 겸직은 조선의 개국과 함께 고려말의 관제를 계승하여 도평의사사판사 이하 101직을 두면서 비롯되었다. 이후 태조, 정종, 태종, 세종, 세조, 성종대에 여러 번에 걸쳐 수십직이 신치·증가되고 감소·혁거되면서 당상관 125직과 당하관 이하 37직의 162직으로 정립되었다가『경국대전』에 법제화되었다.『경국대전』에 법제화된 동반 겸직을 표로 정리하여 제시하면 다음과 같다.

---

경시서 ; 령·승 각1(8),
분풍저창 ; 주부·직장·봉사 각1 (11),

108)『조선왕조실록』세조 6~12년조. 주요한 변개는 다음과 같다.
상의원 ; 주부 1(6),
선공감 ; 승·주부 각1(6),
군기감 ; 부정·판관·주부 각1(6),
인수부 ; 소윤·부승 각1(11),
양현고 ; 승 1·녹사 2(11),
사복시 ; 주부 1(12 이전), 윤·소윤 각1(12),
군자감 ; 승·주부 각1(12 이전),
예빈시 ; 승·주부 각1(12 이전),
상서사 ; 소윤 1, 승·주부·직장·녹사 각2(12, 녹관).
경시서 ; 령 1(녹관)·승 1(12),
통례문 ; 판사 1·지사 2·인진사 2·봉례랑 5(12),
종학 ; 박사 8(12)
사직서 ; 승 1(12),
4학 ; 교수·훈도 각2(12),
형조도관 ; 지사 1(12).

109)『성종실록』권4, 1년 4월 갑술·권90, 9년 3월 신사. 개칭된 관직명과 관직수는 直提學·典翰·應敎·副應敎 각 1직과 校理·副校理 각 2직 및 修撰·副修撰 각 3직이다.

110)『성종실록』권90, 9년 3월 신사.

<표 4-7>『경국대전』 문반 겸직(이전 경관직조에서 종합, 무정수인 경연・춘추관관 제외)

| 품 | 겸직 | 수 | 소속관아·관직수 | 품 | 겸직 | 수 | 소속관아·관직수 |
|---|---|---|---|---|---|---|---|
| 정1 | 都提調 | 18 | 承文院 3, 宗簿寺・諸殿 각2, 司饔院・軍資監・典艦司・奉常寺・內醫院 ・司譯院・宗廟署・社稷署・軍器寺 ・修城禁火司 각1 | | 부제조 | 9 | 사옹원 5, 승문원 (*3)・내의원・전 옥서・상의원 각1 |
| | 領事 | 7 | 經筵 3, 弘文館・藝文館・春秋館・觀象監 각1 | 정3 상 | 참찬관 | 7 | 경연 |
| | 監事 | 1 | 춘추관 | | | | |
| | 師, 傅 | 2 | 世子侍講院 각1 | | | | |
| 종1 | 判事 | 1 | 義禁府 *1 | 정3 하 | 직제학 | 1 | 예문관 |
| | 貳師 | 1 | 세자시강원 | | 정 | 2 | 尙瑞院, 종부시 |
| | | | | | 판교 | 1 | 교서관 |
| | | | | 정4 | 응교 | 1 | 예문관 |
| | | | | | 도선 | 1 | 宗學 |
| 종1 ~ 종2 | 제조 *2 | 59 | 사옹원 4, 종부시・掌樂院・관상감・典醫監・사역원・惠民署・司僕寺・ 군기시・尙衣院・繕工監・수성금화사・造紙署 각2, 內資寺・內贍寺・司導寺・司贍寺・軍資監・財用監・司宰監・전함사・平市署・司圃署・봉상시・校書館・내의원・禮賓寺・昭格署・종묘서・사직서・氷庫・典牲署・司蓄署・圖畫署・活人署・歸厚署・諸殿・典涓司・掌苑署・瓦署 각1 | 정5 | 전훈 | 1 | 종학 |
| | | | | 정6 | 사회 | 1 | 종학 |
| | | | | 종6 | 교수 | 8 | 4學 |
| | | | | | 주부 | 1 | 養賢庫 |
| | | | | 정7 | 참군 | 1 | 漢城府 |
| | | | | 종7 | 직장 | 1 | 양현고 |
| | | | | 정8 | 박사 | 1 | 성균관 |
| | | | | 종8 | 봉사 | 1 | 양현고 |
| | | | | 정9 | 훈도 | 8 | 4학 |
| | | | | 기타 | 4 | 8 | |
| 정2 | 빈객 | 2 | 세자시강원 | 합계 | | 162(당상 125, 당하 이하 37)직. | |
| | 대제학 | 2 | 홍문관・예문관 각1 | | | | |
| | 지사 | 5 | 경연 3, 의금부(*1)・成均館 각1 | | | | |
| 종2 | 동지사 | 7 | 경연 3, 의금부(*1)・성균관 각2 | | | | |
| | 부빈객 | 2 | 세자시강원 | | | | |
| | 제학 | 2 | 홍문관・예문관 각1 | | | | |

*1 제조는 종1~종2품관이 겸대한 관계로 포괄하여 파악하였다.

*2 의금부의 판사・지사・동지사의 수는 합하여 4명으로 규정되었으나 성균관의 그것을 참고하여 비정하였다.

*3 승문원부제조는 수가 불명하나 1명으로 비정하였다.
*4 기타 8인은 직질이 불명한 통례원 6명, 성균관 2명이다.

<표 4-8> 『경국대전』 경관 문반직[111)]

| 직질 | 본직 | | | | 겸직 | 계 |
|---|---|---|---|---|---|---|
| | 정직 | 체아직 | 무록직 | 계 | | |
| 정1품 | 4 | | | 4 | 28 | 32 |
| 종1 | 3 | | | 3 | 2 | 5 |
| 종1 ~ 종2 | | | | | 59 | 59 |
| 정2 | 10 | | | 10 | 9 | 19 |
| 종2 | 11 | | | 11 | 11 | 22 |
| 정3상 | 18 | | | 18 | 16 | 34 |
| 정3하 | 20 | 4 | 1 | 25 | 4 | 29 |
| 종3 | 22 | 3 | 1 | 26 | | 26 |
| 정4 | 14 | | 6 | 20 | 2 | 22 |
| 종4 | 31 | 4 | 5 | 40 | | 40 |
| 정5 | 37 | | 10 | 47 | 1 | 48 |
| 종5 | 42 | 6 | 13 | 61 | | 61 |

| 직질 | 본직 | | | | 겸직 | 계 |
|---|---|---|---|---|---|---|
| | 정직 | 체아직 | 무록직 | 계 | | |
| 정6 | 69 | | 14 | 83 | 1 | 84 |
| 종6 | 55 | 7 | 40 | 102 | 9 | 111 |
| 정7 | 14 | | | 14 | 1 | 15 |
| 종7 | 28 | 17 | | 45 | 1 | 46 |
| 정8 | 14 | | 3 | 17 | 1 | 18 |
| 종8 | 22 | 17 | 2 | 41 | 1 | 42 |
| 정9 | 36 | 14 | | 50 | 8 | 58 |
| 종9 | 62 | 29 | | 91 | | 91 |
| 기타* | | | | | 8 | 8 |
| 합계 | 510 | 96 | 95 | 701 | 162이상 | 863이상 |

* 직질이 불명한 통례원관 6, 봉상시직장 이하가 겸한 성균관박사 2.

111) 李成茂는 1980년에 『朝鮮初期 兩班研究』(一潮閣), 125쪽 <표 16>에서 도제조·제조·부제조와 경연·관상감·세자시강원 등의 겸직도 실직에 포괄시켜 파악하였다. 이들은 직사가 있었던 만큼 실직이기는 하나 녹직인 영의정 등의 겸직이었다. 이에 따라 여기에서는 정직·체아직·무록직을 포괄한 본직과 구분하여 겸직으로 분류한다. 또 인원수가 불명인 춘추관·경연관원은 제외한다.

이상에서 조선초기의 경관문반직은 개국과 함께 고려말의 관제를 계승하면서나 태종말~세종초에 재정책 등과 관련되어 성립되었고, 이후 태종·세종·세조·성종대 등에 걸쳐 왕권강화·관제정비, 의정부·육조와 소수 당상관을 중심한 국정운영 및 경비절감·관리권면 등과 관련되어 여러번에 걸쳐 개변되면서 701본직(녹직 510, 체아직 96, 무록직 95)과 162겸직의 863직으로 정립되었다가 마지막 반포된 『경국대전』에 그대로 법제화되면서 확립되었다. 『경국대전』에 규정된 경관 문반직을 표로 재정리하여 제시하면 앞과 같다.

## 제2절　武班職

朝鮮時代의 京官 武班職은 문반직과 같이 크게 본직과 겸직으로 구분되며, 본직은 다시 과전과 1년에 4번 녹봉을 받는 정직, 근무 때에만 녹봉을 받는 체아직으로 구분되었다. 여기에서는 경관 무반직을 정직, 체아직, 겸직으로 구분하여 살펴본다(외직은 뒤 경외관직 참조).

### 1. 正職

朝鮮時代의 武班京官正職(이하 무반정직으로 약술)은 개국과 함께 고려말의 관제를 계승하여 다음의 표와 같이 정3품~종9품의 4,392직을 두면서 성립되었다. 즉, 정3품직에는 10衛 上將軍(각 1직) 10직, 종3품은 10위 大將軍(각 2) 20직, 정4품은 都護8衛 將軍 2직, 종4품은 將軍(각 5) 50직, 정5~6품은 10위·都府外 中郞將 152직 등 356직, 7~종9품은 10위·도부외 別將 306직 이하 4,034직이 각각 있었다.[112]

<표 4-9> 태조 1년 7월 무반 정직

| | 정3품 | 종3 | 정4 | 종4 | 5품 | 6품 | 7품 | 8품 | 정9 | 종9 | 계(직) |
|---|---|---|---|---|---|---|---|---|---|---|---|
| 10衛*<br>(50領) | 上將軍<br>각1직 | 大將軍<br>각2 | | 將軍<br>각5 | 中郞將<br>각15 | 郞將<br>각30 | 別將<br>각30 | 散員<br>각40 | 尉<br>각100 | 正<br>각200 | 4,250 |
| 都護8衛 | | | 장군<br>2 | | | | | | | | 2 |
| 都府外<br>(2령) | | | | | 중랑장<br>2(정5) | 낭장<br>4 | 별장<br>6 | 산원<br>8 | 위<br>20 | 정<br>80 | 140 |
| 계 | 10직 | 20 | 2 | 20 | 152 | 304 | 306 | 408 | 1,040 | 2,080 | 4,392 |

* 義興親軍左·右·鷹揚·金吾·左右·神虎·興威·備巡·千牛·監門衛.

개국 때의 무반정직이 이후 태조, 태종, 세종, 세조대 등에 걸쳐 통치체제의 개편, 군제정비, 경비절감와 관련된 軍職의 遞兒職化 등과 관련되어 세종대 이후에 정직이던 10司(12사, 세조대 이후에는 5衛)·內禁衛 등의 정3품직 이하 무반 중 소수의 正品職을 제외한 대다수의 從品職이 체아직으로 전환되었다(1). 신치·증치·감원·혁거 및 직질이 승강되고 직명이 개정되었다(2). 侍衛機構의 신설에 따라 甲士職이 크게 증설되었다(3). 東班衙門과 西班衙門의 조정에 따라 그 관아에 속한 관직이 編入되거나 移屬되었다(4). 兼職이 祿職으로 전환되는(5) 등 수십차에 걸쳐 개변·정비되면서 정립되었다. 그 중 대표적인 무반정직의 개변·정비 내용은 다음과 같다.

(1) 10司 등에 편제된 上護軍 이하 무반은 세종대에 군직의 체아직화에 따라 소수의 정품직 즉, 정3품 상호군(9직)·정4품 호군(12)·정5품 사직(14)·정6품 사과(15)·정7품 사정 5(5)·정8품 사맹(16)·정9품 사용(42)

---

112) 『태조실록』 권1, 1년 7월 정미.

과 종3품 대호군(14)·종6 부장(25) 등 150여직을 제외한 모두가 체아직이 되었다(( )는 『경국대전』에 규정된 직수).[113]

(2) 1394년 10衛 등 上將軍 이하가 都尉使 이하로 개칭되고 그 관직수가 4,121직으로 조정되었고, 1395년(태조 5)에는 도위사 이하가 다시 상장군 이하로 개칭되었다(정9품 隊長과 종9품 隊副는 그대로 계승).[114] 1401년경에 상장군 이하가 상호군 이하로 개칭되었고,[115] 1403년(태종 3)에 상호군과 대호군이 節制使와 僉節制使로 개칭되었다가 곧 상호군

---

113) 세종대 이후의 10사 등 군직자 중 어느 관직이 정직이고 체아직인가는 명확하지 못하다. 그러나 뒤 160쪽 주209)와 같이 정3·종3·정4·정5·정6·정7·정8·정9은 체아직이 없었고, 정3~정4품직인 상·대호군과 호군은 지병조사 등을 겸대하였음에서(주 93)) 정직으로 추측되었다. 이에서 10사·내금위 등의 군직자 중 10사 등의 정품직과 일부의 종품직을 제외한 모든 종품직자와 내금위 등의 군직자는 체아직이었을 것으로 추측된다 (한충희, 1994, 「관직과 관계」, 『한국사』 23, 국사편찬위원회, 112쪽). 체아직의 관직적 성격과 그 정비과정은 뒤 141~155쪽 참조.

114) 『태조실록』 권5, 3년 2월 기해·권7, 4년 2월 계미. 그 개변내용은 다음 표와 같다.

<table>
<tr><td colspan="2"></td><td>정3품</td><td>종3</td><td>4품</td><td>5품</td><td>6품</td><td>7품</td><td>8품</td><td>정9</td><td>종9</td></tr>
<tr><td rowspan="3">3<br>년</td><td>10司<br>50領</td><td>都尉使<br>司 각1</td><td>都尉僉使<br>사 각2</td><td>司馬<br>領각1</td><td>司直<br>영각1</td><td>副司直<br>영각5</td><td>司正<br>영각5</td><td>副司正<br>영각7</td><td>隊長<br>영각20</td><td>隊副<br>영각40</td></tr>
<tr><td>中, 左,<br>右軍</td><td></td><td></td><td></td><td>각1</td><td>각1</td><td>각2</td><td>각3</td><td>각20</td><td>각20</td></tr>
<tr><td>계</td><td>10</td><td>20</td><td>50</td><td>53</td><td>253</td><td>256</td><td>359</td><td>1,060</td><td>2,060</td></tr>
<tr><td>4<br>년</td><td>10衛</td><td>上將軍</td><td>大將軍</td><td>將軍</td><td>中郞將</td><td>郞將</td><td>別將</td><td>散員</td><td>대장</td><td>대부</td></tr>
</table>

115) 그 구체적인 시기와 직명은 불명하나 태종 1년 7월에 대호군이 확인되고 태종 3년에 상·대호군과 節·僉節制使로 개칭하고 호군·사직·부사직·사정·부사정은 그대로 계승하였음에서 태종 1년경에 상호군~부사정으로 개정된 것이 아닌가 한다(대장·대부는 계속. 『태종실록』 권2, 1년 7월 갑진·권5, 3년 6월 을해).

과 대호군으로 환원되었다.[116] 1460년에 司僕寺 少尹·直長 각 1직이 감소되었고, 1466년(세조 12) 忠扈衛가 개칭되면서 성립된 典設司에 守(정4, 1)가 설치되고 軍器寺 直長·錄事 각 1직이 감소 및 訓練院·司僕寺·軍器寺에 判官 등 6직이 증치되었다.[117] 1451(문종 1)에 국초이래로 당시까지 변천되면서 운영되어 온 3軍 - 12司의 군령체제가 3軍 - 5司制로 개편되었다.[118]

(3) 1403년 중·좌·우군에 각각 都摠制府가 설치되면서 都摠制·摠制·同知摠制·簽摠制로 정비되었고, 上護軍·大護軍이 節制使·簽節制使로 개칭되었다.[119]

(4) 1405년(태종 5) 六曹屬衙門제의 실시와 함께 동반아문이던 訓練院이 서반아문이 되면서 그 관직이 서반관직에 편입되었다.[120] 1430년(세종 12)에는 신치된 宗親府·中樞院官이 서반관직이 되고[121] 동반아문이던 敦寧府가 서반아문이 됨에 따라 그 관직이 서반관직이 되었다.[122] 그 후 1466년(세조 12)까지 신설·개편된 中樞府(←중추원, 세조 12)·五衛都摠府(←5군진무소, 세조 12)·五衛(← 5사, 세조 3 ← 10사, 문종 1 ← 12사, 세종 27 ← 10사, 세종 5)·宣傳官(← 가전훈도, 세조 3)·훈련원(← 훈련관, 세조 12)·世子翊衛司(← 복(세조 1) ← 폐(단종 즉위))의 領中

---

116) 『태종실록』 권5, 3년 6월 을해·권6, 3년 7월 신묘.

117) 『세조실록』 권20, 6년 5월 정유·권38, 12년 1월 무오.

118) 『문종실록』 권8, 문종 1년 7월 무술. 문종 이전의 군제변천은 閔賢九, 1983, 『朝鮮初期의 政治와 軍事制度』, 韓國硏究院, 269~286쪽 참조.

119) 『태종실록』 권6, 태종 3년 6월 을해.

120) 『태종실록』 권9, 5년 3월 병신.

121) 『세종실록』 권50, 12년 12월 계사·윤12월 경술.

122) 『세종실록』 권50, 12년 윤12월 경술.

樞府事(정1, 1직) 이하 850여 관직으로 정비되었다(신설 · 개편 연대).[123] 1484년(성종 15) 이전에 종친 · 돈령부가 동반아문으로 변경됨에 따라 그에 소속된 21 관직이 동반관직이 되었다.[124]

(5) 1466년에 5위 兼部將이 종6품직의 녹관이 되었고,[125] 선전관이 체아직으로 전환되었다.[126]

그리하여 무반정직은 1400년(정종 2)까지 정3품직인 상장군~ 종9품직인 대장 · 대부 4,170여 직으로 조정되었다.[127] 이후 태종말에는 상호

---

123) 『조선왕조실록』 세종 13년~세조 12년조. 『경국대전』에 규정된 중추부 등의 관직은 다음과 같다「( )는 직질」.

중추부 ; 영사 1(정1), 판사 2(종1), 지사 6(정2), 동지사 7(종2), 첨지사 8(정3 당상), 경력 1(종4), 도사 1(종5).

오위도총부 ; 경력 4(종4), 도사 1(종5).

오위 ; 상호군 9(정3), 대호군 14(종3), 호군 12(정4), 부호군 43(종4),사직 14, (정5), 부사직 45(종5), 사과 15(정6), 부사과 7(종6), 부장 25(종6), 사정 5 (정7), 부사정 112(종7),사맹 16(정8), 부사맹 117(종8), 사용 42(정9), 부사용 232(종9).

훈련원 ; 도정 1(정3 당상), 정 1(정3), 부정 2(종3), 첨정 2(종4), 판관 2(종5), 주부 2(종6), 참군 2(정7), 봉사 2(종8).

세자익위사; 좌 · 우익위 각1(정5), 좌 · 우사어 각1(종5), 좌 · 우익찬 각1(정6), 좌 · 우시직 각1(정8), 좌 · 우세마 각(9정9).

선전관; 5직.

124) 『경국대전』 권1, 이전 경관직 · 권4 병전 경관직. 그 시기는 불명하나 세조대에는 『경국대전』의 편찬과 함께 관제가 대대적으로 정비되고, 왕 12년까지 관제정비가 일단락되었음에서 세조 12년경을 전후한 시기에 조정된 것으로 추측된다.

125) 『세조실록』 권38, 12년 1월 무오. 이 때의 관직수는 불명하나 『경국대전』에 25직이 규정되었고, 마지막 반포된 『경국대전』 병전의 원형이 세조 12년에 완성되었음에서 25직이 설치된 것으로 추측된다.

126) 체아직이 된 시기는 불명하나 세조 12년에 마지막 반포된 『경국대전』 병전이 일단 완성되었고, 『경국대전』에 체아직 8직이 규정되었음에서 세조 12년에 체아직이 된 것으로 파악한다.

군(정3) 이하 4,000여직(유외직 포함)으로 정비되었다가 세조 12년까지 5위에 소속된 갑사 등 무반직의 대부분이 체아직으로 전환되면서 850여 직으로 조정되었다.[128] 다시 1484년(성종 15)까지 830여 직으로 조정되었고, 이것이 그대로 마지막 반포된 『경국대전』에 법제화되면서 무반정직은 확립되었다. 『경국대전』에 법제화된 무반정직을 표로 정리하여 제시하면 다음과 같다.

127) 『정종실록』 권4, 2년 4월 신축.

128) 『정종실록』 권4, 정종 2년 4월 신축조와 『태종실록』 1~18년조에서 종합. 정종 2년 4월에는 동반 1~9품 정직이 520여인이고 서반 3품~유외 녹직이 4,170여인이었다.

<표 4-10> 『경국대전』 무반 정직

| | 직계아문 | 육조속아문 | | 합계 |
|---|---|---|---|---|
| | | 군정아문 | 5위 | |
| 정1품 | 中樞府 領事 1 | | | 1 |
| 종1 | 중추 判事 2 | | | 2 |
| 정2 | 중추 知事 6 | | | 6 |
| 종2 | 중추 同知事 7 | | | 7 |
| 정3당상 | 중추 僉知事 8 | 訓練院 都正 1 | | 9 |
| 정3당하 | | 훈련원 正 1 | 上護軍 9 | 10 |
| 종3 | | 훈련원 副正 2 | 大護軍 14 | 16 |
| 정4 | | | 護軍 12 | 12 |
| 종4 | 중추 經歷 1, 5衛 都摠府 經歷 4 | 훈련 僉正 2 | 副護軍 43 | 50 |
| 정5 | | 世子翊衛司 左·右翊衛 각1 | 司直 14 | 16 |
| 종5 | 중추 都事 1, 5위 도총부 都事 4 | 훈련 判官 2, 세자 左·右 司禦 각1 | 副司直 45* | 54 |
| 정6 | | 세자 左·右翊贊 각1 | 司果 15 | 17 |
| 종6 | | 훈련 主簿 2, 세자 左·右 衛率 각1 | 部將 25, 副司果 71* | 100 |
| 정7 | | 훈련 參軍 2, 세자 좌·우 副率 각1 | 司正 5 | 9 |
| 종7 | | 세자 左·右侍職 각1 | 副司正 112* | 112 |
| 정8 | | 훈련 奉事 2 | 司猛 16 | 18 |
| 종8 | | 세자 左·右洗馬 각1 | 副司猛 117* | 119 |
| 정9 | | | 司勇 42 | 44 |
| 종9 | | | 副司勇 232* | 232 |
| 합계 | 34 | 28 | 772 | 834 |

* 추정(추정배경은 뒤 160쪽 주209) 참조)

## 2. 遞兒職

서반체아직에는 경직과 외직이 있었다. 그런데 그 실시시기와 관직수를 보면 경직은 지속적으로 운영되고 그 관직의 대부분을 점하였지만, 외직은 일시적으로 운영되고 그나마 그 수가 극소수에 불과하였다.[129)]

129) 그 설치시기, 설치 관직수와 변천 등은 『조선왕조실록』의 편찬방침과 관련되어

서반경관체아직(이하 서반체아직으로 약칭)은 설치시기가 불명확하다. 그런데 세종 5년에 "三軍錄事 祿官遞兒 大淸館錄事 2직은 이미 혁거되었다"[130] 고 하였음에서 서반체아직은 늦어도 세종 5년(이전)에 삼군에 설치되었던 것으로 추측된다. 서반체아직은 이후 1484년(성종 15)까지 녹봉을 절약하고 각종 군사에게 관직획득의 기회를 확대하면서 군사력을 확보할 의도하에 신치되는 각종 군사기구의 관직이 체아직으로 설정됨은 물론 기존의 무반직도 대부분이 체아직으로 전환·확대되면서 운영되었다.

그런데 세종 5년경~성종 15년에 서반체아직이 언제, 어떠한 관아에, 몇 관직이 설치되었고, 어떻게 증·감 및 혁거되면서 운영되었는가는 『조선왕조실록』의 편찬방침과 관련되어 그 전모를 명확히 알기 어렵다. 『조선왕조실록』에는 군제의 정비 등과 관련하여 단편적이기는 하나 서반체아직 관계 사료가 기재되어 있기에 서반체아직에 대한 대체적인 윤곽을 파악할 수 있다. 이와 관련하여 서반체아직의 개변상을 그 소속관직이 정직에서 체아직으로 전환되면서 운영된 관아와 신치되면서 서반체아직이 설치된 관아로 구분하여 살펴보고, 겸하여 정품직과 소수의 종품직을 제외한 겸사복·내금위·갑사 등 대부분의 군직자가 언제쯤 체아직으로 전환되었는가를 살펴본다.

먼저 그 소속관직이 정직에서 체아직으로 전환되고 증감되면서 운영된

구체적으로 알 수 없다. 그런데 세종 27년에 "강계 등 7관에 설치한 25직(강계 - 3, 여연·자성·벽당·이산·의주·창성 각2)을 13직(강계·이산 각1 감소)으로 줄이면서 위원·삭주에 각 1직을 신치하였다(『세종실록』 권107, 27년 2월 갑인)" 고 하였음에서 세종 27년 이전에 서북·동북경에 수십직 이상이 설치되어 운영된 것으로 추측된다.

130) 『세종실록』 권19, 5년 1월 신묘.

別侍衛(태종 즉위년), 甲士(즉위), 鷹坊(3), 內禁衛(7), 兼司僕(9), 內侍衛(9), 親軍衛(14), 功臣嫡長(17), 忠義衛(세종 즉)의 개변을 본다[( )는 설치년].

1) 別侍衛

별시위는 1429년(세종 11) 이전에 정직이 갑사체아직으로 전환되고 1429년에 사정 · 부사정 각2직이 증치되면서 운영되다가[131] 1432년에 독자적인 30(5 · 6품 각1 · 7품 12 · 8품 16)직으로 정착되었다.[132] 이후 다음과 같이 96(세종 18년 이전) → 56(18) → 124(27 이전) → 136(27) → 57(28) → 145(년대 불명) → 300(성종 2년 이전)직으로 증감되면서 운영되다가 마지막 반포된 『경국대전』에 종4품 4직 이하 종9품 143직의 300직으로 규정되었다.

| | | |
|---|---|---|
| 세종 18년 이전 | ; | 사직 · 부사직 각8, 사정 32, 부사정 48[133] |
| 18년 | ; | 사직 · 부사직 각8, 사정 16, 부사정 24,[134] |
| 27년 이전 | ; | 5 · 6품 각12, 7품 20, 8품 30, 9품 50 |
| 27년 | ; | 4 · 5품 각12, 6품 12, 7품 20, 8품 30, 9품 50[135] |
| 28년 | ; | 4 · 5품 각5, 6품 5, 7품 8, 8품 14, 9품 20[136] |

131) 『세종실록』 권45, 11년 7월 병오.

132) 『세종실록』 권57, 14년 9월 계유.

133) 『세종실록』 권73, 18년 윤6월 계미.

134) 『세종실록』 권73, 18년 윤6월 계미.

135) 『세종실록』 권109, 27년 7월 경인. 9품에 있어서는 27녀 7월 경인조에는 90직이라고 하였으나 그 1년 뒤인 28년에 4~8품은 모두 12직 등에서 5직으로 감소되었음에 비해 9품은 50직에서 20직으로 감소되었다고 하였다. 이와 관련시켜 90직은 50직의 오기로 보아 50직으로 파악한다.

136) 『세종실록』 권112, 28년 5월 무인.

성종 2년 이전 ; 종4 4, 종5 12, 종6 22, 종7 37, 종8 82, 종9 143[137)]

2) 甲士

갑사는 1400년(정종 2) 설치될 때 1,000직이 두어졌다.[138)] 1428년(세종 10)에 "當番甲士 1,000명이 司直(120명)·副司直(180)·司正(180)·副司正(520)에 제수되어 근무 때에만 녹봉을 받았다"[139)]고 하였다. 이 때의 사직 등이 체아직이었는가는 명확하지 않지만 근무 때에만 수록하였기에 체아직이거나 체아직 성격을 띤 관직으로 이해된다. 이 사직 등을 체아직으로 볼 경우 갑사는 세종 10년경에 정직에서 체아직으로 전환되었다고 하겠다. 그런데 당번갑사를 보면 1,000(태종 즉위~9년)→ 2,000(~11) → 1,500(~세종 9) → 1,000(~26)→ 1,500(~32) → 1,575(~단종 1) → 1,350(~세조 2) → 1,749(~예종 1) → 2,000(~성종 5) → 2,950(6년 이후)명으로 변천되면서 운영되다가 『경국대전』에 2,960명으로 규정되었다.[140)]

한편 갑사체아직은 성종 2년에 2,000직이었다가[141)] 성종 5년에 800직으로 감소되었으며,[142)] 마지막 반포된 『경국대전』에는 2,000직으로 법제화되었다.[143)]

---

137) 성종 2년 1월에 300직이 존치되었음이 확인(『성종실록』 권9, 2년 1월 갑신)됨에서 그 이전의 어느 시기에 300직으로 증가되었다고 하겠다. 그 변개시기는 불명하나 세조 12년에 『경국대전』 병전의 편찬이 일단락되었음에서 세조 12년이 아닐까 추측된다.

138) 『정종실록』 권6, 태종 즉위년 12월.

139) 『세종실록』 권42, 10년 1월 신해.

140) 이성무, 1980, 『조선초기 양반연구』, 일조각, 230쪽 <표 36> 조선초기 갑사의 정액·번차변천표에서 전재.

141) 『성종실록』 권11, 2년 7월 을해.

142) 『성종실록』 권44, 5년 윤6월 경자.

이에서 갑사의 체아직은 성종 4년까지는 모든 당번갑사가 체아직이었고, 성종 5년 이후는 800직과 2,000직을 제외한 1,200직과 950~960직은 품외직이 된 것으로 추측된다.[144) 『경국대전』에 규정된 갑사체아 2,000직은 다음과 같다.

종4품(5) ; 경갑사 3 · 양계갑사 2,
종5(59) ; 39 · 20,
종6(65) ; 45 · 20,
종7(134) ; 84 · 50,
종8품(222) ; 경갑사 122 · 외갑사 100,
종9(1,515) ; 1,307 · 208,
합계(2,000) ; 경 1,600 · 외 400.

3) 鷹坊

응방은 태종 4에 설치되었고(관직수 불명),[145) 세종 12년에 27직(副司直 6, 司正 9, 副司正 12)에서 隊長 3 · 隊副 18직이 가치되면서 48직으로 증가되었다.[146) 이어 78직(2번, 각 사직 1, 부사직 6, 사정 8, 부사정 8, 司勇 16)으로 증가되었다가 세조 4년에 9직(6품 - 2, 7 - 2, 8 - 2, 9 - 3)으로 감소되었으며,[147) 성종 14~15년에 체아직이 혁거된 것으로[148) 추측된다.

143) 『경국대전』 권4, 병전 번차도목조.
144) 천관우, 1979, 「조선초기 오위의 병종」, 『근세조선사연구』, 9~96쪽.
145) 『태조실록』 권7, 4년 3월 갑오 營鷹坊于漢江.
146) 『세종실록』 권49, 12년 7월 경자.
147) 『세조실록』 권12, 4년 4월 신사.
148) 성종 13년 12월까지 존치가 확인된다(『성종실록』 권149, 13년 12월 경인 · 신묘).

4) 內禁衛

내금위는 1407년(태종 7) 성립 때에 60직이 두어졌고,[149] 이후 100(세종초) → 60(세종초) → 90(6)직으로 변개되면서[150] 갑사체아직을 받다가 1432년(세종 14)경 독자적인 체아직이 설치된 것으로[151] 추측된다. 이후 180(세종 21) → 60(?) → 100(28) → 200(세조 6) → 100(성종 1) → 190직으로 변개되면서 운영되다가[152] 마지막 반포된 『경국대전』에 까지 정3품 1직 이하 종9품 44직의 190직으로 법제화되었다.

5) 兼司僕

겸사복은 태종 9년에 설치되었고(인원수 불명),[153] 세조 7년 이전에 체아직이 설치되었다(직질 및 수 불명).[154] 세조 10년에 인원이 50명으로 상정되었고,[155] 이후 60명(예종 1년 이전)[156] → 40명(성종 4년 이전)으로[157] 증감되었으며, 성종 9년에 10명이 증가 및 정3품 당하관 1직 이하

---

149) 『태종실록』 권14, 7년 10월 신축, 『성종실록』 권44, 5년 윤6월 경자.

150) 『성종실록』 권44, 5년 윤6월 경자, 이성무, 위 책, 239쪽 <표 38> 조선초기 내금위정액변동표 태조~세종 6년조..

151) 『세종실록』 권63, 16년 3월 기해.

152) 이성무, 위 책, 239쪽 <표 38> 조선초기 내금위정액변동표. 직질별 관직과 그 변천은 명확하지 못하나 단종 2년에 6품 이상 직이 14직에서 24직으로 증가되었고(대호군 1→2, 호군 2 →4, 사직 5 →8, 부사직 6 → 10, 『단종실록』 권11, 2년 6월 병신), 세조 12년 이전에 종3품 2직 등 33직 이 증치되었다.

153) 민현구, 1983, 『조선초기의 군사제도와 정치』, 한국연구원, 129쪽(『세종실록』 권27, 7년 2월 경오).

154) 『세조실록』 권26, 7년 12월 계미.

155) 『세조실록』 권34, 10년 8월 임오.

156) 『예종실록』 권7, 1년 9월 기해.

157) 『성종실록』 권34, 4년 9월 을미. 이 때에 명확한 인원은 제시되지 않았지만

50직으로[158] 정비되었다가 『경국대전』에 법제화되었다.

#### 6) 內侍衛

내시위는 태종 9년 설치 때에 120직의 정직이 설치되었고,[159] 세종초에 갑사체아직으로 전환되면서 운영되다가[160] 세종 6년 그 기능과 관련되어 내금위에 합병되면서 소멸되었다.[161]

#### 7) 親軍衛

친군위는 태종초에 태조휘하에 있던 永安道 출신 군사를 우대하기 위하여 숙위군으로 설치되었고(관직수 불명),[162] 세종 16년경에 체아직으로 전환되었다(관직수 불명).[163] 체아직은 이후 세조 14년에 50직으로 상정되었고,[164] 성종 1년 이전에 종4품 1직 이하 종9품 6직의 40직으로

---

"국왕이 임석한 후원에서의 관사 때에 겸사복·내금위 각 20인이 좌·우로 나누어 射侯하였다"고 한 것에서 40명이 2교대로 나누어 시종한 것으로 보아 40명으로 추측한다.

158) 『성종실록』 권92, 9년 5월 병술. 이 때 직질과 관직수는 언급되지 않았지만 이 때의 50명은 『경국대전』에 규정된 50명과 같고 50명은 모두 장번이었다. 이에서 이 때에 『경국대전』과 같은 직질·관직수로 정비되었다고 파악한다.

159) 『태종실록』 권17, 9년 6월 기유.

160) 그 시기는 불명하나 세종 6년에 그 기능이 내금위와 같다하여 내금위에 통합되면서 혁되되었음에서 내금위와 함께 체아직으로 전환된 것으로 파악한다(내금위의 체아직화는 (4) 내금위 참조).

161) 『세종실록』 권24, 6년 5월 경진.

162) 李成茂, 1980, 『朝鮮初期 兩班硏究』, 一潮閣, 237쪽(『문종실록』 권7, 1년 5월 임인).

163) 『세종실록』 권63, 16년 3월 기해.

164) 『세조실록』 권46, 14년 5월 임오.

정비되었다가[165] 『경국대전』에 법제화되었다.

8) 功臣嫡長

공신적장은 태종 17년부터 그 모두가 문·무관직에 제수되다가[166] 세종 19년[167]~세조 12년에[168] 독자적인 체아직이 설치되었고, 이후 종3품 2직 이하 종9품 63직의 141직으로 정비되었다가 『경국대전』에 법제화되었다.

9) 忠義衛

충의위는 세종 즉위년에 설치되어(관직수 불명)[169] 세종 16년 이전에 체아직으로 전환되었고,[170] 세종 19년에 17직(4품 - 1, 5 - 2, 6 - 3, 7 - 3, 8 - 4, 9 - 4)으로 정비되고 단종 2년에 2배로 증가되었다.[171] 그 후 종4품 1직 이하 53직으로 증가되었다가 『경국대전』에 법제화되었다.

---

165) 『성종실록』 권3, 1년 2월 기묘. 직질과 관직수는 언급되지 않았지만 『경국대전』의 편찬과 『경국대전』에 40명이 2번 2교대로 매1년에 교체되도록 규정되었음에서 이 때에 『경국대전』과 같이 직질과 관직수가 정비된 것으로 파악한다.

166) 『문종실록』 권9, 1년 8월 무인.

167) 『단종실록』 권10, 2년 2월 계사.

168) 공신적장의 독자적인 체아직이 설치된 시기는 불명하나 세조 12년에 『경국대전』 병전의 편찬이 일단락되었음에서 세조 12년 이전의 어느 시기로 추측된다.

169) 『세종실록』 권2, 즉위년 11월 기유.

170) 그 시기는 불명하나 최정예군인 내금위 정직이 세종 16년 이전에 체아직으로 전환되었음에서 충의위도 세종 16년 이전으로 파악한다(내금위의 체아직화는 『세종실록』 권63, 16년 3월 기해 참조).

171) 『단종실록』 권10, 2년 2월 계사.

다음으로 관아의 설치와 함께 체아직이 설치되고 증감되면서 운영된 諸員(세종 13년 이전), 濟州子弟(18), 忠順衛(27), 忠贊衛(세조 2), 宣傳官(3), 虎翼衛(5→平虜衛), 壯勇衛(성종 6)의 개변을 본다(설치년).

1) 諸員

제원은 세종 13년 이전에 설치되었고(체아직 불명),[172] 그 후 종7품 10직 이하 62직으로 정비되었다가 『경국대전』에 법제화되었다.

2) 濟州子弟

제주자제는 세종 18년 설치 때에 체아 1직이 설치되었고,[173] 그 후 종6품 1직 이하 종9품 2직의 6직으로 증가되었다가 『경국대전』에 법제화되었다.

3) 忠順衛

세종 27년 신설 때에 체아 48직(사직 3, 부사직 6, 사정・부사정 각9, 사용 12)이 설치되었고,[174] 세조 5년 虎翼衛가 개칭되면서 성립된 平虜衛에 그 기능이 계승되면서 혁거되었다.[175] 그 후 예종 1년 礪精衛로 복치되었다가 충순위로 개칭되기는 하나 이전과는 달리 체아직이 설치되지 않았으며,[176] 이것이 그대로 『경국대전』에 법제화되었다.

---

172) 『세종실록』 권51, 13년 1월 무자(司僕寺諸員). 제원에는 병조소속 경아전인 사복시제원을 중심(773명 중 600명)으로 승문원・상의원・전설사제원이 포괄되었다(『경국대전』 권4, 병전 경아전조).

173) 『세종실록』 권73, 18년 윤6월 계미.

174) 『세종실록』 권109, 27년 7월 경인.

175) 『세조실록』 권17, 5년 8월 계해・갑술.

4) 忠贊衛

충찬위는 세조 2년 신치 때에 충의위의 예에 따라 체아 39직(5품 - 3, 6 - 5, 7 - 9, 8 - 9, 9 - 13)이 설치되었고,[177] 그 후 종6품 3직 이하 20직으로 감소되었다가 『경국대전』에 법제화되었다.

5) 宣傳官

선전관은 세조 3년 駕前訓導가 개칭되면서 성립될 때 체아 15직이 설치되었고,[178] 그 후 정3품 당하관 1직 이하 8직으로 정비되었다가 『경국대전』에 법제화되었다.

6) 習讀官

습독관은 세조 8년 이전에 성립과 함께 체아직이 설치되었고(직질과 관직수 불명), 세조 8년에 5직이 증치되었다.[179] 그 후 종6품 1직 이하 28직으로 정비되었다가 『경국대전』에 법제화되었다.

7) 族親衛

족친위는 세조 14년 이전에 신설과 함께 체아직이 설치되었고(직질과 관직수 불명),[180] 성종 1년에 무정수의 장번직이 되었다.[181]그 후 종5품

---

176) 『예종실록』 권3, 1년 1월 경진·2월 기축.

177) 『세조실록』 권5, 2년 12월 을묘.

178) 『세조실록』 권7, 3년 3월 계미.

179) 『세조실록』 권28, 8년 6월 신묘.

180) 『세조실록』 권46, 14년 5월 임술. 그 설치시기는 불명하나 『경국대전』의 편찬과 관련된 제도정비에 미루어 늦어도 세조 12년 이전에 설치된 것으로 보인다.

181) 『성종실록』 권3, 1년 2월 기묘.

이하 23직으로 정비되었다가 『경국대전』에 법제화되었다.

8) 虎翼衛

호익위는 1459년(세조 5) 신치 때에 체아 56직(6 - 8, 7 - 12, 8 - 15, 9 - 21)이 설치되었고,[182] 그 6개월 뒤에 평로위로 개칭되면서 51직(5품 - 4, 6 - 8, 7 - 12, 8 - 15, 9 - 12)으로 조정되었다.[183] 그 후 혁거되었다가 성종 11년 定虜衛로 복치될 때 체아 29직(종4품 - 1, 종5 - 2, 종6 - 2, 종7 - 4, 종8 - 5, 종9 - 15)이 설치되었다가[184] 성종 16년 이전에 혁거되었다.

9) 破敵衛

파적위는 세조 5년 신치 때에 체아 200직(종6 - 5, 정7 - 10, 종7 - 15, 정8 - 20, 종8 - 30, 정9 - 50, 종9 - 70)이 설치되었고,[185] 성종 16년 이전에 혁거되었다.

10) 壯勇隊 → 壯勇衛

장용대는 세조 5년 신치될 때 체아 8직이 설치되었고,[186] 성종 6년에 장용대가 장용위로 개편될 때 종6품 1직 이하 15직이 설치된 것으로 추측되고,[187] 이 15직이 그대로 『경국대전』에 법제화되었다.

---

182) 『세조실록』 권15, 5년 3월 갑진.

183) 『세조실록』 권17, 5년 9월 계사.

184) 『성종실록』 권123, 11년 11월 기해.

185) 『세조실록』 권17, 5년 9월 갑오.

186) 『세조실록』 권17, 5년 9월 정유 · 권18, 11월 병신. 8직은 각각 1월 5~8품 각1직과 정 · 종9품 각2직, 4월에는 6 · 7품 각1직과 그 외 각2직, 7월에는 5 · 8품 각1과 그 외 각2직, 10월에는 6 · 8품 각1과 그 외 각2직이었다.

그 외에도 세종초 이후에 三軍, 茶房左·右番, 兵曹書題, 司僕寺牽馬輩, 銃筒衛, 靖難·佐理功臣伴倘, 歸化人 등에 체아직이 설치되어 운영되다가 성종 16년 이전에 혁거되었다.[188] 또 서반체아직에는 관직의 효율적인 운영과 관련하여 서반 관직자가 아닌 즉, 동반 관직자가 제수되기도 하였다. 그 예로서 세종 28년에 軍職遞兒 10직과 宗學博士가 점하였던 군직체아 6직이 혁거되고 成均館官이 증치된 것,[189] 1451년(문종 1)에 忠順衛·濟州子弟·濟生院訓導·風水學·司饔院別坐·內醫院·倭通事·醫員에게 주던 司直·副司直·副司正 각 1직과 司勇 2직을 혁거하고 上護軍·大護軍·護軍 각 1직을 설치한[190] 등이 있다.

세 번째로 兼司僕 이하 모든 부대의 소수 正品職을 제외한 대부분의 從品職이 正職에서 遞兒職으로 전환된 시기를 규명해 본다. 겸사복 등에

---

187) 『성종실록』 권62, 6년 12월 신묘.

188) 『조선왕조실록』 세종 5년~성종 3년조. 병종별로 체아직이 설치되었음이 확인된 전거를 기사를 적기하면 다음과 같다.

| | |
|---|---|
| 삼군 | ; 『세종실록』 권19, 5년 1월 신묘 |
| 다방좌·우번 | ; 『세종실록』 권43, 11년 1월 정묘 |
| 병조서제 | ; 『세종실록』 권73, 18년 윤6 계미(사직 1·부사직 2·사정 1·부사정 3→사직 1·부사직 1·사정 1·부사정 2) |
| 사복시견마배 | ; 『단종실록』 권14, 3년 4월 병자(세종 25년 이전 부사정 2·대장 3, 25년 혁, 단종 3년 부사직 2). |
| 정난·좌리공신반당 | ; 『단종실록』 권11, 2년 6월 병신(6품 이하 실직 1·산직 4, 7품 이하 실직 1·산직 2, 8품 이하 실직 1·산직 2), 『세조실록』 권2, 1년 11월 무인(6품 이하 실직 1·산직 3, 7품 이하 실직 1·산직, 8품 이하 실직 1·산직 4). |
| 귀화인 | ; 『세조실록』 권13, 4년 6월 계해(호군 2, 사직 2, 부사직 5, 사정 11, 부사정 12, 사용 9직) |

189) 『세종실록』 권111, 28년 3월 을해.

190) 『문종실록』 권8, 1년 6월 갑술·권10, 1년 10월 임오.

편제된 정직자의 대부분이 체아직으로 전환된 시기는 『조선왕조실록』의 사료적 한계와 관련되어 명확히 알기 어렵다.

그렇기는 하나 군직이 정직에서 체아직으로 전환된 관직은 세종초 이래로 정품직과 종품직이 독립적으로나 통합되어 설치되다가 단종 2년 이후로부터 성종 2년 이전의 어느 시기에 종품직만 설치되었다.[191] 세종 13년경 이래로 관아의 신설과 함께 체아직이 설치된 諸員 등은 제원은 세종 13년 이후, 제주자제는 세종 18년 이후, 충찬위는 세조 2년 이후, 습독관은 세조 8년 이후, 평로위는 성종 11년, 장용위는 성종 6년에 각각 종품직만 설치되었다.[192] 이 점에서 군직체아직은 대개 단종 2년~성종 2년에 정품직과 종품직이나 정·종품직이 통합되어 설치되다가 종품직만 설치되었다고 하겠다.

그런데 단종 2년~성종 2년의 관제정비를 보면 세조대에는 2년에 단종복위사건의 여파로 세종초 이래의 집현전과 그 속관이 혁거되었고,[193] 3년에 중앙군인 5司가 5衛로 개칭되고 지방군이 鎭管으로 개편되면서 경외군제가 오군진무소(-5위) - 진관체제로 정비되었다.[194] 6년과 12년에는 재정절감 및 『경국대전』의 편찬과 관련되어 관제가 대대적으로 개변되면서 성종 16년에 반포된 관제의 원형이 정립되었다. 즉 6년에 종친부·병조 등 40여 관아의 관직 90여직이 감축되었고, 경창부 등 10여

191) 종품직으로 전환되었다고 추측된 시기는 다음과 같다(앞 117~120쪽).

| | |
|---|---|
| 별시위 ; 성종 2년 이전 | 공신적장 ; 세조 12년 이후 |
| 갑사 ; 성종 2년 이전 | 충의위 ; 단종 2년 이후 |
| 친군위 ; 성종 1년 이전 | |

192) 앞 149~151쪽.

193) 『세조실록』 권4, 2년 6월 갑진.

194) 『세조실록』 권9, 3년 10월 경술.

관아가 혁거·통합되거나 개칭되었다.[195] 12년에 오위진무소·중추원·상서사 등이 오위도총부·중추부·상서원 등으로 개칭되었고, 의빈부·병조·한성부·사간원·변정원의 10여 관직이 삭감되었으며, 시·감·창·고·서 등 관아의 정3품 당하관 이하의 명호가 正·副正·僉正·判官·主簿·奉事·副奉事·參奉으로 통일되었다(단종 2년과 성종 1·2년에는 개변이 없었다).[196]

이를 볼 때 세종초 이래로 정품직과 종품직이나 정·종품직이 통합되어 설치된 서반체아직은 세조 12년경에 가장 우대되면서 장번직인 겸사복·내금위·선전관직을 제외한 별시위 등의 모든 관직이 종품직이 되었을 것이라고 추측된다.

이상에서 서반체아직은 세종 5년 이전에 삼군녹사 등이 체아직이 되면서 비롯되었고, 세종 10~14년에 기존의 내금위·별시위·갑사 등 대부분의 군직이 체아직으로 전환되고 세종 13년 이후에 신설된 제원 등에 체아직이 설치되면서 정착되었으며, 세조 12년경에 대부분의 체아직이 종품직으로 고정되면서 정립되었다고 하겠다. 또 서반 체아직의 수는 세종초에는 알 수 없지만 세종말에는 2,000여직, 세조말에는 3,000여직으로 각각 정비된 것으로 추측된다. 마지막 『경국대전』에 법제화된 선전관 등 18 기구에 편제된 정3품 당하관 3직 이하 종9품 3,380직 총 4,587직의 서반 체아직을 표로 정리하여 제시하면 다음과 같다.

195) 『세조실록』 권20, 6년 5월 정유.
196) 『세조실록』 권38, 12년 1월 무오.

<표 4-11>『경국대전』 무반 체아직 [( )는 양계. 병전 경관직]

| | 정3품 당하 | 종3 | 종4 | 종5 | 종6 | 종7 | 종8 | 종9 | 합계 | 비고 |
|---|---|---|---|---|---|---|---|---|---|---|
| 선전관 | 1 | 1 | 1 | 1 | 1 | 1 | 1 | 1 | 8 | |
| 겸사복 | 1 | 2 | 5 | 6 | 9 | 6 | 9 | 14 | 50 | |
| 내금위 | 1 | 4 | 7 | 18 | 28 | 40 | 39 | 44 | 190 | |
| 공신적장 | | 2 | 4 | 7 | 10 | 17 | 38 | 63 | 141 | |
| 친군위 | | | 1 | 2 | 3 | 4 | 4 | 6 | 40 | |
| 별시위 | | | 4 | 12 | 22 | 30 | 80 | 143 | 291 | |
| 족친위 | | | | 2 | 3 | 4 | 6 | 8 | 23 | |
| 충의위 | | | 1 | 3 | 8 | 10 | 13 | 18 | 53 | |
| 갑사 | | | 5(2) | 59(20) | 65(20) | 134 (50) | 222 (100) | 1,515 (208) | 1,997 (400) | |
| 충찬위 | | | | | 3 | 4 | 6 | 7 | 20 | |
| 습독관 | | | | | 1 | 4 | 9 | 14 | 28 | |
| 의원 | | | | | | | 7 | 2 | 9 | |
| 취라취·태평소 | | | | | 2 | 3 | 7 | 20 | 32 | |
| 궁장* | | | | | | 2 | 6 | 6 | 14 | |
| 제원 | | | | | | 10 | 20 | 32 | 62 | |
| 제주자제 | | | | | 1 | 1 | 2 | 2 | 6 | |
| 장용위 | | | | | 1 | 2 | 2 | 10 | 15 | |
| 동몽훈도 | | | | | | | | 1 | 1 | |
| 합계 | 3 | 9 | 28 (2) | 110 (20) | 157 (20) | 272 (50) | 502 (100) | 3,380 (208) | 4,587 (400) | |

* 상의원·군기시 궁인·시인.

### 3. 兼職

조선시대의 무반경관겸직(이하 무반겸직으로 약칭)은 개국과 함께 8衛·義興親軍衛에 判事·節制使 이하 10여직을 두면서 성립되었다.197)

197) 각 관직의 정원은 불명하나, 태조 1년 7월의 인사에 도절제사 1명, 절제사 2, 동지절제사 4, 判八衛事 1, 8위상장군 1명이 확인되었다(『태조실록』 권1, 1년 7월 정미, 한충희, 1980,「朝鮮初期 議政府研究(상)」,『韓國史研究』31, 93~94쪽

이 무반겸직이 태종, 세종, 세조대 등에 걸쳐 체계적이고 효율적인 군사지휘, 관제정비 등과 관련되어 수십차에 걸쳐 개변되면서 증감되면서 운영되었다. 그 중요한 변개는 다음과 같다.

(1) 태조 2년 설치되어 태종 1년까지 운영된 義興三軍府에 영사(1, 정1품 겸)·판사(2, 1품겸) 이하 10여직이 운영되었다.[198] 태종~세조대에는 다음과 같이 三軍鎭撫所 등 군령기구가 치폐되고 그 각각에는 都鎭撫 이하 10여직이 운영되었다.[199]

| | | |
|---|---|---|
| 承樞府 | ; | 判事(1품)·知事(2품) 각1(태종 1~5년) |
| 領三軍司處 | ; | 領事(1품) 1(태종 8~9) |
| 三軍鎭撫所 | ; | 都鎭撫(1~2품) 3(태종 9년 8월, 태종 14~18년 8월, 세종 14년 3월~세조 3년 4월) |
| 義興府 | ; | 판사(1품)·지사(정2)·同知事(종2) 각1(태종 9~12) |
| 義建府鎭撫所 | ; | 도진무 ?(태종 18년 8월~세종 즉위년 9월) |
| 三軍府 | ; | 도진무 3(세종 즉위년 9월~14년 3월) |
| 五衛鎭撫所 | ; | 도진무 5(세조 3년 4월~12년 1월) |
| 三軍都摠制府 | ; | 都摠制(1~2품), 摠制(2품) 각1(태종 2~4?) |

(2) 정종 2년에 別侍衛가 설치되었고, 조선초기를 통하여 兼司僕·內禁衛 등의 親軍, 忠義衛 등 양반특수군이 운영되었는데, 그 각각에는 節制使(1~2품)가 설치되어 그 에 소속된 군사를 지휘하였다. 또 태조

<표 3>).

198) 한충희, 1984, 「朝鮮初(태조 2년~태종 1년) 義興三軍府硏究」, 『啓明史學』 5, 11쪽 <표 1>(본서 223쪽 <표 6-3>).

199) 『조선왕조실록』 태종 1년~세조 12년조.

1년 이래로 기간부대로 운영된 10衛(→ 10司「태조 3」 → 12사「태종 18」 → 10사「세종 4」 → 12사「세종 27」 → 5사「문종 2」 → 5衛「세조 12년 이후」) 등에 있어서도 掌軍摠制 · 兼上護軍 · 節制使(1~2품)가 설치되어 각사(위)에 소속된 군사를 지휘하였다. 시위군 · 양반특수군 · 10위 등에 설치된 겸직은 다음과 같다[( )는 관직 운영기간].[200)]

| | |
|---|---|
| 別侍衛 | ; 節制使 8직 이하(정종 2~세조 3경) |
| 義勇巡禁司 | ; 判事 1 이하(태종 4~14) |
| 內禁衛 | ; 절제사 6~3(태종 7~세조 3경) |
| 兼司僕 | ; 절제사 ?(태종 9~세조 3경) |
| 內侍衛 | ; 절제사 6직 이하(태종 9~세종 6) |
| 別司禁 | ; 절제사 6(세종 즉위) |
| 忠義衛 | ; 절제사 8직 이하(세종 즉~세조 3경) |
| 忠順衛 | ; 절제사 ?(세종 27~세조 3경) |
| 忠贊衛 | ; 절제사 ?(세조 2~3경) |
| 親軍衛 | ; 절제사 ?(태종初~세조 3경) |
| 鷹揚衛 | ; 절제사 1(태종 4~세종 1) |
| 10司 | ; 掌軍摠制 각1(태종 7, 8~11), 兼上護軍 각1(태종 7~8), 절제사(태종 11 ~) |

(3) 세종~세조대에는 訓練院과 忠扈衛에 都提調 · 提調 · 副提調 8~1직과 도제조 · 제조 4직 이하가 운영되었다.[201)] 1406년(태종 6)에 巡禁扈衛司의 녹직이 겸직으로 전환되었고(관직수 불명),[202)] 1466년(세조 12)에

200) 『조선왕조실록』 정종 2년~세조 12년조.

201) 『세종실록』 권19, 5년 2월 경신 · 3월 을사, 외.

202) 『태종실록』 권 11, 6년 2월 병인.

5衛 部將 25직이 종6품의 녹직으로 전환되었으며,[203] 1485년 이전에 훈련원 參軍·奉事 각2직이 겸직으로 전환되었다.

(4) 1457년경 內禁衛·五衛·兼司僕 節制使가 將으로 개칭되었다.[204] 1466년(세조 12) 五軍鎭撫所가 五衛都摠府로 개편되면서 都鎭撫가 都摠管으로 개칭되고 副摠管이 설치되면서 도총관·부총관 10직이 설치되었다.[205] 1461년(세조 7) 이전에 훈련원 제조가 知事로 개칭되었고, 1466년에 都正(정3 당상) 1직이 설치되었다.[206]

그리하여 무반겸직은 개국 때의 10여직이 태조 2년~세조 11년에 걸쳐 당상관 십여~수십여 직과 당하관 이하 10여~30여 직으로 운영되었고, 세조 12년에 당상관 30직과 참하관 4직으로 정비되었다가 마지막 반포된 『경국대전』에 법제화되었다. 『경국대전』에 규정된 경관무반겸직은 다음과 같다.

당상관(30) ; 訓練院知事(정2, 1), 五衛都摠府 都摠管(정2, 副摠管과 합해 10), 부총관(종2), 將(종2, 18「五衛 12, 內禁衛·兼司僕 각3」), 訓練院 都正(정3 당상, 1).

---

203) 『세조실록』 권38, 12년 1월 무오.

204) 개칭된 연대는 불명하지만 세조 3년의 군제개편, 세조 3년에 兼司僕將이 확인되고 6년 이후에 겸사복장은 물론 위장·내금위장이 확인됨에서(『세조실록』 3~6년조) 세조 3년 이들 부대가 병조속아문에서 직계아문이 되거나 5위제가 성립될 때 개칭된 것으로 추측된다.

205) 개칭시기와 설치 관직수는 불명하나 3군진무소 등에 도진무가 설치되었고, 세조 12년에 도총관과 부총관의 제수가 확인되었으며(『세조실록』 권39, 12년 5월 무술·6월 갑술), 세조 12년에 『경국대전』 병전의 편찬이 1차로 완료되었음에서 세조 12년에 도진무가 도총관·부총관으로 개칭되고 10직이 설치된 것으로 파악한다.

206) 『세조실록』 권26, 7년 12월 경진·권38, 12년 1월 무오.

참하관(4) ; 參軍(정7, 2) · 奉事(종8, 2).

그런데 지금까지 살핀 五衛와 內禁衛 등 · 吹螺赤 등의 군직과 체아직을 비교하여 보면 내금위 등 · 취라치 등은 모두가 체아직이고 오위도 3,236직중 2,464직이 체아직이었음과 같이 군직의 대부분은 체아직이었다. 직질별 관직수를 보면 정직 · 체아직 모두 正品은 소수이나 從品은 다수였는데, 특히 군직이 대부분인 4품 이하는 그 차이가 현격하였다. 당상관직은 모두 정직이기는 하나 職事가 없는 당상관이 대기하는 중추부의 관직이었고, 당하관직은 대개가 체아직이었다. 체아직은 근무기간에 따라 受祿하였음은 물론, 陞資(加資)가 근무일수(仕數)에 의하여 행하여진 만큼[207] 정직에 비해 크게 낮은 것이다. 또 문반직자가 피핵 · 근무성적 · 질병 등으로 좌천할 때 동품의 무반직에 제수되고, 파직문신이 서용될 때 무반직에 제수되었고, 무반직자가 영전할 때 동품의 문반직에 제수되었다.[208]

---

207) 『경국대전』 권4, 병전 번차도목조에 규정된 병종별 분번수, 복무개월, 가계에 요하는 근무일수를 정리하면 다음의 표와 같았다.

| 병종 | 분번수 | 복무개월 | 가계일수 | 비고 | 병종 | 분번수 | 복무개월 | 가계일수 | 비고 |
|---|---|---|---|---|---|---|---|---|---|
| 갑사 | 5 | 6 | 62 | | 정병 | 8 | 2 | 64 | |
| 별시위 | 5 | 6 | 48 | | 충순위 | 7 | 12 | 75 | |
| 친군위 | 2 | 12 | 56 | | 족친위 | 장번 | | 144 | |
| 파적위 | 5 | 4 | 106 | | 충의위 | 장번 | | 144 | |
| 장용 | 5 | 6 | 62 | | 충찬위 | 5 | 4 | 39 | |
| 팽배 | 5 | 4 | 1,080 | | 보충대 | 4 | 4 | 1,000 | |
| 대졸 | 5 | 4 | 1,080 | | | | | | |

208) 『성종실록』 권226, 성종 20년 3월 을류, 『顔樂堂集』 金訢年譜 성화 22년 7월 및 23년 2월조, 『성종실록』 권257, 성종 22년 9월 정축.

『경국대전』에 규정된 무반직은 겸직과 체아직의 수가 명확하였다. 그러나 정직에 있어서는 중추부 · 오위도총부 · 세자익위사 · 훈련원의 58직은 정직임이 명확하지만, 오위의 경우에는 정직의 존재여부와 몇 관직이 정직인가가 명확하지 못하였다. 즉, 오위의 정3품 당하관 이하 3,236직에 있어서 2,464직은 주 209)에서 분석된 바와 같이 체아직이지만, 772직은 그 관직적 성격이 불명하다.[209] 이 772직의 직질과 인원을 서반체아직의 분포와 관련시켜 보면 상위직인 정3품 당하 · 종3품 · 정4품직과 정5~9품직은 1직도 체아직에 포함되지 않았다. 또 조선초기의 인사를 보면 서반체아직이 아닌 정3품 上護軍 · 종3품 大護軍 · 정4품 護軍 등이 知刑曹事 · 知司諫院事 · 京畿道經歷 등을[210] 겸대하였다. 이 때의 상호군 등은 분명한 정직이었다고 하겠다. 그 외에 상호군 · 대호군 · 호군 등의 관직이 동반의 여러 관직과 수시로 교체되었다. 이 점에서 이 772직은 일단 정직으로 간주하여도 큰 무리는 없다고 생각된다.

---

209) 오위 당하관 이하 관직과 서반체아직의 관계를 표로 정리하여 보면 다음과 같다.

| | | 정 3 | 정 3 | 정 4 | 종 4 | 정 5 | 종 5 | 정 6 | 종 6 | 정 7 | 종 7 | 정 8 | 종 8 | 정 9 | 종 9 | 합계 |
|---|---|---|---|---|---|---|---|---|---|---|---|---|---|---|---|---|
| 오위 ① | | 9 | 14 | 12 | 54 | 14 | 123 | 15 | 201 | 5 | 309 | 16 | 483 | 42 | 1,939 | 3,236 |
| 체아직 | 오위 ② | 0 | 0 | 0 | 11 | 0 | 78 | 0 | 105 | 0 | 197 | 0 | 366 | 0 | 1,707 | 2,464 |
| | 겸사복등 | 3 | 9 | | 17 | | 32 | | 48 | | 73 | | 87 | | 122 | 391 |
| | 취라치등 | | | | | | | | 4 | | 18 | | 51 | | 77 | 150 |
| | 계 | 3 | 9 | | 28 | | 110 | | 157 | | 288 | | 504 | | 1,906 | 3,005 |
| ① - ② | | 9 | 14 | 12 | 43 | 14 | 45 | 15 | 96 | 5 | 112 | 16 | 117 | 42 | 232 | 772 |

210) 『三灘集』(李承召, 韓國文集叢刊 11) 黃守身墓碑銘 上護軍兼知刑曹事, 護軍兼京畿經歷, 『拭疣集』(金守溫, 한국문집총간 9) 韓繼美神道碑銘 折衝張軍行虎賁侍衛司大護軍知司諫院事, 『樗軒集』(李石亨, 동상서) 年譜 虎賁衛大護軍修文殿提學, 『三灘集』 鄭忠碩墓表陰記 中軍副司直兼中樞院都事.

따라서『경국대전』에 규정된 무반 경관직은 다음의 표와 같이 본직에는 정직 830직과 체아직 3,005직의 3,835직이 있었고, 겸직에는 34직이 있었다. 정직 830직은 58직이 中樞府·五衛都摠府·訓練院·世子翊衛司의 관직이었고, 772직은 五衛의 관직이었다. 체아직 3,005직은 오위가 2,464직이었고, 541직은 오위 이외의 兼司僕·宣傳官·內禁衛·功臣嫡長 391직과 吹螺赤·太平簫·習讀官·濟州子弟·諸員·弓人·矢人·醫員·童蒙訓導 150직이었다.

<표 4-12>『경국대전』 무반 경관직(병전 경관직·번차도목조)

| 직질 | 본질 | | | 겸직 | 합계 | 직질 | 본직 | | | 겸직 | 합계 |
|---|---|---|---|---|---|---|---|---|---|---|---|
| | 정직 | 체아직 | 계 | | | | 정직 | 체아직 | 계 | | |
| 정1품 | 1 | | 1 | | 1 | 정6품 | 17 | | 17 | | 17 |
| 종1 | 2 | | 2 | | 2 | 종6 | 100 | 157 | 257 | | 257 |
| 정2 | 6 | | 6 | 6 | 12 | 정7 | 9 | | 9 | 2 | 11 |
| 종2 | 7 | | 7 | 23 | 30 | 종7 | 112 | 288 | 400 | | 400 |
| 정3 상 | 9 | | 9 | 1 | 10 | 정8 | 18 | | 18 | | 18 |
| 정3 하 | 10 | 3 | 13 | | 13 | 종8 | 119 | 504 | 623 | 2 | 625 |
| 종3 | 16 | 9 | 25 | | 25 | 정9 | 44 | | 44 | | 44 |
| 정4 | 12 | | 12 | | 12 | 종9 | 232 | 1,906 | 2,138 | | 2,138 |
| 종4 | 50 | 28 | 78 | | 78 | 합계 | 834 | 3,005 | 3,839 | 34 | 3,873 |
| 정5 | 16 | | 16 | | 16 | | | | | | |
| 종5 | 54 | 110 | 164 | | 164 | | | | | | |

## 제3절 雜職(遞兒職)

朝鮮時代의 雜職은 개국과 함께 고려말의 관제를 계승하여 內侍府·掖庭署·典樂署·雅樂署의 관직에 宦官·內豎·樂工을 제수하고 雜流로 구분한 것에서 비롯되었다. 또 工商賤隷, 皂隷, 所由, 羅將, 杖首도

각자의 공로와 관련되어 관직을 제수받았다.[211] 내시부 등의 관직은 流品外라 하여 문・무반과 구분되기는 하나,[212] 朝班의 班列에 끼이면서 士類와 혼잡되어 있었다.

잡류는 세종 11년(1429)까지는 사류와의 혼잡이 논란되기는 하나 그 대우상 문・무반과 큰 차이가 없었다. 그러나 세종 12년에 "司饔・司幕・尙衣院・上林園・樂工・圖畵院 소속 관원은 流品이 아니기 때문에 조반에 참렬시킬 수 없다"[213]고 하면서 서반잡직을 따로 설정하고, 공상천예로서 守職하는 자를 그에 속하게 함으로써 조반과의 구별이 도모되었다. 처음에는 잡직계가 설치되지 못하여 실효를 거두지 못하였으나,[214] 1444년(세종 26)에 서반잡직계가 설정되면서 실현되었다.[215] 이어 세조대에 동반 잡직계를 설정하고, 동시에 서반잡직을 보완하고 동반 잡직을 설정하면서 정립되었다.[216]

조선초기 잡직은 전체적인 운영상은 물론 개개의 운영도 『조선왕조실록』 사료적 한계와 관련되어 그 명확한 내용을 알기 어렵다. 그렇지만 세종~세조대에 걸쳐 부분적이나마 繕工監(목공), 雅樂署・典樂署(악공), 軍器監(공장), 圖畵院(화원), 掖庭署 등에 체아직을 운영하였음이 확인된다. 그 내용은 다음과 같다.

---

211) 『세종실록』 권49, 세종 12년 9월 을사.

212) 『태조실록』 권1, 태조 1년 7월 정미.

213) 『세종실록』 권49, 12년 9월 을사.

214) 『세종실록』 권49, 세종 12년 9월 을사.

215) 『세종실록』 권105, 세종 26년 윤7월 임오(그 관계는 앞 93쪽 주14) 참조.

216) 이성무는 앞의 책, 112쪽에서 세종 26년에 서반잡직계가 존재하였다고 하면서 동반잡직계에 대해서는 구체적으로 언급하지 않았지만 "『경국대전』의 잡직계는 세조조의 관제개혁 때 만들어진 것이 아닌가 생각된다"고 하면서 세조조에 설정되었음을 시사하였다.

(1) 세종대에는 왕 28년 선공감에 소속된 목공에게 6품 1직 이하 10(7 - 1, 8 - 2, 정9 - 3, 종9 - 3)직의 체아직이 설치되었고,[217] 아악서・전악서 악공에게 종5품 1직 이하 7(종6・종7・종8・종9 각1, 품불명 2)직이 설치되었다.[218] 문종대에는 왕 1년에 군기감 장공인 체아직이 6품 이하로(관직수 불명) 조정되었다.[219]

(2) 세조대에는 왕 1년에 도화원 화원에게 체아직이 설치되었고(관직수 불명), 왕 3년 액정서에 副司鑰 이하 12(부사약 1, 供奉 3, 謁者 2, 左班殿直 3, 內班從事 3)직이 설치되었다.[220] 왕 3년에 악학도감・장악원의 체아직이 46직에서 31직으로 조정되었고,[221] 왕 4년에는 아악서와 전악서가 掌樂署로 통합되면서 60직이 45직으로 조정되었다.[222]

그 후 1484년(성종 15)까지 동반은 종6품 掌樂院 典樂 등 15관아에 141직, 서반은 종7품 破陣軍 등 3개 부대에 勤事 등 1,607직으로 정비되었다가 마지막 반포된 『경국대전』에 법제화되었다.

그런데 잡직은 모두 체아직이었고, 그에 제수된 자가 대개 양인 이하인 까닭에 지위・대우상 문・무반직과 완전히 구별되면서 점차로 천역시되었다. 그러면서도 양인인 자는 1계가 강등되면서 문・무반의 정직에 제수되도록 규정되었기에[223] 미약하나마 문・무반직과

217) 『세종실록』 권114, 28년 10월 기미.

218) 『세종실록』 권119, 30년 2월 신유・권120, 30년 5월 기축.

219) 『문종실록』 권8, 1년 6월 병술・권8, 1년 7월 무술.

220) 『세조실록』 권1, 1년 7월 무인・권8, 3년 7월 병인.

221) 『세조실록』 권10, 3년 11월 정해.

222) 『세조실록』 권13, 4년 7월 병술.

223) 『세조실록』 권43, 세조 13년 9월 을유, 『성종실록』 권11, 성종 2년 7월 계유.

상통되었다. 『경국대전』에 규정된 동·서반 잡직은 다음 표와 같다.

<표 4-13> 『경국대전』 문·무반 잡직 체아직(이·병전 잡직조)

| 반별·관아별 | | 정6품 | 종6 | 정7 | 종7 | 정8 | 종8 | 정9 | 종9 | 계 |
|---|---|---|---|---|---|---|---|---|---|---|
| 동반 | 工曹 | | | | | | 工造1 | | 工作2 | 3 |
| | 校書館 | | | | | | 司准1 | | 司勘1 | 2 |
| | 교서관·司贍寺·造紙署* | | | | | | 공조4 | | 공작2 | 6 |
| | 司饔院 | | 宰夫1 | | 膳夫1 | | 調夫2 | 飪夫2 | 烹夫7 | 13 |
| | 尙衣院 | | | | 工製4 | | 공조1 | | 공작3 | 8 |
| | 司僕寺 | | 安驥1 | | 調驥1 | | 理驥1 | | 保驥1 | 4 |
| | 軍器寺 | | | | 공제5 | | 공조2 | | 공작2 | 9 |
| | 繕工監 | | | | | | 공조4 | | 공작4 | 8 |
| | 掌樂院 | 典樂1 | 副典樂2 | 典律2 | 부전률2 | 典音2 | 부전음4 | 典聲10 | 부전성20 | 43 |
| | 昭格署 | | | | | | 尙道1 | | 志道1 | 2 |
| | 掌苑署 | | 愼花1 | | 愼果1 | 愼禽1 | 부신금1 | 愼獸3 | 부신수3 | 10 |
| | 掖庭署 | 司謁1 | | 司案2 | 부사안3 | 司鋪2 | 부사포3 | 司掃6 | 부사소9 | 27 |
| | | 司鑰1 | 부사약1 | | | | | | | 1 |
| | 圖畵署 | | 善畵1 | | 善繪1 | | 畵史1 | | 繪史2 | 5 |
| | 소계 | 3 | 7 | 4 | 18 | 5 | 26 | 21 | 57 | 141 |
| 서반 | 破陣軍 | | | | 勤事2 | | 從事2 | | 趨事3 | 7 |
| | 隊卒 | | | | | | | 隊長46 | 隊副554 | 600 |
| | 彭排 | | | | | | | 대장80 | 대부920 | 1,000 |
| | 소계 | | | | 2 | | 2 | 126 | 1,477 | 1,607 |
| 합계 | | 3 | 7 | 4 | 20 | 5 | 28 | 147 | 1,534 | 1,748 |

* 서로 협의하여 직을 바꿔준다.

# 제5장 官職의 成立과 整備 2(外官職, 女官職)

## 제1절 外官職

외관직은 道 이하 지방의 여러 관아에서 근무하는 관직이다. 외관직은 그 출신·기능과 관련되어 문·무반과 方伯·守令·首領官·敎官·驛官·土官 등으로 구분되고 다시 녹봉지급 등과 관련되어 正職·兼職·無祿職 등으로 구분된다. 또 수령은 그 기능과 관련되어 관내의 군정을 총관하고 僉節制使 이하를 지휘한 兵馬·水軍節度使, 그 관내의 백성을 통치하고 군정을 관장한 府尹·大都護府使·牧使·都護府使·郡守·縣令·縣監과 僉節制使·萬戶 등으로 구분된다. 여기에서는 이와 관련하여 관찰사·병마절도사·수군절도사, 부윤 이하 守令, 도사 이하 首領官, 교수·훈도, 찰방·역승·도승, 都務 이하 토관으로 구분하여 살펴본다.

### 1. 觀察使, 兵馬·水軍節度使

#### 1) 觀察使

조선의 종2품직인 관찰사는 국왕을 대리하여 一道의 정치·군사를 총관하고 수령을 지휘·감독한 관직이다. 관찰사는 조선개국과 함께 계승된 京畿左·京畿右·西海·交州江陵·楊廣·慶尙·全羅道 按廉使 각1직과 東北·西北面 都巡問使 각1직에서 기원되었다. 이후 성종 1년까지 7道 2面이 경기좌·경기우도가 京畿道로 통합되고 서해·교주강릉·양광도와 동북·서북면이 黃海·江原·忠淸道와 永安·平安道로 개칭되었다.[1] 또 다음과 같이 6도 2면의 장관인 안렴사와 도순문사가 세조 12년까지 觀察使 각1직으로 개칭되었고,[2] 그 관직이 함길도의 남·북 분도와 관련되어 9직(세조 13, 남·북 각1) →8직(예종 1, 북도 폐지)으로 개변되면서[3] 정립되었다.

| 남방 ; | 태조 2 → | 태종 1 → 2 | → 세종 5 → | 16 → | 세조 12 |
|---|---|---|---|---|---|
| 6도 | 都觀察黜陟使兼監倉安集轉輸勸農管學事提調刑獄兵馬公事(*) | 按廉使 * | 觀察使 | * | 관찰사 |

| 북방 ; | 태조 2 → | 태종 17 → | 세종 5 → | 16 → | 세조 12 |
|---|---|---|---|---|---|
| 2도 | (都巡問使) | 도관찰출척사겸감창안집전수권농관학사제조형옥병마공사(*) | 관찰사 | * | 관찰사 |

한편 국방을 위한 지방군제의 정비와 함께 세조 3년에 鎭管體制가 실시되면서 8도는 1~2개의 軍事道로 편제되었고,[4] 이에 따라 각도에

---

1) 경기좌·우도의 통합과 도명의 변천은 뒤 제8장 제1절 1 8도제의 성립과 정비 참조.

2) 李樹健, 1989, 『朝鮮時代 地方行政史』, 民音社, 37~38쪽.

3) 『세조실록』 권43, 13년 9월 병인·을축, 『예종실록』 권3, 1년 1월 무인.

2~3명의 兵馬·水軍都節制使(세조 12년에 節度使로 개칭[5]))가 임명되어 그 관할지역의 육군과 수군을 지휘하였다. 또 8도의 관찰사는 성종 3년부터 그 도의 최고 정치·군정관의 기능에서 병마·수군도절제사를 겸대하고[6] 병마·수군도절제사 이하를 지휘하면서 군정을 처리하였다.

이와 같이 예종 1년에 정착된 경기·황해·강원·충청·경상·전라·영안·평안도, 세조 12년에 정착된 8도 관찰사 각1직, 성종 3년에 관찰사가 겸대한 병마·수군도절제사가 후대로 계승되다가 마지막 반포된 『경국대전』에 그대로 법제화되었다.

2) 兵馬·水軍節度使

조선의 종2품직인 兵馬節度使와 정3품 당상관직인 水軍節度使는 觀察使의 지휘를 받으면서 그 관할도의 육군과 수군을 총관하는 관직이었고, 그에는 관찰사의 겸직과 전임직이 있었다.

병마절도사는 조선 개국과 함께 고려말의 도절제사를 계승하여 8도에 각1직의 도절제사를 설치하면서 비롯되었다. 이 도절제사가가 이후 성종초까지 도계·국방과 효율적인 군정운영을 위한 軍事道의 편제·鎭管體制의 실시에 따른 慶尙·全羅·永安道의 分道,[7] 관찰사의 병·수사

---

4) 8도의 영역, 국방 등과 관련되어 경기·충청·강원·황해·평안도는 1도로 편제되었고, 경상·전라·영안도는 좌·우와 남·북의 2도로 편제되었다. 군사도의 연혁은 뒤 2 수령 1) 병마·수군절도사 참조.

5) 『세조실록』 권38, 12년 1월 무오. 이 때에 都節制使鎭撫 등도 虞侯, 僉節制使(團練使), 同僉節制使(團練副使), 節制都尉(團練判官)로 각각 개칭되었다.

6) 吳宗祿, 1985, 「朝鮮初期 兵馬節度使制의 成立과 運用」 상, 『震檀學報』 59, 94, 95쪽(『성종실록』 권14, 3년 1월 임자).

7) 경상도는 태종 7년에 좌·우도로 나누어지고 세종 18년에 좌·우도로 고착된 후 『경국대전』에 법제화되었다. 전라도는 성종 10년에 좌·우도, 영안도는 세조 13년

겸대와[8] 관련되면서 다음과 같이 병마절도사와 8도 각 1~3명의 15명으로 정비되었다.[9]

| | 태조6 | 7 | 태종8 | 12 | 13 | 세종8 | 18 | 문종즉 | 단종1 |
|---|---|---|---|---|---|---|---|---|---|
| 폐치 | 폐 | 치 | | | | | | | |
| 관직명 | (兵馬都節制使) | 병마도절제사 | → | → | → | → | → | → | → |
| 관직수 | 0 | 8 | 9 | 8 | 9 | 8 | 9 | 10 | 9 |

| | 세조12 | 13 | 14 | 예종1 | 성종1 | 3 | 10 |
|---|---|---|---|---|---|---|---|
| 관직명 | 병마절도사 | → | → | → | → | → | → |
| 관직수 | 9 | 10 | 12 | 11 | 10 | 12 | 15 |

수군절도사는 1393년(태조 2)에 고려 공양왕 1년 이래로 양광좌·우도에 각1직을 설치한 水軍都萬戶를 馬步兵及騎船軍水軍都節制使로 개칭하면서 비롯되었다.[10] 이 수군도절제사가 이후 성종 4년까지 왜구의 방어·관제정비 등과 관련되어 다음과 같이 폐·치되고 관직명이 개칭 및 관직수가 개변되면서 8도에 각각 수군절도사 1~3직 총 17(8은 관찰사겸, 3은 절도사겸)직으로 정비되었다.[11]

---

에 남·북도로 각각 나누어지면서 정착되었다가 『경국대전』에 법제화되었다(『조선왕조실록』 태종 7년, 세종 18년, 세조 13년, 성종 10년, 『경국대전』 병전, 외관직조).

8) 『성종실록』 권14, 3년 1월 임자.

9) 張炳仁, 1984, 「朝鮮 初期의 兵馬節度使」, 『韓國學報』 34, 164~175쪽.

10) 『태조실록』 권3, 2년 3월 갑자.

11) 『조선왕조실록』 태조 6·7년, 태종 11·13년, 세종 2년, 세조 2·12년, 성종 4년조, 오종록, 위 논문, 89~90쪽.

| | 태조6 | 7 | 태종8 | 12 | 13 | 17 | 세종2 |
|---|---|---|---|---|---|---|---|
| 폐치 | 폐 | 복치 | | | | | |
| 관직명 | (水軍都節制使) | 수군도절제사 | → | → | → | → | 水軍都按撫處置使 |
| 관직수 | 0 | 8 | 9 | 8 | 9 | 8 | 8 |

| | 세종5 | 8 | 18 | 세조12 | 13 | 성종3 | 10 |
|---|---|---|---|---|---|---|---|
| 관직명 | → | → | → | 水軍節度使 | → | → | → |
| 관직수 | 9 | 8 | 9 | 8 | 10 | 12 | 17 |

성종 4년까지 정비된 관찰사 8( 8도 각1)직, 병마절도사 15(8도 각 1~3, 8은 관찰사겸)직, 수군절도사 17(8도 각 1~3, 8은 관찰사겸)직이 마지막 반포된『경국대전』에 법제화되었다(8도 - 11군사도의 관할지역은 뒤 327쪽 <도 2> 참조).

## 2. 守令

### 1) 府尹 · 大都護府使 · 牧使 · 都護府使 · 郡守 · 縣令 · 縣監

조선초기 문관 수령에는 군현의 읍격과 관련되어 부윤 · 대도호부사 · 목사 · 도호부사 · 군수 · 현령 · 현감이 있었다.

문관 수령은 조선 개국과 함께 고려말의 관제를 계승하여 300여 즉 府尹 2, 大都護府使 2, 牧使 16, 府使 24, 知郡事 82, 縣令 · 監務 174원을 두면서 비롯되었다.[12] 이후 부윤 이하 수령의 직명은 외관제의 정비에 따라 태종 13년에 부사가 都護府使, 지주사가 都護府使 · 知郡事 · 縣令 · 縣監, 감무가 縣監으로 개칭되었고,[13] 이어 세조 12년에 지군사가

12) 한충희, 2002,「朝鮮初期 道制와 郡縣制 整備研究」,『啓明史學』15, 193 · 196쪽.

郡守로 개칭되었다가[14] 그대로 『경국대전』에 법제화되었다.

부윤 이하의 직질은 개국 때에는 종2품(부윤)·3품(대도호부사·목사·부사)·종4품(지군사)·종5품(현령)·종6(감무)였다가 세종 13년에 周制(周官)를 참작하여 종2품(부윤·유수), 정3품 당하(대도호부사·목사), 종3품(도호부사), 종4품(군수), 종5품(현령), 종6품(현감)으로 상정된 후[15] 그대로 『경국대전』에 법제화되었다.

부윤 이하 300여 관직은 이후 외관제의 정비 즉, 호구의 증가에 다른 읍호의 승격·반역 등으로 인한 읍호의 강격과 군현혁거·군현 통폐합·서북과 동북경의 개척으로 인한 군현신치 등과 관련되어 329직(정종 2, 부윤 4·대도호부사 3·목사 14·부사 24·지군사 86·현령 38·감무 169), 330직(태종 18, 부윤 4 이하 각 2·17·35·86·35·151), 329직(성종 15, 부윤 4 이하 각 4·20·44·82·34·141)으로 정비되었다가 『경국대전』에 부윤 4직 등 329직으로 법제화되었다.[16]

한편 부윤 이하의 수령은 세조 3년 전국의 효율적인 방어를 위한 진관체제의 실시에 따라 巨鎭 이하의 육군을 지휘한 節制使 이하의 군직을 겸대하였다. 즉 부윤은 節制使, 대도호부사·목사·일부 도호부사는 僉節制使, 대부분의 도호부사·군수는 同僉節制使, 현령·현감은 節制都尉를 각각 겸대하였다(도별 부윤 이하의 절제사 이하 겸대는 뒤 <표 5-6> 참조).[17]

---

13) 『태종실록』 권26, 13년 10월 신유.

14) 『세조실록』 권38, 12년 1월 무오.

15) 『세종실록』 권51, 13년 1월 정축.

16) 한충희, 위 논문, 189~203쪽.

17) 『세조실록』 권9, 3년 10월 경술.

2) 僉節制使 · 萬戶

조선초기의 무관 수령에는 종3품직인 兵馬僉節制使 · 종4품직인 萬戶와 종3품직인 水軍僉節制使 · 종4품직인 萬戶가 있었다. 무관 수령의 변천과 관련된 사료는 『조선왕조실록』의 편찬방침과 관련되어 많지 않지만 그 단편적인 기록을 통해 그 변천상을 살펴본다.

兵馬僉節制使는 태조 6년에 연안요해처의 방어와 관련되어 각도의 병마도절제사를 혁거하고 황해도 瓮津鎭 등 황해 · 강원 · 충청 · 경상 · 전라도에 15 첨절제사를 설치하면서 비롯되었다.[18] 이 때의 첨절제사가 이후 세종말까지 국방 및 관제정비와 관련되어 신치 · 개편되면서 17직으로 운영되다가[19] 문종 1년~성종 15년에 그 모두가 도호부 이하의 군현으로 개편되면서[20] 소멸되었다.

兵馬萬戶는 조선 개국과 함께 고려 공민왕 18년 이래로 東 · 西北面의 요해처에 설치한 만호를[21] 계승하여 新昌 · 義州 · 尼城 · 江界 · 熊吉州等處 · 北青州 등에 만호를 설치하면서 비롯되었다.[22] 이 때의 만호가 이후 외관제의 정비, 동북 · 서북경의 개척과 관련되어 군현으로 개편되면서 소멸되고 신치되면서 1직(태종 18) → 18직(세종 32) → 18직(성종 15)으로 정비되면서 계승되었다.[23]

---

18) 『태조실록』 권11, 6년 5월 임신. 15첨절제사는 뒤 <표 8-3> 참조.

19) 『조선왕조실록』 태조 7년~세종 32년, 『세종실록』 권148~155, 8도지리지.

20) 『조선왕조실록』 문종 1년~성종 15년조. 그 변개상은 뒤 <표 8-2>, <표 8-3> 참조.

21) 『고려사』 권41, 세가 41 공민왕 18년 11월 신미.

22) 『조선왕조실록』 태조 1년조. 그 설치시기는 명확하지 않지만 전후의 상황을 고려할 때 조선 개국과 함께 설치된 것으로 추측된다.

23) 『조선왕실조록』 태조 1년~성종 15년조(그 구체적인 변천은 뒤 <표 8-3> 참조).

水軍僉節制使는 조선 개국과 함께 고려말 이래로 도 단위로 연안 요해처에 수명을 설치한 都萬戶를 계승하여[24] 태조 4년 이전과 태종 7년 이전에 수군첨절제사와[25] 富山浦 수군도만호 등을[26] 두면서 비롯되었다. 이 수군도만호가 이후 세종말과 세조 12년에 수군첨절제사로 개칭되는 가운데[27] 도만호는 1직(태종 18) → 6직(세종 32) →소멸(세조 12), 첨절제사는 4직(세종 32) → 11직(성종 15)으로 각각 개변되면서 계승되었다.[28]

水軍萬戶는 조선 개국과 함께 고려말 이래로 수군도만호의 지휘하에 연안을 방어하던 수군만호를[29] 계승하여 태조 1년에 長淵 등에 수군만호를 설치하면서 비롯되었다.[30] 이 수군만호가 이후 외관제정비・연안방어와 관련되어 태종 4년에 전면적으로 혁거되었다가(천호만 설치)[31] 태종 6년경에 복치 된[32] 후 14직(태종 18) → 47직(세종 32) → 55직(성종 15)으로 정비되면서 계승되었다.[33]

---

24) 閔賢九, 1983, 『朝鮮初期의 軍事制度와 政治』, 韓國硏究院, 177쪽; 方相鉉, 1991, 『朝鮮初期 水軍制度』, 民族文化社, 70쪽.

25) 『태조실록』 권8, 4년 7월 기해 慶尙道水軍僉節制使金天伸 萬戶車俊 捕倭 船一隻.

26) 『태종실록』 권14, 7년 7월 무인(경상도좌도도만호). 부산포 외에는 확인되지 않지만 도만호가 개칭되면서 등장한 첨절제사와 만호의 수에 미루어 다수가 운영된 것으로 추측된다.

27) 『세종실록』 지리지 권148~155, 『세조실록』 권38, 12년 1월 무오.

28) 『조선왕조실록』 태조 1년~성종 15년조(그 구체적인 변천은 뒤 <표 8-3> 참조).

29) 민현구, 위 책, 214~222쪽.

30) 『세종실록』 권152, 지리지 황해도 장연현 本朝 太祖元年壬申 置萬戶以 兼監務. 장연 이외는 불명하나 고려말과 태조 7년 이전에 확인된 10여직 중에 상당수는 개국과 함께나 개국초에 설치된 것으로 추측된다(뒤 <표 8-3> 경상・전라도조).

31) 『태종실록』 권8, 4년 9월 정사.

32) 『조선왕조실록』 태종 6년조. 만호 설치처는 뒤 <표 8-3> 참조.

이와 같이 성종 15년까지 정비된 병마만호 18직, 수군첨절제사 12직, 수군만호 55직이 마지막 반포된 『경국대전』에 법제화되었다(도별 무관 수령은 뒤 <표 5-6> 참조).

### 3. 首領官(都事・審藥・檢律, 兵馬虞侯・水軍虞侯・兵馬評事, 少尹・判官・兵馬判官)

#### 1) 都事・審藥・檢律

종5품직인 도사・종9품직인 검률과 심약은 관찰사의 行政・刑律事와 관찰사・병마절도사의 醫藥事를 보좌하는 감영의 요속이었다.

都事는 조선 개국과 함께 고려 공양왕 1년 이래의 經歷司 經歷(4품 이상)・都事(5품 이하)를[34] 계승하여 7도 2면에 경력・도사 각1직을 설치하면서 비롯되었다고 추측된다. 이후 태종 4년에 경력은 정3품직으로 승질되었다가[35] 4품으로 정착되었으며, 세조 12년에 경력이 혁거되면서 도사만 존치되었다가[36] 마지막 반포된 『경국대전』에 8도 각1직으로 법제화되었다.

審藥은 세종 3년 이전에 고려의 의학교유를 계승하여 각도에 의학교

33) 『조선왕조실록』 태종 7년~성종 15년조(그 구체적인 변천은 뒤 <표 8-3> 참조).

34) 『고려사』 권77, 백관지 2, 외직 절제사조, 『세종실록』 권148, 지리지 경기도조.

35) 『태종실록』 권8, 4년 8월 을묘.

36) 張炳仁은 1978년에 「朝鮮 初期의 觀察使」, 『韓國史論』 4, 151쪽에서 『新增東國輿地勝覽』 권26, 경기조(省經歷 只置都事)에 의거하여 세조 12년으로 파악하였고, 李存熙도 1990년에 『朝鮮時代 地方行政制度硏究』, 一志社, 109쪽에서 위의 경기조에 의거하여 세조 12년으로 파악하였다. 동기의 『조선왕조실록』에 적기된 경력・도사를 보면 대개는 경력이나 도사가 확인되고 경력・도사가 확인된 예는 몇 예에 불과하였다. 이 점에서 경력・도사가 동시에 제수되었는가? 경력이나 도사가 제수되었는가?가 불명하나 장병인과 이존희의 주장에 따라 경력・도사가 같이 제수되다가 경력이 혁거되고 도사만 존치된 것으로 파악한다.

유 1직을 두면서 비롯되었고,[37] 세조 13년 이전에 각도에 종9품 심약 1직을 두면서 정립되었다가[38] 『경국대전』에 법제화되었다.

檢律은 세종 1년 이전에 고려에서 운영되었던 法曹를 계승하여 각도에 1직을 설치하면서 비롯되었고,[39] 이후 후대로 계승되다가 『경국대전』에 종9품직으로 등재되었다.

2) 兵馬虞侯・水軍虞侯・兵馬評事

종3품직인 兵馬虞侯・정6품직인 評事와 정4품직인 水軍虞侯는 전임의 병마절도사와 수군절도사의 군정을 보좌하는 兵營과 水營의 요속이었다.

兵馬虞候는 세종 15년 이전에 兩界에 상호군(정3품) 이상자를 병마도절제사제 도진무 각1직을 설치하면서 비롯되었고(남도는 세조 3년에 口傳軍官),[40] 세조 12년 병마절도사제 정립시에 종3품 병마우후로 개칭되면서 정착되었다가[41] 『경국대전』에 5직으로 법제화되었다.

兵馬評事는 개국초에 설치된 掌務錄事에서 비롯되었고, 이후 이 장무녹사가 도절제사의 운영과 관련되어 경력・도사와 번갈아 운영되다가 세종 15년에 양계를 제외한 남방 5도의 수령관을 폐지함에 따라 양계에만 설치되었다(남방은 세조 3년에 복치되었다가 세조 12년에 혁거).[42]

---

37) 『세종실록』 권12, 3년 6월 임자.

38) 『세조실록』 권42, 13년 6월 기해・갑진.

39) 『태종실록』 권8, 4년 10월 병신, 『세종실록』 권3, 1년 4월 을류.

40) 吳宗祿, 1985, 「朝鮮初期 兵馬節度使制의 成立과 運用」 상, 『진단학보』 59, 109쪽, 『세종실록』 권59, 15년 1월 을축, 『세조실록』 권6, 3년 1월 신사.

41) 『세조실록』 권38, 12년 1월 무오.

42) 오종록, 위 논문, 110쪽. 장무녹사와 경력・도사의 치폐는 주 171) 참조.

이어 세조 12년에 양계의 병영에 경력·도사를 없에고 정6품직의 평사 각1직을 두면서 정립되었다가[43] 『경국대전』에 법제화되었다.

水軍虞候는 초창기에는 그 연혁이 불명하나 병마우후의 운영에 미루어 수군도절제사제 정립 때에 수군도절제사를 보좌하기 위해서 설치한 수군도절제사도진무 각1직에서 기원된 것으로 추측된다. 세종 2년에 수군도안무처치사도진무로 개칭되었고,[44] 다시 세조 12년 수군절도사제 정착시 수군우후로 개칭되면서 정립되었다가[45] 『경국대전』에 5직으로 법제화되었다.

3) 庶尹(少尹)·判官·兵馬判官

종4품직인 서윤은 평양부윤부, 종5품직인 판관은 부윤부·대도호부·목과 요지 도호부, 종5품직인 병마판관은 종성도호부에 각1직이 설치되어 그 수령인 부윤·대도호부·목사·도호부사의 詞訟과 民事를 관장한 요속이었다.

庶尹은 고려말의 관제를 계승하여 평양부윤부에 소윤이 설치되면서 비롯되었다.[46] 이후 부윤부의 치폐·관찰사의 부윤겸대에 따라 영흥부윤부(태조 2~태종 3)와 함흥부윤부(태종 16~성종 1)에 각1직이 운영되는가 하면, 단종 2년에 소윤이 혁거되고 판관이 설치되는 등으로 운영되었다.[47] 그러다가 세조 12년 당시까지 존치된 평양부 소윤이 서윤으로

43) 『세조실록』 권38, 12년 2월 갑신.

44) 『세종실록』 권10, 2년 10월 임술.

45) 『세조실록』 권38, 12년 1월 무오.

46) 개국 때에 평양부윤부에 소윤이 설치되었는가는 불명하다. 그러나 고려말의 관제가 거의 그대로 조선으로 계승되었고, 개성부에 소윤이 설치되었음에서 개국과 함께 설치된 것으로 추측된다.

개칭되면서[48] 정립되었다가 『경국대전』에 평양부윤부 1직으로 법제화 되었다.

判官은 조선 개국과 함께 고려말의 관제를 계승하여 계림부윤부 이하 대읍인 20여 대도호부・목 등에 설치하면서 비롯되었다.[49] 이후 관제정비, 大邑・要地 문・무관 수령을 보좌할 관리의 요청에 따라 성종 2년까지 해주・안변에 설치되었다가 폐지된 후 복치되고, 창원・길주에 설치되었다가 혁거되며, 홍주(태종 8)・황주(8)・제주(17)・의주(세종 7 이전)・북청(9?)・경성(세종 14)・경원(16)・부령(16)・온성(17)・종성(17)・회령(23)・삭주(29)・성주(세조 2)・광주(2)・정주(3)・여주(예종 1) 등에 신치되면서 34 직으로 증가되면서[50] 『경국대전』에 경주・평양・전주・영흥부윤부 등 34 부윤부・대도호부・목・도호부에 각1직으로 법제화되었다(설치 군현은 뒤 <표 5-1> *4 참조).

兵馬判官은 1441(세종 23)에 종성군이 도호부로 승격될 때 부사의 겸직이 됨에 따라 1직이 설치되면서 비롯되었고,[51] 후대로 계승되다가 『경국대전』에 법제화되었다. 『경국대전』에 규정된 각급 수령관을 관직・도

---

47) 『조선왕조실록』 태조 2~태종 3년, 태종 16년~단종 2년, 『단종실록』 권12, 2년 8월 기묘. 영흥・함흥의 읍호 승강은 뒤 <표 8-2> 참조.

48) 그 개칭시기는 불명하나 성종 2년 5월에 서윤으로 개칭되었고, 세조 12년에 한성부소윤 2직이 1직은 혁거되고 1직은 서윤으로 개칭되었다. 이에서 세조 12년에 평양부 소윤도 서윤으로 개칭된 것으로 추측하여 파악한다(『성종실록』 권10, 2년 5월 정유, 『세조실록』 권38, 12년 1월 무오).

49) 판관 설치 외관은 명확하지 못하다. 그러나 『고려사』 권77, 지 31, 백관2에 동경・남경유수관과 대도호부조, 『세종실록』 권 148~155, 8도지리지 군현연혁을 볼 때 20여 부윤부・대도호・목관에 설치된 것으로 추측하여 파악한다(군현역혁은 뒤 <표 8-2> 참조).

50) 『조선왕조실록』 태종 8년~예종 1년조, 『세종실록』 권148~155, 8도지리지.

51) 『세종실록』 권155, 지리지 함길도 경성도호부.

별로 정리하여 표로 제시하면 다음과 같다.

<표 5-1>『경국대전』 감・병・수사 및 수령 요속

| | | 경기도 | 황해 | 강원 | 충청 | 경상 | 전라 | 영안 | 평안 | 계 | 비고 |
|---|---|---|---|---|---|---|---|---|---|---|---|
| 都事 | 종5 | 1 | 1 | 1 | 1 | 1 | 1 | 1 | 1 | 8 | 감영 |
| 審藥 | 종9 | 1 | 1 | 1 | 2 | 3 | 3 | 3 | 2 | 16 | |
| 檢律 | 종9 | 1 | 1 | 1 | 1 | 1 | 2 | 1 | 1 | 9 | |
| 兵馬虞候 | 종3 | | | | 1 | 2 | 1 | 1 | 1 | 6 | 병영 |
| 兵馬評事 | 정6 | | | | | | | 1 | 1 | 2 | |
| 水軍虞侯 | 정4 | | | | 1 | 2 | 2 | | | 5 | 수영 |
| 庶尹 | 종4 | | | | | | | 1 | 1 | 2 | 함흥, 평양 |
| 判官 | 종5 | 5 | 1 | 7 | 4 | 5 | 5 | 7 | 6 | 34 | 대읍* |
| 兵馬判官 | 종5 | | | | | | | 1 | | 1 | 종성도호부 |

* 4 부윤부・3 대도호부・18목 각1, 수원・남원・경원・회령・종성・온성・경성・북청・강계도호부 각1.

## 4. 敎官, 驛・津官, 其他

### 1) 敎官

#### (1) 敎授

교관은 府尹府・大都護府・牧・都護府・郡・縣 자제의 교육을 관장하는 학관이었다. 교관은 개국~태종 18년에는 참상관직인 儒學敎授官과 품외관인 學長이 있어 도호부 이상과 知郡 이하 군현의 자제를 교육하였다.[52] 세종 1년~세조 11년경에는 교수(문과출신, 참상)와 훈도(문과출신, 참외)・교도(비문과출신, 참외)・학장(품외)이 있어 각각 도호부 이상・500호 이상 지군 이하・500호 미만 지군 이하 자제를 교육하였다.[53]

52)『태조실록』 권1, 1년 8월 병진,『세종실록』 권1, 즉위년 8월 계사・권2, 즉위년 12월 임진・권6, 1년 11월 을묘.

53)『단종실록』 권1, 즉위년 6월 임오,『세조실록』 권14, 4년 12월 무오・권25, 7년

세조 12년경~성종 2년경에는 교수와 훈도·교도가 있어(자격은 잉구) 부윤부 이하의 자제를 교육하였고, 성종 3년 이후에는 교수(문과출신, 참상관)와 훈도(문과출신이나 생원·진사 출신, 참외)가 도호부 이상과 군 이하 외방 자제를 교육하였다.[54] 성종 3~15년에 호구수와 무관하게 모든 군·현에 훈도 각1직이 설치되면서 257직으로 정비되었다가 『경국대전』에 법제화되었다.

한편 조선초기 외관제의 운영을 보면 개국 때에는 2부윤부·2대도호부·16목·24부·82지군·174현이 있었고, 이것이 이후 성종 15년까지 외관제의 정비·읍호의 승강·4군 6진의 설치 등과 관련되어 4부윤부·3대도호부·14목·24부·86군·198현(정종 2) → 4부윤부·2대도호부·17목·35도호부·86군·186현(태종 18) → 4부윤부·4대도호부·44목·82군·175현(성종 15)으로 개변되면서 운영되었다.[55]

또 교수는 태조 1년 8월에 "각도에서 근무하는 守令, 儒學敎授, 驛丞은 계속해서 그 직에 근무하게 하라"[56]고 하였고, 고려말에는 각도의 목·부에 유학교수관이 설치되었다.[57] 조선에서는 세종 1년에 "지군 이하 외관으로 호구가 500호 이상이 된 곳에 처음으로 訓導官을 설치하였다"[58] 고 하였다. 『세종실록지리지』에 민호가 500호 이상인 군·현이 49관이었고,[59] 세종 16년까지 민호가 500호 이상이 되면서 敎導가 파견

---

7월 을축.

54) 『성종실록』 권20, 3년 7월 신축, 『경국대전』 권1, 이전 외관직 각도.

55) 한충희, 2002, 「朝鮮初期 道制와 郡縣制 整備研究」, 『啓明史學』 15, 203쪽 <표 4>에서 전재.

56) 『태조실록』 권1, 1년 8월 병진.

57) 『고려사』 권77, 지31 백관2 유학교수관조.

58) 『세종실록』 권6, 1년 11월 을묘.

된 군현이 30여였다.[60]

이에서 교수는 조선 개국과 함께 고려말의 학제를 계승하여 鷄林·平壤府尹府 등 44관에 각1직의 44직을 두면서 비롯되었고, 이후 45직(정종 2) → 58직(태종 18) → 74직(성종 15)으로 증가되면서 정비되었다가 『경국대전』에 慶州·平壤·全州·永興府尹府 이하 74관 각1직 74직으로 법제화되었다.

(2) 訓導

훈도는 군·현 자제의 교육을 관장하는 학관이었다. 고려에서는 군현에 품외관인 敎導(訓導)·學長이 있어 그 지방의 자제를 교육하였고,[61] 조선에서는 태종 1년에 安城郡에 학장이 있었던 것으로 확인되었다.[62] 이에서 조선의 훈도는 개국과 함께 고려말의 학장을 계승하여 군·현에 학장을 둔 데서 기원되었다고 하겠다.

이어 세종 1년 이후에 500호 이상인 군·현에 품직인 훈도와 교도가 설치되면서[63] 정착되었고, 세조 9년에 품외의 학장이 혁거되고 교도가

---

59) 『세종실록』 권148~155, 각도 각관조.

60) 『조선왕조실록』 5~16년조. 그 군현은 다음과 같다.
경기; 양근군,
충청; 죽산·아산·보은·진천·은진·덕산현,
경상; 언양·영산·비안·개령·거창현,
전라; 옥구·강진·무장·함평·무안·임실·정의·대정현,
강원; 횡성·울진현,
강원; 삼등·삼화·무산·벽당·운산현 운산현,
함길; 홍원현.

61) 宋春永, 1994, 「지방의 교육기관」, 『한국사』 17, 84~85쪽.

62) 『태종실록』 권2, 1년 7월 을사.

63) 『세종실록』 권6, 1년 11월 을묘·권27, 7년 2월 갑인·권30, 7년 10월 경진.

파견[64] 및 문과출신으로 제수되던 훈도와 생원·진사 등으로 제수되던 교도가 훈도로 통일되면서[65] 정립되었다.

조선초기를 통해 운영된 학장, 훈도, 교도의 관직수는 『조선왕조실록』의 한계상 그 명확한 수는 알 수 없다. 그렇기는 하나 그 관직이 설치된 군현의 변천을 볼 때[66] 학장은 개국 때에는 250여직이 설치되었고, 이후 280여직(세종 1) → 200여직(『세종실록지리지』, 세종 16년경?)으로 개변되다가 세조 9년에 종9품직의 교도로 전환되면서 소멸된 것으로 추측된다.[67]

훈도는 세종 1년부터 500호 이상인 군·현에 설치되고(관직수 불명)[68] 세종 16년경(『세종실록지리지』)에는 교도와 합해 60여직이 되었으며,[69] 세조 9년에 당시까지의 60여직에 학장에서 전환된 200여직의 총 260여직으로 정비되었다가[70] 『경국대전』에 257직으로 법제화되었다.

그 외에도 對中國·倭 외교와 관련되어 종9품직인 譯學訓導와 倭學訓導가 운영되었다. 역학훈도는 세종 16년 이전에 黃州·平壤·義州 각1직의 3직, 왜학훈도는 예종 1년 이전에 釜山浦·薺浦 각1직의 2직이[71] 각각 설치되었다가 『경국대전』에 법제화되었다.

---

64) 『세조실록』 권30, 9년 3월 신묘.

65) 『성종실록』 권20, 3년 7월 신유.

66) 한충희, 2002, 위의 논문, 206~221쪽 <표 5>.

67) 『세조실록』 권30, 9년 3월 신묘.

68) 『세종실록』 권6, 1년 11월 을묘.

69) 『세종실록』 권148~155, 8도지리지.

70) 『세조실록』 권30, 9년 3월 신묘.

71) 『세종실록』 권64, 16년 6월 임자, 『예종실록』 권7, 1년 8월 갑인.

2) 驛·津官

(1) 察訪

찰방은 관할도의 역정을 총관하는 종6품 관직이었다. 조선 개국과 함께 고려말의 역제를 계승하여 程驛察訪을 운영하면서 비롯되었고,[72] 이후 이 정역찰방이 태종 13년 이전에 찰방과[73] 함께 운영되다가 세조 6년경에 정역찰방이 찰방으로 통칭되면서[74] 정립되었다.

역정을 관장한 정역찰방·찰방의 관직수는 『조선왕조실록』의 한계로 그 전모를 명확히 알 수 없다. 그러나 그와 관련된 자료를 볼 때 태종 15년경에는 경기좌·우도 정역찰발 각1직 등 4직이 확인되었고(개국초는 불명),[75] 이후 역제의 정비·외관제의 정비 등과 관련되어 증·감되고 신치·혁거되면서 6직 이상(『세종실록지리지』) → 19직 이상(세조 8)으로 운영되다가[76] 『경국대전』에 23직으로 법제화되었다.

(2) 驛丞

역승은 개국초에는 관할도의 역정을 관장하는 역관이었고,[77] 세조 8년 이후는 찰방의 지휘하에 역을 관장하는 종9품의 관직이었다.[78] 역승은 태조 1년 8월에 "각도 수령, 유학교수, 역승은 계속해서 근무하게

72) 『태조실록』 권1, 1년 8월 병진.

73) 『태종실록』 권 13년

74) 『세조실록』 권 6년

75) 『조선왕조실록』 태종 13~15년조. 그 설치지역은 뒤 <표 5-2> 태조~태종 참조.

76) 『조선왕조실록』 세종 1년~세조 8년조. 그 설치지역은 뒤 <표 5-2> 세종대 및 단종~성종 15년 참조.

77) 『조선왕조실록』 태종 13~15년조. 그 설치지역은 뒤 <표 5-2> 태조~태종 참조.

78) 『조선왕조실록』 세조 8년조.

하라"[79]고 하였듯이 고려말의 역승이 계승되면서 비롯되었다. 개국 때에 설치된 역승 수는 알 수 없지만, 태종 13년 이후에는 6직 이상(태종 18) → 43직 이상(세종 32) → 25직 이상(세조 8)으로 개변되면서 운영되다가[80] 성종 15년까지 18직으로 정비된 후 『경국대전』에 법제화되었다.

(3) 渡丞

도승은 경기의 要害 津을 관장하는 종9품 관직이었다. 도승의 운영상은 자료의 한계상 구체적인 내용을 알 수 없다. 그렇기는 하나 세종 32년에는 碧瀾渡·廣津渡에 각1직이 설치되었고,[81] 이후 漢江渡丞 등 6직이 설치되고 광진도승이 혁거되면서 7직으로 정비되었다가[82] 『경국대전』에 법제화되었다.

지금까지 살펴 본 조선초기의 驛·津의 변천과정을 표로 정리하여 제시하면 다음과 같다.

<표 5-2> 조선초기 驛, 渡 변천(*은 『세종실록지리지>)[83]

| | 태조~태종 | 세종대 | 단종~성종 15 | 『경국대전』 |
|---|---|---|---|---|
| 경기도 | 태종13 (京畿道程驛 察訪)京畿左·右道 程驛察訪 | * 경기좌도정역찰방 | 세조2 (경기충청좌도정 역찰방), 6 경기좌도찰방 | 경기좌도찰방 |
| | | * 경기우도정역찰방 | 세2 (경기충청우도정역찰방), 6 경기우도찰방 | 경기우도찰방 |
| | | 4 (迎曙驛) | 성3 (迎曙道察訪)경관겸세6? | 영서도 |

79) 『태조실록』 권1, 1년 8월 병진.

80) 『조선왕조실록』 태종 13년~세조 8년조. 구체적인 개변상은 뒤 <표 5-2> 태조~태종대, 세종대, 단종~성종 15년 참조.

81) 『세종실록』 권155, 지리지 경기도조.

82) 『조선왕조실록』 단종 1년~성종 15년조.

83) 『조선왕조실록』 태조 3년~성종 12년, 『세종실록지리지』 각도조.

| | 태조~태종 | 세종대 | 단종~성종 15 | 『경국대전』 |
|---|---|---|---|---|
| 경기도 | | * 경기 · 강원도정역 찰방 | 혁 | |
| | | | 세3 (경기충청좌도정역찰방), 6? 혁 | |
| | | | 세3 (경기충청우도정역 찰방), 6? 혁 | |
| | | | 세3 (경기충청도정역찰방), 6? 혁 | |
| | | * 良才驛 | 세6 (良才驛丞), 성3 (찰방), ? 승 | 양재역승 |
| | 태14 平丘道丞(복치) | → | 성6 (平丘驛丞) | 평구역 |
| | 태13 (金谷도승)重林道丞 | → | 세6 重林驛丞 | 중림역 |
| | | 6 慶安道丞 | 성6 慶安驛丞 | 경안역 |
| | | 7 桃源도승 | 세6 도원역승 | 도원역 |
| | 태13 (馬山道丞)靑坡도승 | 18 이전 폐 | | |
| | 태16 (同化도승) | → | 세6 동화역승, ? 폐 | |
| | | * 碧瀾渡丞(우도수참판관겸) | ? 녹관 | 碧瀾渡丞 |
| | | | ? 한강도승 | 漢江渡 |
| | | | ? 임진도승 | 臨津渡 |
| | | | ? 노량도승 | 露梁渡 |
| | | | ? 낙하도승 | 낙하도 |
| | | | ? 삼전도승 | 삼전도 |
| | | | ? 양화도승 | 양화도 |
| | | * 廣津渡丞(좌도수참전운판관겸) | ? 폐 | |
| 충청도 | | * 栗峯道丞 | 세8 栗峯道察訪 | 율봉도찰방 |
| | | * 連源도승, 15 폐 | 세6 (連源驛丞), ? 찰방 | 연원도 |
| | | * 成歡도승 | 세2 경기충청우도정역찰방겸, ? 增若찰방겸, 8 成歡道察訪 | 성환도 |
| | | * 增若道丞 | ? 폐 | |
| | | * 日新도승 | 세2 경기우도정역찰방겸 6 일신역승, ? 폐 | |
| | | * 黃江도승, 15 혁 | 세6 黃江역승, ? 폐 | |
| | | * 時興도승 | 세6 (겸직), 8 시흥역승 | 시흥역승 |
| | | * 金井도승 | 세6 (겸), 8 금정역승 | 금정역 |
| | | 1 (利道도승)利仁도승 | 세6 (겸), 8 이인역승 | 이인역 |
| 경상도 | | *省峴道丞 | 세6 성현역승, 8 성현도 찰방 | 성현도찰방 |
| | 태13 金泉道丞 | → | 세6 역승, 8 김천도찰방 | 김천도 |
| | | * 長水도승 | 세6 겸승, 8 찰방 | 장수도 |

| | 태조~태종 | 세종대 | 단종~성종 15 | 『경국대전』 |
|---|---|---|---|---|
| 경상도 | | * 幽谷도승<br>* 安奇도승 | 세6 역승, 8 찰방<br>세6 겸승, 8 찰방 | 유곡도<br>안기도 |
| | | * 沙近도승<br>* 昌樂도승<br>5 黃山도승(복치)<br>* 召村도승<br>* 自如도승<br>* 松羅驛 | 세6 겸승, 8 역승<br>세6 겸승, 8 찰방, 성2 역승<br>세6 겸승, 8 역승<br>세6 겸승, 8 역승<br>세6 겸승, 8 역승<br>세6 송라도찰방, 8 역승 | 사근역승<br>창락역<br>황산역<br>소촌역<br>자여역<br>송라역 |
| 전라도 | | * 參禮道丞<br>* 青巖도승<br>* 吕活道丞, 21 獒樹道丞 | 세6 역승, 8 찰방<br>세6 역승, 8 찰방<br>세6 역승, 8 찰방 | 參禮道찰방<br>청암도<br>오수도 |
| | | * 景陽도승<br>* 碧沙도승<br>* 濟原도승<br><br>* 鶯谷道丞 | 세8 승<br>세8 승<br>세6 승, 8 찰방, 성2? 승<br>? 폐<br>세3 (永保道丞), 3 폐( 전라도수참전운판관) | 경양역<br>벽사역<br>제원역 |
| 황해도 | 태13 青郊道丞 | ? 金郊站 | 성1 (금교도찰방), 10 겸직(경기관), ? 복치 | 金郊道察訪 |
| | <br><br>태13 (7站察訪)洞仙寶山道찰방 | * 青丹도승<br>* 麒麟도승<br>* 站路察訪 | 세6? 역승<br>세6? 역승<br>세8 (7참찰방)잉구, ? 폐<br>세10 (黃州道참로찰방), ? 폐 | 청단역승<br>기린역 |
| 강원도 | | * 保安道丞, 28 (보안역)<br>6 (銀溪도승)혁, 30은계도찰방 | 세1 (대창+보안)大昌道察訪, 8 보안도찰방<br>세8 은계도찰방 | 보안도찰방<br><br>은계도 |
| | | * 平陵도승<br>* 祥雲驛<br>* 大昌도승, 28 (대창역)<br><br>6 (丹金도승)폐, 7복, ? 복폐 | 세8 평릉역승<br>세8 祥雲역승<br>세1 (대창+보안)대창도찰방, 8 보안도찰방 | 평릉역승<br>상운역 |
| 평안도 | 태15 (平安道察訪) | * 평안도찰방, ? 대동도찰방<br>* 大同驛, ? 대동도찰방<br><br>7 站路찰방, 29 (館路驛丞)찰방 | <br><br>세8 대동도찰방(잉치)<br><br>세8 魚川道찰방<br>세10 (의주도관로찰방), ? 폐<br>세10 (안주도관로찰방), | <br><br>대동도찰방<br><br>어천도 |

| | 태조~태종 | 세종대 | 단종~성종 15 | 『경국대전』 |
|---|---|---|---|---|
| | | 29 合排찰방 | ? 폐<br>세10 (강계도합배찰방),<br>? 폐 | |
| 함경도 | 태조7 (所應居台站)居山站<br><br><br><br><br>태3 (時時里站)施利站 | 3 高山道丞<br>* 居山역<br><br>* 輸城역<br>3 懷綏道丞, * (폐)<br>3 酒泉도승, 8 東歧 도승, * 동기도승<br>3 (施利驛), * 시리도승 | 세8 잉구, 성11(高山道察訪)<br>단1 (居山道丞)<br><br>단1 (輸城도승), 성12(찰방)<br><br>? 폐<br><br>? 폐 | 고산도찰방<br>거산도<br><br>수성도 |
| 계 | 정역찰방 2<br>찰방 2<br>역승 6<br>도승 ? | 3<br>6<br>43<br>2 | 0(세조 6)<br>26<br>25<br>7 | 0<br>23<br>8<br>7 |

### 3) 其他

경기도에는 지역적인 특징과 관련되어 南道에서 서울로 수송되는 세미곡의 운송을 관장하는 水運判官과 목장의 목마를 관장하는 監牧官이 있었다. 또 고려 태조 이하 4왕의 신위를 관리한 崇義殿官이 있었다.

수운판관은 태종 14년 이전 경기좌·우도에 水站轉運判官이 운영된[84] 것에서 비롯되었다. 그 후 세종 17년 이전 경기 이외의 도에도 신치되면서[85] 9직으로 증치되었고, 세조 7년 이전에 경기도 2직만 존치되고 그 외는 혁거되었다.[86] 다시 세조 7년과 성종 7년 이전에 전라도와 충청도에 각1직이 설치되었고,[87] 성종 15년 이전에 전라도·충청도 수운판관 각1직이 혁거되면서 경기좌도·우도 각1직으로 정비되었다가 『경국

84) 『태종실록』 권28, 14년 12월 임신.

85) 『세종실록』 권67, 17년 3월 무술·권93, 23년 6월 무인.

86) 『세조실록』 권24, 7년 5월 기해.

87) 『세조실록』 권24, 7년 5월 기해, 『성종실록』 권66, 7년 4월 임인.

대전』에 법제화되었다.

숭의전관은 단종 즉위년에, 문종의 뜻을 받들어 경기도 麻田郡에 崇義殿을 짓고 王氏의 후예인 王徇禮를 崇義殿副使(종4)에 제수하여 고려 태조 · 현종 · 문종 · 충경왕을 奉祀하게 하면서 비롯되었다.[88] 그 후 부사가 守로 개칭되고[89] 使(종3) · 숙(종5) · 監(종6)이 설치되어(연대불명) 奉祀하는 왕씨의 품계에 따라 사 이하에 제수하는 것으로 정비되었다가 그대로 『경국대전』에 법제화되었다.

그 외에도 국초에 녹직으로 운영되다가 겸직이 된 監牧官과 혁거된 監鍊官 등이 있었다. 감목관은 세종 17년 이전에 함길도 도련포 등 함길 · 충청 · 전라 · 경상 · 경기 · 황해도에 30 이상(수 불명인 황해도 제외) 목장에 각 1명이 설치되었고,[90] 세종 17년과 18년에 황해도와 함길도 등 5도의 모든 감목관이 목마장 소재지의 都護府使 · 僉節制使 이하 수령과 수령관의 겸직으로 전환되었다.[91] 監鍊官은 세종 26년 이전에 동북계 · 서북계 · 충청도 · 전라도 · 경상도에 각1직이 설치되었다가 세종 26년에 그 모두가 軍器監의 겸직으로 전환되었다.[92]

그런데 지금까지 살핀 부윤 이하 문 · 무 수령과 판관 · 역관 · 교관 등의 녹봉지급여부를 보면 "경기 좌 · 우도 수운판관은 모두 無祿官이다. 각도의 찰방 · 교수 · 훈도 · 심약 · 검률도 같다"[93]라고 하였듯이 부윤

---

88) 『문종실록』 권12, 2년 3월 무술, 『단종실록』 권1, 즉위년 5월 경술 · 권2, 즉위년 7월 계사.

89) 『세조실록』 권38, 12년 1월 무오.

90) 『세종실록』 권69, 17년 7월 을해 · 권74, 18년 7월 무오.

91) 동상조.

92) 『세종실록』 권106, 26년 10월 갑인.

93) 『경국대전』 권1, 이전 경관직 경기도 종5품 판관조.

이하 수령과 관찰사·부윤 등의 수령관인 도사·판관은 녹직이었지만 수운판관과 찰방 등은 녹봉이 지급되지 않는 무록직이었다.

4. 土官

조선의 토관직은 개국과 함께 고려 충렬왕 16년 이래로 고려말까지 平壤·和州·濟州에 운영된 토관제를 계승하여 平壤府尹府·和寧府·濟州都官에 토관을 설치하면서 비롯되었다.[94] 이 토관직이 이후 성종 15년까지 두만강변과 압록강변의 개척과 방어, 외관제의 정비 등과 관련되어 제주목의 토관이 폐지되고, 회령·경원·온성·경성·경흥·종성도호부와 함흥부윤부·강계 도호부·부령부·의주목에 토관이 설치되며, 삭주도호부와 경주·전주·개성부윤부에 토관이 설치되었다가 혁거되면서 운영되었다.

조선 개국과 함께 토관이 설치된 평양·화령·제주는 평양부는 태종 6년에 600여직이 있었고,[95] 이후 250직(태종 14년 이전) → 130직(태종 14, 동반 94·서반 36직) → 400직(세종 11, 동반 94·서반336직) → 128직(세종 21)으로 변개되었다가[96] 『경국대전』에 정5품 도무 1직 이하 동반 39직과 정5품 여직 1직 이하 23직으로 법제화되었다. 화령부는 읍호가 영흥부윤부(태조 2) → 영흥군(태종 3) → 영흥부(4) → 화주목(15) → 영흥대도호부(세종 8) → 영흥부윤부(성종 1)로 개칭되고 승강되는[97] 가운데

94) 李載龒, 1966, 「朝鮮初期의 土官에 對하여」, 『진단학보』 29·30, 119~120쪽.

95) 『태종실록』 권11, 6년 6월 계해.

96) 『태종실록』 권28, 14년 9월 경술, 『세종실록』 권43, 11년 3월 임신·권85, 21년 4월 무자.

97) 『조선왕조실록』 태조 2년~성종 1년조.

576직(태종 1년 이전) → 388직(1) → 220(7년 이전) → 150직(7) → 반으로 감소(14) 되었다가[98] 『경국대전』에 도무 1직 이하 동반 32직과 여직 1직 이하 서반 23직으로 법제화되었다. 제주도관(태종 17년에 제주목)은 세종 7년까지 629직이 존치되었고,[99] 이후 70직(세종 9)으로 삭감되면서 운영되다가[100] 예종 1년 이후에 폐지되었다.

세종 11년 이후에 토관직이 설치되었다가 그 수가 개변되면서 『경국대전』까지 계승된 영변(11)·의주(14)·경원(세종 16)·영북진(부령, 16)·회령(16)·경성(18)·온성(23)·강계(23)·종성(23)·경흥(25)의 10관은 영변대도호부는 세종 11년에 117직이 설치되면서 비롯되었고,[101] 이후 100직(14) → ? → 50직(세조 4)으로 개변되다가[102] 『경국대전』에 정5품 都務 1직 이하 동반 21직과 정5품 勵直 이하 서반 25직으로 법제화되었다. 의주목은 세종 14년에 서반 30직이 설치되면서 비롯되었고,[103] 이후 34직(세종 17, 서반) → 30직(29, 서반) → 45직(세조 6, 서반 30·동반 15직)으로 개변되다가[104] 『경국대전』에 정6품 都轄 1직 이하 동반 12직과 정6품 勵果 1직 이하 서반 18직으로 법제화되었다. 경원도호부는 세종 16년에 90직이 설치되었고, 이후 60직(20) → 73직(세조 8)으로 개변되었다가[105] 『경국대전』에 종6품 도할 1직 이하 동반 12직과 정6품 여과

---

98) 『태종실록』 권2, 1년 7월 경술·권14, 7년 9월 신해·권28, 14년 8월 신유.

99) 『세종실록』 권29, 7년 7월 임오.

100) 『세종실록』 권36, 9년 6월 정묘.

101) 『세종실록』 권43, 11년 3월 임신.

102) 『세종실록』 권56, 14년 4월 신축, 『세조실록』 권11, 4년 1월 병진.

103) 『세종실록』 권56, 14년 4월 신축.

104) 『세종실록』 권69, 17년 7월 기묘·권115, 29년 1월 병자, 『세조실록』 권20, 6년 4월 갑술.

1직 이하 서반 18직으로 법제화되었다. 부령도호부(세종 16~31년은 영북진)는 세종 16년에 90직이 설치되었고,[106] 이후 60직(세종 20) → 29직(문종 1) → 동・서반 12직(세조 8)으로 개변되었다가[107] 『경국대전』에 도할 1직 이하 동반 12직으로 법제화되었다. 회령도호부는 세종 16년에 무반직을 두면서 비롯되었고(관직수 불명),[108] 이후 30직이 삭감되고(세종 20)[109] 동반이 설치되는 등 48직으로 정비되었다가[110] 『경국대전』에 도할 1직 이하 동반 12직과 여과 1직 이하 서반 36직으로 법제화되었다. 경성도호부는 세종 18년에 65직이 설치되었고,[111] 세종 23년에 폐지되었다가 문종 1년에 다시 15직이 설치되었으며,[112] 그 후 31직이 증치되었다가 『경국대전』에 도무 이하 동반 21직과 여직 1직 이하 서반 25직으로 법제화되었다. 온성도호부는 세종 23년에 설치되었고,[113] 세조 8년에 29직으로 조정되었다가[114] 『경국대전』에 도할 1직 이하 동반 12직으로 법제화되었다. 경흥도호부는 세종 25년에 설치되었고,[115] 세조 8년에 46직

---

105) 『세종실록』 권63, 16년 1월 갑신・20년 7월 병신, 『세조실록』 권28, 8년 7월 정미.

106) 『세종실록』 권63, 16년 1월 갑신・계사.

107) 『세종실록』 권82, 20년 7월 병신, 『문종실록』 권7, 1년 5월 경술, 『세조실록』 권28, 8년 7월 정미.

108) 『신증동국여지승람』 권50, 회령도호부조.

109) 『세종실록』 권80, 20년 7월 병신.

110) 『세조실록』 권28, 8년 7월 정미.

111) 『세종실록』 권73, 18년 윤6월 병인.

112) 『세종실록』 권94, 23년 윤11월 임오, 『문종실록』 권7, 1년 5월 을축.

113) 『세종실록』 권94, 23년 윤11월 임오.

114) 『세조실록』 권28, 8년 7월 정미.

115) 『신증동국여지승람』 권50, 경흥도호부조.

으로 조정되었다가[116] 『경국대전』에 도무 1직 이하 동반 21직과 여직 1직 이하 서반 25직으로 법제화되었다. 강계도호부는 세종 24년 이전에 서반 28직이 설치되면서 비롯되었고,[117] 이후 14직(세종 31) → 12직(세조 8년)으로 개변되었다가[118] 『경국대전』에 도할 1직 이하 동반 12직으로 법제화되었다. 종성도호부는 세종 23년에 경성에서 65직(동반 14, 서반 51)이 이속되면서 설치되었고,[119] 이후 50직(문종 1) → 6직(세조 8년 이전) → 12직으로 개변되었다가[120] 『경국대전』에 도할 1직 이하 동반 12직으로 법제화되었다. 경흥도호부는 세조 8년에 12직으로 조정되었다가[121] 『경국대전』에 도할 1직 이하 동반 12직으로 법제화되었다.

태종 16년경 이후에 설치되었다가 폐지된 함흥(태종 16경~)·길주(세종 14~)·삭주(세종 31~)·경주(세조 3~8)·전주(3~8)·개성(11~예종 1)의 5관은 함흥부윤부는 태종 16년경에 설치되었고,[122] 이후 90직(세종 21) → 45직(?) → 37직(단종 즉위년 이전) → 60직(단종 즉위) → 45직(세조 8)으로 개변되면서 운영되다가[123] 혁거되었다. 길주도호부는 세종 14년에 서반직이 설치되었다가 2년후에 폐지되었다(관직수 불명).[124] 삭주도

116) 『세조실록』 권28, 8년 7월 정미.

117) 『세종실록』 권97, 24년 9월 무인.

118) 『세종실록』 권124, 31년 5월 갑오, 『세조실록』 권 28, 8년 7월 정미.

119) 『세종실록』 권94, 23년 윤11월 임오, 『문종실록』 권 7, 1년 5월 을축.

120) 『문종실록』 권7, 1년 5월 을축, 『세조실록』 권28, 8년 7월 정미.

121) 세조 8년 토관이 대대적으로 정비될 때 경흥부는 언급되지 않았지만 이 때 여타의 군현과 함께 정비된 것으로 추측하여 파악한다.

122) 『세종실록』 권11, 3년 2월 병신. 시치시기는 불명하나 태종 16년 함주목이 부윤부로 승격되고 감영소재지가 되었음에서(『세종실록』 권 155, 지리지 함흥도) 이 때에 설치된 것으로 추측된다.

123) 『세종실록』 권85, 21년 4월 무진, 『단종실록』 권2, 즉위년 7월 계 묘, 『세조실록』 권28, 8년 7월 정미.

호부는 세종 31년에 14직이 설치되면서 비롯되었다가 세조 8년 이전에 혁거되었다.[125] 경주 · 전주부윤부는 각각 세조 3년에 설치되었다가 5년 후에 폐지되었다(관직수 불명).[126] 개성부윤부는 세조 11년에 동반 29직이 설치되면서 비롯되었고, 예종 1년에 폐지되었다.[127]

위와 같이 개변되면서 운영된 토관제가 『경국대전』의 편찬과 함께 영안 · 평안도의 영흥 · 평양부윤부 등 12 군현에 정5품 都務 4직 이하 종9품 攝事 79직의 209동반직과 정5품 勵直 4직 이하 종9품 副勵勇 59직의 238서반직의 총 447직으로 법제화되었다. 『경국대전』에 규정된 각 지역 토관직은 다음의 표와 같다.

<표 5-3> 『경국대전』 문반 토관직(이전 토관직조)

| | 永興府 | | | | | | | | 平壤府 | |
|---|---|---|---|---|---|---|---|---|---|---|
| | 都務司 | 典禮署 | 諸學署 외 3서*1 | 收支局 | 典酒局 | 司獄局 | 4部*2 | 계 | 都務司 | 典禮署 |
| 정5품 | 都務 1 | | | | | | | 1 | 도무 1 | |
| 종5 | | 掌簿 1 | | | | | | 1 | | 장부 1 |
| 정6 | 勘簿 1 | | | | | | | 1 | 校簿 1 | 감부 1 |
| 종6 | | | 각 勘簿 1 | | | | | 4 | | 전사 1 |
| 정7 | | 典事 1 | | | | | | 1 | 전사 2 | |
| 종7 | | | | 掌事 1 | | | | 1 | | |
| 정8 | 管事 1 | | 각 관사 1 | | | | | 5 | | 급사 1 |
| 종8 | | 給事 1 | | | 급사 1 | | | 2 | | 섭사 1 |
| 종9 | | 攝事 1 | 각 섭사 1 | | 섭사 1 | 섭사 2 | 각 섭사 2 | 16 | | |
| 계 | 3 | 4 | 12 | 1 | 2 | 2 | 8 | 32 | 4 | 5 |

124) 『세종실록』 권55, 14년 2월 신묘 · 권64, 16년 4월 갑술.

125) 『세종실록』 권124, 31년 5월 갑오, 『세조실록』 권28, 8년 7월 정미.

126) 『세조실록』 권8, 3년 6월 신유 · 권28, 8년 7월 정미.

127) 『세조실록』 권37, 11년 11월 기미, 『예종실록』 권6, 1년 6월 신사.

| | (평양부) | | | | | | 寧邊大都護府·鏡城都護府 | | | |
|---|---|---|---|---|---|---|---|---|---|---|
| | 제학서 외 | 수지국 | 전주국 | 사옥국 | 4부*2 | 계 | 도무사 | 전례서 | 戎器署 외 2서*3 | 수지국 |
| 정5품 | | | | | | 1 | 都務 1 | | | |
| 종5 | | | | | | 1 | | 掌簿 1 | | |
| 정6 | | | | | | 1 | | | | |
| 종6 | 각 勘簿 1 | | 감부 1 | | | 5 | | | 각 감부 1 | |
| 정7 | | | | | | 4 | 典事 1 | 전사 1 | | |
| 종7 | | 掌事 1 | | | | 1 | | | | 장사 1 |
| 정8 | 각 管事 1 | | 관사 1 | | | 5 | | | 각 관사 1 | |
| 종8 | | 給事 1 | 급사 1 | | | 3 | | 급사 1 | | |
| 정9 | | | 參事 1 | | | 1 | | | | |
| 종9 | 각 攝事 1 | 섭사 1 | 섭사 1 | 섭사 2 | 각 섭사 2 | 17 | | 섭사 1 | 각 섭사 1 | 섭사 1 |
| 계 | 12 | 3 | 5 | 2 | 8 | 39 | 4 | 8 | 18 | 4 |

| | (영변·경성도호부) | | | 義州牧, 會寧·慶源·種城·穩城·富寧·慶興·江界都護府 | | | | | | 합계 |
|---|---|---|---|---|---|---|---|---|---|---|
| | 전주국 | 사옥국 | 계 | 都轄署 | 전례서 | 戎器·司倉署 | 전주국 | 사옥국 | 계 | |
| 정5 | | | 2 | | | | | | | 4 |
| 종5 | | | 2 | | | | | | | 4 |
| 정6 | | | 0 | | | | | | | 2 |
| 종6 | | | 6 | 都轄 1 | 勘簿 1 | | | | 16 | 31 |
| 정7 | | | 4 | 典事 1 | | | | | 8 | 27 |
| 종7 | | | 2 | | | 각 장사 1 | | | 8 | 20 |
| 정8 | | | 6 | | | | | | 0 | 16 |
| 종8 | 給事 1 | | 4 | | 급사 1 | | 급사 1 | | 16 | 25 |
| 정9 | | | 2 | | | | | | | 2 |
| 종9 | 攝事 1 | 섭사 2 | 16 | | 섭사 1 | 각 섭사 1 | 섭사 1 | 섭사 1 | 40 | 71 |
| 계 | 4 | 4 | 42 | 16 | 24 | 32 | 16 | 8 | 96 | 209 |

*1 戎器・司倉・營作署, *2 仁興・禮 安・義興・智安部,*3 司倉・營作署.

<표 5-4> 『경국대전』 무반 토관직(병전 토관직조)

| | 永興府 鎭北衛 | 平壤府 鎭西衛 | 寧邊大都護府鎭邊衛 | 鏡城都護府 鎭封衛 | 義州牧 鎭江衛 | 會寧·慶源都護府懷遠衛 |
|---|---|---|---|---|---|---|
| 정5품 勵直 | 1 | 1 | 1 | 1 | | |
| 종5 副勵直 | 1 | 1 | 1 | 1 | | |
| 정6 勵果 | 2 | 2 | 2 | 2 | 1 | 각1 |
| 종6 副勵果 | 2 | 2 | 2 | 2 | 1 | 각1 |
| 정7 勵正 | 2 | 3 | 2 | 2 | 1 | 각1 |
| 종7 副勵正 | 2 | 3 | 2 | 2 | 1 | 각1 |
| 정8 勵猛 | 3 | 4 | 3 | 3 | 2 | 각2 |
| 종8 副勵猛 | 3 | 4 | 3 | 3 | 3 | 각3 |
| 정9 勵勇 | 3 | 5 | 4 | 4 | 4 | 각4 |
| 종9 副勵勇 | 4 | 5 | 5 | 5 | 5 | 각5 |
| 계 | 23 | 30 | 25 | 25 | 18 | 36 |

| | 種城·穩城·富寧·慶興都護府 柔遠衛 | 江界都護府 鎭浦衛 | 합계 | 비고 |
|---|---|---|---|---|
| 정5품 勵直 | | | 4 | |
| 종5 副勵直 | | | 4 | |
| 정6 勵果 | 각1 | 1 | 16 | |
| 종6 副勵果 | 각1 | 1 | 16 | |
| 정7 勵正 | 각1 | 1 | 17 | |
| 종7 副勵正 | 각1 | 1 | 17 | |
| 정8 勵猛 | 각2 | 2 | 29 | |
| 종8 副勵猛 | 각2 | 3 | 33 | |
| 정9 勵勇 | 각3 | 3 | 43 | |
| 종9 副勵勇 | 각5 | 5 | 59 | |
| 계 | 64 | 17 | 238 | |

이상에서 조선초기의 외관직은 개국과 함께 고려말의 관제를 계승하여 관찰사 · 병마도절제사 · 수군도절제사 이하의 각급 수령, 경력 · 도사 이하의 각급 요속, 유학교수 등 교관, 역승 등 역관, 토관직을 두면서 성립되었다. 그 관직수는 개국초에는 각각 관찰사 · 병마도절제사 · 수

군도절제사 이하 수령직이 300여직, 경력 · 도사 이하 수령관직이 30여직, 유학교수가 40여직, 찰방 · 도승 10여직, 토관직 1000여직 이상이 있었다. 이들은 이후 태종, 세종, 세조대 등에 걸쳐 개변되면서 정비되면서 관찰사 8직 · 병마절도사 15직 · 수군절도사 17직, 부윤 4직 · 대도호부사 4직 · 목사 20직 · 도호부사 44직 · 군수 82직 · 현령 35직 · 현감 141직과 수군첨절제사 12직 · 병마만호 18직 · 수군만호 55직, 찰방 25직 · 역승 18직 · 도승 18직, 교수 72직 · 훈도 257직 등으로 정립되었다가 마지막 반포된 『경국대전』에 그대로 법제화되었다. 『경국대전』 법제화된 외관직을 도별과 관직별로 정리하여 덧붙이면 다음의 표와 같다.

<표 5-5>『경국대전』 문관 외관직(단위 과, 권1, 이전)

| | | 경기도 | 충청 | 경상 | 전라 | 황해 | 강원 | 영안 | 평안 | 계 | 비고 |
|---|---|---|---|---|---|---|---|---|---|---|---|
| 종2품 | 관찰사 | 1 | 1 | 1 | 1 | 1 | 1 | 1 | 1 | 8 | 방백 |
| 종2 | 부윤 | | | 1 | 1 | | | 1 | 1 | 4 | 수령 |
| 정3 | 대도호부사 | | | 1 | | | 1 | 1 | 1 | 4 | 〃 |
| 정3 | 목사 | 4 | 4 | 3 | 3 | 2 | 1 | | 3 | 20 | 〃 |
| 종3 | 도호부사 | 7 | | 7 | 4 | 4 | 5 | 11 | 6 | 44 | 〃 |
| 종4 | 군수 | 7 | 12 | 14 | 12 | 7 | 7 | 5 | 18 | 82 | 〃 |
| 종5 | 현령 | 5 | 4 | 5 | 5 | 2 | 2 | 6 | 6 | 35 | 〃 |
| 종6 | 현감 | 14 | 37 | 34 | 31 | 7 | 9 | 4 | 5 | 141 | 〃 |
| 종4 | 소윤 | | | | | | | 1 | 1 | 2 | 함흥, 평양 |
| 종5 | 도사 | 1 | 1 | 1 | 1 | 1 | 1 | 1 | 1 | 8 | 감사 요속 |
| 종5 | 판관 | 5 | 1 | 7 | 6 | 4 | 3 | | 8 | 34 | 대읍수령 요속 |
| 종5 | 병마판관 | | | | | | | | 1 | 1 | 종성도호부 |
| 종5 | 수운판관 | 2 | | | | | | | | 2 | 수운관 |
| 종6 | 찰방 | 3 | 3 | 5 | 5 | 2 | 2 | 3 | 2 | 25 | 역관 |
| 종6 | 교수 | 11 | 4 | 12 | 8 | 6 | 7 | 13 | 11 | 72 | 도호부이상 교관 |
| 종9 | 훈도 | 26 | 50 | 55 | 49 | 18 | 19 | 9 | 31 | 257 | 군이하 교관 |
| 종9 | 역학훈도 | | | | | 1 | | | 2 | 3 | 황주·평양·의주 각1 |
| 종9 | 왜학훈도 | | | 2 | | | | | | 2 | 부산·제포 각1 |
| 종9 | 심약 | 1 | 2 | 3 | 3 | 1 | 1 | 3 | 2 | 16 | 감사 요속 |
| 종9 | 검률 | 1 | 1 | 1 | 2 | 1 | 1 | 1 | 1 | 9 | 〃 |
| 종9 | 역승 | 3 | 3 | 6 | 3 | 1 | 2 | | | 18 | 역관 |
| 종9 | 도승 | 3 | 3 | 6 | 3 | 1 | 2 | | | 18 | 진관 |
| 합계 | | 94 | 126 | 164 | 137 | 59 | 64 | 60 | 101 | 805 | |

<표 5-6>『경국대전』 무관 외관직(단위 과, *은 겸직, 병전)

| | | 경기도 | 충청 | 경상 | 전라 | 황해 | 강원 | 영안 | 평안 | 계 | 비고 |
|---|---|---|---|---|---|---|---|---|---|---|---|
| 종2품 | 병마절도사 | 1* | 2(1*) | 3(1*) | 2(1*) | 1* | 1* | 3(1*) | 2(1*) | 15(8) | *관찰사 |
| 정3 당상 | 수군절도사 | 2(1*) | 2(1*) | 3(1*) | 3(1*) | 1* | 1* | 3(1*, 2**) | 2(1*, 1**) | 17(11) | *관찰사, **병사 |
| | 병마수군절제사 | | | | 1* | | | | | 1(1) | *수령(이하동) |
| | 병마절제사 | | | 1* | 1* | | | | | 2(2) | |
| 종3 | 병마첨절제사 | 4* | 4* | 5* | 4* | 2* | 3* | 15* | 16* | 53 (53) | |
| | 수군첨절제사 | 1 | 2 | 2 | 2 | 1 | 1 | | 3 | 12 | |
| | 병마우후 | | 1 | 2 | | | | 1 | 1 | 5 | |
| 정4 | 수군우후 | | 1 | 2 | 2 | | | | | 5 | |
| 종4 | 병마동첨절제사 | 14* | 12* | 20* | 14* | 11* | 10* | 6* | 17* | 104 (104) | |
| | 병마만호 | | | | | | | 14 | 4 | 18 | |
| | 수군만호 | 5(1*) | 3 | 19 | 15 | 6 | 4 | 3 | | 55(1) | |
| 정6 | 병마평사 | | | | | | | 1 | 1 | 2 | |
| 종6 | 병마절제도위 | 22* | 42* | 46* | 40* | 13* | 14* | 11* | 19* | 207 (207) | |
| | 감목 | 2* | | | | | | | | 2(2) | |
| 합계 (겸직) | | 51 (45) | 69 (60) | 103 (74) | 84 (62) | 35 (28) | 34 (29) | 57 (36) | 65 (55) | 498 (389) | |

## 제2절 女官職(內命婦)

內命婦는 여성으로서 궐내에서 왕과 왕세자를 侍寢하고 왕・왕비・세자・세자빈 등의 지대에 종사한 모든 內官・宮官을 총칭하는 호칭이다.

朝鮮의 內命婦는 태조 6년에 王의 侍寢과 王妃・世子・世子嬪 등의 지대를 위해 內官・宮官을 둔 女官에서 비롯되었다. 이어 세종 17 경까지 세자를 위한 별도의 내관·궁관이 설치되고 여관이 內命婦로 개칭되면서 정착되었으며, 성종 15년까지 내관과 궁관의 職名·職品·職數가 부분적으로 개정되면서 정립되었다. 여기에서는 이에 따라 왕·왕비를 위한 여관제와 세자·세자빈을 위한 여관제로 구분하여 살펴본다.

### 1. 王·王妃 女官(內命婦)

조선시대 왕의 시침과 왕·왕비 등의 지대를 위한 여관제는 1497년(태조 6)에 判尙瑞司事 趙浚·鄭道傳 등의 건의에 따라 唐·宋제를 참작하여 정1품 賢儀(1직) 이하 종4품 順成(2)에 이르는 10 女官職과 정5품 尙宮(1) 이하 종9품 司飾(2)에 이르는 18 宮官職의 총 28직을 두면서 성립되었다.[128]

태조 7년의 이 여관제가 이후 왕권, 관제의 정비 등과 관련되어 태종·세종대 등에 걸쳐 여관의 명호가 1453년(단종 1) 이전에 內命婦로 개칭되면서 정립되었다.[129] 왕에게 시침을 든 내관직은 다음과 같이 태종 5년, 세종 10년, 세조 12년경에 걸쳐 현의 이하 정품 4직으로 개칭·감소되었다가 嬪·貴人 이하 정품 8직으로 개칭·증가되었으며, 다시 嬪·昭儀·昭容·昭媛과 貴人·淑儀·淑容·淑媛이 정품과 종품직으로 체계화 되었다(1). 왕·왕비 등을 시중든 궁관직도 내관직과 같은 시기에 당제 등을 참작하여 司儀 이하 정품 8직으로 개칭·감소되었다가 尙宮 등·司記 등·典言 등과 정품 20직으로 개칭·증가되고 체계화되었으며, 다시 尙宮 등·典賓 등·奏宮 등과 정·종품 27직으로 증가·체계화

128) 『태조실록』 권11, 6년 3월 무진. 그 구체적인 관직과 직질·직수는 뒤 <표 5-7> 태조 6년조 참조.

129) 앞 54쪽.

되었다(2).

(1) 내관직은 1405년(태종 5) 당제를 참작하여 1품 賢儀 · 2품 淑儀 · 3품 贊德 · 4품 順德(각 1직)으로 감소되었고, 1428년(세종 10)에 당제와 중국 역대 여관제를 참작하여 정1품 빈 · 귀인(각1), 정2품 소의 · 숙용(각1), 정3품 소용 · 숙용(각1), 정4품 소원 · 숙원(각1)으로 증가되었다. 이어 1484년(성종 15, 세조 12년?)까지[130] 조관제의 정비에 수반되어 정품직이었던 빈 · 귀인 이하가 빈 · 소의 · 소용 · 소원은 정품직 귀인 · 숙의 · 숙용 · 숙원은 종품직으로 분화되면서 정1품 빈 · 정2품 소의 이하 '소'자 관직과 종1품 귀인 · 종2품 숙의 이하 '숙'자 관직의 8직으로 정립되었다.

(2) 궁관직은 내관직과 같은 배경과 시기에 개변되고 정비되었다. 태종 5년에 정 · 종5품 尙宮 이하 정 · 종8품 司給이 정품으로 통합 · 감소되고 정 · 종9품 司飾이 혁거되면서 정5품 司儀 이하 정8품 봉선 각 2직의 8직으로 개변되었다.[131] 세종 10년에 정5품 사의 2직 · 정6품 사침 2직 · 정7품 봉의 2직이 각각 그 관직자의 업무관장과 관련되어 상층의 상궁 등 7직 · 중간층의 사기 등 6직 · 하위층의 전언 등 7직으로 증가 · 개칭되고 정8품 봉선 2직이 혁거되면서 '상'자 · '사'자 · '전'자직의 20직으로 체계화되었다.[132] 다시 세조 12년경까지[133] 그 직장의 중요도와 관련

---

130) 『조선왕조실록』의 한계상 구체적인 개변시기는 불명하다. 그러나 조관제의 대부분이 세조 12년경에 정비되었다가 『경국대전』에 법제화되었음에서 왕의 내관을 포함한 왕세자 내관과 왕 · 왕세자 궁관 모두 세조 12년경에 정비 된 것으로 추측된다.

131) 『태종실록』 권9, 5년 3월 신해.

132) 『세종실록』 권39, 10년 3월 경인.

133) 연대는 불명하나 『경국대전』에 법제화된 관제의 대부분이 세조 12년에 정비되었음에서 내명부제도 이 때에 정비된 것으로 추측하여 파악한다.

되어 정5품 상궁 등 '상'자 7관직은 차례로 정5 · 종5 · 정6 · 종6품 관직(정5~정6품은 2직, 종6품은 1직)으로 분화되었다. 정5품 상궁 등 7직은 상궁 · 상의는 계승되나, 상복 · 상식은 종5품 상침 · 상공은 정6품 상정은 종6품으로 강질되었다. 정6품 사기 등 6직은 사기는 상기로 개칭 및 종6품으로 강질되었고, 사빈 · 사의 · 사선은 전빈 · 전의 · 전선으로 개칭 및 정7품으로 강질되었으며, 사설 · 사제는 전설 · 전제로 개칭 및 종7품으로 강질되었다. 정7품 전언 등 6직은 전언은 종7품, 전찬 · 전식 · 전약은 정8품, 전등 · 전채 · 전정은 종8품으로 각각 강질되면서 계승되었다. 또 정9품과 종9품에 주궁 · 주상 · 주각 각 3직과 주변징 · 주징 · 주우 · 주변궁 각4직이 신설되었다.

그리하여 세조 12년경 까지 국왕의 궁관은 상궁 · 상의를 정점으로 하는 종6품 상정 · 상기까지의 상층 8직, 정7품 전빈 등 이하 종8품 전정까지의 중간층 12직, 정9품 주궁 이하 종9품 주변궁까지의 하층 7직으로 정연히 체계화되고 분화되었다. 동시에 정5~종6품직은 '尙某', 정7~종8품은 '典某', 정 · 종9품직은 '奏某'나 '奏某某'직 즉, 정 · 종품직과 '상'자 · '전'자 · '주'자 계열의 관직으로 분화되고 체계화되었다.

### 2. 世子 · 世子嬪 女官(內命婦)

세자궁 여관은 1430년(세종 12) 12월에 당제를 참작하여 정3품 良娣 2직 · 정4품 良媛 6직 · 정5품 承徽 10직의 총 18 내관직을 두면서 성립되었고,[134] 동년 윤12월에 궁관직으로 종6품 사규 · 사칙 · 사찬 각1직과 종8품 장정 · 장서 · 장봉 · 장장 · 장식 · 장의 각 1직이 설치되면

134) 『세종실록』 권50, 12년 12월 경진.

서 정착되었다.[135)]

세종 12년 12월의 내관직과 세종 12년 윤12월의 궁관직이 세조 12년경까지 왕권안정 · 관제정비와 관련되어 내관제는 정2품직 이하 정품 18직에서 종2품 양제 이하 종품 4직으로 정비되었다(1). 궁관제는 종6품 사규 등 3직과 종8품 장정 등 6직의 9직에서 종6품 수규 등 · 종7품 장찬 등 · 종8품 장서 등 각2직과 종9품 장장 등 3직의 9직으로 개칭 · 체계화되었다(2).

(1) 內官制는 1430년 윤12월에 중국 고제(당제 등)를 참작하여 양제와 양원 및 승휘가 정2품과 정3품 및 정4품 각 1직으로 변개 · 감소되고 새로이 정5품 소훈 1직이 설치되었다.[136)] 이어 1466년(세조 12)경까지 양제 이하 모두가 종품으로 강질되었다.

(2) 宮官은 세조 12년경까지 종6품직인 사규 등은 수규 · 수칙 · 장찬으로 개칭되면서 수규 · 수칙은 종6품직이 되고 장찬은 종7품직이 되었으며, 종8품직인 장정 등은 장정은 종7품직이 되고 장서 · 장봉은 종8품직이 되며 장장 · 장식 · 장의는 종9품직이 되었다.

그리하여 세조 12년경까지 세자 · 세자빈 등을 위한 내관직은 종2 · 3 · 4 · 5품직 각1, 궁관직은 종6품 '守'某(수자)職과 종7 · 8 · 9품 '掌'某(장자)職으로 체계화되었다.

세조 12년경에 정립된 왕 · 세자와 왕비 · 세자빈 등을 위한 내관 · 궁관, 즉 빈 이하 8내관 · 상궁 이하 27궁관과 양제 이하 4내관과 수규 이하 9궁관이 그대로 마지막에 반포된『경국대전』에 법제화되면서 조선의 내명부제는 확립되었다. 지금까지 살핀 왕 · 세자의 시침과 왕 · 세자와 왕비 · 세자빈 · 왕과 세자 내관 등의 지대를 담당한 내관 · 궁관의 정비

---

135)『세종실록』권50, 12년 윤12월 무신.

136)『세종실록』권50, 12년 윤12월 무신.

과정을 표로 재정리하여 제시하면 다음과 같다.

<표 5-7> 조선초기 국왕 내관·궁관 정비

| | 태조 6년 | 태종 5 | 세종 10년 | 『경국대전』 | 비고 |
|---|---|---|---|---|---|
| 정1품 | 賢儀 1 | 賢儀 1(품 불명) | 嬪·貴人 각1 | 嬪 1 | |
| 종1 | 현의 1 | | | 貴人 1 | |
| 정2 | 淑儀 1 | 淑儀 1(″) | 昭儀·淑儀 각1 | 昭儀 1 | |
| 종2 | 숙의 1 | | | 淑儀 1 | 여관 |
| 정3 | 贊儀 1 | 贊德 1(″) | 昭容·淑容 각1 | 昭容 1 | |
| 종3 | 찬의 1 | | | 淑容 1 | |
| 정4 | 順成 1 | 順德 1(″) | 昭媛·淑媛 각1 | 昭媛 1 | |
| 종4 | 순성 1 | | | 淑媛 1 | |
| 정5 | 尙宮 1 | 司儀 2(″) | 尙宮·尙儀·尙服·尙食·尙寢·尙功·尙正 각1 | 尙宮·尙儀 2 | |
| 종5 | 상궁 1 | | | 尙服·尙食 2 | |
| 정6 | 尙官 1 | 司寢 2(″) | 司記·司賓·司衣·司膳·司設·司製 각1 | 尙寢·尙功 2 | |
| 종6 | 상관 2 | | | 尙正·尙記 2 | |
| 정7 | 家令 2 | 奉衣 2(″) | 典言·典贊·典飾·典藥·典燈·典彩·典正 각1 | 典賓·典衣·典膳 3 | 궁관 |
| 종7 | 가령 2 | | | 典設·典製·典言 3 | |
| 정8 | 司給 2 | 奉膳 2(″) | | 典贊·典飾·典藥 3 | |
| 종8 | 사급 2 | | | 典燈·典彩·典正 3 | |
| 정9 | 司食 2 | | | 奏宮·奏商·奏角 3 | |
| 종9 | 사식 2 | | | 奏變徵·奏徵·奏羽·奏變宮 4 | |
| 계 | 28 | 12 | 28 | 35 | |

<표 5-8> 조선초기 왕세자 내관·궁관 정비

| | 세종 12년 12월 | 세종 12년 윤 12월 | 『경국대전』 | 비고 |
|---|---|---|---|---|
| 정2품 | | 良娣 1 | | 여관 |
| 종2 | | | 良娣 1 | |
| 정3 | 良娣 2 | 良媛 1 | | |
| 종3 | | | 良媛 1 | |
| 정4 | 良媛 6 | 承徽 1 | | |
| 종4 | | | 承徽 1 | |
| 정5 | 承徽 10 | 昭訓 1 | | |
| 종5 | | | 昭訓 1 | |
| 종6 | | 司閨·司則·司饌 각1 | 守閨·守則 2 | 궁관 |
| 종7 | | | 掌饌·掌正 2 | |
| 종8 | | 掌正·掌書·掌縫·掌藏·掌食·掌醫 각1 | 掌書·掌縫 2 | |
| 종9 | | | 掌藏·掌食·掌醫 3 | |
| 계 | 18 | 13 | 13 | |

이상에서 조선초기의 관직은 개국과 함께 고려말의 관제를 계승하여 문반직과 무반직, 경관직과 외관직 등을 두면서 성립되었고, 세종대에 잡직을 설치하면서 정립되었다가 『경국대전』에 법제화되었다. 관직수는 개국과 함께 고려말의 관직을 계승하여 경관 문반 650여직·무반 4,400여직과 외관 430여직이 두어졌고, 이후 성종 15년까지 관제정비·재정절감 등과 관련되어 경관 문관·경관무관·외관문관·외관무관은 각각 700여·4,400여·40여·40여(태종 18), 900여·3,5000여·610여·110여(세종 32), 800여·3,900여·800여·600여(세조 12)으로 개변되면서 정립되었다. 또 관직구성은 문반·무반·잡직과 경·외직을 중심으로 당상·당하·참상·참하직, 정·겸직, 실·허직, 녹·무록직, 직계아문·육조속아문직, 조관·여관직으로 체계화되면서 정립되었다. 이와 같이 성종 15년까지 정비된 관직과 관직구성이 경관-문관(본직·겸직) 980직·무관(본직·겸직) 3,896직·잡직 1,803직, 외관 - 문관 790직·무관 500직, 토관 447(동반

209, 서반 238)직, 여관 48(대전 35, 동궁 13)직이 『경국대전』에 법제화되었다. 『경국대전』에 법제화된 조선초기 관직구성과 관직수를 관직별과 직질별 등으로 종합하며 제시하면 다음의 <도 1> 및 <표 5-9>와 같다.

<도 1> 『경국대전』 관직체계[137]

| 구분 | 관직 | 내용 |
|---|---|---|
| 1) 경 · 외직 | 경직 — | 문 · 무 · 잡직, 당상 · 당하 · 참상 · 참하직, 정 · 겸직, 실 · 허직, 녹 · 무록직, 상설 · 임시직 |
| | 외직 — | 문 · 무직, 정 · 겸직, 실 · 허직 |
| 2) 문 · 무 · 잡직 | 문반직, 무반직 | 경·외직, 당상·당하·참상·참하직, 정·겸직, 실 · 허직, 녹 · 무록직 |
| | 잡직 | |
| 3) 당상 · 당하 · 참상 · 참하직 | 당상직, 당하직, 참상직, 참하직 | 경 · 외직, 문 · 무 · 잡직, 정 · 겸직, 실 · 허직, 녹 · 무록직, 직계 · 육조속아문직 |
| 4) 정 · 겸직 | 정직, 겸직 | 경 · 외직, 문 · 무반직, 당상 · 당하 · 참상 · 참하직 |
| 5) 실 · 허직 | 실직 — | 정직, 체아직, 겸직, 무록관 |
| | 허직 — | 영직, 산관직, 노인직 |
| 6) 녹 · 무록직 | 녹직 — | 정직, 체아직 |
| | 무록직 — | 겸직, 무록관 |
| 7) 직계 · 육조속아문직 | 직계아문직 — | 정 · 종품직, 당상 · 당하 · 참상 · 참하직 |
| | 육조속아문직 | |
| 8) 상설 · 임시직 | 상설직 — | 정직, 체아직, 겸직, 무록관 |
| | 임시직 | |

137) 한충희, 2004, 「조선초기 관직구조연구」, 『대구사학』 75, 61쪽 <도 1>에서 전재.

<표 5-9>『경국대전』관직구성[138]

| | | 문반직 | | | 무반직 | | | 잡직*1 | | | 실직 | | | | |
|---|---|---|---|---|---|---|---|---|---|---|---|---|---|---|---|
| | | 정직 | 겸직 | 계 | 정직 | 겸직 | 계 | 동반 | 서반 | 계 | 정직 | 체아직 | 겸직 | 무록관 | 계 |
| 경직 | 당상관 | 46 | 125 | 171 | 25 | 30 | 55 | 3 | | 3 | 74 | | 155 | | 229 |
| | 당하관 | 87 | 6 | 93 | 98 | | 98 | 8 | | 8 | 193 | 51 | 6 | 13 | 263 |
| | 참상관 | 203 | 11 | 214 | 187 | | 187 | 16 | | 16 | 406 | 288 | 11 | 77 | 782 |
| | 참하관 | 173 | 20 | 193 | 534 | 4 | 538 | 32 | | 32 | 742 | 4510 | 24 | 5 | 5281 |
| | 계 | 510 | 162 | 672 | 834 | 34 | 868 | 59 | | 59 | 1415 | 4849 | 196 | 95 | 6555 |
| 외직 | 당상관 | 12 | | 12 | 13 | 22 | 35 | | | | 25 | | 22 | | 47 |
| | 당하관 | 152 | | 152 | 94 | 158 | 252 | | | | 246 | | 158 | | 404 |
| | 참상관 | 318 | | 318 | 2 | 209 | 211 | | | | 223 | | 209 | 97 | 529 |
| | 참하관 | 323 | | 323 | | | | | | | 2 | | | 321 | 323 |
| | 계 | 805 | | 805 | 109 | 389 | 498 | | | | 496 | | 389 | 418 | 1303 |
| 합계 | | 1315 | 162 | 1477 | 943 | 423 | 1366 | 59 | 0 | 59 | 1911 | 4849 | 585 | 513 | 7858 |

| | | 정품직*2 | | | | | 종품직*2 | | | | | 합계(상설직)*3 | | | |
|---|---|---|---|---|---|---|---|---|---|---|---|---|---|---|---|
| | | 경관 | | | 외관 | 계 | 경관 | | | 외관 | 계 | 문반직 | 무반직 | 잡직 | 계 |
| | | 직계아문직 | 육조속아문직 | 계 | | | 직계아문직 | 육조속아문직 | 계 | | | | | | |
| 경직 | 당상관 | 44 | 4 | 48 | | 48 | 23 | | 23 | | 23 | 46 | 25 | 3 | 74 |
| | 당하관 | 6 | 50 | 56 | | 56 | 19 | 101 | 120 | | 120 | 98 | 151 | 8 | 257 |
| | 참상관 | 70 | 68 | 138 | | 138 | 20 | 231 | 251 | | 251 | 214 | 531 | 26 | 771 |
| | 참하관 | 6 | 129 | 135 | | 135 | 6 | 567 | 573 | | 573 | 250 | 3228 | 1779 | 5257 |
| | 계 | 126 | 251 | 377 | | 377 | 68 | 899 | 967 | | 967 | 608 | 3935 | 1816 | 6359 |
| 외직 | 당상관 | | | | 6 | 6 | | | | 19 | 19 | 12 | 13 | | 25 |
| | 당하관 | | | | 29 | 29 | | | | 217 | 217 | 152 | 94 | | 246 |
| | 참상관 | | | | 2 | 2 | | | | 318 | 318 | 318 | 2 | | 320 |
| | 참하관 | | | | | | | | | 323 | 323 | 323 | 0 | | 323 |
| | 계 | | | | 37 | 37 | | | | 877 | 877 | 805 | 109 | | 914 |
| 합계 | | 126 | 251 | 377 | 37 | 414 | 68 | 899 | 967 | 877 | 1844 | 1413 | 4044 | 1816 | 7273 |

*1 내시부.

*2 문반 + 무반(내시부 제외).

*3 정직 + 체아직 + 무록직.

138) 한충희, 위 논문, 62쪽 <표 7>,『경국대전』권1, 이전 경관직 내명부조에서 종합.

# 제6장 官衙의 成立과 整備 1 (官衙의 構成, 革去衙門, 直啓衙門)

## 제1절 官衙의 構成[1)]

### 1. 中央官衙와 地方官衙

朝鮮初期의 官衙는 그 관아의 소재지에 따라 中央官衙와 地方官衙로 구분되었다. 중앙관아와 지방관아는 개국과 함께 고려말의 관제를 계승하여 都評議使司・門下府 이하 100여 관아와 京畿左・右道 등 7도와 東北・西北面을 두고 그 아래에 鷄林(경주)・平壤府 등 2府尹府・2大都護府・16牧・24都護府・82郡・161縣의 총 297외관을 두어 국가를 통치하면서 정착되었다.

中央官衙는 개국과 함께 성립될 때 그 관아에 소속된 관원의 출신, 장관의 職秩, 기능 등과 관련되어 東班・西班・雜職衙門, 宰樞・堂下・參上・參下衙門, 政務・軍事衙門 등으로 구분되었다. 이후 1405년(태종 5)까지 이것에 왕권의 강화도모, 육조 중심의 국정운영, 관제의 정비 등과 관련되어 정무・군사아문이 政務・侍從・軍事衙門으로 구분되고,

1) 한충희, 2002, 「朝鮮初期 官衙構造研究」, 『啓明史學』 13에서 전재.

새로이 直啓衙門·六曹屬衙門과 常置·臨時衙門 등으로 구분되면서 정비되었다가 1485년(성종 16)에 반포된 『경국대전』에 법제화되면서 확립되었다.

地方官衙는 개국과 함께 성립될 때 7道·2面과 府尹府 이하의 군현으로 구분되었다. 이것을 토대로 하여 이후 1485년(성종 16)까지 왕권 강화를 도모하고, 관제의 정비와 관련된 道名 개정과 領域 조정, 군현 통폐합 및 그와 관련된 名號 개정, 邑號의 昇降, 군현의 증감 등과 관련되어 京畿道 등 8도와 全州·慶州·開城·平壤府尹府 이하 4부윤부 4대도호부 20목 44도호부 82군 175현으로 정비되었다가 『경국대전』에 법제화되었다.

## 2. 直啓衙門과 六曹屬衙門

直啓衙門은 그 관아의 정사를 국왕에게 직접으로 보고하고 지시를 받으면서 처리하는 관청이고, 六曹屬衙門은 그 관아의 정사를 그 아문이 소속된 曹(仰曹, 該曹)와 議政府·六曹 등의 정3품 당상관 이상이 겸한 都提調(정1품)·提調(종1～종2) 등을 통하여 국왕에게 보고하고 지시를 받거나 仰曹·提調 등의 지휘를 받으면서 처리하는 관청이다.[2)]

直啓衙門은 개국 이래로 운영되었지만, 그 정사수행체계와 관련되어 직계아문과 육조속아문으로 정착된 것은 1405년(태종 5)에 태종의 육조중심 국정운영 도모에 따라 육조가 政策·庶務 分掌機關이 되고 육조속아문제가 실시되면서부터였다.[3)]

---

2) 한충희, 1983, 「朝鮮初期 六曹屬衙門의 行政體系에 대하여」 364～366쪽. 직계아문은 『경국대전』 권3, 예전 용문자식(用文字式)조에 "2品衙門直啓直行移 其餘衙門並報屬曹"라고 하였듯이 대개 2품 이상 아문이었고(3품아문이나 그 기능이 중시된 사간원·승정원 포함), 이들 아문을 제외한 모든 아문은 육조속아문이 되었다.

1405년 육조속아문제 성립 때에는 직계아문에는 의정부 등 20여 아문이 있었고, 육조속아문에는 吏曹에 承寧府 등 11아문이 소속되는 등 100여 아문이 있었다.[4] 이후 1485년(성종 16)까지 관제정비 등과 관련되어 直啓衙門은 敦寧府 · 宗親府 · 駙馬府 · 中樞院 · 忠勳府 · 義禁府 · 五衛都摠府 · 兼司僕 · 內禁衛 · 開城府 · 經筵 등이 편입되고 義興府 · 三軍都摠制府 · 集賢殿 · 詹事院 등이 혁거되었다.[5] 六曹屬衙門은 弘文館 · 忠翊府 등이 편입되며 承寧府 · 恭安府 등이 혁거되었다.[6] 이리하여 『경국대전』에는 議政府 등 20여 직계아문과 忠翊府 등 110여 육조속아문으로 법제화되었다.[7]

### 3. 東班衙門과 西班衙門 및 雜職衙門

조선초기의 중앙관아는 그 관아의 기능 및 각 관아에 제수된 인물의 출신과 관련되어 東班衙門, 西班衙門, 그리고 雜職衙門으로 구분되면서 운영되었다. 東班衙門과 西班衙門은 개국과 함께 고려말의 제도를 계승하여 모든 중앙정치기구를 都評議使司 · 門下府 · 三司 등 60여 아문, 義興親軍左 · 右衛 등 10위, 그리고 內侍府 · 掖庭署로 나눈대서 정착되었다.[8] 雜職衙門은 위의 내시부 등을 동반 · 서반아문과 구분하여 '流外'로 파악한 것에서 기원이 찾아지나, 세종 27년에 서반에 제수되어 있던 工

---

3) 『태종실록』 권9, 5년 1월 임자 · 3월 정유.

4) 『태종실록』 권9, 5년 3월 병신.

5) 한충희, 2001, 「(세종대) 중앙 정치 기구의 정비」, 『세종문화사대계』 3, 세종대왕기념사업회, 40~41쪽 <별표 1> 직계아문조.

6) 한충희, 위 논문, 41~46쪽 <별표 1> 이 · 호 · 예 · 병 · 형 · 공조속아문조.

7) 『경국대전』 권1 ~6, 이 · 호 · 예 · 병 · 형 · 공전 모두.

8) 『태조실록』 권1, 1년 7월 정미.

匠·雜技者 등을 문, 무반과 구별하기 위해 雜職階를 제정하고 上林園에 소속시켜 잡직으로 차별하면서[9] 정착되었다.

東班·西班衙門은 개국 초부터 구분되나 그 체계적인 분류는 태종 5년 六曹屬衙門制의 제정에[10] 따라 議政府 등 直啓衙門과 吏·戶·刑·禮·工曹屬衙門에 소속된 80여 아문이 동반아문이 되고, 三軍都摠制府와 兵曹屬衙門에 소속된 군정·군사관계 20여 아문이 서반아문이 되면서 정립되었다. 이로써 개국초 동반아문이었던 訓鍊觀 등 병정·군사관계 아문이 제외되었고, 서반아문은 10司 등 군사기구에 中軍·左軍·右軍·訓鍊觀·義勇巡禁司·忠順扈衛司·別侍衛·鷹揚衛·引駕房 등 병정·군사관계아문이 편입되면서 그 수가 증가되었다.

그 후 태종대까지 관제정비 등에 따라 都評議使司가 議政府로 개편되고 敦寧府·門下府 등이 신치·혁거되면서 세종 즉위직전에는 議政府·敦寧府 등 90여 동반아문과 三軍都摠制府 등 20여 서반아문으로 조정되었다.[11] 세종대에는 신치된 宗親府와[12] 中樞院이 서반아문이 되고 돈령부가 서반아문으로 옮겼다.[13] 또 集賢殿과 3군도총제부 등이 신치되고 혁거되며,[14] 새로이 잡직이 설치되어 동·서반직과 구별됨에[15] 따라 內直院·掖庭署가 동반아문에서 잡직아문으로 변경되었다.[16] 이

9) 『세종실록』 권105, 26년 윤7월 임오. 잡직계는 한충희, 1994, 「관직과 관계」, 『한국사』 23(국사편찬위원회), 118~119쪽 참조.

10) 『태종실록』 권9, 5년 3월 정유.

11) 한충희, 2001, 「중앙 관부의 구성과 기능」, 54쪽.

12) 『세종실록』 권50, 12년 12월 계사.

13) 『세종실록』 권50, 12년 윤12월 경술.

14) 한충희, 2001, 「중앙 정치 기구의 정비」, 20~21쪽.

15) 한충희, 2001, 「중앙 관부의 구성과 기능」, 54쪽.

에 따라 세종말에는 동반아문은 의정부 등 100여아문, 서반아문은 돈령부 등 20여아문, 잡직아문은 내직원・액정서로 정착되었다.

세종말의 이것이 종친부・돈령부가 다시 동반아문이 되고 10司가 5司 → 5衛로 개편되며, 弘文館・集賢殿 등이 신치・혁거되면서 정립되었다가[17] 마지막 『경국대전』에 의정부 등 80여 동반아문,[18] 중추부 등 10여 서반아문,[19] 액정서 등 잡직아문으로[20] 법제화되었다.

그러나 이들 아문의 운영은 동반이 중심이 된 관계・관직・국정운영과 잡직제수자의 신분・限品敍用 및 이와 관련된 아문구성과 관련되어 서반아문은 외형적으로는 동반아문과 병렬되나 실제로는 동반아문에 종속되었고, 잡직아문은 유명무실하였다.

### 4. 堂上衙門과 堂下・參上・參下(參外)衙門

조선초기의 중앙 관아는 그 장관의 職秩에 따라 堂上, 堂下, 參上, 參下衙門으로 구분되면서 운영되었다. 이러한 관아분류의 준거가 된 堂上官 등은 제아문 정사논의 때의 좌석, 조회 참가 여부 등에 따라 官職(官階)의 상하를 구분한 용어였다. 즉 堂上官과 堂下官은 제아문회의 때에 堂上의 交椅에 앉는가? 못앉는가?에 따라 구분된 것이었고, 參上官과 參下官은

---

16) 내시부의 관원은 문산계를 받으나 환관으로 제수되고, 그 관아는 『경국대전』(이전)에 잡직아문과 구별하여 동반 9품아문의 뒤에 기재되었음에서 잡직아문은 아니지만 잡직아문의 성격을 띠었다고 하겠다.

17) 한충희, 위 논문, 29~33쪽.

18) 『경국대전』 권1, 이전 경관직 종친부~연은전조.

19) 『경국대전』 권4, 병전 경관직 5위도총부~세자익위사조.

20) 『경국대전』 권1, 이전 경관직 잡직 액정서조, 같은 책 권4, 병전 경관직 잡직 파진군・대졸조.

조회에 참여할 수 있는가? 못하는가?에 따라 구분된 것이었다.[21]

조선에서는 文散階, 武散階, 宗親階, 儀賓階, 雜職階가 운영되었다. 문산계와 무산계는 개국과 함께 운영되었지만, 종친계 등은 세종 25~27년에 제정되었다. 즉 종친계는 세종 25년, 부마계는 세종 26년, 잡직계는 세종 27년에 각각 제정되었다.[22] 또 다음의 표와 같이 문·무산계는 정1~종9품계가 운영되었지만 종친계 등은 정1~종6품, 정1~종3품, 정5~종8품계만 운영되었다.

<표 6-1> 세종대 산계별 당상관·당하관·참상관·참하관 관계[23]

| | 동반계 | 서반계 | 종친계 | 의빈계 | 잡직계 | 비고 |
|---|---|---|---|---|---|---|
| 정1품 상<br>~<br>종2품 하 | 大匡輔國崇祿大夫<br><br>嘉善大夫 | 좌동<br><br>좌동 | 顯祿大夫<br><br>正議大夫 | 綏祿大夫<br><br>順義大夫 | | 당상관 |
| 정3품 상 | 通政大夫 | 折衝將軍 | 明善大夫 | 奉順大夫 | | |
| 정3품 하<br>~<br>종3품 하<br>~<br>종4품 하 | 通訓大夫<br><br><br><br>朝奉大夫 | 禦侮將軍<br><br><br><br>宣略將軍 | 彰善大夫<br><br><br><br>光徽大夫 | 正順大夫<br><br>敦信大夫 | | 당하관 |
| 정5품 상<br>~<br>종6품 하 | 通德郞<br><br>宣務郞 | 果毅校尉<br><br>秉節校尉 | 通直郞<br><br>從順郞 | | 奉事校尉<br><br>愼課校尉 | 참상관 |
| 정7품<br>~<br>종8품<br>~<br>종9품 | 務工郞<br><br><br><br>將仕郞 | 迪順副尉<br><br><br><br>展力副尉 | | | 服效副尉<br><br>尙功副尉 | 참하관 |

21) 이성무, 위 책, 85쪽 주170).

22) 그 관계의 성립배경과 정비는 앞 제3장 제2절 종친계, 부마계, 잡직계 참조.

23) 『태조실록』 권1, 1년 7월 정미, 『세종실록』 권102, 25년 12월 을축, 같은 책 권105,

堂上官은 문반은 조선개국~세종 26년에는 종2품 嘉善大夫 이상이었고, 세종 26년 이후에는 정3품 通政大夫 이상으로 정립되었다.[24] 무반은 개국~세조 12년에는 종2품 가선대부 이상이었고, 세조 12년 이후에는 정3품 折衝將軍 이상으로 정립되었다.[25] 종친과 의빈은 세종 26년까지는 문무반과 같았고, 그 이후에는 정3품 明善大夫와 奉順大夫 이상이었다. 이러한 당상관의 변천과 관련되어 堂下官은 문관은 개국~세종 26년에는 정3품 통정대부이하이고 세종 26년 이후에는 정3품 通訓大夫 이하이며, 무관은 개국~세조 12년에는 정3품 절충장군 이하이고 세조 12년 이후에는 정3품 禦侮將軍 이하였다. 종친과 의빈은 세종 26년까지는 문·무반과 같고 그 이후는 彰善大夫와 正順大夫 이하였다. 參上官은 개국 이래로 문관은 宣務郎 이상이고 무반은 秉節校尉 이상이었고, 종친은 세종 26년까지는 문·무반과 같고 그 이후는 從順郞 이상이었으며, 잡직자는 세종 27년까지는 문무반과 같고 그 이후는 愼果校尉 이상이었다. 참하관은 문관과 무관은 개국 이래로 務工郎과 迪順副尉 이하이고, 잡직자는 세종 27년까지는 문·무반과 같고 그 이후는 복신부위 이하였다. 이 중 당하관과 참상관은 하한과 상한이 불명하나 대개 종4품 이상은 당하관 정5품 이하는 참상관으로 이해되고 있다.[26]

---

26년 7월 무신·윤7월 임오조에서 종합.

24) 『세종실록』 권105, 26년 6월 갑오. 그러나 12년부터 통정대부가 당상관에 준하는 대우를 받기 시작하였다. 즉 12년에 전함 3품 당상관이 당상관에 준하는 예우를 받았고, 14년에 통정대부도 2품관과 같이 특지로 승자되었으며, 16년에 참의·승지·첨지중추·첨지돈령·집현전부제학이 당상관의 座目에 포함되었다. 또 절충장군도 18년부터 특지로 임명하였다[金松熙, 『朝鮮初期 堂上官 兼職制硏究』(한양대학교 출판부, 1998) 55~56쪽].

25) 『세조실록』 권38, 12년 1월 무오.

26) 『경국대전』 이·병전 경관직 한품규정과 이성무, 위책 95~103쪽의 분류에 따라

이에 따라 1392년 조선의 관제 성립 때는 당상아문에는 도평의사사·문하부·삼사·예문춘추관·중추원·세자관속·사헌부·개성부 등 8아문, 당하아문에는 육조(이·병·호·형·예·공)·상서사·10위 등 36 아문, 참상아문에는 司膳署 등 16아문, 참하아문에는 義鹽倉 등 10아문이 각각 있었다.[27] 1444년(세종 26)에는 당상아문에는 議政府·宗親府·敦寧府·駙馬府·中樞府·六曹·義禁府·漢城府·開城府·3軍都摠制府·義興府·義建府(직계아문)과 恭安府·仁壽府·慶昌府·仁寧府·慶順府(이조속아문) 등 20여 아문이 운영되었다. 당하아문에는 經筵·承政院·詹事院(이상 직계아문)과 成均館·藝文館·春秋館·諸寺·諸監·通禮門·承文院·司譯院·內醫院·書雲觀·書筵·宗學·校書館·諸倉·忠勳司 등 60여 아문, 참상아문에는 東平館·北平館·世子翊衛司·內需司·司표局·諸庫·諸署 등 20여아문, 참하아문에는 社稷署·道流房·大淸觀·文昭殿 등이 각각 운영되었다.[28] 1444년 이후에는 당상아문이었던 3군도총제부·의흥부·의건부·공안부·인녕부·경순부가 혁거되고 당하아문이었던 경연·집현전·승정원·첨사원·성균관이 당상아문이 되고 참하아문이 모두 참상아문으로 승격되

정3품 하계~종4품 하계를 당하관, 정5품 상계~종6품 하계를 참상관으로 파악한다.

27) 『태조실록』 권1, 1년 7월 정미조에서 종합. 종2품직 이상이 겸관인 예문춘추관·세자관속은 그 기술순서를 볼 때 당상아문으로 분류되었다고 생각되어 당상아문으로 파악한다.

28) 제시·감은 宗簿寺·內資寺·內贍寺·典農寺·奉常寺·禮賓寺·司僕寺·軍資監·濟用監·軍器監·繕工監·司宰監이고, 제고·서는 義盈庫·長興庫·養賢庫·架閣庫·沉臧庫·司膳署·司贍署·導官署·京市署·宗廟署·司醞署·社稷署·典廐署·膳官署·典獄署·都染署이다(한충희, 2001, 「중앙 정치 기구의 정비」, 40~46쪽 <별표 1>에서 종합).

면서 20여 당상아문, 60여 당하아문, 20여 참상아문으로 운영되었다가[29] 『경국대전』에 법제화되었다.

이들 아문의 정사는 그 아문의 지위・기능과 관련되어 당상아문은 대개 直啓하면서 장관 등 당상을 중심으로 운영되었다. 당하아문 이하는 장관이 당상관으로 겸대된 領事・都提調 이하・仰曹(당상겸관 설치아문)나 仰曹(당상겸관 무설치아문)의 지휘를 받으면서 수행하였다.[30] 또 관원의 褒貶에 있어서 당하아문과 참상아문은 正이하가 행하였지만 참외아문은 앙조 당상관이 행하였다.[31] 또 이들 아문에는 직종・신분에 따른 限品敍用과 관련되어 당상아문은 양반으로만 제수되었지만, 당하아문 등은 양반과 본업인・서얼이 제수된 기술아문이 포괄되었다.[32]

### 5. 政務・侍從・軍士衙門과 禮遇衙門

조선초기의 중앙관아는 그 관아의 기능과 관련되어 정책을 논의・결정하고 집행하는 政務衙門, 왕측근에서 시종・시위에 종사하는 侍從衙門, 도성 방어 등 제반 군사업무에 종사한 軍事機構, 그리고 예우는 받되 정사에는 참여하지 못한 禮遇衙門으로 구분되었다.

정무・시종・군사아문은 태조 개국과 함께 모든 중앙 관아를 동반과 서반아문으로 나누어 규정하면서 비롯되었고, 태종대에 承政院을 독립아문으로 삼고 內禁衛・兼司僕 등 시위군을 설치하는[33] 등에 따라 정비

29) 아문과 그 변천은 한충희, 위 「중앙 정치 기구의 정비」, <별표 1> 참조.
30) 한충희, 1983, 「조선초기 육조속아문의 행정체계에 대하여」, 364~365쪽.
31) 『세종실록』 권48, 12년 12월 을미.
32) 이성무, 위 책, 87쪽 <표 11>.

되었다. 예우아문은 태종 14년에 왕·세자의 처족을 우대하기 위해 敦寧府를 설치하면서 비롯되었고,[34] 세종대에 宗親府·駙馬府를 1품아문으로 설치하고 功臣都鑑과 三軍都摠制府를 忠勳司와 中樞院으로 개편하면서 정비되었으며,[35] 단종대에 충훈사가 忠勳府로 승격·개칭되면서[36] 정립되었다.[37] 그러나 중추부는 領事(정1) 이하 당상관이 의정부 의정·육조 판서 등 이하와 교체되고,[38] 대소 정사의 논의에 참여하여 그 결정에 영향력을 발휘하였기 때문에 정무관아의 성격이 강하였다. 그 외에도 공신·고위관료의 자제를 우대하기 위하여 이들을 형식적으로 군역을 지게 한 후 관계를 수여하는 忠義衛·忠順衛가 운영되었다.

정무기관은 대소국정운영을 주도하고 담당하였지만 그 중에서도 핵심이 된 기관은 議政府·六曹·司憲府·司諫院 등이었다. 시종기관인 승정원·내금위 등은 그 직장에서 국왕의 신임을 받았고 관직제수 등에서 우대를 받았다. 그러나 10司(12司→5司→5衛)[39] 등 군사기관은 그에 속한 대부분의 관직이 근무기간에만 녹봉을 받는 遞兒職인[40] 등 문반에 비해 차별대우를 받았다.

---

33) 즉위년에 別侍衛가 설치되었고, 이후 鷹揚衛(4년), 內禁衛(7), 兼司僕(9), 內侍衛(9)가 차례로 설치되었다.

34) 『태종실록』 권27, 14년 1월 계묘.

35) 『세종실록』 권55, 14년 3월 갑술·을해, 같은 책 권65, 16년 9월 을해.

36) 『단종실록』 권10, 2년 1월 정묘.

37) 이들 아문의 구체적인 정비과정과 기능은 南智大, 1994, 「조선초기 禮遇衙門의 성립과 정비」, 『東洋學』 24, 131~142쪽 참조.

38) 한충희, 1987, 「朝鮮初期 六曹硏究 添補」, 『大丘史學』 33, 10~16쪽.

39) 그 치폐연혁과 관아명은 본서 7장 제4절 1-1) 5위 참조.

40) 『경국대전』에 규정된 상호군 이하 서반 군직 2,773직 중 3,005직이 체아직이었다 (한충희, 1994, 「관직과 관계」, 『한국사』 23, 106쪽 <표 4>, 112쪽 <표 6-ㄴ>).

### 6. 常置衙門과 臨時衙門

조선초기 중앙관아는 그 운영시기와 관련되어 의정부 등 상시로 운영된 상치아문과 필요시마다 임시로 운영된 임시아문으로 구분되었으며, 후자에는 都監·所·色·廳 등이 있었다.

상치아문은 태조 개국과 함께 都評議使司 이하 70여 아문을 두면서 정착되었고, 임시아문은 태조 1년에 開國功臣의 책록을 위한 開國功臣都監을 두면서 비롯되었다.[41] 이후 1485년(성종 16)까지 상치아문은 도평의사사 등이 의정부 등으로 개칭되고 문하부·집현전 등이 혁거 및 홍문관·사역원 등이 신치되는 등으로 변개되면서 100~130여 아문으로 운영되었다.[42] 임시아문은 奴婢辨定都監·城門都監·六典修撰色·國葬都監·實錄廳·儀禮詳定所·貢法詳定所 등 20~30여 아문이 치·폐되면서 운영되었다.[43] 상치아문은 『경국대전』에 의정부 등 100여 아문으로 법제화되었다.

임시아문에는 도제조 이하 각급 겸관이 설치되어 부여된 일을 집중적으로 수행하였다. 이중 국장도감, 노비변정도감, 실록청, 육전수찬색, 의례상정소, 공법상정소 등은 도제조 이하 수십명의 겸관이 설치되면서[44] 국장, 개국 이래로 20여 년간 계속된 노비쟁송, 역대 『실록』 수찬, 의례의 정리, 공법실시 등을 정리하고 주관하였다. 이들 임시기관이 수행한 국

---

41) 『태조실록』 권1, 1년 8월 신해.

42) 한충희, 2001, 「중앙 정치 기구의 정비」, 12~24쪽, 60~67쪽 <별표 1> 참조.

43) 한충희, 위 논문, 9·18~19쪽.

44) 4년에 설치된 성문도감의 경우에 전자에는 提調 수십인과 使·副使·判官 각 4명, 錄事 8명을 두었는데, 그 중 제조 6명은 右議政·兵曹참판·工曹參判·中軍爲頭摠制·判漢城府事·漢城府尹이 例兼하였다(『세종실록』 권15, 4년 2월 신해).

사는 상설아문이 수행한 그것에 못지 않게 조선초기의 典故整理·통치체제의 확립에 기여하였다.

이상에서 조선초기의 중앙관부는 업무의 연속성, 관원의 출신, 장관의 직질, 정사집행체계, 국정참여와 관련되어 상치아문과 임시아문, 동반아문과 서반아문, 당상아문과 당하아문 등, 직계아문과 육조속아문, 정무·시종·군사아문과 예우아문으로 구성되었다. 이러한 관아 구성은 개국과 함께 고려의 관제를 계승하여 동반아문·서반아문과 상치아문·임시아문 및 당상아문·당하아문으로 구분하면서 비롯되었고, 태종대에 육조속아문제의 실시에 다른 직계아문·육조속아문의 구분으로 정비되고, 세종대에 당상관제와 잡직을 정비하고 직계아문·육조속아문의 조정으로 정립되었다. 중앙관부가 이와 같이 상하와 좌우로 다기하게 구분되고 구성되었지만 이 중에서도 중심이 된 것은 직장·장관의 직질·국정운영체계와 관련되어 의정부·육조·사헌부 등 십수의 당상·직계아문이었다.

## 제2절 革去衙門[45]

조선의 중심이 된 정치기구는 그 장관이 당상관으로 임명된 의정부·육조 등 20여 아문이었다. 그러나 이들에 있어서도 그 법제적인 직장·구성원의 성분과 관련되어 의정부·육조 등은 정치를 주도하였고, 의금부·승정원·5위도총부·내금위 등은 왕권의 토대가 되었고, 경연·사

45) 한충희, 1994, 「중앙 정치구조」, 『한국사』 23, 60~65쪽을 토대로 첨사원·삼군도총제부를 덧붙이면서 정리한다.

헌부 · 사간원 등은 선정을 보장하였고, 중추원 · 종친부 · 돈령부 · 의빈부 · 충훈부 등은 최고 아문이기는 하나 실권이 없는 예우기관이었다. 또 육조제가 정립되기 이전에는 의정부나 3군도총제부로 계승된 도평의사사 · 문하부 · 의흥삼군부 등이 국정운영을 주도하였다. 이 점과 관련하여 여기에서는 『경국대전』 편찬 직전까지 혁거되었던 都評議使司 · 門下府 · 三司 · 集賢殿 등 당상아문, 典祀寺 · 解典庫 · 義鹽倉 등 당하 · 참상 · 참하아문으로 구분하여 살펴본다.

### 1. 堂上衙門; 都評議使司 · 門下府 · 三司 · 集賢殿 · 詹事院, 義興三軍府 · 三軍都摠制府 · 其他

#### 1) 都評議使司

조선의 都評議使司는 태조 개국과 함께 고려말의 도평의사사를 계승하면서 성립되었고, 1400년(정종 2)에 그 과중한 권력을 분산시키고 왕권을 강화하기 위한 시도로 그 정치권은 의정부로 개칭하여 담당시키고 그 군사권은 중추원으로 移管할 때까지 계승되었다.[46]

都評議使司는 고려 때와 같이 최고의 논의 · 의결기관이었고, 육조 이하 백사를 지휘통솔하면서 모든 국정을 관장하였다.[47] 그 구성원은 성립 때에는 門下府 左 · 右侍中 이하 中樞院學士 이상의 종2품관 이상이 겸하면서 국정을 논의 · 의결 · 지휘하는 都評議使司, 관아의 행정을 담당한 經歷司, 조례에 관한 일을 관장하는 檢詳條例司로 구성되었다.[48] 이 중

46) 『정종실록』 권4, 정종 2년조.

47) 韓忠熙, 1980, 「朝鮮初期 議政府研究」상, 『韓國史研究』 31, 116~118쪽.

48) 『태조실록』 권1, 태조 1년 7월 을미. 이들의 구성을 표로 정리하여 제시하면 다음과 같다.

중심이 된 것은 도평의사사로서 그 관직에는 다음의 표와 같이 政堂文學·右僕射·學士 이상의 門下府·三司·中樞院 재상 30여명이었다. 이 구성원은 그 후 태조 1년 12월에 商議門下府事(2, 정2)·商議中樞院使(3, 종2)가 추가되고, 藝文春秋館의 大學士(2, 정2)·學士(2, 종2)와 開城府의 判事(2, 정2)·尹(2, 종2)이 새로이 구성원이 되면서 40여명으로 증가하였고,[49] 일시 60~70여명으로 증가되었다가 태조 7년으로부터 정종 2년 4월까지의 사이에 40여명으로 감소되는[50] 변화를 겪으면서 운영되었다.

<표 6-2> 태조 1년 7월 도평의사사 구성원(『태조실록』)

| 기관별 | 관직, 인원, 관품 | | |
|---|---|---|---|
| 門下府 | 左侍中 1(정1)<br>右侍中 1(″) | 侍郎贊成事 2(종1)<br>參贊事 4(정2) | 知事 1(정2)<br>政堂文學 1(″) |
| 三司 | 判事 1(종1) | 左·右僕射 각1(정2) | |
| 中樞院 | 判事 1(정2)<br>使 1(종2)<br>知事 2(″) | 同知事 4(종2)<br>簽書 1(″)<br>副使 6(″) | 學士 1(종2) |

2) 門下府·三司

門下府는 조선개국과 함께 고려말의 문하부를 계승하면서 성립되었

---

| | 구성원, 인원, 겸대관직·직질 | |
|---|---|---|
| 도평의사사 | 判事 2(시중)<br>同判事 11(문하부, 삼사 정2 이상) | 使 1(판중추원사)<br>副使 15(중추사 이하 중추학사 이상) |
| 경력사<br>(타관겸) | 經歷 1<br>都事 1<br>六房錄事 각1 | 典吏 6(7품거관)<br>都吏 ?(俸其餘權知) |
| 검상조례사 | 檢詳 2(타관겸) | 錄事 3(삼관겸) |

49) 『태조실록』 권2, 태조 1년 12월 기미.

50) 『태조실록』 권13, 태조 7년 4월 기묘, 『정종실록』 권4, 정종 2년 4월 신축.

고, 1401년(태종 1)에 의정부제의 정비와 함께 그 직장과 관원 중 2품 이상의 그것은 의정부로 흡수되고 郞舍는 司諫院으로 독립되면서 소멸하였다.[51] 관직이 성립한 때에는 領府事・左侍中・右侍中(각1직, 정1), 侍郎贊成事(2, 종1), 參贊府事 4・知府事 1・政堂文學 1・尙議府事 2(정2), 左・右散騎常侍(각1, 정3), 左諫議大夫 1・右諫議大夫 1・直門下 1(종3), 內史舍人(1, 정4), 起居注・左補闕・右補闕(각1, 정5), 左・右拾遺(각1, 정6), 注書1・都事(각1, 정7)의 관원이 있었다.[52] 1394년(태조 3)에 좌・우시중이 左・右政丞으로 개칭되었다.[53] 이 중 좌・우시중 이하 상의부사는 앞 표(주 48)와 같이 都評議使司 判事・同判事를 겸대하면서 도평의사사의 운영을 주도하였고, 또 侍中은 尙瑞司의 判事를 겸하면서 문・무반의 인사를 관장하였다.[54]

三司는 조선 개국과 함께 고려말의 삼사가 계승되면서 성립되었고, 1401년 의정부제의 정립 등 관제개정 때에 司平府로 개칭되었으며, 1405년(태종 5) 육조제의 정립과 함께 그 직장을 호조에 귀속시키면서 혁거되었다.[55] 관직은 관아의 성립과 함께 領司事(1직, 정1), 判司事(1, 종1), 左・右僕射(각1, 정2), 左・右丞(각1, 종3), 左・右諮議(각1, 정4), 左・右長史(각1, 정5), 都事(2, 정7)가 설치되었다. 이 중 좌・우복야는 1400년(정

51) 『태종실록』 권2, 태종 1년 7월 경자.

52) 『태조실록』 권1, 태조 1년 7월 정미. 영부사에 있어서는 동일에 발령한 인사에서 좌・우시중에 앞서 판문하부사에 洪永通을 제수하였고, 또 이후의 인사에서 判門下府事로 제수되었음이 확인된다. 이에서 영부사는 판부사와 통용되었다고 생각된다.

53) 『태조실록』 권6, 태조 3년 10월 병자.

54) 金潤坤, 1964, 「麗末鮮初의 尙瑞司」, 『歷史學報』 25, 31~32쪽.

55) 『태종실록』 권1, 1년 7월 경자, 같은 책 권9, 5년 1월 임자.

종 2)에 左·右使로 개칭되면서 운영되었다.[56] 이 중 판사사와 좌·우복야는 도평의사사의 동판사를 겸대하면서 도평의사사의 운영에 참여하였고,[57] 도평의사사가 의정부로 개편된 1400년(정종 2)으로부터 1401년에도 의정부의 합좌에 참여하였다.[58]

3) 集賢殿·詹事院

集賢殿은 1420년(세종 2)에 인재의 양성과 문풍의 진작을 위하여 당·송대의 집현전제와 고려대의 館閣制를 참작하여 궐내에 학문연구기관을 설치하면서 성립되었고,[59] 1456년(세조 2)에 집현전관의 高論과 好諫을 기피한 세조가 '사육신사건'을 계기로 혁파할[60] 때까지 계속되었다. 관원은 성립 때에는 領殿事(2명, 정1겸)·大提學(2, 정2겸)·提學(2, 종2겸)·副提學(1, 정3)·直提學(1, 종3)·直殿(1, 정4)·應教(1, 종4)·校理(1, 정5)·副校理(1, 종5)·修撰(1, 정6)·副修撰(1, 종6)·博士(1, 정7)·著作(1, 정8)·正字(1, 정9)가 있었다.[61] 이 관원의 직질은 변동이 없었으나 인원은 몇차례 변천되면서 운영되었다. 겸관은 세종 4년에 각1명이 감소되면서 폐지될 때까지 계승되었다. 전임관은 교리 이하나 직제학 이하가

56) 『정종실록』 권4, 2년 4월 신축.

57) 한충희, 위 「의정부연구」, 92~94쪽 <표 1>~<표 3>.

58) 한충희, 위 「의정부연구」 상, 100~101쪽.

59) 『세종실록』 권7, 2년 3월 갑신. 명칭상으로는 1399년(정종 1)에 고려의 집현전제를 참작하여 教理(문신 5품 이하 겸)와 說書·正字(문신 7품 이하겸)를 두어 경적을 강론하고 고문에 대비하게 하면서 성립되었다가 익년에 寶文閣으로 개칭되면서 폐지된 것에서 비롯되었다.

60) 『세조실록』 권4, 2년 6월 갑진. 그 자세한 혁파 배경·원인은 최승희, 1967, 「집현전연구」 하, 『역사학보』 23, 57~68쪽 참조.

61) 『세종실록』 권7, 2년 3월 갑신.

증감되면서 세종 8년 16명, 세종 17년초 22명, 세종 17년 7월 32명, 세종 18년에 부제학(1) · 직제학(1) · 직전(2) · 응교(2) · 교리(2) · 부교리(2) · 수찬(3) · 부수찬(2) · 박사(2) · 저작(1) · 정자(2)의 20명으로 변천되었다.[62] 제학 이상은 관아의 운영에 직접으로 관여하지 않고 다만 부제학 이하의 擬望과 부제학 이하가 언론활동의 전개와 관련하여 국왕과 대립하였을 때에 중재하는 역할을 수행하였다. 반면에 부제학 이하는 제반 업무를 담당하였고, 경연관과 서연관을 例兼하면서[63] 경연과 서연을 전담하였다. 겸관 · 전임관 모두 당대의 일류학자로서 제수되었다.[64] 부제학 이하는 결원이 생기면 차하위 관원이 차례 차례로 승진되었고, 대개 부제학까지 승진한 연후에 육조나 승정원 등으로 진출하였다.

詹事院은 1442년(세종 24)에 세종이 건강악화로 인한 만기를 총람의 부담을 덜기 위해 왕세자의 서무재결을 지시함에 따라 '세자서무재결관아'로 설치되었다가[65] 문종의 즉위와 함께 혁거되었다. 관직은 성립과 함께 詹事(1, 종3겸) · 同詹事(2, 정4겸)를 두었고, 1445년(세종 27)에 확대

---

62) 崔承熙, 1967, 1968, 「集賢殿硏究」 상, 하, 『歷史學報』 32, 33에서 종합.

63) 그 관원수와 관련되어 세종 2년에는 11명 모두가 경연관을, 세종 17년에는 32명 중 22명이 경연관 10명이 서연관을, 세종 20년에는 20명 중 10명이 경연관 10명이 서연관을 각각 겸대하였다.

64) 鄭杜熙, 1983, 『朝鮮初期 政治支配勢力硏究』, 一潮閣, 127~144쪽.

65) 『세종실록』 권97, 24년 9월 경신. 세종은 태종이 훙서한 왕 4년부터 친정을 행하면서 강한 의지력, 好學과 근면한 정사를 통하여 왕권을 안정 · 강화하였고, 정치 · 경제 · 사회 · 문화 등 문물을 크게 정비하고 발전시켰다. 그렇지만 18년에는 건강의 악화로 국왕 중심의 국정운영체제(육조직계제)에서 의정부의 국정참여를 확대하는 방향으로(의정부서사제) 전환하였다. 이로 인해 처음에는 의정부가 국왕과 육조의 중간에서 원만하게 국정을 통괄하였고, 세종의 정사 부담도 경감시켰다. 그러나 20년경을 전후하여서는 신병이 악화되어 정사를 직접 재결하기가 어렵게 되었고, 이에서 왕세자로 하여금 정무를 대행시키기에 이르렀다.

되어진 왕세자의 정무재결을 뒷받침하기 위해 첨사 5직이 가설되면서 6승지가 이를 겸하고 세자의 명을 출납하였다.66) 첨사원의 운영과 왕세자의 서무재결은 일시나마 국왕을 중심으로 한 '왕(-승정원) - 의정부 - 6조 - 육조속아문'의 체계 외에 '왕 - 세자(-첨사원) - 의정부 - 6조'의 체계 즉, 왕과 세자의 2원적인 국정체계로 운영되게 하였다.

4) 義興三軍府(三軍府)

義興三軍府는 1393년(태조 2)에 고려말 이래의 三軍摠制府를 의흥삼군부로 개칭하고 병권을 관장하게 하면서 성립되었다.67) 이어 1400년(정종 2)에 中樞院과 함께 三軍府로 개편되었고, 1401년(태종 1)에 承樞府로 개칭하면서 소멸하였다.68)

관직은 성립과 함께 中·左·右軍의 삼군과 各軍에 節制使·同知節制事(각1, 1~2품)가 설치되면서 비롯되었다. 1394년경에 중·좌·우군의 지휘부와 사무기구로 三軍府와 鎭撫所가 설치되고 判事(1, 종1)·鎭撫가 두어지면서 정립되었다. 그 후 요동정벌도모, 정변 등과 관련되어 1397년(태조 6), 1398년(정종 즉위) 9월, 1398년 10월경, 1400년(정종 2) 2월, 1400년 4월경, 1401년(태종 1)에 걸쳐 領事(1, 정1겸) 등이 설치되고

---

66) 한충희, 위 「중앙 관부의 구성과 기능」, 71~72쪽, 첨사원조.

67) 『태조실록』 권4, 태조 2년 9월 병진.

68) 『정종실록』 권4, 정종 2년 4월 신축, 『태종실록』권2, 태종 1년 7월 경자. 그러나 명칭상으로는 소멸되었지만 그 기능상 이후 5위도총부제(세조 12년 1월 이후)나 5위도총부제가 등장하기까지 운영된 3군도총제부(태종 3년 6월 - 9년 8월), 3군진무소(태종 9년 8월, 태종 14년 - 18년 8월, 세종 14년 3월 - 세조 3년 4월), 의건부진무소(태종 18년 8월 세종 즉위년 9월), 삼군부(세종 즉위년 9월 - 14년 3월), 5군진무소(세조 3년 4월 - 12년 1월)와 궤를 같이 하는 것이었다.

절제사·동지절제사가 摠制·同知摠制로 개칭되며 삼군진무소 진무가 經歷司 經歷·都事로 개변되면서 운영되었다.[69] 의흥삼군부의 직제변천을 표로 정리하여 제시하면 다음과 같다.

<표 6-3> 의흥삼군부 직제변천(*은 녹직, 그 외는 겸직)[70]

| | | 태조 | | | 정종 | | | | 태종 | |
|---|---|---|---|---|---|---|---|---|---|---|
| | | 2년 10월 | 3. 1경 | 6.12 | 즉. 9 | 즉. 10경 | 2.2 | 2.4경 | 1.1 경 | 1.7 |
| 三軍府 | 領事 | | | | 1직 | → | → | | | 承 |
| | 判事 | | 1직 | 2 | 혁 | | 1 | → | → | 樞 |
| | 知事 | | | | 1직 | → | → | → | 2? | 府 |
| | 參判事* | | | | | | | 1직? | → | |
| | 參知事* | | | | | | | | 1직 | |
| | 簽書事* | | | | | | | 2직? | → | |
| 三軍鎭撫所 | 鎭撫 | | 1직? | → | → | 經歷司? | → | → | → | |
| | | | | | | 經歷 1? | → | → | → | |
| | | | | | | 都事 1? | → | → | → | |
| 中·左·右軍 | 節制使 | 각1직 | → | → | → | → | → | 摠制 1? | 2 | |
| | 同知節制事 | 각1직? | → | → | → | → | → | 同知摠制 1? | 2 | |
| | 鎭撫 | ? | → | → | → | → | → | ? | | |

5) 三軍都摠制府

三軍都摠制府는 1402년에 1400년(정종 2) 義興三軍府를 개칭하면서 성립된 三軍府를 다시 개칭하면서 성립되었고, 1432년(세종 14)까지 계승되다가 中樞院으로의 개편과 함께 소멸되었다.[71]

69) 閔賢九, 위의 책, 265~266쪽, 한충희, 1984, 「朝鮮初(태조 2년~태종 1년) 義興三軍府研究」, 『啓明史學』 5, 3~11쪽.

70) 한충희, 위 논문, 11쪽 <표 1>에서 전재.

71) 『세종실록』 65, 14년 3월 갑술.

<표 6-4> 정종 2년~세종 14년 중·좌·우군도총제부 통속관아 및 관직변천[72]

| | | | | 정종2 | 태종1 | 2 | 3 | 5 | 12 | 14 | 15 | 16 | 세종1 | 세종14 |
|---|---|---|---|---|---|---|---|---|---|---|---|---|---|---|
| | | | | 3軍府 | 承樞府 | → | 3軍都摠制府 | → | → | → | → | → | → | 中樞院 |
| 중·좌·우군도총제부 | 종1 | 判都摠制事 | | | | | | | | 1 | → | → | → | 判事 3 |
| | 정2 | 都摠制 | | ? | | 1 | → | → | 2 | → | → | 3 | → | 使·知事 3 |
| | 종2 | 摠制 | | 2 | → | 2 | → | → | 3 | → | 4 | 5 | → | 同知事 6· |
| | | 同知摠制 | | ? | | 2 | → | → | 3 | 2 | 4 | → | → | 副使 8 |
| | 정3 당상 | 僉摠制 | 中軍 | | | | 2 | → | 3 | → | 4 | → | 3 | 僉事 6 |
| | | | 左·右軍 | | | | 2 | → | 3 | → | 4 | → | → | |
| | 정5 | 經歷 | | | | | | 1 | → | → | → | → | → | 經歷 1(정4) |
| | 정6 | 都事 | | | | | | 1 | → | → | → | → | → | 都事 1(정5) |

관직은 1400년(정종 2)에 의흥삼군부를 삼군부라 개칭하고 여기에 중추원을 병합하면서 삼군부 휘하의 중·좌·우군에 각각 판사·사·도총제·총제·동지총제를 둔대서 비롯되었다.[73] 이어 1403년에, 1401년 삼군부를 개편하면서 성립된 승추부를[74] 다시 삼군도총제부로 개편할 때 중·좌·우군도총제부에 각각 도총제 1직(정2)과 총제·동지총제 각 2직(종2)이 설치되었다.[75] 이 때의 관직이 이후 관아가 혁거되기까지 앞의 표와 같이 관제정비, 태종의 왕권강화를 위한 군권장악 등과 관련되어 1402년, 1403년, 1405년, 1412년, 1415년, 1416년(태종 16), 1419년에 걸쳐 중·좌·우군도총제부에 각각 판도총제부사·도총제·동지총제·첨총제와 경력·도사를 설치·증원하고 총제가 증원되면서 운영되

72) 한충희, 2000, 「朝鮮 太宗代(정종 2년~세종 14년) 摠制硏究」, 『李樹健敎 授停年紀念 韓國中世史論叢』, 174쪽, <표 1-ㄴ>에서 전재.

73) 위 논문, 168쪽.

74) 『태종실록』 권2, 1년 7월 경자.

75) 『태종실록』 권5, 3년 6월 을해.

었다.[76] 그러다가 1432년(세종 14) 판도총제부사 이하 모든 관직이 中樞院 判事 이하로 계승되면서 소멸되었다.[77]

6) 其他; 敬興府·藝文春秋館·承寧府·恭安府·仁寧府·敬承府·慶昌府·三軍鎭撫所

敬興府는 조선 개국과 함께 왕비 신덕왕후의 부(掌中宮僚屬)로 성립되었고,[78] 1396년(태조 5) 강비의 홍서와[79] 함께 유명무실하게 되었다가 1398년 정종 즉위와 함께 혁거된 것으로 추측된다. 관직은 관아성립 때에 左·右司尹(각1, 정3), 丞(2, 정7), 注簿(2, 정8)가 있었고, 1497년(태조 7) 판사(1, 정2이상 겸)가 증치되면서[80] 운영되었다.

藝文春秋館은 개국과 함께 고려의 예문춘추관이 계승되면서 성립되어 敎命과 國史 등을 논의하는 일을 관장하였으며, 監館事(1, 시중이상 겸), 大學士(2, 정2), 知館事(2, 정2품 이상 겸), 學士(2, 종2), 同知館事(2, 종2품 이상 겸), 充編修官·兼編修官(각2, 4품 이상), 應敎(1, 5품 겸), 供奉官(2, 정7), 修撰官(2, 정8), 直館(4, 정9)이 있었다. 1401년 藝文館과 春秋館으로 분립되면서 소멸되었다.[81]

승령부·공안부·인령부·인수부·경창부는 모두 왕, 왕비, 상왕 등을 지대하기 하기 위하여 운영된 관아였다. 承寧府는 1400년(정종 2)에 태상왕(태조)을 지대하기 위하여 설치되었고,[82] 1408년 태조의 홍서와

---

76) 한충희, 위 논문, 169~174쪽.

77) 『세종실록』 권65, 14년 3월 갑술.

78) 『태조실록』 권1, 1년 7월 정미.

79) 『태조실록』 권10, 5년 8월 무술.

80) 『태조실록』 권11, 6년 1월 갑오.

81) 『태종실록』 권2, 1년 7월 경자.

함께 유명무실해졌다가 1411년(태종 11) 典農寺에 병합되면서 혁거되었다.[83] 관직은 관아 설치 때에 判事(1, 정2)·尹(2, 종3)·少尹(2, 종4)·判官(2, 종5)·丞(2, 정7)·注簿(2, 정8)가 두어졌고, 태종 9년 소윤이 혁거되면서 운영되었다.[84] 恭安府 1400년(태종 즉위)에 상왕 정종의 부로 성립되었고, 1420년(세종 2) 정종홍서와 함께 인녕부에 병합되면서 혁거되었다.[85] 관직은 관아 성립 때에 판사 1·윤 1·소윤 1·판관 1·승 1·주부 1직(직질은 승령부관과 동)이 두어졌다. 그 후 태종 14년에 주부가 副丞으로 개칭되었고, 태종 15년에 판사가 혁거되고 府尹(2, 종2)이 설치되었으며, 세종 1년 부윤이 혁거되면서 운영되었다.[86] 仁寧府는 1400년(태종 즉위) 왕비부로 설치되었고, 1418년(세종 즉위) 大妃府가 되었고, 1421년 대비(태종비)가 홍서한 후 慶順府라 개칭되면서 東宮府가 되었으며, 동년 仁順府로 개칭되었다가 1468년(세조 14) 혁거되었다.[87] 관직은 관아 성립 때 司尹(2, 정3)·丞(2, 정7)·注簿(2, 정8)가 두어졌다. 그 후 태종 9년에 사윤 1직이 혁거되었고, 태종 12년에 判事(1, 정2)·尹(1, 종2)이 설치되고 사윤이 혁거되었으며, 세종 즉위년에 윤이 혁거되면서 운영되었다.[88] 仁壽府는 세종 즉위와 함께 동궁부인 順承府가 개칭되면서 상왕

82) 『정종실록』 권4, 2년 6월.

83) 『태종실록』 권21, 11년 6월 무신.

84) 『태종실록』 권18, 9년 12월 신유.

85) 『정종실록』 권6, 2년(태종 즉위) 11월, 『세종실록』 권7, 2년 2월 갑신.

86) 『태종실록』 권27, 14년 1월 계사·권30, 15년 12월 경오, 『세종실록』 권6, 1년 12월 병자.

87) 『정종실록』 권6, 2년(태종 즉위) 11월, 『세종실록』 권11, 3년 10월 을묘·권14, 3년 12월 계사, 『세조실록』 권64, 14년 5월 무진.

88) 『태종실록』 권18, 9년 12월 신유·권23, 12년 6월 정묘, 『세종실록』 권1, 즉위년 8월 임진·권7, 2년 3월 갑신.

태종부로 성립되었고, 상왕 사후에도 지속되다가 1466년에 혁거되었다.[89] 관직은 관아 성립과 함께 府尹(2, 종2)·少尹(1, 종4)·判官(1, 종5)·丞(1, 종7)·副丞(1, 종8)이 두어졌고, 세종 1년에 丞·兼副丞 각1직이 증치되고 부윤 1직이 감축되면서 운영되었다.[90] 慶昌府는 세종 즉위와 함께 中宮府로 설치되었고, 후대로 계승되다가 1460년 司膳署에 병합되면서 혁거되었다.[91] 관직은 관아 성립과 함께 부윤(1, 종2)·소윤(1, 종4)·승(1, 정7)이 설치되었다.

三軍鎭撫所는 1409년(태종 9)에 군령기구로 설치되었고, 곧 義興府로 개칭되면서 소멸되었다.[92] 1432년(세종 14)에 다시 설치되었고, 1457년(세조 3) 군제개편에 따라 五軍鎭撫所로 개칭되면서 소멸되었다.[93] 관직은 처음 설치된 태종 9년에는 都鎭撫(1, 1~2품?)·上鎭撫(1, 2품?)·副鎭撫(1, 2품?)·鎭撫(27, 上護軍 등겸)가 두어졌고, 세종 14년 복치 때에는 도진무·진무가 두어졌다.[94]

---

89) 『세종실록』 권1, 즉위년 8월 임진, 『세조실록』 권38, 12년 1월 무오. 이하 이와 출전이 같은 세조 12년의 서술에는 중복을 피하여 출전제시를 생략한다.

90) 『세종실록』 권4, 1년 6월 무인·권6, 1년 12월 병자.

91) 『세종실록』 권1, 즉위년 8월 임진, 『세조실록』 권20, 6년 5월 정유.

92) 『태종실록』 권18, 9년 8월 경술·정묘.

93) 『세종실록』 권55, 14년 3월 을해·권57, 14년 9월 임신, 『세조실록』 권7, 3년 3월 기사·4월 갑오.

94) 『태종실록』 권18, 9년 8월 경술, 『세종실록』 권57, 14년 9월 임신.

## 2. 堂下・參上・參下衙門; 典祀寺, 中・左・右軍・別侍衛・鷹揚衛, 世孫講書院・東平館・北平館・解典庫, 義鹽倉・書籍院・分禮賓寺・諸學, 其他[95]

### 1) 典祀寺, 中・左・右軍, 別侍衛・內侍衛・鷹揚衛

典祀寺는 1409년 典農寺가 개칭되면서 성립되었고, 祭祀에 관한 정사를 전장하였다.[96] 1466년(세조 12) 기능이 유사한 奉常寺에 병합되면서 혁거되었다.[97] 관직은 관아 설치 때에 判事(1, 정3), 卿(1, 종3), 少卿(2, 종4), 丞・兼丞(각1, 종5), 注簿・兼注簿(각1, 종6), 直長(2, 종7)이 설치되었고, 1423년(세종 5) 少尹・주부・직장 각1직이 증치되면서 운영되었다.[98]

中・左・右軍은 조선 개국과 함께 고려말의 중・좌・우군을 계승하면서 성립되고 그 군에 소속된 군사를 관장하였으며, 세조 3년에 五軍鎭撫所制의 정립과 함께 혁거되었다.[99] 중・좌・우군에는 각각 3~4司(문종대 이후는 1~2)가 배속되었다.[100] 관직에는 節制使(2품, 각2)・鎭撫와 上護軍 이하가 있었다.[101]

別侍衛는 정종 2년(태종 즉위)에 시위군으로 설치되었고, 1457년(세조 3) 병조속아문인 5衛(龍驤衛)에 편입되었다.[102] 관직은 1412년(태종

---

95) 전사시 등의 기능은 뒤 10장에서 서술되어야 하겠지만 그 내용이 간략하기에 중복을 피하여 덧붙여 서술한다.

96) 『태종실록』 권18, 9년 12월 갑인. 그 기능은 불명하나 전농시가 제사에 관한 정자를 전장하였음에서『태조실록』 권1, 1년 7월 정미) 이 기능이 그대로 계승된 것으로 추측하여 파악한다.

97) 『세조실록』 권38, 12년 1월 무오.

98) 『태종실록』 권6, 3년 6월 을해, 『세종실록』 권21, 5년 8월 경술.

99) 『세조실록』 권7, 3년 3월 기사.

100) 그 배속부대는 뒤 <표 7-6> 참조.

101) 『조선왕조실록』 태조 1년~세조 2년조.

12)에 좌1 · 2번과 우1 · 2번에 각각 節制使 2직 이하가 있었고, 『경국대전』에 종4품 副護軍 4직 이하 1,500체아직으로 규정되었다(설치 때는 불명).[103]

內侍衛는 1409년((태종 9)에 시위군으로 설치되어 왕측근에서 시위에 종사하다가 1426년(세종 8년) 내금위에 병합되면서 혁거되었다.[104] 관직은 각각 절제사 2직 이하가 있었다.

鷹揚衛는 조선 개국과 함께 10衛의 하나로 설치되었고,[105] 1404년(태종 4)에 시위군으로 개편되었다가 1419년(세종 1)에 혁거되었다.[106] 관직은 관아 설치 때에는 上將軍(1, 정3) · 大將軍(2, 종3) · 將軍(5, 정4) · 中郎將(15, 5품) · 郎將(30, 6품) · 別將(30, 7품) · 散員(40, 8품) · 尉(100, 정9) · 正(200, 종9)이 있었다.

2) 世孫講書院, 東平館 · 北平館, 解典庫

世孫講書院은 1448년(세종30) 왕세손의 책봉에 따라 왕세자의 교육과 시종을 위해 예조속아문으로 설치되었고,[107] 문종의 즉위와 함께 왕세손이 왕세자에 책봉되면서 혁거되었다. 관직은 관아 성립 때에 左 · 右翊善(각1, 집현전4품관겸?) 등이 설치된 것으로 추측된다.[108]

---

102) 『정종실록』 권6, 2년 12월 기유, 『세조실록』 권7, 3년 3월 기사.

103) 『태종실록』 권23, 12년 7월 무신, 『경국대전』 권4, 병전 번차도목 별시위.

104) 『세종실록』 권24, 6년 5월 경진.

105) 『태조실록』 권1, 1년 7월 정미.

106) 『태종실록』 권8, 4년 9월 정유, 『세종실록』 권3, 1년 2월 기해.

107) 『세종실록』 권119, 30년 2월 경신 · 4월 무오.

108) 『세종실록』 권119, 30년 2월 기미 · 권121, 30년 9월 병신 王世孫出時 御所幕次始講小學 (守直集賢殿)左翊善朴彭年等 以國韻進講[( )는 필자 보].

東平館과 北(西)平館은 1407년(태종 7)과 1438년(세종 20)에 왜와 여진 사신의 지대를 위한 숙소로 설치되었고,[109] 세종 20년에 5품아문이 되었다가[110] 그 후 다시 비공식아문으로 조정되었기에(연대 불명) 『경국대전』에는 등재되지 못하였다. 관직은 세종 20년에 각각 監護官(3, 정3~종6)·錄事(2, 종9)를 두었다.[111]

解典庫는 조선 개국과 함께 설치되어 典當에 관한 정사를 관장하였고,[112] 1405년(태종 5) 이전에 혁거되었다.[113] 관직은 관아가 설치될 때 使(1, 종5)·副使(1, 종6)·丞(2, 종7)·注簿(2, 종8)·錄事(2, 종9)를 두었다.[114]

3) 義鹽倉, 書籍院, 分禮賓寺, 諸學

義鹽倉은 조선 개국과 함께 설치되어 鹽稅에 관한 정사를 관장하였고,[115] 1405년 이전에 혁거되었다. 관직에는 丞(1, 종7)·注簿(2, 종8)·判官(4, 권무)이 있었다.

書籍院은 조선 개국과 함께 설치되어 경적의 印出에 관한 정사를 관장하였고,[116] 1405년 이전에 혁거되었다. 관직에는 令(1, 종7)·丞(2, 종8)·錄事(2, 종9)가 있었다.

---

109) 하우봉, 1995, 「일본과의 관계」, 『한국사』 22, 382쪽, 김구진, 1995, 「여진과의 관계」, 『한국사』 22, 382쪽.

110) 『세종실록』 권80, 20년 4월 병진.

111) 『세종실록』 권80, 20년 3월 계미.

112) 『태조실록』 권1, 1년 7월 정미.

113) 혁거시기는 불명하나 태종 5년 육조속아문 성립 때에는 이미 혁거되었다(의염창·서적원도 같다. 『태종실록』 권9, 5년 3월 병신).

114) 『태조실록』 권1, 1년 7월 정미.

115) 『태조실록』 권1, 1년 7월 정미.

116) 『태조실록』 권1, 1년 7월 정미.

分禮賓寺(태조 1년~세조 6년)는 예빈시의 분관인데 돼지 등을 사육하였다.[117)]

諸學에는 武學·律學·醫學·算學·天文學·風水學·陰陽學·漢學·蒙學·倭學·女眞學이 망라되었다. 개국과 함께 고려말의 그것이 계승되면서 성립되었다.[118)] 태종 5년에 율학과 의학은 형조와 예조의 속아문이 되었고, 세조 12년과 성종대에 병조·호조·관상감·사역원에 병합되면서 혁거되기까지[119)] 훈도가 제조의 지휘하에 그 학생도의 교육을 담당하였다.

#### 4) 其他

그 외에도 조선개국 이래로 內侍院(이조속아문), 各道倉庫(호), 雅樂署·濟生院·膳官署·道流房·架閣庫·福興庫·禮葬都監·種藥色·大淸觀·慣習都鑑·僧錄司·各道學校·景福宮·昌德宮(예), 茶房·引駕房·司礀局(병), 各道刑獄(형), 供造署·都染署·別鞍色·各道鹽場·屯田 등의 아문이 설치되고 관아명이 개칭되는 등으로 운영되다가 혁거되었다(( )는 소속 조). 또 典樂(아악서, 종 5품 잡직), 丞(의염창, 종 7품) 등 이하의 관직이 설치되어 그 관아에 규정된 업무를 관장하였다(이 중 관아의 치폐시기, 개칭은 뒤 <표 7-9> 참조).[120)]

---

117) 『세종실록』 권82, 20년 7월 계묘, 『세조실록』 권20, 6년 5월 정유.

118) 『태조실록』 권1, 1년 7월 정미.

119) 산학은 호조에 병합되면서 혁거되고 풍수학과 음양학은 지리학과 명과학으로 개칭되었으며(『세조실록』 권38, 12년 1월 무오), 천문학·지리학·명과학과 한학·몽학·왜학·여진학은 관상감과 사역원에 병합되면서 혁거되었다(『경국대전』 권1, 이전 경관직 관상감·사역원조).

120) 『조선왕조실록』 태조 1년~예종 1년조.

## 제3절 『經國大典』의 直啓衙門[121)]

### 1. 議政府·六曹·漢城府·開城府

#### 1) 議政府

議政府는 1400년(정종 2)에 世弟인 靖安君 芳遠의 주도하에 왕권을 강화하기 위한 목적에서 都評議使司를 개편하면서 성립하였다. 이 때는 명칭만 달랐을 뿐 그 기능과 구성원은 도평의사사와 차이가 없었다. 1405년(태종 5)에 정치만을 관장하고 의정부 관원만이 구성원이 되면서 독자적인 의정부제로 정립되었다가 『경국대전』에 법제화되었다.

관직은 성립 때에는 門下府의 左·右政丞(정1, 각1)·侍郎贊成事(종1, 2)·參贊事(정2, 4)·政堂文學(정2, 1)·知府事(정2, 1)와 經歷司 經歷·都事 및 檢詳條例司 檢詳·錄事, 三司의 判司事(종1, 1)와 左·右使(정2, 각1)로 구성되었다. 이는 종래의 도평의사사 직제에서 중추원계 만이 제외된 것이었고, 곧 藝文春秋館의 大學士(정2, 1)·學士(종2, 2)와 三軍府의 中·左·右軍摠制(종2, 각2)가 추가되면서 도평의사사 때의 그것으로 복구되었다. 그러나 이 직제는 태종의 등장과 함께 군사권의 박탈 등 의정부의 기능을 약화하고 육조의 기능·지위를 강화함에 따라 시정되었다. 태종 1년에 삼사·예문춘추관·삼군부 재상을 의정부에서 제외시키고, 유명무실한 문하부를 혁파하고 문하부적인 관원의 명칭을 의정부적인 것으로 개칭함에 따라 의정부의 領議政府事·左議政·右議政(각1, 정1), 贊成事(2, 종1), 參贊事 4·文學 1·參知事 2(정2), 舍人(2, 정4), 檢詳條例司 檢詳·錄事로 개변되었다. 이로써

---

121) 한충희, 2001, 「중앙 정치 기구의 정비」, 65~80쪽을 서술순서를 조정하면서 재정리.

의정부직제는 고려후기 이래의 도평의사사적인 것에서 조선적인 것으로 전환되었고, 동시에 의정부만의 합의기관이 되었다. 이후 관제정비, 육조 기능의 강화와 의정부 기능의 약화 등과 관련되어 1401년, 1414년, 1415년(태종 15), 1436년, 1437년(세종 19), 1466년(세조 12)에 걸쳐 領·左·右議政(각1, 정1), 左·右贊成(각1, 종1), 左·右參贊(각1, 정2), 舍人(2, 정4), 檢詳(1, 정5), 司錄(2, 정7)으로 정립되었고, 『경국대전』의 편찬과 함께 법제화되었다.[122)]

의정부의 정사는 구성원의 직질·기능과 관련되어 대개 3의정이 찬성 이하의 협조를 받아 합의로써 처리하였다. 그러면서도 때로는 국왕의 寵信을 받는 1, 2의정이 府事를 천단하였다. 그 예로서는 河崙(태종대), 黃喜(세종), 皇甫仁·金宗瑞(문종 - 단종초), 首陽大君(단종후기), 申叔舟·韓明澮(세조 - 성종초) 등이 있다.[123)] 또 그 관원에는 타관아의 同品者나 의정부의 차하위자가 체직되거나 승직되면서 제수되었다. 특히 당하관인 사인에는 검상이 재직기간에 구애되지 않고 승자하면서 제수되었고, 검상에는 동품의 삼사·육조 관원이 제수되었으며, 사인·검상·사록은 정랑·좌랑·주서와 함께 재직기간이 만료되면 陞資되면서 체직되는[124)] 등 동품의 어떠한 관직보다도 우월한 지위를 누렸다.

관원의 겸직은 관아 성립초에는 議政·贊成·參贊은 그 직질과 관련하여 判六曹事·判承樞府事·判義興府事·都統使·訓鍊觀都提調·三

122) 그 구체적인 직제정비는 한충희, 1980, 「朝鮮初期 議政府研究」 상, 『韓國史研究』 31, 109쪽, <표 6> 참조.

123) 韓忠熙, 1991, 「朝鮮前期(태조 -선조 24년)의 權力構造研究」, 『國史館論叢』30, 46~51쪽에서 종합.

124) 韓忠熙, 1990, 「朝鮮初期 議政府舍人·檢詳의 官人的 地位 - 舍人·檢詳의 歷官과 그 機能의 分析을 중심으로 -」(『(경북대)歷史教育論集』 13·14)에서 종합.

軍都摠制·判義勇巡禁司事·知義興府事·摠制·判司僕寺事·判軍器監事 등을 수시로 겸대하면서 인사·군사 분야에 광범하게 참여하였다. 그리고 1423년(세종 5)에 국가 백사를 당상관을 통하여 국왕에게 직결시키려는 例兼(당연직)提調制의 정립과 함께 領議政은 宗廟署·奉常寺 都提調, 左議政은 文昭殿·仁壽府·承文院·司宰監·圖畵院 都提調, 右議政은 廣孝殿·承文院·軍資監·城門都監 都提調, 左贊成은 禮賓寺提調, 左參贊은 內贍寺提調, 右參贊은 仁順府提調를 각각 겸하면서 그 관아를 지휘·감독하였다. 또 당하관인 사인·검상도 春秋館修撰官을 겸하였고, 4조와 본인에게 허물이 없어야만 제수되고 相避되는 관직이었다.[125] 의정부의 직제변천을 표로 재정리하여 제시하면 다음과 같다.

125) 韓忠熙, 1980, 「朝鮮初期 議政府硏究」 상, 111쪽.

<표 6-5> 조선초기 의정부 관직 변천[126]

| | | 정종 | | 태종 | | | |
|---|---|---|---|---|---|---|---|
| | | 2년 4월 신축 | 2. 4. 경자 | 1. 7. 경자 | 1. 12. 계해 | 14. 4 경신 | 14. 6. 계축 |
| 의정부 | 議政府 | (判門下 1) | | 領議政府事 1 | → | → | → |
| | | 門下左政丞 1 | → | 議政府左政丞 1 | → | 判府事 2 | 左議政 1 |
| | | 門下右政丞 1 | → | 議政府右政丞 1 | → | | 右議政 1 |
| | | 門下侍郎贊成事 2 | → | 議政府贊成事 2 | → | 同判府事 2 | 左參贊 1 |
| | | | | | | | 右參贊 1 |
| | | 參贊門下府事 2 | → | 議政府參贊事 4 | | 혁 | |
| | | 政堂文學 1 | → | 議政府文學 1 | 知府事 2 | 혁 | |
| | | 知門下府事 1 | → | 參知議政府事 2 | | 혁 | |
| | | 門下舍人 | → | 議政府舍人 2 | → | → | → |
| | | 檢詳條例司 | | | | | |
| | | 檢詳 | → | → | → | 혁 | |
| | | 錄事 | → | → | → | 혁 | |
| | 三司 | 判三司事 1 | → | 제외 | | | |
| | | 左使 1 | → | 제외 | | | |
| | | 右使 1 | → | 제외 | | | |
| | 藝秋 文館 春 | | 大學士 1 | 제외 | | | |
| | | | 學士 2 | 제외 | | | |
| | 三軍府 | | 中軍摠制 2 | 제외 | | | |
| | | | 左軍총제 2 | 제외 | | | |
| | | | 右軍총제 2 | 제외 | | | |

126) 한충희, 위 「조선초기 의정부연구」 상, 109쪽, <표 6>에서 전재.

| | (태종) | | 세종 | | 세조 | 『경국대전』 |
|---|---|---|---|---|---|---|
| | 15년 1월 을축 | 15. 12. 경오 | 18. 7. 정유 | 19. 10. 경진 | 12. 1. 무오 | |
| 영의정부사 | → | → | → | → | 領議政 1 | 영의정 1 |
| 좌의정 | → | → | → | → | → | 좌의정 1 |
| 우의정 | → | → | → | → | → | 우의정 1 |
| 좌참찬 | 贊成(종1) 1 | → | → | 左贊成 1 | → | 좌찬성 1 |
| | | | | 右贊成 1 | → | 우찬성 1 |
| 우참찬 | 參贊(정2) 1 | 2 | → | 左參贊 1 | → | 좌참찬 1 |
| | | | | 右參贊 1 | → | 우참찬 1 |
| 의정부사인 | → | → | → | → | 舍人 2 | 사인 2 |
| | | | 檢詳條例司 | | | |
| | | | 檢詳 | → | 檢詳 1 | 검상 1 |
| | | | 錄事 | → | 司祿 2 | 사록 1 |

<표 6-6> 조선초기 의정부 당상관 예겸직 변천[127)]

| | 태종 13년 | 세종 5년 이전 | 세종 5년 3월 | 성종 9년 | 『경국대전』 |
|---|---|---|---|---|---|
| 領議政 | 經筵・春秋館領事 | →<br>集賢殿領事(*) | →<br>→<br>宗廟署・奉常寺都提調 | →<br>→<br>弘文館(*)・藝文館(*)・觀象監 領事, 世子侍講院師, 承文院都提調? | 경연・홍문관(*)・예문관(*)・춘추관・관상감영사, 세자시강원사, 승문원도제조 |
| 左議政 | 經筵・書雲觀・春秋館 領事,世子侍講院師, 判吏曹事 | →<br>집현전영사(*) | →<br>→<br>文昭殿・仁壽府・承文院・司宰監・圖畵院都提調 | 經筵・弘文館*)・藝文館( ) 領事, 春秋館監事, 世子侍講院傅(*) 承文院都提調 | 경연・홍문관(*)・예문관(*) 영사, 춘추관감사세자부(*), 승문원도제조 |
| 右議政 | 경연・춘추관영사, 세자시강원부, 判兵曹事 | →<br>집현전영사(*) | →<br>→<br>光孝殿・承文院・軍資監・城門都監・圖畵院都提調 | 경연・홍문관(*)・예문관(*) 영사, 춘추관감사, 세자시강원부(*), 승문원도제조 | 경연・홍문관(*)・예문관(*) 영사, 춘추관감사, 세자부(*), 승문원도제조 |

| | 태종 13년 | 세종 5년 이전 | 세종 5년 3월 | 성종 9년 | 『경국대전』 |
|---|---|---|---|---|---|
| 贊成<br>參贊 | | | 世子侍講院貳師(*)·禮賓寺提調<br>內贍寺·仁順府提調(*) | 세자시강원이사(*) | 세자이사(*) |

* 3의정(홍문관·예문관), 좌·우의정(세자시강원), 찬성이나 참찬 중 1인.

2) 六曹(吏, 戶, 禮, 兵, 刑, 工曹 - 屬司)

六曹 - 이, 호, 예, 병, 형, 공조는 조선개국과 함께 고려말의 육조를 계승하면서 정3품 아문으로 성립되었다. 1405년(태종 5)에 정2품아문으로 격상되면서 서정을 분장하고 장관인 판서가 朝政에 참여하게 되었으며, 屬司·屬衙門制의 정립과 함께128) 국정수행의 중심관아가 되었다.

육조의 관원은 관아 성립 때에 각 조에 典書(정3, 2), 議郎(정4, 2), 正郎(정5, 2), 佐郎(정6, 2), 主事(정7, 2)가 있었다. 이 구성원이 이후 1466년(세조 12)까지 왕권, 의정부·육조기능, 제도정비 등과 관련되어 몇 차례에 걸쳐 수정·보완되었다가 『경국대전』의 편찬과 함께 법제화되었다.129) 1496년(태조 4)에 주사가 혁거되었다.130) 1403년에 전서 각1직이 감축되었고, 1405년에 전서·의랑이 혁거되고 정2품의 判書와 정3품 左·右參議 각1직이 설치 및 정랑·좌랑 각1직이 증치되었으며, 1416년(태종 16)

127) 『조선왕조실록』 태조 7년~성종 9년, 『경국대전』 권1, 이전 경관 직조 등에서 종합.

128) 『태종실록』 권9, 태종 5년 1월 임자, 태종 5년 3월 병자. 그 실시배경과 정비과정 및 구체적인 속사·속아문과 기능은 뒤 제9장 육조와 제10장 육조속아문 참조.

129) 韓忠熙, 1981, 「朝鮮初期 六曹硏究 -制度의 確立과 實際機能을 중심으로-」, 『大丘史學』 20·21, 184~201쪽.

130) 『태조실록』 권7, 4년 2월 정축.

에 참의 1직이 혁거되고 종2품의 參判 1직이 설치되었다.[131] 이어 1430년(세종 12) 형조에 속사인 詳覆司가 가치되면서 정랑·좌랑 각1직이 증치되었고, 1432년에 참판·참의 각1직이 증치되면서 좌·우 참판과 참의로 개칭되었고, 1434년에 참판·참의 각 1직이 감축되면서 참판·참의로 복칭되었으며, 1435년(세종 17)에 병조에 知事(1, 정3품겸)가 설치되었다.[132] 1452년(문종 2)에 병조에 兼正郎·佐郎 각1직이 설치되었다.[133] 1460년에 병조의 겸지사가 녹관이 되면서 정3품 당상관 參知로 개칭되고 겸정랑·좌랑이 혁거되었으며, 1462년에 병조 겸정랑·좌랑 1직이 다시 설치되었고, 1466년(세조 12)에 병조 겸정랑·좌랑이 녹관이 되었다.[134] 이에 따라 육조 녹관은 각조에 판서(1, 정2)·참판(1, 종2)·참의(1, 정3 당상, 병조는 참지 1 추가)·정랑(이·호·예·공조 3, 병·형조 4)·좌랑(정랑과 동)으로 정립되었다. 이 외에도 호조와 형조에는 그 직장과 관련되어 算學과 律學출신으로 제수된 本業人이 두어졌다. 본업인에는 호조에 算學教授(종6, 1)· 別提(종6, 2)·算士(종7, 1)·計士(종8, 2)·訓導(정9, 1)·會士(종9, 2)와 형조에 律學教授(종6, 1)·別提(종6, 2)·明律(종7, 1)·審律(종8, 2)· 訓導(정9, 1)·檢律(종9, 2)이 있었다.[135]

또 판서·참판 등은 육조의 국정주도, 그 조의 직장 및 그 직질과 관련되어 諸寺·監 등 육조속아문의 提調, 對明使臣, 明使 迎接·遠接使, 文

131) 『태종실록』 권5, 3년 6월 을해·권9, 5년 1월 임자·권31, 16년 6월 갑신.

132) 『세종실록』 권50, 12년 12월 정묘·권55, 14년 3월 을해·권66, 16년 10월 기사·권69, 17년 8월 병진.

133) 『문종실록』 권12, 2년 2월 정묘.

134) 『세조실록』 권20, 6년 5월 정유·권28, 8년 7월 정묘·권38, 12년 1월 무오.

135) 『경국대전』 권1, 이전 경관직 6조조. 그 설치와 변천은 한충희, 위 「朝鮮初期六曹研究」 142·144~145쪽 참조.

科讀券官, 委官 등을 많이 겸임하면서 그와 관련된 정무를 지휘하고 수행하였다.[136] 그 외에 『경국대전』에 규정되지는 않았지만 태종 5년 1월 이후에는 수시로 판서의 상위에 의정 등으로 겸대된 判事가 운영되면서 문반인사(이조), 무반인사 · 군사(병), 재정(호), 외교(예) 등 그 조의 중요한 정사를 지휘하였다.[137]

당하관은 정랑 · 좌랑은 그 조의 직장, 국정에서의 영향력에서 재직기간이 차면 陞資하면서 체직되었고, 좌랑은 정랑에 결원이 있으면 대개 재직기간에 구애되지 않고 승직되는 등 당시의 관인이 선망하는 관직이 되었다(호 · 예 · 병 · 형 · 공조 동).[138] 별제는 無祿官이었고, 산사 이하는 동반 遞兒職이었다.[139]

위에서와 같이 개변되면서 정립된 육조의 녹관 · 본업인, 판서 등의

---

136) 金松熙, 1998, 『朝鮮初期 堂上官 兼職制 硏究 - 동반 경관직과 임시직을 중심으로 -』, 한양대학교 출판부, 170쪽 <표 3-10>, 234~236쪽 <표 4-2>, 246~247쪽 <표 4-4>, 250쪽 <표 4-5>, 278~279쪽 <표 4-10>, 285쪽 <표 4-14> 참조. 그 중 세종 5년 3월에 규정된 판서 · 참판 · 참의의 예겸직은 다음과 같다(『세종실록』 권19, 5년 3월 을사).
이조; 판서 - 인수부 제조, 참판 - 군자감 제조.
호조; 판서 - 내자시 제조, 참판 - 풍저창 제조.
예조; 판서 - 승문원 제조, 참판 - 봉상시 · 예빈시 제조
병조; 판서 - 훈련관 · 내자시 · 관습도감 제조, 참판 - 경복궁 · 성문도감 · 위의색 제조.
형조; 판서 - 형조도관 · 율학 제조, 참판 - 광흥창 제조.
공조; 판서 - 선공감 · 위의색 제조, 참판 - 사재감 · 성문도감 제조.

137) 韓忠熙, 1985, 「朝鮮初期 判吏 · 兵曹事硏究」, 『韓國學論集』11, 120~131, 1984, 「朝鮮初期 判六曹事硏究」(『제27회 전국역사학대회 발표요지』), 83~92쪽.

138) 韓忠熙, 1990, 「朝鮮初期 正郞 · 佐郞의 官人的 地位」, 『韓國學論集』 17, 153~161쪽.

139) 李成茂, 1981, 『朝鮮初期 兩班硏究』, 一潮閣, 128 · 131쪽. 이하 공조 등에 속한 무록관과 체아직은 서술의 편의상 생략한다.

겸직은 『경국대전』에 법제화되면서 확립되었다. 그 관제 정비과정을 표로 재정리하여 제시하면 다음과 같다.

<표 6-7> 조선초기 육조 관직 변천(본업인 제외)140)

| | 태조 | | 태종 | | | 세종 | | | |
|---|---|---|---|---|---|---|---|---|---|
| | 1년 7월 | 4. 2. | 3. 6. | 5. 1. | 16. 6. | 12. 12. | 14. 3. | 16. 10. | 17. 8 |
| 정2품 | | | | 判書 1 | → | → | → | → | → |
| 종2 | | | | | 參判 1 | → | 左參判 1 | 參判 1 | → |
| | | | | | | | 右參判 1 | | |
| 정3 | 典書 2 | → | 1 | 혁 | | | | | |
| | | | | 左參議 1 | 參議 1 | → | 右參議 1 | 參議 1 | |
| | | | | 右參議 1 | | | 左參議 1 | | → |
| 정4 | 議郞 2 | → | → | 혁 | | | | | 兵曹 兼知事 1 |
| 정5 | 正郞 2 | → | → | 3 | → | 형조 4 | | | |
| | | | | | → | 그 외 3 | → | → | → |
| 정6 | 佐郞 2 | → | → | 3 | → | 형조 4 | → | → | → |
| | | | | | → | 그 외 3 | → | → | → |
| 정7 | 主事 2 | 혁 | | | | | → | → | → |

| | 문종 | 세조 | | | 『경국대전』 |
|---|---|---|---|---|---|
| | 2년 2월 | 6. 5. | 8. 7. | 12. 1. | |
| 판서 1 | → | → | → | → | 판서 1 |
| 참판 1 | → | → | → | → | 참판 1 |
| 참의 1 | → | → | → | → | 참의 1 |
| 병조겸지사 1 | → | 兵曹參知 1 | → | → | 참지 1(병조) |
| 정랑 형조 4 | → | → | → | → | 정랑 4(병·형조) |
| 그 외 3 | → | → | → | → | 3(그 외) |
| | 병조겸 1 | 혁 | 복 | 녹관 | |
| 좌랑 형조 4 | → | → | → | → | 좌랑 4(병·형조) |
| 그 외 3 | → | → | → | → | 3(그 외) |
| | 병조겸 1 | 혁 | 복 | 녹관 | |

140) 한충희, 1981, 「朝鮮初期 六曹硏究 - 制度의 確立과 實際機能을 중심으로-」, 『大丘史學』 20·21합, 143쪽 <표 1>에서 전재.

3) 漢城府 · 開城府

외관인 漢城府는 개국과 함께 고려말의 한양부가 계승되면서 비롯되었고, 이후 태종 5년까지 외관(태조 1~4년, 정종 1년~)과 왕도(태조 4~정종 1, 태종 5년~)가 교차되었다.[141] 왕도로서의 한성부는 1395년(태조 4)에 전년에 개성부에서 한양으로 천도한대 이어 漢陽府를 한성부로 개칭하면서 성립되었다.[142] 1399년(정종 1) 그간의 정변과 천재지변을 계기로 개성부로 다시 천도함에 따라 왕도의 지위를 잃었다가 1405년(태종 5) 다시 환도해 오면서 왕도로 정착되었다.[143] 그 관직은 처음 왕도가 될 때에는 개성부와 같이 판사(2, 정2) 이하를 두었고, 그 후 개성부로 천도되었다가 1405년 환도되면서 판윤(1, 정2), 좌 · 우윤(각1, 종2), 서윤(1, 종4), 판관(2, 종5), 참군(3, 정7, 1인은 통례원인의 겸)을 두면서 정착되었다.[144] 그 후 1419년(세종 1) 윤 1직이 감소되었다가[145] 다시 복구된 것이 『경국대전』에 법제화되면서 확립되었다. 판관 이상 중 1인은 구임관으로 하였다.

開城府는 조선개국과 함께 고려말의 왕도체제가 그대로 계승되었고 이후 1395년까지와 1399년~1405년에는 왕도로서 운영되었다. 그러나 1395년~1399년과 1405년 이후에는 한성부로 왕도가 옮겨감에 따라 구도 즉, 開城留侯司(~ 세종 12)나 개성부(세종 12 이후)로 개칭되면서 운영되었다.[146] 1469년(예종 1)에 독립관아인 開城留守府로 정착될 때까지

141) 『조선왕조실록』 태조 1년~태종 5년조.

142) 『태조실록』 권7, 4년 6월 무진.

143) 『정종실록』 권1, 1년 3월, 『태종실록』 권8, 4년 10월 · 권10, 5년 10월.

144) 원영환, 1981, 「漢城府硏究 (1)- 行政制度와 管轄區域을 중심으로 -」, 『향토서울』 39, 91쪽.

145) 『세종실록』 권, 1년

수차에 걸쳐 읍호와 장·차관의 직질이 승강되고 경기도에 예속되거나 경관이 되는 변개를 거치면서[147] 『경국대전』에 경관 종2품 직계아문으로 정착되었다. 관원은 왕도 때에는 判事(2, 정2)·尹(2, 종2)·少尹(2, 종4)·判官(2, 정5)·參軍(2, 정7)이 있었고,[148] 개성유후사 때에는 판사·윤이 留侯·副留侯 등으로 개칭되었다.[149] 『경국대전』에는 留守(2, 종2, 1인은 경기관찰사 겸), 經歷(1, 종4), 都事(1, 종5), 敎授(1, 종6), 分敎官(1, 종9), 檢律(1, 종9)로 규정되었다. 개성부는 경관이고 직계아문이기는 하나 한성부와는 달리 외관적 경향을 띄었다.

## 2. 義禁府·承政院·五衛都摠府·兼司僕·內禁衛

### 1) 義禁府

義禁府는 명칭상으로는 1414년(태종 14)에 병조속아문이던 義勇巡禁司를 개칭하고 종1품아문으로 승격하면서 성립되었고,[150] 『경국대전』의 편찬과 함께 법제화되었다. 그러나 기능상으로는 조선 개국 이래의 巡軍萬戶府(태조 1년~태종 2년), 巡衛府(태종 2~3년), 義勇巡禁司(태종 3~)에서 연원되었다.[151]

---

146) 『태조실록』 권7, 4년 6월 을해, 『세종실록』 권, 12년.

147) 李存熙, 1984, 「朝鮮時代 留守府經營」, 『韓國史硏究』 47, 30~35쪽. 읍호는 개성유수부(세종 20) → 개성부(세조 12), 장관은 유후(정2, 세종6, 부유후는 종2) → 정2 유수(20) → 종2 유수(세종 25) → 부윤(종2, 세조12, 경기도관찰사에 예속)으로 각각 변개되면서 운영되었다.

148) 『태조실록』 권1, 1년 7월 정미.

149) 『태종실록』 권7, 4년 6월 을해.

150) 『태종실록』 권28, 14년 8월 경신.

151) 『태종실록』 권3, 2년 6월 을묘, 권5, 3년 6월 을해, 권28, 14년 8월 경신.

관직은 의금부 성립 때에 의용순금사 때의 堂上官(口傳)과 上護軍 이하가 계승되면서 都提調 1·提調 3직과 鎭撫(2, 정3)·副鎭撫(2, 종3)·知事(2, 정4)·都事(4, 5~6품)가 각각 설치되었다. 이후 1466년(세조 12) 경에[152] 도제조는 혁거되고 제조와 진무 이하는 判事(知事·同知事와 합해 4, 종1겸)·지사(정2겸)·동지사(종2겸)와 經歷(都事와 합해 10, 종4)·도사(종5)로 개칭되었다가 『경국대전』에 법제화되었다.

都提調·提調나 判事·知事·同知事는 의금부의 왕권에 밀착하여 신권을 탄압하고 체제를 유지하는 기능과 관련되어 국왕의 신임이 깊은 인물이 제수되었다.[153]

2) 承政院(← 승추부 ← 승정원 ← 중추원)

조선시대 承政院과 그에 속한 관원은 조선 개국과 함께 고려말의 관제를 계승하여 설치된 中樞院과 知申事 및 左·右·左副·右副承旨 각 1직(정3)과 堂後官(2, 정7)에서 비롯되었다.[154] 이어 1400년(정종 2)에 중추원 속관에서 승정원으로 독립됨에 따라 승정원 지신사 등으로 개칭되었다.[155] 1401년 義興三軍府와 승정원을 통합하여 承樞府로 개편한 조치에 따라 다시 승추부의 속관이 되면서 승추부 지신사 등으로 개칭되었다.[156]

---

152) 세종 5년 3월 예겸 도제조·제조 상정 때에 도제조·제조 3직이 설정되었고(『세종실록』 권19, 5년 3월 을사), 세종 17년까지는 제조가 운영되었음이 확인되었으며(『세종실록』), 『경국대전』에는 제조가 개칭된 판사 이하가 편제되었다. 이에서 세종 17년~성종대의 어느 시기에 도제조 등이 혁거·판사 이하로 개정되었다고 하겠는데, 세조 12년에 『경국대전』의 편찬과 관련되어 대대적인 관제개변이 행해졌음에서 이 시기를 전후하여 개정된 것으로 추측하여 파악한다.

153) 한충희, 2001, 「朝鮮 太宗王權의 政治的基盤 硏究」, 『대구사학』 63, 63쪽.

154) 『태조실록』 권1, 1년 7월 정미.

155) 『정종실록』 권4, 2년 4월.

<표 6-8> 조선초기 승정원 정직 변천157)

| | 태조 1년 7월 | 정종 2. 4. | 태종 1. 7. | 태종 5. 1. | 세종 15년 9월 | 『경국대전』 | 비고 |
|---|---|---|---|---|---|---|---|
| 관아 | 中樞院 | 承政院 | 承樞府 | 承政院 | → | 승정원 | |
| 承旨 | 知申事(정3 상) 1<br>左承旨(") 1<br>右承旨(") 1<br>左副承旨(") 1<br>右副承旨(") 1 | →<br>→<br>→<br>→<br>→ | →<br>→<br>→<br>→<br>→ | →<br>左代言 1<br>右代言 1<br>左副代言 1<br>右副代言 1<br>同副代言 1<br>(정3 상) | 都承旨 1<br>左承旨 1<br>右承旨 1<br>左副承旨 1<br>右副承旨 1<br>同副承旨 1 | 도승지 1<br>좌승지 1<br>우승지 1<br>좌부승지 1<br>우부승지 1<br>동부승지 1 | |
| 注書 | 堂後官(정7) 2 | → | → | 注書 2 | → | 주서 2 | |

<표 6-9> 조선초기 승정원 겸직 변천158)

| | 태조 1년 7월 | 태종 5. 1. | 세종 14. 4. | 세종 15. 9. | 세종 25. 6. | 세조 12. 1 | 예종 즉. 10. | 성종 9. 3 | 성종 12년 이후 |
|---|---|---|---|---|---|---|---|---|---|
| 經筵 參贊官 | 擬望者 | → | → | → | → | → | 6승지 | → | 6승지* |
| 春秋館 修撰官 | 지신사·4승지 | 지신사·4대언 | → | 6승지 | → | → | → | → | 6승지* |
| 藝文館 直提學 | | | | | | | | 도승지 | 도승지* |
| 尙瑞院 正 | | | | | | 도승지 | → | → | 도승지 |
| 內醫院 副提調 | | | | | 1승지 | → | → | → | 1승지 |
| 尙衣院 부제조 | | | 1승지 | → | → | → | → | → | 1승지 |
| 사옹원 부제조 | | | | | | | 도승지** | → | 1승지 |
| 전옥서 부제조 | | | | | | | | | 형방승지 |

* 음관·무관 제외, ** 성종 1년 1월.

156) 『태종실록』 권2, 1년 7월 경자.

157) 한충화, 위 「조선초기 승정원연구」, 36쪽 <표 3>에서 전재.

158) 한충희, 위 논문, 35쪽 <표 2>에서 전재.

1405년(태종 5) 승추부가 병조로 통합됨에 따라 다시 승정원으로 독립되면서 승정원 知申事·左代言 등과 注書로 개칭되었으며, 同副代言이 신설되었다.[159] 이로서 승정원은 6대언과 주서체제로 정립되었다. 1433년(세종 15)에 "지신사의 '申'자는 용례상 신하가 사용하는 말로는 참람하다"는 지적과 명호의 통일 요청에 따라 지신사·좌대언 등은 都承旨·左承旨 등으로 개칭되면서 정립되었다가 그대로 『경국대전』에 법제화되었다.

또 승지들은 국왕의 최측근에서 왕명을 출납하고 시종기능을 담당 및 그 대부분이 문과를 거친 학식자인 등과 관련되어 조선 개국 이래로 經筵參贊官, 春秋館 修撰官, 藝文館 直提學, 尙瑞院 正, 司饔院·內醫院·典獄署와 尙衣院·鑄字所·昭格署·承文院·仁壽府 등의 副提調를 당연직으로 겸임하거나 수시로 겸대하였다.[160] 조선초기 승정원 전임관과 예겸직의 변천을 표로 재정리하여 제시하면 앞과 같다.

### 3) 五衛都摠府

五衛都摠府는 명칭상으로는 1466년(세조 12)에 五衛鎭撫所를 개칭하면서 성립되었다.[161] 그러나 기능상으로는 1393년(태조 2) 이래로 독자적으로 군령을 관장한 義興三軍府(三軍府)·三軍鎭撫所·義興府, 병조와 함께 군령을 관장한 三軍鎭撫所·五衛鎭撫所에서[162] 비롯되었다.

---

159) 『태종실록』 권9, 5년 1월 임자.

160) 한충희, 위 논문, 35~36쪽 주34). 그 구체적인 내용은 金大洙, 1982, 「朝鮮初期의 承政院 - 職制와 機能 -」(경북대 석사학위논문), 62~80쪽, 李光麟, 1967, 『提調制度 硏究』, 『東方學志』 8, 81~82쪽 참조.

161) 『세조실록』 권38, 12년 1월 무오.

162) 閔賢九, 1983, 『朝鮮初期 軍事制度와 政治』, 韓國硏究院, 286~288쪽.

관원은 관아의 성립과 함께 都摠管(부총관과 합해 10직, 정2겸)·副摠管(종2겸)·經歷(4, 종4)·都事(4, 종4)를 두었고, 이것이 그대로 『경국대전』에 법제화되었다. 도총관·부총관은 그 직장과 관련되어 국왕의 신임을 받는 인물로 제수되고 1년마다 교체하며, 당하관도 吏才가 있으면서도 일에 정통하고 익숙한 자를 제수하도록 규정되었다.[163]

4) 兼司僕

兼司僕은 1409년(태종 9)에 조선 개국 이래로 고려의 尙乘承旨를 계승하여 운영된 內司僕寺를 개칭하면서 성립되었고, 1466년(세조 12)에 內禁衛와 함께 친위병이 되고 병조속아문에서 직계아문이 되면서 정립되었다.[164] 관원은 설치 때에는 불명하나 성종 15년까지 將(3, 종2겸), 上護軍(1, 정3), 大護軍(2, 종3), 副護軍(6, 종4), 副司直(6, 종5), 副司正(6, 종7), 副司猛(9, 종8), 副司勇(14, 종9)으로 정비되었고, 『경국대전』에는 종2품직이 겸하는 장 3직만 규정되었다.[165] 상호군 이하는 모두 서반 체아직이기는 하나, 내금위관과 함께 長番職이었고 또 그 기능과 관련되어 만호나 수령 등으로 진출한 듯하다.[166]

5) 內禁衛

內禁衛는 1407년(태종 7) 조선 개국 이래의 內上直을 개편하면 성립되

163) 『경국대전』 권4, 병전 경관직 오위도총부조.

164) 南都泳, 1969, 「朝鮮初期의 兼司僕에 대하여」, 『金載元博士回甲紀念論叢』, 156~168쪽.

165) 『경국대전』 권4, 병전 경관직 겸사복조.

166) 『경국대전』 권4, 병전 외관직 군관조.

었고, 1424년(세종 6)에 그 직장이 같던 1409년(태종 9) 이래의 內侍衛를 병합하면서 병조속아문에서 직계아문으로 정립되었다.[167] 관원은 관아 성립 때에는 불명하나 성종 15년까지 장(3, 종2겸), 상호군(1, 정3), 대호군(2, 종3), 부호군(6, 종4), 부사직(6, 종5), 부사정(6, 종7), 부사맹(9, 종8), 부사용(14, 종9)으로 정비되었다가 『경국대전』에 그대로 규정되었다.[168] 상호군 등은 그 기능과 관련되어 우대되고 동반의 집현전에 비견되면서 시험을 거치지 않고 僉節制使·萬戶나 변방 수령에 제수되었다.[169]

## 3. 司憲府·司諫院·經筵

### 1) 司憲府

司憲府는 조선 개국과 함께 고려말의 사헌부를 계승하면서 성립되었고,[170] 이후 그대로 계승되었다. 관원은 관아 성립 때에는 大司憲(1, 종2), 中丞·兼中丞(각1, 종3), 侍史(2, 정4), 雜端(2, 정5), 監察(20, 정6)을 두었다. 그 후 1401년 중승·겸중승이 執義(1직), 시사가 掌令, 잡단이 持平(1)으로 각각 개칭·감원되고 감찰 1직이 증가되었다.[171] 1466년(세조 12) 감찰이 19인으로 감소되었고,[172] 『경국대전』의 편찬과 함께 지평 1인과 감찰 5인이 증원되면서 대사헌(1, 종2), 집의(1, 종3), 장령(2, 정4), 지평(2, 정5), 감찰(24, 정6)로 법제화되었다.

---

167) 車文燮, 1973, 「鮮初의 內禁衛」, 『朝鮮時代 軍制硏究』, 단국대출판부, 52~56쪽.

168) 『경국대전』 권4, 병전 내금위·번차도목 내금위조.

169) 『성종실록』 권7, 성종 1년 5월 계묘, 『경국대전』 권4, 병전 외관직 군관조.

170) 『태조실록』 권1, 1년 7월 정미.

171) 『태종실록』 권2, 1년 7월 경자.

172) 『세조실록』 권38, 12년 1월 무오.

모든 관원은 그 직장과 관련되어 청렴강개한 인물 중에서 엄선되었고, 지평 이상은 臺長으로 호칭되면서 언론활동을 행하였으나 감찰은 조회 때에 백관의 의례, 중앙의 여러 관아와 각 외관에 파견되어 일의 진행과 처리의 잘못을 규찰하였다. 감찰 1원이 房主가 되어 여러 감찰을 통솔하였다.[173)]

2) 司諫院

司諫院은 명칭상으로는 1401년(태종 1)에 의정부에 소속된 門下府를 혁파할 때 문하부에 소속되어 있던 左·右散騎常侍(각1, 정3) 이하 郎舍를 사간원으로 독립시키면서 성립되었다.[174)] 그러나 기능상으로는 조선 개국과 함께 고려말의 문하부를 계승하여 성립된 문하부 낭사에서 비롯되었다. 이후 그대로 계승되었다가 『경국대전』에 법제화되었다.

관원은 문하부 낭사 때에는 左·右散騎常侍(각1, 정3), 左諫議大夫·右諫議大夫·直門下(각1, 종3), 內史舍人(1, 정4), 起居注·左補闕·右補闕(각1, 정5), 左·右拾遺(1, 정6)가 있었다.[175)] 이 관원이 독립된 관아가 될 때에 태종의 왕권도모와 관련된 그 기능의 축소에 수반되어 관원이 크게 감축되고 개칭되었다. 좌·우산기상시, 내서사인, 기거주가 혁거되었고, 좌·우간의대부가 정3품 通政大夫階의 관직으로 승질·개칭되고 직문하와 좌·우보궐 및 좌·우습유가 知司諫院事(1)와 左·右獻納(각1) 및 左·右正言(각1)으로 개칭되면서 7관직 11원이 4관직 7원이 되었다.[176)] 1460년에 다시 좌·우사간대부가 司諫大夫(1), 좌·우정언이 정언

---

173) 최승희, 1976, 『朝鮮初期 言官·言論研究』, 서울대학교출판부, 31~65쪽.

174) 『태종실록』 권2. 1년 7월 경자.

175) 『태조실록』 권1, 1년 7월 정미.

(1)으로 통합·감축되고 좌·우헌납은 혁거되었다.[177] 1466년(세조 12)에 사간대부와 지사간은 大司諫과 司諫으로 개칭되었고, 獻納(1, 정5)이 설치되었다.[178] 1470년(성종 1)에 정언 1인이 증치되면서[179] 大司諫(1, 정3 당상), 司諫(1, 종3), 獻納(1, 정5), 正言(2, 정6)으로 정립되었다가 『경국대전』에 법제화되었다. 모든 관원은 그 직무상 가계가 좋고 재주와 식견이 있으면서도 강개한 문신으로 제수되도록 규정되었다.[180] 사헌부관과 함께 臺諫으로 불리면서도 사헌부관이 부내에서 근무할 때 상하간의 위계와 질서가 엄격하였던 것과는 달리 그 관계가 자유로웠고, 직무 중에도 음주가 허용되는 등 분방하였다.[181]

3) 經筵

經筵은 조선 개국과 함께 고려말의 경연제를 계승하면서 성립되었고, 세종 2년에 예조속아문에서 직계아문으로 승격되었고,[182] 1456년 집현전의 혁파와 함께 그 기능이 중지되고 1460년(세조 6) 관직마저 혁파되었다.[183] 1469년(예종 1)에 복구되었다가[184] 『경국대전』에 법제화되었다.

---

176) 『태종실록』 권2, 1년 7월 경자.
177) 『세조실록』 권20, 6년 5월 기묘.
178) 『세조실록』 권38, 12년 1월 무오.
179) 『성종실록』 권4, 1년 4월 갑술.
180) 『경국대전』 권1, 이전 경관직 사간원조.
181) 최승희, 위 책, 29쪽.
182) 구체적인 시기는 불명하나 세종대의 집현전설치와 이를 토대로 한 경연과 유학의 진흥에 미루어 세종 2년에 직계아문이 된 것으로 추측하여 파악한다(한충희, 2002, 「세종대 중앙 정치 기구의 정비」, 『세종문화사대계』 3, 70쪽).
183) 『세조실록』 권4, 2년 6월 갑진·권20, 6년 5월 기묘.
184) 『예종실록』 권4, 1년 3월 병술.

관원은 관아 성립 때에 겸관인 領事(1, 侍中 이상), 知事(2, 정2), 同知事(2, 종2), 參贊官(5, 정3), 講讀官(4, 종3), 檢討官(2, 정4), 副檢討官(2, 정5)을 두었다.[185] 1418년(세종 즉위)에 지사·동지사·시강관 각 1직이 증치되었고,[186] 1420년(세종 2) 신설된 集賢殿官이 집현전이 혁거되기까지 경연을 전담하였다.[187] 1469년 경연 복구 때의 관직은 불명하나 1478년(성종 9)에는 신설된 弘文館 副提學 이하가 경연관을 겸대하는 등 겸관의 영사(3, 3의정), 지사(3, 정2), 동지사(3, 종2), 참찬관(7, 6승지·홍문관부제학), 侍講官(4, 정4, 弘文館 直提學·典翰·應敎·副應敎), 試讀官(4, 정5, 홍문관 校理·副校理), 檢討官(4, 정6, 홍문관 修撰·副修撰), 司經(1, 정7, 홍문관 博士), 說經(1, 정8, 홍문관 著作), 典經(2, 정9, 홍문관 正字)으로 정비되었다가[188] 그대로『경국대전』에 법제화되었다. 1485년~1494년(성종 25)에는 경연관을 겸대하지 아니한 종2품 이상의 문·무관도 經筵特進官에 제수되어 교대로 경연에 참석하였다.[189]

### 4. 中樞府, 宗親府·儀賓府·敦寧府, 忠勳府

#### 1) 中樞府

中樞府는 조선개국과 함께 고려말의 中樞院을 계승하여 중추원을 두면서 비롯되었다가 1400년(정종 2) 三軍府로 개편되면서 혁거되었다.[190]

---

185)『태조실록』권1, 1년 7월 정미.

186)『세종실록』권1, 즉위년 8월 을축·10월 기묘.

187) 최승희, 1966,「集賢殿硏究」상,『歷史學報』32, 22~23쪽.

188) 南智大, 1980,「朝鮮初期의 經筵制度」,『한국사론』6, 124~139쪽.

189) 權延雄, 1982,「朝鮮 成宗朝의 經筵」,『韓國文化의 再照明』, 國際文化財團, 78~87쪽.

190)『정종실록』권4, 2년 4월.

그 후 1432년(세종 14)에 유명무실한 軍令機關인 三軍都摠制府가 개편되면서 종1품아문으로 부설되었고,[191] 1466년(세조 12) 중추원을 중추부로 개칭하고 정1품의 領事 1직이 설치되면서 정1품아문으로[192] 정립되었다.

관원은 개국초 관아성립 때에는 判事(2직, 정2)와 使(1)·知事(2)·同知事(4)·僉事(1)·副使(6)·學士(1)·商議院事(3)(모두 종2)가 있었다(왕명을 출납한 5승지·당후관 제외).[193] 1432년 부설될 때에는 소임이 없는 문·무 당상관을 소속시켜 조정에 참가시키고 녹봉을 주는 판사(3, 종1), 사·지사(각3, 정2), 동지사(6)·부사(8)(종2), 첨지사(6, 정3 당상)와 관아의 사무를 관장하는 經歷(1, 정4겸)·都事(1, 정5겸)가 설치되었다. 1466년에 정1품직의 영사 1직이 설치되었고, 그 후 판사 이하가 증감되고 경력·도사가 녹직이 되면서 영사(1, 정1)·판사(2, 종1)·지사(6, 정2), 동지사(7, 종2)·첨지사(8, 정3 당상)·경력(1, 종4)·도사(1, 종5)로 정립되었다가 『경국대전』에 법제화되었다. 당상관은 소임은 없었지만 각각 議政, 贊成, 參贊·判書, 參判·觀察使·兵馬節度使, 參議·承旨 등과 교체되고,[194] 대소 정사의 논의에 참여하여 그 결정에 영향력을 발휘하였기 때문에 의정부와 함께 가장 높은 관아의 지위를 누릴 수 있었다.

---

191) 『세종실록』 권55, 14년 3월 을해.

192) 『세조실록』 권38, 12년 1월 무오.

193) 『태조실록』 권1, 1년 7월 정미.

194) 한충희, 1987, 「朝鮮初期 六曹硏究 添補 - 六曹와 統治機構와의 관계를 중심으로 -」, 『大丘史學』 33, 10~16쪽, 1987, 「朝鮮初期 承政院硏究」, 『韓國史硏究』 59, 39~43쪽.

2) 宗親府・儀賓府・敦寧府

宗親府는 1430년(세종 12)에 在內諸君府를 개칭하고, 종실 제군을 소속시키면서 성립된 종실 제군의 관부였다.[195] 관원은 종친과 조관으로 제수된 典籤・副典籤 등으로 구성되었고, 종친은 관계별로 관직만을 제시하였을 뿐 그 인원수는 규정하지 않았다.

儀賓府는 1444년(세종 26)에 즉위년 이래의 이성제군부를 개칭하면서 공주・옹주에게 장가든 자의 관부로 성립되었다.[196] 기능은 그대로 계승되었지만 관아명은 세조 12년에 의빈부라 개칭되었다가[197] 『경국대전』에 법제화되었다. 관원은 부마로 제수된 무정수의 위(尉, 정1～종2) 이하와 조관인 경력(종4, 1), 도사(종5, 1)가 있었다.

敦寧府는 1414년(태종 14) 1402년 이래로 왕권의 안정을 위하여 추요직의 제수와 봉군대상에서 제외된 왕의 친족, 왕비・세자빈의 친족을 예우하기 위하여 실제 담당하는 직무상의 일이 없는 왕의 친족과 외척의 관부로서 성립되었다.[198] 25년부터 종친서용사를 주관하였다.[199] 관원에는 종친・외척이 제수된 영사(정1) 이하의 각급 관직이 있었는데,[200]

---

195) 『세종실록』 권50, 12년 11월 병인.

196) 『세종실록』권105, 26년 7월 무신. 기능・직제상으로는 개국초 이래의 이성제군소(?～태종 17년) -」 공신제군부(태종 17년 2월～세종 즉위)가 계승되면서 개칭되었다.

197) 『세조실록』 권38, 12년 1월 무오.

198) 『태종실록』 권27, 14년 2월 계묘.

199) 『세종실록』 권100, 25년 5월 무진.

200) 『세종실록』 권78, 19년 7월 을미. 제수대상은 각각 국왕의 8촌 이상 친과 6촌 이상 자매의 배필 및 외가(이성) 6촌 이상 친과 4촌 이상 자매의 배필, 왕비의 6촌 이상 친과 4촌 이상 자매의 배필 및 외가 4촌 이상 친과 질녀의 배필, 왕세자빈의 부이다.

관계가 없는 자(白身)는 8품에 제수되고 5품 이하는 매 15개월에 가자되었다(4품 이상은 조관과 동).[201] 그러나 세종 28년부터 5~9품관은 관직의 부족으로 체아직화되었다.[202]

3) 忠勳府

忠勳府는 명칭상으로는 1454년(단종 2)에 1434년(세종 16) 이래로 이조 속아문이던 忠勳司를 개칭하고 정1품아문으로 승격시키면서 성립된 여러 공신의 관부였고,[203]『경국대전』의 편찬과 함께 법제화되었다. 그러나 기능상으로는 1392년(태조 1) 이래로 운영된 開國功臣都監에서[204] 기원되었다.

관직은 관아의 성립과 함께 공신으로 제수된 무정수의 府院君(정1)·君(종1~종2)과 朝官으로 제수된 經歷(1, 종4)·都事(1, 종5)를 두었고, 이것이 그대로『경국대전』에 법제화되었다.

지금까지 살핀 직계아문의 관직 중『경국대전』에 법제화된 관아와 그 관직의 정비과정을 표로 재정리하여 제시하면 다음과 같다.

---

201)『세종실록』 권100, 25년 5월 무인.

202)『세종실록』 권111, 28년 2월 경술.

203)『세종실록』 권65, 16년 9월 을해,『단종실록』 권10, 2년 1월 정묘.

204)『태조실록』 권1, 1년 12월 기유.

<표 6-10> 조선초기 직계아문 변천(고딕은 고려말의 명칭이 답습)205)

| 태조 1년 | 태종 5년 | 세종대 | 세조 12년 | 『경국대전』 | 비고 |
|---|---|---|---|---|---|
| | | 12. 宗親府 | → | 宗親府 | |
| 都評議使司 | 정종2. 議政府 | → | → | 議政府 | |
| 門下府 | 1. 혁 | | | | |
| | | | 단종2. 忠勳府(← 충훈사, 이조속아문) | 忠勳府 | |
| | | 26. 駙馬府 | 儀賓府 | 儀賓府 | |
| | 14. 敦寧府 | → | → | 敦寧府 | |
| 三司 | 1.司平府 → 5.혁 | | | | |
| | 14. 義禁府(← 병조속아문) | → | → | 義禁府 | |
| 6曹(이·병·호·형·예·공) | 정2품아문 | 즉. 6조(이, 호, 예, 병, 형, 공) | → | 6曹(이, 호, 예, 병, 형, 공) | |
| 4. 漢城府 | → | → | → | 漢城府 | |
| 司憲府 | → | → | → | 司憲府 | |
| 開城府 | 4. 開城留守府 | 20. 開城府 | 13. 외관(경기도) | 開城府 | |
| 中樞院堂後 | 1. 承政院 → 승추부당후 → 5. 승정원 | → | → | 承政院 | |
| | | 2. 集賢殿 | 2. 혁 | | |
| 門下府郎舍 | 1. 司諫院 | → | → | 司諫院 | |
| | | 經筵(← 예조속아문) | → | 經筵 | |
| 中樞院 | 정종2.혁 → 1.承樞府 → 5.혁 | 14. 中樞院 | 中樞府 | 中樞府 | |
| 2. 義興三軍府 | 정2. 3軍府 → 1.承樞府 → 5.혁, 9.3軍鎭撫所 → 9.義興府 → 12.혁 → 18. 3군진무소 | 즉.3군부 → 14.3군진무소(병조속아문) | | | |
| 3軍 | | 14. 혁(중추원) | | | |
| | 2. 3軍都摠制府 | 즉. 義建府 →혁(3군부) | | | |
| | 18. 義興府 | | | | |

205) 『고려사』 백관지, 『조선왕조실록』 태조 1년~성종 15년조.

| 태조 1년 | 태종 5년 | 세종대 | 세조 12년 | 『경국대전』 | 비고 |
|---|---|---|---|---|---|
| | | 24.詹事院 →27.<br>경 직계아문 | 문종 즉. 혁<br>3. 兼司僕(← 중군<br>겸사복)<br>3. 內禁衛(← 중군<br>내금위)<br>5衛都摠府(← 5군<br>진무소, 병조속<br>아문) | <br>兼司僕<br><br>內禁衛<br><br>5衛都摠府 | |

# 제7장 官衙의 成立과 整備 2(六曹屬衙門, 臨時衙門)

## 제1절 吏曹屬衙門

### 1. 堂下衙門; 宗簿寺 · 尙瑞院 · 司饔院

#### 1) 宗簿寺(在內諸君府 ←宗簿寺 ←殿中寺)

宗簿寺는 조선개국과 함께 고려말의 殿中寺를 그대로 계승하면서 비롯되었고, 1401년(태종 1) 殿中寺를 종부시로 개칭하면서 성립되었다.[1] 1414년(태종 14) 在內諸君府에 병합되면서 혁거되었다가 1430년(세종 12) 재내제군부를 宗親府로 개칭하고 직계아문으로 승격시킬 때 다시 종부시로 독립되면서 정립되었다.[2]

관원은 전중시 때에는 判事 2(정3), 卿 1(종3), 少卿 2(종4), 丞 1(종5), 直長 2직(종7)이 있었다. 이 관직이 그 후 다음의 표와 같이 1403년(태종 3) · 1409년 · 1411년 · 1414년(태종 14) · 1419년(세종 1) · 1420년 · 1428년 · 1430년9세종 12) · 1460년(세조 6) · 1466년(세조 12) 등에 걸쳐 판사 · 경 · 소경 · 직장 각 1직이 감축되고 도제조 · 제조 각 2직과 주부

---

1) 『태종실록』 권1, 1년 6월 경자.

2) 『태종실록』 권27, 14년 1월 계사, 『세종실록』 권50, 12년 11월 병인.

1직이 설치 및 판사 · 윤 · 소윤이 정 · 부정 · 첨정으로 개칭되면서 정립되었다가 『경국대전』에 도제조(2, 정1겸) · 제조(2, 종1~종2겸)와 정(1, 정3) 이하 5녹직으로 법제화되었다.

<표 7-1> 조선초기 종부시 관직 변천

| | 정1품 | 종1~종2 | 정3품 | 종3품 | 종4품 | 종5품 | 종6품 | 종7품 | 비고 |
|---|---|---|---|---|---|---|---|---|---|
| 태조 1년 7월 | | | 判事 2 | 卿 2 | 少卿 2 | 丞 1 | | 直長 2 | 殿中寺 |
| 태종 3. 6. | | | 1 | 1 | | | | | |
| 9. 12. | | | | 令 1 | 副令 1 | | | | 宗簿寺 |
| ? | | | | 2 | | | | | |
| 11. 6. | | | | 1 | | | | | |
| 14. 1. | | | | 尹 1 | 少尹 1 | | | | 在內諸君府 |
| 세종 1. 12. | | | | 2 | | | | | |
| 2. 3. | | | | 1 | | | | | |
| 10. 10 | | 提調 2 (종친) | | | | 判官1? | 注簿 · 兼注簿 1? | | |
| 12. 12. | | | | | | | | | 종부시 |
| 세조 6. 5. | | | | | | 1 | 혁겸주부 1 | 직장1? | |
| 12. 1. | | | 正 1 | 副正 1 | 僉正 1 | | | | |
| 『경국대전』 | 都提調 2 | 제조 2 | 정 1 | 부정 1 | 첨정 1 | | 主簿 1 | 직장 1 | |

2) 尙瑞院(← 尙瑞司)

尙瑞院은 1466년(세조 12) 조선 개국 이래의 尙瑞司를 개칭하면서 정립되었다.[3] 관원은 조선 개국과 함께 설치된 尙瑞司 때에는 겸관인 判事 4(1품) · 尹 1(종3) · 少尹 1(정4) · 丞국 2(정5) · 注簿 2(정6) · 直長 2(정7) · 錄事 2직(정8)이 있었다.[4] 그 후 1405년(태종 5) 문반과 무반의 인사기

3) 『세조실록』 권38, 12년 1월 무오.

4) 『태조실록』 권1, 1년 7월 정미. 이하 '조선 개국과 함께'의 출전제시는 이와 같기에

능을 이조와 병조에 돌려줌에 따라 판사가 혁거되었고,[5] 1459년(세조 5)에 업무의 연속성과 관련되어 그 관원 중 2원이 久任官이 되었다.[6] 1466년 상서원으로 개칭되면서 정립될 때 모두가 녹관으로 전환되면서 윤이 正으로 개칭되고 정3품으로 승질되었고, 소윤이 혁거되었고, 승은 判官으로 개칭되고 종5품으로 조정되었으며, 녹사가 副直長으로 개칭되었다.[7] 『경국대전』의 편찬과 함께 정은 都承旨의 겸직이 되고 주부가 혁거 및 판관·직장·부직장 각1원이 삭감되면서 정 1(정3, 도승지겸), 판관 1(종5), 직장 1(종7), 부직장 1직(종8)으로 법제화되었다.[8]

3) 司饔院

司饔院은 조선 개국과 함께 고려제를 계승하여 설치한 司饔房에서 비롯되었고, 1467년(세조 13) 사옹방을 사옹원으로 개칭하면서 정립되었다.[9] 관원은 사옹방 때에는 녹관은 없고 무록관만 있었고,[10] 1464년 이전에 제조 1원을 두었고,[11] 1467년 사옹원으로 개칭때에 『경국대전』에 규정된 관원을 둔 것으로 추측된다. 『경국대전』에는 겸관인 도제조 1·제조 4·부제조 5직, 녹관인 정 1·부정 1·첨정 1·판관

---

번다함을 피하여 생략한다.

5) 『태종실록』 권9, 5년 1월 임자.

6) 『세조실록』 권15, 5년 3월 병오.

7) 『세조실록』 권38, 12년 1월 무오.

8) 『경국대전』 권1, 이전 경관직. 이하 『경국대전』에 대한 출전 제시는 이와 같기에 번다함을 피하여 생략한다.

9) 『세조실록』 권42, 13년 4월 기해.

10) 『세종실록』 권19, 5년 2월 경신, 『세조실록』 권42, 13년 4월 기해.

11) 『세조실록』 권34, 10년 12월 임신.

1 · 주부 1 · 직장 2 · 봉사 3 · 참봉 3직, 무록관인 提擧 · 提檢으로 법제화되었다.

## 2. 參上衙門; 內需司 · 忠翊府

### 1) 內需司(← 內需所 ← 內需別坐)

內需司는 조선 개국과 함께 설치된 내수별좌에서 비롯되었고, 1430년(세종 12) 내수별좌를 내수소로 개칭하면서 성립되었다가 1466년(세조 12) 다시 내수소를 내수사로 개편하면서 정립되었다.[12] 관원은 내수별좌 · 내수소 때에는 품관이 없다가 1466년 내수사 정립 때에 품관을 설치하고 典需 1(정5), 副典需 1(정6), 典會 1(종7), 典穀 1(종8), 典貨 1직(종9)을 두었다. 그후 전화 1직이 가치되고 무록관인 別坐 · 別提가 설치되었다가 『경국대전』의 편찬과 함께 법제화되었다.

忠翊府는 1392년(태조 1)에 설치된 원종공신소에서[13] 비롯되었고, 1456년 원종공신소를 충익사로 개칭하면서 성립되었다가 1466년(세조 12) 다시 충익사를 충익부로 개편하면서 정립되었다.[14] 관원은 원종공신소 때에는 품관이 없었고, 충익사 때에 무록관이 두어졌고,[15] 1466년 충익부로 개편될 때 녹관인 都事 2직(종5)을 두면서 정립되었다.

---

12) 『세종실록』 권48, 12년 6월 갑오, 『세조실록』 권38, 12년 1월 무오.

13) 구체적인 설치시기는 불명하나 태조 1년 10월에 태조원종공신을 책록 하였음에서(『태종실록』 권2, 1년 10월 정사) 이 직후에 그 지대를 위해 설치된 것으로 추측된다.

14) 『세조실록』 권4, 2년 6월 병오 · 권38, 12년 1월 무오.

15) 『세조실록』 권4, 2년 6월 병오.

### 3. 雜類衙門; 內侍府 · 掖庭署

#### 1) 內侍府

內侍府는 조선 개국과 함께 고려말의 내시부를 계승하면서 잡류아문으로 성립되었고, 이후 그대로 계승되다가 『경국대전』에 동반아문으로 법제화되었다.[16] 관원은 관아 성립 때에는 그 관직이 『조선왕조실록』에 기재되지 않았기 때문에 명확하게 알 수는 없다. 그러나 고려 내시부의 관직,[17] 태조대에 金師幸이 대유한 판사와 태종대와 세종대의 내시부검교직 조정과 혁거[18] 등을 볼 때 판사 · 검교 이하가 설치되었을 것으로 추측된다. 1424년(세종 6)에 정2품의 검교 2직을 혁파하고 종2품의 검교 2직을 설치하였다.[19] 1460년에 정7품 · 정8품직 각2직을 혁거하였다가 1462년(세조 8)에 다시 복구하였다.[20] 『경국대전』의 편찬과 함께 정7 · 정8품직이 종품직으로 전환되면서 尙膳 2(종2), 尙醞 1(정3), 尙茶 19정3), 尙藥 1(종3), 上典 2(정4), 尙冊 3(종4), 尙弧 4(정5), 尙帑 4(종5), 尙洗 4(정6), 尙燭 4(종6), 尙煊 4 · 尙設 6(종7), 尙除 6 · 尙門 5(종8), 尙更 6 · 尙苑 5직(종9)의 58직으로 법제화되었다. 관직은 그 담당하는 일과 관련되어 명명되었고, 모두가 환관으로서 제수되었으며, 체아직이었다.

---

16) 그 최고 녹관이 종2품의 尙膳인 만큼 아문의 지위는 당상아문이나 그 기재는 동반아문과 잡직아문의 중간에 기재되었다. 이 점에서 동반아문으로서보다는 잡직아문으로 분류되었다고 하겠다.

17) 그 관직에는 판사(1, 정2) · 검교판사(3, 종2) · 동판사(1, 종2) · 검교동판사(32, 정3) · 지사(1, 정3) · 검교지사(38, 종3) · 첨사(1, 종3) · 검교첨사(28, 정4) 와 동지사(2, 정4) 이하~통사(1, 종9)이 있었다(『고려사』 백관지 내시부조).

18) 『태조실록』 권3, 2년 5월 정묘, 『태종실록』 권35, 18년 5월 무오 · 『세종실록』 권101, 25년 7년 기미.

19) 『세종실록』 권24, 6년 4월 기해.

20) 『세조실록』 권20, 6년 5월 정유·권29, 8년 12월 병인.

2) 掖庭署

掖庭署는 조선 개국과 함께 고려말의 掖庭院을 계승하여 잡류아문으로 설치되었고, 이후 그대로 계승되었다가 『경국대전』에 법제화되었다. 관원은 관아 성립 때에는 『조선왕조실록』에 관직이 기록되지 않았기 때문에 구체적으로 알 수 없지만 1412년(태종 12)에 奉御大夫와 通御郞을 奉承과 通奉으로 개칭하였다.[21] 1457년(세조 3)에 司謁·司鑰 각1직을 감축하고 內謁者·謁者 각1, 부알자 2직을 혁거하였으며, 부사약 1·공봉 3·알자 2·좌반전직 3·내반종사 3직을 신설하였다.[22] 그 후 『경국대전』의 편찬과 함께 司謁·司鑰 각1(정6), 副司鑰 1(종6), 司案 2(정7), 副司案 2(종7), 司鋪 2(정8), 副司鋪 3(종8), 司掃 6(정9), 副司掃 9직(종9)의 27직으로 법제화되었다. 관직은 그 담당하는 일과 관련되어 명명되었다. 內豎로서 제수하였고, 모두 잡직 遞兒職이었다.

## 제2절 戶曹屬衙門

### 1. 堂下衙門

1) 內資寺, 內贍寺, 司㼚寺, 司贍寺, 軍資監, 濟用監, 司宰監

(1) 內資寺(← 內府寺)

內資寺는 조선 개국과 함께 고려제를 계승하여 내부시를 설치하면서 성립되었고, 1401년 내부시를 내자시로 개칭하면서 정립되었다가 1403년(태종 3) 義成庫를 병합하면서 확립되었다.[23] 관원은 관아 성립 때에

---

21) 『태종실록』 권24, 12년 12월 임술.

22) 『세조실록』 권8, 3년 7월 병인.

判事 2(정3), 卿 2(종3), 少卿 2(종4), 注簿 1·兼注簿 1(종6), 直長 2직(종7)이 설치되었고, 이 관직이 이후 다음의 표와 같이 1403년(태종 3)·1406년·1414년(태종 14)·1420년·1423년(세종 5)·1460년·1466년(세조 12) 등에 걸쳐 판사·경·소윤·겸주부·직장 각 1직이 감축되고 판관·봉사 각 1직이 설치 및 제조가 설치되고 판사·윤·소윤이 정·부정·첨정으로 개정되면서 정립되었다가 『경국대전』에 제조(1, 종1~종2 겸)와 정(1, 정3) 이하 7 녹직으로 법제화되었다(주부 이상 4원 구임).

<표 7-2> 조선초기 내자시 관직 변천(『조선왕조실록』, 『敬齋集』)

| | 종1~종2 (제조) | 정3 당하 | 종3 | 종4 | 종5 | 종6 | 종7 | 종8 |
|---|---|---|---|---|---|---|---|---|
| 태조 1년 7월 | | 判事 2 | 卿 2 | 少卿 2 | | 注簿1·兼注簿1 | 直長 2 | |
| 태종 3. 6. | | 1 | 1 | | | | | |
| 태종 6. 이전 | | | 令 1 | 副令 2 | | | | |
| 태종 14. 1. | | | 尹 1 | 少尹 2 | | | | |
| 세종 2. 1. | | | | | 判官 1 | | | |
| 세종 5. 2. | 5 → 3 | | | | | | | |
| 세조 6. 5. | | | | | | 注簿 1 | | |
| 세조 12. 1. | | 正 1 | 副正 1 | 僉正 1 | | 主簿 1 | 直長 1 | 奉事 1 |
| 『경국대전』 | 提調 1 | 정 1 | 부정 1 | 첨정 1 | 판관 1 | 주부 1 | 직장 1 | 봉사 1 |

(2) 內贍寺

內贍寺는 1403년(태종 3)에 조선개국 이래로 고려말의 제도를 계승하여 운영한 德泉庫를 개편하면서 성립되었고, 이후 그대로 계승되었다. 관원은 관아 성립 때에 판사 1·경 1·소경 2·주부 1·겸주부 1·직장 2직을 두었다고 추측된다.[24] 이후 內資寺와 같이 1406년 이전, 1414년(태

23) 『태종실록』 권2, 1년 7월 경자·권5, 3년 6월 을해.

24) 『태종실록』 권5, 태종 3년 6월 을해조에 "관직을 시치하였다"고만 기재되었기에

종 14), 1420년, 1423년(세종 5), 1460년, 1466년(세조 12)에 걸쳐 관직명이 개변되고 관직수가 조정되었다가 『경국대전』에 제조 1직과 정 1직 이하(주부 이상 4원은 구임)로 규정되었다.

(3) 司䆃寺(← 司導署)

司䆃寺는 1478년(성종 9)에, 1467년(세조 13) 개국 이래의 사선서를 개칭하면서 성립되었던 이조속아문 䆃官署를 다시 개칭·승격하고 호조속아문으로 이속하면서 성립되었다.[25] 관원은 사선서 때에는 영(1직, 종5)·승(2, 종6)·직장(2, 종7)·食醫(2, 정9)가 있었다. 사도시로 개편될 때 『경국대전』에 규정된 제조(1), 정(1), 부정(1), 첨정(1), 주부(1), 직장(1)이 설치되고 주부 이상 1직이 구임이 된 것으로 추측된다.

(4) 司贍寺(← 典農寺 ← 司贍署)

司贍寺는 1460년(세조 6)에 1409년(태종 9) 이래의 예조속아문인 典農寺를 개칭하고 이속하면서 성립되었고,[26] 일시 도관서로 개칭되었다가 세조 12년에 사섬시로 개칭되었다가[27] 『경국대전』에 법제화되었다. 관

---

그 설치관직은 알 수 없다. 그런데 이후 내섬시의 관아의 격과 관직의 변개가 內資寺의 그것과 같았음에서 내자시와 같은 관직이 설치된 것으로 파악한다.

25) 『성종실록』 권95, 성종 9년 8월 신묘. 그러나 기능·직제상으로는 조선개국 이래로 운영된 요물고(태조 1년 - 태종 1년), 공정고(태종 1년 7월 -세종 4년), 도관서(세종 4년 9월 - 세조 6년), 사선서(세조 6년 5월 - 세조 13년), 도관서(세조 13년 4월 - 성종 9년 8월 이전)에서 비롯되었다.

26) 『태종실록』 권18, 9년 12월 갑인, 『세조실록』 권20, 6년 6월 신축. 그러나 기능·직제상으로는 태종 1년 이래로 운영된 사섬서(태종 1년 4월~세조 6년 5월)에서 비롯되었다.

27) 『세조실록』 권38, 12년 1월 무오.

원은 1466년 성립 때에 정 · 부정 · 첨정 · 주부 · 직장 각1직을 두었고,[28) ]『경국대전』 편찬 때에 제조 1직이 설치되고, 주부 이상 1직이 구임이 되면서 법제화되었다.

(5) 軍資監

軍資監은 조선개국과 함께 고려말의 관제를 계승하여 군자감이 설치되면서 성립되었고, 1403년(태종 3)에 延慶宮을 병합하면서[29)] 정립되었다가 『경국대전』에 법제화되었다. 관원은 관아 성립 때 判事 2(정3), 監 2(종3), 少監 2(종4), 丞 1 · 兼丞 1(종5), 注簿 3 · 兼注簿 1(종6), 直長 2(종7), 錄事 2직(정8)을 두었다. 이후 1403년, 1414년(태종 14), 1423년(세종 5), 1460년, 1465년, 1466년(세조 12)에 걸쳐 판사 · 감 각1직이 감축되고 감 · 소감 · 승이 정 · 부정 · 판관(판사 · 정 · 부정이 다시 정 · 부정 · 첨정)으로 개칭되는 등으로 개변 · 조정되었다가[30)] 『경국대전』에 도제조 · 제조 각1직과 정~참봉과 주부 이상 8직의 구임관으로 법제화되었다. 그 관직의 개변을 정리하여 표로 제시하면 다음과 같다.

---

28) 『세조실록』 권38, 12년 1월 무오. 태종 1년 설치된 사섬서 때에는 영(1, 종5) · (2, 종6) · 직장(2, 종7) · 주부(2, 종8)가 있었다.

29) 『태종실록』 권5, 3년 6월 을해.

30) 『태종실록』 권5, 3년 6월 을해·권27, 14년 1월 계사, 『세종실록』 권19, 5년 2월 경신, 『세조실록』 권20, 6년 5월 기묘·권21, 6년 8월 기미·권35, 11년 2월 기해·권38, 12년 1월 무오.

<표 7-3> 조선초기 군자감 관직 변천(*은 구임관)

| | 도제조 | 제조 | 정3 | 종3 | 종4 | 종5 | 종6 | 종7 | 종8 | 정9 | 종9 |
|---|---|---|---|---|---|---|---|---|---|---|---|
| 태조 1년 7월 | | | 判事2 | 監2 | 少監2 | 丞 1<br>兼丞1 | 注簿3<br>겸1 | 直長1 | 錄事2<br>(정8) | | |
| 태종 3. 6. | | | 1 | 1 | | | | | | | |
| 14. 1. | | | | 正1 | 副正2 | 判官2 | | | | | |
| 세종 5. 2. | | 3 → 2 | | | | | | | | | |
| 세조 6. 8. | | | * | * | * | * | * | * | * | | |
| 11. 2. | | | | | 3 | 3 | | ? | ? | | |
| 12. 1. | | | 正1 | 副正1 | 僉正2 | 判官3 | 主簿1 | 直長1 | 奉事1 | 副奉事1 | |
| 『경국대전』 | 1 | 1 | 정1 | 부정1 | 첨정2 | 판관3 | 주부3 | 직장1 | 봉사1 | 부봉사1 | 參奉1 |

(6) 濟用監(← 濟用庫)

濟用監은 1409년(태종 9)에 조선개국 이래로 운영된 제용고를 개칭·승격하면서 성립되었고,31) 세조 6년에 都鹽署가 합속되면서 정립되었다가 『경국대전』에 법제화되었다. 관직은 제용고 성립 때에는 使(1, 종5)·副使(2, 종6)·丞(2, 종7)·注簿(2, 종8)·錄事(2, 종9)가 있었고, 제용감 성립과 함께 판사 1·감 1·소감 2직을 설치하고 사·부사·주부를 판관·주부·직장으로 개칭하였다.32) 이후 1414년(태종 14)에 감·소감·승이 정·부정·판관으로 개칭되었고,33) 1423년(세종 5) 이전에 부정이 소윤으로 개칭되었고, 1423년에 제조 3직이 1직으로 감축되고 소윤·주부·직장 각1직이 증치되었다.34) 1460년에 직장 1직이 감축되고 모든 관직이 구임관이 되었으며,35) 1466년(세조 12)에 판사·정·소윤이 정·

31) 『태종실록』 권18, 9년 12월 신유.

32) 『태종실록』 권18, 9년 12월 신유. 종8품 주부에 대한 언급은 없지만 여타 정3품아문의 관직을 볼 때 부사가 개칭되면서 설치된 것으로 추측된다.

33) 『태종실록』 권27, 14년 1월 계사.

34) 『세종실록』 권19, 5년 2월 경신·권21, 5년 8월 경술.

35) 『세조실록』 권20, 6년 5월 정유·권21, 6년 8월 기미.

부정 · 첨정으로 개칭 및 녹사가 혁거되고 참봉 1직이 증치되었다.[36) 『경국대전』의 편찬과 함께 제조 1 · 정 1 · 부정 1 · 첨정 1 · 판관 1 · 주부 1 · 직장 1 · 봉사 1 · 부봉사 1 · 참봉 1직과 주부 이상 4직이 구임으로 법제화되었다.

(7) 司宰監

司宰監은 조선개국과 함께 고려말의 사재감을 계승하면서 성립되었다. 1403년(태종 3)에 조선개국 이래로 전함을 營修하고 전수를 감독하던 司水監을 병합하였다가 1432년(세종 14)에 사수감계의 기능이 司水色으로 독립되어 나가고[37) 익년에 舡軸局이 병합하였으며,[38) 1466년(세조 12) 공조속아문에서 호조속아문으로 전환되면서[39) 정립되었다가 『경국대전』에 법제화되었다. 관직은 관아 성립 때에는 判事(2, 정3) · 감(2, 종3)로부터 녹사(2, 정8)에 이르는 14 녹직과 2 겸직이 있었고, 이후 1402년, 1403년, 1414년(태종 14), 1419년, 1423년, 1433년, 1446년(세종 28), 1460년, 1466년(세조 12) 등에 걸쳐 다음의 표와 같이 판사 · 감이 각 1직으로 조정되고 정 · 부정으로 개칭 및 겸직이 혁거되고 참봉이 설치되는 등으로 개변되었다가 『경국대전』에 제조 1직 · 정 1직 이하와 주부 이상 1직이 구임관으로 규정되었다.

36) 『세조실록』 권38, 12년 1월 무오.

37) 『태종실록』 권5, 3년 6월 을해, 『세종실록』 권58, 14년 12월 을사.

38) 『세종실록』 권61, 15년 9월 경자.

39) 이속된 시기는 불명하나 세조 12년 『경국대전』의 편찬과 함께 『경국대전』에 규정된 관제가 거의 마무리되었음에서 이 때에 이속된 것으로 추측하여 파악한다.

<표 7-4> 조선초기 사재감 관직변천(『조선왕조실록』, *은 구임관)

| | 종1~종2 | 정3당하 | 종3 | 종4 | 종6 | 종7 | 종9 | 기타 |
|---|---|---|---|---|---|---|---|---|
| 태조 1년 7월 | | 판사 2 | 감 2 | 소감 2 | 주부2, 겸1 | 직장 2 | | |
| 태종 2. 5. | | | | | | 1 | | |
| 3. 6. | | 1 | 1 | | | | | |
| 14. 1 | | | 정 1 | 부정 2 | | | | |
| 세종 1. 12. | | | | 가 겸1 | | | | |
| 5. 2 | 제조5 → 3 | | | | | | | |
| 15. 6. | | | | 1/2* | | * | | |
| 28. 5. | | | | 혁 겸1 | 혁 겸1 | | | |
| 세조 6. 5. | | | | 부정 1 | | 직장 1 | | |
| 6. 8. | | | | * | | * | | |
| 12. 1. | | 정 1 | 부정 1 | 첨정 1 | | | 참봉 1 | |
| 『경국대전』 | 제조 1 | 정 1 | 부정 1 | 첨정 1 | 주부 1 | 직장 1 | 참봉 1 | |

## 2) 豊儲倉, 廣興倉, 典艦司

### (1) 豊儲倉

豊儲倉은 개국과 함께 고려말의 풍저창을 계승하면서 성립되었고, 그대로 계승되다가 『경국대전』에 법제화되었다. 관직은 관아 성립과 함께 使 1 · 副使 2 · 丞 2 · 注簿 2직이 설치되었다. 이후 1414년(태종 14)에 주부가 副丞으로 개칭되었고, 1423년에 副提調 1직이 혁거되고 제조 1직이 설치되었으며, 1432년(세종 14)에 刑曹右參判이 例兼提調가 되었다.[40] 1466년(세조 12) 사가 守로 개칭되면서 정4품관으로 승격되고 부사 · 승 · 부승이 主簿 · 直長 · 奉事로 개칭 및 각1직으로 조정되며 정9품 副奉事 1직이 설치되었다가[41] 그대로 『경국대전』에 규정되었다.

---

40) 『태종실록』 권27, 14년 1월 계사, 『세종실록』 권19, 5년 2월 경신·권58, 14년 10월 병신.

41) 『세조실록』 권38, 12년 1월 무오. 주부 · 직장 · 봉사가 몇 직이었는가는 불명하나 관아지위와 관직의 변개가 같은 광흥창의 세조 12년 관직개변에 미루어 이 때에 각 1직이 감축된 것으로 파악한다.

(2) 廣興倉

廣興倉은 조선개국과 함께 고려말의 광흥창을 계승하면서 성립되었고, 그대로 계승되다가 『경국대전』에 법제화되었다. 관직은 관아 성립 때에 풍저창과 같이 使 이하가 설치되었고, 1414년에 주부가 부승으로 개칭되었고, 1423년에 제조 1직이 혁거되었으며, 1432년에 제조 1직이 설치되면서 예조우참판의 예겸직이 되었다. 1466년(세조 12)에 사가 수로 개칭되면서 정4품관직이 되고 승・부승 각 1직이 감축 및 부사・승・부승이 주부・직장・봉사로 개칭되고 부봉사 1직이 설치되었으며,[42] 『경국대전』의 편찬과 함께 수 1・주부 1・봉사 1・부봉사 1직과 주부 이상 1직이 구임관으로 규정되었다.

(3) 典艦司

典艦司는 1470년(성종 1) 이전에 1460년(세조 6) 이래로 운영된 轉運色을 개칭하면서[43] 성립되었다가 『경국대전』에 법제화되었다. 관직은 관아 성립 때에 제조 이하를 두었고, 『경국대전』의 편찬과 함께 도제조 1, 제조 1, 提檢(종4, 別坐・別提와 합하여 5원), 별좌(정5 - 종5), 별제(정6 - 종6)와 水運判官 2직과 海運判官 1직이 배속되는 것으로 규정되었다.

## 2. 參上衙門; 平市署, 司醞署, 義盈庫, 長興庫, 司圃署, 養賢庫

(1) 平市署

平市署는 1466년(세조 12) 조선개국 이래로 운영되고 1462년에 7품아문에서 종5품아문으로 승격된 京市署를 개칭하면서 성립되었고,[44] 『경

42) 『세조실록』 권 38, 12년 1월 무오.

43) 『세조실록』 6년 5월 정유 典船色合屬轉運色, 『성종실록』 권6, 1년 6월 을축.

국대전』에 법제화되었다. 관직은 경시서 때에는 처음에 令(1, 종5) · 丞(2, 종6) · 注簿(2, 종8)가 있었고, 그 후 승 · 주부가 注簿 · 錄事로 개칭되고 提調 1직과 副錄事 1직이 설치되었으며, 영과 주부 1직이 혁거 및 녹사가 丞으로 개칭되고 1직이 감축되었다.[45] 1466년에 兼署令이 令으로 개칭되고 兼丞이 혁거되었다가[46] 『경국대전』의 편찬과 함께 提調 1 · 令 1 · 直長 1 · 奉事 1직으로 규정되었다.

(2) 司醞署

司醞署는 조선개국과 함께 고려말의 사온서를 계승하면서 성립되었고, 1466년 예조속아문에서 호조속아문으로 전환되면서[47] 정립되었다가 『경국대전』에 법제화되었다. 관직은 관아 성립 때에 영(1, 종5) · 승(1, 종6) · 직장(2, 종7) · 부직장(2, 종8)이 설치되었다. 이후 1414년(태종 14)에 승을 주부로 개칭하였고, 1423년(세종 5)에 제조 1직을 설치하였으며, 1460년에 겸직의 주부 · 직장 · 부직장 각 1직을 두었다.[48] 1466년(세조 12) 부직장이 봉사로 개칭되었고,[49] 『경국대전』의 편찬과 함께 겸직이 혁거되고 직장 · 봉사 각1직이 감축되면서 영 1 · 주부 1 · 직장 1 · 봉사 1직으로 규정되었다.

---

44) 『태조실록』 권1, 1년 7월 정미, 『세조실록』 권27, 8년 2월 기사·권38, 12년 1월 무오.

45) 『태종실록』 권27, 14년 1월 계사, 『세종실록』 권18, 4년 10월 정유·권19, 5년 1월 신묘, 『세조실록』 권20, 6년 5월 정유.

46) 『세조실록』 권38, 12년 1월 무오.

47) 이속 시기는 불명하나 관제정비와 관련하여 세조 12년으로 추측하여 파악한다.

48) 『태종실록』 권27, 14년 1월 계사, 『세종실록』 권19, 5년 2월 경신, 『세조실록』 권20, 6년 5월 정유.

49) 『세조실록』 권38, 12년 1월 무오.

(3) 義盈庫

義盈庫는 조선개국과 함께 고려말의 의영고를 계승하면서 성립되었고, 태종 3년(1403)에 延福宮을 병합하면서[50] 정립되었다가 『경국대전』에 법제화되었다. 관직은 관아 성립과 함께 사 1・부사 2・직장 2・주부 2직이 설치되었다. 1414년(태종 14)에 주부가 부직장으로 개칭되었고, 1432년에 호조우참판이 제조를 예겸하였고, 1433년(세종 15)에 직장 1직이 구임관이 되었다.[51] 1460년에 부사・직장・부직장 각 1직이 감축되고 사・직장이 구임관이 되었으며,[52] 1466년(세조 12)에 사・부사・부직장이 령・주부・봉사로 개칭되었고,[53] 『경국대전』의 편찬과 함께 영・주부・직장・봉사 각 1직과 직장 이하 1원이 구임으로 규정되었다.

(4) 長興庫

長興庫는 조선개국과 함께 고려말의 장흥고를 계승하면서 성립하였고, 태종 3년에 興新宮을 합병하면서[54] 정립되었다가 『경국대전』에 법제화되었다. 관직은 관아 성립과 함께 사 1・부사 1・직장 2・주부 2직이 설치되었다. 1414년에 주부가 부직장으로 개칭되었고, 1442년에 제조 1직이 이조우참판의 예겸직이 되었고, 1460년에 직장・부직장 각 1직이 혁거되었다.[55] 1466년에 使가 令으로 개칭되었고,[56] 『경국대전』의 편찬

---

50) 『태종실록』 권5, 3년 6월 을해.

51) 『태종실록』 권27, 14년 1월 계사, 『세종실록』 권58, 14년 10월 병신・권60, 15년 6월 임오.

52) 『세조실록』 권20, 6년 5월 정유・권21, 6년 8월 기미. 부사・부직장의 감축은 확인되지 않았지만 장흥고의 예로 미루어 이 때 감축된 것으로 추측된다.

53) 『세조실록』 권38, 12년 1월 무오.

54) 『태종실록』 권5, 3년 6월 을해.

과 함께 의영고와 같이 규정되었다.

(5) 司圃署

司圃署는 1466년(세조 12)에 1425년(세종 7) 이래로 운영된 공조속아문 沉藏庫가 개칭되고 호조속아문이 되면서 성립하였다가[57] 『경국대전』에 법제화되었다. 관직은 침장고 때에는 녹관은 없고 무록관과 겸관만 있었고,[58] 사포서가 성립될 때 정6품 司圃 1직이 설치되었으며, 『경국대전』의 편찬과 함께 제조 1 · 사포 1 · 별제(정6~종6)와 별검(정8~종8) 7직으로 규정되었다.

(6) 養賢庫

養賢庫는 조선개국과 함께 고려말의 양현고를 계승하면서 성립되었고, 1465년에 풍저창에 병합되면서 혁거되었다(分豊儲倉).[59] 1473년(성종 14)에 分豊儲倉이 양현고로 개편되면서 복설되었다가[60] 『경국대전』에 법제화되었다. 처음 설치될 때에는 판관(2, 권무)이 있었고, 1414년에 판관이 녹사로 개칭되고 정9품직이 되었다.[61] 분풍저창 때에는 성균관

---

55) 『태종실록』 권27, 14년 1월 계사, 『세종실록』 권19, 5년 2월 경신, 『세조실록』 권20, 6년 5월 정유.

56) 『세조실록』 권38, 12년 1월 무오.

57) 『세조실록』 권38, 12년 1월 무오. 기능 · 직제상으로는 태종 5년 1월 이전으로부터 태종 14년 12월까지 운영된 沉臟庫, 茶房(태종 14년~세종 7년 6월)에서 비롯되었다.

58) 『세종실록』 권28, 7년 6월 경자, 『세조실록』 권21, 6년 8월 기미.

59) 『성종실록』 권5, 1년 5월 경인 世祖十一年爲分豊儲倉 有兼官.

60) 『성종실록』 권161, 14년 12월 병인.

61) 『태종실록』 권27, 14년 1월 계사.

의 참상 1·참하 2직이 겸한 3직이 있었고, 이것이 복립과 함께 주부(1, 성균전적겸, 구임)·직장 1(성균박사겸)·봉사 1직(성균학정겸)으로 계승되었다가 그대로 『경국대전』에 규정되었다.

2) 五部(中·東·南·西·北部)

五部 - 중·동·남·서·북부 - 는 1395년(태조 4)에 漢陽府를 漢城府로 개칭하고 고려·당시까지의 개성부 5부제를 참작하여 중·동·남·서·북부를 설치하면서 성립되었다.[62] 1399년에 개성으로 천도함에 따라 개성부 5부로 되었고, 1405년에 한성부에 환도함에 따라 한성부 5부로 복구되었다가 『경국대전』에 법제화되었다. 관직은 5부제 성립과 함께 령(각1, 종6)과 녹사(각2, 권무)가 설치되었다. 1466년에 령이 주부로 개칭되고 1470년에 봉사(각1, 종8)가 혁거되었다가[63] 『경국대전』의 편찬과 함께 주부 1·참봉 2직으로 규정되었다. 그 외에 坊에는 각각 品外의 管領 각1인이 있었다.

## 제3절 禮曹屬衙門

### 1. 堂上衙門

1) 弘文館

弘文館은 1478년(성종 9), 1456년(세조 2)에 혁파된 集賢殿의 직장·

62) 『태조실록』 권7, 4년 6월 무진·을해.

63) 『세조실록』 권38, 12년 1월 무오, 『성종실록』 권3, 1년 2월 신미. 봉사의 설치시기는 불명하다.

관원을 예조속아문의 홍문관으로 독립시킨 조치에 따라 성립되었고,[64) 『경국대전』에 법제화되었다. 관직은 관아가 성립될 때 領事(1, 정1, 의정겸), 大提學(1, 정2겸), 提學(1, 종2겸), 副提學(1, 정3 당상), 直提學(1, 정3 당하), 典翰(1, 종3), 應敎(1, 정4), 校理(2, 정5), 副校理(2, 종5), 修撰(3, 정6), 副修撰(3, 종6), 博士(1, 정7), 著作(1, 정8), 正字(2, 정9)가 설치되었다. 『경국대전』의 편찬과 함께 성립 때의 그것에 副應敎(1, 종4)가 신치되고 박사(1)가 증치되면서 규정되었다.

관직은 그 직장상 모두 문관으로 제수되었고, 부제학 이하는 경연의 參贊官 이하를 겸직하였으며, 부제학 이하 부수찬 이상은 知製敎를 겸대하였다. 또 직제학 이하에 결원이 있으면 차하위 관직자의 근무일수를 계산하지 아니하고 차례대로 천전시켰다. 관원은 그 후보자의 명단이 기록된 弘文錄에서 전형관의 천거(圈點)가 많은 자를 제수하였다.[65)]

2) 藝文館

藝文館은 1401년 개국 이래의 藝文春秋館을 예문관과 춘추관의 두 아문으로 분립할 때 성립되었고,[66)] 그대로 계승되다가 『경국대전』에 법제화되었다. 관직은 관아 성립 때에 예문관계의 奉敎(2, 정7)・待敎(2, 정8)・檢閱(4, 정9)을 계승하고 大提學(1, 정2겸)・提學(1, 종2겸)・直提學(2, 정3)・直館(2, 정4)이 두어졌다.[67)] 이후 1409년(태종 9), 1420년(세종

64) 『성종실록』 권90, 9년 3월 신사. 그 구체적인 성립경위는 崔承熙, 1970, 「弘文館의 成立經緯」, 『韓國史研究』 5, 98~110쪽 참조.

65) 崔承熙, 1970, 「弘文錄考」, 『大丘史學』 15・16합, 270~286쪽.

66) 『태종실록』 권2, 1년 7월 경자.

67) 『태종실록』 권2, 1년 7월 경자.

2), 1457년, 1459년, 1460년, 1466년(세조 12), 1470년, 1478년(성종 9)[68] 등에 걸쳐 兼藝文館 15직이 설치되었다가 녹관이 되고 副提學 이하 15직이 홍문관으로 移次 및 兼應教가 설치되는 등으로 개변되었다. 다시 『경국대전』의 편찬과 함계 領事(정1, 1, 의정겸), 대제학(1, 정2겸), 제학(1, 종2겸), 직제학(1, 정3품 당하, 도승지겸), 응교(1, 정4, 홍문관관겸), 봉교(2, 정7), 대교(2, 정8)로 규정되었다. 예문관관의 변천상을 표로 재정리하여 덧붙이면 다음과 같다.

<표 7-5> 조선초기 예문관 관직 변천(＊은 겸직, ＊＊은 구임관)

| | 정1~종2 | 정3 당상 | 정3 당하 | 종3 | 정4 | 종4 | 정5 | 종5 | 정6 | 종6 | 정7 | 정8 | 정9 |
|---|---|---|---|---|---|---|---|---|---|---|---|---|---|
| 태종 1년 7월 | 大提學1<br>提學1 | | 直提學2 | | 直館 2 | | | | | | 奉教 2 | 待教 2 | 檢閱 4 |
| 9. 12. | | | 1 | | | | | | | | | | |
| 세종 2. 3. | | | | | 1 | | | | | | | | |
| 세조 3. 7. | 대제학<br>녹 → 겸 | | | | | | | | | | | | |
| 5. 12. | | 1* | 1* | 1* | 1* | 1* | 2* | 2* | 3* | 3* | | | |
| 6. 8. | | | ** | ** | ** | | | | | | 1/2<br>** | 1/2<br>** | 4＊ |
| 12. 1. | 領館事 →<br>領事* | | | | 典翰 | | | | | | | | |
| 성종 1. 4. | | 副提學1 | 직제학1 | 典翰 1 | 應教 1 | 副應教1 | 校理 2 | 副校理2 | 修撰 3 | 副修撰3 | | | |
| 9. 3. | | | | | 겸1 | | | | | | | | |
| 『경국대전』 | 영사1*<br>대제학1*<br>제학1* | | 직제학1* | | 응교<br>1* | | | | | | 봉교 2 | 대교 2 | 검열 4 |

68) 『태종실록』 권18, 9년 12월 신유, 『세종실록』 권7, 2년 3월 신사, 『세조실록』 권8, 3년 7월 병인·권18, 5년 12월 갑술·권21, 6년 8월 기미·권38, 12년 1월 무오, 『성종실록』 권4, 1년 4월 갑술·권90, 9년 3월 신사.

관직은 그 직장과 관련되어 모두 문관으로 임명되었고, 봉교 이하의 관직을 처음 줄 때에는 의정부가 이조 · 홍문관 · 춘추관 · 예문관과 함께 『資治通鑑』·『春秋左傳』· 중국의 여러 사서 중에서 講을 행하게 하여 합격된 자를 제수하였다. 봉교 이하가 전직될 때는 품계가 낮은 자는 그 직에 준하여 품계를 올려주고 次下位者를 차례 차례로 전임(次次遷轉)시켰다(成均館 · 承文院 · 校書館의 博士 이하도 같다). 또 5품관 이하는 수령직을 거치지 않고도 4품 이상에 승자하는 우대를 받았다(승문원도 같다).[69]

3) 成均館

成均館은 조선 개국과 함께 고려의 성균관제를 계승하면서 성립되었고, 그대로 계승되다가 『경국대전』에 법제화되었다. 관직은 관아 성립과 함께 大司成(1, 정3) · 祭酒(1, 종3) · 直講(1, 정5) · 典簿(1, 종5) · 博士(2, 정7) · 醇儒博士(2, 종7) · 進德博士(2, 정8) · 學正과 學錄(각2, 정9) · 直學과 學諭(각2, 종9)가 설치되었다. 이후 1411년(태종 11)에 순유박사가 혁거되었고, 1430년에 종학교육을 위해 사성 · 주부 · 직강 각 1직을 설치하여 宗學博士를 겸대하게 하였으며, 1446년(세종 28)에 직강 이하 11직을 가설하였다.[70] 1466년(세조 12)에 知館事를 知事로 개칭하고 대사성을 정3품 당상관직으로 승격하고 겸대사성 · 사성 · 사예를 혁거 및 직강 4 · 주부 5 · 박사 1 · 진덕박사 3 · 학정 1 · 학록 1 · 직학 2 · 학유 2를 감축하였다.[71] 『경국대전』의 편찬과 함께 지사(1, 정2겸), 동지사(2, 종2

69) 『성종실록』 권11, 2년 8월 신축.

70) 『태종실록』 권21, 11년 6월 무신, 『세종실록』 권47, 12년 3월 을사·권111, 28년 3월 을해.

겸), 대사성(1, 정3품 당상), 사성(2, 종3), 사예(3, 정4), 직강(4, 정5), 전적(13, 정6), 박사(3, 정7), 학정(3, 정8), 학록(3, 정9), 학유(3, 종9)로 규정되었다. 또 약간명의 權知가 있었는데, 문과에 급제하고 실직에 제수되지 못한 인물이 제수되었다(승문원·교서관도 같다). 直講 이상 1원은 구임으로 하였고, 박사 이하는 議政府 司祿 1원과 奉常寺 直長 이하 2원이 겸임하고 차례차례 전임시켰다.[72]

## 2. 堂下衙門

### 1) 春秋館, 承文院, 校書館

#### (1) 春秋館

春秋館은 1401년 개국 이래의 藝文春秋館을 예문관과 춘추관의 두 아문으로 분립하면서 성립되었고,[73] 그대로 계승되다가 『경국대전』에 법제화되었다. 관직은 관아가 성립될 때 예문춘추관 때의 겸관인 領館事 이하 博士가 계승되면서 정착되었다. 이어 1466년에 領館事, 知館事, 同知館事, 充編修官이 각각 領事, 知事, 同知事, 修撰官으로 개칭되었다가[74] 『경국대전』의 편찬과 함께 영사(정1, 영의정겸), 감사(정1, 좌·우의정겸), 지사(2, 정2겸), 동지사(2, 종2겸), 수찬관(무정수, 정3 당상겸), 編修官(무정수, 정3~종4겸), 記注官(무정수, 정5~종5겸), 記事官(무정수, 정6~정9겸)으로 규정되었다. 그 職掌과 관련되어 관원은 문관으로 임명되었고, 수찬관 이하는 承政院·弘文館의 副提學 이하, 議政府의 舍人·檢

71) 『세조실록』 권38, 12년 1월 무오.

72) 『경국대전』 권1, 이전 경관직 성균관조.

73) 『태종실록』 권2, 1년 7월 경자.

74) 『세조실록』 권38, 12년 1월 무오.

詳, 藝文館의 奉敎 이하 및 世子侍講院의 堂下官 2원, 司憲府의 執義 이하, 司諫院·承文院·宗簿寺·六曹의 당하관 각 1원이 겸임하였다.[75]

(2) 承文院(← 文書應奉司)

承文院은 1405년 이전에 文書應奉司가 설치되면서 비롯되었고,[76] 1411년 문서응봉사를 승문원으로 개칭하고 정3품 아문으로 개편하면서 정립되었다가[77] 그대로 『경국대전』에 계승되었다. 관직은 문서응봉사 때에는 겸직만 있다가 승문원으로 개편될 때 判事(1, 정3)·知事(1, 종3)·僉知事(2, 종4)·校理(2, 종5)·副校理(2, 정6)·正字(2, 종7)·副正字(2, 정8)를 두었고, 곧 都提調와 提調를 두었으며, 1417년(태종 17)에 정자와 부정자를 博士와 著作郞으로 개칭하고 정자(2, 정9)·부정자(2, 종9)를 두었다.[78] 1420년 첨지사 1직을 감축하였고, 1445년(세종 27) 첨지사를 副知僉知로 개칭하였다.[79] 1466년(세조 12)에 판사, 지사, 부지첨지, 부교리, 저작랑을 각각 判校, 參校, 校勘, 校檢, 著作으로 개칭하였고,[80] 『경국대전』의 편찬과 함께 도제조(3, 3의정), 제조(무정수, 종1~종2겸), 부제조(무정수, 정3당상겸), 판교(1, 정3품당하), 참교(1, 종3), 교감(1, 종4), 교리(2, 종5), 교검(2, 정6), 박사(2, 정7), 저작(2, 정8), 정자(2, 정9), 부정자(2, 종9)로 규정되었다. 모두 문관으로 임명되었다. 판교는 1475년(성종 6)까지는 임기가 차면 당상관으로 승진하였고, 참상관도 1443년까지는 30개

75) 『경국대전』 권1, 이전 경관직 춘추관조.

76) 『태종실록』 권9, 5년 3월 병신.

77) 『태종실록』 권21, 11년 6월 무신.

78) 『태종실록』 권21, 11년 6월 무신·11월 병자·권33, 17년 6월 을미.

79) 『세종실록』 권7, 2년 3월 신사·권107, 27년 1월 을유.

80) 『세조실록』 권38, 12년 1월 무오.

월이 차면 모두 加資되는 우대를 받았다.[81] 참교 이하는 다른 관아의 관원이 겸임하였는데, 박사 이하는 봉상시의 직장 이하 1원이 겸임하였다. 교검 이상이나 박사 이하에 결원이 생기면 그 임무를 감당할 수 있는 자로서 근무일수를 계산하지 아니하고 차례차례로 전임시켰다. 교검 이상 1원은 구임으로 하였다.[82]

(3) 校書館(← 典校署 ← 校書館 ← 校書監)

校書館은 조선 개국과 함께 고려말의 校書監을 계승하여 정3품아문으로 설치되면서 비롯되었다. 이후 1401년에 교서관으로 개칭되고 종5품아문으로 격하되었고, 1466년에 典校署로 개칭되었고, 1484년(성종 15)에 다시 교서관으로 개칭되고 정3품아문으로 승격되었다가[83] 『경국대전』에 계승되었다. 관직은 교서감 설치 때에는 判事 2, 監 2, 少監 2, 丞 1, 郞 2(정7), 著作郞 2(정8), 校勘 2(정9), 正字 2직(종9)을 두었다. 1401년 교서관으로 개칭·5품아문으로 격하될 때 소감 이상이 혁거되고 승이 校理로 개칭 및 副校理 1직(종6)이 설치되었다. 1411년 부교리가 혁거되었고, 1440년 提擧·別坐 2직이 증치되었다.[84] 1466년 전교서로 개칭될 때 랑·교감·정자가 박사·정자·부정자로 개칭되고 저작랑이 저작으로 개칭되면서 1직이 감축되었다. 1484년 교서관으로 개칭되고 3품아문으로 승격될 때 判校(1, 정3품 당하 겸)가 설치되고 교리 1직이 증치

81) 『세종실록』 권102, 25년 11월 기미, 『성종실록』 권62, 6년 12월 임인.

82) 『경국대전』 권1, 이전 경관직 승문원조.

83) 『태종실록』 권2, 1년 7월 경자, 『세조실록』 권38, 12년 1월 무오, 『성종실록』 권162, 15년 1월 무신.

84) 『태종실록』 권21, 11년 6월 무신, 『세종실록』 권88, 22년 2월 을유.

되었다. 『경국대전』의 편찬과 함께 제조(2), 판교(1, 정3품 당하 겸), 교리(1, 종5), 別坐(종5, 別提와 합하여 4인), 별제(정6~종 6), 박사(2, 정7), 저작(2, 정8), 정자(2, 정9), 부정자(2, 종9)로 규정되었다. 모두 문관을 임명하고, 篆文에 능숙한 자 3인을 그 품계에 따라 겸임시켰다. 박사 이하는 의정부의 사록 1원과 봉상시의 직장 이하 1원이 겸임하였고, 차례 차례로 승진・전보하였다.

2) 世子侍講院(←書筵 ←世子官屬)

世子侍講院은 조선 개국과 함께 고려말의 世子官屬을 계승하면서 비롯되었고, 1466년(세조 12), 1405년(태종 5) 이전에 세자관속을 개칭하면서 등장한 書筵이 세자시강원으로 개칭되면서 정립되었다.[85] 관직은 세자관속 설치 때에 겸관인 左・右師(각1, 정2), 左・右賓客(각1, 종2), 左・右輔德(각1, 종3), 左・右文學(각1, 정5), 左・右司經(각1, 정6), 左・右正字(각1, 정7), 左・右侍職(각1, 정8)이 두어졌다. 이후 1395년(태조 4)에 貳師(1, 종1겸)와 左副・右副賓客(각1, 종2겸)를 설치하였고,[86] 1401년(태종 1)경에 좌・우사를 師・傅로 개칭・승질(각1, 의정겸)하였고,[87] 1469년(예종 1) 이전에 弼善(1, 정4)・文學(1, 정5)이 설치되면서 정립되었다

85) 『태종실록』 권9, 5년 3월 병신, 『세조실록』 권38, 12년 1월 무오.

86) 『태조실록』 권7, 4년 3월 기사(이전)・권7, 4년 5월 계묘.

87) 사는 그 설치가 확인되나(『태종실록』 권2, 1년 2월 무인) 부는 불명하다. 그런데 태종 16년 朴誾은 우의정으로서 세자부, 태종 11년에 河崙은 좌정승으로서 세자사를 각각 겸하였음이 확인된다(「박은묘비명」, 『태조실록』 수찬관조). 이에서 부는 태종 16년 이전에 설치되었다고 하겠는데, 좌・정승이 사・부를 겸하였고, 사의 설치시기를 볼 때 태종 1년에 사와 함께 부도 설치된 것으로 추측하여 파악한다.

가[88) 『경국대전』의 편찬과 함께 사(1, 정1, 영의정겸), 부(1, 정1, 의정겸), 이사(1, 종1, 찬성겸), 좌·우빈객(각1, 정2겸), 좌부·우부빈객(각1, 종2겸), 보덕(1, 종3), 필선(1, 정4), 문학(1, 정5), 사서(1, 정6), 說書(1, 정7)로 규정되었다. 그 직장상 좌·우빈객 이하는 재행을 겸비한 문관으로 임명하였다. 1435년(세종 17)으로 부터 1456년(세조 2)까지는 집현전관 10인이 보덕 이하를 겸임하면서 강학을 전담하였다.[89)

3) 通禮院·奉常寺·司譯院·禮賓寺·觀象監

(1) 通禮院(← 通禮門 ← 閤門)

通禮院은 개국과 함께 계승된 고려말의 閤門에서 비롯되었다. 1466년(세조 12), 1405년(태종 5) 이전에 합문을 개칭하면서 등장한 通禮門을 다시 개칭하면서 정립되었다.[90) 관직은 합문 때에는 判事·兼判事(각1, 정3), 知事·兼知事(각2, 종3), 引進使·兼引進使(각2, 정4), 引進副使(2, 정5), 通贊舍人 2·奉禮郎 10·兼奉禮郎 10직(종6)이 있었다. 1414년 인진사·인진부사·통찬사인이 僉知事·判官·通贊으로 개칭되었고,[91) 1466년 통례원으로 개칭될 때 판사·겸판사가 左·右通禮, 지사가 相禮, 판관이 贊儀, 봉례랑이 引儀로 각각 개칭되고 부지사가 奉禮로 개칭 및 1직이 감축되고 통찬·겸통찬 각1직이 혁거되었다. 『경국대전』의 편찬과 함께 좌·우통례(각1, 정3당하), 상례(1, 종3), 봉례(1, 정4), 찬의(1, 정5),

---

88) 『예종실록』 권4, 1년 3월 갑진 世子侍講院有弼善文學.

89) 『세종실록』 권69, 17년 7월 경진·권83, 세종 20년 11월 정해.

90) 『태종실록』 권9, 5년 3월 병신. 기능·직제상으로는 조선개국 이래의 閤門에서 비롯되었다.

91) 『태종실록』 권27, 14년 1월 계사.

인의(8, 종6, 봉례 이하 6원 겸직)으로 규정되었다. 그 직장상 말이 똑똑하고 구령(臚唱)에 능한 자가 제수되었다. 좌통례는 당상관으로 승진하는 관직이었고,[92] 좌통례에 결원이 있으면 우통례를 근무 일수를 계산하지 아니하고 제수하였다.

(2) 奉常寺(← 典農寺 ← 奉常寺)

奉常寺는 조선개국과 함께 고려말의 봉상시가 계승되면서 성립되었고, 1409년(태종 9) 전농시로 개칭되었다가 1420년(세종 2) 다시 봉상시로 환원되면서 정립되었다.[93] 관직은 관아가 성립될 때 判事 2, 卿 2, 少卿 2, 丞 1, 博士(2, 정6), 協律郞(2, 정7), 大祝(2, 정8), 錄事(2, 정9)를 두었다. 그 후 1403년에 판사·경 각1직이 감소되었고, 1423년에 제조 4직이 3직으로 조정되었고, 1337년에 도제조가 영의정부사의 예겸직이 되었으며, 1445년(세종 27)에 판관 1직이 증치되고 부녹사 2직이 혁거되었다.[94] 1466년(세조 12)에 판사·윤·소윤·注簿가 정·부정·첨정·主簿로 개칭되고 녹사가 봉사로 개칭 및 1직이 감액되고 직장 1직이 혁거 및 부봉사·참봉 각1직이 설치되면서 정립되었다가 『경국대전』의 편찬과 함께 도제조·제조 각1직이 추가되면서 법제화되었다. 정 이하는 직장과 관련되어 모두 문관으로 제수하였고, 주부 이상 6원은 구임으로 하였다. 또 판사·정은 국초 이래로 임기가 차면 당상관에 승진하였고,[95] 1445년부터 주부

92) 성종 6년 12월까지는 우통례도 당상관에 승자하는 관직이었다(『성종실록』 권62, 성종 6년 12월 임인).

93) 『태종실록』 권18, 9년 12월 갑인, 『세종실록』 권7, 2년 윤1월 기묘.

94) 『태종실록』 권5, 3년 6월 을해, 『세종실록』 권19, 5년 2월 경신·권79, 19년 11월 계묘·권110, 27년 11월 정축.

95) 『세종실록』 권110, 27년 11월 정축, 『성종실록』 권4, 1년 3월 경자·권62, 6년

이상은 엄선되면서 30개월이 되면 승자하면서 체직되는 우대를 받았다.[96]

(3) 司譯院

司譯院은 1393년(태조 2)에 설치되었고,[97] 그대로 『경국대전』에 계승되었다. 관직은 관아 성립 때에 提調, 副提調 1, 使(정3), 副使(종4), 舍人・教授 3(종6)이 두어졌다. 이후 세종대까지 訓導가 설치되었고, 부사・사인이 僉知使・注簿로 개칭되고, 부제조가 혁거되었으며, 사 이하 모두는 역과출신자가 제수되도록 규정되었다.[98] 1466년에 사・지사・부지사・부직장은 正・副正・僉正・奉事로 개칭되고 부지사 1직이 감소 및 참봉 2직이 설치되었다.[99] 『경국대전』의 편찬과 함께 도제조(1), 제조(2), 정(1), 부정(1), 첨정(1), 판관(2), 주부(1), 한학교수(4, 2인은 문신겸), 직장(2), 봉사(3), 부봉사(2), 한학훈도(4), 몽학・왜학・여진학훈도(각2), 참봉(2)으로 규정되었다. 교수・훈도 외에는 遞兒職이었다. 관원은 모두 本業人으로 제수되었고, 중국・왜에로의 사행시에는 교대로 다녀왔다.[100]

(4) 禮賓寺

禮賓寺는 조선 개국과 함께 고려말의 예빈시를 계승하면서 성립되었고, 1403년 義順庫를 병합하면서[101] 정립되었다가 『경국대전』에 계승되

---

12월 임인.

96) 『세종실록』 권110, 27년 11월 정축.

97) 『태조실록』 권4, 2년 9월 신유.

98) 『태종실록』 권25, 13년 6월 을묘, 같은 책 권27, 14년 1월 계사, 『세종실록』 권19, 5년 2월 경신・권100, 25년 5월 임술.

99) 『세조실록』 권38, 12년 1월 무오.

100) 『세조실록』 권39, 10년 3월 정해.

었다. 관직은 관아 성립 때에 判事 2, 卿 2, 少卿 2, 丞·兼丞 각1, 注簿 2·兼注簿 1, 直長 2, 錄事(2, 정8)이 두어졌다. 이후 1403년 판사·경 각 1직이 감액되었고,[102] 1406년 이전에 경·소경이 令·副令으로 개칭되었다. 1414년(태종 14) 령·부령이 다시 윤·소윤으로 환원되었고, 1423년 提調 5직과 別坐 3직이 각각 3직과 1직으로 감소되었으며, 1437(세종 19)년 제조가 右參贊의 例兼職이 되었다.[103] 1460년 녹사·부녹사 각1직이 혁거되었고, 1466년(세조 12)에 판사·윤·소윤·녹사가 正·副正·僉正·奉事로 개칭되고 주부가 主簿로 개칭 및 1직이 감소되고 직장 1직이 감소되며 參奉 1직이[104] 설치되었다. 『경국대전』의 편찬과 함께 제조(1), 정(1), 부정(1), 提檢(정4~종4, 별좌·제검과 합하여 6인), 別坐(정5~종5), 別提(정6~종6), 주부(1), 직장(1), 봉사(1), 참봉(1)과 주부 이상 1원 구임으로 규정되었다.

(5) 掌樂院(← 掌樂署)

掌樂院은 조선 개국과 함께 설치된 典樂署에서 비롯되었고,[105] 1470년(성종 1)에, 1458년(세조 4) 雅樂署와 전악서가 통합되면서 성립된 장악서가 장악원으로 개칭되면서 정립되었다.[106] 관직은 전악서 때에는 잡직인

101) 『태종실록』 권5, 3년 6월 을해.

102) 『태종실록』 권5, 3년 6월 을해.

103) 『태종실록』 권27, 14년 1월 계사, 『세종실록』 권19, 5년 2월 경신·권79, 19년 11월 임인.

104) 참봉은 언급이 없지만 당시의 관제정비에 미루어 이 때 설치된 것으로 추측된다.

105) 『태조실록』 권1, 1년 7월 정미.

106) 『세조실록』 권13, 4년 7월 병술, 『성종실록』 권3, 1년 2월 신미. 기능·직제상으로는 조선개국 이래로 운영된 관습도감(태조 1년 ~), 전악서 (태조 1년~), 아악서 (태조 1년~), 악학(태종 6년~), 악학과 관습도감을 통합한 악학도감(세조 4년~)

典樂(1, 종5)·副典樂(1, 종6)·典律(4, 종7)·副典律(5, 종8)·直律(6, 종9)이 설치되었다.[107] 그 후 장악서 때에는 掌樂 1직이 설치되는가 하면[108] 使·副使가 복치되었으며,[109] 『경국대전』 편찬과 함께 제조(2), 정(1), 첨정(1), 주부(1), 직장(1)로 개정되면서 법제화되었다.[110] 음률을 해득하는 자와 첨정 이하 2인은 그 품계에 따라 겸임시켰고, 주부 이상 1인은 구임으로 하였다. 예악의 중시와 함께 제조에는 종1~종2품관이 겸임하도록 된 규정을 벗어나 정1품관이 임명되기도 하였다.[111]

(6) 觀象監(← 書雲觀)

觀象監은 조선 개국과 함께 설치된 書雲觀에서 비롯되었고, 1466년(세조 12), 1415년(태종 15)에 禁漏房을 병합한 서운관을[112] 개칭하면서 정립되었다. 관직은 서운관 성립 때에 判事 2, 正 2, 副正 2, 丞·兼丞 각2, 注簿·兼注簿 각2, 掌漏 4, 視日 4(정8), 司曆 4(종8), 監候 4(정9), 司辰 4(종9)이 두어졌다. 그 후 1403년에 판사·정 각 1직이 감소되었고, 1414년(태종 14)에 정·승이 觀正·判官으로 개칭되었으며, 1420년(세종 2)에 장루·사력·감후·사진 각 2직이 감소되었다.[113] 1466년 관상감이 될

에서 비롯되었다.

107) 『태종실록』 권17, 9년 윤4 기유.

108) 『세조실록』 권38, 12년 1월 무오.

109) 『성종실록』 권3, 1년 2월 신미.

110) 『경국대전』 권1, 이전 경관직 장악원조.

111) 『문종실록』 권13, 2년 4월 무자(수양대군), 『성종실록』 권9, 2년 3월 정해(홍달손).

112) 『태종실록』 권30, 15년 12월 임오.

113) 『태종실록』 권5, 3년 6월 을해·권27, 14년 1월 계사, 『세종실록』 권38, 12년 1월 무오.

때 판사·관정·부정·주부·장루·시일·감후·사진이 정·부정·첨정·주 부·직장·봉사·부봉사·참봉으로 개칭되고 판관·부봉사·참봉 각1직이 증치되고 사력이 혁거되었다. 『경국대전』의 편찬과 함께 領事(1, 정1, 영의정겸), 提調(2), 정(1), 부정(1), 첨정(1), 판관(2), 주부(2), 天文·地理學敎授(각1, 종6), 직장(2), 봉사(2), 부봉사(3), 天文·地理學訓導(각1, 정9), 命課學訓導(2, 정9), 참봉(3)으로 규정되었다. 주부 이상은 모두 과거합격자로서 임명하였고, 판관 이상 1인은 구임으로 하였다. 성종 13년(1482)까지는 賤妾子도 제수되었으나, 그 이후는 良妾子 이상이 제수되도록 개정되었다(사역원, 전의감도 같다).[114]

4) 內醫院·典醫監

(1) 內醫院(← 內藥房)

內醫院은 1412년(태종 12) 이전에 典醫監 부속기관인 內藥房에서 기원되었고,[115] 1443년(세종 25) 內藥房을 독립아문인 내의원으로 개칭하고 예조속아문으로 삼으면서 정립되었다.[116] 관직은 관아 성립 때에 正 1·僉正 1·判官 2·注簿 2·直長 3·奉事 2·副奉事 2·參奉 2직이 두어졌다. 그후 都提調·提調·副提調가 설치되었고(시기불명), 『경국대전』의 편찬과 함께 도제조(1), 제조(1), 부제조(1, 승지겸), 정(1), 첨정(1), 판관(1), 주부(1), 직장(3), 봉사(2), 부봉사(2), 참봉(1)으로 규정되었다. 정 이하는 遞兒職이었다. 正은 3醫司로 통칭된 內醫院·典醫監·惠民署의 업무를 총관하였다. 관원은 직장과 관련되어 1444

---

114) 『성종실록』 권139, 13년 2월 기묘.

115) 『태종실록』 권24, 12년 8월 갑자.

116) 『세종실록』 권100, 25년 6월 무술.

년까지는 20개월에 加資되었고, 그 후에는 30개월에 가자되는 우대를 받았다.[117] 또 의술에 정통한 자는 御醫로 뽑히었고, 세조대 이후에는 정3품까지만 승진할 수 있었지만 국왕의 총애를 받아 종2품에까지 승자하고 동반직에도 제수되었다.[118]

(2) 典醫監

典醫監은 조선개국과 함께 고려말의 전의감이 계승되면서 성립되었고, 그대로 운영되다가 『경국대전』에 계승되었다. 관직은 관아 성립과 함께 판사 2, 감2, 소감 2, 승・겸승 각2, 주부・겸주부 각2, 직장 2, 박사 2(종8), 檢藥 4(정9), 助教 2(종9)가 두어졌다. 그 후 세종말까지 판사・감 각1직이 감소되었고, 감・소감・승이 정・부정・판관으로 개칭되었고, 검약 2직이 감소되었으며, 겸정・겸판관・겸주부 각1직이 증치되었다.[119] 다시 1466년(세조 12)에 판사・정・부정・주부・박사・검약・조교가 정・부정・첨정・주부・봉 사・ 부봉사・참봉으로 개칭되고 겸정이 혁거 및 직장 1직이 감소되며 판관 1직이 증치되었다. 『경국대전』의 편찬과 함께 제조(2)와 세조대에 정비된 정 이하 및 醫學教授(2, 종6), 醫學訓導(1, 종8)로 규정되었다. 주부 이상은 모두 과거합격자로 임명되었다. 取才에서 分數가 많은 자와 판관 이상 1인은 구임으로 하였다. 구임관과 교수・훈도 외에는 모두 체아직이었다.

---

117) 『세종실록』 권104, 26년 6월 기해.

118) 한충희, 1985, 「朝鮮 世祖~成宗代의 加資濫發에 대하여」, 『韓國學論集』 12, 171쪽.

119) 『태종실록』 권5, 3년 6월 을해·권27, 14년 1월 계사, 『세종실록』 권7, 2년 2월 신사·권65, 16년 7월 경자.

### 3. 參上衙門

#### 1) 宗學・四學

##### (1) 宗學

宗學은 1427년 종친자제의 교육기관으로 설치되었고,[120] 1429년 예조 속아문이 되면서[121] 정립되었다가 그대로 『경국대전』에 계승되었다. 관직은 관아 성립 때에 敎官(4, 참상?)이 두어졌고, 1430년에 교관이 博士로 개칭되면서 성균관관원의 겸직이 되었다.[122] 이후 1433년에 兼博士가 10인(당하관 4, 참상관 6)으로 증원되었고, 다시 1443년(세종 25)에 겸박사 4직이 증치되었다.[123] 1466년(세조 12)에 겸박사를 혁거하고 導善(1, 정4겸)・典訓(1, 종5겸)・司誨(2, 정6겸)를 두었고,[124] 이것이 그대로 『경국대전』에 규정되었다. 관원은 1420년(세종 2)~1456년(세조 2)에는 집현전 부수찬 이하가 겸임하였고,[125] 그 후에는 성균관의 사성 이하 전적 이상이 겸임하였다.[126]

##### (2) 四學(中・東・南・西學 ← 4部儒學 ← 5部學堂)

四學-중・동・남・서학 - 은 조선 개국과 함께 고려말의 5部學堂을 계승하면서 비롯되었다. 1422년(세종 4) 이전에 4部儒學으로 개칭되었고,[127] 처음에는 사찰을 빌어서 교육을 행하였으나, 1411년(태종 11)에

120) 『세종실록』 권37, 9년 9월 기축.
121) 『세종실록』 권45, 11년 9월 경술.
122) 『세종실록』 권47, 12년 3월 병오.
123) 『세종실록』 권61, 15년 8월 갑인・권99, 25년 2월 신축.
124) 『세조실록』 권38, 12년 1월 무오.
125) 『세종실록』 권43, 11년 2월 기묘.
126) 『경국대전』 권1, 이전 경관직 종학조.

南部學堂, 1422년(세종 4)에 中部學堂, 1435년(세종 17)에 西部學堂, 1438년(세종 20)에 東部學堂을 차례로 설치하면서 정립되었다.[128] 1466년 4부유학이 4학으로 개칭되었고,[129] 이것이 그대로 『경국대전』에 계승되었다. 관직은 1411년에 敎授官(2, 종6) · 訓導官(5, 종9)을 두었고, 1422년 4부학당에 각각 겸관 1인이 증치되었다.[130] 1466년 4학으로 개칭될 때 겸교수관 · 겸훈도관이 敎授 · 訓導로 개칭되고 녹관으로 전환되었다. 『경국대전』의 편찬과 함께 교수(각2, 종6겸), 훈도(각2, 종9겸)로 규정되었다. 관원에는 재행이 있는 師表者가 제수되었다.[131]

2) 昭格署 · 宗廟署 · 社稷署 · 氷庫 · 典牲暑 · 司蓄署 · 圖畵署

昭格署는 조선 개국과 함께 계승된 고려말의 昭格殿에서 비롯되었고, 1466년에 소격서로 개칭되면서 정립되었다. 관직은 1423년까지 提調 3 · 副提調 1직과 別坐 · 參上別監 각 1직 이상이 있었던 것으로 추측된다(설치 초는 불명).[132] 그 후 세조대까지 제조 · 별좌 · 참상별감 각 1직

---

127) 『세종실록』 권18, 4년 12월 을미 吏曹啓 五部學堂 生徒多而敎誨者少 (중략) 先時建南部學堂 其敎授官訓導官 汎稱五部儒學敎授官訓導官 至是中部學堂 成始別差敎授官訓導官 (하략). 이 때의 '오부유학교수관훈도관' 중의 '오부유학'과 세조 12년에 4부유학을 사학으로 개칭한 것에서 오부학당이 오부유학으로 개칭된 것으로 파악한다. 그러나 위의 사료에서도 오부학당과 오부유학이 동시에 사용되는가 하면 오부유학교수관훈도관이 오부학당의 유학교수관 · 훈도관으로도 해석되며, 또 세종대를 통하여 오부학당의 명호가 광범히 사용되었다. 이 점에서 보다 정밀한 검증이 요청된다.

128) 李光麟, 1961, 「鮮初의 四部學堂」, 『歷史學報』 16, 32~40쪽.

129) 『세조실록』 권38, 12년 1월 무오.

130) 『태종실록』 권22, 11년 11월 계유, 『세종실록』 권18, 4년 12월 을미.

131) 『세종실록』 권78, 19년 8월 병인.

132) 『세종실록』 권19, 5년 2월 경신·권37, 9년 7월 신축·권80, 20년 3월 병신조에서

이 감소되었고, 부제조 1직이 혁거되었으며, 令(1, 종5)이 설치되었다.[133] 『경국대전』의 편찬과 함께 제조(1), 영(1), 別提(2, 정6~종6), 참봉(2)으로 규정되었다. 영·별제는 문관으로 임명하였다.

宗廟署는 조선 개국과 함께 고려의 寢園署를 계승하면서 성립되었다가 그대로 계승되었다. 관직은 1414년(태종 14) 이전에 令·注簿·丞이 설치되었고, 1414년에 주부와 승이 丞과 副丞으로 개칭되었다. 그 후 그 직장과 관련되어 都提調·提調 각 1직이 설치되고 도제조가 領議政府事의 例兼職이 되었으며, 부승 1직이 감소되고 승과 부승이 直長과 奉事로 개칭되었다.[134] 『경국대전』의 편찬과 함께 도제조(1), 제조(1), 영(1), 직장(1), 봉사(1), 부봉사(1)와 직장 이하 1인 구임으로 규정되었다.

社稷壇은 조선 개국과 함께 설치된 사직단에서 비롯되었고, 1426년(세종 8) 사직단으로 개칭되면서 성립되었다가 후대로 계승되었다.[135] 관직은 사직서 때에는 直(2, 권무)만 있다가 사직서가 될 때 승(1, 종7, 봉상시 주부겸)이 설치되고 직이 녹사로 개칭되었다. 1451년(문종 1)에 그 직장과 관련되어 도제조(1, 우의정 겸)·제조(1)가 설치되었고,[136] 1466년(세조 12)에 영(1, 종5)이 설치되고 승이 혁거 및 녹사가 참봉으로 개칭되면서 『경국대전』에 규정된 도제조(1), 제조(1), 영(1), 참봉(2)으로 정립되었다.

---

종합.

133) 『세종실록』 권37, 9년 7월 신축·권80, 20년 3월 병신, 『세조실록』 권38, 12년 1월 무오.

134) 『세종실록』 권12, 3년 7월 계유·권79, 19년 11월 계묘, 『세조실록』 권20, 6년 5월 정유·권38, 12년 1월 무오.

135) 『세종실록』 권32, 8년 6월 신미.

136) 『문종실록』 권7, 1년 9월 을유.

氷庫는 1405년 이전에 설치되었고,[137] 1414년(태종 14) 內侍院에 병합되면서 혁거되었다가 1461년 이전에 복구되면서 정립되었다.[138] 관직은 『경국대전』의 편찬과 함께(그 이전은 불명) 提調(1), 別坐(종5, 별제·별검과 합하여 4), 別提(정6~종6), 別檢(정8~종8)으로 규정되었다.

典牲署는 조선 개국과 함께 설치된 典廐署에서 비롯되었고, 1407년에 6품아문으로 승격되고 1460년에 전생서로 개칭되면서 정립되었다.[139] 전구서 설치와 함께 영(1, 종6)·승(2, 종7)이 두어졌다. 이후 세조초까지 別監이 설치되었고, 副錄事(종9) 2직과 副丞(정9) 1직이 증가되었고, 제조·별감 각2직이 1직으로 감소되었으며, 부승 1직이 혁거되었다.[140] 다시 1466년에 영·승·부승이 주부·직장·봉사로 개칭되고 참봉이 2직이 설치되면서 『경국대전』에 규정된 제조(1), 주부(1), 직장(1), 봉사(1), 참봉(2)으로 정립되었다.

司蓄署는 1460년에, 조선 개국 이래로 운영되어 오던 分禮賓寺와 1400년(정종 2) 이전부터 운영되었던 司饔所를 司蓄所로 개편하면서 성립되었고,[141] 1466년에 사축서로 개칭되면서 정립되었다.[142] 관직은 사축소 성립 때에 별좌(3)·별감(6)이 두어졌고, 1466년 사축서 성립 때에 사축 1직이 설치되었다. 『경국대전』의 편찬과 함께 제조(1), 사축(1, 종6, 1),

137) 『태종실록』 권9, 5년 3월 병신.

138) 『태종실록』 권28, 14년 12월 임진, 『세조실록』 권26, 7년 12월 정축.

139) 『태종실록』 권14, 7년 10월 기해, 『세조실록』 권20, 6년 5월 신축.

140) 『세종실록』 권7, 2년 1월 기유·권19, 5년 1월 신묘·5년 2월 경신, 『세조실록』 권20, 6년 5월 정유.

141) 『태조실록』 권1, 1년 7월 정미, 『정종실록』 권3, 2년 3월, 『세조실록』 권20, 6년 5월 신축.

142) 『세조실록』 권38, 12년 1월 무오.

별제(2, 종6)로 규정되었다.

圖畵署는 1400년(정종 2) 이전에 설치되었고,[143] 1405년(태종 5) 이전에 圖畵院으로 개칭되었다가 1478년(성종 9) 이전에 다시 도화서로 개칭되면서 정립되었다.[144] 관직은 설치 때에 녹관(불명)이 두어졌다가 1400년에 혁거되었고, 1455년(세조 1) 이전에 체아직의 별좌가 설치되었다.[145] 『경국대전』의 편찬과 함께 제조(1), 별제(2, 종6, 본업인으로 제수)로 규정되었다.

3) 惠民署・活人署・歸厚署

惠民署는 조선 개국과 함께 설치된 惠民局에서 비롯되었고, 1466년(세조 12) 혜민국이 개칭되면서 정립되었다.[146] 관직은 혜민국 설치 때에는 판관(4, 權務)만 두어졌다가 1395년(태조 4)에 녹관이 영(2, 종7)・승(2, 종8)이 설치되었다.[147] 그 후 문종대까지 영・승이 승・부승으로 개칭되었고, 제조가 4직에서 2직으로, 별좌 4직이 2직으로 각각 감소되고 부제조 1직이 혁거되었으며, 별좌가 혁거되었다.[148] 1466년 혜민서 정립 때에 승・부승을 직장・봉사로 개칭하고 주부・훈도 각1직과 참봉 4직을 설치하며 녹사 2직을 혁거하였다. 『경국대전』의 편찬과 함께 제조(2), 주부(1), 의학교수(2, 1인은 문관겸), 직장(1), 봉사(1), 의학훈도(1), 참봉(4)으로

143) 『정종실록』 권4, 2년 4월.

144) 『태종실록』 권9, 5년 3월 병신, 『성종실록』 권95, 9년 8월 계사.

145) 『정종실록』 권4, 2년 4월, 『세조실록』 권1, 1년 7월 무인.

146) 『세조실록』 권21, 6년 8월 임인.

147) 『태조실록』 권7, 4년 2월 신미.

148) 『태종실록』 권27, 14년 1월 계사, 『세종실록』 권19, 5년 2월 경신·권80, 20년 3월 병신, 『문종실록』 권13, 2년 4월 병신.

규정되었다. 取才에서 분수를 많이 받은 자와 직장 이상 1인은 구임으로 하였고, 구임 이외는 체아직이었다.

活人署는 조선 개국과 함께 설치된 동·서대비원에서 비롯되었고, 1466년에, 1437년 이래로 동·서활인서(태종 1년에 동·서대비원이 개칭)를 개칭하면서 운영하여온 동·서활인원을 개칭하면서 정립되었다. 명칭상으로는 일원화되었지만 여전히 東小門 밖과 서소문 밖의 동·서 양소로 분치되면서 운영되었다. 관직은 대비원 설치 때에는 권무직인 부사 1·녹사 2직이 두어졌다. 이후 세종초까지 부사·녹사가 녹사·부녹사로 개칭되고 별좌(제생원 제거·별좌 겸)가 설치되었으며, 각각에 녹관 2직이 설치되었다.[149] 1466년에 참봉 1직이 설치되었고,『경국대전』의 편찬과 함께 제조(1), 별제(4, 종6), 참봉(2. 의원 체아직)으로 규정되었다.

歸厚署는 1414년 개국 이래로 운영되어 오던 棺槨色을 정식관아인 施惠所로 개편하면서 비롯되고 곧 시혜소가 歸厚所로 개칭되면서 성립되었다.[150] 1466년 다시 귀후서로 개칭되면서 정립되었고, 1469년(예종 1)에, 1418년(태종 18) 이래로 운영되었던 禮葬都監을 병합하면서 확립되었다.[151] 관직은 1419년(세종 1)에는 제조 1직과 승려·조관이 교대로 제수되는 제거·별좌 각 2직이 있었고,[152] 그 후 승려로 제수되던 별좌 2직이 혁거되고 조관으로 제수되던 별좌 2직이 3직으로 증가되었다

149)『태종실록』 권27, 14년 1월 신묘·권32, 16년 12월 기미,『세종실록』 권3, 1년 2월 무자.

150)『태종실록』 권27, 14년 2월 임술·권28, 14년 9월 병자.

151)『예종실록』 권3, 1년 1월 신사.

152)『세종실록』 권2, 1년 1월 임신.

가[153)]『경국대전』의 편찬과 함께 제조(1), 별제(6, 종6)으로 규정되었다.

### 4. 其他衙門

#### 1) 文昭殿(← 仁昭殿)・延恩殿

文昭殿은 1408년(태종 8)에, 1398(태조 7)년 이래로 태조비인 節妃(神懿王后 韓氏)의 신주를 봉안한 仁昭殿이 개칭되면서 성립하였고, 1432(세종 14)년에 태조・태종의 위패가 추가로 안치되면서 정립되었다.[154)] 관직은 처음에는 直 2직만을 두었으나, 그 후 그 직장과 관련되어 도제조를 설치하고 좌의정으로 하여금 예겸하게 하였다.[155)]『경국대전』의 편찬과 함께 도제조(2, 존속종친), 제조(2), 참봉(2)으로 규정되었다.

延恩殿은 1475년(성종 6)에 德宗(추존, 성종생부)의 위패를 안치하면서 성립되었다.[156)] 관직은 관아 설치와 함께 제조(1, 문소전제조 겸), 참봉(2)으로 정립되었다.

#### 2) 諸陵

諸陵은 제왕・왕비를 장사한 능과 제왕・왕비의 진영을 안치한 전각이다. 능전은 1396년(태조 5)과 1400년(정종 2)에 신덕왕후 강씨를 안장한 貞陵과 왕후의 초상화를 봉안한 仁安殿에서[157)] 비롯되었고, 이후 제왕・

---

153)『세조실록』 권31, 9년 11월 갑신.

154)『태조실록』 권15, 7년 11월 계미,『태종실록』 권16, 8년 8월 신축,『세종실록』 권58, 14년 10월 갑인.

155)『세종실록』 권12, 3년 7월 임신·권79, 19월 계묘,『세조실록』 권20, 6년 5월 정유.

156)『성종실록』 권60, 6년 10월 경인.

157)『태조실록』 권10, 5년 9월 계미,『현종실록』 권17, 10년 9월 계사.

왕비의 홍서와 관련되어 健元陵(태조), 齊陵(태조비 한씨), 厚陵(정종・비), 獻陵(태종・비), 英陵(세종・비), 顯陵(문종・비), 光陵(세조・비), 昌陵(예종・비), 敬陵(덕종) 등과 穆淸殿(태조, 개성), 奉先殿(세종, 양주) 등이 차례로 조영되면서 정립되었다. 관직은 처음에는 직(품외)이 두어졌고, 『경국대전』에 참봉 2직으로 규정되었다.[158]

## 제4절 兵曹屬衙門

### 1. 堂上衙門; 五衛・訓練院

#### 1) 五衛(← 5司 ← 10司 ← 12司 ← 10司 ← 10衛)

五衛는 義興衛(中衛), 龍驤衛(좌위), 虎賁衛(우위), 忠佐衛(전위), 忠武衛(후위)를 합칭하는 명칭이다. 5위는 명호상으로는 1457년(세조 3)에, 1451년(문종 1) 이래로 운영된 五衛鎭撫所를 구성한 단위 부대인 五司를[159] 서울을 시위하는 諸色軍士와 전국의 모든 군사를 각각 5등분하여 오위에 분속하는 오위체제로 개편함에 따라 성립되면서 정립되었다.[160] 그러나 기능상으로는 조선 개국과 함께 설치되고 변천되면서 운영된 三軍摠制府, 義興三軍府, 三軍府, 承樞府, 三軍鎭撫所, 5衛鎭撫所를 구성한 단위부대인 10衛(태조 1년~), 10司(태조 3년~), 12司(태종 18~), 10司(세종 4년~), 12司(세종 27년~), 5司(문종 1~)가 계승된 것이었다.[161]

---

158) 『경국대전』 권1, 이전 각능전조.

159) 『문종실록』 권8, 1년 7월 무술.

160) 『세조실록』 권7, 3년 3월 기사.

161) 閔賢九, 1983, 『朝鮮初期의 政治와 軍事制度』, 韓國硏究院, 269~286쪽, 千寬宇, 1962, 「朝鮮初期 五衛의 形成」, 『역사학보』 17・18, 520~21쪽 군사기구 변천표

그 위·사의 변천은 다음의 표와 같다.

<표 7-6> 조선초기 10위 → 10사 → 12사 → 10사 → 5사 → 5위변천[162]

| 태조 1년 | 태조 4 | 태종 9 | 태종 18 | 세종 5 | 세종 27 | 문종1 | 세조 3 | 『경』 |
|---|---|---|---|---|---|---|---|---|
| 중군 | → | → | → | → | → | → | 혁 | |
| 義興親軍左衛 | 義興侍衛司 | → | 義興司 | → | → | 義興司 | 義興衛 | 義興衛 |
| 義興親軍右衛 | 忠佐侍衛司 | → | 忠佐司 | → | → | 忠佐司 | 忠佐衛 | 忠佐衛 |
| 鷹揚衛 | 雄武侍衛司 | → | 雄武司 | → | → | 파 | | |
| 金吾衛 | 神武侍衛司 | 忠武巡禁司 | 忠武司 | → | → | 忠武司 | 忠武衛 | 忠武衛 |
| 좌군 | → | → | → | → | → | → | 혁 | |
| 左右衛 | 龍驤巡衛司 | 龍驤侍衛司 | 龍驤司 | → | → | 龍驤司 | 龍驤衛 | 龍驤衛 |
| 神虎衛 | 龍騎巡衛司 | 龍騎侍衛司 | 龍騎司 | → | → | 파 | | |
| 興威衛 | 龍武巡衛司 | 龍武侍衛司 | 龍武司 | → | → | 파 | | |
| | | | 龍賁司 | 파 | 龍賁司 | 파 | | |
| 우군 | → | → | → | → | → | → | 혁 | |
| 備巡衛 | 虎賁巡衛司 | 虎賁侍衛司 | 虎賁司 | → | → | 虎賁司 | 虎賁衛 | 虎賁衛 |
| 千牛衛 | 虎翼巡衛司 | 虎翼侍衛司 | 虎翼司 | → | → | 파 | | |
| 監門衛 | 虎勇巡衛司 | 虎勇侍衛司 | 虎勇司 | → | → | 파 | | |
| | | | 虎牙司 | 파 | 虎牙司 | 파 | | |

관직은 개국과 함께 설치된 10위에는 각각 上將軍(1, 정3)·大將軍(2, 종3)·將軍(1, 종4)·中郎將(3, 정5)·郎將(6, 정6)·別將(6, 7품)·散員(8, 8품)·尉(20, 정9), 正(40, 종9)이 두어졌다. 이것이 이후 왕권강화, 관제정비, 국방 등과 관련되어 여러 차례에 걸쳐 관직명이 개칭되었고, 관직수가 대폭으로 감소·혁거·신치·증가되었으며, 소수의 正品職을 제외한 대부분의 從品職이 체아직으로 전환되는 등으로 정비되었다.

관직명은 다음의 표와 같이 1394년, 1395년(태조 4) 이전, 1400년(정종

참조.

162) 천관우, 위 논문 64~65 쪽 <표 C>.

2) 경, 1402년경, 1403년, 1409년(태종 9) 이전, 1436(세종 18)년, 1457년경, 1459년 이전, 1466년(세조 12)에 걸쳐 上將軍 이하가 上護軍 이하로 개칭되고, 尉(정9)·正(종9)이 개칭된 隊長·隊副가 혁거되고[163] 9품직에 司勇이 설치 되었으며, 종4·5·6·7·8·9품직에 攝護軍 이하 攝職이 설치되었다가[164] 副護軍 등 '副'字직으로 개칭 및 종2품관이 겸하는 將이 설치되는 등으로 정립되었다가 마지막 반포된 『경국대전』에 部將이 추가되면서 법제화되었다.

---

163) 대장·대부가 언제 혁거·유외직이 되었는가는 불명하다. 그런데 『조선왕조실록』에 태조 4년까지는 존재가 확인되었고, 태종 9년에 혁거된 대장·대부 650인을 복설하고 녹봉을 지급하였고(『태종실록』 권17, 9년 윤4월 갑자), 태종 11년에 "대장·대부가 무시로 부역에 종사한다(『태종실록』 권21, 11년 5월 병인)"고 하였으며, 세종 18년에 "서반은 9품직이 없어 유외 직인 대장·대부가 곧바로 8품직에 승직한다(『세종실록』 권73, 18년 윤6월 계미)" 고 하였다. 이를 볼 때 태조 1년 9품직의 대장·대부는 태종 9년 이전에 혁거되었고, 태종 9년에 녹봉만 받는 유외직으로 복설된 것으로 추측된다.

164) 섭직이 설치된 시기는 불명하다. 그런데 『조선왕조실록』을 보면 세종 11·18년에 유외직이라고 추정되거나 유외직인 섭대장·대부가 확인되었고(『세종실록』 권22, 5년 12월 갑인·권73, 18년 윤6월 계미), 세조 1년에 700여명 이상의 군직자 등 2,000여명 이상이 책록된 원종공신에 섭직자가 1명도 포함되지 않았으며 『세조실록』 권2, 1년 12월 무진), 섭호군 등이 언급된 세조 3년에는 용관이 혁거되면서 관제가 크게 정비되었다(『세조실록』 권7, 3년 3월 기사). 이에서 섭호군 등은 세조 1년 12월~3년 3월의 어느 시기에 설치되었다고 하겠는데, 세조 3년의 관제 정비에 미루어 3년 3월 섭호군 등이 설치와 함께 기재된 것으로 추측된다.

<표 7-7> 조선초기 오위 관직명칭 변천(( ) 안은 이전)

| | 종2품겸 | 정3품 | 종3 | 정4 | 종4 | 정5 | 종5 | 정6 | 종6 |
|---|---|---|---|---|---|---|---|---|---|
| 태조 1년 | | 上將軍 | 大將軍 | 將軍 | | 中郞將 | | 郎將 | |
| 3 | | 都尉使 | 都尉僉使 | 司馬 | | 司直 | | 副司直 | |
| (4) | | 상장군 | 대장군 | 장군 | | 중랑장 | | 낭장 | |
| (정종 2) | | 上護軍 | 大護軍 | 護軍 | | 중랑장 | | 낭장 | |
| 태종2 | | 節制使 | 僉節制使 | | | 사직 (5품) | | 부사직 (6품) | |
| 3 | | 상호군 | 대호군 | | | | | | |
| 세종 18 | | | | | 攝護軍 | 사직 | 攝司直 | 부사직 | 攝副司直 |
| 세조 3 | | | | | | | | | |
| (5) | 將 | | | | 副護軍 | | 부사직 | 司果 | 副司果 |
| 12 | | 상호군 | 대호군 | 호군 | 부호군 | 사직 | 부사직 | 사과 | 부사과 |
| 『경국대전』 | 장 | | | | | | | | 部將 |

| | 정7 | 종7품 | 정8품 | 종8 | 정9 | 종9 | 비고(출전) |
|---|---|---|---|---|---|---|---|
| 태조 1년 | 別將 | | 散員 | | 尉 | 正 | 『태조실록』 권1, 1년 7월 정미. |
| 3 | 司正 | | 副司正 | | 隊長 | 隊副 | 동상서 권5, 3년 2월 을해. |
| (4) | 별장 | | | | | | 동상서 권7, 4년 2월 계미 |
| 정종 2 | 별장 | | | | | | 『정종실록』 권4, 2년 4월 경자 |
| 태종 2 | 사정 (7품) | | 부사정 (8품) | | | | 『태종실록』 권3, 2년 4월 경오 |
| 3 | | | | | | | 동상서 권5, 3년 6월 을해 |
| (9) | | | | | 혁 | 혁 | 동상서 권7, 3년 7월 신묘 |
| 세종 18 | 사정 | | | | 司勇 | 司勇 | 동상서 권17, 9년 윤4월 갑자 |
| 세조 3 | | 攝司正 | 부사정 | 攝副司正 | 사용 | 攝司勇 | 『세종실록』 권73, 18년 윤6월 계미 |
| (5) | | | | | | | 『세조실록』 권7, 3년 3월 기사 |
| 12 | 사정 | 副司正 | 司猛 | 副司猛 | | 副司勇 | 동상서 권7, 5년 8월 갑자. |
| 『경국대전』 | | 부사정 | 사맹 | 부사맹 | 사용 | 부사용 | 동상서 권38, 12년 1월 무오 |
| | | | | | | | 『경국대전』 권4, 병전 경관직 오위 |

관직수는 『조선왕조실록』의 한계상 그 변개상을 명확히 알 수 없고, 단지 중요한 변개만을 알 수 있다. 조선 개국 때의 上將軍 10직~종9품 正 200직이 다음의 표와 같이 1394년(태조 3),[165] 1411년,[166] 1414년,[167] 1418년(태종 18),[168] 1418년(세종 즉위),[169] 1423년,[170] 1434년,[171] 1436

165) 『태조실록』 권5, 3년 2월 을해.

166) 『태종실록』 권11, 6년 2월 병인.

167) 『태종실록』 권28, 14년 8월 경신.

년,[172] 1445년(세종 27),[173] 1451년(문종 1),[174] 1457년(세조 3)[175] 등에[176] 걸쳐 증감되고, 장(12직, 종2품겸) · 부장(25, 종6)이 설치[177] 및 군직의 체아직화와 함께 소수의 정품직을 제외한 대부분이 체아직이 되는 등으로 정립되었다가 『경국대전』에 법제화되었다.

---

168) 『태종실록』 권35, 18년 6월 병술.

169) 『태종실록』 권36, 18년(세종 즉위) 8월 정해. 이 때 호군 10직과 함께 대장 · 대부 350직이 가설되었으나 후자는 유외직이었기에 제외하였다.

170) 『세종실록』 권22, 5년 12월 갑인. 동시에 폐지된 2사에 속했던 사직 20 · 부사직 30 · 사정 30 · 부사정 86직(대장110 · 대부240)이 나머지 10사에 분속되어 이들 관직수는 변화가 없었으므로 적기하지 않았다.

171) 『세종실록』 권63, 16년 3월 기해 · 권64, 6월 신미. 이 중 6월의 경우는 10사로서가 아니고 중 · 좌 · 우군으로 기재되었지만 그 규모상 3군에 소속된 10사로 간주하여 파악한다.

172) 『세종실록』 권73, 18년 윤6월 계미. 총50령 중 각령 당 부사직 1 · 사정 1 · 부사정 5직을 혁거하여 정9품 사용 · 종9품 사용 각7직을 설치하였다.

173) 『세종실록』 권109, 27년 7월 경인.

174) 『문종실록』 권8, 1년 6월 갑술.

175) 『세조실록』 권7, 3년 3월 기사.

176) 세조 3년 이후 상호군 · 대호군 · 사용은 그 수가 크게 감소되고 그 외의 호군 등은 크게 증가되면서 『경국대전』에 법제화되었다. 이 사이의 변개상은 확인할 수 없지만 『경국대전』에 역군인 팽배와 사령군인 대졸에 각각 종8품 이하 1020직과 601직이 포함되었고, 이들에 세조 3년의 위 군직수를 합하면 거의 『경국대전』에 규정된 관직수에 일치함에서 세조 3년 이후에 이들 병종이 5위 관직에 추가된 것으로 추측된다.

177) 將 · 部將이 설치된 시기는 불명하나 세조 3년에 5위제 정립 직후부터 오위장 · 부장이 확인되었고, 병조가 부장에게 承蔭의 혜택을 주고 衛 · 府와 위장 · 부장의 隨廳令史 · 陪吏 수를 상계한 것(『세조실록』 권7, 3년 4월 갑오) 등에서 세조 3년 3월 5위제의 정립과 함께 설치된 것으로 추측된다.

<표 7-8> 조선초기 오위 관직수 변천( )은 이전

| | 종2품 | 정3 | 종3 | 정4 | 종4 | 정5 | 종5 | 정6 | 종5 | 정7 | 종7 | 정8 | 종8 | 정9 | 종9 |
|---|---|---|---|---|---|---|---|---|---|---|---|---|---|---|---|
| 태조 1년 | | 10 | 20 | | 50 | 15 | 0 | 30 | 0 | 30 | 0 | 40 | 0 | 1000 | 2000 |
| 3 | | 10 | 20 | | 50 | 15 | 0 | 25 | 0 | 25 | 0 | 35 | 0 | 1000 | 2000 |
| 태종 11 | | 10 | 20 | | | | | | | | | | | | |
| 14 | | | | | -10 | | | | | | | | | | |
| 18 | | | | | +10 | | | | | | | | | | |
| 세종즉위 | | | | | +10 | | | | | | | | | | |
| 5 | | -4 | -6 | | -10 | | | | | | | | | | |
| 16 | | | | | | 66 | | 90 | | 220 | | 465 | | | |
| 16 | | | | | | 84 | | 135 | | 177 | | 381 | | | |
| 18 | | | | | | | | -50 | | -50 | | -250 | | 350 | 350 |
| 27 | | | | | | 180 | | 180 | | 300 | | 300 | | 600 | |
| 문종 1 | | 25 | 25 | | 75 | | | | | | | | 172 | | |
| 세조 3 | 12 | 35 | 25 | 3 | 75 | 6 | 62 | 6 | 97 | 6 | 119 | 6 | | 100 | 178 |
| | | | | | | | | *25 | | | | | 483 | | * 部將 |
| 『경국대전』 | 12 | 9 | 14 | 12 | 54 | 14 | 123 | 15 | 176 | 5 | 309 | 16 | | 42 | 1936 |
| | | | | | | | | *25 | | | | | | | * 부장 |

그리하여 오위관직명과 관직수는 마지막 반포된 『경국대전』에 將(12, 종2, 타관겸), 上護軍(9, 정3 당하), 大護軍(14, 종3), 護軍(12, 정4), 副護軍(54, 종4), 司直(14, 정5), 副司直(123, 종5), 司果(15, 정6), 部將(25, 종6), 副司果(176, 종6), 司正(5, 정7, 5), 副司正(309, 종7), 司猛(16, 정8), 副司猛(483, 종8), 司勇(42, 정9), 副司勇(1936, 종9)으로 규정되었다. 상호군 이하는 모두 서반 관계자가 임명되었고, 상호군 이하 3,236직 중 2,564직은 체아직이었다.[178] 그러나 종2품관의 겸직인 將과 部將은 5위와는 무관한, 즉

178) 서반체아직의 총수는 3,005직이었는데, 이 중 5위제병종에 속하지 않는 선전관·겸사복·내금위·공신적장 391직과 취라치·태평소·습독관·제주 자제·제원·궁인·시인·의원·동몽훈도 150직의 541직을 공제한 2,565직이 5위병종에게 할당된 액수라고 하겠다. 이에서 5위에 속한 군직자 3,236직중 체아직 2,565직을 공제한 671직의 관직적 성격이 모호하여졌다. 이 671직은 지금까지의 군제관계 연구에서 전혀 논급되지 않았기 때문에 그 구체적인 성격이

교대로 궁중에 입직하여 입직소의 군사를 지휘하는 관직이었다.[179]

義興衛에는 갑사 · 보충대, 서울의 중부, 개성부, 경기도, 강원도, 충청도의 군사가 소속되었다. 龍驤衛에는 별시위 · 대졸, 서울의 동부, 경상도의 군사가 소속되었다. 虎賁衛에는 족친위 · 친군위 · 팽배, 서울의 서부, 평안도의 군사가 소속되었다. 忠佐衛에는 충의위 · 충찬위 · 파적위, 서울의 남부, 전라도의 군사가 소속되었다. 忠武衛에는 충순위 · 정병 · 장용위, 서울의 북부, 영안도(함길도)의 군사가 소속되었다.[180] 衛의 하위 부대로는 部(5부가 1위) - 統(4통이 1부) - 旅(125인) - 隊(25) - 伍(5) - 卒(1)이 있었다.

2) 訓練院(← 訓鍊觀)

訓練院은 조선 개국과 함께 고려말의 訓鍊觀이 계승되면서 성립되었고, 1466년(세조 12) 훈련원으로 개칭되면서 정립되었다. 관직은 관아 성립 때에 使(1, 정3) · 軍諮祭酒(2, 종3) · 司馬(4, 종4) · 사직(4, 종5) · 부사직(4, 종6) · 參軍(4, 종7) · 녹사(6, 정8)가 설치되었다. 이후 사직과 부사직이 판관과 주부로 개칭되었고, 제조 8직이 7직으로 조정되었다.[181] 1466년에 도정 · 겸도정 각1직(정3품 당상)이 설치되고 사 · 지사 · 부사 · 녹사가 정 · 부정 · 첨정 · 봉사로 개칭되며 주부 1직이 증가 및 부사

---

불명하기는 하나 앞 135~141쪽 무반직에서의 분석에 미루어 정직으로 간주된 것이 아닌가 추측된다. 서반체아직의 구체적인 내용은 앞 141~155쪽 체아직 참조.

179) 韓佑劤 외, 1986, 『譯註 經國大典』 註釋篇(韓國精神文化硏究院), 546~547쪽 74 將(五衛將)조.

180) 『경국대전』 권4, 병전 경관직 5위조

181) 『태종실록』 권17, 9년 2월 정축, 『세종실록』 권19, 5년 2월 경신.

2・녹사 1직이 혁거되었다. 『경국대전』의 편찬과 함께 지사(1, 정2겸), 도정(2, 정3 당상, 1은 겸), 정(1), 부정(2), 첨정(2), 판관(2), 주부(2), 참군(2, 정7), 봉사(2)로 규정되었다. 權知 역간명이 있었는데, 무과출신자 중 실직에 제수되지 못하는 자가 제수되었다.

관원은 모두 무관으로 임용하되 부정 이하 주부 이상 1원은 문신으로 임용하였으며, 참군 이하는 군기시의 직장 이하 4원으로서 겸임하게 하여 점차로 전직시켰다. 또 習讀官 30원이 있어 祿官・權知와 더불어 『兵要』, 『武經七書』, 『通鑑』, 『將鑑』, 『博義』, 『陣法』, 『兵將說』을 習讀시켰다.[182] 정은 1475년(성종 6)부터 임기가 차면 당상관에 승진하였다.[183]

## 2. 堂下衙門; 司僕寺・軍器寺, 典設司

### 1) 司僕寺

司僕寺는 조선개국과 함께 고려말의 사복시를 계승하면서 성립되었다가 그대로 정착되었다. 관직은 관아 성립과 함께 판사 2, 경 2, 소경 2, 주부・겸주부 각1, 직장 2직이 설치되었다. 이후 세조초까지 판사・경 1직이 감소하였고, 경・소경이 령・부령으로 개칭되었다가 다시 윤・소윤으로 개칭되었고, 판관 1직이 설치되었다가 폐지 및 복구되었으며, 소윤・직장 각1직이 감소되었다.[184] 1466년(세조 12)에 겸윤・겸소윤・직장이 혁거되고 주부 1직이 증가되었다. 『경국대전』의 편찬과 함께 제조(2), 정(1), 부정(1), 첨정(1), 판관(1), 주부(2)와 판관 이상 2인은 구임으로

---

182) 『경국대전』 권4, 병전 경관직 훈련원조.

183) 『성종실록』 권62, 6년 12월 임진.

184) 『태종실록』 권5, 3년 6월 을해·권27, 14년 1월 계사, 『세종실록』 권7, 2년 1월 기유·권8, 1년 12월 병자·권32, 8년 4월 갑신, 『세조실록』 권21, 6년 5월 정유.

규정되었다. 마정은 군국지정이라 하여 의정을 역임한 인물이 제조를 겸대하거나 의정이 관아사를 감장하기도 하였다.[185]

2) 軍器寺(← 軍器監)

軍器寺는 조선 개국과 함께 고려말의 軍器監이 계승되면서 성립되었고, 1466년(세조 12)에 군기감으로 개칭되면서 정립되었다. 관직은 군기감이 설치될 때 判事 2, 監 2, 少監 2, 丞 1·兼丞 1, 注簿 3·兼注簿 1, 直長 2, 錄事 2직(정8)이 두어졌다. 그 후 세조초까지 판사·감 각 1직이 감소되었고, 감·소감·승이 정·부정·판관으로 개칭되었고, 제조 4직과 별좌 3직이 3직과 2직으로 조정되었고, 제조 1직이 감소되었으며, 정·겸부정·겸판관·겸주부 각1직이 혁거되었다.[186] 1466년에 판사·부정·녹사가 봉사로 개칭되었고, 『경국대전』의 편찬과 함께 도제조(1), 제조(2), 정(1), 부정(1), 첨정(1), 별좌(정5~종5, 별제와 합하여 2), 판관(2), 별제(정6~종6), 주부(2), 직장(1), 봉사(1), 부봉사(1), 참봉(1)과 주부 이상 2인 구임으로 규정되었다. 그 직장의 중요성에서 의정이 관아사를 감장하기도 하였다.

3) 典設司(← 忠扈衛 ← 忠順扈衛司 ← 司幕)

典設司는 1403년(태종 3)에 조선 개국 이래로 운영된 司幕을 忠順扈衛司로 개칭하면서 비롯되고 1414년(태종 14)에 忠扈衛로 개칭하면서 성립되

185) 성종 5년 1월에 의정을 역임한 尹子雲이 院相으로서 제조를 겸하였고(『성종실록』), 단종 1년 5월에 金宗瑞는 우의정으로서 監掌하였다 (『단종실록』).

186) 『태종실록』 권5, 3년 6월 을해·권27, 14년 1월 계사, 『세종실록』 권19, 5년 2월 경신·권108, 28년 5월 임오, 『세조실록』 권21, 6년 5월 정유.

었으며,[187] 1466년(세조 12)에 다시 전설사로 개칭되면서 정립되었다. 관직은 충순호위사가 성립될 때 절제사 · 첨절제사 · 호군 · 사직 · 부사직 · 사정 · 부사정이 두어졌고, 충호위로 개칭될 때 4품 이상의 녹관이 혁거되고(5품 이하는 계승) 구전관인 鎭撫(2, 3품) · 副鎭撫(2, 4품)가 설치되었다[188] 이후 제조가 3직에서 4직으로 증가되고 제거 · 별좌가 설치되었으며,[189] 1466년 守(1, 정4)가 설치되었다. 『경국대전』의 편찬과 함께 제조(1), 수(1), 제검(정4~종4, 별좌 · 별제와 합하여 5), 별좌, 별제로 규정되었다.

### 3. 參上衙門; 世子翊衛司(← 世子官屬)

世子翊衛司는 1418년(태종 18)에 조선 개국 이래로 운영되어 온 世子官屬의 기능 중 세자시위를 담당한 기능과 관원을 독립관아화 하면서 성립되고 1429년(세종 11)에 병조속아문이 되면서 정립되었다.[190] 그 후 혁거되었다가 1468년(예종 즉위)에 복설되면서 정착되었다.[191] 관직은 관아 성립과 함께 세자관속의 左 · 右司衛와 左 · 右翊衛를 좌 · 우익위와 左 · 右翊贊으로 개칭하면서 계승하였다. 『경국대전』의 편찬과 함께 좌 · 우익위(정5, 각1), 좌 · 우사어(종5, 각1), 좌 · 우익찬(정6, 각1), 左 · 右衛率(종6, 각1), 左 · 右부솔(정7, 각1), 左 · 右侍直(정8품 각1), 左 · 右洗馬(정9, 각1)로 규정되었다. 관원은 모두 무반이지만 직장상 대개 공신이나 재상의 자제로 충당되었고, '經術之士'나 '端士' 일 것이 항상 강조되었다. 또 직장과

---

187) 『태종실록』 권5, 3년 6월 을해·권28, 14년 8월 경신.

188) 기능 · 직제상으로는 조선 개국 이래로 운영된 사막(~태종 3년), 충순호위사(태종 3년 6월~태종 14년 8월)에서 비롯되었다.

189) 『세종실록』 권19, 5년 2월 경신·권99, 25년 1월 을축.

190) 『태종실록』 권35, 18년 6월 병술, 『세종실록』 권45, 11년 9월 신해.

191) 『예종실록』 권2, 즉위년 12월 정유. 혁거시기는 불명하다.

관련되어 27년까지는 포폄을 받지 않는 우대를 받았다.[192]

## 제5절 刑曹屬衙門

### 1. 堂上衙門; 掌隷院(← 辨定院 ← 刑曹都官)

掌隷院은 조선 개국과 함께 설치된 刑曹都官에서 비롯되었고, 1466년 辨定院으로 개칭되고 당상아문이 되면서 정립되었으며, 1467년(세조 13) 다시 장예원으로 개칭되면서[193] 정착되었다. 관직은 형조도관 설치와 함께 兼知事(1, 종3)·議郞(2, 정4)·正郞(2, 정5)·佐郞(2, 정6)·主事(2, 정7)가 두어졌다. 그 후 주사가 혁거되고 정랑·좌랑 각 1직이 증가되었다.[194] 1466년에 겸지사가 정3품 당상직의 判決事로 승격·개칭되었고, 정랑이 司議로 개칭되고 1직이 감소 및 좌랑이 司評으로 개칭되고 1직이 증치되면서 『경국대전』에 법제화된 그것으로 정착되었다.[195] 사의 이하는 모두 구임으로 하였다.

### 2. 參上衙門; 典獄署

典獄署는 조선 개국과 함께 고려말의 전옥서가 계승되면서 정착되었다. 관직은 관아 성립될 때 영(2, 종7)·승(2, 종8)이 두어졌고, 이후 영과

192) 『세종실록』 권110, 27년 11월 신사.

193) 『세조실록』 권41, 13년 1월 기사.

194) 『세종실록』 권61, 15년 7월 을해. 주사가 혁거된 시기는 불명하나 그 설치 관직이 육조와 같았음에서 태조 4년 육조의 주사와 함께 혁거된 것으로 추측된다.

195) 『세조실록』 권41, 13년 1월 기사. 기능·직제상으로는 조선개국 이래로 운영된 형조도관(~세조 12년)에서 비롯되었다.

승이 승과 부승으로 개칭되고 승·부승 각1직이 감소되었으며,[196] 1466년(세조 12)에 주부(1, 종6)·참봉(1, 종9)이 설치되고 부승이 봉사로 개칭되며 승이 혁거되면서 『경국대전』에 법제화된 그것으로 정착되었다.

## 제6절 工曹屬衙門

### 1. 堂下衙門; 尙衣院·繕工監, 修城禁火司·典涓司

#### 1) 尙衣院(← 供造署)

尙衣院은 1393년(태조 2) 이전에 조선 개국 이래로 운영되어 온 供造署를 개칭하면서 성립되었고,[197] 1416년(태종 16)에 奉書局이 병합되면서[198] 정립되었다. 관직은 관아 성립 때에 판사 2·경 2·소경 2·주부 1·겸주부 1·직장 2직이 두어졌다. 이후 판사·경 각 1직이 감축되었고, 左·右司御(설치시기 불명)가 左·右司尙으로 개칭되었고, 부제조 1직이 설치되었다가 혁거되었으며, 제거 2직과 별좌 1직이 구임관이 되었다(설치시기 불명).[199] 이것이 1466년에 정·첨정·판관·주부 각1직과 직장 2직으로 조정되었다가 『경국대전』의 편찬과 함께 제조(2), 부제조(1, 승지겸), 정(1), 첨정(1), 별좌(정5~종5, 별제와 합하여 2), 판관(1), 별제(정6~종6), 주부(1), 직장(2)과 주부 이상 1인 구임으로 규정되었다.

---

196) 『태종실록』 권27, 14년 1월 계사, 『세조실록』 권20, 6년 5월 기해.

197) 『태조실록』 권3, 2년 3월 정묘.

198) 『태종실록』 권31, 16년 6월 기묘.

199) 『태종실록』 권5, 3년 6월 을해·권24, 12년 12월 임술, 『세종실록』 권19, 5년 2월 경신, 『세조실록』 권21, 6년 8월 기미.

2) 繕工監

繕工監은 조선개국과 함께 고려말의 繕工寺를 개칭하여 설치하면서 정착되었다. 관직은 관아 설치와 함께 判事 2, 監 2, 少監 2, 丞·兼丞 각1, 注簿 2·兼注簿 1, 直長 2, 錄事 2직(정8)이 두어졌다. 이후 판사·감 각1직이 감소되었고, 감·소감·승이 정·부정·판관으로 개칭되었고, 제조 2직이 3직으로 증가되었으며, 부정·겸승·겸주부·직장 각1직이 감소되었다.[200] 1466년(세조 12)에 판사·정·부정·녹사·부녹사가 정·부정·첨정·봉사·부봉사로 개칭되고 녹사·부녹사 각1직이 혁거되며 참봉 1직이 설치되었다[201]『경국대전』의 편찬과 함께 제조(2), 정(1), 부정(1), 첨정(1), 판관(1), 주부(1), 직장(1), 봉사(1), 부봉사(1), 참봉(1)과 판관 이상 1인 구임으로 규정되었다.

3) 修城禁火司(← 城門都監+禁火都監)·典涓司(← 景福宮 등 提擧司← 壽昌宮提擧司)

修城禁火司는 1426년(세종 8)에, 1422년 도성내외의 巡審을 위하여 설치한 城門都監과 1426년 이전에 도성내의 소방을 위하여 설치한 禁火都監이[202] 한 관아로 통합되면서[203] 성립되었다. 1460년(세조 6) 성곽의

---

200)『태종실록』권5, 3년 6월 을해·권27, 14년 1월 계사,『세종실록』권9, 5년 2월 경신,『세조실록』권20, 6년 5월 정유. 겸승·겸주부가 혁거된 시기는 불명하나 군기시의 예로 보아 세조 6년에 부정 등과 같이 혁거되었다고 추측하여 파악한다.

201)『세조실록』권38, 12년 1월 무오. 봉사는 언급되지 않았지만 이 때에 녹사가 개칭되면서 성립된 것으로 보인다.

202)『세종실록』권15, 4년 2월 신해·권91, 8년 2월 경인.

203)『세종실록』권32, 8년 6월 무인·권33, 8년 7월 기해.

수리는 공조, 소방업무는 한성부로 각각 이관하면서 폐지되었다가, 1471년(성종 2) 복설되면서 정착되었다.[204] 관직은 1431년(세종 13) 제조(2, 낙점)·사(2)·부사(2)·판관(2)이 설치되어 있었고, 1452년(문종 2)에 사·부사·판관 6직이 4직으로 감소되었다.[205] 1481년(성종 12) 복치[206] 때에 『경국대전』의 관직과 같이 도제조(1), 제조(2), 제검(4, 정4, 3은 사복시정·군기시정·선공감정 겸), 별좌(6, 정5～종5, 4는 의금부경력, 병·형·공조정랑 각1 겸), 별제(3, 정6～종6, 1은 한성부판관 겸)로 정립된 것으로 추측된다.

典涓司는 1466년(세조 12)에 조선 개국 이래로 수창궁(개성), 경덕궁·경복궁·창덕궁(한성) 등의 제궁에 설치되어 궁궐수선 등을 맡아보던 諸宮提擧司를 개칭하고 일원화하면서 성립되었다고 추측된다. 관직은 수창궁제거사 때에는 提控(4, 종7)·司直(4, 정8)·司涓(4, 정9)이 있었다.[207] 1466년 전연사 성립 때 제공 1직을 증액하고 사연을 혁거하고 참봉 6직을 설치하였고, 1484년에 제공이 직장으로 개칭되면서[208] 『경국대전』에 규정된 제조(1, 선공감제조 겸), 제검(종4, 별좌·별제와 합하여 5), 별좌, 별제, 직장(2), 봉사(2), 참봉(6)으로 정립된 것으로 추측된다. 직장 이하는 체아직이었다.

204) 『성종실록』 권127, 12년 3월 갑진.

205) 『세종실록』 권52, 13년 4월 기해, 『문종실록』 권13, 2년 4월 병인.

206) 『성종실록』 권127, 12년 3월 갑진.

207) 『태조실록』 권1, 1년 7월 정미.

208) 『성종실록』 권166, 15년 5월 계축.

## 2. 参上衙門; 掌苑署, 造紙署·瓦署

### 1) 掌苑署(←上林園 ← 東山色)

掌苑署는 1394년(태조 3)에 조선 개국 이래로 운영되어 온 東山色을 上林園으로 개칭하면서 성립되었고,[209] 1466년에 다시 장원서로 개칭되면서 정립되었다. 관직은 1466년 掌苑(1, 정)이 설치되었고(그 이전은 불명), 『경국대전』의 편찬과 함께 提調(1), 掌苑(정6, 1), 別提(3)로 규정되었다.

### 2) 造紙署(← 造紙所)·瓦署(← 別窯+瓦窯 ← 東·西窯)

造紙署는 1415년(태종 15) 造紙所의 설치와 함께 시작되었고,[210] 1466년에 개칭되면서 정립되었다. 관직은 1443년(세종 25)에는 口傳官만 있었고, 1466년에 司紙(1, 종6)가 설치되었으며, 『경국대전』의 편찬과 함께 제조(2), 사지(1), 별제(4)로 규정되었다.

瓦署는 조선 개국과 함께 설치된 東·西窯에서 비롯되었고, 1479년 이전에 1406년 이래의 別窯,[211] 1460년 이래의 瓦窯를 통합하고 와서로 개편하면서 정립되었다.[212] 관직은 동·서요에는 직 각1직이 있었고, 1460년에 직을 혁거하고 별좌 2직을 설치하였다.[213] 『경국대전』의 편찬과 함께 제조(1), 별제(3)로 규정되었다. 육조속아문의 관아변천을 표로 재정리하여 제시하면 다음과 같다.

---

209) 『태조실록』 권6, 3년 7월 무신.

210) 『태종실록』 권30, 15년 7월 경신.

211) 『태종실록』 권11, 6년 2월 기미.

212) 『세조실록』 권20, 6년 5월 정유, 『성종실록』 권4, 1년 4월 정사.

213) 『태조실록』 권1, 1년 7월 정미, 『세조실록』 권20, 6년 5월 정유.

<표 7-9> 조선초기 육조속아문 관아변천(고딕은 고려말의 명칭이 답습)[214]

| 태조 1년 | 태종 5년 | 세종대 | 세조 12년 | 『경국대전』 | 비고 |
|---|---|---|---|---|---|
| 敬興府 | 정종즉. 혁 | | | | |
| 정종2. 承寧府 | 9. 혁(典農寺) | | | | 이조속아문 (태종 5년 이후, 호조 이하 동) |
| | 즉. 恭安府 | 2. 혁(인녕부) | | | |
| | 즉. 仁寧府 | 2.慶順府 → 3.仁順府 | 14. 혁 | | 정종부 |
| | 3.敬承府 → 18. 順承府 | 즉. 仁壽府 | 14. 혁 | | 세자부 |
| | | 즉. 慶昌府 | 6. 혁(司膳署) | | 태종부 |
| | | | 2. 忠翊司(← 원종공신소) → 12. 忠翊府 | 忠翊府 | 왕비부 |
| 尙瑞司 | → | → | 尙瑞院 | 尙瑞院 | |
| 殿中寺 | 1宗簿寺 → 14在內諸君府 | 10.종부시<br>12.宗親府(직계아문) | → | 宗簿寺 | |
| 茶房 | → | 29. 司饔院 | 혁 | | |
| 司饔房 | → | → | 13.司饔院 | 司饔院 | |
| (내)藥房 | → | 25. 內醫院(→ 예조속아문) | | | |
| 司膳署 | → | → | 13. 導官署(→ 호조속아문) | | |
| 開國功臣都監 | | 16. 忠勳司(← 공신도감) | 단종2. 忠勳府(직계아문) | | |
| 內需別坐 | | 12. 內需所(← 내수별좌) | 內需司 | 內需司 | |
| 內侍府 | → | → | → | 內侍府 | |
| 內侍院 | → | 27.內直院 | 혁 | | |
| 掖庭署 | → | → | → | 掖庭署 | |
| 內府寺 | 1. 內資寺 | → | → | 內資寺 | 호조 |
| | 3. 內贍寺 | → | → | 內贍寺 | |
| | | | 13. 導官署(← 이) → 성종9. 司導寺 | 司導寺 | |
| | 1. 司贍署 | → | 6. 혁(전농시) | | |

| 태조 1년 | 태종 5년 | 세종대 | 세조 12년 | 『경국대전』 | 비고 |
|---|---|---|---|---|---|
| 司農寺 | 1.典農寺 → 9. 典祀寺(→ 예조 속아문) | | | | |
| | 9.典農寺(← 예조) | → | 6. 司贍寺 | 司贍寺 | 호조 |
| 軍資監 | → | → | → | 軍資監 | |
| 濟用庫 | 9. 濟用監 | → | → | 濟用監 | |
| | | | 司宰監(← 공조) | 司宰監 | |
| 豊儲倉 | → | → | → | 豊儲倉 | |
| 廣興倉 | → | → | → | 廣興倉 | |
| 料物庫 | 1. 供正庫 | 4. 導官署 | 6. 혁(사선서) | | |
| | | | 성종1. 典艦司(← 전운색) | 典艦司 | |
| 京市署 | → | → | 平市署 | 平市署 | |
| | | | 司醞署(← 예) | 司醞署 | |
| 義盈庫 | → | → | → | 義盈庫 | |
| 長興庫 | → | → | → | 長興庫 | |
| 解典庫 | | | | | |
| | | | 12. 司圃署(← 공조) | 司圃署 | |
| 養賢庫 | → | → | 11. 혁(풍저창) | 養賢庫 | |
| | | | 성종11. 양현고 | | |
| | 各道倉庫 | | | | |
| 5部(동, 남, 서, 북, 중) 義鹽倉 | → | → | → | 5部(중, 동, 남, 서, 북) | |
| | | | 성종9. 弘文館 | 弘文館 | 예조 |
| 藝文春秋館 | 1. 藝文館 | → | → | 藝文館 | |
| | 1. 春秋館 | → | → | 春秋館 | |
| 成均館 | → | → | → | 成均館 | |
| 經筵官 | 經筵 | 2년경 직계아문 | | | |
| | 1. 文書應奉司 → 11. 承文院 | → | → | 承文院 | |
| 閤門 | 通禮門 | → | 通禮院 | 通禮院 | |
| 奉常寺 | 9. 典農寺(→ 호조) | | | | |
| | 9.典祀寺(← 전 | 2. 奉常寺 | → | 奉常寺 | |

| 태조 1년 | 태종 5년 | 세종대 | 세조 12년 | 『경국대전』 | 비고 |
|---|---|---|---|---|---|
| | 농시, 호조) | | | | |
| 校書監 | 1. 校書館 | → | 典校署 → 성15. 교서관 | 校書館 | |
| | | 25.內醫院(← 이조, 약방) | → | 內醫院 | |
| 禮賓寺 | → | → | → | 禮賓寺 | |
| 雅樂署 | → | → | 4. 혁(장악서) | | |
| 典樂署 | → | → | 4掌樂署 → 12.掌樂院 | 掌樂院 | 예조 |
| 書雲觀 | → | → | 觀象監 | 觀象監 | |
| 典醫監 | → | → | → | 典醫監 | |
| 2. 司譯院 | → | → | → | 司譯院 | |
| 世子官屬 | 書筵 | → | 世子侍講院 | 世子侍講院 | |
| | | 11. 宗學 | → | 宗學 | |
| 昭格殿 | → | → | 昭格署 | 昭格署 | |
| 宗廟署 | → | → | → | 宗廟署 | |
| 司醞署 | → | → | 호조속아문 | | |
| 6. 濟生院 | → | → | 6. 혁(혜민국) | | |
| 社稷壇 | → | 8. 社稷署 | → | 社稷署 | |
| | 氷庫 → 14.혁(내시원) | | 7. 이전 빙고 | 氷庫 | |
| 典廐署 | → | → | 6典牲暑 | 典牲暑 | |
| 分禮賓寺 | → | → | 6.司蓄所(← 분예빈시·사련소) → 12.司蓄署 | 司蓄署 | |
| 정종2. 이전 司臠所 | → | → | 6. 司蓄所 | | |
| 惠民局 | → | → | 惠民署 | 惠民署 | |
| 정종2. 이전 圖畵署 | 圖畵院 | → | 성종 9년 이전 圖畵署 | 圖畵署 | |
| 膳官署 | → | → | 6.혁(도관서) | | |
| 道流房 | → | → | 3. 圜丘署 | 혁(소격서) | |
| 東西大悲院 | 11.東西活人署 | 19. 동서활인원 | 活人署 | 活人署 | |
| | 14. 施惠所(← 관곽색) → 歸厚所 | → | 歸厚署 | 歸厚署 | |
| | | 즉. 禮葬都監 | 예종1. 혁(귀후 | | |

| 태조 1년 | 태종 5년 | 세종대 | 세조 12년 | 『경국대전』 | 비고 |
|---|---|---|---|---|---|
| | | | 소) | | 예조 |
| | 4.4部儒學(중, 남, 동, 서) | → | 4學(중, 남, 동, 서) | 4學(중, 남, 동, 서) | |
| 架閣庫 | → | → | 14革 | | |
| 書籍院 | | | | | |
| 3. 福興庫 | → | → | 6혁(예빈시) | | |
| | | 30. 世孫講書院 | 문종즉. 혁 | | |
| | 種藥色 → 11.혁 (전의감) | | | | |
| 大淸觀 | → | 4. 혁 | | | |
| 慣習都鑑 | → | → | 4. 樂學都監 → 12.혁(장악서) | | |
| | 僧錄司 | 6. 혁 | | | |
| | 各道學校 | | | | |
| 醫學 | → | → | → | 혁(전의감) | |
| | 8. 文昭殿 | → | → | 文昭殿 | |
| | | 7. 景福宮 | 혁(전연사) | | |
| | | 7. 昌德宮 | 혁(전연사) | | |
| | | 7. 東平館 | | | |
| | | 7. 北(西)平館 | | | |
| | | | | 諸陵殿 | |
| | | | 성종6. 延恩殿 | 延恩殿 | |
| | | 14. 3軍鎭撫所(← 직계아문) | 5. 5軍鎭撫所 → 12. 5衛都摠府(직계아문) | | 병조 |
| 정종2. 中軍 | → | → | 3.혁(3군진무소) | | 소속 위·사는 <표 7-6> 참조. |
| 정종2. 左軍 | → | → | 〃 | | |
| 정종2. 右軍 | → | → | 〃 | | |
| 10衛 | 18.12司 | 5.10사 → 27.12사 | 문종1.5사 | 5衛 | 위·사명은 <표 7-6> 참조 |
| 訓鍊觀 | → | → | 訓練院 | 訓練院 | |
| 巡軍萬戶府 | 2.巡衛府 → 3.義勇巡禁司 → 14. 義禁府(직계아문) | | | | |
| 司僕寺 | → | → | → | 司僕寺 | |

| 태조 1년 | 태종 5년 | 세종대 | 세조 12년 | 『경국대전』 | 비고 |
|---|---|---|---|---|---|
| 軍器監 | → | → | 軍器寺 | 軍器寺 | 병조 |
| 司幕 | 2. 忠順扈衛司 → 14. 忠扈衛 | → | 典設司 | 典設司 | |
| 정종2. 別侍衛 | → | → | 3. 속5위(용양위) | | |
| | 4. 鷹揚衛 | 1. 혁 | | | |
| 引駕房 | → | 7. 혁(견룡방) | | | |
| | | 11. 世子翊衛司 | → | 世子翊衛司 | |
| | 各殿行首牽龍 (견룡방) | → | ? | | |
| | | 27. 司砲局(← 합약소) | 단종3. 혁 | | |
| 刑曹都官 | → | → | 辨定院 → 13.掌隷院 | 掌隷院 | 형조 |
| 典獄署 | → | → | → | 典獄署 | |
| 律學 | → | 16. 司律院 | 12. 律學(형조) | | |
| | 各道刑獄 | | | | |
| 2. 尙衣院 | → | → | → | 尙衣院 | 공조 |
| 繕工監 | → | → | → | 繕工監 | |
| 司宰監 | → | → | 호조속아문 | | |
| 典艦司 | | | 典艦司(← 전운색) | 典艦司 | |
| 供造署 | 10. 혁(공조) | | | | |
| 都染署 | → | → | 6혁(제용감) | | |
| 沉贓庫 | 5.이전 치, 14.혁, 16.복치, 17. 혁 | 7.이전 복치 | 司圃署(→ 호조) | | |
| | 別鞍色 | | | | |
| | | 8.修城禁火司(← 금화·성문도감) | 6.혁(공조, 한성부), 성종12. 修城禁火司 | 修城禁火司 | |
| 壽昌宮提學司 → 4. 경복궁 제거사 | → | → | 典涓司 | 典涓司 | |
| 東山色 | 3. 上林園 | | 12 장원서 | 掌苑署 | |
| | 11. 造紙所 | → | 조지서 | 造紙署 | |
| | 6. 別窯 | → | 6.瓦窯 → 성종1. | 瓦署 | |

| 태조 1년 | 태종 5년 | 세종대 | 세조 12년 | 『경국대전』 | 비고 |
|---|---|---|---|---|---|
| | 各道鹽場<br>屯田 | | 이전 瓦署 | | 공조 |
| 貢賦詳定色 | | 즉. 치 | | | 주요임시·기타아문 |
| 都城警守所 | 4.치 | 18. 혁 | | | |
| 六典修撰色 | 7.치 ~ 12.<br>12. | 4. ~ 9, 13 ~ 15 | 1. ~ 14. | | |
| 國葬都監 | 8.치 | 1.~ 4, 29. | 문종즉.~1. 단종즉~1. | 예종즉.~ 1, 성종즉. ~1. | |
| 城門都監 | | 4.치 → 8.혁(수성금화사) | | | |
| 實錄廳 | 9. 치~ 13. | 6. ~ 13. | 문종2.~단종3, | 예종1.~성종2 | |
| 禁火都監 | | 8.치~ 9.혁(수성금화사) | | | |
| 刷劵色 | 9.치~9. 18.~ | 즉. 貢賦詳定色 | | | |
| 儀禮詳定所 | 10.치 | 17. 혁 | | | |
| 奴婢辨定都監 | 14.치 | | | | |
| 諺文廳 | | 15. 치 | | | |
| 開國功臣都監 | 17. 功臣都鑑 | 16. 忠勳司(이) | 단종2. 忠勳府(직계아문) | | |
| 貢法詳定所 | | 18.치~25. | | | |
| 田制詳定所 | | 25.치 | | | |
| 轉運色 | | 25. ~ 28, 28.~ | 성종1. 典艦司 | | |
| 內上直 | 7. 內禁衛(속중군) | → | 3. 직계아문 | | |
| | 9. 兼司僕(속중군) | → | 3. 직계아문 | | |
| | | 즉. 忠義衛(속중군) | 3. 속5위(충좌위) | | |
| | 9. 內侍衛(속중군) | 6. 혁(내금위) | | | |
| | | 27. 忠順衛(속중군) | 3. 속5위(충무 위) | | |
| 算學 | → | → | 혁(호조) | 혁(관상감) | |
| 天文學 | → | → | → | 혁(관상감) | |
| 風水學 | → | → | 地理學 | 혁(관상감) | |

| 태조 1년 | 태종 5년 | 세종대 | 세조 12년 | 『경국대전』 | 비고 |
|---|---|---|---|---|---|
| 陰陽學 | → | → | 命課學 | 혁(사역원) | |
| 漢學 | → | → | → | 혁(사역원) | |
| 蒙學 | → | → | → | 혁(사역원) | |
| 倭學 | → | → | → | 혁(사역원) | |
| 女眞學 | → | → | → | | |

## 제7절 臨時衙門

조선초기에는 國葬·儀禮詳定·奴婢決訟·租稅詳定 등 현안사를 집중적으로 처리하기 위한 수십 여 임시아문, 즉 都監·所·色·廳 등이 운영되었다. 여기에서는 이를 도감, 소, 색, 청으로 구분하여 살펴본다[( )는 운영기간].

### 1. 都監; 功臣都鑑, 冊封都監, 國葬都監, 奴婢辨定都監, 都城修築都監, 城門·禁火都監

1) 功臣都鑑(태조 1～성종 2)

功臣都鑑은 1392년에 開國功臣의 책록을 위한 開國功臣都監을 두면서 비롯되었다.[215] 이후 1481년까지 定社(태조 7)·佐命(태종 1)·靖難(단종 1)·佐翼(세조 1)·敵愾(세조 13)·翊戴(예종 1)·佐理功臣(성종 2)의 책록을 위한 공신도감이 차례로 설치되어 운영되었다.[216] 공신도감에는 都提調 이하 수십명의 겸관이 설치되어 공신책록사를 지

---

214) 『고려사』 백관지, 『조선왕조실록』에서 종합.

215) 『태조실록』 권1, 1년 8월 신해.

216) 『조선왕조실록』 태조 7년～성종 2년조. 각 공신의 책록배경과 책록자는 鄭杜熙, 1983, 『朝鮮初期 政治支配勢力硏究』, 一潮閣, 23～42·196～244쪽 참조.

휘 및 담당하였다.

2) 冊封都監(태조 1~성종 11)

冊封都監은 1392년에 태조의 4대부모와 賢妃(태조비)를 책봉하기 위하여 설치되면서 비롯되었고, 이후 1480년까지 역대 왕비·왕세자·왕세자빈·상왕·대비의 책봉을 위한 책봉도감이 설치되어 운영되었다.[217] 책봉도감에는 使 이하 겸관이 있어 책봉사를 담당하였다.

3) 國葬都監(태조 5~성종 14)

國葬都監은 1396년에 태조비 神德王后의 장례를 위한 4도감·13소의 국장도감을 설치하면서 비롯되었고,[218] 이후 1483년까지 역대의 왕·왕비가 홍서하였을 때 설치되어 장례와 관련된 모든 일을 관장하였다.[219] 국장도감에는 태조의 국상시에 殯殿·齋·國葬·造墓의 4都監과 喪服色 등 13색이 설치되고 都提調 6·判事 16명·提調 2명(상복색)등 수십명의 겸관이 배속되어 국장제사를 관장하였음과[220] 같이 도제조 이하 수십명이 배속되어 국장제사를 지휘하고 담당하였다. 그 관원 중 당하관 이하는 그 직사와 관련되어 1계를 加資(종3품 이하) 또는 代加(정3품 당하)받거나 승직되는 특혜를 받았다.[221] 국장도감 낭청에 대한 이러한 우

---

217)『조선왕조실록』태조 1년~성종 11년. 이 중 왕·왕비·왕세자·왕세자빈·상왕·대비의 책봉시기는『선원계보』태조~성종비 참조.

218)『태조실록』권10, 5년 8월 기해.

219)『조선왕조실록』태종 8년~성종 14년조. 역대 왕과 왕비의 홍서시기는『선원계보』태조~성종비 참조.

220)『태종실록』권15, 8년 5월 임신.

221)『예종실록』권2, 즉위년 12월 계묘,『성종실록』권156, 14년 7월 갑진, 외.

대에서 이조관리는 그들의 친인척을 제수하는가 하면 모든 朝官이 다투어 낭청이 되기를 도모하는 부작용이 야기되었다.[222]

4) 奴婢辨定都監(태종 14)

奴婢辨定都監은 1414년에 都廳과 15房(곧 20방으로 확대)으로 설치되어 고려말 이래의 노비결송사를 집중적으로 심리하였다.[223] 관원에는 都提調・提調 12명(도청)과 각방에 使(3품)・副使(4품)・判官(5~6품) 각 1직이 있었다.[224]

5) 都城修築都監(태조 4~성종 10)

都城修築都監은 1495년에 도성의 성기를 심정・축조하기 위하여 설치되었다.[225] 이후 1479년까지 궁궐이나 성문 등을 수축하기 위하여 수시로 설치되어 운영되었고, 관원에는 판사(도제조)・부판사(제조)・사・부사・판관・녹사 등 수십명~수백명이 있었다.[226]

---

222)『문종실록』 권13, 2년 4월 정해, 외.

223)『태종실록』 권27, 14년 4월 정사・권28, 14년 10월 신사.

224) 동상조.

225) 원영환, 1990,『한성부연구』, 강원대학교출판부, 131쪽(『태조실록』 권8, 4년 윤9월 신미・병술, 권9, 5년 1월 무진)

226) 위 책, 132~154쪽(『태조실록』 권8, 4년 윤9월 병술・권9, 5년 1월 무진・권13, 7년 2월 을유,『태종실록』 권25, 13년 6월 병인,『세종실록』 권13, 3년 10월 임인・권117, 29년 8월 기유・권118, 29년 11월 신축・권120, 30년 5월 병신,『문종실록』 권6, 1년 3월 병진,『단종실록』 권6, 1년 4월 갑인,『성종실록』 권100, 10년 1월 갑술, 외).

6) 城門(세종 4~8)·禁火都監(~세종 8)

城門都監은 1422년에 설치되어 도성내외를 순찰하였고, 4년 뒤에 禁火都監과 함께 修城禁火司로 개편되면서 소멸되었으며, 관원에는 提調 수십인과 使·副使·判官 각4명 및 錄事 8명이 있었다.[227] 禁火都監은 도성의 방화를 담당하다가 수성금화사로 개편되면서 소멸되었으며, 관원에는 제조 7·사 5·부사 6·판관 6명이 있었다고 추측된다.[228]

2. 所; 都城警守所, 儀禮詳定所, 貢法上程所, 其他

1) 都城警守所(세종 즉위 이전~?)

都城警守所는 1418년 이전에 수십개소가 설치되어 도성의 최말단 치안을 담당하였고, 13개소(세종 18) → 106개소(성내 87, 성외 19)로 개변되면서 운영되었다. 각소에 보병 2명이나 五員 2명·別軍 5명·侍衛隊 3명이 배속되었다.[229]

2) 儀禮詳定所(태종 10~세종 17)

儀禮詳定所는 1410년에 설치되었고, 이후 폐지되는 1435년까지 관혼상제와 국가 대소의례의 제정과 정비를 담당하였으며, 관원에는 제조 이하 집현전관 등으로 겸대된 이십여 명의 낭청이 있었다고 추측된다.[230]

---

227) 『세종실록』 권15, 4년 2월 신해·권33, 8년 7월 기해.

228) 『세종실록』 권31, 8년 2월 경인·권33, 8년 7월 기해.

229) 원영환, 위 책, 124~126쪽(『세종실록』 권71, 18년 3월 무진, 외).

230) 『태종실록』 권20, 10년 9월 임술, 『세종실록』 권70, 17년 11월 병술, 최승희, 1968, 「집현전연구」 하, 『역사학보』 33, 75~77쪽.

3) 貢法詳程所(세종 18～25)·田制詳定所(세종 25～?)

貢法詳程所는 1436년에 설치되어 7년 후에 폐지되기까지 貢法(田分6등 年分9등)의 논의와 상정을 담당하였고, 관원에는 제조와 집현전관 등이 겸대한 낭청 수십 명이 있었다.[231] 田制詳定所는 1443년에 설치되어 공법상정소에서 상정한 공법의 실시를 담당하였고, 관원에는 도제조 3·제조 3·낭청(수불명)이 있었다.[232]

그 외에 前啣宰樞所(태종초～세종 10년에 致仕耆老所로 개정)는 치사(정년퇴직)한 문무 고관들의 지대를 담당하였다.[233] 鑄字所(태종 3년～문종 1년, 문종 1년～세조 6년)는 서적의 인쇄사를 전장하였다.[234]

## 3. 色; 嘉禮色, 刷券色, 六典修撰色, 修城戰艦色·典運色·司水色, 其他

1) 嘉禮色(태조 3～성종 18)

嘉禮色은 1394년에 세자 방석의 가례사를 관장하기 위하여 설치되면서 비롯되었고,[235] 이후 1487년까지 폐치되면서 역대의 왕과 왕세자의 가례사를 담당하였다.[236] 관원에는 도제조 이하 낭청 등 20여명이 있었다고 추측된다.

---

231)『세종실록』 권73, 18년 윤6월 기묘·권102, 25년 11월 갑자, 외.

232)『세종실록』 권102, 25년 11월 경자(갑자).

233)『세종실록』 권39, 10년 2월 임술.

234)『세종실록』 권75, 18년 10월 기사. 세종 17년에 궐외에서 경복궁 안으로 옮겨졌다(권69, 17년 9월 경진).

235)『태조실록』 권6, 3년 11월 임오.

236)『조선왕조실록』 태종 7년～성종 18년조.

2) 刷券色(태종 9 · 18)

刷券色은 1409년과 1418년에 설치되어 각사의 재정과 공부를 상정하였고, 관원에는 제조와 별감 등이 있었다.[237)]

3) 六典修撰色(詳定所, 태종 4~8 · 13~15, 세종 4~9 · 13~15, 세조 1~14, 성종 初)

六典修撰色은 1407년에 『續六典』을 편찬하기 위해서 설치되었고,[238)] 이후 성종 초까지 『新撰經濟六典』, 『六典謄錄』, 『經國大典』의 편찬을 담당하였다.[239)] 관원에는 도제조 · 제조 · 낭청 수십 명이 있었다고 추측된다.[240)]

4) 修城戰艦色(세종 18) · 典運色(세종 25~27, ?~성종 1년 이전) · 司水色(세종 28 ~?), 其他

修城戰艦色은 1436년에 설치되어 조운 등을 관장하였고, 이후 전운색과 사수색으로 계승되면서 운영되었다.[241)]

轉運色은 1443년에 설치되었고, 이후 1470년까지 운영되면서 남도세곡의 조운사를 관장하였다(관원 불명).[242)] 司水色은 1446년에 설치되어

237) 『태종실록』 권17, 9년 4월 신묘 · 권72, 18년 3월 정사.

238) 『태종실록』 권14, 7년 8월 기해.

239) 박병호, 1995, 「경국대전의 편찬과 계승」, 『한국사』 22, 201~211쪽.

240) 『세종실록』 권17, 4년 8월 을미(도제조 2 · 제조 2), 외.

241) 『세종실록』 권100, 25년 6월 갑진 · 권112, 28년 5월 신미, 『성종실록』 권4, 1년 4월 정사 · 권6, 1년 6월 을축.

242) 『세종실록』 권102, 25년 11월 을해 · 권112, 28년 5월 경오, 『성종실록』 권4, 1년 4월 정사 · 권6, 1년 6월 을축.

船木의 배양과 선박의 영조사를 관장하다가 4년 뒤에 修城戰艦色관장으로 개칭되었다.[243]

그 외에 貢賦詳定色(세종 즉위)은 공부를 상정하였다.[244] 種藥色(태종 5)은 설치되어 약재의 채집사를 관장하였고, 태종 11년에 전의감에 합속되면서 혁거되었다.[245] 義鹽色은 1405년(태종 5) 이후에 설치되어 1446년(세종 28)에 혁거되기까지 염세사를 관장하였다고 추측된다.[246]

### 4. 廳・局; 實錄廳・諺文廳, 舡軸局・司礥局

#### 1) 實錄廳(태종 9～성종 3)・諺文廳(세종 28～단종 즉위)

實錄廳은 1409년에 『太祖實錄』을 수찬하기 위한 실록청을 설치하면서 비롯되었고,[247] 이후 역대 왕의 사후에 설치되어 1472년까지 폐치가 반복되면서 정종～예종의 실록을 편찬하였다. 관원에는 영춘추관사 이하 수십명의 지관사・동지관사・편수관・기주관・기사관이 있었다.[248]

---

243) 『세종실록』 권58, 14년 12월 을사・권72, 18년 4월 갑오.

244) 『세종실록』 권1, 즉위년 9월 신미.

245) 『태종실록』 권9, 5년 3월 병신・권21, 11년 6월 임진.

246) 『태종실록』 권9, 5년 3월 병신・『세종실록』 권112, 28년 5월 신미, 『태조실록』 권1, 1년 7월 정미.

247) 『태조실록』 수찬관조.

248) 『태조실록』~『예종실록』의 수찬기간과 수찬관은 다음과 같다(『조선왕조실록』 태종 9년~성종 3년조, 『태조실록』~『예종실록』 말미 수찬관조).

『태조실록』; 태종 9～13년, 영춘추관사 하륜 외.

『정종실록』; 세종 5~8, 동지관사 2인 외.

『태종실록』; 세종 5～13, 감관사 1・동지관사 2・기주관 4・기사관 10.

『세종실록』; 문종 2~단종 2, 감사 1・지사 3・동지사 2・편수관 4・기주관 3・기사관 25.

『문종실록』; 단종 2~세조 1, 영사 1・지사 3・동지사 2・편수관 2 기주관 21・

諺文廳은 1446년에 설치되어 훈민정음과 관련된 사업을 담당하였고, 1452년에 혁거되었다.[249] 그 관원에는 집현전관 등 십여명의 배속된 것으로 추측된다.[250]

2) 舡軸局(세종 15~?)·司礮局(세종 27~단종 3)

舡軸局은 세종 15년에 설치되어 교량건설사를 관장하였고, 그 관원은 중국에 가서 교량에 관한 기술을 전습해옴과 관련되어 譯語人이 제수되었다(폐지시기 불명).[251]

司礮局은 세종 27년에 合藥所가 개편되면서 성립되었고, 이후 단종 3년까지 화약제조사를 관장하였으며, 관원에는 내시부관이 겸한 使(2인, 종5)·副使(2, 종6)·丞(4, 종8)이 있었다.[252]

이상에서 조선초기를 통하여 功臣都鑑 등 수십의 임시기관이 치폐를 거듭하면서 운영되었고, 그 각각에는 都提調 이하 십수~수백명의 당상과 당하관 이하의 겸관이 종사하였다. 이들 임시기관이 수행한 국사는 상설아문이 수행한 그것에 못지않게 조선초기의 典故整理·통치체제의 확립에 기여하였다. 중요 임시기관의 운영기간과 그에 편제되었던 관직

---

기사관 20.

『세조실록』; 예종 1~성종 2, 영사 2·감사 1·지사 2·동지사 5·수찬관 3·편수관 15·기주관 24.

『예종실록』; 성종 2~3, 영사 2·감사 1·지사 2·동지사 3·수찬관 2·편수관 8·기주관 9·기사관 17.

249) 이숭녕, 1981,『세종대왕의 학문과 사상 - 학자들과 그 업적 -』, 아세아문화사, 18~19쪽,『세종실록』권114, 28년 11월 임신.

250) 위 책, 18쪽.

251)『세종실록』권82, 20년 7월 을유.

252)『세종실록』권109, 27년 9월 정유,『단종실록』권13, 3년 2월 계묘.

을 표로 정리하여 덧붙이면 다음과 같다.

<표 7-10> 조선초 주요 임시기관 운영기간 · 관직[253)]

| 아문 | 운영기관 | 편제 관직 | | | |
|---|---|---|---|---|---|
| | | 당상관 | 당하~참상관 | 참하관 | 무록관·권무 |
| 功臣都鑑 | 태조1 ~ | | | | |
| 冊封都監 | 태조 ~ | | | | |
| 條例詳定都監 | 정종1 | 判事 7 | 使 9 | | |
| 國葬都監 | 태종8(태조)<br>세종4(태종) ~ | 都提調6, 판사 16 | | | |
| 奴婢辨定도감 | 태종14 | ? | 使 · 副使 · 判官 각 수십명 | | |
| 都城修築도감 | 세종3 | 도제조1, 제조 33 | 사·부사·판관·녹사 등 190 | | |
| 城門도감 | 세종4 ~ 8 | 제조수십명(實案6) | 사 · 부사 · 판관 각4 | 錄事 8 | |
| 禁火도감 | 세종8 ~ 9 | 제조7(실안5) | 사5, 부사6, 판관6 | | |
| 嘉禮色 | 태조3 ~ | 도제조3, 제조4 (태종 1) | | | |
| 貢賦詳定色 | 세종즉 ~ | 도제조?, 제조? | | | |
| 六典修撰色 | 태종7 ~ 12<br>세종4 ~ 9<br>세종13 ~ 15 | <br>도제조2, 제조2 | <br>수십명? | | |
| 都城警守所 | 태종4 ~ 세종18 | | | | |
| 儀禮詳定所 | 태종10 ~ 세종17 | | | | |
| 貢法詳程所 | 세종18 ~ 25 | | | | |
| 田制詳定所 | 세종25 ~ | 도제조3, 제조3 | | | |
| 實錄廳 | 태종9 ~ 성종3 (*태종실록) | 監館事1, 同知館事2* | 記注官4, 記事官 3* | 記事官4* | |
| 諺文廳 | 세종15 ~ 28 | | | | |

253) 『조선왕조실록』 태종 4년~세종 25년조에서 종합. 이들 관아의 그 운영기간은 한충희, 2001, 「(세종대) 중앙 정치 기구의 정비」, 46쪽에서 전재.

# 제8장 官衙의 成立과 整備 3(外官)

## 제1절 8道

조선은 도제는 개국과 함께 고려말의 도제를 계승하여 전국을 京畿左·京畿右·慶尙·全羅·楊廣·江陵交州·西海의 7道와 東北·西北面의 2面으로 나누고 都觀察黜陟士와 都巡問使를 파견하여 부윤 이하의 수령을 지휘·감독하면서 관내를 통치하게 하면서 정착되었다.[1] 이후 성종대까지 몇 차례에 걸쳐 도명, 관직, 도역이 개변되면서 정립되었다가 『경국대전』의 편찬과 함께 8도와 도관찰사·도사 등 및 관할지역이 법제화되면서 확립되었다.

도명은 경상·전라도는 변동 없이 계승되나 그 외는 몇 차례에 걸쳐 통합되고 개칭되면서 운영되었다. 1395년(태조 4)에 양광도, 강릉교주도, 서해도가 각각 忠淸道, 江原道, 豊海道로 개정되었다.[2] 1413년에는 서북면과 동북면을 그 界首官의 변경과 함께 平安道와 永吉道로 개칭하였고, 1414년에는 경기좌·우도를 京畿道로 통합하였으며, 1417년(태종 17)에

1) 李樹健, 1989, 『朝鮮時代 地方行政史』, 民音社, 37~38쪽.

2) 『태조실록』 권7, 4년 6월 을해.

는 다시 界首官의 변경에 따라 풍해도와 영길도를 黃海道와 咸吉道로 개칭하였다.[3)]

長官과 그 僚屬에 있어서는 장관은 1401년에 경기 등 5도의 장관명을 都觀察黜陟使 兼監倉·安集·轉輸·勸農·管學事 提調刑獄·兵馬公事(이하 都觀察黜陟士兼監倉等事로 약기)에서 按廉使로 개칭하고 다시 1402년에는 도관찰출척사겸감창등사로 개칭하였으며, 1417년(태종 17)에 개국 이래 都巡問使로 불리던 평안·영길도의 장관을 도관찰출척사겸감창등사로 개칭하면서 8도의 장관을 都觀察黜陟使兼監倉等事로 통일하였다.[4)]

감사를 보좌하는 요속에는 개국 이래로 계승된 經歷(종4)과 都事(종5)나 判官(종5)이 있었고,[5)] 그 외에 敎授(종6)·檢律·審藥이 있어 감사·경력 등의 지휘를 받아 도내의 敎育·照律·醫療事를 담당하였다.[6)]

도역은 조선 개국과 함께 고려말의 도역이 계승되면서 정착되었다(그 경계는 뒤 <도 2> 참조). 이후 이것이 관제정비·효율적인 지방통치와 관련되어 몇 차례에 걸쳐 신축되면서 조정되었다가 『경국대전』에 법제화되었다. 1413년에 경기좌·우도를 통합하고 遠近·山川 등을 고려하여 다음과 같이 그 관할지역을 조정하였으며, 16년에는 영길도 甲山郡 西面과 閭延 등지를 평안도에 이속하는 등 도역을 정착시켰다.[7)]

---

3) 이수건, 위 책, 39쪽.

4) 위 책, 43쪽.

5) 李存熙, 1990, 『朝鮮時代 地方行政制度研究』, 一志社, 108~111쪽.

6) 이수건, 위 책, 225쪽.

7) 위 책, 41~43쪽.

경기도 ; 延安 · 白川 · 牛峯 · 江陰 · 兎山 → 황해도, 利川 → 강원도
충청도 ; 驪興 · 安城 · 陽智 · 陽城 · 陰竹 → 경기도
강원도 ; 加平縣 → 경기도,
경상도 ; 沃川 · 黃澗 · 永同 · 靑山 · 報恩 → 충청도

이리하여 1418년(태종 18)에는 다음의 지도와 같이 경기도는 황해도 延安都護府(연백군) - 牛峰 · 兎山 · 江陰縣(금천군) 이남, 강원도 鐵原都護府(철원군) - 原州牧(원주시) 이서, 충청도 陰城縣(음성군) - 唐津縣(당진군) 이북, 서해 이동의 39관을 영유하였다. 경상도는 동해 이서, 강원도 蔚珍都護府(경상도 울진군) - 三陟都護府(태백시)와 충청도 丹陽郡(단양군) - 報恩郡(보은군) 이남, 충청도 沃川郡(옥천군) - 전라도 순천도호부(여수시) 이동, 남해 이북의 68관을 영유하였다. 전라도는 서해 이동, 충청도 舒川郡(서천군) - 永同縣(영동군) 이남, 경상도의 居昌縣(거창군) - 南海縣(남해군) 이서, 남해 이북과 제주도의 57관을 영유하였다. 충청도는 서해 이동, 경기도 평택군(평택군) - 강원도 寧越郡(영월군) 이남, 경상도의 榮州都護府(영주시) - 金山郡(김천시) 이동, 전라도 茂朱縣(무주군) - 옥구현(군산시) 이북의 54관을 영유하였다. 강원도는 동해 이서, 영안도 安邊都護府(안변군) - 文川郡(문천군) 이남, 황해도의 谷山郡(곡산군) - 토산현(금천군) 이동과 경기도의 漣川縣(연천군) - 驪州牧(여주군) 이동, 충청도의 堤川縣(제천군) - 丹陽郡(단양군)과 경상도의 奉化縣(봉화군) - 盈德縣(영덕군) 이동의 24관을 영유하였다. 황해도는 서해 이동, 평안도 龍崗縣(용강군) - 陽德縣(양덕군) 이남, 영안도의 문천군 - 강원도 철원도호부 이서, 경기도 연천현 - 서해 이북의 24관을 영유하였다. 평안도는 영안도의 三水郡(장진군) - 문천군 이서, 황해도 곡산군 - 대동강의 이북 , 서해 이동의 46관을 영유하였다. 영안도는 평안도의 江界都護府(강계군) - 황

<도 2> 『경국대전』 8도 영역( - - 는 태종대)[8]

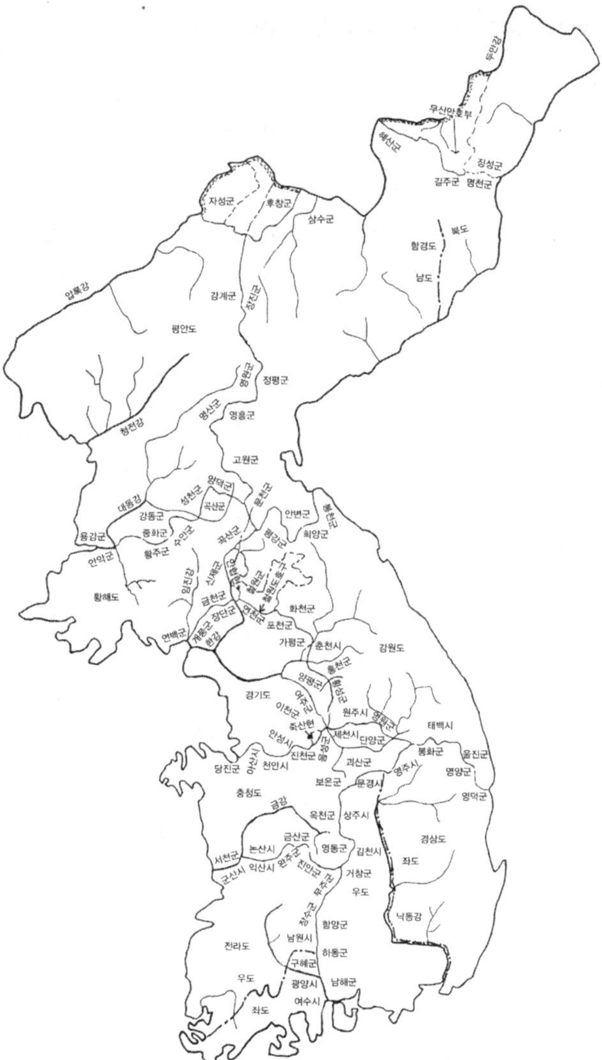


8) 『세종실록지리지』, 『경국대전』 권1, 이전 외관조, 『전국지도』에서 종합.

해도의 곡산군 이동, 강원도 伊川縣(이천군) - 通川郡(통천군) 이북, 동해 이서의 13관을 영유하였다(( )는 현재 행정구역, 각급 군현은 뒤 <표 2> 태종대 참조).

이 태종대에 정비된 도제가 이후 성종 15년까지 長官·僚屬이 변개되고 道域이 조정되면서 정립되었다가 마지막 반포된 『경국대전』에 觀察使(각1), 요속인 都事·敎授·審藥·檢律(각1), 그리고 道域으로 법제화되면서 확립되었다. 장관은 都觀察黜陟使(세종 5년) → 都館察黜陟使兼監倉等事(세종 16) → 觀察使(세조 12)로 개칭되었다.[9] 요속은 經歷·都事 중 1466년(세조 12)에 경력이 폐지되면서 도사 이하가 존속되었다.[10] 도역은 지세, 압록강변과 두만강변(4군6진) 개척,[11] 방어난으로 인한 4군 포기[12] 등에 따라 경기·강원·충청도의 도역이 부분적으로 조정되

9) 위 책, 42~43쪽.

10) 앞 173쪽 주36).

11) 『세종실록』 지리지, 李鉉淙, 1974, 「여진관계」, 『한국사』 9, 427쪽 <표 1> 육진설치일람표·430쪽 <표 2>사군설치와 폐지일람표. 4군개척은 태종 16년에 함길도 甲山郡 일부를 떼어 내어 평안도 閭延郡으로 독립시키면서 비롯되었으나, 세종 15년에 慈作里에 慈城郡을 설치하면서 본격화되었고, 이어 여연군을 여연도호부로 승격시키고(17), 갑산군 上無路堡에 茂昌縣을 설치하였다가(22) 무창군으로 승격시키며(24), 최종적으로 25년에 虞芮堡가 우예군으로 개편되면서 마무리되었다(그 중간에 이만주(15)와 파저강야인(19)을 정벌). 6진개척은 세종 14년에 石幕에 寧北鎭을 설치하면서 본격화되었고, 이후 慶源府(16), 會寧府(17), 鐘城府·穩城府(23, 22년에 군으로 설치), 慶興府(25)가 차례로 설치·승격되고 31년에 석막천호가 會寧府로 개명·승격되면서 마무리되었다.

12) 문종 즉위초에 "(4군이 설치된 압록강 상류지역은) 여진지로 둘러싸이고 토지가 척박하여 부방군의 동원과 유지로 폐단이 많으며, 폐지해도 압록강을 끼고 있어 여진족이 입거하지 못할 것이다" 라고 하면서 철폐논의가 제기되었고, 그 후를 통해 철폐논의가 계속되다가 세조 즉위년에 그 주민을 강계부와 구성군으로 이주하면서 실현되었다(方東仁, 1995, 「4군 6진의 개척」, 『한국사』 22, 국사편찬위원회, 149~153쪽).

고[13] 평안·영길도의 북변이 신축되면서[14] 정립되었다.

## 제2절 郡縣

조선은 개국과 함께 고려말의 군현제를 계승하여 2 府尹府·2 大都護府·16 牧·24 府·82 知郡·161縣(縣令 37·監務 124)의 총 297 외관을 둔 것으로 추측된다.[15] 이것이 이후 1400년(정종 2)까지 지방제도의 정비 등에 따른 昇降·統廢合·屬縣의 主縣化 등과 함께 1 부윤부·1 대도호부·1 목·9 부·13 지군·24 현(현령 2·감무 22)의 49관이 증가되고 2 목·4 도호부·8 지군·12현(현령 1·감무 10)의 26관이 감소되면서 317관으로 증가하였다.[16]

---

13) 세종대에 경기도 安峽縣(6년)·鐵原都護府(16)가 강원도로 移屬되었고, 충청도 竹山縣(16)이 경기도로 이속되었다.

14) 세종대에 평안도와 영길도에 각각 慈城(15년)·茂昌(22)·虞芮郡(25)과 富寧(14)·會寧(16)·種城(16)·慶興(17)·穩城(22)·渭原郡(25)이 편입되었고, 세조대에 茂昌(즉위년)·虞芮(즉)·閭延(즉)·慈城郡(4) 지역이 폐군과 함께 방기되었다(『조선왕조실록』 세종 15·22·25년조와 세조 즉위·4년조, 『세종실록지리지』 평안·영길도조).

15) 『세종실록지리지』 8도조, 『조선왕조실록』 태조 1년~성종 16년조, 『경국대전』 이전 외관조에서 종합.

16) 증가한 49관은 全州府尹(목), 晋陽大都護府(목), 吉州牧(군), 林州(군)·密城(군)·潭陽(군)·襄州(군)·三陟(군)·谷州(군)·春州(군)·慶源(신설)·慶興府(신), 瑞原(현령) 등 13군, 牛峯(신)·甑山縣令(신)과 利川縣監(군) 등 24현이고, 감소한 26관은 晋州·全州牧, 吉州·慶源(→군)·密陽(→군)·朔州府(→군), 南川(→현감) 등 8군, 瑞原·平昌縣令과 德水(海豊郡에 병합)·稷山縣監(→군) 등 12현이다(『세종실록』 지리지, 『조선왕조실록』 태조 1년~정종 2년조 등에서 종합, ( )의 목 이하는 개변될 당시의 읍격과 개변된 읍격이다). 읍호는 조선출신 入明宦官의 요청, 방어를 위한 鎭설치, 國王安胎地, 穆祖外鄉, 왕릉소재지 등의 사유로 승강

태종대에는 중앙집권의 강화를 위한 중앙·지방제도의 대대적인 정비·개편 등과 함께 다음과 같이 대대적인 邑 名號의 개정·승강·통폐합·치폐, 任內 정리 등이 행해지면서 조선의 토대가 된 군현제로 정비되었다.

① 읍호개정은 1413년(태종 13)에 完山(府尹)府가 全州(부윤)府로 개정되기도 하였다.[17] 그러나 1413년, 1403년에 司諫院,[18] 1406년에 吏曹가[19] "고려말에 문란 된 군현의 등급과 명호를 면적과 인구를 참작하여 전면적으로 개정해야한다" 는 주장을 참고하여 府尹·大都護府使·牧使官 외에 '州' 자를 띤 60여 府官 이하의 명호를 모두 '山'(36읍)·'川'(25)·'陽'(1)·'原'(1) 字로 개정하면서 본격화되었다.[20] 이어 鷄林(부윤)府 등

---

되었다. 태종대 이후에는 이러한 사유보다는 호구증가, 즉 1,000호 이상이 된 현·군이 군·도호부로 승격되는 것이 보통이었다(『태종실록』 권29, 15년 3월 계해, 외).

17) 『태종실록』 권26, 13년 10월 신유.

18) 『태종실록』 권6, 3년 윤11월 임술.

19) 『태종실록』 권12, 6년 7월 임자.

20) 陽字로 개정된 읍은 襄陽이고, 原자로 개정된 읍은 高原이며, 定州는 定州牧과 구분하기 위해 定平으로 개칭되었다. 산자와 천자로 개정된 61읍은 다음과 같다(이수건, 위 책(1989), 76~77쪽에서 제시한 산자 36읍과 천자 23읍 중 孟山을 제외하고 寧山·甫川·宜川을 추가시켜 파악하였다. 『세종실록지리지』, 『태종실록』 등에서 종합).

경기도(5) ; 果川, 衿川, 抱川, 漣川, 仁川.

충청도(12); 槐山, 堤川, 沃川, 竹山, 木川, 牙山, 鎭川, 林川, 韓山, 舒川, 瑞山, 沔川.

경상도(8) ; 梁山, 蔚山, 永川, 榮川, 基川, 善山, 陝川, 泗川.

전라도(3) ; 珍山, 錦山, 益山.

강원도(2) ; 春川, 通川.

황해도(5) ; 鳳山, 谷山, 信川, 平山, 白川, 豊川.

평안도(20); 成川, 肅川, 慈山, 順川, 价川, 德川, 孟山, 殷山, 麟山, 龍川, 鐵山, 郭山, 撫山, 隋川, 嘉山, 雲山, 博川, 泰川, 熙川, 理山.

10여 읍이 慶州(부윤)府 등으로 개칭되었다.[21]

② 읍격의 승강은 咸州牧과 星州·和州都護府가 府尹府와 牧으로 승격되고 晉州大都護府가 牧으로 강격되는 등 31관이 승격되고 14관이 강격되었다.[22]

③ 군현의 통폐합은 1402년에 泥城과 昌州를 昌州郡으로 통합하면서 시작되어[23] 1414년에는 長湍과 臨江이 통합되어 長湍郡으로 개편되는 등 40여관이 20여관으로 통폐합되는[24] 등[25] 대대적으로 추진되었다. 그

---

영안도(4) ; 文川, 宣川, 端川, 甲山.

21) 『세종실록』 권150, 지리지 경상도 경주조, 외. 그 외에 명호가 개정된 읍은 다음과 같다(( )는 연도).
甫城縣 → 珍寶縣(13), 寧山郡 → 天安郡(16), 甫川郡 → 醴泉郡(16), 橫川縣 → 橫城(14), 溫水縣 → 溫陽(16), 青州 → 北青(16).
河南縣 → 海陽(15), 保齡縣 → 報恩(16)

22) 『태종실록』 1~18년, 『세종실록』 지리지 등에서 종합. 그 외의 도호부 이하로 승격되고 강격된 각관은 다음과 같다.

| | | | |
|---|---|---|---|
| 군→도호부 | ; 원평, 여흥, 임주, 밀양, 선산, 춘천, 평산, 삭주, 숙천, 경성, 영흥, 京山 | 목→도호부 | ; 영흥 |
| | | 도호부→군 | ; 영흥, 임주, 밀양, 여흥, 원평 |
| 현령→도호부 | ; 창원, 의창, 회원 | 군→현령 | ; 경산. 김제. 김제 |
| 현감→도호부 | ; 안변 | 도호부→현감 | ; 안변 |
| 현령→군 | ; 김제, 서흥, 재령 | 군→현감 | ; 직산, 삼기 |
| 현감→군 | ; 장단, 삭령, 괴주, 영령, 직산, 영령 | 현령→현감 | ; 강동 |
| 현감→현령 | ; 군위, 협계, 순안 | | |

23) 『태종실록』 권26, 13년 10월 신유.

24) 통합되는 고을과 통합된 관아는 이수건, 위 책, 79쪽 참조.

25) 2~13년과 15~18년에 통폐합된 군현은 다음과 같다(( )는 연대. 『태종실록』 2~13년·15~18년조, 『세종실록』 지리지 등에서 종합).
운주+청산=운산군(3), 정해+여미=해미현(7), 고봉+양덕=고양군(13),
벽단+음당=음당군(3), 무송+장사=무장현(7), 덕천+맹산=덕맹군(13),

러나 1414년에 통폐합된 군현은, 그 외 시기의 것과는 달리 從屬되면서 통합된 군현의 반발로 1~2년 내에 대부분이 이전의 상태로 복구되면서 일부만이 후대로 계승되었다.[26]

④ 군현의 치폐는 伊彦地의 立石 등과 이언지의 豆木里 등에 石州와 理州를 설치하면서 시작되었고,[27] 이어 제주도에 1목2현(濟州牧·大靜縣·旌義縣)이 신치되고 겸감무관인 礪山 등과 상주임내인 靑山 등이 감무관이 되는 등 20여 군현이 설치되었다.[28] 이에 따라 일시적으로는 20~30 군현이 혁거되었다.

또 1413년(태종 13)에 府(單府)官과 監務官이 都護府官과 縣監官으로 개칭되면서 외관의 원형이 성립되었고,[29] 1409년에 전라도의 屬縣과 鄕·所·部曲 등 任內가 가까운 군·현에 소속되거나 主縣으로 독립되면서 소멸되는[30] 등 전국의 임내에 대한 정리가 도모되었다. 그러나 전라 이외의 지역에 있어서는 "1432년(세종 14, 『세종실록지리지』)~1530(중종 25, 『신증동국여지승람』)에 정리된 속현이 35현이고 1530년 이후에도 존속된

---

| | | |
|---|---|---|
| 이산+덕풍=덕산현(5), | 진도+해남=해진군(9), | 결성+화순=순성현(17), |
| 동복+화순=복순현(5), | 용안+함열=안열현(9), | 도강+탐진=강진현(17), |
| 정융+영덕+영주+영판=정령현령(5), | 함풍+모평=함평현(9), | 감음+이안=안음현(17). |
| | 태산+인의=태인현(9), | |

26) 그대로 지속된 곳은 고양, 해미, 강진, 태인, 무장, 해진(세종 19년에 복구), 長連, 덕산, 삼가, 무주, 함평, 창성, 운산 등에 불과하였다.

27) 『태종실록』 권26, 13년 10월 신유.

28) 교하, 가평, 청산, 홍산, 덕은, 남해, 청하, 진도, 진안, 화순, 용안, 태인, 해진, 金化, 안삭, 벽당 등이다(『태종실록』 1~18년조, 『세종실록지리지』 8도조).

29) 『태종실록』 권26, 13년 10월 신유.

30) 『세종실록』 지리지 전주부 太宗九年 以都觀察使尹向進言 道內(屬)縣鄕所部曲皆合于本官(州府郡縣)[( ) 필자 보].

속현이 72현이었으며, 1432년과 1481년(성종 12) 이후까지 존속한 향·소·부곡은 82개소와 12개소였다"[31]고 하였듯이 성종대까지를 통해 향·소·부곡은 거의 정리가 되었지만, 속현정리는 그 성과가 미미하였다.

이리하여 태종대에는 1부윤부·4목·14도호부·14지군·30현(현령 6·현감 26) 등 66관이 증가되고 1대도호부·1목·9도호부·16지군·20현(현령7·현감 13) 등 47관이 감소되면서 4府尹府·2大都護府·18牧·34都護府·85郡·183縣(현령 36·현감 147)의 336관으로 정비되었고, 속현은 상당수가 정리되었고, 향·소·부곡은 격감하면서 일부만 존속되게 되었다.

이 군현제를 토대로 삼아, 이후 1484년(성종 15)까지 통치체제의 정비·호구증가로 인한 읍호승격 등과 함께 외관의 품질이 종2~종6품으로 상정되고(종2 - 부윤부, 정3 당하 - 대도호부·목관, 종3 - 도호부관, 종4 - 지군관, 종5 - 현령관·판관, 종6 - 현감관)[32] 지군사관이 군수관으로 개칭되면서[33] 종2품 유수부 이하 종6품 현감관으로 정립되었다. 외관제가 德恩縣 등 10여 읍이 恩津 등으로 개칭되었고,[34] 安邊都護府·永興牧과 驪州·坡州·楊州·義州都護府가 大都護府와 牧으로 승격하

31) 李樹健, 1989, 『朝鮮時代 地方行政史』, 民音社, 62~63쪽 및 66쪽.

32) 『세종실록』 권51, 13년 1월 정축.

33) 개칭된 시기는 명확하지 않지만 세조 12년 1월 관제개정 때에는 지군사였고, 동년 7월과 11월에는 군수가 확인되었음에서 세조 12년 1월~7월 또는 11월의 어느 시기에 개칭되었다고 하겠다[『세조실록』 권38, 12년 1월 무오, 같은 책 권39, 12년 7월 병자(金暎璧)·권40, 12년 11월 경오(전영천군수 申命之·여산군수 趙崇智 외)].

34) 명호가 개칭된 군현은 다음과 같다(『조선왕조실록』 세종 즉위년~성종 16년, 『세종실록지리지』 등에서 종합).
임진→장단, 덕은→은진, 안정→안비→비안, 진성→명진, 고흥→흥양

고 吉州牧이 縣으로 강격되는 등 3대도호부 · 5목 · 17도호부 · 21군 · 10현(현감) 등 57관이 증가하고 1부윤 · 1대도호부 · 3목 · 7도호부 · 24군 · 18현(현령 2 · 현감 16) 등 54관이 감소하면서[35] 4부윤부 · 4대도호부 · 20목 · 44도호부 · 82군 · 175현(현령34 · 현감141) 등 339관으로 정립되었다가 마지막 『경국대전』의 반포와 함께 법제화되었다. 고려말로부터 성종대에 이르는 군현의 증감과 그 구체적인 정비과정을 표로 재정리하여 제시하면 다음과 같다.

---

35) 읍호가 승강된 군현은 다음과 같다(『조선왕조실록』 세종 즉위년~성종 16년, 『세종실록지리지』 등에서 종합).

대도호부 ; +2(안변부, 영흥목).

목 ; +5(여주 · 파주 · 양주 · 의주부, 광주군), - 3(화주부, 광주군, 길주현).

도호부 ; +18(인천 · 장단 · 서흥 · 풍천 · 창성 · 구성 · 북청 · 덕원 · 갑산 · 경성 · 회령 · 종성 · 온성 · 경흥 · 부령 · 대구 · 청송 · 여연군, 이천현감), -5(여주 · 원평 · 양주 · 순흥(혁)목, 여연군(혁).

군 ; +22(마전 · 고양 · 온양 · 대구 · 풍기 · 곤양 · 청보 · 여산 · 신천 · 무창 · 정령 · 공성현, 구성 · 위원 · 우예 · 자성 · 회령 · 종성 · 온성 · 영북 · 삼수 · 무산(신설), - 11(여연도호부, 태천 · 정령현, 무창 · 우예 · 자성 · 인산 · 무산(혁), 무산 · 수천 · 예원(병합).

현령 ; +1(남해(복설)), - 2(정령군, 용진(병합).

현감 ; +9(길주목, 태천 · 정령군, 곤명(임내), 무창(신치) · 공성(복구) · 홍원 · 이성 · 명천(속현)), - 4(공성군, 천령 · 명진 · 정령(병합)).

<표 8-1> 조선초기 군현정비[36)]

| | | 고려말 | 태조~정종 | | | 태종대 | | | 세종~성종 15년 | | | 『경국대전』 | 비고 |
|---|---|---|---|---|---|---|---|---|---|---|---|---|---|
| | | | 증 | 감 | 계 | 증 | 감 | 계 | 증 | 감 | 계 | | |
| 부윤부 | | 2 | 1 | 0 | 3 | 1 | 0 | 4 | 1 | 1 | 4 | 4 | |
| 대도호부 | | 2 | 1 | 0 | 3 | 0 | 1 | 2 | 3 | 1 | 4 | 4 | |
| 목 | | 16 | 1 | 2 | 15 | 4 | 1 | 18 | 5 | 3 | 20 | 20 | |
| 도호부 | | 24 | 9 | 4 | 29 | 14 | 9 | 34 | 17 | 7 | 44 | 44 | |
| 군 | | 82 | 13 | 8 | 87 | 14 | 16 | 85 | 21 | 24 | 82 | 82 | |
| 현 | 현령 | 37 | 2 | 2 | 37 | 6 | 7 | 36 | 0 | 2 | 34 | 34 | |
| | 현감 | 124 | 22 | 10 | 139 | 24 | 13 | 147 | 10 | 16 | 141 | 141 | |
| | 계 | 161 | 24 | 12 | 176 | 30 | 20 | 183 | 10 | 18 | 175 | 175 | |
| 합계 | | 297 | 49 | 26 | 320 | 63 | 47 | 336 | 57 | 54 | 339 | 339 | |

<표 8-2> 조선초기 도별 군현 변천[37)]

| | 고려말 | 태조~정종 | 태종대 | | | 세종~성종 | 『경국대전』 |
|---|---|---|---|---|---|---|---|
| | | | 1~10년 | 11~14 | 15~18 | | |
| 경기도 | | 태4←충청도 廣州牧 | ⟶ | ⟶ | ⟶ | ⟶ | 廣州牧 |
| | | 태4←충청도 川寧감무 | ⟶ | 13 현감 | ⟶ | 예종1혁(광주목) | |
| | | | | 14←충청도 驪興도호부 | ⟶ | 예종1 목 | 驪州목 |
| | 鳳城縣令 | 태2 瑞原郡,<br>7 瑞原+坡平=原平군 | ⟶ | ⟶ | 15 부 | 세조6 坡州牧 | 坡州목 |
| | 坡平監務 | 태7 혁(원평군) | | | | | |
| | 漢陽府 | 4 漢城府 | | | | | |
| | | 태3 見州, 4 楊州군 | ⟶ | ⟶ | ⟶ | 세조12 목 | 楊州목 |
| | | 태3 豊壤 | ⟶ | ⟶ | ⟶ | 세종9혁(양주) | |
| | | 태4←충청도 水原府 | ⟶ | 13 도호부 | ⟶ | ⟶ | 水原都護府 |
| | 江華府 | ⟶ | ⟶ | 13 도호부 | ⟶ | ⟶ | 江華도호부 |
| | 富平府 | ⟶ | ⟶ | 13 도호부 | ⟶ | ⟶ | 富平도호부 |
| | 南陽府 | ⟶ | ⟶ | 13 도호부 | ⟶ | ⟶ | 南陽도호부 |
| | 延安府 | ⟶ | ⟶ | 13⟶황해도 | | | |
| | | 태3 沙川 | ⟶ | 14 혁(양주) | | | |
| | | 태3 이전 河陰監務 | ⟶ | 14 혁(강화) | | | |
| | | 태4←충청도 利川감무 | ⟶ | ⟶ | ⟶ | 세종26 부 | 利川도호부 |
| | 仁州府 | 태1 仁州 | ⟶ | 13 仁川郡 | ⟶ | 세조5 부 | 仁川도호부 |
| | 開城府屬<br>長湍감무 | ⟶ | ⟶ | 4松林+臨江=長湍현감, 복송림. 임강, 長湍+臨津=臨湍현 | ⟶ | 세종1 송림+임강=장단군, 예종1 부 | 長湍도호부 |

36) 『조선왕조실록』 태조 1년-성종 16년조 · 『세종실록지리지』 8도조, 『신증동국여지승람』 8도조, 『경국대전』 권1, 이전 외관조, 이수건, 위 책, 94쪽 「시기별 군현통계표」 등에서 종합. 『경국대전』의 읍명과 읍격은 『경국대전』 이전 외관조 참조.

| | 고려말 | 태조~정종 | 태종대 | | | 세종~성종 | 『경국대전』 |
|---|---|---|---|---|---|---|---|
| | | | 1~10년 | 11~14 | 15~18 | | |
| 경기도 | 松林監務 | ⟶ | 10 혁(장단현) | 14 혁(장단), 복치 | ⟶ | 세종 1혁(장단) | |
| | | | ?임강감무 | 〃 | ⟶ | 〃 | |
| | | 태4←충청도 陽根郡 | ⟶ | ⟶ | ⟶ | ⟶ | 陽根郡 |
| | 海豊郡 | ⟶ | ⟶ | 13 혁(개성) | 18 복치 | 세종23 豊德 | 豊德군 |
| | 德水감무 | 태7 혁(해풍군) | | | | | |
| | 臨津監務 | 3 臨江 | ⟶ | 14 복치,<br>14 혁(장단) | ⟶ | 세조2 혁(임진) | |
| | 鐵原郡 | ⟶ | ⟶ | ⟶ | ⟶ | 세종17→강원도 | |
| | 安山郡 | ⟶ | ⟶ | ⟶ | ⟶ | ⟶ | 安山군 |
| | 白州 | ⟶ | ⟶ | 13→황해도 | | | |
| | 平州 | 태4→풍해도 | | | | | |
| | 谷州府 | 태2 부, 4→풍해도 | | | | | |
| | 開城縣令 | 태7 혁(開城留後司) | | | | | |
| | 瑞興縣令 | 태4→풍해도 | | | | | |
| | 開城속현 牛峰 | 태4 牛峰현령 | ⟶ | 13→황해도 | | | |
| | 江陰감무 | ⟶ | ⟶ | 13 현감,<br>13→황해도 | | | |
| | 兎山감무 | ⟶ | ⟶ | 〃 | | | |
| | 伊川監務 | ⟶ | 13 현감 | 13→강원도 | | | |
| | 朔寧監務 | ⟶ | 3 군 | 14朔寧+安峽=安朔군 | ⟶ | 세종16 복치 | 朔寧군 |
| | | 태3 僧嶺감무 | 3 혁(삭령군) | | | | |
| | | | | 13←충청도安城군 | ⟶ | ⟶ | 安城군 |
| | 安峽監務 | ⟶ | ⟶ | 14 혁(안삭군) | ⟶ | 세종16 복치,<br>세조6 →강원도 | |
| | 麻田감무 | ⟶ | ⟶ | 14麻田+漣川=麻漣현 | 16 복치 | 문종2 麻田郡 | 麻田군 |
| | 俠溪監務 | 태4→풍해도 | | | | | |
| | 新恩監務 | 태4→풍해도 | | | | | |
| | 遂安郡 | 태4→풍해도 | | | | | |
| | 高峰鄕등 | 태3이전 高峰감무 | ⟶ | 14高峰+陽德=高陽縣 | ⟶ | 성종1 군 | 高陽군 |
| | | 태3 幸州,<br>3 혁(高峰현) | | | | | |
| | | 태3 富源감무 | ⟶ | 14 혁(고봉) | | | |

37) 『고려사』 백관지, 『조선왕조실록』 태조 1년~성종 15년조(『세종실록』 지리지 포함), 『신증동국여지승람』, 『경상도읍지』 등에서 종합.

| | 고려말 | 태조~정종 | 태종대 | | | 세종~성종 | 『경국대전』 |
|---|---|---|---|---|---|---|---|
| | | | 1~10년 | 11~14 | 15~18 | | |
| 경기도 | | 13←충청 龍駒현 | ⟶ | 14龍駒+處仁=龍仁縣 | ⟶ | ⟶ | 龍仁縣令 |
| | | 13←충청 處仁현 | ⟶ | 14 혁(용인) | | | |
| | | 태7←충청도 振威縣 | ⟶ | ⟶ | ⟶ | ? 현령 | 振威현령 |
| | 永興縣令 | 태2 永平 | ⟶ | ⟶ | ⟶ | ⟶ | 永平현령 |
| | 陽川현령 | ⟶ | ⟶ | 14 혁(금양) | 16 복치 | ⟶ | 陽川현령 |
| | 金浦현령 | ⟶ | ⟶ | 14 金浦+陽川=金陽 | 16 복치 | ⟶ | 金浦현령 |
| | 載寧현령 | 태4→풍해도 | | | | | |
| | | 태4←충청도 砥平감무 | ⟶ | 13 縣監 | ⟶ | ⟶ | 砥平縣監 |
| | 抱州감무 | ⟶ | ⟶ | 13 抱川현감 | ⟶ | ⟶ | 抱川현감 |
| | 積城감무 | ⟶ | ⟶ | 13 현감 | ⟶ | ⟶ | 積城현감 |
| | 果州 | ⟶ | 13 果川 | 14果川+衿川=衿果, 복, 衿川+陽川=衿陽 | 16 果川 16 衿川, 陽川 | 세조2 혁(금천), ? 복치 | 果川현감 |
| | 衿州 | ⟶ | 13 衿川현감 | 14衿川+陽川=衿陽현 | 16 복치 | 세조2 衿川 | 衿川현감 |
| | 喬桐감무 | ⟶ | 4 교동만호겸 지현사 | 13 현감 | ⟶ | ⟶ | 喬桐현감 |
| | 屬縣通津 | 태3이전 通津감무 | ⟶ | 13 현감 | ⟶ | ⟶ | 通津현감 |
| | | 태3 童城, 3 혁(通津현) | | | | | |
| | | 태3 守安, 3 혁(통진현) | | | | | |
| | 楊州任內交河 | 태3이전 交河감무 | ⟶ | 14혁(原平군) | 18 복치 | ⟶ | 交河현감 |
| | | 태3 沈岳, 3 혁(交河현) | | | | | |
| | 漣州 | ⟶ | 13 漣川 | 14 혁(마련) | 16 복치 | ⟶ | 漣川현감 |
| | | | | 13←충청도陰竹현 | ⟶ | ⟶ | 陰竹현감 |
| | | | | 13←충청도陽城현 | ⟶ | ⟶ | 陽城현감 |
| | | | | 13←충청도陽智현 | ⟶ | ⟶ | 陽智현감 |
| | | | | 13←강원도加平현 | ⟶ | ⟶ | 加平현감 |
| | | | | | | 세종16←충청도 竹山縣 | 竹山현감 |

| | 고려말 | 태조~정종 | 태종대 | | | 세종~성종 | 『경국대전』 |
|---|---|---|---|---|---|---|---|
| | | | 1~10년 | 11~14 | 15~18 | | |
| | 黃州牧 | ⟶ | ⟶ | ⟶ | ⟶ | ⟶ | 黃州牧 |
| | 鐵和縣 | ⟶ | 8 혁(황주목) | | | | |
| | 海州목 | ⟶ | ⟶ | ⟶ | ⟶ | ⟶ | 海州목 |
| | | | | 13←경기도 延安都護府 | ⟶ | ⟶ | 延安都護府 |
| | | 태4←경기도 平州 | ⟶ | 13 平山郡 | 15 부 | ⟶ | 平山도호부 |
| | | 태4←경기도 瑞興縣令 | ⟶ | ⟶ | 15 군 | 세종6 부 | 瑞興도호부 |
| | 豊州 | 태6 豊州鎭병마사겸지주사 | 13 豊川郡 | 14 豊川+殷栗=豊栗郡 | 15 복 | 세종5 첨사, 예종1 부 | 豊川도호부 |
| | | 태4←경기도 谷州府 | 2 곡주 | 13 谷山郡 | ⟶ | ⟶ | 谷山郡 |
| | 鳳州 | ⟶ | ⟶ | 13 鳳山郡 | ⟶ | ⟶ | 鳳山군 |
| | 安岳郡 | ⟶ | ⟶ | ⟶ | ⟶ | ⟶ | 安岳군 |
| | | 태4←경기도 載寧縣令 | ⟶ | ⟶ | 15 군 | ⟶ | 載寧군 |
| | | 태4←경기도 遂安군 | ⟶ | ⟶ | ⟶ | ⟶ | 遂安군 |
| | | | | 13←경기도 白川郡 | ⟶ | ⟶ | 白川군 |
| 황해도 | 信州 | ⟶ | ⟶ | 13 信川縣監 | ⟶ | 예종1 군 | 信川군 |
| | | 태4←경기도 俠溪監務 | ⟶ | 13 현감 | ⟶ | 세종27 新溪縣 | 新溪縣令 |
| | | 태조4←경기도 新恩감무, 5혁(俠溪縣) | | | | | |
| | 瓮津현령 | 태6 瓮津鎭 | ⟶ | ⟶ | ⟶ | ? 瓮津縣令 | 瓮津현령 |
| | 文化縣令 | ⟶ | ⟶ | ⟶ | ⟶ | ⟶ | 文化현령 |
| | | | | 13←경기도 牛峰縣令 | ⟶ | ⟶ | 牛峰현령 |
| | 連豐감무 | 태5 併長命 | ⟶ | 14長淵+連豊=長連현감 | ⟶ | ⟶ | 長連현감 |
| | 長命감무 | 태5 혁(연풍) | | | | | |
| | 解顔감무 | ⟶ | ⟶ | 13 현감, 14혁(장연) | | | |
| | 青松감무 | ⟶ | 8 嘉禾+青松=松禾감무 | 13 현감 | ⟶ | ⟶ | 松禾현감 |
| | 嘉禾감무 | ⟶ | 8 혁(송화) | | | | |
| | 長淵감무 | 태1 장연만호겸감무 | 3 진병마사겸판현사 | 14長淵+永康鎭=淵康, 복구 | ⟶ | 세종5 첨사, 세조13 현감 | 長淵현감 |
| | 永康鎭 | ⟶ | ⟶ | 14 혁(연강)<br>14 복치 | | 세종5 康翎鎭, 세조13 현 | 康翎현감 |
| | 屬縣殷栗 | 태5 殷栗감무 | ⟶ | 14 혁(풍율) | 15 복 | ⟶ | 殷栗현감 |
| | | | | 13←경기도 江陰현감 | ⟶ | ⟶ | 江陰현감 |
| | | | | 13←경기도 兎山현감 | ⟶ | ⟶ | 兎山현감 |

| | 고려말 | 태조~정종 | 태종대 | | | 세종~성종 | 『경국대전』 |
|---|---|---|---|---|---|---|---|
| | | | 1~10년 | 11~14 | 15~18 | | |
| 강원도 | 江陵大都護府 | → | → | → | → | → | 江陵大都護府 |
| | 原州牧 | → | → | → | → | → | 原州牧 |
| | 原州任內永春 | 정1 →충청도 | | | | | |
| | 淮陽府 | → | → | 13 도호부 | → | → | 淮陽都護府 |
| | 襄州郡 | 태6 부 | → | 13 襄陽도호부 | → | → | 襄陽도호부 |
| | 春州 | → | → | 13 春川郡 | 15 府 | → | 春川도호부 |
| | | | | | | 세종17←경기鐵原도호부 | 鐵原도호부 |
| | 三陟郡 | 태2 부 | → | 13 도호부 | → | → | 三陟도호부 |
| | 平海郡 | → | → | → | → | → | 平海郡 |
| | 通州 | → | → | 13 通川군 | → | → | 通川군 |
| | 旌善군 | → | → | → | → | → | 旌善군 |
| | 固城군 | → | → | → | → | → | 固城군 |
| | 杆城군 | 태6 鎭 | → | → | → | ? 군 | 杆城군 |
| | | 정1←충청도寧越군 | → | → | → | → | 寧越군 |
| | 平昌縣令 | 태1 군 | → | → | → | → | 平昌군 |
| | ? | → | 9 金城 | 13 현감 | → | ? 금성현령 | 金城縣令 |
| | 蔚珍현령 | → | → | → | → | → | 蔚珍현령 |
| | 歙谷현령 | → | → | → | → | → | 歙谷현령 |
| | | | 5 加平감무 | 13 현감, 13→경기도 | | | |
| | | | | 13←경기도伊川현감 | → | → | 伊川縣監 |
| | 平康감무 | → | → | 13 현감 | → | → | 平康현감 |
| | 洞州임내金化 | → | → | 13 금화현감 | → | → | 金化현감 |
| | 揚口임내狼川 | 태2 狼川감무 | → | 13 현감 | → | → | 狼川현감 |
| | 洪川감무 | → | → | 13 현감 | → | → | 洪川현감 |
| | 楊口감무 | → | → | 13 현감 | → | → | 楊口현감 |
| | 麟蹄감무 | → | → | 13 현감 | → | → | 麟蹄현감 |
| | 横川감무 | → | → | 14 橫城현감 | → | → | 橫城현감 |
| | | | | | | 세조6←경기도安峽현감 | 安峽현감 |
| 충청도 | 忠州牧 | → | → | → | → | → | 忠州牧 |
| | 清州목 | → | → | → | → | → | 清州목 |
| | 公州목 | → | → | → | → | → | 公州목 |
| | 洪州목 | → | → | → | → | → | 洪州목 |
| | 驪陽監務 | → | 8 혁(홍주) | | | | |

| 고려말 | | 태조~정종 | 태종대 | | | 세종~성종 | 『경국대전』 |
|---|---|---|---|---|---|---|---|
| | | | 1~10년 | 11~14 | 15~18 | | |
| 충청도 | 廣州牧 | 태4→경기도 | | | | | |
| | 驪興郡 | ——→ | 1 府 | 13→경기도 | | | |
| | 林州 | ——→ | 3 부, 4 지주 | 13 林川郡 | ——→ | ——→ | 林川郡 |
| | 丹陽郡 | ——→ | ——→ | ——→ | ——→ | ——→ | 丹陽군 |
| | 清風군 | ——→ | ——→ | ——→ | ——→ | ——→ | 清風군 |
| | 泰安군 | ——→ | ——→ | ——→ | ——→ | ——→ | 泰安군 |
| | 韓州 | ——→ | ——→ | 13 韓山군 | ——→ | ——→ | 韓山군 |
| | 舒州 | ——→ | ——→ | 13 舒川군 | ——→ | ——→ | 舒川군 |
| | 沔州 | ——→ | ——→ | 13 沔川군 | ——→ | ——→ | 沔川군 |
| | 寧州 | ——→ | ——→ | 13 寧山군 | 16 天安 | ——→ | 天安군 |
| | 瑞州 | ——→ | ——→ | 13 瑞山군 | ——→ | ——→ | 瑞山군 |
| | 寧越郡 | 정1→강원도 | | | | | |
| | 貞海감무 | ——→ | 5 혁(瑞州), ? 복, 7 혁(해미) | | | | |
| | 槐州감무 | ——→ | 3 괴주 | 13 槐山郡 | ——→ | ——→ | 槐山군 |
| | | | | 13←경상도 沃川郡 | ——→ | ——→ | 沃川군 |
| | 陽根군 | 태 4→ 경기도 | | | | | |
| | 安城군 | ——→ | ——→ | 13→ 경기도 | | | |
| | 溫水감무 | ——→ | ——→ | 14溫水+新昌=溫昌현 | 16 溫陽 | 세종23 군 | 溫陽군 |
| | 文義현령 | ——→ | ——→ | ——→ | ——→ | ——→ | 文義縣令 |
| | 韓山속현鴻山 | ——→ | ——→ | 13 鴻山현감 | ——→ | ——→ | 鴻山縣監 |
| | 堤州감무 | ——→ | ——→ | 13 堤川현감 | ——→ | ——→ | 堤川현감 |
| | 德豊감무 | ——→ | 5 伊山+德豊=德山 | 13 현감 | ——→ | ——→ | 德山현감 |
| | 伊山감무 | ——→ | 5 혁(덕산) | | | | |
| | 平澤감무 | ——→ | ——→ | 13 현감 | ——→ | ——→ | 平澤현감 |
| | 稷山감무 | 태2 군 | 1 감무 | 13 현감 | ——→ | ——→ | 稷山현감 |
| | 懷仁감무 | ——→ | ——→ | 13 현감 | ——→ | ——→ | 懷仁현감 |
| | 定山감무 | ——→ | ——→ | 13 현감 | ——→ | ——→ | 定山현감 |
| | 砥平감무 | 태 4→경기도 | | | | | |
| | 洪州임내靑陽 | 태4 靑陽감무 | ——→ | 13 현감 | ——→ | ——→ | 靑陽현감 |
| | 忠州임내長豊 | 태3 長豊감무 | ——→ | 13 延豊현감 | ——→ | ——→ | 延豊현감 |

| 고려말 | | 태조~정종 | 태종대 | | | 세종~성종 | 『경국대전』 |
|---|---|---|---|---|---|---|---|
| | | | 1~10년 | 11~14 | 15~18 | | |
| 충청도 | 陰城감무 | ⟶ | ⟶ | 13현감 | ⟶ | ⟶ | 陰城현감 |
| | 淸淵감무 | 태5 淸淵+道安=淸安현 | ⟶ | 13현감 | ⟶ | ⟶ | 淸安현감 |
| | 屬縣德恩 | 태6 德恩+市津=德恩감무 | ⟶ | 13 현감 | ⟶ | 세종1 恩津현감 | 恩津현감 |
| | 屬縣市津 | 태 6혁(덕은) | | | | | |
| | 懷德감무 | ⟶ | ⟶ | 13현감 | ⟶ | ⟶ | 懷德현감 |
| | 鎭岑감무 | ⟶ | ⟶ | 13현감 | ⟶ | ⟶ | 鎭岑현감 |
| | 連山감무 | ⟶ | ⟶ | 13현감 | ⟶ | ⟶ | 連山현감 |
| | 尼山감무 | ⟶ | ⟶ | 14 혁(니성) | 15 尼山 | ⟶ | 尼山현감 |
| | 大興감무 | ⟶ | ⟶ | 13 현감 | ⟶ | ⟶ | 大興현감 |
| | 扶餘감무 | ⟶ | ⟶ | 13현감 | ⟶ | ⟶ | 扶餘현감 |
| | 石城감무 | ⟶ | ⟶ | 14尼山+石城=尼城현감 | 15 石城 | ⟶ | 石城현감 |
| | 庇仁감무 | ⟶ | ⟶ | 13현감 | ⟶ | ⟶ | 庇仁현감 |
| | 藍浦감무 | 태6 藍浦鎭병마사 겸판현사 | ⟶ | ⟶ | ⟶ | 세조13 藍浦현감 | 藍浦현감 |
| | 鎭州감무 | ⟶ | ⟶ | 13 鎭川현감 | ⟶ | ⟶ | 鎭川현감 |
| | 結城감무 | ⟶ | ⟶ | 13현감 | ⟶ | ⟶ | 結城현감 |
| | 保寧감무 | ⟶ | | 13현감 | ⟶ | ⟶ | 保寧현감 |
| | | ? 貞海감무 | 7정해+餘美=海美감무 | 13현감 | ⟶ | ⟶ | 海美현감 |
| | 唐津감무 | ⟶ | ⟶ | 13현감 | ⟶ | ⟶ | 唐津현감 |
| | 新昌감무 | ⟶ | 13 현감 | 14 혁(온창) | 16 복치 | ⟶ | 新昌현감 |
| | 禮山감무 | ⟶ | ⟶ | 13 현감 | ⟶ | ⟶ | 禮山현감 |
| | 木州감무 | ⟶ | ⟶ | 13 木川현감 | ⟶ | ⟶ | 木川현감 |
| | 南川감무 | 태2 利川감무, 4→경기도 | | | | | |
| | 川寧감무 | 태4→경기도 | | | | | |
| | 振威감무 | 태7→경기도 | | | | | |
| | 陰竹감무 | ⟶ | ⟶ | 13→경기도 | | | |
| | 陽良村부곡 | 정1 陽智감무 | ⟶ | 13→경기도 | | | |
| | 陽城감무 | ⟶ | ⟶ | 13→경기도 | | | |
| | 屬縣全義 | 태2 全義감무 | ⟶ | 4全義+燕岐=全岐현감 | 16 全義 | ⟶ | 全義현감 |
| | 屬縣燕岐 | 태6 燕岐감무 | ⟶ | 14 혁(전기) | 16 燕岐 | ⟶ | 燕岐현감 |
| | | 정1←강원도 永春監務 | ⟶ | 13 현감 | ⟶ | ⟶ | 永春현감 |

| | 고려말 | 태조~정종 | 태종대 | | | 세종~성종 | 『경국대전』 |
|---|---|---|---|---|---|---|---|
| | | | 1~10년 | 11~14 | 15~18 | | |
| 충청도 | | | | 13←경상도保寧縣監 | 16 報恩 | → | 報恩현감 |
| | | | | 13←경상도永同현감 | → | → | 永同현감 |
| | | | | 13←경상도 黃澗현감, 14黃澗+青山=黃青현감 | 16 黃澗 | → | 黃澗현감 |
| | | | | 13←경상도 青山현감, 14 혁(황청) | 16 青山 | → | 青山현감 |
| | 牙州감무 | → | → | 13 牙山현감 | → | 세조5 혁, 11 복치 | 牙山현감 |
| | 竹州감무 | → | → | 13 竹山현감 | 16 →경기도 | | |
| 경상도 | 鷄林府尹府 | → | → | → | 13 慶州 | → | 慶州府尹府 |
| | 安東大都護府 | → | → | → | → | → | 安東大都護府 |
| | 尙州牧 | → | → | → | → | → | 尙州牧 |
| | 晋州牧 | 태1 晋陽대도호부 | 2 晋州목 | → | → | → | 晋州목 |
| | 京山府 | → | 1 星州목 | → | → | → | 星州목 |
| | 義昌현령 | → | 8義昌+會原=昌原부 | 13 도호부 | → | → | 昌原都護府 |
| | 會原현령 | → | 8 혁(창원부) | | | | |
| | 金海府 | → | → | 13 도호부 | → | → | 金海도호부 |
| | 寧海府 | 태3寧海鎭병마사겸부사 | → | → | → | ? 부 | 寧海도호부 |
| | 密城府 | 태1 密陽郡, 3 府 | 1 군 | → | 15 부 | → | 密陽도호부 |
| | 順興府 | → | → | → | → | 세조3 혁 | |
| | 善州 | → | → | 13 善山郡 | 15 부 | → | 善山도호부 |
| | 豫州任內青鳧 | 태3 甫城임내青鳧 | → | → | → | 세종1 青寶郡, 5 青鳧+松生=青松, 세조5 부, 眞寶縣 | 青松도호부 |
| | 松生감무 | → | → | → | → | 세종5 혁(청송군) | |
| | 大丘현령 | → | → | → | → | 세종1 郡, 세조2 府 | 大丘도호부 |
| | 陜州 | → | → | 13 陜川郡 | → | → | 陜川郡 |
| | 咸陽감무 | 태4 지군 | → | 13 咸陽郡 | → | → | 咸陽군 |
| | 草溪군 | → | → | → | → | → | 草溪군 |
| | 清道郡 | → | → | → | → | → | 清道군 |
| | 永州 | → | → | 13 永川郡 | → | → | 永川군 |

| 고려말 | | 태조~정종 | 태종대 | | | 세종~성종 | 『경국대전』 |
| --- | --- | --- | --- | --- | --- | --- | --- |
| | | | 1~10년 | 11~14 | 15~18 | | |
| 경상도 | 甫州 | → | → | 13 甫川군 | 16 醴泉 | → | 醴泉군 |
| | 榮州 | → | → | 13 榮川군 | → | → | 榮川군 |
| | 興海郡 | → | → | → | → | → | 興海군 |
| | 蔚山防禦使 | 태6 蔚山鎭병마사겸지주사 | → | 13 蔚山郡 | → | 세종8 울산진병마사겸지군사, 19 군 | 蔚山군 |
| | 梁州 | → | → | 13 梁山군 | → | → | 梁山군 |
| | 咸安郡 | → | → | → | → | → | 咸安군 |
| | 金山監務 | 정1 군 | → | → | → | → | 金山군 |
| | 殷豊감무 | → | → | 13 현감 | → | 문종2 은풍+기천 =豊基郡 | 豊基군 |
| | 安東속현基州 | → | → | 13 基川현감 | → | 문종2 혁(풍기) | |
| | 晉州임내昆明 | → | → | → | → | 세종1 昆明+南海 =昆南, 19 昆陽郡, 南海縣 | 昆陽군 |
| | 盈德縣令 | → | → | → | 15 지현사 | ? 현령 | 盈德縣令 |
| | 慶山郡 | → | 1 현령 | → | → | → | 慶山현령 |
| | 東萊縣令 | → | 6 東萊鎭병마사겸판현사 | → | → | 세종5 첨사, ? 현령 | 東萊현령 |
| | 東平監務 | → | 5 혁(동래현) | | | | |
| | 固城縣令 | → | → | → | → | → | 固城현령 |
| | 巨濟현령 | → | → | 14거제+居昌 =濟昌 | 15 거제현 | → | 巨濟현령 |
| | 義城현령 | → | → | → | → | → | 義城현령 |
| | 폐현 | → | 4 南海현 | 14 혁(河南) | 15 南海, 海陽 | 세종1 혁(곤남 ), 19 복치(? 현령) | 南海현령 |
| | 沃州 | → | → | 13 沃川郡, 13→충청도 | | | |
| | 開寧監務 | → | → | 13 현감 | → | → | 開寧縣監 |
| | 居昌감무 | → | → | 14 혁(제창) | 15 거창 | → | 居昌현감 |
| | 三岐감무 | 태3 지군사 | 1 현 | 14三岐+嘉樹 =三嘉현감 | → | → | 三嘉현감 |
| | 宜寧감무 | → | → | 13 현감 | → | → | 宜寧현감 |
| | 河陽감무 | → | → | 13 현감 | → | → | 河陽현감 |
| | 龍宮감무 | → | → | 13 현감 | → | → | 龍宮현감 |
| | 奉化감무 | → | → | 13 현감 | → | → | 奉化현감 |
| | 慶州任內淸河 | → | 1 淸河감무 | 13 현감 | → | → | 淸河현감 |
| | 彦陽監務 | → | → | 13 현감 | → | → | 彦陽현감 |
| | 漆原감무 | → | → | 13 현감 | → | → | 漆原현감 |

| 고려말 | | 태조~정종 | 태종대 | | | 세종~성종 | 『경국대전』 |
|---|---|---|---|---|---|---|---|
| | | | 1~10년 | 11~14 | 15~18 | | |
| 경상도 | 鎭海監務 | → | → | 13 현감 | → | → | 鎭海현감 |
| | 河東감무 | → | → | 14南海+河東 = 河南 | 15 하동 | → | 河東현감 |
| | 仁同감무 | → | → | 13 현감 | → | → | 仁同현감 |
| | 폐현 | 태3 甫城감무 | → | 13 眞寶현감 | → | 세종즉 혁(청보군), 5 복치 | 眞寶현감 |
| | 黃澗감무 | → | → | 14→충청도 | | | |
| | 永東감무 | → | → | 14→충청도 | | | |
| | 保寧감무 | → | → | 14→충청도 | | | |
| | 尙州任內 靑山 | → | 3 靑山감무 | 14→충청도 | | | |
| | 聞慶監務 | → | → | 13 현감 | → | → | 聞慶현감 |
| | 咸昌감무 | → | → | 13 현감 | → | → | 咸昌현감 |
| | 知禮감무 | → | → | 13 현감 | → | → | 知禮현감 |
| | 利安감무 | → | → | 13 현감 | 17利安+減陰=安陰 | → | 安陰현감 |
| | 減陰감무 | → | → | 13 현감 | 17 혁(안음) | | |
| | 高靈감무 | → | → | 13 현감 | → | → | 高靈현감 |
| | 玄風감무 | → | → | 13 현감 | → | → | 玄風현감 |
| | 山陰감무 | → | → | 13 현감 | → | → | 山陰현감 |
| | 丹溪감무 | → | → | 13 현감 | → | 세종14 江城+丹溪 =丹城 | 丹城현감 |
| | 江城감무 | 정종즉 江城 +溟珍=珍城감무 | → | 13 현감 | ? 江城 | 세종14 혁(단성) | |
| | 溟珍감무 | 정즉 혁(진성) | | 13 현감 | ? 溟珍 | 세종10 혁 | |
| | 軍威감무 | → | → | 13 현감 | → | → | 軍威현감 |
| | 安定감무 | → | → | 13 현감 | → | 세종3 安比, 5 比安 | 比安현감 |
| | 義興감무 | → | → | 13 현감 | → | → | 義興현감 |
| | 新寧감무 | → | → | 13 현감 | → | → | 新寧현감 |
| | 禮安감무 | → | → | 13 현감 | → | → | 禮安현감 |
| | 迎日만호 겸 감무 | → | → | 13 현감 | 14 진병마사 겸판현사 | 세종5 병마첨사, ? 현감 | 迎日현감 |
| | 長鬐감무 | → | → | 13 현감 | 14 지현사 | → | 長鬐현감 |
| | 靈山감무 | → | → | 13 현감 | → | → | 靈山현감 |
| | 昌寧감무 | → | → | 13 현감 | → | → | 昌寧현감 |

| | 고려말 | 태조~정종 | 태종대 | | | 세종~성종 | 『경국대전』 |
|---|---|---|---|---|---|---|---|
| | | | 1~10년 | 11~14 | 15~18 | | |
| 경상도 | 晉州속현 泗州 | ⟶ | ⟶ | ? 泗川현감, 15 鎭 | ⟶ | 세종1 혁(곤남군), 24 복치 | 泗川현감 |
| | 機張감무 | ⟶ | ⟶ | 13 현감 | ⟶ | ⟶ | 機張현감 |
| | 晉州屬縣 熊川 | ⟶ | ⟶ | ⟶ | ⟶ | 세종31 첨사 겸현감, 단종2 현감 | 熊川현감 |
| 전라도 | 全州牧 | 태1 完山府尹府 | ⟶ | 13 全州 | ⟶ | ⟶ | 全州府尹 |
| | 羅州목 | ⟶ | ⟶ | ⟶ | ⟶ | ⟶ | 羅州牧 |
| | 濟州都官 | ⟶ | ⟶ | ⟶ | 16 濟州牧 | ⟶ | 濟州목 |
| | 光州牧 | ⟶ | ⟶ | ⟶ | ⟶ | 세종12 郡, 문종1 牧 | 光州목 |
| | 南原府 | ⟶ | ⟶ | 13 도호부 | ⟶ | ⟶ | 南原都護府 |
| | 長興부 | ⟶ | ⟶ | 13 도호부 | ⟶ | ⟶ | 長興도호부 |
| | 順天부 | ⟶ | ⟶ | 13 도호부 | ⟶ | ⟶ | 順天도호부 |
| | 潭陽監務 | 태4 지군사, 정즉 부 | ⟶ | 13 도호부 | ⟶ | ⟶ | 潭陽도호부 |
| | 寶城郡 | ⟶ | ⟶ | ⟶ | ⟶ | ⟶ | 寶城郡 |
| | 益州 | ⟶ | ⟶ | 13 益山군 | ⟶ | ⟶ | 益山군 |
| | 古阜郡 | ⟶ | ⟶ | ⟶ | ⟶ | ⟶ | 古阜군 |
| | 靈巖군 | ⟶ | ⟶ | ⟶ | ⟶ | ⟶ | 靈巖군 |
| | 靈光군 | ⟶ | ⟶ | ⟶ | ⟶ | ⟶ | 靈光군 |
| | 珍島郡 | ⟶ | 9 珍島+海南 =海珍郡 | 12 혁(영암) | 19 珍島郡 | ⟶ | 珍島군 |
| | 樂安군 | ⟶ | ⟶ | ⟶ | ⟶ | ⟶ | 樂安군 |
| | 淳昌군 | ⟶ | ⟶ | ⟶ | ⟶ | ⟶ | 淳昌군 |
| | 錦州 | ⟶ | ⟶ | 13 錦山郡 | ⟶ | ⟶ | 錦山군 |
| | 屬縣珍州 | 태2 혁(錦州) | ⟶ | 13 珍山현, 珍山군 | ⟶ | ⟶ | 珍山군 |
| | 金堤縣令 | ⟶ | 3 지군 | 13 金堤郡 | ⟶ | ⟶ | 金堤군 |
| | 屬縣礪山 | ⟶ | 4 礪山감무 | 13 현감 | ⟶ | 세종17 군 | 礪山군 |
| | 昌平縣令 | ⟶ | ⟶ | ⟶ | ⟶ | 성종5 혁(광주), 10 복치 | 昌平縣令 |
| | 龍潭현령 | ⟶ | ⟶ | ⟶ | ⟶ | ⟶ | 龍潭현령 |
| | 臨陂현령 | ⟶ | ⟶ | ⟶ | ⟶ | ⟶ | 臨陂현령 |
| | 萬頃현령 | ⟶ | ⟶ | ⟶ | ⟶ | ⟶ | 萬頃현령 |
| | 金溝현령 | ⟶ | ⟶ | ⟶ | ⟶ | ⟶ | 金溝현령 |
| | 綾城현령 | ⟶ | ⟶ | ⟶ | 16 綾城+和順 =順城현, 18 綾城현 | ⟶ | 綾城현령 |

| 고려말 | | 태조~정종 | 태종대 | | | 세종~성종 | 『경국대전』 |
|---|---|---|---|---|---|---|---|
| | | | 1~10년 | 11~14 | 15~18 | | |
| 전라도 | 光陽감무 | ⟶ | ⟶ | 13 현감 | ⟶ | ⟶ | 光陽縣監 |
| | 全州屬縣 龍安 | ⟶ | 9 龍安+咸悅 =安悅감무 | 13 현감 | 16 龍安 | ⟶ | 龍安현감 |
| | 咸悅감무 | ⟶ | 9 혁(안열) | | 16 복치 | ⟶ | 咸悅현감 |
| | 扶寧감무 | ⟶ | ⟶ | 14 扶寧+保安 =扶安현감 | 15 복구, 합, 16 복, 합 | ⟶ | 扶安현감 |
| | 扶寧兼保安감무 | ⟶ | ⟶ | 14 혁(부안) | " | | |
| | 咸豊감무 | ⟶ | 9 咸豊+ 牟平 =咸平감무 | 13 현감 | ⟶ | ⟶ | 咸平현감 |
| | 牟平감무 | ⟶ | 9 혁(함평 ) | | | | |
| | 道康감무 | ⟶ | ⟶ | 13 현감 | 17 道康+耽津= 康津현 | ⟶ | 康津현감 |
| | 玉果감무 | ⟶ | ⟶ | 13 현감 | ⟶ | ⟶ | 玉果현감 |
| | 高山감무 | ⟶ | ⟶ | 13 현감 | ⟶ | ⟶ | 高山현감 |
| | 古阜任內 泰山 | ⟶ | 9 泰山+仁義 =泰仁감무 | 13 현감 | ⟶ | ⟶ | 泰仁현감 |
| | 仁義감무 | ⟶ | 9 혁(태인) | | | | |
| | 臨陂屬縣沃溝 | 태6 沃溝鎭병마사겸판현사 | 8 수군영 | ⟶ | ⟶ | 세종5 첨사, 현감 | 沃溝현감 |
| | 南平감무 | ⟶ | ⟶ | 13 현감 | ⟶ | ⟶ | 南平현감 |
| | 興德감무 | ⟶ | 1 興德鎭병마사겸판현사 | ⟶ | 17 현감 | ⟶ | 興德현감 |
| | 井邑감무 | ⟶ | ⟶ | 13 현감 | ⟶ | ⟶ | 井邑현감 |
| | 興德屬縣高敞 | ⟶ | 1 高敞 감무 | 13 현감 | ⟶ | ⟶ | 高敞현감 |
| | 茂松감무 | ⟶ | 7 茂松+長沙 =茂長 | ?진병마사겸판현사 | ⟶ | 세종5 첨사, ?현 | 茂長현감 |
| | 務安감무 | ⟶ | ⟶ | 13 현감 | ⟶ | ⟶ | 務安현감 |
| | 求禮감무 | ⟶ | ⟶ | 13 현감 | ⟶ | ⟶ | 求禮현감 |
| | 谷城감무 | ⟶ | ⟶ | 13 현감 | ⟶ | ⟶ | 谷城현감 |
| | 長城감무 | ⟶ | ⟶ | 13 현감 | ⟶ | ⟶ | 長城현감 |
| | 珍原감무 | ⟶ | ⟶ | 13 현감 | ⟶ | ⟶ | 珍原현감 |
| | 屬縣雲峰 | 태1 雲峰감무 | ⟶ | 13 현감 | ⟶ | ⟶ | 雲峰현감 |

| 고려말 | | 태조~정종 | 태종대 | | | 세종~성종 | 『경국대전』 |
|---|---|---|---|---|---|---|---|
| | | | 1~10년 | 11~14 | 15~18 | | |
| 전라도 | 任實감무 | ⟶ | ⟶ | 13 현감 | ⟶ | ⟶ | 任實현감 |
| | 南原屬縣 長水 | 태1 長水감무 | ⟶ | 13 현감 | ⟶ | ⟶ | 長水현감 |
| | 全州屬縣 鎭安 | 태1 鎭安감무 | ⟶ | 12 혁(영암), 13 복 | ⟶ | ⟶ | 鎭安현감 |
| | 茂豊감무 | ⟶ | ⟶ | 14茂豊+朱溪 =茂朱현감 | ⟶ | ⟶ | 茂朱현감 |
| | 同福감무 | ⟶ | 5 同福+和順 =福順 | 13 현감 | 16 동복 | ⟶ | 同福현감 |
| | 南平속현 和順 | 태3 和順감무 | 5 혁(복순) | | 16 복, 혁(순성), 18 복치 | ⟶ | 和順현감 |
| | 高興감무 | 태6 高興鎭병마사겸판현사 | ⟶ | 13 현감 | ⟶ | 세종5 첨사, 22 興陽, 29 현 | 興陽현감 |
| | 靈巖任內海南 | ⟶ | 9 혁(海珍郡) | ⟶ | ⟶ | 세종19 海南현 | 海南현감 |
| | | | | | 16 大靜현감 | ⟶ | 大靜현감 |
| | | | | | 16 旌義현감 | ⟶ | 旌義현감 |
| 평안도 | 平壤府尹府 | ⟶ | ⟶ | ⟶ | ⟶ | ⟶ | 平壤府尹府 |
| | 連山府 | ⟶ | ⟶ | 13 도호부 | ⟶ | 세종11 連山+茂山=寧邊大都護府, 28 도호부, 세조12 대도호부 | 寧邊大都護府 |
| | 茂州 | ⟶ | ⟶ | 13 茂山현감 | ⟶ | 세종11 혁(영변) | |
| | 安州牧 | ⟶ | ⟶ | ⟶ | ⟶ | ⟶ | 安州牧 |
| | 定州목 | ⟶ | ⟶ | ⟶ | ⟶ | ⟶ | 定州목 |
| | 樹州 | ⟶ | ⟶ | 13 樹川군 | ⟶ | 세조11 혁(정주) | |
| | 義州만호(부) | ⟶ | ⟶ | ⟶ | ⟶ | 세조2 목 | 義州목 |
| | 立石等處 伊彦 | ⟶ | 2 石州, 3 江界府 | 13 도호부 | ⟶ | ⟶ | 江界都護府 |
| | 昌州 | 2 尼城+昌州 =昌城군 | ⟶ | ⟶ | ⟶ | 세조2 도호부 | 昌城도호부 |
| | 尼城만호 | 2 혁(창성) | | | | | |
| | 成州 | ⟶ | ⟶ | 13 成川도호부 | ⟶ | ⟶ | 成川도호부 |
| | 여진지 | 태3 大朔州+小朔州+구주 =朔州 | ⟶ | 13 부 | ⟶ | ⟶ | 朔州도호부 |
| | 肅州 | ⟶ | ⟶ | 13 肅川郡 | 15 부 | ⟶ | 肅川도호부 |
| | | | | | | 세조3 구성군, 10 도호부 | 龜城도호부 |
| | 中和郡 | ⟶ | ⟶ | ⟶ | ⟶ | ⟶ | 中和郡 |
| | 祥原군 | ⟶ | ⟶ | ⟶ | ⟶ | ⟶ | 祥原군 |

| | 고려말 | 태조~정종 | 태종대 | | | 세종~성종 | 『경국대전』 |
|---|---|---|---|---|---|---|---|
| | | | 1~10년 | 11~14 | 15~18 | | |
| 평안도 | 德州 | ⟶ | ⟶ | 13 德川군, 13 德川+孟山=德孟군 | 15 德川 | ⟶ | 德川군 |
| | 价州 | ⟶ | ⟶ | 13 价川군 | ⟶ | ⟶ | 价川군 |
| | 慈州 | ⟶ | ⟶ | 13慈山군, 14慈山+殷 山 =慈殷군 | 15 慈山 | ⟶ | 慈山군 |
| | 嘉州 | ⟶ | ⟶ | 13 嘉山군 | ⟶ | ⟶ | 嘉山군 |
| | 宣州방어사 | ⟶ | ⟶ | 13 宣川군 | ⟶ | ⟶ | 宣川군 |
| | 郭州 | ⟶ | ⟶ | 13 郭山군 | ⟶ | ⟶ | 郭山군 |
| | 鐵州방어사 | 태1 지철주사겸 영판만호 | ⟶ | 13 鐵山군 | ⟶ | ⟶ | 鐵山군 |
| | 龍州 | 태5 龍州+定戎 +영덕+寧 朔 =定寧현 | ⟶ | 13 龍川군 | ⟶ | ⟶ | 龍川군 |
| | 順州 | ⟶ | ⟶ | 13 順川군 | ⟶ | ⟶ | 順川군 |
| | 開州속현熙州 | 태5 熙州 | ⟶ | 13 熙州군 | ⟶ | ⟶ | 熙州군 |
| | 豆木里等處伊彦 | ⟶ | 2 理州 | 13 理山郡 | ⟶ | 세조9 理山鎭첨사 | 理山군 |
| | 碧團감무 | ⟶ | 3 碧團+陰潼 =碧潼군 | ⟶ | ⟶ | ⟶ | 碧潼군 |
| | 屬縣陰幢 | ⟶ | 3 혁(벽동군) | | | | |
| | 雲州방어사 | ⟶ | 3 雲州+青山 =雲山군 | ⟶ | ⟶ | ⟶ | 雲山군 |
| | 博州 | ⟶ | ⟶ | 13 博川군 | ⟶ | ⟶ | 博川군 |
| | | | | | | 세종25 渭原郡, 세조6 혁(이산군), 9 복치 | 渭原군 |
| | 寧遠鎭 | 태7 寧遠+永淸 =永寧현 | 4 복치 | 13 寧遠郡 | ⟶ | 세종? 현, 세조12 군 | 寧遠군 |
| | 永淸監務 | 태7 혁(영령) | | | | | |
| | 龍崗현령 | ⟶ | ⟶ | ⟶ | ⟶ | ⟶ | 龍崗縣令 |
| | 三和현령 | ⟶ | ⟶ | ⟶ | ⟶ | ⟶ | 三和현령 |
| | 咸從현령 | ⟶ | ⟶ | ⟶ | ⟶ | ⟶ | 咸從현령 |
| | 永柔현령 | 태5 永柔+寧 源 =永寧 | 4 복치 | ⟶ | ⟶ | ⟶ | 永柔현령 |
| | 甑山鄕 | 태3 甑山현령 | ⟶ | ⟶ | ⟶ | ⟶ | 甑山현령 |
| | 三登현령 | ⟶ | ⟶ | ⟶ | ⟶ | ⟶ | 三登현령 |
| | 속현順和 | 태5 順和+安定 =順安감무 | ⟶ | 13 현령 | ⟶ | ⟶ | 順安현령 |
| | 江西현령 | ⟶ | ⟶ | ⟶ | ⟶ | ⟶ | 江西현령 |

| 고려말 | | 태조~정종 | 태종대 | | | 세종~성종 | 『경국대전』 |
|---|---|---|---|---|---|---|---|
| | | | 1~10년 | 11~14 | 15~18 | | |
| 평안도 | 屬縣陽巖 | 태5 陽巖+樹德 =陽德감무 | → | 13 현감 | → | → | 陽德縣監 |
| | 孟山감무 | → | → | 13 혁(덕맹) | 15 孟山현 | → | 孟山현감 |
| | 泰州 | → | → | 13 泰川郡 | → | 성종4 현감 | 泰川현감 |
| | 江東현령 | → | → | ? 현감 | → | → | 江東현감 |
| | 殷州 | → | → | 13 殷山현감, 14혁(자은) | 15 복치 | → | 殷山현감 |
| | 여진지 | → | → | → | → | 세종22 茂昌縣, 24 군, 세조즉 폐 | |
| | 여진지 | → | → | → | → | 세종25 虞芮郡, 세조즉 폐 | |
| | 여진지 | → | → | → | → | 세종15 慈城郡, 세조5 폐 | |
| | | | | | 16 閭延郡 | 세종17 부, 세조즉 폐 | |
| | 속현 | → | 5 定戎+寧德+靈州+寧判鎭=定寧현령 | → | → | 세종27 군, 세조1 현, 세조2 혁(의주) | |
| | 麟州 | → | → | 13 麟山군 | → | 세종? 진, 문종1 만호, 세조2 혁(의주) | |
| 영안도 | 和寧府 | 태2 永興府尹府 | 2 郡, 4 府 | 13 都護府 | 16 和州牧 | 세종8 永興大都護府, 성종1 부윤부 | 永興府尹府 |
| | 安邊府 | → | 2 監務, 4 府 | 13 도호부 | → | 성종2 大都護府 | 安邊大都護府 |
| | 鏡城군 | 태7 鏡城만호, 정2 군 | → | → | → | 세종14 부 | 鏡城都護府 |
| | 여진지 | 태7 慶源鎭 만호부 | → | 11 혁(야인에 피탈) | 17 慶源府 | 세종16 慶源府, 24 진 | 慶源도호부 |
| | 여진지 | → | → | → | → | 세종16 會寧鎭, 16 부 | 會寧도호부 |
| | | | | | 16 會寧任內 | 세종17 鍾城郡, 23 부 | 鍾城도호부 |
| | 여진지 | → | → | → | → | 세종16 穩城鎭, 17 군, 23 부 | 穩城도호부 |
| | 孔州 | 태7 慶興부 | 10 폐 | | 17 慶源임내 | 세종17 孔城縣, 19 慶興郡, 25부 | 慶興도호부 |
| | 여진지 | → | → | → | → | 세종14 寧北鎭, 16 부, 31 富寧府 | 富寧도호부 |
| | 北青州萬戶府 | 태7 青州府 | → | 13 都護府 | 16 北青郡 | 세종9 府 | 北青도호부 |

| | 고려말 | 태조~정종 | 태종대 | | | 세종~성종 | 『경국대전』 |
|---|---|---|---|---|---|---|---|
| | | | 1~10년 | 11~14 | 15~18 | | |
| 영안도 | 宜州 | → | → | 13 宜川郡 | → | 세종19 德源군, 27 부 | 德源도호부 |
| 영안도 | 定州府 | → | → | 13 定平都護府 | → | → | 定平도호부 |
| 함경도 | 甲州 | → | → | 13 甲山군 | → | 세종10 혁(여연), 19 甲山鎭, 세조 12 부 | 甲山도호부 |
| 함경도 | 三水堡 | → | → | → | → | 세종28 三水郡 | 三水郡 |
| 함경도 | 文州방어사 | → | → | 13 文川군 | → | → | 文川군 |
| 함경도 | 高州 | → | → | 13 高原군 | → | → | 高原군 |
| 함경도 | 端州 | → | → | 13 端川군 | → | ? 만호, 세조 7군 | 端川군 |
| 함경도 | 咸州牧 | → | → | → | 16 咸興府尹府 | 성종1 郡 | 咸興군 |
| 함경도 | 咸州임내洪獻 | → | 2 洪原감무 | 13 현감, 14혁(함주) | → | 세종15 복치 | 洪原縣監 |
| 함경도 | 福州속현利城 | → | → | → | → | 세종18 利城현 | 利城현감 |
| 함경도 | 熊吉州等處萬戶 | 태7 吉州牧 | → | → | → | 세조14 吉城현감 | 吉城현감 |
| 함경도 | 吉州屬縣明川 | → | → | → | → | 세조14 明川縣 | 明川현감 |
| 함경도 | 龍津현령 | → | → | → | → | 세조5 혁(덕원) | |
| 함경도 | 豫州 | 태7 豫州+元興鎭=豫元군 | → | → | → | 세조5 혁(정평) | |
| 함경도 | 元興鎭 | 태7 혁(예원군) | | | | | |
| 함경도 | 여진지 | → | → | → | → | 세종20 茂山만호, 세조3 폐 | |
| 합계 | 府尹府 | 4 | | | 4 | 4 | 4 |
| 합계 | 大都護府 | 3 | | | 2 | 4 | 4 |
| 합계 | 牧 | 14 | | | 17 | 20 | 20 |
| 합계 | 都護府 | 24 | | | 35 | 44 | 44 |
| 합계 | 郡 | 86 | | | 86 | 82 | 82 |
| 합계 | 縣令官 | 38 | | | 35 | 34 | 34 |
| 합계 | 縣監官 | 160 | | | 151 | 141 | 141 |
| 합계 | 계 | 329 | | | 330 | 329 | 329 |

** 鎭·浦·萬戶府 제외

## 제3절 僉節制使 · 萬戶官

### 1. 僉節制使官

僉節制使는 육해의 요지에 설치된 兵馬僉節制使와 해안의 요지에 설치된 水軍僉節制使가 있었다. 병마첨절제사는 관제의 정비, 鎭管制의 실시 등과 관련되어 都護府 등으로 개편되거나 수령의 겸직이 되었고, 수군첨절제사는 조선초기를 통하여 운영되었다.

조선의 兵馬僉節制使官은 1397년(태조 6)에 왜구의 방어를 위하여 황해 · 강원 · 충청 · 경상 · 전라도 연안 요해 15처에 진을 설치하고 그 각각에 1명의 병마첨절제사(3품)를 제수하면서[38] 비롯되었다. 이 때의 병마첨절제사관이 예종 1년에 豊川僉節制使官이 都護府로 개편되면서[39] 소멸되기까지 다음과 같이 15관(태종 18) → 18관(세종 32) → 0관(예종 1)으로 계승되면서 운영되었다.

(1) 태조~태종대에는 1397년에 황해 · 강원 · 충청 · 경상 · 전라도에 옹진 · 풍주진 등 15진이 병마첨절제사가 설치되면서 병마첨절제사관이 되었고, 이후 1418년(태종 18)까지 15관이 그대로 계승되었다.

(2) 세종대에는 왕 24년(1442)까지 충청도 伊山 등 5관이 폐지되고 長淵鎭僉節制使官 등 8관이 설치되면서 18관이 되었고, 이 18관이 왕 32년까지 계승되었다.

(3) 문종~예종대에는 1456년(세조 2)에 理山 · 茂山僉節制使官이 설치되면서 20관이 되었다가 이후의 세조대와 1469년(예종 1)에 瓮津 등 20관 모두가 폐지되면서 『경국대전』에 병마첨절제사관은 등재되지 않았다.

---

38) 『태조실록』 권11, 6년 5월 임신.

39) 『신증동국여지승람』 권43, 풍천도호부조.

조선의 水軍僉節制使官은 1397년(태조 6)에 경기좌·우도에 각 1직의 수군첨절제사가 운영되었음에서[40] 태조 6년 이전에 설치되었다고 하겠다. 이 수군첨절제사관이 이후 1479년(성종 10)경까지 다음과 같이 개변되면서 3관(태종 13년) → 6관(세종 20경) → 12관(성종 10경)으로 운영되었다.

(1) 태조~태종대에는 경기도에 수군첨절제사 1직이 증치되었다(태종 13년, 세종 20년 이전에 혁거).[41]

(2) 세종대에는 20년(1438)경(『세종실록지리지』)[42] 까지 경기도에 증치된 1관이 혁거되었고, 황해도에 1관이 설치되었으며(11년 이전), 평안도에 義州道水軍僉節制使官 등 3관이 설치되면서 6관이 되었다. 또 충청·경상·전라도에는 세종 20년 이후에 첨절제사로 개편되어간 것으로 추측된 水軍都萬戶官 6관(충청·경상·전라 각2)이 있었다.[43]

(3) 문종~성종대에는 황해도와 평안도는 첨절제사관의 명칭이 개변되면서 1관과 3관이 그대로 계승되었다(시기 불명). 경기도는 1관이 감소되고 月串水軍僉節制使官으로 개칭되었다(시기 불명). 강원도는 三陟浦萬戶官이 첨절제사관으로 승격되었다(세조 3년 이후). 충청, 경상, 전라도는 각각 좌·우도 도만호관이 所斤浦·馬梁, 釜山浦·薺浦, 蛇渡·臨緇僉節制使官으로 개칭되면서 계승되었다(경상도는 성종 10년 이전, 그

40) 『태조실록』 권11, 6년 6월 정미·권12, 6년 7월 경술.

41) 『태종실록』 권25, 13년 4월 을묘, 『세종실록』 권148, 지리지 경기도조.

42) 『세종실록』에 수록된 지리지의 원고가 마감된 시기는 명확하지 못하다. 그런데 『세종실록지리지』에 수록된 읍호명, 호구수, 판관·학관 존치 등을 검토해 볼 때 세종 20년경까지의 상황이 정리된 것으로 추측되었다. 이 점에서 『세종실록지리지』 기재시기를 세종 20년으로 파악한다.

43) 『세종실록』 권149~151, 충청·경상·전라도편.

외는 불명).[44] 이리하여 수군첨절제사관은 성종 10년 이전에 12관으로 정착되었고, 이것이 그대로 계승되었다.

### 2. 萬戶官

萬戶官은 수륙의 요충지에 설치되어 관내의 군정과 민정을 관장하였고, 조선시대를 통하여 兵馬萬戶와 水軍萬戶가 운영되었다.

조선의 兵馬萬戶官은 개국과 함께 고려말의 관제를 계승하여 義州萬戶府 등 10여관을 설치하면서[45] 비롯되었다. 이 개국 때의 만호관이 이후 1484년(성종 15)까지 서북·동북경의 개척과 방어 등과 관련되어 다음과 같이 0관(태종 18) → 17관(세종 32) → 18관(성종 6)으로 계승되면서 운영되었다.

(1) 태조~태종대에는 義州 등 5관이 도호부 등으로 개편되었고, 종성과 경성·경원이 만호관이 되었다가 도호부와 군으로 개편되었다.[46]

(2) 세종대에는 왕 31년(1449)까지 평안·영안도에 阿耳萬戶官 등 18관이 설치되었고, 防垣萬戶官이 폐지되면서 17관이 되었고,[47] 이 17관이 왕 32년까지 계승되었다.

(3) 문종~성종 15년에는 성종 6년까지 평안·영안도에 上土萬戶官 등 19관이 설치되고 훈두보만호관 등 16관이 폐지되면서 18관으로 정비되었으며,[48] 이 18관이 후대로 계승되었다.

---

44) 『성종실록』 권109, 10년 10월 병오.

45) 『태조실록』 1년조.

46) 『조선왕조실록』 태조 1년~태종 18년, 『세종실록』 지리지. 그 읍명과 개변은 뒤 <표 8-3> 참조.

47) 『조선왕조실록』 세종 16 ~31년, 『세종실록』 지리지. 그 읍명과개변은 뒤 <표 8-3> 참조.

水軍萬戶官은 1389년(고려 공양왕 1)에 양광좌우도수군도만호가 그 관내의 만호·천호를 규찰하고 공양왕 3년에 전국의 수군이 재편되었으며,[49] 태조 2년에 高巒梁水軍萬戶官이 설치되었음이 확인되었다.[50] 이에서 조선의 수군만호관은 개국과 함께 고려말의 관제를 계승하여 만호관을 설치하면서(관수 불명) 비롯되었다고 하겠다. 이 개국초의 만호가 이후 1484년(성종 15)까지에 걸쳐 다음과 같이 여진·왜구의 방어 등과 관련되어 대대적으로 증치되면서 14관(태종 18) → 52관(세종 32) → 55관(성종 15)으로 계승되면서 운영되었다.

(1) 태조~태종대에는 8도를 통해 高巒梁萬戶官 등 18관이 서생포·다대포·신당포만호관과 적량만호관이 장생포만호관 등의 겸관이 되거나 폐지되면서 14관으로 조정되었다.[51]

(2) 세종대에는 20년(1438)경까지 永宗浦萬戶官 등 50관이 설치되고 吾叉浦萬戶官 등 13관이 폐지되면서 51관으로 정비되었다. 이어 왕 26년에 知世浦萬戶官이 설치되면서 52관이 되었다가 후대로 계승되었다.[52]

(3) 문종~성종 15년에는 助羅浦萬戶官 등 16관이 복치되거나 설치되었고, 連谷浦萬戶官 등 13관이 폐지되면서 55관으로 정비되었으며,[53] 이 55관이 후대로 계승되었다.

---

48) 『조선왕조실록』 문종 1년~성종 15년, 『세종실록』 지리지. 그 읍명과 개변은 뒤 <표 8-3> 참조.

49) 方相鉉, 1991, 『朝鮮初期 水軍制度』, 민족문화사, 16~17쪽.

50) 『태조실록』 권3, 2년 4월 갑자.

51) 『조선왕조실록』 태조 2년~태종 18년, 『세종실록』 지리지. 그 읍명과 변개는 뒤 <표 8-3> 참조.

52) 『조선왕조실록』 세종 1~32년조, 『세종실록』 지리지. 그 읍명과 변개는 뒤 <표 8-3> 참조.

53) 『조선왕조실록』 문종 1년~성종 15년조. 그 읍명과 변개는 뒤 <표 8-3> 참조.

이와 같이 성종 15년경까지 정비된 수군첨절제사관 12관, 병마만호관 18관, 수군만호관 55관이 마지막 반포된 『경국대전』에 법제화되면서 첨절제사·만호관은 확립되었다. 조선 개국~『경국대전』에 걸친 첨절제사·만호관의 운영상을 표로 재정리하여 제시하면 다음과 같다.

<표 8-3> 조선초기 첨절제사·만호관 변천(*은 『세종실록지리지>)[54]

| | 태조~태종 | 세종대<br>(*는 20년 이전) | 문종~성종 15 | 『경』 |
|---|---|---|---|---|
| 경기도 | 태6 (우도수군첨절제사)<br>태6 (좌도수군첨절제사)<br>태13 증치 1 | * 右道水軍僉節制使<br>* 左道水軍僉節制使 | ? 月串水軍僉節制制使 | 月串水軍僉節制使 |
| | | * 永宗浦水軍萬戶 | → | 永宗浦水軍萬戶 |
| | | * 草芝梁 | → | 초지량 |
| | | * 濟物梁 | → | 제물량 |
| | | * 井浦 | → | 정포 |
| | | 3 (喬桐) | ? 喬桐梁만호 | 교동량 |
| 황해도 | 태6 甕津鎭兵馬僉節制使<br>태6 豊州鎭병마첨절제사,<br>태1 長淵萬戶兼監務, 태종 3 兵馬使兼判縣事 | * 옹진병마첨절제사<br>5 豊川병마첨절제사<br>5 長淵僉節制使 | ? 폐<br>예1 豊川都護府<br>세조13 장연현 | |
| | | * 康翎鎭첨절제사 | ? 폐 | |
| | | 11 (水軍僉節制使) | ? 所江수군첨절제제사 | 所江水軍僉節制使 |
| | | 11 (廣巖梁水軍萬戶) | → | 廣巖梁水軍萬戶 |
| | | 7 (阿郞浦) | → | 아랑포 |
| | | 7 (吾又浦), 18 이전 폐 | ? 복치 | 오우포 |
| | | | ? 치 | 許沙浦 |
| | | | ? 치 | 茄乙浦 |
| | | 11 (龍媒島), * 龍媒梁 | → | 용매량 |

54) 『조선왕조실록』 태조 1년~성종 15년조, 『세종실록』 지리지·『신증동국여지승람』 등에서 종합.

| | 태조~태종 | 세종대 (*는 20년 이전) | 문종~성종 15 | 『경』 |
|---|---|---|---|---|
| 황해도 | 태11 (大串梁萬戶) | * 대곶량, ? 폐 | | |
| | 태11 (豊州梁) | * 豊川梁, ? 폐 | | |
| | | 11 (巡威梁), * 순위량 | ? 폐 | |
| 강원도 | 태6 三陟鎭兵馬僉節制使 | * 삼척첨절제사 | ? 폐 | |
| | 태6 杆城鎭兵馬僉節制使 | * 간성첨절제사 | ? 폐 | |
| | | * 三陟浦萬戶 | 세3 폐, ? 수군첨절제사 | 三陟浦水軍僉節制使 |
| | | | 세3 이전 安仁浦水軍萬戶, ? 혁, 13 복치 | 安仁浦水軍萬戶 |
| | | * 江浦口 | ? 고성포 | 高城浦 |
| | | 11 (守山浦), * 수산포 | 세8 蔚珍浦 | 蔚珍浦 |
| | | * 越松浦 | → | 월송포 |
| | | * 連谷浦만호 | 세3 폐 | |
| | | * 束草浦만호 | ? 폐 | |
| 충청도 | 태6 蓴城鎭兵馬僉節制使 | * 순성진첨절제사 | ? 폐 | |
| | 태6 藍浦鎭병마첨절제사 | * 남포진첨절제사 | ? 폐 | |
| | 태6 伊山鎭병마첨절제사 | 20 이전 폐 | | |
| | 태1 (新昌萬戶兼監務), 태종1 縣監 | | | |
| | | * 左道水軍都萬戶 | ? 所斤浦水軍僉節制使 | 所斤浦水軍僉節制使 |
| | | * 우도수군도만호 | ? 馬梁수군첨절제사 | 馬梁 |
| | | 16 (唐津浦水軍萬戶) | → | 唐津浦水軍萬戶 |
| | | 10 (大山浦수군만호)波 波治島水軍萬戶 | → | 波知島 |
| | | 16 (舒川浦수군만호) | → | 서천포 |
| | 태2 (高巒梁水軍萬戶) | * 고만량 | ? 폐 | |
| | 태종4 安行梁수군만호 | 16 (安興梁), 20 이전 폐 | | |
| | | 16 (大津), * 대진 | ? 폐 | |
| 경상도 | 태6 合浦鎭兵馬僉節制使 | ? 폐 | | |
| | 태6 康州鎭병마첨절제사 | ? 폐 | | |
| | 태6 寧海鎭병마첨절제사 | * 영해진첨절제사 | ? 폐 | |

| | 태조~태종 | 세종대<br>(*는 20년 이전) | 문종~성종 15 | 『경』 |
|---|---|---|---|---|
| 경상도 | 태6 東萊鎭병마첨절제사 | * 동래진첨절제사 | ? 폐 | |
| | | * 蔚山鎭첨절제사 | ? 폐 | |
| | | * 迎日鎭첨절제사 | ? 폐 | |
| | | * 泗川鎭첨절제사 | ? 폐 | |
| | 태7 (富山浦水軍都萬戶) | 8 (左道都萬戶)移塩浦, * 좌도수군처치사 | 성10 (釜山浦水軍僉節制使) | 釜山浦水軍僉節制使 (경직겸) |
| | | * 우도도만호 | 성10 (薺浦수군첨절제사) | 薺浦 (경직겸) |
| | | * 豆毛浦萬戶 | → | 豆毛浦水軍萬戶 |
| | | * 甘浦 | → | 감포 |
| | | * 海雲浦 | 세3 폐, 4 복치 | 해운포 |
| | | * 通洋浦 | 단즉 漆浦 | 칠포 |
| | | * 包伊浦 | 세3 폐, 4 복치 | 포이포 |
| | | * 烏浦 | → | 오포 |
| | 태7 (西生浦萬戶)長生浦萬戶兼혁 | * 西生浦 | → | 서생포 |
| | 태7 (多大浦萬戶)都萬戶兼 | * 多大浦 | → | 다대포 |
| | | 8 塩浦水軍萬戶, * 도만호 | ? 만호 | 염포 |
| | | * 丑山浦 | → | 축산포 |
| | | 13 (玉浦) | 문1 (玉浦萬戶) | 옥포 |
| | 태4 見乃梁萬戶 | * 見乃梁 | ? 폐 | |
| | 태7 (露梁萬戶) | * 노량, 20 平山浦 | → | 평산포 |
| | | 26 (知世浦萬戶) | 세3 폐, 4 복치 | 지세포 |
| | | * 永登浦 | → | 영등포 |
| | 태7 (仇良梁萬戶) | * 구량량, 20 蛇梁 | → | 사량 |
| | 태11 (樊溪萬戶) | * 번계, 20 唐浦 | → | 당포 |
| | | | 단1 助羅浦水軍萬戶 | 조라포 |
| | 태7 (赤梁萬戶)폐 | 1 이전 복치 | → | 적량 |
| | | | 세8 (加望浦萬戶)安骨浦 | 安骨浦 |
| | 태7 (開雲浦) | * 개운포 | 세3 폐, 4 복치, ? 복폐 | |
| | 태7 (長生浦萬戶) | 20 이전 폐 | | |

| | 태조~태종 | 세종대<br>(*는 20년 이전) | 문종~성종 15 | 『경』 |
|---|---|---|---|---|
| 경상도 | 태11 (神堂浦萬戶)乃而浦萬戶兼 | | | |
| | 태11 (乃而浦萬戶) | 13 (천호) | | |
| | 태11 (加背梁만호) | * 가배량도만호 | | |
| 전라도 | 태6 木浦鎭병마첨절제사 | 14 (수군만호) | | |
| | 태6 興德鎭병마첨절제사 | 20 이전 폐 | | |
| | 태6 兆陽鎭병마첨절제사 | * 조양진첨절제사 | ? 폐 | |
| | 태6 沃溝鎭병마첨절제사 | * 옥구진첨절제사 | ? 폐 | |
| | | * 扶安鎭첨절제사 | ? 폐 | |
| | | * 茂長鎭첨절제사 | ? 폐 | |
| | | * 左道水軍都萬戶 | ? 蛇渡수군첨절제사 | 사도수군첨절제사 |
| | | * 우도수군도만호 | ? 임치도수군첨절제사 | 임치도 |
| | | 7 (臨緇만호), * 폐 | | |
| | | 7 (會寧浦만호) | → | 회령포수군만호 |
| | | 11 (達梁) | → | 달량 |
| | | 7 (呂島都萬戶), * 좌도도만호, 21 만호 | → | 여도 |
| | | 7 (馬島만호) | → | 마도 |
| | 태6 (鹿島萬戶) | → | → | 녹도 |
| | | | ? 치 | 鉢浦 |
| | | 7 (突山만호) | → | 突山島 |
| | | 7 (黔毛浦都萬戶), *만호 | → | 검모포 |
| | | * 法聖浦만호 | → | 법성포 |
| | | 14 (多慶浦), * 多斂浦 | → | 다경포 |
| | | 14 (木浦만호, 처치사영), 21 만호 | → | 목포 |
| | | 11 (於蘭梁), * 於蘭 | → | 於蘭浦 |
| | 태6 군산진병마사, 태종8 수군절제사 | 5 (첨절제사)군산현, * 군산만호 | → | 群山浦 |
| | | 15 周梁萬戶, 18 이전 폐, 20 南桃浦만호 | → | 남도포 |
| | | 7 (內禮만호), 18경 이후 폐 | | |
| | | 7 (築頭浦), 18경 이후 폐 | | |

| | 태조~태종 | 세종대 (*는 20년 이전) | 문종~성종 15 | 『경』 |
|---|---|---|---|---|
| 전라도 | | | 세3 金甲島萬戶 | 금갑도 |
| 평안도 | 태1 (理州), 태종13 理山郡 | | 세2 理山鎭첨절제사, ? 이산군 | |
| | | * 義州道水軍僉節制使 (宣川仙槎浦) | ? 선사포수군첨절제사 | 宣沙浦水軍僉節制使 |
| | | * 安州道(安州老斤江) | ? 老江鎭 | 노강진 |
| | | * 平壤道(三和凡島浦) | ? 廣梁鎭 | 광량진 |
| | | 29 이후 阿耳萬戶 | 세6 폐, ? 복치 | 아이병마만호 |
| | | 26 이후 楸坡만호 | | |
| | | | → | 추파 |
| | | 31 이전 仇寧만호(朔州道本營) | 세6 이후 上土萬戶 | 상토 |
| | | | 세조 폐, 성6 복치 | 구령 |
| | | 19 山羊會만호 | 세4 폐, 10 복치, ? 복폐 | |
| | 태1 (義州萬戶), 태종2 부 | | | |
| | 태1 (尼城만호), 태종2 昌城郡 | | | |
| | 태1 (江界만호), 태종1 石州 | | | |
| | 태1 (寧遠鎭), 태종7 연령현 | | | |
| | | 19 고산리만호 | ? 폐 | |
| | | 19 서해만호 | ? 폐 | |
| | | 19 청수만호 | ? 폐 | |
| | | 25 만포구자만호 | ? 폐 | |
| | | | 문즉 (훈두보만호)폐 | |
| | | | 문즉 (소파이만호)폐 | |
| 영안도 | 태1 (여진지), 7 慶源鎭만호, 태종10 폐(경성군) | 24 慶源僉節制使 | ? 경원부 | 慶源府 |
| | | * 撫夷堡萬戶 | → | 撫夷兵馬萬戶 |
| | | | ? 阿山萬戶 | 아산 |
| | | | 성6 阿吾地만호 | 아오지 |
| | | | 세7 西北만호 | 서북 |
| | | | 세7 斜麻洞만호 | 사마동 |
| | | | ? 斜下北만호 | 사하북 |
| | | | 세7 朱乙溫만호 | 주을온 |

| | 태조~태종 | 세종대<br>(*는 20년 이전) | 문종~성종 15 | 『경』 |
|---|---|---|---|---|
| 영안도 | | | 세7 魚游澗만호 | 어유간 |
| | | * 豊山만호 | ? 폐, 세8 복치 | 풍산 |
| | | 30 (防垣만호, 도절제사영)혁만호, | 세8 복치 | 방원 |
| | | | 세10 永建만호 | 영건 |
| | 태1 여진지 | * 茂山堡萬戶 | 세2 무산첨절제사, 3 폐(權官),? 복치 | 무산 |
| | | 22 후훈탄가만호 | ? 폐 | |
| | | 22 건원만호 | ? 폐 | |
| | | 22 다온만호 | ? 폐 | |
| | | 23 모모만호 | ? 폐 | |
| | | ? 玉連만호 | → | 옥련 |
| | | ? 雲龍만호 | → | 운룡 |
| | | | 세7 惠山만호, ? 폐 | |
| | | | 세8 黃箭堡만호, ? 폐 | |
| | 태1 (熊吉州等處管軍萬戶) | | | |
| | 태조 7 吉州牧 | | | |
| | 태1 (北靑州만호), 7 靑州府 | | | |
| | 태1 (甲州郡), 태종13 甲山郡 | 19 甲山鎭절제사 | 세17 갑산부 | |
| | 태1 (경성군), 7 鏡城萬戶, 정종2 郡 | | | |
| | 태1 (여진지), 7 鍾城鎭萬戶, 태종10 鐘城府 | | | |
| | 태1 (여진지) | 16 會寧鎭, 16 부 | | |
| | 태1 (여진지) | 16 穩城鎭, 17 군 | | |
| | 태1 (여진지) | 14 寧北鎭, 31 富寧府 | | |
| | | * 浪城浦等處水軍萬戶 | ? 浪城浦萬戶 | 浪城浦水軍萬戶 |
| | | * 道安等處水軍萬戶 | ? 道安浦만호 | 도안포 |
| | | | ? 造山浦만호 | 조산포 |
| | 태종6 倉浦萬戶 | 18 이전 폐 | | |
| | | | 세1 (叱梁만호)所非浦, ? 폐 | |

| | 태조~태종 | 세종대 (*는 20년 이전) | 문종~성종 15 | 『경』 |
|---|---|---|---|---|
| 합계 | 兵馬僉節制使 15 | 17 | 0 | 0 |
| | 水軍僉節制使 0 | 4 | 11 | 11 |
| | 水軍都萬戶 1 | 6 | 0 | 0 |
| | 兵馬萬戶 1 | 18 | 18 | 18 |
| | 水軍萬戶 14 | 47 | 55 | 55 |

# 제9장 官衙機能의 成立과 整備 1
## (革去衙門, 直啓衙門)

조선초기 중앙관부의 법제적 기능이 어떠하였는가는『조선왕조실록』의 기록미비로 일부 아문을 제외하고는 명확히 알기 어렵다. 즉 조선 개국으로부터 1485년(성종 16,『경국대전』)에 이르는 중앙 관부의 기능은 태조 1년 7월의 관제반포시에는 도평의사사 등을 제외한 문하부 이하 정식 관아의 대부분이 기능이 명시되었다. 그러나 그 후에 있어서는 신치된 종친부·부마부 등 일부아문과 1403년(태종 5) 3월 육조제의 정비 때에 육조·육조속사의 기능만 제시되었을 뿐[1] 그 외는 거의 언급이 없다가『경국대전』에 이르러서 확인될 뿐이다. 이에서『경국대전』에 규정된 중앙 제 정치기구의 기능은 태종 5년~성종 16년의 어느 시기에 정립된 것으로 보인다.

그런데『경국대전』에 규정된 육조기능은 1392년(태조 1)과 1405년(태종 5)의 그것보다는 고려의 그것과 유사하였다.[2] 세종대에는『新撰六典』·『高麗史』[3]·『國朝五禮儀』가 편찬되는 등 문물제도가 크게 정

1)『태종실록』 권9, 5년 1월 임자·3월 정유.

2) 한충희, 1998,『朝鮮初期의 六曹와 統治體系』, 계명대학교 출판부, 49쪽, 59쪽 <표 7>.

비되었다. 또 신치된 刑曹 詳覆司와 복설된 중추원의 기능은 『경국대전』의 그것과 같고,[4] 복치된 종부시의 기능도 『경국대전』의 그것과 같다고 추측되었다.[5] 세조대에는 『경국대전』의 편찬과 함께 세종대에 정비된 중앙정치기구 · 관직 · 관계가 재정비되면서 정립되었다.[6]

이를 볼 때 비록 의정부 이하 중앙관부의 기능이 『경국대전』의 기능과 같거나 비슷한 내용으로 규정된 구체적인 시기를 알 수는 없지만 대개 세종대에 정립된 것으로 추측된다. 즉 『경국대전』에 보이는 중앙관부의 기능은 대개 세종대에 태종대의 그것을 수정하고 간명한 용어로 정리하면서 정립되었다가 세조대에 부분적으로 보완되면서 확립되었다고 하겠다.

이에 따라 여기에서는 『경국대전』에 규정된 기능이 대개 세종대에 정비된 것으로 보고, 그 기능은 『경국대전』에 규정된 내용을 중심으로 파악한다. 또 제정치기구는 국정운영체계와 관련하여 직계아문 · 육조속아문으로 나누고 이장에서는 직계아문을 살펴보고 다음 장에서 육조속아문을 살피기로 한다.

## 제1절 革去衙門

直啓衙門(태종 5년 이전은 당상아문)은 1485년(성종 16)에 반포된 마지

---

3) 문종 1년에 완성되기는 하나 세종대에 지속적으로 수정 · 보완되면서 거의 완료되었다(李基白, 1972, 「高麗史解題」, 『高麗史』, 亞細亞文化社).

4) 『세종실록』 권55, 14년 3월 을해 · 권50, 12년 12월 을미.

5) 『세종실록』 권85, 21년 6월 경자 · 권87, 21년 10월 정해.

6) 한충희, 2001, 「(세종대) 중앙 정치 기구의 정비」, 『세종문화사대계』 3, 세종대왕기념사업회, 29~32쪽.

막 『경국대전』에는 議政府 등 17아문이 있었지만, 都評議使司와 門下府 등 10여 아문은 제도개편 등에 따라 의정부로 개편되거나 폐지될 때까지 당시의 국정운영을 주도하거나 큰 영향력을 발휘하였다. 육조속아문(태종 5년 이전은 당하·참상·참하아문)도 『경국대전』에는 충익부(이조) 등 100여 아문이 있었지만 承寧府 등 20여 아문은 제도개편 등에 따라 병합되거나 혁거되기까지 그 관아에 규정된 기능을 수행하면서 국정운영에 참여하였다. 여기에서는 이 중 당상아문(직계아문)을 그 직능과 관련하여 도평의사사 등과 의흥삼조부 등으로 구분하여 살펴본다[당하·참상·참하아문-육조속아문-은 앞 228~231쪽 참조. ( )는 존속기간].

## 1. 都評議使司, 門下府, 三司, 集賢殿, 詹事院

### 1) 都評議使司(태조 1년~정종 2년)

都評議使司는 고려 때와 같이 최고의 논의·의결기관이었고, 그 구성관직과 관련되어 六曹 이하 百司를 지휘·통솔하면서 정치·경제·군사·외교·문화 등 모든 국정을 관장하였다.[7] 그러나 1393년~1397년(태조 7)에는 태조의 신임을 받으면서 義興三軍府 判事로서 당시의 정치·군사를 주도하였던 정도전의 대두로 군사기능의 발휘가 약화되었다.[8]

### 2) 門下府(태조 1년~태종 1년)

門下府의 기능은 법제적으로는 "정2품 이상관인 宰臣은 百揆庶務를

7) 韓忠熙, 1980, 「朝鮮初期 議政府研究」 상, 『韓國史研究』31, 116~118쪽. 구성원은 앞 218쪽 <표 6-2> 참조.

8) 한충희, 1984, 「朝鮮初(태조 2년~태종 1년) 義興三軍府研究」, 『啓明史學』 5, 31~33쪽.

관장하고 3품 이하인 郎舍는 獻納諫諍, 駁正差除, 受發敎旨, 通進啓箋 등에 관한 일을 관장한다"고 규정되었다.[9] 그러나 실제기능은 정2품관 이상이 관장한 그것은 조선개국 초의 정치가 도평의사사(태조 1년 - 정종 2년)나 의정부(정종 2년 4월 이후)가 백관을 총령하면서 모든 국정을 지휘하였기 때문에 독자적으로 발휘되지 못하였다. 그러나 정3품 이하의 그것은 사헌부나 사헌부·형조와 함께 대간이나 三省으로 통칭되면서 능동적인 기능을 발휘하였다.[10]

3) 三司(태조 1년~태종 1년)

三司는 법제적으로는 "녹봉을 지급하고 국용의 회계 등사를 관장한다"고 규정되었고,[11] 실제로도 이러한 기능을 수행하였다.

4) 集賢殿(세종 2~세조 2)

集賢殿의 기능은 인재의 양성과 문풍의 진작을 위한 궐내 학문연구기관으로 설치되었기에[12] "도서의 수장과 이용, 학문활동, 국왕의 자문에 대비하는" 즉, 학문적인 기능을 수행하도록 규정되었다. 그러나 세종 초·중기(2~18년)에는 법제적인 기능이 중심이 되었으나,[13] 세종 후기(19년) 이후에는 그 다수의 관직[14] 및 겸관·전임관 모두 당대의 일류학

---

9) 『태조실록』 권1, 1년 7월 정미. 그 관직은 앞 219쪽 참조.

10) 崔承熙, 1976, 『朝鮮初期 言官·言論硏究』, 서울대학교 출판부, 105~113쪽.

11) 『태조실록』 권1, 1년 7월 정미.

12) 명칭상으로는 1399년(정종 1)에 고려의 집현전제를 참작하여 교리(문신 5품 이하 겸)와 說書·정자(문신 7품 이하 겸)를 두어 경적을 강론하고 고문에 대비하게 하면서 성립되었다가 익년에 寶文閣으로 개칭되면서 폐지된 것에서 비롯되었다.

13) 최승희, 위 「집현전연구」 상, 20~58쪽.

자로서 제수된 등에서 법제적인 기능으로부터 국가시책논의의 참여, 諫諍·彈劾 등의 언론 기능으로까지 확대되었다.[15] 집현전이 중심이 된 중국과 우리나라의 사서, 유교윤리서, 의례서, 음운서 등의 편찬은 조선왕조의 토대를 굳히면서 세종조 문치융성의 토대가 되었다. 세종대 집현전이 편찬하거나 편찬을 주도한 서적은 다음과 같다(편찬시기).[16]

『孝行錄)』(세종 10), 『太宗實錄』(13), 『三綱行實』(14), 『鄕藥集 成』(15), 『資治通鑑訓義』(16), 『韓柳文註釋』(20), 『國語補正』(22), 『明皇誡鑑』(23), 『綵綸全集』(24), 『杜詩諸家註釋』(25), 『韻誨諺譯』(26), 『五禮儀註詳定』(26), 『治平要覽』(27), 『龍飛御天歌註解』(27), 『醫方類聚』(27), 『訓民正音』(28), 『東國正韻』(29), 『四書諺譯』(30), 『大學衍義註解』·『高麗史』(문종 1), 『高麗史節要』(문종 1), 『歷代兵要』(단종 1), 『世宗實錄』(단종 2), 『貞觀政要註』·『地理誌』·『文宗實錄』(세조 1), 『世宗朝詳定儀注撰錄』(2).

### 5) 詹事院(세종 25~문종 즉위)

詹事院은 세종이 건강악화로 인한 萬機 총람의 부담을 덜기 위해 왕세자의 서무재결을 위한 관아로 설치되었다.[17] 처음에는 의정부와 대간

---

14) 집현전 설치 때에는 領殿事(1, 정1품겸)·大提學(2, 정2겸)·提學(2, 종2겸)과 副提學(1, 정3) 이하 10직이 설치되었고, 이후 녹직은 15(세종 4)·16(세종 8)·22(세종 17년초)·32(세종 17년 7월)·20(세종 18년 윤6월 이후)직으로 변개되면서 운영되었다(최승희, 위「집현전연구」상, 16~18쪽).

15) 최승희, 위「집현전연구」하, 49~57쪽.

16) 위 논문, 52~54쪽에서 발췌.

17)『세종실록』권97, 24년 9월 경신. 세종은 태종이 홍서한 왕 4년부터 친정을 행하면서 강한 의지력, 호학과 근면한 정사를 통하여 왕권을 안정·강화하였고, 정치·경제·사회·문화 등 문물을 크게 정비하고 발전시켰다. 그렇지만 18년에는 건강의 악화로 국왕 중심의 국정운영체제(육조직계제)에서 의정부의 국정참여를

등의 강력한 반대로 제기능을 발휘하지 못하다가 1443년(세종 25)부터 세종의 신병을 내세운 설득이 수용되면서 왕세자의 서무재결이 행해졌다.[18] 이후 세자는 서무재결 범위를 확대해가고 세종말에는 3품 이하의 제수를 전장하고 국왕의 儀仗으로 백관의 조회를 받고 정부를 재결하는 등 국왕에 비견되었다.[19] 성립 때에는 승지 1원이 詹事를 겸하면서 원사를 지휘하였지만, 27년 이후에는 6승지 모두가 첨사를 겸하면서 세자의 명을 출납하였다. 이러한 첨사원의 운영과 왕세자의 서무재결은 일시적으로 국왕을 중심으로 한 '왕(-승정원-) - 의정부 - 6조 - 육조속아문'의 체계 외에 '왕 - 세자(-첨사원 -) - 의정부 - 6조 - 육조속아문'의 체계 즉, 왕과 세자의 2원적인 국정체계를 운영되게 하였다.

## 2. 義興三軍府, 三軍都摠制府, 義興府, 義建府, 三軍府

### 1) 義興三軍府(三軍府, 태조 2~태종 2)

義興三軍府의 기능은 관아 성립과 함께 "중앙의 10衛와 각 지방에서 番上하여 시위하는 州郡兵士의 통할등 군사전반에 걸친 통어권을 관장한다"고 규정되었다.[20] 그러나 1394년으로부터 1498년(태조 7)까지는 左侍中 趙浚과 判三司事 鄭道傳이 判事를 겸하고 군정을 총관함에 따라

---

확대하는 방향으로(의정부서사제) 전환하였다. 이로 인해 처음에는 의정부가 국왕과 육조의 중간에서 원만하게 국정을 통괄하였고, 세종의 정사 부담도 경감시켰다. 그러나 20년경을 전후하여서는 신병이 악화되어 정사를 직접 재결하기가 어렵게 되었고, 이에서 왕세자로 하여금 정무를 대행시키기에 이르렀다.

18) 『세종실록』 권108, 25년 7월 기묘.

19) 『세종실록』 권119, 30년 3월 신해.

20) 閔賢九, 1983, 『朝鮮初期의 軍事制度와 政治』, 韓國硏究院, 107~109쪽. 의흥삼군부 성립 때의 10위는 義興親軍左·右衛, 鷹揚·金吾·左右·神虎·興威·備巡·千牛·監門衛였다.

강력한 기능을 발휘하였다.[21] 특히 정도전이 태조의 총신을 토대로 강력한 정치력을 행사함에 미쳐서는 도평의사사의 군정 간섭을 배제하고 도평의사사와 양립하는 權府가 되었다.[22]

2) 3軍都摠制府(태종 2년～세종 14년)

3軍都摠制府의 기능은 성립과 함께 "3군의 군무를 관장한다"고 규정되었고,[23] 그대로 후대로 계승되었다. 그러나 그 기능의 발휘는 그 다수의 堂上官職,[24] 이들에 대한 태종의 신임,[25] 軍令·軍政機構의 정비[26] 등과 관련되어 태종대(태종 2년～세종 4년)에는 제 기능을 발휘하면서 정치·군사에 큰 영향력을 발휘하였다.[27] 그러나 세종대에는 3軍府나 3軍鎭撫所가 군령권을 전장함에 따라 허설화되었다.[28]

---

21)『조선왕조실록』 태조 3년 1월～태조 7년 8월조.

22) 한충희, 위 「朝鮮初(태조 2년～태종 1년) 義興三軍府硏究」, 18쪽.

23)『태종실록』 권18, 9년 10월 을축.

24) 한충희, 2000, 「朝鮮 太宗代(정종 2년～세종 4년) 摠制硏究」, 『李樹健敎授停年紀念 韓國中世史論叢』, 174쪽 <표 1-ㄴ>. 3군에 각각 도총제 3명, 총제 5명, 동지총제 4명, 첨총제 4명(중군은 3명)이 있었다.

25) 한충희, 위 논문, 205～210쪽 <별표 2-ㄱ·ㄴ>.

26) 군정은 병조가 시종 전장하였다. 그러나 군령은 왕 4년까지는 3軍都摠制府, 5～9년에는 3군도총제부가 병조의 屬衙門이 됨에 따라 병조, 9～12년에는 병조의 군정·군령 총관의 독단을 시정하기 위해 설치된 三軍鎭撫所와 삼군진무소가 개칭되면서 성립된 義興府, 12～14년에는 의흥부가 혁파되면서 병조, 14년 이후에는 복설된 삼군진무소가 병조와 공동으로 각각 군령기능을 관장하였다(민현구, 위 책, 269～286쪽).

27) 한충희, 위 논문, 189～197쪽.

28) 한충희, 2000, 「朝鮮 世宗代 摠制硏究」, 『朝鮮史硏究』 9, 46～47쪽.

3) 義興府(태종 9년~12년)·義建府鎭撫所[태종 18(세종 즉위)년~세종 즉위년]

義興府는 1409년에 군령권을 관장하던 三軍鎭撫所가 개편되면서 성립되었다가 1412년에 병조로 군령권을 이관하면서 혁거되었다. 義建府鎭撫所는 1418년(세종 즉위)에 상왕 태종이 병권을 친장하기 위하여 1415년경 이래로 군령권을 관장하던 삼군진무소를 개편하면서 성립되어 義勇衛鎭撫所가 개편되면서 성립되어 세종의 군사의위를 관장한 삼군진무소와 양립되다가 1개월 후에 상왕이 삼군진무소를 개편한 三軍府에 병권을 통합하여 관장하려는 조치에 따라 혁거되었다.[29] 이에서 의흥부와 의건부진무소의 기능은 "10司와 12사를 지휘하는" 것으로 규정되었다고 추측된다. 그 실제기능의 발휘는 그 존속기간이 짧고, 병조가 군정기능은 물론 군령기능도 행사하였기에 강력하지 못하였다.

4) 三軍府(세종 즉위~14년)

三軍府는 1418년에 태종의 양위후에 태종의 지휘하에 군권을 전장하던 義建府鎭撫所와 세종의 군사의위를 담당하였던 三軍鎭撫所가 태종이 이 두 기관을 삼군부로 통합·개편하여 군권을 지휘할려는 의도에 따라 성립되었고, 이후 삼군진무소(세종 14~) → 5군진무소(세조 3~) → 5위도총부(세조 12 ~)로 개변되면서 계승되었다.[30] 이에서 삼군부의 기능은 "중·좌·우군의 군무를 전담하는" 것으로 규정되었다고 추측된다. 그 기능의 발휘는 상왕 태종의 군권지휘·세종대의 정치적 안정 등

29) 한충희, 2000, 「朝鮮 太宗代(정종 2년~세종 4년) 摠制硏究」, 『李樹健敎授 停年紀念 韓國中世史論叢』, 171~172쪽.

30) 민현구, 위 『조선초기 군사제도와 정치』, 262~288쪽.

과 관련되어 1422년(세종 4)까지는 강력한 기능을 발휘하였으나 그 이후에는 많이 약화되었다.[31)]

## 제2절 『經國大典』의 直啓衙門

### 1. 議政府·六曹·漢城府·開城府

#### 1) 議政府

議政府의 기능은 都評議使司를 개편하면서 성립된 1400년(정종 2)으로부터 1401년(태종 1)까지의 시기에 도평의사사의 최고 국정·의결기관으로서의 기능, 門下府의 백관의 서무를 관장하는 기능, 周나라 三公의 論道經邦·攝理陰陽의 직장이 융합되면서 "摠百官, 平庶政, 理陰陽, 經邦國" 으로 규정되었다.[32)] 이 기능은 포괄적이면서도 모호하였고, 그로 인해 이후 왕권·국왕의 국정총람 등에 따라 의정부의 기능발휘가 신축되었음과는 달리 그대로 계승될 수 있었다. 그리하여 이 기능이 세종대와 그 이후로 변동 없이 계승되다가 『경국대전』에 법제화되었다.

그러나 실제기능은 법제적인 기능이 중심이 되기는 하나 왕권의 강약과 왕의 자질여부, 議政府署事制나 六曹直啓制의 실시, 의정부구성원의 자질, 의정부와 육조·승정원·삼사 등과의 국정운영을 둘러싼 상호관계, 院相制 운영 등의 요소와 관련하여 육조를 役屬하거나 지휘하면서 국정운영을 총관하거나 최고 국정기관으로 군림하였다. 대개 1400년(정종 2)~1414년(태종 14)과 1436년(세종 18)~1455년(세조 14)에는 육조를

---

31) 한충희, 위 「조선 세종대 총제연구」, 44~52쪽.

32) 한충희, 위 「조선초기 의정부연구」 상, 107, 110쪽.

지휘하면서 국정을 주도하였고, 1414년~1436년(세종 18)과 1455년(세조 1)~1468년(세조 14) 및 1476년(성종 7) 이후에는 국왕의 자문에 따라 대소 국정에 활발하게 참여하였으며, 1469년(예종 1)~1476년에는 원상의 대두로 그 기능이 약화되었다.[33] 그 참여 국정분야는 그 기능에 따라 신축이 있지만 대개 刑政·奴婢·經濟·軍事·儀禮·服制·立法·時務條陳·人事·敎育·科擧·風俗·赴役·築城·賑恤·救療·使行·通交·佛敎·國都經營·進封·功臣冊錄·歷史編纂 등에 걸쳐있었다.[34]

의정부의 정사는 구성원의 직질·기능과 관련되어 대개 3의정이 찬성 이하의 협조를 받아 합의로써 처리하였다. 그러면서도 때로는 국왕의 寵信을 받는 1, 2의정이 부사를 천단하였다. 그 예로서는 河崙(태종대), 黃喜(세종), 皇甫仁·金宗瑞(문종~단종初), 首陽大君(단종후기), 申叔

---

33) 위 논문, 112~147쪽. 정종 2년~태종 5년까지는 의정부가 중심이 된 국정운영(의정부서사제)의 실시와 함께 의정부가 육조를 역속하면서 정치·군사·경제·외교 등 전 국정을 총관하였다. 태종 5~14년에는 의정부서사제가 지속되고 의정부가 육조를 지휘하면서 국정을 총관하기는 하나 태종의 왕권강화도모와 관련된 의정부 기능의 약화도모, 육조의 서정분장과 함께 이전에 비하여 다소 약화되었다. 태종 14년~세종 18년에는 육조가 중심이 된 국정운영(육조직계제)의 실시와 함께 의정부의 기능과 국정참여 기능이 크게 축소되었다. 그러나 이 시기에도 의정부는 의정이 당시의 최고위 관인이고 국왕의 신임이 깊고 자질이 탁월한 인물인 등과 관련되어 법제적인 사대문서·重囚按覈 관장의 기능을 벗어나 조정이나 국왕의 자문에 의견을 개진함으로써 전국정에 참여하는 영향력을 발휘하였다. 세종 18년~단종 3년 윤6월에는 의정부서사제의 부활에 따라 육조를 지휘하면서 국정운영을 주도하였다. 세조 1년 이후에는 육조직계제가 부활되고, 세조의 무단정치와 원상이 국정운영을 주도하는 등과 관련되어 다소 약화되었다. 그러면서도 성종 15년(1484) 이후에는 국왕이 대소정사를 領敦寧府事 이상 의정과 협의하여 결정하고 집행함에 따라 육조를 제약하는 영향력을 발휘하였다.

34) 한충희, 위 논문, 122~123쪽 <표 12>, 131~132쪽 <표 13>, 138쪽 <표 14>, 141쪽 <표 15>.

舟・韓明澮(세조~성종초) 등이 있다.[35] 또 그 관원에는 타관아의 同品者나 의정부의 차하위자가 체직되거나 승직되면서 제수되었다. 특히 당하관은 舍人에는 檢詳이 재직기간에 구애되지 않고 승자하면서 제수되었고, 검상에는 동품의 삼사・육조관원이 제수되었으며, 사인・검상・사록은 정랑・좌랑・주서와 함께 재직기간이 만료되면 陞資되면서 체직되는[36] 등 동품의 어떠한 관직보다도 우월한 지위를 누렸다.

2) 六曹(吏・戶・禮・兵・刑・工曹, 六曹屬司)

六曹는 조선개국과 함께 고려말의 육조를 계승하면서 정3품아문으로 성립되었다. 1392년(태조 1)~1404년(태종 4)에는 장관인 典書가 정3품관이기 때문에 조정의 정사논의에 참여하지 못할 뿐만 아니라, 서무분장이 명확하지 못하였고, 또 尙瑞司가 문・무반의 인사를 관장하였고, 義興三軍府가 병권을 관장하였고, 三司(司平府)가 재정을 관장하였기 때문에 이・병・호조는 동 정사를 관장하지 못하거나 유명무실하였다.[37] 그러다가 1405년(태종 5)에 정2품아문으로 격상되면서 서정을 분장하고 장관인 판서가 조정에 참여하며,[38] 屬司・屬衙門制의 정립과 함께[39] 각각에 직속된 3屬司(형조는 세종 12년에 4사)와 90여 속아문을 거느리면서 규

---

35) 韓忠熙, 1991, 「朝鮮前期(太祖~宣祖 24년)의 權力構造硏究」, 『國史館論叢』30, 46~51쪽에서 종합.

36) 韓忠熙, 1990, 「朝鮮初期 議政府舍人・檢詳의 官人的 地位 -舍人・檢詳의 歷官과 그 機能의 分析을 중심으로-」, 『(경북대)歷史教育論集』 13・14, 549~555쪽에서 종합.

37) 『태종실록』 권9, 5년 1월 임자.

38) 동상조.

39) 『태종실록』 권9, 5년 3월 정유.

정된 기능을 수행하는 국정수행의 중심관아가 되었다. 그러면서도 1405년(태종 5)~1450년(세종 32)의 육조기능은 국왕의 국정운영방침, 국정운영체제 등과 관련되어 의정부서사제가 실시된 태종 5~14년과 세종 18년~32년에는 의정부의 지휘를 받으면서 서무를 분장하였고, 육조직계제가 실시된 태종 14년~세종 18년에는 국정운영을 주도하였다.[40)]

또 육조의 서열은 1418년(세종 즉위) 11월까지는 개국 때에 고려제를 계승한 이, 병, 호, 형, 예, 공조가 계승되었으나, 세종 즉위년 12월에 周官의 6官制에 따라 병, 호, 예, 형조의 순서가 조정되어 호, 예, 병, 형, 공조로 개정되었다.[41)]

(1) 吏曹

吏曹의 기능은 조선 개국과 함께 고려말의 이조를 계승하여 성립할 때 "문관의 제수와 근무평가 · 공훈책봉 및 표창과 징계 등의 일을 관장한다"고 규정되었다.[42)] 이어 1405년 육조제의 정비 때에 明의 6部制를 참작하여 "문반인사, 공훈책봉, 근무평가에 관한 정사, 덕행과 재행 및 공로로써 그 우열을 비교하여 유임과 파직을 결정하고 관직에 추천하는 등의 일을 관장한다" 고 개정되었다(호 · 예 · 병 · 형 · 공조 동).[43)] 이어 세종대에 "문반의 인사와 공로자 책봉 및 근무평가에 관한 정사를 관장하는" 것으로 정립되었다고 추측된다.[44)]

---

40) 앞 주34) 참조.

41) 『세종실록』 권2, 즉위년 12월 경진.

42) 『태조실록』 권1, 1년 7월 정미. 이하 호, 예, 병, 형, 공조의 출전도 같다. 이하 호조 등 기능의 원문제시는 번다함을 피해 생략한다(그 내용은 뒤 <표 9-1> 태종조 참조).

43) 『태종실록』 권9, 5년 3월 병신. 이하 호조 등의 출전도 같다.

屬司는 1405년에 성립된 이래로 文選司, 考勳司, 考功司가 있었다. 그 기능은 성립때에는 文選司는 "문관의 관계 · 관품과 사령장 및 녹봉지급서에 관한 일"을, 考勳司는 "종친과 관리의 공훈과 책봉, 후궁 · 내관과 관료부인의 사령장 및 책봉과 추증에 관한 일"을, 考功司는 "내외 문무관의 공로와 허물, 선악, 근무평가 및 이름과 시호, 비석 등에 관한 일"을 각각 관장한다고 규정되었다.45) 이것이 세종대에 문선사는 "종친 · 문관 · 잡직 · 승직의 임명과 사령장 · 녹봉지급서와 문과 · 생원 · 진사시 합격자에 대한 증서교부, 하급관리의 임명 · 음자제의 시취 · 개명, 뇌물죄와 윤리에 어긋난 일을 한 사람의 명부작성 등에 관한 일"을, 고훈사는 "종친 · 재상 · 공신의 책봉과 추증, 시호 · 제관 · 노인직 · 후궁과 관료부인의 봉작 사령장, 향리에 대한 첩지지급 등의 일"을, 고공사는 "문관의 공로 · 과실과 근면 · 나태 및 휴가, 여러 관아 아전의 근무일수, 향리 자손 등을 분별해서 처리하는 등의 일"을 각각 맡는 것으로 정립되었다고 추측된다.46)

조의 정사는 판서 · 참판 · 참의의 3당상이 정랑 · 좌랑을 지휘하면서 합의로써 수행하였고, 속사는 각각에 소속된 정랑 · 좌랑 1명씩이 주관하였다(호 · 예 · 병 · 형 · 공조 동).47) 낭관인 정랑 · 좌랑은 그 조의 직

44) 한충희, 1998, 『朝鮮初期 六曹와 統治體系』, 계명대학교 출판부, 49쪽. 『경국대전』에 규정된 육조의 기능과 『고려사』 백관지 육부조에 기록된 육부기능은 그 용어가 거의 같고, 『고려사』는 세종대에 거의 마무리되었다가 문종 1년에 완료되었음에서 그 기능이 세종대에 정립된 것으로 파악한다. 이하 호조 등과 호조속사 등의 기능(원문)은 뒤 <표 9-2> 참조).

45) 『태종실록』 권9, 5년 3월 정유. 이하 호조 등의 출전도 같다.

46) 구체적인 시기는 불명하나 육조제의 정립과 관련시켜 세종대로 파악한다. 용어의 번역은 韓㳓劤, 1986, 「이전」, 『역주 경국대전』 주석편을 참고하면서 정리하였다(호 · 예 · 병 · 형 · 공조도 같다).

장, 국정에서의 영향력에서 재직기간이 차면 승자하면서 체직되었고, 좌랑은 정랑에 결원이 있으면 대개 재직기간에 구애되지 않고 승직되는 등 당시의 관인이 선망하는 관직이 되었다(호·예·병·형·공조 동).[48] 그 외에 『경국대전』에 규정되지는 않았지만 1405년(태종 5) 1월 이후에는 수시로 판서의 상위에 의정 등으로 겸대된 判事가 운영되면서 인사 등 일부의 중요한 정사를 지휘하였다(호·예·병조 동).[49]

속아문인 忠翊府, 內侍府 , 尙瑞院, 宗簿寺, 司饔院, 內需司, 掖庭署 등의 기능은 모두 관아가 성립된 1392년(태조 1)으로부터 1484년(성종 15)에 걸쳐 그 관아의 명칭·직계·기능이 정비·정립되었다가 마지막 반포된 『경국대전』에 법제화되면서 확립되었다(그 기능 정립과정은 뒤 제10장 참조. 호·예·병·형·공조도 같다).

(2) 戶曹

戶曹의 기능은 관아 성립 때에 "토지와 호구 및 재용 등의 일을 관장한다" 고 규정되면서 성립되었다. 이어 1405년에 "호구·토지, 전곡, 경제(食貨)에 관한 정사와 공물을 차등적으로 부과하는 등의 일을 관장한다" 고 개정되면서 정비되었다. 이어 세종대에 "호구, 공물, 돈과 곡식 및 경제에 관한 정사를 관장한다" 고 개정되었다가 『경국대전』에 그대로 법제화된 것으로 추측된다.

屬司는 성립 이래로 版籍司·會計司·給田司가 있었다. 그 기능은 성

---

47) 한충희, 위 책, 72~90쪽.

48) 『세종실록』 권101, 25년 7월 무진, 외.

49) 한충희, 1985, 「朝鮮初期 判吏·兵曹事硏究」, 『韓國學論集』 11, 120~131쪽. 그 이전에는 문하부 좌·우정승 등이 동직을 겸하면서 지휘하였다.

립 때에 版籍司는 "호구 · 토전 · 부역 · 공헌, 농상의 권장, 풍흉의 고험, 그리고 수한 · 의창 · 진제 등에 관한 일", 會計司는 "조부 · 회계 · 권형 · 도량, 경외의 저비, 그리고 지출에 관한 일", 給田司는 "구분전 · 영업전 · 원택 · 문무반 직전과 제 공해전에 관한 일"을 각각 관장하는 것으로 규정되었다. 이어 세종대에 판적사는 "戶口 · 土田 · 租稅 · 賦役 · 貢獻 · 農桑의 권장과 豊凶의 조사 및 賑貸穀의 분급과 회수 등에 관한 일", 회계사는 "서울과 지방에서의 儲積 · 歲計 · 解由 · 虧缺 등에 관한 일", 경비사는 "서울 각 관사의 支調 및 왜인의 糧料 등에 관한 일"을 각각 맡는 것으로 즉,『경국대전』에 법제화된 그것으로 정립된 것으로 추측된다.

屬衙門인 內資寺, 內贍寺, 司導寺, 司贍寺, 軍資監, 濟用監, 司宰監, 豊儲倉, 廣興倉, 典艦司, 平市署, 司醞署, 義盈庫, 長興庫, 司圃署, 養賢庫, 五部등의 기능은 모두 관아가 성립된 1392년으로부터 1484년에 걸쳐 규정 · 정비 · 정립되었다가 마지막 반포된『경국대전』에 법제화되었다.

### (3) 禮曹

禮曹의 기능은 관아 성립 때에 "제향 · 빈객 · 조회 · 과거 · 불교와 진헌 등에 관한 일을 관장하는" 것으로 규정되었다. 이어 1405년에 "禮樂 · 祭祀 · 宴享 · 科擧와 卜祝 등에 관한 일을 관장하는" 것으로 개정되었고, 다시 세종대에 "예악 · 제사 · 연향과 학교에 관한 정사를 관장하는" 것으로 개정되었다가『경국대전』의 편찬과 함께 그대로 법제화된 것으로 추측된다.

屬司는 성립 이래로 稽制司 · 典享司 · 典客司가 있었다. 그 기능은 성립 때에 稽制司는 "의식 · 제도 · 조회 · 경연 · 사관 · 학교 · 공거 · 도서 · 상서 · 패인 · 표소 · 책명 · 천문 · 각루 · 국기 · 묘휘와 상장에 관한 일", 典享司는 "연향 · 사기 · 생두 · 음선과 의약에 관한 일", 典客司는 "사신영접 · 외방조공 · 연설과 사여에 관한 일"을 각각 관장하는 것으로 규정되었다. 이어 세종대에 계제사는 "의식 · 제도 · 조회 · 경연 · 사관 · 학교 · 과거 · 인장 · 표문과 전문, 왕비 · 왕세자 · 왕세자빈 등의 책립과 책봉 명령문, 천문 · 물시계, 국장과 선왕 · 선후의 제일 · 묘호(墓諱) · 장례 등에 관한 일", 전향사는 "연회 · 제사 · 제물 · 술과 술안주(飮福) · 의약 등에 관한 일", 전객사는 "사신 · 왜인 · 야인의 영접, 일본 · 유구 · 야인 등이 가져오는 공물과 이에 대한 연회 및 물품하사 등에 관한 일"을 각각 관장하는 것, 즉 『경국대전』에 규정된 그것으로 정립되었다고 추측된다.

屬衙門인 弘文館, 藝文館, 成均館, 春秋館, 承文院, 通禮院, 奉常寺, 校書館, 內醫院, 禮賓寺, 掌樂院, 觀象監, 典醫監, 司譯院, 世子侍講院, 宗學, 昭格署, 宗廟署, 社稷署, 氷庫, 典牲暑, 司蓄署, 惠民署, 圖畵署, 活人署, 歸厚署, 四學, 各殿, 各陵殿의 기능은 모두 관아가 성립된 1392년으로부터 1484년에 걸쳐 규정 · 정비 · 정립되었다가 마지막 반포된 『경국대전』에 법제화되었다.

(4) 兵曹

兵曹의 기능은 관아 성립 때에 "무반제수 · 군적 · 통신과 교통 등에 관한 일을 관장한다"고 규정되었다. 이어 1405년에 "무반제수, 부위, 조견, 직방, 병갑, 출정, 승전보고와 강무 등에 관한 일을 관장한다"고 개정되었다. 세종대에 다시 『경국대전』에 법제화된 "무반제수 · 군사사무 ·

의식을 갖춘 병위·통신과 교통·갑옷과 병장기·성문을 지키고 열쇠를 관리하는 정사를 관장하는" 것으로 정립되었다고 추측된다. 아울러 병조는 군정기능과 관련되어 軍令權도 행사하였다. 즉, 군정을 전장한 때와 3軍鎭撫所나 5衛鎭撫所와 군령기능을 공유한 시기는 물론 군령기능이 3군진무소나 義興府 또는 5衛都摠府에 귀속된 시기에 있어서도[50] ① 당시는 문반중심의 정치가 수행되었다. ② 삼군도진무·오위도총관은 정2품관의 겸직이었다. ③ 병조는 군정을 총괄하면서 국왕의 측근에서 군령의 전이과정에 깊숙이 간여할 뿐만 아니라 국방정책 전반에 대한 기획과 집행을 관장하는 등과 관련하여 강력한 기능을 발휘하였다.

屬司는 성립 이래로 武選司, 乘輿司, 武備司가 있었다. 그 기능은 성립 때에 각각 武選司는 "무관의 품계·사령장과 무과 및 부위·군융에 관한 일", 乘輿司는 "鹵簿·輿輦·帷幄·廐牧·程驛에 관한 일", 武備司는 "중외군사수목·훈련·무예고열·지도·진융·성보·변경요해주지·봉화·출정고첩에 관한 일"을 각각 관장하는 것으로 규정되었다. 이어 세종대에 『경국대전』에 법제화된 즉, 무선사는 "무관·군사·잡직의 임명과 사령장·녹봉지급패·관원의 공무로 인한 과실기재·

---

50) 태종 4년까지는 군령기능과는 무관하였으나, 태종 5~9년에는 군기를 관장한 승추부가 병조에 합속되고 군령을 관장한 삼군도총제부가 병조속아문이 됨에 따라 군정·군령을 관장하는 단일기관이 되었다. 태종 9~12년에는 병조에 의한 군정·군령 총관의 독단을 시정하기 위하여 설치된 삼군진무소나 삼군진무소를 개칭한 의흥부에 군령기능이 이관되면서 군정기능만을 관장하였다가 태종 12~14년에는 의흥부의 혁파와 함께 다시 일원적인 군정·군령기관이 되었다. 태종 14년~세조 12년(1466)에는 복설된 삼군진무소, 삼군진무소를 개칭한 오위진무소(세조 3년)와 공동으로 군령기능을 관장하였다. 세조 12년 이후는 오위진무소를 개칭하면서 등장한 오위도총부가 군령을 전장하는 기관이 되고, 이것이 『경국대전』에 규정되면서 병조는 군정기관으로 고정되었다.

휴가 및 무 과 등에 관한 사무", 승여사는 "왕의 거동행렬 · 왕이 타는 수레와 가마 · 어마의 사육, 도로 이정과 역 · 보충대 · 조예 · 나장 · 반당 등에 관한 사무", 무비사는 "군적 · 마적 · 병기 · 전함 · 군사의 점호 · 사열, 무예훈련 · 숙위와 순찰 · 성과 보루 · 요해지 방어 · 방어와 토벌 · 군관과 군인의 파견 · 군역의 교대 · 양호의 지급 · 휴가발령 · 연로한 부모를 돌보는 장정 · 부역면제 · 화포 · 봉화 · 불씨교환 · 방화 · 신표 · 야간순찰교대 등에 관한 사무"를 각각 관장하는 것으로 정립되었다고 추측된다.

屬衙門인 五衛, 訓練院, 司僕寺, 軍器寺, 典設司, 世子翊衛司의 기능은 모두 관아가 성립된 1392년으로부터 1484년에 걸쳐 규정 · 정비 · 정립되었다가 마지막 반포된 『경국대전』에 법제화되었다.

(5) 刑曹

刑曹의 기능은 관아 성립 때에 "물과 불 · 간음과 도둑질 · 싸움과 살인 · 재판 등의 일을 관장한다"고 규정되었다. 1405년에 "율령, 형법, 죄수와 노예, 안핵, 讞禁, 죄의 상세한 심의와 명예회복(敍雪)등에 관한 정사를 관장한다" 고 개정되었다가 세종대에 『경국대전』에 법제화된 "법률, 재심, 재판, 노예에 관한 정사를 관장하는" 것으로 정립되었다고 추측된다.

屬司는 성립 때에는 考律司, 掌禁司, 都官司가 있었고, 1430년(세종 12)에 詳覆司가 설치되고 도관사가 掌隷司로 개칭된[51] 이후에는 詳覆司, 考律司, 掌禁司, 掌隷司가 운영되었다. 그 기능은 속사 성립 때에 각각

51) 『세종실록』 권50, 12년 12월 을미.

考律司는 "율령을 안핵하고 형옥을 결송하는 일", 掌禁司는 "문권과 진량·도로 및 금령에 관한 일", 都官司는 "공사 노예의 부적과 포로 등에 관한 일"을 관장하는 것으로 규정되었다. 이어 세종대에 신치된 詳覆司는 신치 때에 『경국대전』에 법제화된 "상복과 대벽에 관한 사무를 관장한다"고 정립되었고, 고율사 등은 각각 『경국대전』에 법제화된 즉, 고율사는 "율령의 안핵에 관한 일을 관장하는 일", 장금사는 "형옥과 금령에 관한 일을 관장하는 일", 장예사는 "노예부적과 포로 등에 관한 일"을 관장하는 것으로 정립되었다고 추측된다.

屬衙門에는 掌隷院과 典獄署가 있었다. 그 기능은 장예원은 1468년(세조 13) 형조 등이 개칭되면서 성립될 때 그 기능이 그대로 계승되었다가, 전옥서는 세종대에 개국 이래의 "掌囚徒事"가 "掌獄囚"로 조정되었다가 각각 마지막 반포된 『경국대전』에 법제화되었다.

(6) 工曹

工曹의 기능은 관아 성립 때에 "장인과 제작 등의 일을 관장한다"고 규정되면서 성립되었다. 이어 1405년에 "산택, 공장, 토목, 영선, 둔전, 염장, 도자기와 주물 등에 관한 일을 관장한다"고 개정되었고, 세종대에 『경국대전』에 법제화된 "산택·공장·영선·도자기와 주물을 관장하는" 것으로 정립된 것으로 추측된다.

屬司는 속사 성립 이래로 營造司·攻冶司·山澤司가 있었다. 그 기능은 속사 성립 때에 각각 營造司는 "궁실·성지·공해·옥우의 토목과 공역에 관한 일", 攻冶司는 "백공의 제작과 도야·도주에 관한 일", 山澤司는 "산택·진량·원유, 종식과 초목의 벌채, 시탄과 목석, 가항과 제언, 선박과 조운, 碾磑, 둔전, 그리고 어량에 관한 일"을 각각 관장하는 것으로 규정되었다. 이어 세종대에 『경국대전』에 법제화된 즉, 영조사는 "궁실·성과 못·관청·가옥·토목·공역·가죽·털로 짠 담요와 방석 등에 관한 일", 공치사는 "여러 공장의 제작·금은주옥과 쇠덩어리(銅鑞鐵)의 주조·도자기와 기와·도량형 등에 관한 일", 산택사는 "산과 못·나루터와 다리·궁중정원·식수·숯·목재와 석재·배와 수레·붓과 벼루·무쇠·칠기 등에 관한 일"을 각각 관장하는 것으로 정립되었다고 추측된다.[52)]

屬衙門인 尙衣院, 繕工監, 修城禁火司, 典涓司, 掌苑署, 造紙署, 瓦署의 기능은 모두 관아가 성립된 1392년으로부터 1484년에 걸쳐 규정·정비·정립되었다가 마지막 반포된 『경국대전』에 법제화되었다.

3) 漢城府·開城府

漢城府의 기능은 1395년(태조 4) 전년의 개성에서 한양으로의 천도에 이어 漢陽府가 한성부로 개칭되면서 왕도로 정착될 때 "경기의 과전과 관내의 토지·호구·농상·학교·재판 등의 일을 관장한다"고 규정되었다.[53)] 1399년(정종 1) 개성부로 천도함에 따라 다소 비중이 약화되기는 하였으나, 1405년(태종 5) 환도와 함께 본래의 지위를 회복하였다. 세종대에 왕도의 치안관장,[54)] 형조의 형결 외에 싸움과 도박금지·방화·양인과 천인의 혼인금지·검시,[55)] 사헌부의 성년에 이르도록 출가하지 못

52) 영조사는 세종 13년에 조정되었다(『세종실록』 권53, 13년 8월 기해).

53) 元永煥, 1981, 「漢城府硏究(1) - 行政制度와 管轄區域을 중심으로 -」, 『향토서울』 39, 91쪽.

54) 『세종실록』 권29, 7년 9월 계축.

55) 『세종실록』 권32, 8년 4월 병자·권37, 9년 9월 정유.

한 처녀의 혼인·기한 내에 장례하지 아니한 자의 치죄·각 관청의 결손 미두와 잡물의 추징·서울의 환상 추징 등사가[56] 각각 이관되면서 "경도의 인구·장적·시장·가옥·토지와 전답·四山[57]·도로·교량·하수구·대여관물의 횡령이나 미회수·부채·서로 치고 싸우는 것·주간 순찰·검시·차량·사고로 죽은 우마의 낙인 등에 관한 일을 맡는 것"으로 정립되었다. 한성부의 업무는 거주민이 전국 각 지역과 관련되고, 그 하는 일이 六曹 업무와 상호 연관되었기 때문에 일부 정사는 전국이 포괄되고 6조와 관련 아래 수행되었다.[58] 장관과 차관인 判尹과 左·右尹은 경관이고 2품인 직질에서 常參 등 대소 조정에 참여하여 맡은 일과 그 밖의 정사에 의견을 개진하는 영향력을 발휘하였다.

開城府의 기능은 1392년(태조 1)~1395년(태조 4)과 1399년(정종 1)~1405년(태종 5)에는 왕도로서 "경기의 토지·호구·농상·학교·재판 등의 일을 관장한다"고 규정되었다.[59] 그러나 1395년~정종 1년과 1405년 이후에는 한성부가 국도로 정립됨에 따라 왕도의 지위를 잃고 구도(開城留侯司)로 격하되었고,[60] 그 기능도 "개성을 다스리는 일을 관장한

---

56) 『세종실록』 권37, 9년 9월 정유.

57) 한성부를 사방에서 둘러싸고 있는 백악산(북)·목멱산(남)·인왕산(서)·낙타산(동)을 합칭한 말이다.

58) 전택·산·노비 등 소송업무와 검시는 부내와 전국이 망라되었다. 호적도 관내의 호적을 작성하고 관리함은 물론, 각도·각읍에서 작성한 호적을 종합. 정리하여 중앙에 올린 2부를 호조와 나누어 보관하였다. 또 호적은 호조와, 결송은 형조·의금부와, 통행금지(坐更)·포도·순찰사는 병조와, 과년한 남녀의 혼인사는 호조와, 금화는 병조·의금부·형조·수성금화사와, 검시는 병조·형조와, 도로·구거·교량의 수리는 공조와 각각 협의하면서 공동으로 수행하였다(한충희, 1994, 「중앙정치구조의 정비와 정치기구」, 『한국사』 22, 75~76쪽에서 전재).

59) 『태조실록』 권1, 1년 7월 정미.

60) 장관이 유후로 임명될 때는 정2품관아가 되고 부유후가 임명될 때에는 종2품관

다"는 것으로 개정되었다. 개성부는 경관이고 직계아문이기는 하나, 한성부와는 달리 외관적 경향이 강하였다.

## 2. 義禁府・承政院・五衛都摠府・兼司僕・內禁衛

### 1) 義禁府

義禁府의 기능은 1414년(태종 14) 義勇巡禁司가 개칭되면서 성립될 때에 "왕명을 받들어 죄인을 추국하고, 왕도를 순찰하는 일을 관장하는" 것으로 규정되었다가 세종 7년에 "왕명을 받들어 죄인을 추국하는 일을 관장하는"[61] 것으로 정립되었다. 1419년(세종 1)까지는 태종의 왕권강화를 위한 공신・척족의 제거와 관련되어 그 주장관아로서 강력한 정치력을 발휘하였고, 提調에는 국왕의 신임이 깊은 인물이 제수되었다.[62] 그러나 세종대에는 왕권의 안정, 문운의 융성과 함께 그 비중이 약화되었다.

### 2) 承政院

承政院의 기능은 1400년(정종 2) 조선 개국 이래의 중추원이 의흥삼군부와 승정원으로 나누어지면서 독립아문이 될 때에 "왕명을 출납하는 일을 관장한다" 고 규정되었다.[63] 정3품 아문이지만 그 직장과 6조사분

---

아가 되었다(『세종실록』 권26, 6년 12월 갑진).

61) 『세종실록』 권29, 7년 9월 임자. 의용순금사는 개국 때에 고려말의 巡軍萬戶府를 계승하여 성립되었다가 개정된 巡衛府가 다시 개정된 것이다.

62) 한충희, 2001, 「朝鮮 太宗王權의 政治的 基盤硏究」, 『대구사학』 63, 21쪽.

63) 기능상으로는 고려말의 중추원제를 계승하여 지신사와 좌・우・좌부・우부승지가 왕명출납을 관장한 것에서 비롯되었다. 1401년(태종 1)에 의흥삼군부와 승정원이 승추부로 합쳐지자 한때 승추부에 합속되었다가 1405년에 승추부가 병조에 병합됨에 따라 다시 승정원으로 독립되면서 계승되었다.

방・전주참여 등에서 의정부・육조와 함께 국정의 중심기관이 되었고, 6승지도 재상으로 인식되면서 문・무반의 인사 등 국정 전반에 큰 정치력을 발휘하였다.[64] 특히 도승지는 院事를 총괄하였고, 도승지는 물론 제승지도 대개 종2품 이상에 승자하면서 체직되었다.[65] 특히 1445년(세종 27) 이후에는 6승지가 첨사원 첨사를 겸하면서 서무를 재결한 세자의 명을 출납하였다.[66] 注書도 재직기간이 차면 참상관에 승자하여 체직되는 우대를 받았다.[67]

### 3) 五衛都摠府

五衛都摠府의 기능은 1466년(세조 12) 五衛鎭撫所를 개칭하면서 성립될 때 『경국대전』에 법제화된 "義興・龍驤・虎賁・忠佐・忠武衛의 군무를 관장하는" 것, 즉 군령전장기관으로 규정되었다고 추측된다. 그러나 실제기능은 병조의 군정기능, 의흥위 등 5위가 병조의 속아문인 등에서 병조와 횡적으로 협조해야 했을 뿐 아니라, 사실상 그 영향 아래 놓이는 경우가 많았다.[68]

---

64) 한충희, 1987, 「朝鮮初期 承政院研究」, 『한국사연구』 59, 51~59쪽. 그러나 전주참여는 19년부터는 이・병방승지가 임시로 명을 받고 참여하였고, 27년에는 참여를 금지당하였다(『세종실록』 권78, 19년 8월 갑자・권109, 27년 8월 신유).

65) 위 논문, 69~75쪽, 40~41쪽 <표 6>.

66) 『세종실록』 권120, 30년 8월 계미.

67) 『세종실록』 권105, 26년 7월 정묘.

68) 閔賢九, 위 책, 286~288쪽. 병조는 5위를 속아문으로 거느렸던 만큼 5위에 대한 행정상의 감독권을 지니고 있었고, 따라서 5위 관원에 대한 인사문제 등 5위에 큰 권한을 행사하였다. 또 병조는 군정을 총관하는 입장에서 모든 移命의 과정에 개재할 뿐만 아니라, 국방정책을 기획・집행하는 추요의 위치에서 5위도총부를 압도하는 경향이 컸다.

#### 4) 兼司僕·內禁衛

兼司僕(태종 9년 이후, 세조 3년에 직계아문)은 왕의 신변보호와 왕궁 호위 및 친위병의 양성을 담당한 기병 중심의 최정예 친위군이었다.[69] 편제상으로는 3군부 중군에 소속되었지만 그 직장상 종2품관으로 겸대된 절제사가 지휘하였다.

內禁衛(태종 7년 이후, 세조 3년에 직계아문)는 왕측근에서 시위에 종사하였다. 편제상으로는 3군부의 중군에 소속되었지만 그 직장상 종2품관으로 겸대된 절제사가 지휘하였다. 성립시에는 60~90여명이었다가 세종 21년에 200명으로 증가되었다.[70] 겸사복과 함께 가장 무예가 탁월하였지만, 왕권의 안정·문운의 융성과 함께 태종대와는 달리 질이 저하되었고, 그와 관련되어 수시로 엄선할 것이 요구되었다.[71]

### 3. 司憲府·司諫院·經筵

#### 1) 司憲府

司憲府의 기능은 조선 개국과 함께 고려말의 사헌부를 계승하여 "時政의 得失을 論執하고, 풍속을 교정하고, 功過를 고찰하여 표창(褒擧)하고 탄핵하는 일을 관장한다"고 규정하면서 성립되었다. 세종대에 "그때 그때의 정사를 논하여 바르게 이끌고, 모든 관원을 규찰하고, 풍속을 바로잡고, 원통하고 억울한 것을 풀어주며, 외람되고 거짓됨을 금하는 일을 관장하는" 것으로 정립되었다고 추측된다.

---

69) 南都泳, 1969, 「朝鮮初期의 兼司僕에 대하여」, 『金載元博士回甲紀念論叢』, 155~180쪽.

70) 『성종실록』 권45, 5년 6월 경자, 『세종실록』 권84, 21년 1월 정미.

71) 『세종실록』 권22, 5년 10월 계해·권24, 6년 5월 경진·권84, 21년 1월 정미.

사헌부의 실제 기능은 법제적인 간쟁·봉박·서경은 물론, 일반적인 참정·시신·형정 등의 기능을 광범하게 발휘하였다. 특히 사간원과 함께 행사한 서경은 인사권을 둘러싼 국왕과의 마찰에서 처음에는 1품 이하의 모든 관원을 대상으로 하였으나 수차에 걸쳐 그 대상이 4~5품 이하, 1품 이하, 폐지 등으로 변개되다가 세종 8년에 5~9품으로 조정되었고, 이것이 마지막 『경국대전』에 법제화되었다.[72] 사헌부는 그 기능에서 사간원·집현전(성종 9년 이후에는 홍문관)과 함께 3사로 호칭되고, 형조·한성부와 함께 3법사로 통칭되었다. 관원은 청렴 강개한 인물 중에서 엄선되었고, 그 중 지평 이상은 臺長으로 호칭되면서 언론활동을 행하였다. 그러나 감찰은 다만 조회 때에 백관의 의례를 검찰하고 중앙의 여러 관사와 각 지방에 파견되어 일의 진행과 처리의 잘못을 감찰할 뿐이었다.[73]

2) 司諫院

司諫院의 기능은 1401년(태종 1)에 문하부를 혁파하고 "왕에게 간쟁하고 인사를 논박하여 바로잡고 상언하고 상소문을 올리는(獻納諫諍駁正差除通進啓箋)" 기능을 수행하던 좌·우산기상시(정3, 각1) 이하의 郎舍를 사간원으로 독립시키면서 성립되었다.[74] 기능은 성립될 때에 이미 태종의 왕권강화책과 관련되어 문하부 낭사 때의 기능 중 '통진계전'이 승정원으로 이관되면서 "헌납간쟁·박정차제"로 축소되었고, 그 관직도 7관직 11인이 4관직 7인으로 감원되었다.[75] 관장한 일은 1466년(세조

---

72) 최승희, 1976, 『朝鮮初期 言官·言論研究』, 서울대 韓國文化研究所, 59쪽.

73) 위 책, 17~18쪽.

74) 『태종실록』 권2, 1년 7월 경자.

12)까지 "諫諍封駁"으로 개정되었다.

사간원의 실제기능은 법제적인 간쟁·봉박·서경은 물론, 사헌부의 분장 직무인 백관규찰과 일반적인 참정·시신기능 등을 광범히 행하였다. 관원은 그 직무 상 가계가 좋고 재주와 식견이 있으면서도 강개한 문관으로 제수되었다. 사헌부관과 함께 대간으로 불리면서도 사헌부 관원이 부내에서 근무할 때에 상하관의 위계와 질서가 엄격하였던 것과는 달리 그 관계가 자유로웠고, 직무 중에도 음주가 허용되는 등 분방하였다.[76]

3) 經筵

經筵은 1420년(세종 2)경에 관원이 모두 겸관이나 그 직장에서 당상아문의 대우를 받고 또 예조속아문에서 직계아문으로 승격되었다.[77] 그 기능은 조선 개국 때에 "講學과 侍衛 등에 관한 일을 관장한다"고 규정되었다. 세종대에 "講讀과 論思에 관한 일을 담당하는" 것으로 정립되었다.

실제기능은 그 법제적인 경연의 전담, 경연관에는 학식과 재행을 갖춘 문관이 제수된 등과 관련되어 세종대 유학의 발달과 정치의 유교화에 크게 기여하였고,[78] 성종대(16~25년)에는 경연직을 겸대하지 아니한 종2품 이상의 문·무관이 특진관으로 경연에 참여하여 경연이 끝난

---

75) 좌·우산기상시, 내사사인, 기거주가 혁거되고, 좌·우간의대부가 정3품 당상계의 좌·우사간으로 승질·개칭되고, 직문하가 지사간원사로, 좌·우보궐이 좌·우헌납으로, 좌·우습유가 좌·우정언으로 각각 개칭되었다.

76) 최승희, 위 책, 29쪽.

77) 한충희, 2001, 「(세종대) 중앙 정치 기구의 정비」, 『세종문화사대계』 3, 70쪽.

78) 權延雄, 1982, 「世宗朝의 經筵과 儒學」, 『世宗朝 文化硏究』 1, 博英社, 81~109쪽.

후에 논의되는 중요 국정에 참여함에 따라 당시의 정치에 큰 영향력을 발휘하였다.[79]

## 4. 中樞府, 宗親府・儀賓府・敦寧府, 忠勳府

### 1) 中樞府(태조 1~정종 2, 세종 14년 이후)

中樞府의 기능은 조선 개국과 함께 설치되었다가 1400년(정종 2)에 혁거된 중추원 때에는 "왕명을 출납하고 兵機・軍政・숙위와 경비군사의 차섭등에 관한 일을 관장한다"고 규정되었다. 1432년(세종 14) 3군도총제부를 개편하면서 복구되었을 때에는 '관장하는 일이 없는' 즉, 무임소의 문・무 당상관이 대기하는 종1품 관아로 각각 규정되었다.

실제 기능은 개국 초에는 도평의사사나 의흥삼군부가 군정을 총괄하였기 때문에 지신사 이하 대언이 담당한 왕명출납 기능은 정상적으로 발휘되었지만, 2품관 이상이 담당한 병기・군정 등의 기능은 제대로 발휘되지 못하였다. 1432년 이후에는 무임소 문・무 당상관의 예우기관이기는 하나 領事 이하 당상관은 각각 의정, 찬성, 판서, 참판, 참의 등과 교체되고,[80] 대소 정사의 논의에 참여하여 그 결정에 영향력을 발휘하였기 때문에 의정부와 함께 가장 높은 관아의 지위를 누릴 수 있었다.

### 2) 宗親府・儀賓府・敦寧府

宗親府의 기능은 1430년(세종 12)에 在內諸君府를 개칭하면서 성립

79) 權延雄, 1982, 「朝鮮 成宗朝의 經筵」, 『韓國文化의 諸問題』, 국제문화재단, 78~87쪽.

80) 한충희, 1987, 「朝鮮初期 六曹硏究 添補 - 六曹와 統治機構와의 관계를 중심으로 -」, 『대구사학』 33, 10~16쪽.

될 때 '종실 제군의 관부'로 규정되었다.[81] 종친은 법제적으로 작록은 후하게 주되 문・무 관직의 제수는 억제되었다. 그러나 왕권, 그 때 그 때의 정치분위기 등과 관련되어 태조・태종・세조대에는 정치・군사의 고위직에 제수되고 장기간 그 직에 종사하면서 정치력을 발휘하면서 왕권의 한 토대가 되었다.[82] 1443년(세종 25)부터 종친서용사를 주관하였고,[83] 1품의 종친이 有司堂上이 되어 종친의 청죄 등에 관한 일을 상계하여 집행하였다. 충훈부, 의빈부, 돈령부와 함께 예우기관으로 통칭되었다.

儀賓府의 기능은 1444년(세종 26)에 異姓諸君府를 개칭하면서 성립될 때 '공주・옹주에게 장가든 자의 관부'로 규정되었다.[84] 의빈은 종친과 같이 법제적으로는 작록은 후하게 주되 문・무 관직의 제수는 억제되었다. 그러나 왕권, 그 때 그 때의 정치분위기 등과 관련되어 태조・태종・세종・세조대에는 정치・군사의 고위직에 제수되고 장기간 그 직에 종사하면서 정치력을 발휘하면서 왕권의 한 토대가 되었다.[85]

敦寧府의 기능은 1414년(태종 14)에 1402년 이래로 왕권의 안정을 위하여 추요직의 제수와 봉군대상에서 제외된 왕의 친족, 왕비・세자빈의 친족을 예우하기 위하여 성립될 때 '담당하는 직무가 없는 왕의 친족과

---

81) 『세종실록』 권50, 12년 11월 병인.

82) 한충희, 1985, 「朝鮮 世祖代(1455~1468) 宗親硏究」, 『韓國學論集』 22, 188~190쪽.

83) 『세종실록』 권100, 25년 5월 무진.

84) 『세종실록』권105, 26년 7월 무신. 기능・직제상으로는 개국초 이래의 異姓諸君所(?~태종 17년) → 功臣諸君府(태종 17년 2월~세종 즉위)가 계승되면서 개칭된 것이다.

85) 한충희, 1996, 「朝鮮初期 儀賓硏究」, 『朝鮮史硏究』 5, 16~34쪽.

외척의 관부'로 규정되었다.[86]

3) 忠勳府

忠勳府의 기능은 1454년(단종 2)에 1434년(세종 14) 이래의 충훈사를 개칭하고 정1품의 직계아문으로 승격될 때 '여러 공신의 관부'로 규정되었다.[87] 1품의 공신이 유사당상을 겸대하고 공신의 청죄 등에 관한 일을 상계하여 집행하였다.

이상에서 조선초기의 직계아문에는 정1품~정3품 당상아문이 망라되었다.[88] 이 중에서도 중심이 된 아문은 국정·백관을 통령한 의정부와 서무를 분장한 육조, 언론기관인 사헌부·사간원·집현전, 왕도를 관장한 한성부, 왕명출납기관인 승정원이었다. 조옥기관인 의금부, 군령기관인 5위도총부·삼군부는 왕권의 안정·문운의 융성과 함께 세종대 이후에는 태종대와는 달리 기능이 크게 약화되었고, 중추부와 종친부·충훈부·의빈부·돈령부는 정1품 아문이기는 하나 무임소 당상관과 종친·공신·부마·외척의 예우기관이었다.

지금까지 살펴본 조선초기 직계아문의 법제적인 기능정비과정을 표로 재정리하여 덧붙이면 다음과 같다.

---

86) 『태종실록』 권27, 14년 2월 계묘.

87) 『세종실록』 권65, 16년 9월 을해, 『단종실록』 권10, 2년 2월 임인. 당시까지 책록된 공신에는 開國(태조 1)·定社(태조 7)·佐命(태종 1)·靖難공신(단종 1)이 있었고, 이후 『경국대전』이 반포될 때까지 佐翼(세조 1)·敵愾(세조 13)·翊戴(예종 1)·佐理功臣(성종 2)이 추가되었다. 이들 공신의 성분과 기능발휘는 鄭杜熙, 1983, 『朝鮮初期 政治支配勢力硏究』, 一潮閣 참조.

88) 의정부·중추부·종친부·부마부는 정1품아문이고, 의금부는 종1품아문이고, 육조·한성부·3군도총제부·의흥부·의건부·3군부는 정2품아문이고, 사헌부·개성부는 종2품아문이며, 그 외는 정3품 당상아문이었다(첨사원은 3품아문).

<표 9-1> 조선초기(태조 1년~『경국대전』) 직계아문 관아기능 변천[89]

| 관아 | 고려말 | 태조 1년 7월 | 세종대 | 세조대 | 『경국대전』 |
|---|---|---|---|---|---|
| 都評議使司 | 軍國重事 | | | | 정종2년 혁 |
| 內下府 | 掌百揆庶務, 郎舍掌諫諍封駁 | 掌百揆庶務, 郎舍掌獻納諫諍駁正差除 受發交通 進啓箋等事 | | | 태종1년 혁 |
| 三司 | 掌中外錢穀, 出納會計之事 | 掌授廩俸, 計支用等事 | | | 태종1년 司平府 |
| 中樞院 | 掌出納, 宿衛軍機之政 | 掌啓覆出納, 兵器 軍政 宿衛警備 差攝等事 | 無所掌 | → | 무소장 |
| 義興3軍府 | | (掌總京外軍士) | | | 태종1년 혁 |
| 議政府 | | 總百官 平庶政理陰陽 經邦國(정종 2) | 總百官, 平庶政, 理陰陽, 經邦國 | | 총백관, 평서정, 이음양, 경방국 |
| 6曹(吏, 戶, 禮, 兵, 刑, 工曹) | 뒤 <표 9-2> | → | → | → | → |
| 3軍都摠制府 | | (掌所管軍士) | | | 세종14년 혁 |
| 義禁府 | 掌捕盜禁亂 | 掌奉敎推鞫, 捕盜禁亂 | 掌奉敎推鞫 | → | 장봉교추국지사 |
| 漢城府 | | | 掌京都口帳市廛家舍田土四山道路橋梁溝渠逋欠負債鬪毆書巡檢屍車輛故失牛馬烙契等事 | → | 장경도구장, 시전, 가사, 전토, 사산, 도로, 교량, 구거, 포흠, 부채, 투구, 주순, 검시, 차량, 고실 우마낙계 등사 |
| 三軍府 | | 掌所管軍士 | → | | 세조3년 혁 |
| 宗親府 | | | 宗室諸君之府 | → | 종실제군지부 |

| 관아 | 고려말 | 태조 1년 7월 | 세종대 | 세조대 | 『경국대전』 |
|---|---|---|---|---|---|
| 駙馬府(의빈부) | | | 駙馬之府 | → | 尙公主, 翁主者之府 |
| 敦寧付 | | 王親外戚之府 | → | → | 왕친, 외척지부 |
| 開城府 | 掌都城內 | 掌京畿 土地, 戶口, 農桑, 學校, 詞訟等事 | 掌治舊都 | → | 장치구도 |
| 5衛都摠府 | | | | 掌治五衛軍務 | 장치5위군무 |
| 承政院 | (掌出納) | 掌出納王命 | → | → | 장출납왕명 |
| 司憲府 | 掌論執時政,矯正風俗, 糾察彈劾之任 | 掌論執時政得失, 矯正風俗, 考察功過, 褒擧彈劾等事 | 掌論執時政糾察百官正風俗伸冤抑禁濫僞等事 | → | 장논집시정, 규찰백관, 정풍속, 신원억, 금남위등사 |
| 司諫院 | (掌諫諍封駁) | 掌諫諍封駁 | 掌諫諍論駁掌 | → | 장간쟁, 논박 |
| 集賢殿 | | | 掌經筵 | | |
| 詹事院 | | | 世子攝政之府 | | 세조2년 혁 |
| 經筵 | 掌講學, 侍衛等事 | 掌講學, 侍衛等事 | 掌講讀論思之任 | → | 문종즉위 혁<br>장강독, 논사지임 |

89) 『고려사』 백관지, 『조선왕조실록』 태조 1년~성종 16년조, 『경국대전』 권1 이전 · 권4 병전에서 종합.

<표 9-2> 조선초기 육조·육조속사 관아기능 변천90)

| 관아 | 고려말 | 태조 1년 | 태종 5년 | 세종대 | 『경국대전』 |
|---|---|---|---|---|---|
| 吏曹 | 掌文選 勳封之政 | 掌銓選流品 考功 殿最等事 | 掌勳封考課之政, 以德行才用勞效, 較其優劣, 而定其留放, 爲注擬等事 | 掌文選,勳封, 考課之政 | 장문선, 훈봉, 고과지정 |
| 文選司 | | | 掌文官階品,告身, 祿賜之事 | | 掌宗親文官雜織陞職除授, 告身, 祿牌, 文科生員進士賜牌, 差定, 取才, 改名及贓汚敗常人錄案等事 |
| 考勳司 | | | 掌宗親官吏勳封, 內外命婦告身, 及封贈之事 | | 掌宗宰功臣封贈諡號享官老職命婦爵牒, 鄕吏給牒等事 |
| 考功司 | | | 掌內外文武官 功過, 善惡, 考課 及名謚, 碑碣之事 | | 掌文官功過勤慢, 休假諸司衙前仕日, 辨理鄕吏子孫等事 |
| 戶曹 | 掌戶口 貢職 錢糧之政 | 掌土地, 戶口 財用等事 | 掌戶口土田錢穀食貨之政, 貢賦之差等事 | 掌戶口, 貢職, 錢糧, 食貨之政 | 장호구, 공직, 전량, 食貨之政 |
| 版籍司 | | | 掌戶口土田賦役貢獻, 勸課農桑, 考驗豊凶, 水旱及義倉賑濟之事 | | 掌戶口土田租稅賦役貢獻, 勸課農桑, 考驗豊凶及賑貸斂散等事 |
| 會計司 | | | 掌租賦歲計權衡度量京外儲備, 支調之事 | | 掌京外儲積, 歲計, 解由, 虧欠等事 |
| 給田司 | | | 掌口分永業園宅文武職田, 諸公廨田之事 | | 掌京中支調, 及倭野人糧料等事 |
| 禮曹 | 掌禮儀 祭享 朝會 交聘 學校 科擧之政 | 掌祭享, 賓客 朝會, 科擧 釋道, 進獻等事 | 掌禮樂祭祀宴享, 貢擧, 卜祝等事 | 掌禮樂, 祭祀, 宴享, 學校之政 | 掌禮樂, 祭祀, 宴享, 朝聘, 學校之政 |
| 稽制司 | | | 掌儀式制度朝會經筵史官學校貢擧圖書, 祥瑞牌印表疏冊命, 天文漏刻, 國忌廟諱喪葬之事 | | 掌儀式制度, 朝會, 經筵, 史官, 學校, 科擧, 印信, 表箋, 冊命, 天文, 漏刻, 國忌, 廟諱, 喪葬等事 |

| 관아 | 고려말 | 태조 1년 | 태종 5년 | 세종대 | 『경국대전』 |
|---|---|---|---|---|---|
| 典享司 |  |  | 掌宴享祀忌牲豆飮膳醫藥之事 |  | 掌宴享, 祭祀, 牲豆, 飮膳,醫藥等事 |
| 典客司 |  |  | 掌使臣迎接, 外方朝貢, 宴設, 賜與之事 |  | 掌使臣倭野人迎接, 外方朝貢, 宴設, 賜與等事 |
| 兵曹 | 掌武選, 軍務 儀衛 郵驛之政 | 掌武選 兵籍 郵驛等事 | 掌武選, 府衛,調遣, 職方, 兵甲, 出征, 告捷, 講武等事 | 掌武選 軍務 儀衛郵驛 兵甲器仗 門戶管鑰之政 | 장무선, 군무, 의위, 郵驛, 兵甲, 器仗, 門戶管鑰之政 |
| 武選司 |  |  | 掌武官階品, 告身, 武擧, 府衛軍戎之事 |  | 掌武選, 軍士雜織除授, 告身, 祿牌, 賦課, 給假及武科等事 |
| 乘輿司 |  |  | 掌鹵簿輿輦, 帷幄, 廐牧, 程驛之事 |  | 掌鹵簿輿輦, 廐牧, 程驛, 補充隊皂隷羅將伴倘等事 |
| 武備司 |  |  | 掌中外甲兵數目, 訓鍊武藝考閱, 地圖, 周知鎭戎城堡邊境要害, 烽火, 出征告捷之事 |  | 掌馬籍軍籍, 兵器, 戰艦, 點閱軍士, 鍊武藝, 宿衛, 巡綽城堡, 鎭戍, 備禦, 征討, 軍官軍人差番休, 給保, 給假, 侍丁, 復戶, 火砲, 烽燧, 改火禁火, 信更籤等事 |
| 刑曹 | 掌法律 詞訟 詳讞之政 | 掌水火 奸盜鬪殺 詞訟等事 | 掌律令, 刑法, 徒隷, 按覈, 讞禁, 審覆, 敍雪等事 | 掌法律 詳讞 詞訟奴隷之政 | 장법율, 상헌, 사송 노예지정 |
| 詳覆司 |  |  |  | 掌詳覆 大辟之事 | 장상복대벽지사 |
| 考律司 |  |  | 掌律令按覈, 刑獄決訟之事 | 掌律令 按覈之事 | 장율령안핵지사 |
| 掌禁司 |  |  | 掌門關, 津梁道路, 禁令之事 | 掌刑獄 禁令之事 | 장형옥금령지사 |
| 掌隷司 |  |  | 掌公私奴隷付籍, 及俘囚之事(都官司) | 掌奴隷簿籍及俘囚等事 | 장노예부적 급포수등사 |

| 관아 | 고려말 | 태조 1년 | 태종 5년 | 세종대 | 『경국대전』 |
|---|---|---|---|---|---|
| 工曹 | 掌山澤, 工匠營造之政 | 掌工匠 造作等事 | 掌山澤, 工匠, 土木營繕, 屯田, 鹽場, 陶冶等事 | 掌山澤 工匠 營繕 陶冶之政 | 장산택, 공장, 영선도야 지정 |
| 營造司 | | | 掌宮室城池公廨屋宇土木工役之事 | | 掌宮室城池公廨屋宇土木工役, 及革氈罽等事 |
| 攻冶司 | | | 掌百工製作, 陶冶陶鑄之事 | | 掌百工製作, 金銀珠玉銅鑞鐵, 陶瓦, 權衡等事 |
| 山澤司 | | | 掌山澤津梁苑囿, 種植草木取伐, 柴炭木石, 街巷堤堰, 船楫漕運, 碾磑, 屯田, 魚梁之事 | | 掌山澤진량원유, 종식, 炭木石, 舟車, 筆墨, 水鐵, 漆器等事 |

90) 『고려사』 백관지, 『조선왕조실록』 태조 1년~성종 16년조, 『경국대전』 권1 이전 육조조에서 종합.

# 제10장 官衙機能의 成立과 整備 2 (六曹屬衙門, 外官[1])

1405년(태종 5) 육조속아문 성립 때에는 이조속아문인 宗簿寺 등 80여 아문이 있었다. 이들 속아문은 이후 왕권강화, 관제정비 등과 관련되어 혁거 · 신치 · 개칭 및 소속이 변경되는 등으로 변천되면서 100~120여 아문으로 운영되다가 마지막 반포된 『경국대전』에 100여 아문으로 법제화되었다.[2] 『경국대전』에 규정된 속아문에는 정3품 당상아문(홍문관)~참상아문이 포괄되고, 영사 · 도제조(정1품겸)이하 겸직과[3] 공안부 판사

1) 한충희, 2001, 「(세종대) 중앙 정치 기구의 정비」, 『세종문화사대계』 3, 75~100쪽을 토대로 부분적으로 수정 · 보완한다.

2) 위 논문, 14~19쪽.

3) 겸직 설치아문과 중요 겸직은 다음과 같다(『세종실록』 즉위~32년조).

| 겸직별 | 설치관아 | 겸직별 | 설치관아 |
|---|---|---|---|
| 영사이하 | 춘추관 · 서운관 · 서연 | 제조 이하 | 훈련관 · 예빈시 · 제용감 · 사역원 · 사섬서 · 풍저창 · 광흥창 · 전구서 · 혜민국 · 서활인원 · 제생원 · 소격전 · 상의원 · 사옹 · 사온서 · 인순부 · 종부시 · 전의감 · 형조도관 · 사선서 · 동요 · 서요 · 도관서 · 의영고 · 장흥고 · 경복궁 · 동활인원 · 제학 · 상림원 · 사련소 · 복흥고 · 다방 · 귀후고 · 조지소 · 사율원 · 가각고 |
| 도제조 이하 | 봉상시 · 전농시 · 내자시 · 내섬시 · 선공감 · 사재감 · 군자감 · 군기감 · 충호위 · 종묘서 · 문소전 · 광효전 · 인수부 · 승문원 · 충훈사 · 사복시 · 도화원 | 부제조 | 사선서 |
| 대제학등 | 예문관 · 성균관 · 훈련관 | 기타 | 인순부 · 인수부 · 경창부 · 인수부 · 종부 |

(정2품) 이하 祿職[4]·無祿職[5]·遞兒職[6]·久任官[7] 등이 편재되었으며, 그 운영은 관아의 기능 및 그 장관의 직질과 관련되어 領事·都提調(정1품겸) 이하와 속조(屬曹 또는 仰曹, 예컨대 이조속아문인 충익부·종부시 등은 이조, 당상)의 지휘를 받거나(당상겸관 설치아문) 속조의 지휘를 받으면서(당상겸관이 설치되지 않은 아문) 각각에 규정된 기능을 수행하

---

| 이하 | | | 시·훈련관·사복시·예빈시·군자감·사재감·이성제군부·전구서·혜민국·제생원·동활인원·소격전·관습도감·복홍고·충호위구후소·동서요·침장고·가각고 |
|---|---|---|---|
| 절제사등 | 별시위 | | |

4) 인수부·경창부·인령부·경순부·인순부에도 종2품관 이하가 설치되었지만 그 외 모두에는 정3품 당상관 이하가 설치되었다. 녹관설치아문은 다음과 같다(『세종실록』 즉위~32년조).

| 녹관별 | 설치관아 | 녹관별 | 설치관아 |
|---|---|---|---|
| 정3 당상 이하 | 성균관 | 정4품 이하 | 교서관·공신도감·충훈사·제창 |
| 정3 당하 이하 | 통례문·승문원·사역원·내의원·서운관·전의감·서연·제시·제시·제감·예문관 | 정5품 이하 | 동평관·북평관·세자익위사·사표국·내수사·제고·제서 |
| 종3품 이하 | 종학 | 종7품 이하 | 사직서·도유방·대청관·문소전·광효전·제능 |

5) 무록직(구전관)에는 提擧(3품)·別提(4품)·別坐(5~6품)·別監(참하), 知事(3~4품)·都事(5품) 등이 있었다. 무록관 설치아문에는 예빈시·군기감·상의원·전구서·혜민국·동서활인원·제생원·소격전·관습도감·복홍고·사옹·도화원·귀후소·충호위·사율원·사선서·사련소·조지소 등이 있었다.

6) 체아직에는 동반, 서반, 잡직이 있었다. 10사(12사)의 군직자가 90% 이상을 점하였고, 그 외에 이들이 설치된 아문은 군기감·선공감·승문원·내의원·전의감·광흥창·장흥고·사선서·전구서·경시서·전옥서·혜민서·풍수학·경복궁(동반), 3군10사·별시위·내금위·충순위·충의위(서반), 상림원·내직원·액정서(잡직) 등이 있었다.

7) 당하관 이하 각급관직에 설치되었다. 이들이 설치된 아문에는 예빈시·사재감·군기감·봉상시·전농시·형조도관·의영고·장흥고·종묘서·전구서·관습도감·주자소·율학·소격전·문소전 등이 있었다.

였다.[8] 여기에서는 그 관아의 지위와 관련하여 당상아문, 당하아문, 참상아문으로 구분하여 이, 호, 예, 병, 형, 공조별로 속아문의 기능을 살펴본다.

## 제1절 吏曹屬衙門; 忠翊府, 尙瑞院, 宗簿寺, 司饔院, 內需司, 內侍府, 掖庭署

### 1. 堂下衙門

#### 1) 忠翊府·宗簿寺

忠翊府의 기능은 1456년(세조 2) 원종공신소를 충익사로 개편하면서 성립할 때 『경국대전』에 충익부의 기능으로 법제화된 "원종공신에 관한 사무를 관장하는" 것으로 규정되었다고 추측된다. 원종공신의 격과 관련되어 친공신의 관아인 충훈부가 직계아문이 되었음과는 달리 이조속아문이 되었다.

宗簿寺의 기능은 1430년(세종 12)에, 1401년(태종 1) 재내제군부에 병합되면서 혁거된 종부시가 재내제군부가 종친부로 개칭·승격될 때 독립되면서 "왕실의 족보를 편찬하는" 것으로 규정되었다.[9] 세종 21년에 『경국대전』에 규정된 "왕실의 족보를 편찬하고 종실의 허물과 잘못을 규찰하는" 것으로 정립되었다고 추측된다.[10]

---

8) 한충희, 1983, 「朝鮮初期 六曹屬衙門의 行政體系에 대하여」, 『韓國學論集』 10, 372~380쪽.

9) 『세종실록』 권42, 10년 10월 임인·권50, 12년 11월 병인. 이하 사옹원 등의 치·폐와 관련된 출전제시는 앞 8장과의 중복을 피하여 특별한 경우를 제외하고는 생략한다(출전은 앞 8장 각 아문조 참조).

10) 『세종실록』 권85, 21년 6월 경자.

2) 尙瑞院(← 尙瑞司)

尙瑞院의 기능은 개국과 함께 고려말의 상서사를 계승하여 성립될 때 "符印과 文武班 제수 등의 일을 관장한다"고 규정되었다. 1405년(태종 5) 육조제의 정립 때에 '문, 무반인사에 대한 기능'을 이조와 병조에 이관할 때『경국대전』에 상서원의 기능으로 규정된 "왕실의 인장과 兵符 · 馬牌, 監司 · 兵使에게 내려준 信標와 도끼를 관장하는" 것으로 정립되었다.[11] 태조 1년~태종 5년까지는 그 인사의 직장과 장관인 判事(4인)에는 문하부 좌정승 이하의 재신이 제수됨과 관련되어 국정의 중추가 되는 기관으로 군림하였다.[12]

3) 司饔院(← 司饔房) · 內需司

司饔院의 기능은 조선 개국과 함께 설치될 때 "왕의 식사와 궐내 음식물의 공급 등에 관한 일을 관장하는" 것으로 규정되었다고 추측된다. 이 기능이 관아는 1466년(세조 12) 사옹원으로 개칭 · 승격되는 변개가 있었지만 그대로 계승되다가『경국대전』에 법제화되었다.

內需司의 기능은 1430년(세종 12) 개국 이래의 內需別坐를 개칭하면서 內需所가 성립될 때『경국대전』에 내수사의 기능으로 법제화된 "궐내 수용의 미포와 잡물 및 노비 등에 관한 일"을 관장한 것으로 추측된다.[13] 그 직장과 관련되어 때때로 仰曹(이조)를 거치지 않고 국왕에게 직접 정사를 보고하여 논란을 빚기도 하였다.[14]

---

11)『태종실록』 권9, 5년 1월 임자.

12)『태종실록』 권9, 5년 1월 임자.

13)『세종실록』 권48, 12년 6월 갑오.

14) 鄭鉉在, 1981,「鮮初 內需司奴婢考」,『慶北史學』3, 74쪽.

### 2. 其他衙門

#### 1) 內侍府

內侍府의 기능은 조선 개국과 함께 고려말의 내시부를 계승하면서 성립될 때 『경국대전』에 법제화된 "궐내 음식물의 감독, 왕명의 전달, 궐문의 수직, 소제의 일 등을 관장하는" 것으로 규정되었다고 추측된다. 장관의 직질이 종2품이기는 하나, 그 관아의 지위는 모든 관직이 환관으로 제수됨과 관련되어 동반의 최하위 아문과 잡직아문의 중간에 위치되는 차별을 받았다.[15]

#### 2) 掖庭署

掖庭署의 기능은 조선 개국과 함께 고려말의 掖庭院을 계승하면서 성립될 때 『경국대전』에 액정서의 기능으로 법제화된 "왕명의 전달과 알현, 왕이 사용하는 붓과 벼루의 공급, 궐문 자물쇠와 열쇠 관리, 궁궐 내정의 설비 등의 일을 관장하는" 것으로 규정되었다고 추측된다.

## 제2절 戶曹屬衙門; 內資寺, 內贍寺, 司䆃寺, 司贍寺, 軍資監, 濟用監, 司宰監, 豊儲倉, 廣興倉, 典艦司, 平市署, 司醞署, 義盈庫, 長興庫, 司圃署, 養賢庫, 五部

### 1. 堂下衙門

#### 1) 內資寺・內贍寺・司䆃寺・司贍寺・軍資監・濟用監・司宰監

內資寺의 기능은 1401년(태종 1)에 조선 개국 이래로 운영된 內府寺를

---

15) 『경국대전』 권1, 이전 경관직조.

개칭하면서 성립될 때[16] "부고의 재화를 저장하고 복식을 출납하며 등촉을 鋪陳시키는 등의 일을 관장하는" 것으로 규정되었다고 추측된다. 1403년(태종 3) 義成庫를 병합할 때[17] 『경국대전』에 내자시의 기능으로 규정된 "궐내에 공급하는 쌀, 밀가루, 술, 장, 기름, 꿀, 채소, 과일과 궐내의 잔치와 織造 등에 관한 일을 맡는" 것으로 정립되었다고 추측된다.

內贍寺의 기능은 1403년(태종 3)에 德泉庫가 개편되면서 성립될 때[18] "각궁·각전에 대한 공상과 2품 이상에게 하사하는 술·음식 등을 공급하는" 것으로 규정되었다고 추측된다. 세종~세조대에 『경국대전』에 규정된 "각궁·각전에 대한 공상과 2품 이상에게 하사하는 술 및 왜인·야인에게 공급하는 음식물과 직조 등에 관한 일을 맡는" 것으로 정립되었다고 추측된다.

司䆃寺의 기능은 1422년(세종 4) 조선 개국과 함께 설치된 요물고가 개칭된 공정고가 다시 도관서로 개칭되면서 성립될 때 "궐내의 음식요리에 소용되는 미곡을 조달하는 일을 관장하는" 것으로 규정되었다. 1467년(세조 13)에, 1460년 사선서로 계승되었던 도관서가 복구될 때 『경국대전』에 사도시의 기능으로 규정된 "어용 창고의 미곡과 궐내에 공급되는 간장 등의 물품을 관장하는" 것으로 정립되었다고 추측된다.

司贍寺의 기능은 1460년(세조 6)에, 1409년(태종 9) 이래로 운영되었던 전농시가 사섬서를 병합하면서 사섬시로 개칭될 때[19] 『경국대전』에 법제화된 "楮貨의 제조와 외거노비의 貢布 등에 관한 일을 맡는" 것으로

16) 『태종실록』 권2, 1년 7월 경자.
17) 『태종실록』 권5, 3년 6월 을해.
18) 『태종실록』 권5, 3년 6월 을해.
19) 『세조실록』 권20, 6년 6월 신축.

규정되었다고 추측된다.

軍資監의 기능은 조선 개국과 함께 군자시로 성립될 때 "군사의 양식에 관한 일을 관장하는" 것으로 규정되었다. 세종대에 『경국대전』에 군자감의 기능으로 규정된 "군수물자의 저장에 관한 일을 관장하는" 것으로 정립되었다고 추측된다.

濟用監의 기능은 조선 개국과 함께 제용고로 성립될 때 "비단과 명주·모시를 관장하는" 것으로 규정되었다. 1460년(세조 6)에 1409년 정3품아문으로 승격되면서 개칭된 제용감이 都染署가 합병될[20] 때 『경국대전』에 규정된 "명에 바치는 삼베와 모시, 인삼, 하사하는 의복, 각종 비단, 綾緞彩色, 염색, 직조 등의 일을 관장하는" 것으로 정립되었다고 추측된다.

司宰監의 기능은 조선 개국과 함께 고려말의 성립될 때 "魚梁과 산택에 관한 일을 관장하는" 것으로 규정되었다. 1403년 司水監을 병합하면서[21] "어량·산택과 전함을 영수하고 전수 등의 일을 감독하는" 것으로 개정되었고, 다시 1432년(세종 14)에 사수감계의 기능이 司水色으로 독립되어 나갈 때[22] 『경국대전』에 규정된 "어물, 육류, 소금, 장작, 去火 등에 관한 일을 관장하는" 것으로 정립되었다고 추측된다.

2) 豊儲倉, 廣興倉, 典艦司

豊儲倉의 기능은 조선 개국과 함께 성립될 때 "국가의 비용을 수입하

20) 『태종실록』 권18, 9년 12월 신유, 『세조실록』 권20, 6년 5월 기묘.

21) 『태종실록』 권5, 3년 6월 을해. 사수감은 개국과 함께 고려말의 사수시를 계승하면서 설치된 사수시를 개칭한 것이다.

22) 『세종실록』 권58, 14년 12월 을사.

고 지출하는 일을 관장한다"고 규정되었다. 세종대에 『경국대전』에 규정된 "미두, 풀로 엮어 만든 비와 햇빛 가리개, 종이 등의 물품을 관장하는" 것으로 정립되었다고 추측된다.

廣興倉의 기능은 조선 개국과 함께 성립될 때 "백관의 녹봉을 수입하고 지출하는 일을 관장하는" 것으로 규정되었다. 세종대에 『경국대전』에 규정된 "모든 관원의 녹봉에 관한 일을 관장하는" 것으로 정립되었다고 추측된다.

典艦司의 기능은 1470년(성종 1) 전운색을 개편하면서 성립될 때 『경국대전』에 전함사의 기능으로 법제화된 "경외의 배와 병선을 관장하는" 것으로 규정되었다고 추측된다.

### 2. 參上衙門

#### 1) 平市署, 司醞署, 義盈庫, 長興庫, 司圃署, 養賢庫

平市署의 기능은 조선 개국과 함께 경시서로 성립될 때 "물가를 평균시키고 간사하고 거짓됨을 금지시키며 상세부과를 감독하는 등의 일을 관장하는" 것으로 규정되었다. 1466년(세조 12)에 평시서로 개칭될 때 『경국대전』에 규정된 "시장을 단속하고 도량형기를 공평히 하고, 물가의 등락을 조절하는 일을 관장하는" 것으로 정립되었다고 추측된다.

司醞署의 기능은 조선 개국과 함께 성립될 때 "술과 단술을 관장하는" 것으로 규정되었다. 세종대에 『경국대전』에 규정된 "궐내에 술과 단술을 공급하는 일을 관장하는" 것으로 정립되었다고 추측된다.

義盈庫의 기능은 조선 개국과 함께 성립될 때 "유밀 · 과실 · 콩 등을 수입하고 지출하는 일을 관장하는" 것으로 규정되었다. 세종~세조대에 『경국대전』에 규정된 "기름, 꿀, 밀랍, 해조류와 송이(素物), 호초 등의 물품에 관한 일을 관장하는" 것으로 개정되면서 정립되었다고 추측된다.

長興庫의 기능은 조선 개국과 함께 성립될 때 "베와 종이 및 돗자리 등을 관장하는" 것으로 규정되었다. 1403년(태종 3) 興新宮을 병합할 때[23] 『경국대전』에 규정된 "돗자리, 기름을 먹인 종이, 종이 등의 물품에 관한 일을 관장하는" 것으로 정립되었다고 추측된다.

司圃署의 기능은 1466년에 침장고가 개칭되면서 성립될 때 『경국대전』에 법제화된 "원포와 채소를 관장하는" 것으로 규정되었다고 추측된다.

養賢庫의 기능은 조선 개국과 함께 성립될 때 『경국대전』에 법제화된 "성균관 유생에게 미두 등의 물품을 공급하는 일을 관장하는" 것으로 규정된 것으로 추측된다.

2) 五部(中·東·南·西·北部)

五部의 기능은 조선 개국과 함께 고려의 개성부 5부제가 계승되면서 "그 부의 호적을 발급하는 일을 관장하는" 것으로 규정되었다. 1395년(태조 4) 한성부에 서울을 정한 후 개성의 5부제를 참작하여 中·東·南·西·北部를 설치할 때[24] 각각 "그 부의 호적을 발급하는 일을 관장하는" 것으로 규정되었다고 추측된다. 세조대에[25] 『경국대전』에 규정된 "소관 내 방리 주민의 범법사건 및 교량, 도로, 불씨를 나누어주는 행사, 禁火, 마을 문의 경비, 집터의 측량, 檢屍 등에 관한 일을 관장하는" 것으로 정립되었다고 추측된다.

---

23) 『태종실록』 권5, 3년 6월 을해.

24) 『태조실록』 권7, 4년 6월 무진·을해.

25) 『세조실록』 권37, 11년 11월 임자.

## 제3절 禮曹屬衙門; 弘文館, 藝文館, 成均館, 春秋館, 承文院, 通禮院, 奉常寺, 校書館, 內醫院, 禮賓寺, 掌樂院, 觀象監, 典醫監, 司譯院, 世子侍講院, 宗學, 昭格署, 宗廟署, 社稷署, 氷庫, 典牲暑, 司畜署, 惠民署, 活人署, 歸厚署, 四學, 文昭殿, 仁昭殿, 各陵殿

### 1. 堂上衙門

#### 1) 弘文館, 藝文館·成均館

##### (1) 弘文館(←兼藝文館)

弘文館의 기능은 1478년(성종 9)에 1456년(세조 2) 集賢殿을 혁파한 이래로 文運의 진흥·유학자의 양성도모와 관련하여 그 기구를 확대하면서 운영하여 온 예문관의 관원과 직장 중에서 본래의 예문관 직장·관원은 예문관으로 존치시키고 이를 제외한 구 집현전계의 직장·관원을 홍문관으로 독립시킬 때 『경국대전』에 법제화된 "闕內의 經籍을 관장하고 문한을 다스리며 왕의 고문에 대비하는 일을 맡는 것"으로 규정되었다.[26]

실제 기능은 성종중기에는 성종의 호학과 홍문관 등 언관을 활성화하여 훈구재상의 견제하면서 왕권을 강화하려는 성종의 의도에 따라 경연의 전담은 물론 활발한 언론활동을 통하여 강력한 정치기능을 발휘하면서 왕권강화의 한 토대가 되었다. 성종말에도 언론활동이 활발히 전개되기는 하나, 의정부·6조와 의정·판서 등을 과격하게 탄핵하여 재상들과 불화를 야기하고 국정운영에 지장을 초래함으로써 재상과 성종의 견제를 받았다.[27]

---

26) 崔承熙, 1970, 「弘文館의 成立經緯」, 『韓國史硏究』 5, 98~110쪽.

27) 최승희, 2001, 「成宗朝의 國政運營體制와 王權」, 『朝鮮史硏究』 10, 74~78쪽.

2) 藝文館(←藝文春秋館) · 成均館

藝文館의 기능은 1401년(태종 1) 예문춘추관이 예문관과 춘추관으로 독립될 때[28] "敎命을 창제하는"것으로 규정되었다고 추측된다. 세종대에 『경국대전』에 규정된 "왕의 사령서를 창제하는 일을 관장하는" 것으로 정립되었다고 추측된다. 장관은 당하관(정3 직제학)이나 직장과 관련되어 당상아문의 대우를 받았다.[29] 특히 대제학은 문한을 주장하였는데, 성균관대사성을 겸대한 경우는 文衡으로 불리면서 유림과 문교 전반에 큰 영향력을 발휘하였다.[30] 성균관 · 승문원 · 교서관과 함께 4관으로 불리었다.

成均館의 기능은 개국과 함께 고려의 성균관을 계승하여 성립될 때 "학교와 교육 등에 관한 일을 관장하는" 것으로 규정되었다. 세종대에 『경국대전』에 규정된 "유학교육에 관한 임무를 관장하는" 것으로 정립되었다고 추측된다.

## 2. 堂下衙門

1) 春秋館, 承文院, 校書館

春秋館의 기능은 1401년에 예문춘추관이 분립되면서 독립될 때 "국사를 관장하는" 것으로 규정되었다고 추측된다. 세종대에 『경국대전』에 규정된 "그때 그때의 정사를 기록하는 일을 맡는" 것으로 정립되었다고 추측된다. 모든 관원이 겸관이나 직장과 관련되어 당상아문의 대우를 받았다.[31]

---

28) 『태종실록』 권2, 1년 7월 경자.

29) 『경국대전』 권1, 이전 경관직.

30) 朴天圭, 1972, 「文衡考」, 『史學志』6, 76~81쪽.

承文院의 기능은 1411년(태종 11) 文書應奉司가 개칭되면서 성립될 때 『경국대전』에 승문원 기능으로 법제화된 "사대문서와 교린문서에 관한 일을 관장하는" 것으로 규정되었다고 추측된다. 관원은 모두 문관으로 임명되었고, 그 직장과 관련되어 장관인 判校는 임기가 차면 당상관에 승진되었다.[32]

校書館의 기능은 개국과 함께 교서감으로 성립될 때 "문서 · 도서와 祭醮의 祝疏 등의 일을 관장하는" 것으로 규정되었다. 이어 태종~성종대에 『경국대전』에 교서관의 기능으로 규정된 "경적의 인쇄 · 반포와 제사에 쓰는 향 및 축문을 전자체로 각인하는 일을 관장하는" 것으로 정립되었다고 추측된다.

2) 世子侍講院(← 書筵 ← 世子官屬)

世子侍講院의 기능은 1405년 이전에[33] 세자관속이 서연으로 개칭될 때 『경국대전』에 세자시강원의 기능으로 법제화된 "세자를 모시고 경서와 사서를 강하고, 도의를 올바로 계발하고 지도하는 일을 관장하는" 것으로 규정되었다고 추측된다. 그 직장과 관련되어 사부에는 영의정과 좌의정(또는 우의정)이 망라되었다.[34]

3) 通禮院, 奉常寺, 司譯院, 禮賓寺, 掌樂院, 觀象監

通禮院의 기능은 개국과 함께 합문으로 성립될 때 "조회시의 의례

31) 『경국대전』 권1, 이전 경관직조.

32) 『성종실록』 권62, 6년 12월 임인.

33) 『태종실록』 권9, 5년 3월 정유.

34) 『경국대전』 권1, 이전 경관직 세자시강원조.

등사를 관장하는" 것으로 규정되었다. 세종대에 『경국대전』에 규정된 "예의를 관장하는" 것으로 정립되었다고 추측된다.

奉常寺의 기능은 개국과 함께 전농시로 성립될 때 "종묘의 제향 등을 관장하는" 것으로 규정되었다. 1420년(세종 2)에 봉상시로 개칭되고 전사시를 합병할 때[35) 『경국대전』에 규정된 "시호에 관한 일을 관장하는" 것으로 개정되었고 추측된다. '諡號議定'은 여타의 육조속아문과는 달리 정 이하가 도제조 등 겸관을 배제하면서 독자적으로 처리하였다.[36)

司譯院의 기능은 1393년(태조 2) 성립될 때 "중국어 음훈과 문자양식을 교습하는 일을 관장하는" 것으로 규정되었다.[37) 세종대에 『경국대전』에 규정된 "여러 나라의 언어를 통역하는 일을 관장하는" 것으로 정립되었다고 추측된다.

禮賓寺의 기능은 개국과 함께 성립될 때 "빈객과 연회 등의 일을 관장하는" 것으로 규정되었다. 1403년에 義順庫를 합병할 때[38) 『경국대전』에 규정된 "빈객을 접대하는 연향과 종친 · 재상에 대한 음식물 공급 등의 일을 관장하는" 것으로 정립되었다고 추측된다.

掌樂院의 기능은 개국과 함께 전악서로 성립 될 때 『경국대전』에 장악원의 직장으로 명문화된 "音階와 音律을 교열하는 일을 관장하는" 것으로 규정되었다고 추측된다.

觀象監의 기능은 개국과 함께 서운관으로 성립될 때 "천문의 災祥과 曆日을 추산하는 등의 일을 관장하는" 것으로 규정되었다. 세종대에 『경

35) 『세종실록』 권7, 2년 윤1월 기묘.

36) 『성종실록』 권211, 19년 1월 갑인.

37) 『태조실록』 권4, 2년 9월 신유.

38) 『태종실록』 권5, 3년 6월 을해.

국대전』에 법제화된 “천문, 지리, 역수와 그 추산, 점치는 기술, 기후측정, 물시계 등에 관한 일을 관장하는” 것으로 정립되었다고 추측된다.

4) 內醫院, 典醫監

內醫院의 기능은 1443년(세종 25) 약방이 내의원으로 개편될 때 『경국대전』에 규정된 “왕과 왕실의 약을 조제하는 일을 관장하는” 것으로 정립되었다고 추측된다. 3의사로 통칭된 典醫監 · 惠民署 · 濟生院의 의료사를 총관하였다.

典醫監의 기능은 개국과 함께 전의시로 성립될 때 “진찰과 조제 등의 일을 관장하는” 것으로 규정되었다. 세종대에 『경국대전』에 규정된 “궐내 수용의 의약을 맞춰 공급하고, 양반의 질병을 구료 및 의약을 하사하는 일을 관장하는” 것으로 정립되었다고 추측된다. 內醫院이 등장하기까지는 혜민국 · 제생원과 함께 3의사로 통칭되면서 의료사를 총관하였다.

## 3. 參上衙門

1) 宗學, 四學(中 · 東 · 南 · 西學 ← 4部儒學 ← 5部學堂)

宗學의 기능은 1429년 성립 때에 『경국대전』에 법제화된 “종실에 대한 교육을 관장하는” 것으로 규정되었다고 추측된다.[39]

四學의 기능은 개국과 함께 고려의 5部學堂이 계승될 때 『경국대전』에 4학의 기능으로 법제화된 “관내의 유생을 교육하는 일을 관장하는” 것으로 규정되었다.

39) 『세종실록』 권45, 11년 9월 신해.

2) 昭格署, 宗廟署, 社稷署, 氷庫, 典牲暑, 司蓄署, 圖畵署

昭格署의 기능은 개국과 함께 소격전으로 성립될 때 "醮祭를 관장하는" 것으로 규정되었다고 추측된다. 세종대에 『경국대전』에 규정된 "신선이 살고 있는(三淸星辰)에 대한 초제에 관한 일을 관장하는" 것으로 정립되었다고 추측된다. 초제는 처음에는 소격전 이외에 大淸殿(개성)과 太一殿(한성)도 거행하였으나 1397년(태조 7)에 태일전이 소격전에 합속되고,[40] 1422년에 대청관이 혁거됨으로써[41] 전장관아가 되었다.

宗廟署의 기능은 개국과 함께 성립될 때 『경국대전』에 명문화된 "종묘를 守衛하는 일을 관장하는" 것으로 규정되었다고 추측된다.

사직서의 기능은 개국과 함께 사직단으로 성립될 때 『경국대전』에 명문화된 "사직단과 그 토담을 청소하는 일을 관장하는" 것으로 규정되었다고 추측된다.

氷庫의 기능은 개국과 함께 성립될 때 "어름을 저장하는 일을 관장하는" 것으로 규정되었다고 추측된다. 관아가 1414년(태종 14) 혁거되었다가 1461년(세조 7) 이전에 복구될 때[42] 기능도 복구되면서 정립되었다고 추측된다.

典牲署의 기능은 개국과 함께 典廐署로 성립될 때 "가축을 양육하는 일을 관장하는" 것으로 규정되었다. 1460년에 典牲暑로 개칭될 때[43] 『경국대전』에 전생서의 기능으로 규정된 "제물로 쓰는 가축을 飼養하는

40) 『태조실록』 권12, 6년 8월 무신.

41) 『세종실록』 권18, 4년 11월 신미.

42) 『태종실록』 권28, 14년 12월 임진, 『세조실록』 권26, 7년 12월 정축.

43) 『세조실록』 권20, 6년 5월 신축.

일을 관장하는" 것으로 정립되었다고 추측된다.

司蓄署의 기능은 1460년(세조 6) 分禮賓寺와 司彛所가 통합되어 사축소로 성립될 때 『경국대전』에 규정된 "잡축을 사육하는 일을 관장하는" 것으로 정립되었다고 추측된다.

圖畫署의 기능은 1400년(정종 2) 성립될 때[44] 『경국대전』에 도화서의 직장으로 명문화된 "회화에 관한 일을 관장하는" 것으로 규정되었다고 추측된다.

3) 惠民署, 活人署, 歸厚署

惠民署의 기능은 개국과 함께 혜민국으로 성립될 때 "도성 안 서민의 질병치료를 담당하는" 것으로 규정되었다고 추측된다. 세종대에 『경국대전』에 혜민서의 직장으로 규정된 "의약과 서민의 질병을 구료하는 일을 관장하는" 것으로 정립되었다고 추측된다.

活人署(← 東西活人院 ← 東西活人署← 東西大悲院)의 기능은 개국과 함께 동서대비원으로 성립될 때 『경국대전』에 활인서의 직장으로 규정된 "도성의 병난 사람을 구료하는 일을 관장하는" 것으로 규정되었다고 추측된다.

歸厚署(← 歸厚所 ← 施惠所 ← 棺槨色)의 기능은 1414년(태종 14) 관곽색을 정식관아인 施惠所로 개편할 때 "관곽을 제조하고 판매하는 일을 관장하는" 것으로 규정되었다고 추측된다. 1469년(예종 1) 禮葬都監을 합병하면서 귀후서라 개칭될 때에 『경국대전』에 규정된 "관곽을 만들고, 그 매매와 禮葬에 공급하는 여러 가지 일을 관장하는" 것으로 정립되었

44) 『정종실록』 권4, 2년 4월.

다고 추측된다.[45)]

4. 其他衙門

1) 諸殿; 文昭殿(← 仁昭殿) · 延恩殿

文昭殿의 기능은 1408년 성립될 때 인소전의 기능을 계승하여 "(봉안된) 태조비(節妃) 神懿王后 韓氏의 신주를 관리한다"고 규정되었다.[46)] 1432년(세종 14)에 태조 · 태종의 位牌가 추가로 안치될 때[47)] 『경국대전』에 규정된 "(봉안된) 태조 · 태조비 · 태종의 신위를 관리한다"고 정립되었다.

延恩殿은 1475년(성종 6) 성립될 때 『경국대전』에 명문화된 "(봉안된) 德宗의 신주를 관리한다"고 규정되었다.

2) 諸陵

諸陵에는 健元陵(태조), 齊陵(태조비 한씨), 厚陵(정종 · 비), 獻陵(태종 · 비), 英陵(세종 · 비), 顯陵(문종), 光陵(세조 · 비), 昌陵(예종 · 安順王后), 順陵(성종비 恭惠王后)이 있었고, 各殿에는 穆淸殿(태조), 奉先殿(제왕) 등이 있었다. 각 능과 전의 기능은 성립 때에 "능묘를 관리한다"와 "(봉안된) 진용을 관리한다"고 규정되었다.

45) 『예종실록』 권3, 1년 1월 신사.

46) 『태조실록』 권15, 7년 11월 계미, 『태종실록』 권16, 8년 8월 신축.

47) 『세종실록』 권58, 14년 10월 갑인.

## 제4절 兵曹屬衙門; 五衛, 訓練院, 司僕寺, 軍器寺, 典設司, 世子翊衛司

### 1. 堂上衙門

#### 1) 五衛(←5司←10司←12司←10司←10衛)

五衛의 기능은 조선 개국과 10위로 성립 될 때 "소관 군사를 관장하는" 것으로 규정되었다. 이 기능이 이후 그 부대명이 10사~5사 등으로 계승 · 변천되었음과는 달리 그대로 계승되었다가 1457년(세조 3)에 義興(中) · 龍驤(좌) · 虎賁(우) · 忠佐(前) · 忠武(後)衛의 5위제가 정립될 때 "각각에 소속된 군사를 지휘한다"고 정립되었다.

오위는 법제적으로 군무는 오위도총부의 지휘를 받고 행정은 병조의 감독을 받아 운영하도록 규정되었다. 그러나 실제에 있어서는 오위가 병조의 속아문이고, 오위도총부의 군령권 행사가 병조와 횡적으로 협조하거나 병조의 지시를 받았음과 관련되어 인사 등 행정은 물론 군무에서도 병조의 지휘를 받는 경향이 현저하였다.[48]

#### 2) 訓練院(← 訓鍊觀)

訓練院의 기능은 개국과 함께 훈련관으로 성립될 때 "무예를 훈련하고 병서와 진법을 교습시키는 등의 일을 관장하는" 것으로 규정되었다. 세종대에 『경국대전』에 규정된 "군사의 재예를 시험하고, 무예를 연마시키며, 武經을 습독시키는 일을 관장하는" 것으로 정립되었다고 추측된다.[49]

---

48) 閔賢九, 1983, 『朝鮮初期의 軍事制度와 政治』, 韓國硏究院, 286~287쪽.
49) 『세종실록』 권18, 4년 윤12월 갑인.

## 2. 堂下衙門

### 1) 司僕寺

司僕寺의 기능은 개국과 함께 성립될 때 "왕이 타는 수레와 어마의 사육 등의 일을 관장하는" 것으로 규정되었다. 세종대에 『경국대전』에 규정된 "왕이 타는 수레, 어마의 사육에 관한 일을 관장하는" 것으로 정립되었다고 추측된다.

### 2) 軍器寺(← 軍器監)

軍器寺의 기능은 조선개국과 함께 군기감으로 성립될 때 "병기, 기치, 병장기, 일용기구 등의 일을 관장하는" 것으로 규정되었다. 세종대에 『경국대전』에 규정된 "군기를 제조하는 일을 관장하는" 것으로 정립되었다고 추측된다.

### 3) 典設司(← 忠扈衛 ← 忠順扈衛司 ←司幕)

典設司의 기능은 1424년(세종 6)에 司幕을 忠順扈衛司로 개칭할 때 『경국대전』에 전설사의 기능으로 명문화된 "장막을 설치하는 일을 관장하는" 것으로 규정되었다고 추측된다.

## 3. 參上衙門; 世子翊衛司(← 世子官屬)

世子翊衛司의 기능은 1429년(세종 11)에 세자관속의 직장 중 세자시종관이 관아를 이루며 독립될 때 『경국대전』에 규정된 "동궁을 모시고 경호하는 일을 관장하는" 것으로 정립되었다고 추측된다.[50)]

---

50) 『세종실록』 권19, 5년 3월 임진.

## 제5절 刑曹屬衙門; 掌隷院·典獄署

### 1. 堂上衙門; 掌隷院(← 辨定院 ← 刑曹都官)

掌隷院의 기능은 개국과 함께 형조도관으로 성립될 때 "노예와 藏獲 등의 일을 관장하는" 것으로 규정되었다. 세종대에 『경국대전』에 장예원의 기능으로 규정된 "노예의 장적과 노비송사를 처결하는 일을 관장하는" 것으로 정립된 것으로 추측된다.

### 2. 參上衙門; 典獄署

典獄署의 기능은 개국과 함께 성립 될 때 "옥수를 관장하는" 것으로 규정되었다. 세종대에 『경국대전』에 규정된 "옥에 구류된 죄수에 관한 일을 관장하는" 것으로 정립되었다고 추측된다.

## 제6절 工曹屬衙門; 尙衣院·繕工監·修城禁火司·典涓司·掌苑署·造紙署·瓦署

### 1. 堂下衙門

#### 1) 尙衣院, 繕工監

尙衣院의 기능은 1393년(태조 2) 이전에 供造署를 개칭하면서 성립될 때 "竹物에 관한 일을 관장하는" 것으로 규정되었다.[51] 세종~세조대에 『경국대전』에 규정된 "왕실에서 입는 의복과 궐내의 재화·금보 등의 물품을 관장하는" 것으로 정립되었다고 추측된다.

---

51) 『태조실록』 권3, 2년 3월 정묘.

繕工監의 기능은 개국과 함께 고려말의 성립될 때 "재목과 영선 및 숯을 공급하는 등의 일을 관장하는" 것으로 규정되었다. 세종대에 『경국대전』에 규정된 "토목 · 영선을 관장하는" 것으로 정립되었다고 추측된다.

2) 修城禁火司(← 城門都監+禁火都監), 典涓司

修城禁火司의 기능은 1426년(세종 8)에 城門都監과 禁火都監을 통합하면서 성립될 때 "도성 내외의 성곽수리와 소방 등의 일을 관장하는" 것으로 규정되었다.[52] 1460년(세조 6) '성곽의 수리사'는 공조, '소방업무사'는 한성부에 각각 이관하면서 폐지되었다가[53] 1481년(성종 12) 복치될 때[54] 『경국대전』에 규정된 "궁성 · 도성의 修築, 궁궐 · 관청 · 坊里民戶의 救火 등에 관한 일을 관장하는" 것으로 정립되었다고 추측된다.

典涓司(← 景福宮 등 提擧司 ← 壽昌宮提擧司)의 기능은 조선 개국과 함께 수창궁제거사로 성립될 때 "수창궁의 수리와 관리를 맡는 것"으로 규정되었다고 추측된다. 1395년(태조 4) 한성천도와 함께 "경복궁 등의 수리와 관리를 맡는 것"으로 조정되었다가 1466년(세조 12) 각궁 제거사를 전연사로 통합할 때 『경국대전』에 규정된 "궁궐을 소재하는 일을 맡는 것"으로 정립되었다고 추측된다.

---

52) 『세종실록』 권33, 8년 7월 기해.

53) 『세조실록』 권20, 6년 5월 기묘. 성종 12년에 복설되고 "궁성 · 도성의 수축, 궁궐 · 관아의 건물 및 坊里 各戶의 소방 등의 일을 관장하는" 것으로 규정되었다가(『성종실록』 권127, 12년 3월 갑진) 『경국대전』에 법제화되었다.

54) 『성종실록』 권127, 12년 3월 갑진.

### 2. 參上衙門

#### 1) 掌苑署(←上林園←東山色)

掌苑署의 기능은 1394년(태조 3)에 동산색이 상림원으로 개칭되면서 성립될 때 『경국대전』에 장원서의 기능으로 법제화된 "苑囿를 관장하는" 것으로 규정되었다고 추측된다.

#### 2) 造紙署, 瓦署

造紙署의 기능은 1415년(태종 15)에 성립 때 『경국대전』에 조지서의 기능으로 법제화된 "表箋紙·咨文紙와 그 밖의 여러 가지 종이를 제조하는 일을 관장하는" 것으로 규정되었다고 추측된다.[55]

瓦署(← 瓦窯 ← 東·西窯)의 기능은 개국과 함께 동·서요로 성립될 때 『경국대전』에 와서의 기능으로 법제화된 "기와 제조를 관장하는" 것으로 규정되었다고 추측된다.[56]

## 제7절 外官

### 1. 道(觀察使, 兵馬節度使·水軍節度使)

#### 1) 觀察使

觀察使의 기능은 통괄적으로는 도내의 모든 정사를 관장하였던 것으로 인식되었다.[57] 그런데 조선초기 관찰사의 직명은 개국과 함께 고려

---

55) 『태종실록』 권30, 15년 7월 경신.

56) 『태종실록』 권11, 6년 2월 기미.

57) 『태종실록』 권3, 2년 2월 신미, 『세종실록』 권22, 5년 11월 갑인·병술, 권114, 28년 12월 을유 외.

말의 按廉使가 그대로 계승되었고, 이후 1466년(세조 12)까지 都觀察黜陟使兼監倉安集轉輸勸農管學事提調刑獄兵馬公事(태조 2) → 안렴사(태종 1) → 都觀察黜陟使兼監倉安集轉輸勸農管學事提調刑獄兵馬公事(태종 2) → 觀察使(세종 5) → 都觀察黜陟使兼監倉安集轉輸勸農管學事提調刑獄兵馬公事(세종 16) → 觀察使(세조 12 ~)로 개변되면서 계승되었다.[58] 이에서 관찰사의 구체적인 기능은 "도정을 안렴한다"거나 "도내의 수령을 관찰하고 출척하며 겸하여 도내의 모든 정사(倉庫·安集·轉輸·勸農·學事·刑獄·兵馬 등사)를 감독한다" 또는 "도내의 수령과 모든 정사를 관찰한다"고 규정되면서 운영된 것으로 추측된다.

2) 兵馬節度使·水軍節度使

兵馬節度使의 기능은 통괄적으로는 관할 도(지역)의 모든 육군을 관장한 것으로 인식되었다.[59] 그런데 병마절도사의 연혁을 보면 조선 개국 때에는 고려말의 兵馬都節制使가 그대로 계승되었고,[60] 태조 6년에 폐지되기도 하나 익년에 복치되었다가 세조 12년에 병마절도사로 개칭된 후 조선일대로 계승되었다.[61] 이에서 병마절도사의 기능은 관할 지역의 "군사를 관장한다"거나 "군사와 말을 절도한다" 하는 것으로 규정되면서 운영된 것으로 추측된다.

水軍節度使의 기능은 통괄적으로는 관할 도(지역)의 모든 수군을 관장한 것으로 인식되었다.[62] 그런데 조선의 수군절도사는 1393년(태조 2)에

58) 이수건, 1989, 『조선시대 지방행정사』, 민음사, 37~38쪽.

59) 『성종실록』 권14, 3년 1월 임자 외.

60) 張炳仁, 1984, 「朝鮮 初期의 兵馬節度使」, 『韓國學報』 34, 163쪽.

61) 위 논문, 164~175쪽.

楊廣佐・右道에 설치된 水軍都萬戶가 馬步騎船水軍都節制使로 개칭되면서 비롯되었고, 1397년에 폐지된 후 1398년(태조 7)에 水軍都節制使로 복치되었으며, 다시 水軍都按撫處置使(세종 2) → 수군절도사(세조 12~)로 개칭되면서 후대로 계승되었다.[63] 이에서 수군절도사의 기능은 관할 지역의 "마군・보군・기선군・수군을 관장한다" 라거나 "수군을 안무하고 처치한다" 또는 " 수군을 관장한다"로 규정되면서 운영된 것으로 추측된다.

## 2. 郡縣(府尹・大都護府使・牧使・都護府使・郡守・縣令・縣監, 僉節制使・兵馬萬戶・水軍萬戶), 其他

### 1) 府尹・大都護府使・牧使・都護府使・郡守・縣令・縣監

府尹・大都護府使・牧使・都護府使・郡守・縣令・縣監 즉, 지방수령의 기능은 통괄적으로는 관내의 모든 정사를 관장하면서 백성을 통치한 것으로 인식된다. 그런데 수령이 유념할 정사로서 '田野辟・戶口增・賦役均・學校興・詞訟簡'의 5事(태조 1 ~),[64] '存心人恕・行己廉謹・奉行條令・勸課農桑・修明學校・賦役均平・決訟明允'의 7事(태종 6 ~),[65] '農桑盛・戶口增・學校興・軍政修・賦役均・詞訟簡・奸猾息'의 7사(성종 3년 2월 이전~)가[66] 각각 제시되었으며, 성종 3년 이전의 그것이 후대로 계승되었다. 이에서 수령의 구체적인 기능은 "田野辟 등 5事"나 "存心人恕 등 7事" 또는 "農桑盛 등 6事"가 규정되면서 운영된 것으로 추측된다.

---

62) 『성종실록』 권217, 19년 6월 을미 외.

63) 『조선왕조실록』 태조 6년~세조 12년조.

64) 『삼봉집』 권10, 「경제문감」 하 감사조.

65) 『태종실록』 권12, 6년 12월 을사.

66) 『성종실록』 권15, 3년 2월 임신・신묘・권158, 14년 9월 을미.

2) 僉節制使 · 兵馬萬戶 · 水軍萬戶

水軍僉節制使 · 水軍萬戶와 兵馬萬戶는 위의 부윤 등이 대개 문관으로 제수되었음과는 달리 무관이 제수되고 그 파견지역이 연해안의 요해처나 북방 내륙의 요해지였으며, 부윤 등이 민정을 주로 하고, 군정을 관장하였음과는 달리 선군이나 육군과 관련된 군정이 주가 되면서 민정도 관장하였다.[67] 이에서 수군첨절제사 · 수군만호는 관할지역의 수군을 지휘하면서 연안을 방어하고 백성을 통치하였으며, 병마만호는 관할지역의 육군을 지휘하면서 내륙을 방어하고 백성을 통치하였다고 추측된다. 그 수군첨절제사 · 수군만호 · 병마만호관은 왜 · 여진의 준동여부 · 문치와 관련되어 중시되었고, 이후에는 크게 약화되었다.

그 외에 학관인 교수 · 훈도는 소속된 군현의 자제를 교육하였고, 역관인 찰방 · 승은 관할지역을 순찰하면서 驛路에 관한 사무를 專掌하거나 驛路를 專掌하였으며, 진관인 도승은 관할 渡나 津을 專掌하였다[68].

이상에서 중간행정기구인 도의 장관인 관찰사는 개국 이래의 '관내수령을 출척하고 모든 정사를 관장하는 것'이 계승되었고, 군현은 개국때의 '田野辟' 등 5사가 태종대에 '存心人恕' 등 7사로 정비되었다가 세종 · 성종대에 체계화되고 간명한 용어로 정리되면서 農桑盛 · 學校興 · 詞訟簡 · 奸猾息 · 軍政修 · 戶口增 · 賦役均의 7事로 정립되었다.

67) 민현구, 1983, 『조선초기의 군사제도와 정치』, 한국연구원, 214~222쪽.

68) 韓佑劤 외, 1986, 『譯註 經國大典』 註釋篇, 吏典, 150~152쪽.

<표 10-1> 조선초기 육조속아문 기능 변천 종합[69]

| 관아 | 고려말 | 태조1년7월 (태종대) | 세종대 | 세조대 | 『경국대전』 | 비고 |
|---|---|---|---|---|---|---|
| 敬興府 | | 掌中宮僚屬 | | | 정종즉위 혁 | 이조 |
| 承寧府 | | 태상왕(태조)지부(정종2년치) | | | 태종9년 혁 | |
| 恭安府 | | 상왕(정종)부 | | | 세종2년 혁 | |
| 仁寧府 | | 중궁지부 | 대비지부 | | 세종2 경순부 | |
| 敬承府 | | 세자지부 | | | 태종18 순승부 | |
| 慶順府 | | | 대비지부 | | 세종3 인순부 | |
| 順承府 | | 세자지부 | | | 세종즉 인수부 | |
| 仁壽府 | | | 상왕지부 | | 세조14년 혁 | |
| 仁順府 | | | 세자지부 | | 세조14년 혁 | |
| 慶昌府 | | | 중궁지부 | | 세조6년 혁 | |
| 宗簿寺 | 掌族屬譜牒 | 掌親屬譜牒, 殿內給事等事(殿中寺) | 掌撰錄璿源譜牒, 糾察宗室愆違之任 | | 장찬록선원보첩, 규찰종친건위지임 | |
| 尙瑞院 | 掌符印 除拜等事 | 掌符印, 除拜等事 | 掌璽寶, 符牌, 節鉞 | | 장쇄보, 부패, 절월 | |
| 司膳署 | 掌供膳羞 | 掌供膳羞 | | 掌內膳供上之事 | 세조13 纂官署 | |
| 內侍府 | (환관직) | | 掌大內監膳傳命守門灑掃之任 | | 장대내감선, 전명, 수문, 쇄소지임 | |
| 忠勳司 | | | | 諸功臣之府 | 제공신지부(직계아문) | |
| 內醫院 | 掌和御藥(奉醫署) | | 掌和御藥 | | 장화어약 | |
| 茶房 | | | | | 세조12년 혁 | |
| 司饔房 | | | | 掌供御膳闕內供饋等事 | 장공어선, 궐내공궤등사 | |
| 掖庭署 | (내수직) | | 掌傳謁供御筆硯城門鎖鑰禁庭鋪設之任 | | 장전알, 공어필연, 궐문쇄약, 금정포설지임 | |

69) 한충희, 2001, 「중앙 관부의 구성과 기능」, 103~111쪽 <별표 6>에서 전재.

| 관아 | 고려말 | 태조1년7월<br>(태종대) | 세종대 | 세조대 | 『경국대전』 | 비고 |
|---|---|---|---|---|---|---|
| 內侍院 | | | | | | 이조 |
| 內需所 | | 掌管錢穀(內需別坐) | | | 掌內用米布, 雜物, 奴婢 | |
| 內資寺 | | 掌府臟貨財, 出納服飾, 鋪設燈燭等事(內府寺) | | | | 호조 |
| 內贍寺 | | | | | 掌各宮, 各殿供上, 二品以上酒, 倭野人 供饋, 織造等事 | |
| 司䆃寺 | | 掌內膳供上之事 | | | 掌御廩米穀, 內工匠等物 | |
| 司贍署 | | 掌造楮貨 | | 掌造楮貨, 外居奴婢貢布等事 | 세조6년 혁(典農寺) | |
| 軍資監 | 掌軍需儲績 | 掌軍旅, 糧餉之事 | 掌軍需儲積 | | 장군수, 저적 | |
| 濟用監 | | 掌匹帛, 紬苧等事 | | 掌進獻布物人蔘賜與衣服綾羅綾緞布貨彩色入染織造等事 | 장진헌, 포물, 인삼, 사여의복, 능라능단, 포화, 채색, 입염, 직조등사 | |
| 豊儲倉 | 掌供上米廩 | 掌收支國用等事 | 掌米豆油芚紙地等物 | | 掌米豆, 草芚, 紙地等物 | |
| 廣興倉 | 掌百官祿俸 | 掌收支百官祿俸事 | 掌百官祿俸 | | 장백관녹봉 | |
| 轉運色 | | | | | | |
| 京市署 | 掌勾檢市廛 | 掌平均市價, 禁理奸僞, 監督稅課等事 | 掌勾檢市廛 | 平斗斛, 丈尺 | 掌勾檢市廛,平斗斛, 丈尺 | |
| 義盈庫 | | 掌收支油蜜, 果實, 藿茸等事 | | | 掌油蜜, 黃蠟, 素物, 胡椒等物 | |
| 長興庫 | | 掌布匹, 紙席等事 | 掌席子油芚紙地等物 | | 掌席子, 油芚, 紙地等物 | |

| 관아 | 고려말 | 태조1년7월<br>(태종대) | 세종대 | 세조대 | 『경국대전』 | 비고 |
|---|---|---|---|---|---|---|
| 養賢庫 | | | | | 掌供成均館 儒生米, 豆等物 | 호조 |
| 5部(中, 東, 南, 西, 北) | | 掌本部戶籍差發之事 | | 掌管內坊里居人非法事及橋梁道路頒火禁火里門警守家垈打量人屍檢驗等事 | 장관내방리 거인비법사, 급교량도로, 반화금화, 이문경수, 가대타량, 인시검험등사 | |
| 供正庫 | 掌御用器玩(供造署) | 掌收支內膳米穀事(料物庫) | | | 세조6년 혁 | |
| 弘文館 | | | | 掌內府經籍 治文翰備顧問 | 장내부경적 치문한 비고문 | 예조 |
| 藝文館 | 掌制撰辭命 | (掌制撰辭命) | | | 장제찬사명 | |
| 成均館 | 掌儒學教誨之任 | 掌學校肄業等事 | 掌儒學教誨之任 | | 장유학 교회지임 | |
| 春秋館 | 掌記時政 | (掌記時政) | | | 장기시정 | |
| 承文院 | | | 掌事大交隣文書 | | 장사대 교린문서 | |
| 通禮門 | 掌朝會儀禮 | 掌朝會儀禮等事 | 掌禮儀 | | 장예의 | |
| 奉常寺 | 掌祭祀贈諡 | 掌宗廟祭享等事 | 掌祭祀議諡 | | 장제사, 의시 | |
| 典祀寺 | 掌專祀事 | | | | 세종1 봉상시 | |
| 校書館 | 掌經籍祝疏 | 掌文籍圖書, 祭醮, 祝疏等事 | 掌印頒經籍香祝印篆之任 | | 장인반경적 향축 인전지임 | |
| 禮賓寺 | 掌賓客宴享 | 掌賓客, 宴享等事 | | | 장빈객연향 宗宰供饋等事 | |
| 雅樂署 | 掌習宗廟樂歌 | 掌習宗廟樂歌 | 掌習宗廟樂歌 | | 세조4년 혁 | |
| 掌樂署 | 掌校閱聲律 | 掌校閱聲律 | | | 장교열성률 | |
| 書雲觀 | 掌天文,曆數測候,漏刻之事 | 掌天文, 災祥, 曆日, 推擇事 | 掌天文地理曆數占算測候刻漏等事 | | 장천문, 지리, 역수, 점산, 측후, 각루등사 | |
| 典醫監 | 掌醫藥療治之事 | 掌診視, 和濟等事 | 掌醫藥供內用賜與 | | 장의약, 공내용, 사여 | |
| 司譯院 | 掌漢語(通文館) | 2.掌肄業華言 | 掌諸方言語 | | 장역제방언어 | |

| 관아 | 고려말 | 태조1년7월(태종대) | 세종대 | 세조대 | 『경국대전』 | 비고 |
|---|---|---|---|---|---|---|
| 書筵 | | 掌講學侍衛等事(世子官屬) | 掌侍講經史規風道義 | | 장시강경사, 규풍도의 | 예조 |
| 宗學 | | | 掌宗室敎誨之任 | | 장종실 교회지임 | |
| 昭格殿 | | 掌醮太一之神 | 掌三淸星辰醮祭 | | 장삼청성진 초재 | |
| 宗廟署 | 掌守衛宗廟(寢園署) | | | | 掌守衛寢廟 | |
| 社稷署 | | | | | 掌灑掃壇壝 | |
| 司醞署 | 掌供饋酒醴 | 掌酒醴事 | 掌供酒醴 | | 장공주예 | |
| 氷庫 | 掌藏氷 | 掌藏氷(태종 14혁) | | | 장장빙 | |
| 典廐署 | 掌飼雜畜 | 掌畜養事 | | | 세조6 典牲署 | |
| 惠民局 | | | 掌醫藥救活民庶 | | 장의약, 구활민서 | |
| 圖畵院 | | | 掌圖畵 | | 장도화 | |
| 東西活人署 | 醫治救病(東西大悲院) | | 掌救活都城病人 | | 장구활 도성병인(活人署) | |
| 歸厚所 | | 掌造棺槨, 賣買 | | | 세조12 귀후서 | |
| 4部儒學(중·남동·서) | | 掌訓誨所管儒生 | | | 장훈회 소관유생<br>세조6년 혁 | |
| 福興庫 | | (掌御供諸物) | | 掌藏氷(복) | 세종4년 혁 | |
| 大淸觀 | | | | | 세조6년 혁 | |
| 膳官署 | 掌賜宴饌膳 | | | | 세종4년 혁 | |
| 僧錄司 | | 掌僧職除授 | | | 세조12년 혁 | |
| 醫學 | | (掌學徒敎誨) | | | 세조6년 혁 | |
| 濟生院 | | | 掌醫藥救活民庶 | | 문종즉 혁 | |
| 世孫講書院 | | | 掌世孫敎誨輔導 | | 세조6년 혁 | |
| 司犧所 | 掌薦犧牲(掌牲署) | | | | 세조14년 혁 | |
| 架閣庫 | 掌藏圖籍 | 掌收貯卷宗事 | | | 세조12년 혁 | |
| 慣習都監 | | (掌習樂舞) | | | 세조3년 혁 | |

| 관아 | 고려말 | 태조1년7월<br>(태종대) | 세종대 | 세조대 | 『경국대전』 | 비고 |
|---|---|---|---|---|---|---|
| 道流房 | | | | | | 예조 |
| 東平館 | | | 掌倭使支待 | | 변천불명 | |
| 西平館 | | | 掌野人使支待 | | 변천불명 | |
| 文昭殿 | | | 선왕선후혼전 | | 선왕선후혼전 | |
| 景福宮 | | | | | 세조12년 혁 | |
| 昌德宮 | | | | | 세조12년 혁 | |
| 禮葬都監 | | | 掌禮葬事 | | 예종1년 혁 | |
| 諸陵 | 掌守護山陵<br>(諸陵署) | (掌守護山陵) | | | 장수호산릉 | |
| 10司 | | 掌所管軍士(10衛) | 좌동(10 → 12司) | 좌동(5사→ 5衛) | 掌本衛 軍士(5위) | 병조 |
| 訓鍊觀 | | 掌訓練武藝, 教習兵書, 戰陣等事 | 掌軍士試才鍊武經書習讀之事 | | 장군사시재, 연무, 경서습독지사 | |
| 司僕寺 | 掌轝馬廐牧 | 掌轝馬, 廐牧等事 | 掌轝馬廐牧 | | 장여마, 구목 | |
| 軍器監 | 掌營造兵器 | 掌兵器, 旗幟, 戎仗, 什物等事 | 掌造兵器 | | 장조병기 | |
| 忠扈衛 | 掌供鋪設(司設署) | 掌供帳握 | | | 장공장악 | |
| 世子翊衛司 | | | 掌陪衛東宮 | | 장배위동궁 | |
| 牽龍房 | | (시위군) | | | | |
| 別侍衛 | | 시위군(정종2) | | | 세조3 속5위 | |
| 3軍鎭撫所 | | | 掌所管軍士 | | 세조5 5위도총부 | |
| 中軍 | | 掌所管軍士 | | | 세조3년 혁 | |
| 左軍 | | 장소관군사 | | | 세조3년 혁 | |
| 右軍 | | 장소관군사 | | | 세조3년 혁 | |
| 引駕房 | | (駕前侍衛軍) | | | 세종7년 혁 | |
| 司礮局 | | | 掌造火藥 | | 단종3년 혁 | |
| 刑曹都官 | 掌奴婢簿籍, 決訟 | 掌奴隷, 臧獲等事 | 掌奴隷簿籍決訟之事 | 좌동(→掌隷院 | 장노예부적 결송지사 | 형조 |

| 관아 | 고려말 | 태조1년7월 (태종대) | 세종대 | 세조대 | 『경국대전』 | 비고 |
|---|---|---|---|---|---|---|
| 典獄署 | 掌獄囚 | 掌囚徒事 | 掌獄囚 | | 장옥수 | 형조 |
| 司律院 (律學) | | (掌照律學徒敎授) | | | 세조12년 혁 | |
| 尙衣院 | 掌供御衣(掌服署) | 掌府藏財出納服飾鋪陳燈燭等事 | 掌供御袋, | 內府財貨, 金寶等物 | 장공어의대, 내부재화, 금보등물 | 공조 |
| 繕工監 | 掌土木, 營繕 | 掌材木, 營繕, 柴炭支應等事 | 掌土木營繕 | | 장토목영선 | |
| 司宰監 | 掌魚梁, 川澤 | 掌魚梁山澤之事 | | | 掌魚, 肉, 鹽, 醬, 燒木, 炬火等事 | |
| 供造署 | 掌御用器玩 | 掌竹物事 | | | 태종10년 혁 | |
| 修城禁火司 | | | 掌宮城都城修築宮闕公廨坊里各戶救火等事 | | 장궁성, 도성수축, 궁궐, 공해, 방리각호, 구화 등사 | |
| 景福宮提擧司 | | 掌掃除管鑰等事 (壽昌宮提擧司) | | | 掌涓治 宮闕之任 (典涓司) | |
| 上林園 | 掌諸園苑(內園署) | 掌園囿 | | | 세조12년 혁 | |
| 造紙所 | | 掌造表箋咨文紙諸般紙地 | | | 장조표전 자문지 제반지지 | |
| 都染署 | 掌色染 | 掌染造事 | | | 세조6년 혁 | |
| 別窯 | | 掌造瓦 | | | 掌造瓦磚(瓦署 | |
| 典艦司 | 掌兵船軍(司水寺) | | | 掌京外舟艦 | 掌京外舟艦 | |
| 沉臟庫 | | 掌園圃菜蔬 | | | 장원포채소 | |
| 內侍衛 | | 시위군 | | | 세종8년 혁 | 기타 아문 |
| 忠義衛 | | 공신자손특수군 | | | 양반특수군(속 5위 충좌위) | |
| 忠順衛 | | 고관자손특수군 | | | 〃(속 충무위) | |

# 제11장 官階·官職의 獲得·陞進과 地位

官階는 관직제수의 토대가 되고 官職은 대소 국정을 담당하는 실체였으며, 加資·陞職은 인사행정의 핵심이 되는 것으로서 관리들의 자질향상을 도모하고 善政을 보장하는 토대가 되었다. 관계와 관직은 그 제수자의 신분·근무지역·과전지급 등과 관련되어 文散·武散·宗親·儀賓·雜職·土官階와 文班·武班·雜·京·外·祿·無祿職 등으로 구분되었다.[1] 이 장에서는 이와 관련하여 관계·관직의 획득·승진과 그 지위를 관계·관직의 획득, 가자와 승직, 관계·관직의 지위로 구분하고, 전2자는 다시 문산·무산계 등과 문반·무반직 등으로 세분하여 살펴본다.

## 제1절 官階·官職의 獲得

### 1. 官階의 獲得

#### 1) 文散階·武散階

---

1) 『경국대전』 권1, 이전·권4 병전 경관직조.

官階(散階)가 없는 자(白身)의 문·무산계 획득은 산계별로 차이가 있지만 대개 文·雜科(문산계)와 武科(무산계)及第를 중심으로, 軍功, 功臣·原從功臣 冊錄, 각종 군사의 군역종사, 代加 등에 의하였다.

조선의 문과와 잡과는 1393년(태조 2)에 고려말의 문과제를 계승하면서, 무과는 1402년(태종 2)에 독자적으로 실시하면서 각각 시작되었고,[2] 조선일대로 계승되면서 문관 및 醫·譯·陰陽官과 무관의 대표적인 관리 선발제도가 되었다. 백신인 문·무과급제자는 급제와 함께 종6품(갑과 1등)·정7품(갑과 2·3등)·정8품(을과)·정7품이나(병과, 문·무과)[3] 종7품(갑과)·종8품(을과)·종9품(병과, 무과)의[4] 관계를 받았다. 문과급제자는 조선초기(태조 1년~성종 25년)를 통하여 1,796여 명이 배출되었는데, 이 중 584명이 전·현직자와 산계였고 1,212명이 백신(유학·생원·진사)이었다.[5] 무과급제자는 태종 2년~성종 25년을 통하여 총 3,493명이 배출되었다.[6] 이들 중 백신자가 몇 명이었는가는 알 수 없지만 1460년(세조 6)에 여진정벌을 위한 군사모집을 위해 2차에 걸쳐 1,913명(6월 1,813명, 10월 100명)을 선발하였고,[7] 문과급제자의 경향에 비추어 상당수가 백신

---

2) 李成茂, 1994, 『改正增補 韓國의 科擧制度』, 集文堂, 145쪽, 尹熏杓, 1984, 「朝鮮初期 武科制度研究」(연세대학교 석사학위논문), 16~22쪽(『태종실록』 권3, 2년 1월 기축·4월 병진.

3) 『경국대전』 권1, 이전 제과·권4, 병전 무과.

4) 『태종실록』 권3, 태종 2년 1월 기미.

5) 『국조문과방목』 권1, 태조 2년~권4, 성종 25년조에서 종합(태종 5년~성종 25년은 한충희, 1995, 「蔭敍의 實際와 役割-樞要職歷任者와 鉅族出身仕官者위의 歷官分析을 중심으로-」, 『韓國史研究』, 92, 67쪽 <표 2> 참조).

6) 이성무, 위 책, 150~152쪽 <표 20>·156~157쪽 <표 21>.

7) 이성무, 위 책, 150~152쪽 <표 20>·156~157쪽 <표 21>·153쪽 『세조실록』 권21, 6년 9월 병술·10월 계해.

이었을 것으로 추측된다. 백신인 잡과 급제자는 종7품(譯科 1등)·종8품(역과 2등, 陰陽·醫·律科 1등)·정9품(음양과 등 2등)·종9품(역과·음양과 등 3등)의 문산계를 받았다.[8] 이들 중 백신자의 수는 알 수 없지만 상당수가 백신이었을 것으로 추측된다. 이에서 수많은 백신자가 문과(문관)·잡과(기술관)와 무과(무관)를 통하여 문산계와 무산계를 획득하였다고 하겠다.

軍功者는 그 공로에 따라 문산·무산계를 획득하거나 가자를 받았다. 군공으로 문산·무산계를 획득한 구체적인 인물과 인원은 알 수 없다. 그런데 세조~성종대의 경우에 李施愛亂의 토벌과 10여차에 걸친 야인 정벌에 유공한 만 여명의 문·무반과 군사(대부분이 군사)를 軍功 1~4등에 책록하고 1~4계를 가자하거나 1~4계를 가자하면서 승직하였다.[9] 그런데 군공자의 대부분은 변방에 주둔하거나 변란의 토벌을 위해 중앙에서 파견된 군사였는데, 주둔병과 출정군의 대부분은 중앙군을 이루는 여러 兵種 가운데 가장 많은 수를 차지한 正兵(의무병인 農民番上軍)이었다.[10] 이에서 군공·군역종사를 통해 가자된 군사의 상당수는 백신

8) 『경국대전』 권1, 이전 제과.

9) 세조~성종대의 군공책록 시기, 인원, 가자 내용을 표로 정리하여 제시하면 다음과 같다(한충희, 1985, 「조선 세조~성종대의 가자남발에 대하여」, 176~178쪽에서 종합).

| 책록시기 | | 책록인원 | 군공등급 | 가자수 | 비고 |
|---|---|---|---|---|---|
| 세조 | 6년(모린위정벌) | 수백명? | 1~3등 | 1~3계 | |
| | 13년(이시애난토벌) | 3,500명 | 1~4등 | 1~초3계 | |
| | 13년(건주위정벌) | 3,072명 | 1~4등 | 1~초2계 | |
| 성종 | 6년(종성전역) | 수십명 | ? | 1계 | 종3품 이하 가자 |
| | 11년(건주위정벌) | 수백명 | 1~4등 | 1~2계 | 정3이상 대가 |
| | 21년(만포전역) | 200여명 | 1~3등 | 1~3계 | 가자나 대가 |
| | 22년(올적합정벌) | 400여명 | 1~3등 | 1~3계 | |
| | 23년(올적합정벌) | 수천명? | 1~4등 | 1~초1계 | |

이었고, 그 획득된 대부분은 무산계였다고 추측된다. 이에서 수많은 군사가 군공책록을 통하여 무산계를 획득하였다고 하겠다.

조선초기에는 개국, 태종·세조 즉위, 이시애난의 토벌 등과 관련되어 1392년(태조 1)에 開國功臣과 原從功臣이 책록된 이래로 다음의 <표 11-1>과 같이 각각 수차에 걸쳐 공신이 책록되었다. (친)공신책록자는 본인이 加資·陞職되고 토지·노비를 받음은 물론 조·부가 추숭되고 자·손·형·제 등이 가자되고 蔭職을 제수받는 혜택을 누렸다. 원종공신도 친공신보다는 못하지만 본인과 자·손이 가자되고 자·손이 음직을 제수받는 혜택을 누렸다. 이 때 친공신은 대개가 전·현직자였고,[11] 원종공신도 세조원종공신의 경우에 2,672명 중 2,341명이 전·현직 문·무관과 산관이고, 60명이 잡직자이며, 양반·양인 백신과 천민이 271명이었다.[12]

---

10) 閔賢九, 1983, 『朝鮮初期의 軍事制度와 政治』, 韓國硏究院, 1983, 160·163쪽(성종 3년의 정병은 42,500(번상군 5,310, 『경국대전』에는 원액과 번상군의 구체적인 수가 제시되지 않고, 즉 무정액으로 제시)명으로 중앙군의 근간이 된 갑사 14,800(번상군 2,960, 『경국대전』)을 압도하였다).

11) 조선초기에 8차에 걸쳐 책봉된 공신 총 350여명 중 확인된 백신은 4명에 불과하였다(정난3등 宋益孫·柳淑·韓明溍, 좌익3등 趙得琳(천인), 책록당시 관직불명자 제외. 鄭杜熙, 1983, 『朝鮮初期 政治支配勢力硏究』, 一潮閣, 9~243쪽 <표1-1·4·6>, <표 4-1·5·11·15·17>).

12) 崔楨鏞, 1995, 「世祖朝 原從功臣의 책정과정과 성격」, 『昌原史學』 2, 252~269쪽. 『세조실록』 2~8년조.

<표 11-1> 조선초기 공신 · 원종공신 책록 시기 · 인원 · 등급과 수혜[13]

| | | | 책록인원 | 등급 | 가자 | | 기타 |
|---|---|---|---|---|---|---|---|
| | | | | | 본인 | 자등 | |
| 공신 | 開國功臣 | 태조 1 | 52 | 1~3등 | | 3~1계 초자 | 음직제수 등 |
| | 定社공신 | 태조 7 | 29 | 1~2 | | 〃 | 〃 |
| | 佐命공신 | 태종 1 | 46 | 1~3 | | 〃 | 〃 |
| | | | | 4 | | | 음직제수 등 |
| | 靖難공신 | 단종 1 | 43 | 1~3 | 3품계* | 3~1계 초자 | 〃 , * 3품 이하 |
| | 佐翼공신 | 세조 1 | 46 | 1~3 | 〃 | 〃 | |
| | 敵愾공신 | 세조 13 | 45 | 1~3 | | 4~2계 초자 | |
| | 翊戴공신 | 예종 1 | 39 | 1~3 | 3계 | 3~1계 초자 | |
| | 佐理공신 | 성종 2 | 50 | 1~4 | | | 전지, 노비, 반당 등 사급 |
| 원종공신 | 太祖原從功臣 | 태조대 | 1,200여 | | | | |
| | 太宗원종공신 | 태종 | ? | | | | |
| | 世祖원종공신 | 세조 | 2,673 | 1~2 | 1계* | 1인 1계 | 승음 등,* 통정이상 대가 |
| | | | | 3 | 1계* | | 승음, * 통정이상 대가 |
| | 성종원종공신 | 성종 2 | 1,059 | 1~3 | 1계* | | 승음, * 자원시 대가 |

그런데 이들의 공신책록 당시의 연령을 보면 그 아들이 사관하였다고 보기 어려운 40대 이하가 각각 다음의 표와 같이 개국공신은 18명(연령확인자 25명, 왕자 · 왕손 · 불명자 제외, 이하 동)명, 정사공신은 7명(14),좌명공신은 19명(28), 정난공신은 21명(23), 좌익공신은 19명(26), 적개공신은 22명(25), 익대공신은 17명(25), 좌리공신은 20명(45)이었다. 또 원종공신은 그 대부분의 연령을 알 수 없기에 그 평균연령은 알 수 없지만 그 책록자의 수와 신분에 미루어 친공신의 평균연령보다 낮았을 것으로 추측된다.

13) 『조선왕조실록』 태조 1년~성종 2년조. 최승희, 1985, 「朝鮮時代 兩班의 代加制」, 『진단학보』 60, 00쪽, 崔楨鏞, 위 논문, 252~273쪽. 한충희, 1985, 「세조~성종대의 가자남발에 대하여」, 174~176쪽에서 종합(친공신의 성명과 책록등급 및 책록시 관직 등은 정두희, 위 책, 9~10쪽 <표 1-1>, 31쪽 <표 1-4>, 41~42쪽 <표 1-6>, 198~199쪽 <표 4-1>, 210~211쪽 <표 4-5>, 223~224 <표 4-11>, 232~233쪽 <표 4-15>, 242~243쪽 <표 4-17> 참조).

<표 11-2> 조선초기 공신 공신책록 당시 연령(단위 명, 왕자와 10 · 70대 제외)[14]

| | 20대 | 30대 | 40대 | 50대 | 60대 | 70대 | 불명 | 왕자·왕손 | 합계 |
|---|---|---|---|---|---|---|---|---|---|
| 개국공신 | 1 | 9 | 8 | 3 | 4 | | 27 | | 52 |
| 정사공신 | 4(2*) | 1 | 2 | 6 | 1 | | 12 | 3 | 29 |
| 좌명공신 | 2 | 7(2*) | 10 | 7 | 1 | 1 | 18 | | 46 |
| 정난공신 | 3 | 9 | 9 | 2 | | | 19 | 1 | 43 |
| 좌익공신 | | 8 | 11 | 7 | 2 | | 18 | | 46 |
| 적개공신 | 2 | 9 | 11 | 3 | | 1 | 19 | 1 | 45 |
| 익대공신 | 3 | 8 | 6 | 6 | 1 | 1 | 13 | 1 | 39 |
| 좌리공신 | | 5 | 15 | 16 | 6 | 3 | 4 | 1 | 50 |

*은 연령 추정

이를 볼 때 백신으로서 관계를 획득한 공신 · 원종공신 자손의 수를 알 수는 없지만, 공신과 원종공신 책록자가 수백명과 수천명이고 그 아들의 대부분이 백신이었을 것으로 추측된 등에서 많은 수가 문산계나 무산계를 획득하였을 것으로 생각된다. 이에서 친공신과 원종공신으로 인해 가자되고 대가를 받은 인물은 그 수가 상당히 많았다고 하겠다.

군역에 종사한 각종 군사는 일정한 근무기일이 차면 백신자는 종9품의 관계를 획득하고, 산계자는 종3품 建功將軍에까지 가자되었다.[15] 군역을 통한 관계획득자의 수는 명확히 알 수 없지만 『경국대전』에 규정된

14) 한영우, 1983, 『朝鮮前期 社會經濟研究』, 을류문화사, 119~166쪽(개국공신), 정두희, 위 책, 198~ 43쪽 <표 4-1 · 5 · 11 · 15 · 17>(정난 · 좌익 · 적개 · 익대 · 좌리공신) 등에서 종합.

15) 『경국대전』 권4, 병전 번차도목조. 병조별 상한은 다음과 같다.

| | | | |
|---|---|---|---|
| 겸사복 · 내금위 · 선전관 | - 정3품계 | 장용위 | - 종6 |
| 별시위 · 친군위 · 충의위 | - 종3 | 팽배 · 대졸 | - 종8 |
| 갑사 · 족친위 | - 종4 | 보충대 | - 종9(잡직) |
| 파적위 · 정병 · 충순위 · 충찬위 | - 종5 | | |

5위 군사가 총 27,440명이고 무정액인 정병과 충순위 등이 45,000여명이라고 추측되었음에서[16] 그 수가 막대하였을 것이라고 생각된다.

양반관료의 자제는 관직을 역임하였거나 관직에 재직 중인 부·모·형·제 등이 받아야할 관계를 대신 받는 代加制에 의하여 관계를 획득하였다.[17] 백관이나 대규모 인원에게 실시는 가자는 1448년까지는 거의 실시되지 않았고,[18] 따라서 이 때까지는 대가로 관직을 획득한자가 거의 없었다. 그러나 1449년(세종 31)에 세자의 질병쾌유를 기해 종친과 경외의 백관 등을 대상으로 1계를 가자(3품 이하)나 대가(전·현직 당상관)한[19] 이후 특히 세조대 이후에는 세조의 비정상적인 즉위·예종의 조서와 성종의 유년 즉위 등과 관련된 정치안정을 위한 백관위무를 위한 수천명을 대상으로 한 가자나 대가가 남발되었다.[20] 그리하여 세조가 즉위와 함께 백관 등을 대상으로(6,000여명 이상을 대상으로[21]) 전·현직 3품 이하에게는 본인에게 1계를 가자하고 전·현직 당상관에게는 부·형·제·자·서·손·承重妾子孫·立後者 중 1명에게 1계를 가자하였다.[22)

---

16) 『경국대전』 권4, 병전 번차도목조. 그 군액은 각각 갑사 14,800명(상번자 2,960), 별시위 1,00(300), 친군위 40(20), 파적위 2,500(500), 장용위 600(120), 팽배 5,000(1,000), 대졸 3,000(600), 정병·충순위·족친위·충의위·충찬위 무정액(무정액)이었다(정병은 성종 3년에 42,500(5,310).

17) 최승희, 1985, 「朝鮮時代 兩班의 代加制」, 『震壇學報』 60, 2쪽.

18) 위 논문, 8쪽.

19) 위 논문, 8쪽(『세종실록』 권126, 31년 12월 기유).

20) 그 실시시기, 가자 인원, 대우는 뒤 <표 11-6> 참조.

21) 한충희, 위 「세조~성종대의 가자남발에 대하여」, 172쪽.

22) 『세조실록』 권1, 1년 윤6월 무오. 이 때 대가를 받은 인물은 당시의 전·현직 당상관수를 명확히 알 수는 없지만 『경국대전』에 규정된 경·외 당상관과가 90

고 한 예와 같이 국왕즉위·왕비책봉·대사 등을 기하여 30여차에 걸쳐 수천~수십명을 대상으로 한 가자나 대가가 행해졌다.[23] 이 중 전·현직 당하관 이하는 본인이 가자되지만 당상관은 자·손 중의 1인에게 대가하였다. 이에 따라 당상관수가 문종대까지는 100여명을 조금 넘었으나 단종대이후는 현직 당상관계자가 수백명에 달하였다.[24] 이 때 백신으로서 대가를 받아 산계를 획득한 수는 구체적으로 알 수 없다. 그런데 대가의 혜택 줄 수 있는 전·현직 당상관의 수에 비추어 상당수의 인물이 산계를 획득하였을 것이라고 추측된다.

그 외에도 모든 전·현직 관인과 산관은 式年薦擧(保擧), 재행이나 학행이 있는 양반·양인 등은 遺逸薦擧나 孝行薦擧 등을 통하여 체직·승직되거나 관직에 제수·산계를 받았다.[25] 조선초기에 유일천거와 효행천거를 통하여 관계를 획득하였음이 확인된 인물은 십수명에 불과하나[26] 遺逸薦擧敎令에 의하여 행해진 천거가 25회에 달하는[27] 등 천거는 수시로 광범하게 행하여졌다.[28] 이 점에서 상당수의 백신인 양반·양인

---

여직이고, 단종 1년 수양대군이 정변을 일으켜 집권한 뒤로부터는 많은 인물이 당상관에 승진하였다. 그리하여 성종 1년과 8년에 "전·현직 당상관이 수백명이었다"(『성종실록』 권3, 1년 2월 계미·권75, 8년 1월 임자, 외)고 하였듯이 세조~성종대를 통하여 전·현직 당상관이 수백명에 달하였다.

23) 『조선왕조실록』 세종 31년~성종 22년조, 한충희, 위 논문, 185~185쪽 <표 2-ㄱ·ㄴ>에서 종합(그 구체적인 내용은 뒤 335쪽 <표 74> 참조).

24) 한충희, 위 「세조~성종대의 가자남발에 대하여」, 191쪽 주157).

25) 鄭求先, 1995, 『朝鮮時代 薦擧制度硏究』, 초록배, 15쪽.

26) 위 책, 28~29쪽 <표 3>.

27) 위 책, 23~24쪽 <표 1>.

28) 위 책, 25~29쪽. 이 중 태종 18년에는 천거를 통한 산계나 관직 획득자를 알 수는 없지만 8도에 총 269명의 추천자를 배정하였다(『태종실록』 권35, 18년 3월 경오).

이 천거를 통해 관계를 획득하였을 것으로 추측된다.

이상에서 白身인 兩班과 良人은 조선초기를 통하여 文·武科, 軍功, 父·祖인 공신, 軍役從事 등 다양한 경로를 통하여 산계를 획득하였다. 산계를 획득하게 된 문·무과급제자 등의 비중은 알 수 없지만 문·무과급제자 등의 수와 빈삭하고도 대규모의 인원을 대상으로 실시된 推恩加資 등을 볼 때 태조~세종 30년에는 문·무과급제와 군역종사가 중심이 되면서 산계자가 정상적으로 배출된 것으로 보인다. 그러나 세종 31년 이후에는 恩賜·공신책록·군공·군역종사·무과급제가 중심이 되면서 산계자가 크게 증대된 것으로 추측된다.

2) 宗親階·儀賓階

종친·의빈은 조선 개국으로부터 1442년과 1443년(세종 25)까지는 그 출신과 관련하여 문산계나 무산계를 받았고, 그 이후에는 종친계나 의빈계를 받았다.[29]

종친은 국왕의 친족을 의미하였지만 이 중 국왕과 가까운 즉 8촌 이내 - 盡親만이 종친계를 받았고, 그 밖의 종친은 문·무반과 같이 문·무산계를 적용받았다.[30] 종친은 나이 20세가 되면 국왕과의 친소관계에 따라 정6품 從順郎(천첩출신 왕자군 증손[31])~종1품 嘉德大夫(대군승습 적장

---

29) 한충희, 1994, 「관직과 관계」, 『한국사』 23, 국사편찬위원회, 117~118쪽(『세종실록』 권102, 25년 12월 을축, 권105, 26년 7월 무신).

30) 『경국대전』 권1, 이전 경관직 종친부조.

31) 『성종실록』 권20, 3년 7월 기미, 『경국대전』 권1, 이전 경관직 종친부조에는 그 제수자격을 정4품 守(왕자군 증손 초수)까지만 적기하고 그 이하의 종4품 副守·정5품 令·종5품 副令·정6품 監은 제수자격을 적기하지 않았다. 그런데 종친부조의 모두에 그 제수자격과 관련하여 양첩자는 1계를 降授하고 천첩자는 다시

자)의 관계를 획득하였다.[32] 관계를 획득한 종친의 수는 명확하지는 않지만 세조말에는 300여명이 넘었다.[33]

왕과 왕세자의 사위는 왕녀나 왕세자녀와 혼인하면서 관계를 획득하였다. 의빈은 그 배필의 신분에 따라 종3품 敦信大夫(縣主, 왕세자 서녀)~종1품 崇德大夫(公主)의 관계를 획득하였다.[34] 관계를 획득한 의빈의 수는 역대 왕과 왕세자의 公主·翁主·郡主·縣主의 수를 볼 때 단종대까지는 20여 명이, 세조~성종대에는 20여 명이 각각 생존하였던 것으로 추측된다.[35]

### 3) 雜職階·土官階

內竪·樂工·工匠 등 잡직자는 1392년(태조 1)~1443년(세종 25)에는 문·무산계를 받았고,[36] 1444년에 서반잡직계[37] 1466년(세조 12)경까지 동반잡직계가[38] 각각 제정된 뒤에는 서반잡직계와 동반잡직계를 받았

---

1계를 강수한다고 명시되었다. 이에서 종4품직 이하는 양첩이나 천첩자손의 제수직이라고 추측된다. 이에 따라 종친부의 정6품 감은 천첩소생인 왕자군증손에게 제수된 초직으로 이해하고, 그에 따라 정6품 하계인 종순랑을 획득한 것으로 파악한다.

32) 입사연령을 불명하나 『경국대전』에 규정된 동반의 제수연령이 20세였고(이전, 경관직조), 음직 제수연령이 20세였음에서 20세로 파악한다(음직 제수연령의 변천은 뒤 <표 11-3> 입사연령 참조).

33) 한충희, 1995, 「朝鮮 世祖代 (1455~1468) 宗親硏究」, 『韓國學論集』 22, 212~221쪽 <부표>).

34) 『경국대전』 권1, 이전 경관직 의빈부조.

35) 『璿源世系』 태조~성종조, 한충희, 1996, 「朝鮮初期 儀賓硏究」, 『朝鮮史硏究』 5, 36~38쪽 <별표>.

36) 한충희, 위 「관직과 관계」, 118쪽.

37) 『세종실록』 권105, 26년 7월 무신.

다. 잡직계는 기술과 군역종사 등에 의해 획득되었다.

土官은 조선 개국 이래로 平壤府尹府 등에 설치되어 관내 백성의 통치와 국방에 종사하였다.[39] 토관은 1392년(태조 1)~1433년(세종 15)에는 문·무산계를 받았고, 1434년에 동·서반 토관계가 제정된 뒤에는 토관계를 받았다.[40] 토관계의 획득은 邑司근무·군공(동반),[41] 軍衛근무·군공·전사한 부의 推恩(서반) 등에 의하였다.[42] 토관계를 획득한 인원수는 구체적으로 알 수 없지만 조선초기를 통하여 운영된 동·서반 토관직이 수천~500여였고,[43] 『경국대전』에 규정된 동반과 서반 정5품~종9품직이 447직이었음에서[44] 그 수가 상당하였을 것이라고 추측된다.

### 2. 官職의 獲得

#### 1) 文官職; 朝官, 宗親·儀賓·外戚

##### (1) 朝官

조관은 宗親府에 편제된 관직을 두고 『경국대전』에 "大君·君 등은

---

38) 동반잡직계가 제정된 시기는 불명하나 『경국대전』 이전의 편찬이 세조 12년에 일단락되었음에서 늦어도 세조 12년에는 동반잡직계가 제정되었을 것이라고 추측하여 파악한다.

39) 李載龒, 1966, 「朝鮮初期의 土官에 대하여」, 『震檀學報』 29·30, 119~120쪽.

40) 『세종실록』 권64, 16년 4월 정묘·무진.

41) 『경국대전』 권1, 이전 외관직 토관조, 『세조실록』 권44, 13년 11월 계해(건주위토벌논공), 외.

42) 『문종실록』 권8, 1년 6월 병술·『경국대전』 권4, 병전 외관직 토관조, 『세조실록』 권43, 13년 9월 임오·권44, 13년 11월 계해·12월 기유(군공), 『세조실록』. 권44, 10년 10월 병진(군량미운송), 『세조실록』권21, 6년 7월 경자(추은), 외.

43) 앞 187~194쪽에서 종합.

44) 『경국대전』 권4, 병전 토관조.

그 아래에 왕과의 관계를 제시하고 典籤(정4, 1직)·典簿(정5, 1직)는 조관으로 제수한다"[45]고 적기하였듯이 일반 문·무 관리를 지칭하는 말이었다. 문반의 조관직에는 政務職과 醫·譯·律·天文職에 종사한 기술관이 있었고, 경관과 외관이 있었다.[46] 경관과 외관은 다시 그 직질과 관련되어 堂上官(영·좌·우의정, 관찰사 등~참의·승지 등)·堂下官(정·대도호부사 등~첨정·군수 등)·參上官(검상·정랑 등~주부·현감 등)·參下官(주서·박사 등~참봉·훈도 등)이 있었다.[47] 이들 조관중 白身이 획득하는 관직은 대개가 참하관직이었고(장원은 종6품직), 散官은 정3품 당하관직(자궁계인 갑과급제자) 이하를 획득하였다.[48]

朝官의 관직은 관리의 인사기록부인 班簿를 토대로 매년 6·12월에 실시되는 정기인사(都目政)와 결원이 생길 때마다 수시로 행하는 임시인사(轉動政),[49] 문과·잡과급제, 음서, 천거, 특지 등에 의하여 획득되었다.

도목정 때에는 전·현직자와 산관을 대상으로 대대적인 인사가 행하여졌고, 전동정 때에는 궐직을 대상으로 한 인사가 행해졌다. 도목정·전동정을 통해서 관직을 획득한 백신의 수를 구체적으로 알 수는 없지만 조선 관인의 제수·체직·승직·강직 등의 인사행정이 도목정을 토대로 운영되었음에서[50] 이 때에 다수의 산관이나 백신도 관직을 획득하였을 것이라고 추측된다.

---

45) 『경국대전』 권1, 이전 종친부조.
46) 『경국대전』 권1, 이전 경관직.
47) 『경국대전』 권1 이전 경·외관직.
48) 『경국대전』 권1, 이전 제과조.
49) 『세종실록』 권2, 즉위년 12월 경진, 외.
50) 『조선왕조실록』 태조 1년~성종 25년 6월·12월 제수기사.

白身・散官으로서 문과에 급제한 자는 그 성적에 따라 甲科 1등과 2~3등은 종6품직과 정7품직(산관은 정3품 당하관직 이하)에 제수되었고, 을과와 병과는 三館(成均館・承文院・校書館)權知에 제수 되었다.[51] 백신・산관으로서 잡과에 급제한 자는 司譯院 종7품직(역과 1등)이나 觀象監・典醫監・律學 종8품직(음양・의・율과 1등)에 제수되거나 사역원 등의 종8~종9품 권지에 제수되었다.[52] 문과급제를 통하여 관직을 획득하거나 현직에 제수된 수는 명확히 알 수는 없지만 급제자의 신분을 보면 갑과 합격자 195명 중 백신이 119명이었고 산관이 22명이었으며, 전・현직자가 54명이었다.[53] 이에서 문과 갑과급제자의 대부분은 백신이었고, 문과는 백신이 관직을 획득하는 중요한 통로가 되었다고 하겠다.

蔭敍는 부조 등의 관직에 따라 무시험으로 관직에 제수되는 제도였다. 그 탁음자격을 보면 조선 개국초에 음서제가 실시될 때는 實職 3품 이상의 아들이나 손자(장자 유고시는 장손이나 차자)였고, 초음직은 정・종7품직(1품 장자, 장손・차자는 강1등)과 정・종8품직(1품 장자, 장손・차자는 강1등) 및 정・종9품직(1품 장자, 장손・차자는 강1등)이었다.[54] 이때의 탁음자격과 초직이 이후 1484년(성종 15)까지 다음의 표와 같이 태조 6년・태종 1년경・태종 13년경・세종 11년・세종 15년경・세종 27년경・세조 2년・세조 3년・성종 3년 1월과 3월경・성종 15년에 걸쳐 개변되면서 '功臣과 2품 이상 관계자의 자・손・서・제・질, 原從功臣의 자・손, 吏曹・兵曹・五衛都摠府・司憲府・司諫院・弘文館・部

51) 『경국대전』 권1, 이전 제과조.

52) 『경국대전』 권1, 이전 경관직 제과.

53) 『국조문과방목』 태조 1년~성종 25년조.

54) 『세종실록』 권46, 11년 12월 을해・권69, 17년 7월 갑술.

將·宣傳官職 역임자의 아들로서 20세 이상인 자가 매년 1월에 1經·1書를 讀講으로 시험받은 후 品官이나 錄事에 제수'되는 것으로 정비되었다가 마지막 반포된 『경국대전』에 그대로 법제화되었다.

<표 11-3> 조선초기 음서제 정비과정(*은 관직수, **은 공신수)55)

| | 태조 1년 | 태조 6 (경제육적) | 태종1경 | 태종 13경 (속육전) | 세종 11 | 세종 15경 | 세종 27경 |
|---|---|---|---|---|---|---|---|
| 承蔭資格 | 實職3품 이상 子나 孫(長子유고시 長孫이나 次子)<br>* 230여직 | → | → | 功臣과 2品이상 子·孫·弟·姪(a), 實職3品 자·손(b), 臺諫·政曹역임자 자(c)<br>* 300여, ** 60여 | → | → | →<br>原從功臣 자·손(d)<br>* 300여<br>** 2000여 |
| 初職 | 1품장자(정·종7품), 장손·차자(강1등, 이하 동)<br>2품장자(정·종8), 장손·차자<br>3품장자(정·종9), 장손·차자 | → | → | 司醞直長同正(종7, a), 司醞副直長同正(종8, b·c) | → | → | → |
| 取才 시기와 절차 | | 不定期, 講經중1, 能通大義者(미실시) | → | 부정기, 조·부·백숙부·형제·大小官천거 → 藝文館 1경시험 | → | → | → |
| 入仕 연령 | | 18세 이상 (미실시) | → | 20세 이상 | 25세 이상 | 20세 이상 | → |

55) 한충희, 1995, <朝鮮初期 蔭敍의 實際와 役割 - 樞要職歷任者와 鉅族出身仕官者의 歷官分析을 중심으로 →, 『韓國史研究』 91, 66쪽 <표 1>(음서제 변천), 앞 105쪽 <표 4-1>·113쪽 <표 4-2>·136쪽 <표 4-9>·141쪽 <표 4-10>·195쪽 <표 5-5>·196쪽 <표 5-6>·431쪽 <표 11-1>(탁음 관직과 공신수)에서 종합.

|  | 세조 2년 | 세조 3 | 성종 3.1 | 성종 3년 3월경 | 성종 15 | 『경국대전』 |
|---|---|---|---|---|---|---|
| 승음자격 | a・b・c・d<br>館閣・兩制 4~6품 자<br><br>* 340여<br>** 4,000여 | →<br>→<br>宣傳官・鎭撫・部將子<br><br>* 380여<br>** 4,000여 | →<br>→<br>→ | →<br>→<br>→ | →<br>弘文館 4품이하자<br>→<br><br>* 360<br>**3,000여 | 功臣과 2品 이상 자・손・서・제질(a), 原從功臣 자・손(b), 吏曹・兵曹・都摠府・司憲府・司諫院・弘文館・部將・宣傳官 역임자 子(c)<br><br>* 240여, ** 3,000여 |
| 초직 | → | → | → | → | → | a・b・c - 品官이나 錄事(자원자) |
| 취재시기와 절차 | → | → | →<br>매년 1월 | 講 4書중 1・5經중 1<br>→ | →<br>→ | 매년 1월, 講 1經・1書 |
| 입사연령 | → | → | → | → | → | 20세 이상 |

이러한 음서규정과 탁음자격을 갖춘 공신・관인・원종공신의 수가 위의 표에서와 같이 각각 60~230여 명・230~380여 명・2,000~4,000여 명 이상이었음에서 음서를 통해 관직을 획득한 수는 대단히 많았을 것이라고 추측된다. 실제로도 조선초기의 議政 등 추요직과 淸州韓氏 등 거족가문의 출사자 중 음서자의 비율을 보면 다음의 표와 같이 의정은 43%였고, 판서는 38%였고, 승지는 37%였고, 정랑은 33%였으며, 공신은 36%였다. 청주한씨는 65%였고, 파평윤씨는 51%였고, 안동권씨는 38%였고, 광주이씨는 59%였으며, 진주강씨는 41%였다.56)

56) 그 외에도 참판은 38%였고, 참의는 37%였고, 좌랑은 27%였으며, 한산이씨는 76%였다(한충희, 1987, 「朝鮮初期 六曹硏究 添補 - 六曹와 統治機構와의 관계를 중심으로 -」, 『대구사학』 33, 3쪽, 1996, 「朝鮮初期 六曹參議硏究」, 『한국학논집』 23, 65~66쪽, 1990, 「朝鮮初期 六曹正郎佐郎의 官人的 地位 - 그 歷官과 機能의 분석을 중심으로 -」, 『한국학논집』 17, 144~145쪽, 1997, 「朝鮮前期 韓山李氏 穡(-種德, 種學, 種善)系家系硏究」, 『계명사학』 8, 223~224쪽).

<표 11-4> 의정 등과 청주한씨 등 출사자의 음서비율(음서후 급제자 포함)[57]

| | 음서자수 | 비율(총수) | 비고 | | 음서자수 | 비율(출사자수) | 비고 |
|---|---|---|---|---|---|---|---|
| 의정 | 17 | 43(43) | 태종5 ~성종25 | 청주한씨 | 107 | 65(164) | 13~15세 |
| 판서 | 66 | 38(174) | | 파평윤씨 | 115 | 51(226) | 16~18세 |
| 승지 | 93 | 37(253) | | 안동권씨 | 124 | 38(328) | 17~19세 |
| 정랑 | 150 | 33(453) | | 광주이씨 | 33 | 59(56) | 8~10세 |
| 공신 | 47 | 36(130) | | 진주강씨 | 42 | 41(103) | 8~10세 |

이러한 음서의 탁음자격을 갖춘 인물의 수와 의정 등·청주한씨 등의 사관자 중 음서자의 비율을 볼 때 비록 淸要職과 堂上官 진출자의 수는 문·무과급제자가 많았겠지만 당하관 이하, 특히 참상관이하에 있어서는 오히려 음서출신자가 과거출신보다 많지 않았겠느냐고 추측된다.

白身인 양반자제는 式年薦擧 즉, 의정·도관찰사 이하 관직자나 관직자인 조·부 등의 천거를 받아 관직에 제수되었다.[58] 또 재행이나 학행이 있는 백신 양반·양인은 유일천거·효행천거 등을 통하여 관직을 획득하였다.[59] 천거에 따라 관직을 획득한 수는 구체적으로 알 수 없지만 식년천거는 인사행정의 토대가 되었고,[60] 조선초기에 遺逸薦擧와 孝行薦擧를 통하여 관직을 획득하였음이 확인된 인물은 120여명에 불과하나[61] '遺逸薦擧敎令'에 의하여 행해진 천거가 25회에 달하는[62] 등 천거는 수시로 광범하게 행하여졌다.[63] 이 점에서 식년천거와 그 외 천거를

57) 한충희, 위 「조선초기 음서의 실제와 역할」, 『한국사연구』 91, 67~86쪽에서 종합.

58) 鄭求先, 1995, 『朝鮮時代 薦擧制度硏究』, 초록배, 57~62쪽.

59) 위 책, 20~46쪽.

60) 위 책, 57~62쪽.

61) 위 책, 28~29쪽 <표 3>·42~46쪽 <표 6>.

62) 위 책, 25~29쪽.

통해 관직을 획득한 백신 양반·양인의 수를 알 수는 없지만 그 수가 상당하였을 것으로 추측된다.

白身인 양반관료의 자제, 특히 공신·외척·의빈의 자제는 국왕이 인사절차에 구애되지 않고 가자하거나 승직·체직하는 特旨에[64] 따라 많은 수가 관직을 획득하였다. 특지에 의하여 관직을 획득한 인물의 수는 알 수 없지만 태조~세종대에는 관직의 제수가 신중하였음에서[65] 그 수가 많지 않았다고 추측된다. 그러나 1449년(세종 31) 이후, 특히 세조대 이후에는 국왕의 정치안정을 위한 백관위무 등과 관련되어 수십명~수명을 대상으로 한 특지제수가 남발되었고,[66] 1464년(세조 10)에 세조가 "사관하지 아니한 貞喜王后의 친족을 모두 제수하도록 지시하였다"[67] 고 한 예에서 특지제수 때에는 상당수의 초직제수자가 포함되었을 것으로 추측된다. 그 외에 또 혜민국·제생원·전의감 생도는 취재시험을 통하여 7품 이하 잡직에 제수되었다.[68]

이상에서 백신 양반·양인의 문반 조관직 획득은 태조~문종대에는 문과·음서가 중심이 되었고, 단종~성종대에는 문과·음서·특지 등이 중심이 되었다고 하겠다.

---

63) 정구선, 위 책, 22~67쪽.

64) 『세종실록』 권78, 19년 7월 병진, 외

65) 『성종실록』 권83, 8월 계해·권113, 11년 1월 무자.

66) 한충희, 1985, 「조선 세조~성종대의 가자남발에 대하여」, 『한국학논집』 12, 172~186쪽.

67) 『세조실록』 권32, 10년 2월 정해.

68) 『단종실록』 권12, 2년 12월 병신.

(2) 宗親・儀賓・外戚

宗親은 종친부의 관직에 제수되었는데, 종친부에는 무정수의 大君(無品, 왕비소생 왕자)・君(무품, 후궁소생 왕자)~監(정6)이 있었다.[69] 종친은 왕과의 친소관계에 따라 8촌 이내인 모든 인물이 나이 20세가 되면 종1품 君(대군승습 적장자)~정6품 監(천첩소생 왕자군 증손)의 관직을 획득하였다.[70] 또 소수이기는 하지만 그 나이가 20세 미만일 경우에도 특지로 관직을 획득하였으며,[71] 조선초기를 통하여 특히 세조대에는 많은 수가 문・무반 당상관직에 탁용되는가 하면 정1품직 이하에까지 승직되었다.[72]

儀賓은 왕・왕세자녀와의 결혼과 함께 의빈부의 관직에 제수되었다. 의빈부의 관직에는 무정수의 尉(정1)~僉尉(종3)가 있었는데,[73] 그 배우자의 신분에 따라 종1품 尉(公主배필)~僉尉(縣主배필)에 제수되었다.[74] 또 의빈은 조선초기를 통하여 특지에 따라 특히 세조대에는 문・무 당상관직에 제수되고 정1품직이햐에까지 승직되었다.[75]

---

69) 『경국대전』 권1, 이전 경관직 종친부조.

70) 동상조.

71) 『국조인물고』 상, 永順君溥碑銘・雲山君誠碑銘 외.

72) 한충희, 1995, 「조선 세조대(1455~1466) 종친연구」, 『한국학논집』 22, 188~209쪽.

73) 『세종실록』 권78, 19년 7월 을미. 제수대상은 각각 국왕의 8촌 이상 친과 6촌 이상 자매의 배필 및 외가(이성) 6촌 이상 친과 4촌 이상 자매의 배필, 왕비의 6촌 이상 친과 4촌 이상 자매의 배필 및 외가 4촌 이상 친과 질녀의 배필, 왕세자빈의 부이다.

74) 『경국대전』 권1, 이전 경관직 의빈조.

75) 한충희, 1996, 「朝鮮初期 儀賓硏究」, 『朝鮮史硏究』 5, 16~33쪽・36~38쪽 <별표>.

外戚은 돈령부의 관직에 제수되었다. 돈령부에는 領事(1직, 정1)~參奉(2, 종9)의 19직이 있었는데, 나이 20세가 되면 그 배필의 지위와 신분에 따라 종7품 직장(공주 자 · 대군 서)~종9품 참봉(대군 · 왕자군 천첩 여)에 제수되었다.[76] 외척은 돈령부 외에도 문 · 무관과 같이 문 · 무반직에 제수되고 정1품직 이하에까지 승직하였다.

2) 武官職

武班職에는 中樞府 領事 이하 930여 경 · 외 정직과 내금위 상호군 이하 3,000여의 체아직이 있었다.[77] 이 중 백신과 산관인 군사 등은 참하관직 이하와 당하관직 이하의 정직이나 체아직을 획득하였다. 백신인 군사 등의 무반직 획득은 문반과 같이 전동정 · 도목정, 무과급제, 음서, 군공 등에 의하였다.

도목정 · 전동정 때에는 전 · 현직 무관과 무산계자를 대상으로 인사가 행하여 졌다. 도목정 · 전동정 때에 무관직을 획득한 백신 · 산관자 수를 구체적으로 알 수는 없지만 조선 관인의 제수 · 체직 · 승직 · 강직 등의 인사행정이 도목정을 토대로 운영되었음에서 이 때에 다수의 백신 · 산관자가 관직을 획득하였을 것으로 추측된다.

백신 · 산관으로서 무과에 급제자한 자는 그 성적에 따라 갑과 1등과 2~3등은 종6품직과 정7품직(산관자는 정3품 당하관직 이하)에 제수되었고, 을과와 병과는 別侍衛 · 訓練院權知에 제수되었다.[78] 무과급제를

76) 『경국대전』 권1, 이전 경관직 돈령부조.

77) 정직은 과전과 1년에 4차의 녹봉을 받는 관직이었고, 체아직은 근무 때에만 녹봉을 받는 관직이었다(한충희, 1994, 「관직과 관계」, 『한국사』 23, 104~106쪽).

78) 『경국대전』 권1, 이전 제과 · 권4, 병전 제과조.

통하여 관직을 획득하거나 현직에 제수된 수는 명확히 알 수는 없지만 조선초기의 급제자수가 3,493명이나 되었음에서[79] 상당히 많은 수가 무과를 통해 관직을 획득한, 즉 무과는 군사 등 백신이나 산계자가 무관직을 획득하는 중요한 통로가 되었다고 하겠다.

백신이나 산계를 가진 군사는 蔭敍를 통하여 무관직을 획득하였다. 음서를 통하여 무관직을 획득한 군사 등의 수는 불명하나, 탁음자격을 갖춘 관직·공신이 수천명이었음에서[80] 그 수가 상당이 많았을 것이라고 추측된다.

세조대 이후에는 국경방어·변란의 토벌과 관련되어 수차에 걸쳐 대규모의 인원을 대상으로 수천명의 인사를 군공 1~4등에 책록하고 그들에게 관계를 주거나 관직에 제수하였다.[81] 이에서 군공을 통해 다수의 백신이나 산관인 군사가 무관직을 획득하였다고 하겠다.

위에서와 같이 백신이나 산관인 군사 등이 도목정·무과급제·음서·군공을 통해서 획득한 관직에 있어서 정직과 체아직의 비중이 어떠한가는 명확히 알 수 없다. 그런데 조선초기에 운영된 무반관제를 보면 태조~태종대에는 4,000여 무반직 모두가 정직이었고,[82] 세종초 이후에 시위군 등을 중심으로 정직인 군직이 체아직으로 전환되면서 세종말까지는 대부분의 군직이 체아직이 되었다.[83] 그리하여 세종말 이후에는 정직은 경관과 외관을 합해 1,000여직에 불과한 반면에 체아직은 4,600여

79) 이성무, 위 책, 150~142쪽 <표 5-6>·156~157쪽 <표 4-11>.

80) 앞 <표 11-1>.

81) 앞 429쪽, 주9).

82) 앞 <표 4-9>.

83) 앞 141~151쪽.

직이나 되었듯이[84] 체아직이 무반직의 대부분을 점하였다. 또 대우와 기능면에서 정직자가 체아직 보다 우월하였고, 인사행정을 보면 제수·승직의 경우에 가자의 남발과 관련되어 태조~단종대에는 다소 적채됨에 그쳤지만 세조대 이후에는 인사가 많이 적채되면서 당상관이 7·8품의 군직에 제수되는 등 행직제수가 일반화되었다.[85]

이를 볼 때 백신인 군사 등은 태조~단종대에는 대개 도목정·무과·음서를 통해, 세조~성종대에는 도목정·무과·음서·군공을 통해 무관직을 획득하였다고 하겠다. 또 백신인 군사 등이 획득한 무관직은 태조~세종초에는 모두가 정직이었고, 세종중기 이후는 대개가 체아직이고 정직은 그 수가 많지 않았다고 하겠다.

3) 雜職·土官職

雜職에는 정6품 掌樂院 典樂 1직 이하 141 동반직과 종7품 破陣軍 勤事 이하의 1,600여 서반직이 있었다.[86] 백신이나 잡직계자는 그 재예와 군역종사 등을 통하여 관직을 획득하였다.

土官職에는 정5품 永興府 都務司 都務 이하 200여의 문반직과 정5품 영흥부 鎭北衛 勵直 이하 240여 무반직이 있었다. 이 동·서반 토관직을 누가 어떻게 획득하였는가는 그 관직적 지위와 관련된 사료의 부족으로 구체적으로 알기 어렵다. 그렇기는 하나 "평안도 연변군사에게 는 시험을 보여 1등 3명을 토관에 제수하였다"[87]라고 하거나 "순차가 된 사람

---

84) 앞 <표 4-12>·<표 5-6>, <표 4-11>.

85) 한충희, 1985, 「조선 세조~성종대 가자남발에 대하여」, 187~191쪽(『성종실록』 권75, 8년 1월 임자, 외).

86) 한충희, 1994, 「관직과 관계」, 『한국사』 23, 국사편찬위원회, 107~108쪽.

외에는 품계에 따라 隊副·白身은 부사직, 종8품은 종7품직, 종7품은 종6품직, 종6품은 종5품직에 각각 제수하였다"[88]고 하였다. 또 『경국대전』에 "邑司에 근무한 知印·六房錄事와 主事 去官者는 중앙 관아의 녹사와 서리의 예에 따라 토관직에 제수하고 永興·平壤府 驍衛에 근무한 군사 거관자는 토관직에 제수한다"[89]고 규정되었다. 그 외에도 이시애난토벌·건주위정벌 등에 유공하고 군공1~4등에 책록되면서 관계를 받거나 관직에 제수된 수천명의[90] 경우에 그들의 활동지역과 활동을 볼 때 군공으로 관직에 제수된 상당수는 문·무반 토관직이었을 것이라고 추측된다.

이에서 잡직과 토관직의 획득은 잡직은 그 구체적인 내용을 알 수 없지만 토관직 획득자는 대개 태조~단종대에는 임기를 채우고 거관하는 읍사 향리·효위군사와 시취된 연변군사였고, 세조~성종대에는 읍사향리·효위군사 거관자와 군공책록자였다고 추측된다.

## 제2절 加資와 遞職·陞職

### 1. 加資

#### 1) 文散階·武散階

문·무산계자의 승진은 산계·고하별로 차이는 있지만 대개 당상관은 準職箇滿·문무과와 문무과중시, 대소공로, 特旨 등에 의하였고, 당

---

87) 『세종실록』 권69, 17년 9월 을유.

88) 『세종실록』 권77, 19년 6월 기묘.

89) 『경국대전』 권1, 이전 외관직 토관·권4, 병전 외관 토관조.

90) 앞 429쪽, 주9).

하관 이하는 考課制에 따른 加資를 중심으로 文·武科와 文·武科重試, 勤務日數(仕數, 오위제병종), 功臣·原從功臣 책록, 軍功, 국왕즉위·왕세자의 책봉이나 탄생·大行 王·王妃의 장례와 附廟 때의 종사, 明使의 청탁, 문·무관 獎勸試, 代加, 特旨 등에 의하였다.[91]

考課制는 당하관 이하 문·무 관직자에게 일정한 근무기간이 차면 그 재직 때에 행하였던 인사평점에 따라 관직을 옮겨주고 관계를 올려주는 제도였다. 조선 개국초에는 경·외의 문반 모두와 무반 당상관에 한하여 고과에 따라 15개월에 1계를 가자하였다(무반 3품 이하는 제외).[92] 그후 관제정비, 경·외관의 권장, 효율적인 인사행정 등을 위하여 몇 차에 걸쳐 개변되면서 정비되었다. 세종대에는 5년(1423)에 송·원제를 참작하여 경관은 매 6개월에 1번씩(1考) 상·중·하로 근무성적을 매겨 5考3上 이상이면 1계를 가자하도록 개정하였고,[93] 수령은 5고3상 이상이면 1계를 가자하도록 규정하였다. 이어 7년에 무반도 문반의 예에 따라 5고3상 이상이면 1계를 가자하도록 개정·규정하였다.[94] 다시 26년에 경·외의 문·무 참외관(정7~종9품)은 당하관·참상관과는 달리 3고2상 이상으로 1계를 가자하도록 개정하였다.[95] 세종말까지 정비된 고과제가 세조~성종초의 『경국대전』 편찬과 함께 "6품 이상은 근무일

---

91) 崔承熙, 1985, 「朝鮮時代 兩班의 代加制」, 『震檀學報』60, 8~16쪽, 韓忠熙, 1985, 「朝鮮 世祖~成宗代의 加資濫發에 대하여」, 『韓國學論集』 12, 172~187쪽.

92) 『세종실록』 권23, 7년 6월 경자·같은 책 권29, 7년 7월 경진. 외관은 명확하지 않지만 "태조 1년에 수령의 고과법을 제정하였다"(『태조실록』 권1, 1년 8월 신해)고 한 것에서 가자제가 실시된 것으로 추측하였다(한충희, 위 논문, 166쪽).

93) 『세종실록』 권20, 5년 6월 갑인·같은 책 권47, 12년 1월 기사. 송·원제는 한충희, 위 논문, 166쪽 주7) 참조.

94) 『세종실록』 권29, 7년 7월 경진.

95) 『세종실록』 권106, 26년 11월 을해.

수 900일, 7품 이하는 근무일수 450일이 차면 관직을 옮겨주고, 또 5고3상(3~6품)과 3고2상(7~9품) 이상자에게 1계를 올려준다"고 법제화되었다.[96] 또 경외관으로서 '10考10上' 자는 상으로 1계를 가자받았다.[97]

문·무과와 문·무과중시는 관리를 임용하고 전·현직자의 자질을 향상시키기 위한 제도였는데, 산계자는 이를 통하여 승자되었다. 문·무과에 급제한 유직자(전·현직자, 산관)는 4계(갑과 1등), 3계(갑과 2·3등), 2계(을과 ), 1계(병과)를 가자받았고(資窮階인 정3품 通訓大夫는 1계-당상관에 승자, 문·무과 중시 동), 문·무과중시 급제자는 4~1계가 가자되었다.[98] 문과를 통하여 가자된 인원(전·현직자와 산관)은 584명이었고, 문과중시를 통하여 가자된 인원은 178명이었다.[99] 무과를 통하여 가자된 인원은 그 급제자 수가 문과보다 월등히 많은 3,493명이었음에서 문과를 통한 가자자보다 많았을 것으로 추측되었고, 무과중시를 통하여 가자된 인원은 308명이었다.[100] 이에서 조선초기를 통하여 문과와 무과를 통하여 수백명의 문·무 현직자와 산계자가 가자되었고, 이 점에서 문·무과는 문·무관과 산계자가 가자되는 주요한 통로가 되었다고 하겠다.

甲士·別侍衛 이하 오위에 소속된 제종의 군사는 그 근무일수 39일(충찬위)~1,080일(팽배·대졸)이 차면 백신자는 무산계를 받았고, 산계자는 1계가 올랐다. 그런데 갑사 등 근무일수에 따라 가자되는 오위 당번자는 일시에 총 11,000여 명이나 되었다(정수가 없는 충순·족친·충찬위와

96) 『경국대전』 권1, 이전 경관직·외관직, 권4, 병전 경관직조.

97) 『경국대전』 권1, 이전 포폄조.

98) 『경국대전』 권1, 이전 제과·권4, 병전 제과조.

99) 이성무, 위 책, 150~152쪽 <표 20>.

100) 동 상조.

보충대 제외).[101] 이를 볼 때 오위 근무를 통하여 가자되는 무관과 산계자는 그 수에서 그 외의 어떠한 加資 通路보다도 많았을 것이라고 추측된다.

<표 11-5> 『경국대전』 병종별 분번수 · 복무개월 · 가계소요 근무일수(병전 번차도목조)

| 병종 | 분번수 | 복무개월 | 가계일수 | 비고 | 병종 | 분번수 | 복무개월 | 가계일수 | 비고 |
|---|---|---|---|---|---|---|---|---|---|
| 겸사복 | | | | | 팽배 | 5 | 4 | 1,080 | |
| 선전관 | | | | | 대졸 | 5 | 4 | 1,080 | |
| 내금위 | | | | | 정병 | 8 | 2 | 64 | |
| 갑사 | 5 | 6 | 62 | | 충순위 | 7 | 12 | 74 | |
| 별시위 | 5 | 6 | 48 | | 족친위 | 장번 | | 144 | |
| 친군위 | 2 | 12 | 56 | | 충의위 | 장번 | | 144 | |
| 파적위 | 5 | 4 | 106 | | 충찬위 | 5 | 4 | 39 | |
| 장용위 | 5 | 6 | 62 | | 보충대 | 4 | 4 | 1,000 | 잡직 |

공신 · 원종공신은 조선건국이나 태종 · 세조의 즉위 등에 끼친 공로로 책록되었던 만큼 그와 관련되어 본인과 가자되고 자 · 손이 가자되거나 음직에 제수되는 혜택을 받았다. 조선 개국으로부터 성종 2년까지는 총 7회와 4왕대에 걸쳐 230여명(중복자 제외)의 공신과 6,000여명 이상의 원종공신이 책록되었다.[102] 공신책봉으로 인해 가자된 인원을 보면 그 책봉시기 · 인원 · 상전을 볼 때 태조 1년~단종 1년에는 1~3계가자를 합하여 3,000여 명 이상이 가자되었고, 세조 1년~성종 2년에는 4,000여명 이상이 가자된 것으로 추측된다.

조선에서는 국방과 반란토벌 등 각종 군사활동에 공을 세운 문 · 무반과 군사를 권장하기 위하여 軍功에 책록하고 관계를 올려주고 관직을

101) 민현구, 위 책, 163쪽 「오위소속 병종 일람표」(『경국대전』 권4, 병전번차도목조).

102) 앞 431쪽 <표 11-1> 참조. 태종원종공신은 수가 불명하나 태조원종공신 등의 예에 미루어 1,000여명 이상으로 추측하여 파악한다.

제수·승직시켰다. 군공을 통한 가자는 개국초부터 실시되었지만, 세조대 이후에 빈번하면서도 대대적으로 실시되었다. 이 중 1467년(세조 13)에는 이시애난의 토벌과 건주위정벌을 기해 3,500여명과 3,000여명을 군공 1·4등에 책록하는 등 세조~성종대에는 총 10,000여명 이상이 군공에 책록되고 1~초3계를 가자 받거나 1계를 대가 받았다.[103] 이러한 군공책록자를 볼 때 세조~성종대에는 10,000여 명 이상이 1~초3계의 문산계나 무산계를 가자 받았다고 하겠다.

전·현직 양반관료 등 수만 명은 다음의 표와 같이 1449년(세종 31)~1449년(성종 25)에 20여차에 걸쳐 신왕즉위, 왕비고명, 왕세자와 왕세손 탄생, 왕비부묘, 佛瑞 등을 기해 1계를 가자 받거나 대가를 받았다. 가자가 실시될 때마다 다소 차이는 있지만 정3품 通訓大夫·禦侮將軍(세종~단종)과 종3품 中直大夫·建功將軍(세조~성종대)이하는 1계를 가자받았고, 당상관(通政大夫·折衝將軍 이상)과 정3품(통훈대부·어모장군)이상은 자나 손 등이 1계를 받았다. 세조~성종대에 대가를 받을 수 있는 당상관이나 정3품 당하관 이상의 수는 백관을 대상으로 실시된 20여회의 가자, 수십~수백명을 대상으로 실시된 20여회의 가자[104] 등에서 당상관만 하여도 수백명이었고,[105] 정3품 당하관은 부지기수였다고 추측되었다. 이를 볼 때 세종 31년~성종 25년에 걸쳐 정3품 당하관이나 종3품 이하 전·현직 관인 등 수만명이 1계를 가자 받았고, 정3품 당상관이나 정3품 당하관 이상 수천명의 자나 손 등이 1계를 받았다고 하겠다.

---

103) 한충희, 위 「조선 세조~성종대의 가자남발에 대하여」, 176~178쪽(책록사유와 인원·등급·가계수는 앞 429쪽 주9) 참조).

104) 한충희, 위 논문, 172~174쪽·185쪽 <표 2-ㄱ>.

105) 한충희, 위 「조선 세조~성종대의 가자남발에 대하여」, 191쪽 주157).

바로 이러한 상황에서 대가를 받아 정3품 通訓大夫·禦侮將軍에까지 도달한 자까지 있게 되었다.[106)]

<표 11-6> 세종~성종대 백관 등을 대상으로 실시된 가자[107)]

| | | 가자배경 | 가자대상 및 인원 | | 가자수 |
|---|---|---|---|---|---|
| 세종 | 31.12 | 세자쾌유 | 종친·전현직 문무백관·중앙군사 등 | 수천명 | 1계 加資(資窮<정3품 통훈대부·어모장군 등> 이하)나 代加(당상관) |
| 문종 | 1.1 | 국왕즉위 | 〃 | 〃 | 〃 |
| 단종 | 즉위.윤9 | 국왕즉위 | 〃 | 〃 | 〃 |
| 세조 | 1.윤6 | 국왕즉위 | 종친·전현직 관인 등 | 수천명 | 1계 가자(자궁 이하)나 대가(당상관) |
| | 3.8 | 세자쾌유 | 시위종친·대신·장졸 등 | 〃 | 1계 가자(종3 이하)나 대가(자궁 이상) |
| | 7.12 | 왕세손출생 | 현직 종3품 이하 관인 | 〃 | 1계 |
| | 10.6 | 圓覺寺祥瑞 | 현직 자궁(정3품 통훈대부·어모장군) 이하 관인 | 〃 | 1계 가자(종3 이하)나 대가(자궁) |
| | 11.4 | 〃 | 〃 | 〃 | 〃 |
| | 12.3 | 表訓寺 祥瑞 | 호가종친·대신·장졸 등 | 〃 | 1계 가자(종3 이하)나 대가(자궁 이상) |
| | 13.4 | 원각사상서 | 현직 자궁 이하 관인 | 〃 | 1계 가자(종3 이하)나 대가(자궁) |
| 예종 | 즉위.12 | 국왕즉위 | 현직 자궁 이하 관인 | 수천명 | 1계 가자(종3 이하)나 대가(자궁) |
| 성종 | 즉.11 | 국왕즉위 | 현직 자궁 이하 관인 | 수천명 | 1계 가자(종3 이하)나 대가(자궁) |
| | 6.12 | 懿敬王誥命 | 〃 | 〃 | 〃 |
| | 7.11 | 왕세자출생 | 〃 | 〃 | 〃 |
| | 12.5 | 왕비고명 | 〃 | 〃 | 〃 |
| | 16.5 | 世祖妃祔廟 | 〃 | 〃 | 〃 |
| | 25.2 | 왕세손출생 | 〃 | 〃 | 〃 |

106) 최승희, 1985, 「朝鮮時代 兩班의 代加制」, 『진단학보』 60, 15쪽(『예종실록』 권3, 1년 2월 신묘·권4, 1년 윤2월 을축).

또 세조~성종대에는 공신·관료·왕실행사참여자 등에 대한 우대에 따라 당사자와 그 자나 손 등을 대상으로 한 수명~수백명을 대상으로 한 가자가 빈번하게 실시되었다. 이에 따라 공신동맹·공신연에 참가한 공신과 그 장자나 장손, 대책시·무예시에 급제한 문·무관, 예종부묘와 정희왕후장례를 관장한 도감관과 집사관, 명사접대에 참여한 낭청, 사옹원구화 참여자 등 수천여명이 1~3계를 가자받거나 1계를 대가받았다.[108] 그 중 수십~수백 명을 대상으로 실시된 가자를 표로 정리하여 제시하면 다음과 같다.(<표 11-7>)

종3품 이하 문·무관은 그 才藝의 연마와 관련된 장권책에 따라 실시된 각종 재예시를 통하여 가자되었다. 종3품 中直大夫 이하는 매년 춘·추에 表·箋·詩·文 중 1분야로 실시된 시험을 통하여 가자되었고, 경·외의 교관은 생도의 小科나 大科 급제자의 수에 따라 1계가 가자되었고, 弘文館官과 承文院官은 每月과 每旬에 실시된 경전 등의 考講으로 각각 1계가 가자되었다.[109] 侍衛軍·營鎭軍·守城軍과 산관은 매년 춘·추에 射·槍·武經講書 등으로 실시된 都試(1등)를 통하여 1~2계가 가자되거나 군직에 제수 또는 승직되었고,[110] 세조 때에는 武才登

---

107) 최승희, 위 논문, 8~11쪽, 한충희, 위 논문, 172~174쪽·185쪽 <표 2-ㄱ>.

108) 한충희, 위 논문, 178~186쪽.

109) 『경국대전』 권4, 예전 장권조. 그 가자 기준은 다음과 같다.

재예시 ; 1등 1차, 2등 2차, 3등 3차　　홍문관관 ; 1등 5차(자궁은 승직)
교육　; 경 - 진사 10인이나 급제 3인,　승문원관 ; 1등 5차
　　　　외방 - 진사 5인이나 급제 1인.

110) 한충희, 1986, 「朝鮮初期 都試硏究」, 『한국학논집』 13, 236~244쪽. 그 시기별 1등(상등)에 대한 상전은 다음과 같다.

세종 7년 이전 ; 수품승직　　세종 25년　; 給到 200
　　　7년　　; 1계초자　　단종대 이후; 갑사충보·군직제수

錄者와 入番 衛將·部將·鎭撫·宣傳官 등은 병서강론을 통해 1계가 가자되었다.111)

<표 11-7> 세조~성종대 실시 대규모 가자(공신·군공책록에 따른 자손이나 본인가자 제외)112)

| | | 가자배경 | 가자대상 및 인원 | | 가자수 |
|---|---|---|---|---|---|
| 세조 | 2.11 | 功臣同盟 | 5공신과 그 자손* | 180여명 | 1계(종3품이하 가자, 자궁<정3품>이상 대가. |
| | 4.2 | 功臣宴 | 공신·공신적장 계비자 | 수십명 | 1게나 2계 이상 |
| | 4.10 | 〃 | 공신·공신적장 자궁계(정3품 당하)이하 | 〃 | 1계(종3품이하 가자, 정3품 이상 대가) |
| | 7. | 功臣會盟 | 공신 친자·적장 자궁 이하 | 수십명 | 1계(종3품이하 가자, 정3품 이상 대가) |
| | 10.7 | 對策試 | 入格者 | 〃 | 1계 가자나 대가 |
| | 13.12 | 司饔院救火 | 구화참여자 | 200여명 | 1계(질비자) |
| 예종 | 1.4 | 武藝試 | 입격자 | 84명 | 1~3계 가자나 1계 대가 |
| 성종 | 3.1 | 睿宗祔廟 | 종3품 이하 부묘집사 | 200여명 | 1계 |
| | 3.11 | 공신연 | 공신·공신적장 자궁이하 | 수십명 | 1계(종3품이하 가자, 정3품 이상 대가) |
| | 5.3 | 〃 | 공신 적자·적손 종3품 이하 | 수백명 | 1계 |
| | 11.7 | 明使支待 | 영접도감낭청·본향 수령·감조관 등 | 수십명 | 1계가자나 승직 또는 서용 |
| | 14.7 | 貞熹王后국상 | 운구관리·국장3도감관리 등 | 120여명 | 1계 가자나 대가 또는 승직 등 |
| | 16.1 | 공신·대신우대 | 공신·대신 적장 임사자 | 수십명 | 가자나 서용 |
| | 17.10 | 외척우대 | 심씨·윤씨·한씨족친 | 200여명 | 1계(종3품 이하 가자, 정3품 이상 대가) |

* 개국·정사·좌명·정난·좌익공신.

---

13년 ; 갑사 충보나 군직 (체아직) 제수
25년 이전 ; 1계가자
폐지
세조 6년 ; 1계 가자나 급도
경국대전 ; 1계 가자나 급도

111) 『세조실록』 권34, 10년 9월 계유.

112) 한충희, 위 논문, 178~185쪽·186쪽 <표 2-ㄴ>.

당상관은 "通政大夫 이상은 모두 특지로서 제수한다"[113]라고 하였듯이 근무기간이 없이 특지에 의해 승자되었다. 특지에 위한 가자는 문종대까지는 그 수가 많지 못하였으나 단종대, 특히 세조대 이후에는 당상관 이하 수명~수십명을 대상으로 빈삭하게 행해지면서 인사행정을 문란시킨 주요한 토대가 되었다.[114]

그 외에도 藝文館 奉敎 이하, 成均館·承文院·校書館 博士 이하, 訓練院 參軍 이하로서 품계가 낮은 자는 그 관직에 상응되는 품계를 올려 받았다.[115] 永安道 洪原 이북과 平安道 博川 이서 군현의 교관에 제수되는 자는 1계를 가자 받았고,[116] 각종 범죄자를 체포하거나 고발한 관인과 백신도 그 상으로 1계를 가자 받거나 관계를 수여받았다.[117]

이를 볼 때 문·무산계의 가자는 태조 1년~세종 30년에는 고과제에 토대한 전동정·문과와 무과급제와 원종공신 책록을 통한 것이 중심이 되었고, 세종 31년~성종 25년에는 전자에 의한 가자자도 상당하였겠지만 백관 등에게 행해진 은사·원종공신책록·군공책록·특지에 의한 가자가 중심이 되었다고 하겠다.

### 2) 宗親階·儀賓階

종친·의빈은 고과제(종친), 국왕즉위 등으로 인한 恩賜, 문·무과급제, 문·무예장권, 특지 등을 통하여 가자되었다.

---

113) 『성종실록』 권140, 13년 4월 임자.

114) 『조선왕조실록』 태조 1년~성종 25년조. 그 구체적인 사례는 한충희, 위 「조선 세조~성종대 가자남발에 대하여」, 172~187쪽 참조.

115) 『경국대전』 권1, 이전 경관직 예문관.

116) 『경국대전』 권1, 이전 외관직.

117) 『경국대전』 권5, 형전 포도조.

宗親은 일시적이기는 하나 고과제에 따라 5품 이하는 매 15개월에 가자되었고, 종4품~조3품은 조관과 같이 5고3상으로 가자되었다.118) 세종 31년~성종 25년에 백관 등을 대상으로 실시된 은사가자 때에는 조관과 같이 1계가 가자되거나 대가되었다(앞 <표 11-6>). 성종대에는 종친시를 통하여 1~3계가 가자되었다.119) 또 종학에서의 학문성취, 강경시와 무예시 등을 통하여 1계가 가자되거나 대가되었다.120) 세조대에는 세조의 종친우용에 따라 특지로 다수가 가자되거나 대가되었다.121)

儀賓은 恩賜나 특지에 따라 가자되었다. 세종~성종대에 백관 등을 대상으로 행해진 가자에는 의빈도 조관과 같이 1계가 가자되거나 대가되었다(앞 <표 11-6>). 세조대에는 세조의 의빈우용에 따라 특지로 다수가 가자되거나 대가되었다.122)

이에서 조선초기의 종친·의빈의 가자는 태조 1년~세종 30년에는 특지에 의한 것이 중심이 되었고, 세종 31년~성종 25년에는 백관 등을 대상으로 한 은사와 특지가 중심이 되었다고 하겠다.

### 3) 雜職階·土官階

잡직계자는 잡과, 군공, 공신·原從공신에의 책록, 代加 등에 의해 가자되었다. 동·서반 잡직계는 동·서반과 같이 참상관은 「5고3상」, 참하관은 「3고2상」의 고과성적에 의해 승자되었다.123) 세조원종공신에 책록

---

118) 『세종실록』 권100, 25년 5월 무인.

119) 『성종실록』 권173, 15년 12월 갑인.

120) 『세조실록』 권28, 8년 3월 병신, 권2, 1년 8월 임술, 권3, 2년 2월 을묘·계해, 외.

121) 『세조실록』 권6, 3년 1월 을유·권8, 3년 7월 병인·권20, 6년 5월 을유, 외.

122) 『세조실록』 1~14년조.

된 70여 명은 1계가 가자되었다.[124] 세종~성종대에 실시된 백관 등을 대상으로 실시된 은사 때에도 1계가 가자되거나 대가되었다(<표 11-6>). 이에서 잡직계의 가자는 세종 30년까지는 고과제 · 잡과, 세종 31년 이후는 이것에 백관 등을 대상으로 한 은사가 중심이 되면서 행하여졌다고 하겠다.

토관계의 가자는 그 성격 · 지위와 관련되어 구체적인 내용을 알기 어렵다. 그렇기는 하나 세조~성종대에는 李施愛亂 토벌 · 建州衛 정벌 등 때에 유공하고 군공 1~4등에 책록되면서 1~초3계가 가자된 수천명(앞 429쪽 주9))의 상당수가 토관일 것이라고 추측되었다. 『경국대전』에 "가계와 체직은 경관과 같고, 6품 이상은 경관의 곱이다"[125]라거나 "永興府와 平壤府의 驍尉는 서울에 있는 隊卒의 예에 따라 근무일수가 차면 가계하고 거관할 때 토관직에 제수한다"[126]고 규정되었다. 이점에서 토관은 세조대 이전에는 箇月法(동반)과 근무일수(서반)로, 세조대 이후에는 개월법(동반)과 근무일수 · 군공(서반)으로 가자되는 경향이 현저하였다고 하겠다.

## 2. 遞職 · 陞職

### 1) 文官職

#### (1) 朝官

경 · 외의 문관은 고과 · 포폄 · 개월법에 토대한 도목정 · 전동정, 문

123) 『경국대전』 권1, 이전 경관직조, 『경국대전』 권4, 병전 경관직조.

124) 『세조실록』 권8, 3년 8월 신축 · 권20, 6년 5월 경자, 외.

125) 『경국대전』 권1, 이전 외관 토관 · 권4, 병전 외관 토관직조.

126) 『경국대전』 권4, 병전 외관 토관직.

과 · 문과중시, 공신 · 원종공신책록, 각종 공로, 특지 등에 의해서 체직 · 승직되고 강직 · 파직되었다.

朝官은 정3품 通政大夫 이상은 대소공로 · 특지에 의하였고, 정3품 通訓大夫 이하는 고과제 · 개월법 · 포폄법에 토대한 도목정 · 전동정 때에 체직 · 승직되고 강직 · 파직되었다(당상관은 임기가 없고, 座目과 特旨에 의하였다).[127] 『경국대전』을 보면 경관은 당하관 이하는 900일과 450일의 임기가 차면 5考3上(참상관 이상)자와 3考2上(참하관)자는 가자되면서 체직되는데, 議政府 · 六曹 관원은 陞職되면서 체직되고 그 외는 平遷되었다.[128] 이에 비하여 10고2중자는 無祿官에 체직되었고, 10고3중 · 5고2중(당상 수령은 1중)자는 파직되었다.[129] 외관은 경관과 같이 가자 · 체직되나 그 임기가 360일(관찰사 · 도사)과 1,800일(수령, 당상관 · 未挈家 수령은 900일)이었다[130] 그런데 실제의 인사행정을 보면 태조~문종대에는 인사규정이 준수되면서 체직 · 승직이 크게 적채되지 않았으나, 단종대, 특히 세조대 이후는 가자남발로 인한 산계자가 양산되고 고계화가 촉진되면서 행직제수가 만연하고 체직 · 승직이 크게 적채되었다.[131]

---

127) 『성종실록』 권140, 13년 4월 임자, 『경국대전』 권1, 이전 경관직 · 포폄 · 고과조, 『세종실록』 권92, 23년 5월 임자, 외.

128) 『경국대전』 권1, 이전 경관직.

129) 『경국대전』 권1, 이전 경관직 포폄조.

130) 『경국대전』 권1, 이전 외관직.

131) 한충희, 위 「조선 세조~성종대의 가자남발에 대하여」, 187~193쪽. 예컨대 당상관이 8~9품의 군직에 제수되는가 하면, 제사의 종9품직인 參奉은 10년이 경과되어도 종8품직인 奉事에 승직되지 못하였고, 별좌는 1년이 지나면 정직에 제수되어야 했지만 30~60개월이 지나도 체직되지 못하였고, 제읍의 教授는 임기가 찬 후 7~8년이 되어도 체직되지 못하였다. 각사 參外官은 임기가 찬 후 2~6년이 지나도록 체직되지 못하였고, 성중관은 임기가 차면 取才를 거쳐 守令이나 驛丞에 제수되도록 되었지만 종신토록 正職에 진출하지 못하는 경우가 허다하였다.

경・외 조관은 문과・문과중시를 통하여 승직되었다. 태조 2년~세종 25년에는 관직에 비하여 배출된 산관이 적었기 때문에 원활한 국정운영을 위하여 문과에 급제한 관인과 문과중시급제자 모두가 제수되거나 승직되었다.132) 그러다가 세종 26년에 을과는 그대로 제수하나 병・동진사과는 삼관권지에 배속하는 것으로 개정된133) 후 『경국대전』에 법제화되었다.

경・외 조관은 단종 1년에 注書로서 정난3등공신에 책록된 柳子煥과 예종 즉위년에 주서로서 익대3등공신에 책록된 趙益貞이 이후 인사 때마다 가자・승직되면서 그 6년과 3년 미만에 당상계에 오르고 同副承旨와 刑曹參議에까지 승진한134) 예와 같이 관계(관직)가 낮은 공신은 공신책록을 계기로 근무기간에 구애되지 않고 승직되는 특혜를 받았다.

경・외 조관은 특지로 승직되었다. 특지에 의한 승직은 단종대까지는 그 수가 많지 못하였으나 세조~성종대에는 세조의 정통성 결여, 예종의 조서・유년의 성종계위 등에서 기인된 백관위무와 관련되어 인사규정을 초월한 대대적이고 빈삭한 가자와 당하관 이하는 물론 1품직 이하를 대상으로 한 승직이 행해졌다.135)

그 외에도 예문관 봉교 이하, 성균관・승문원・교서관 박사 이하, 훈련원 참군 이하는 상위직에 결원이 생기면 차 하위자가 차례 자례로 승직하였다(次次遷轉).136) 또 예문관과 승문원・홍문관의 5품관 이하는

132) 『조선왕조실록』 태조 2년~세종 25년(『세종실록』 권106, 26년 11월 정축).

133) 『세종실록』 권106, 26년 11월 정축.

134) 『조선왕조실록』 단종 1년~세조 5년・예종 즉위년~성종 1년.

135) 한충희, 위 논문, 172~187쪽.

136) 『경국대전』 권1, 이전 경관직 예문관.

수령직을 거치지 않고도 4품 이상에 승자하는 우대를 받았다.137)

이에서 조관은 태조~문종대에는 대개가 고과제·문과와 문과중시·공신과 원종공신 책록을 통해 체직·승직되었고, 단종~성종대에는 상당수가 고과제·문과와 문과중시·공신과 원종공신 책록을 통하기도 하지만 대소 공로·특지를 통해 체직·승직되는 경향이 현저하였다고 하겠다.

(2) 宗親·儀賓·外戚

종친·의빈은 조관과는 달리 정원과 임기가 없기에 가자와 함께나 재행을 토대로 한 특지에 의해 승직되었고, 외척은 조관과 같이 체직·승직되고 강직·파직되었다.

종친·의빈은 '不任政事'가 천명되면서 원칙적으로는 종친·의빈직에 제수되어 후한 봉록을 누릴 뿐 정사에는 참여하지 못하였다. 그러나 개국초의 정치분위기, 왕권·국왕의 정치스타일과 관련되어 태조·정종·세조대에는 다수의 종친·의빈이 의정부·육조 등의 당상관직에 제수되었고, 의정 이하에까지 승직되면서 정치에 큰 영향력을 발휘하였다.138) 특히 세조대에는 다수의 종친·의빈이 특지로 의정부·도총부 등의 추요직에 파격적으로 승직되었다.139)

외척은 조관과 같이 체직·승직되고 강직·파직되었다. 세조대 이전에는 왕비·후궁·세자빈의 부 등이 파격적으로 승직되기는 하나 그

137) 『성종실록』 권11, 성종 2년 8월 신축(예문관), 『경국대전』 권1, 이전 경관직(승문원·홍문관).

138) 한충희, 1995, 「조선 세조대(1455~1468) 종친연구」, 『한국학논집』 22, 188~205쪽.

139) 한충희, 위 「세조~성종대의 가자남발에 대하여」, 183쪽.

수가 많지 못하였다.[140] 그러나 세조대 이후에는 "세조비 윤씨의 동생인 士昕은 세조 즉위~11년에 걸쳐 정랑에서 공조판서에까지 승직되었고, 사흔의 아들인 繼謙은 세조 3~13년에 걸쳐 음서로 세자우참군에 제수되었다가 동부승지에까지 승직되었다"[141]고 한 예와 같이 다수의 인원이 자주 파격적으로 승직되었다.

이에서 종친·의빈·외척은 그 특수한 신분과 관련되어 역대 국왕의 우대를 받으면서 승직되고 추요직에 제수되는 우대를 누렸고, 특히 세조대 이후에는 그 수가 크게 증대되고 그 승직경향이 현저하였다.

2) 武官職

무관에는 정직과 체아직이 있었다. 정직은 문관과 같이 고과·포폄·개월법에 토대한 도목정·전동정, 무과·무과중시, 공신·원종공신책록, 각종 공로, 특지 등에 의해서 체직·승직되고 강직·파직되었다.

체아직은 근무일수를 토대로 한 순차와 재예시의 성적에 따라 소속부대의 차상위직에 승직되거나 강직되었다.[142] 또 정직과 같이 무과·무과중시, 공신·원종공신 책록, 각종 공로, 특지 등에 의해 체직·승직되었다. 체아직 중에서도 宣傳官·內禁衛는 무예가 탁월하고 왕의 최측근에서 시위한 직장과 관련되어 시험을 거치지 않고 僉節制使·萬戶·邊方守令에 제수되었고,[143] 내금위는 集賢殿에 비교되는[144] 등 높은 지위를

140) 『조선왕조실록』 태조 1년~단종 2년조.

141) 『세조실록』 즉위년 12월~13년 8월조.

142) 『경국대전』 권1, 이전 경관직 체아조.

143) 『경국대전』 권4, 병전 외관직·군관조.

144) 『성종실록』 권7, 1년 5월 계묘·권19, 2년 12월 정사.

누렸다.

이에서 무관은 태조~문종대에는 대개가 고과제·무과와 무과중시·공신과 원종공신 책록을 통해 체직·승직되었고, 단종~성종대에는 상당수가 고과제·무과와 무과중시·공신과 원종공신 책록을 통하기도 하지만 대소 공로·특지를 통해 체직·승직되는 경향이 현저하였다고 하겠다.

3) 雜職·土官職

잡직과 토관직이 어떻게 체직되고 승직되었는가는 명확하지 못하다. 그런대 잡직·토관의 천관·가계 기간(사수)이 "체직과 가계에 소요되는 근무일수는 경관과 같다. (단지) 6품 이상의 가계는 (경관 근무일수의) 곱절에 의한다"[145]고 규정되었다. 또 토관은 순차와 품계를 토대로 초직(부사직)이나 차상위직에 제수되었다.[146] 그런가하면 근무일수로 가계되는 무반 체아직의 승직이 근무일수를 토대로 한 순차와 才藝試 등의 성적에 따라 소속 부대의 차상위직에 승직되거나 강직되었다.[147] 이에서 잡직과 동반 토관직은 문반과 같이 체직·승직되거나 강직·파직되었고, 서반 토관은 무반체아직과 같이 근무일수를 토대로 한 순차에 따라 승직된 것으로 추측된다.

---

145) 『경국대전』 권1, 이전 경관직 잡직·토관직조.

146) 『세종실록』 권77, 19년 6월 기묘.

147) 『경국대전』 권1, 이전 경관직 체아직조.

## 제3절 官階·官職別의 地位

### 1. 官階別 地位

조선초기의 관계는 그 出身, 職秩 등과 관련되어 文散階, 武散階, 宗親階, 儀賓階, 雜職階, 土官階로 구분되었다. 그러면 이들 관계의 지위는 어떠하였겠는가? 그 관계적 지위를 관계자의 身分, 官階·官職·官衙構造, 인사행정, 관직별 지위 등을 통해서 살펴본다.

문산계 등 보유자의 신분을 보면 문산계 보유자는 대개가 양반이었고, 무산계 보유자는 대개가 양반·양인이었다. 종친계와 의빈계 보유자는 종친과 왕·왕자의 사위였고, 잡직계 보유자는 대개가 중인이었고, 토관계 보유자는 대개가 지방향리이거나 양인이었다.[148]

『경국대전』에 규정된 관계·관직·관아구조를 보면 각각 문·무산계는 정1~종9품의 30계, 종친계는 정1~정6품의 22계, 의빈계는 정1~종3품의 12계, 동·서반 잡직계는 정6~종9품의 10계, 동·서반 토관계는 정5~종9품의 14계가 있었다. 이러한 관계구조는 그 산계에 제수되는 자의 신분과 관련되어 오를 수 있는 上限(限品)규정에서 기인된 것이었다. 즉, 양반은 한품에 구애되지 않고 정1품에까지 오를 수 있었다. 그러나 중인은 원칙적으로 정3품 당하관까지밖에 오를 수 없었다. 기술관·서얼은 정3품 당하관에 까지 오를 수 있었고, 토관·향리는 정5품에까지 오를 수 있었고, 녹사는 종6품에까지 오를 수 있었으며, 서리는 종7품에까지 오를 수 있었다.[149] 관직은 관계에 대응

148) 이성무, 1980, 『조선초기 양반연구』, 일조각, 85~87쪽.

149) 李成茂, 1976, 「官職制度를 通해 본 朝鮮初期 兩班의 身分的 地位」, 『國民大論文集』 11, 122쪽.

되면서 운영되었는데, 각각 문·무반직에는 정1～종9품직, 종친직에는 무품～정6품직, 의빈직에는 정1～종3품직, 잡직에는 정3～종9품직, 토관직에는 정5～종9품이 있었다.

인사행정을 보면 가계는 문산계는 고과제(참상관은 「5고3상」, 참하관은 「3고2상」)에 의해 가자되었고, 무산계·잡직계·토관계는 고과제(무반정직, 동반 잡직·토관)나 근무일수(무반 체아직·서반 토관)에 따라 가자되었다.[150] 이 때 토관 참상계는 경관의 곱절의 기간으로 가자되었고, 잡직은 1년에 4都目으로 교체되는 관직인 만큼 승자가 크게 지체되었다.[151] 또 잡직·토관직이 동·서반직에 제수될 경우에는 1품계가 강등되었을 뿐만 아니라 그 품의 제일 끝자리로 규정되었다.[152]

관직별 지위를 보면 문반직 등 관직 제수자의 신분·한품·가자와 승직·직장·정치운영참여도 등과 관련되어 尊親으로서 우대는 받되 정사참여에서 배제된 종친·의빈직을 제외할 때 문반직이 가장 우월하고 무반직, 잡직, 토관직의 순서였다(뒤 2 관직별 지위).

이상에서 산계별 지위는 정사참여도와 관련하여 대비가 곤란한 종친·의빈계를 제외할 때 문산계가 가장 우월하였고, 무산계, 잡직계, 토관계의 순서였으며, 잡직·토관계에 있어서는 동반이 서반보다 우월하였다고 하겠다.

## 2. 官職別 地位

조선초기의 관직은 그 출신, 근무지, 대우, 기능, 직질 등과 관련되어

---

150) 『경국대전』 권1, 이전 경관직조, 『경국대전』 권4, 병전 경관직조.

151) 『경국대전』 권1, 이전 토관직·잡직조.

152) 『경국대전』 권1, 이전 잡직.

文班·武班·雜職, 京官·外官職, 祿職·無祿職, 宰相·清要·庶官職, 堂上·堂下·參上·參下官職 등으로 구분되었다. 이들 관직의 지위는 출신·기능·대우 등을 볼 때 문반·경관·녹·재상·당상관직이 가장 우월하거나 지위가 높았고, 무반, 잡직 등의 순서라고 추측되었다. 그러면 이들 관직의 실제 지위는 어떠하였겠는가? 이 중 문반·무반·잡직과 경관·외관직의 관직적 지위를 각 관직 제수자의 신분, 대우, 제수관직과 그 기능, 국정운영 등을 통해서 살펴본다.

문관직 등 제수자의 신분은 그 출신과 관련되어 문관직은 대개가 양반으로 제수되었고, 무관직은 양반·양인으로 제수되었으며, 잡직은 중인·양인으로 제수되었다.153)

각 관직자에 대한 대우를 보면 문·무반 정직은 근무기간과 考課·褒貶制를 토대로 가자·체직·승직되었고, 과전과 1년에 4차례의 녹봉을 받았다. 무반 체아직은 근무기간에 따라 受祿하였고, 근무일수에 따라 가자되었으며, 순차에 따라 체직·승직되었다.154) 잡직은 모두가 체아직이었고, 토관은 녹봉이 없었다.

조선초기의 정치는 소수의 직계아문 당상관이 국왕을 받들고 속관과 육조속아문 당하관 이하 관인·도관찰사 이하 외관을 지휘하면서 운영하였다. 이 때 직계아문 당상관에 제수된 관인의 출신을 보면 조선초기를 통하여 대부분이 문관이었고, 일부가 무관이었다.155) 또 군사를 총관

153) 이성무, 위 책, 85~114쪽.

154) 『경국대전』 권4, 병전 번차도목 도목·체아·가계조, 권1, 이전 경관직 체아, 권2, 호전 녹과조.

155) 『조선왕조실록』 태조 1년~성종 25년조. 이 중 판서·참판·참의·승지의 경우에 각각 문관·무관의 비율이 65.7%, 63.5%, 57.3%, 70.1%였다(출신불명자 제외, 한충희, 1987, 「조선초기 육조연구 첨보 -육조와 통치기구와의 관계를 중심

한 五衛都摠府 都摠管・內禁衛將 이하 당상관직에 있어서도 그 모두는 겸직일 뿐만 아니라 겸직자의 대부분이 문관이었다.156)

관직간의 대우를 보면 경직은 외관직에 비해 근무기간・가자・승직이 빨랐고, 경제적처우 등에서 우대되었다.157) 당상관직 100여직은 80여직이 문반직이고 20여직이 무반직이었으며, 그나마 무반직의 대부분은 무임소 당상관이 대기하는 중추부의 관직이었다.158) 국정운영을 주도한 재상은 대개가 문반이었고, 문반정직자가 피핵・근무성적・질병 등으로 좌천할 때 동품의 무반직이나 외관에 제수되었고,159) 무반직자가 영전할 때는 동품의 문반직에 제수되었으며,160) 무록관 특별공로자와 임기가 찬 수령 및 교수는 대개 경관직과 문반직에 제수되었다.161) 잡직・토관직이 문・무반직에 제수되는 경우에 그 수가 적기도 하였지만 1품계를 내려 제수되고 그 위차도 그 품의 가장 끝이었다.162) 역적연루자로서 仕路 허용자는 동반직의 제수가 금지되었고, 동반 재직자는 서반에 개수

으로-」, 『대구사학』 33, 3쪽 <표 1>, 1996, 「조선초기 육조참의 연구」, 『한국학논집』 23, 5쪽 <표 1>, 1987, 「조선초기 승정원연구」, 『한국사연구』 59, 37쪽 <표 4>.

156) 『경국대전』 권4, 병전 경관직 오위도총부조, 『세조실록』 12년~성종 25년조.

157) 『경국대전』 권1・4, 이・병전전 경・외관직, 권2 호전 녹과.

158) 『경국대전』 권1, 이전 경・관직, 권4, 병전 경・외관직.

159) 『문종실록』 권3, 즉위년 8월 무인, 『세종실록』 권54, 6년 4월 기묘, 『세조실록』 권41, 5년 4월 임오, 『성종실록』 권13, 4년 12월 임술, 외.

160) 『성종실록』 권226, 성종 20년 3월 을류, 『顔樂堂集』 金訢年譜 成化 22년 7월 및 23년 2월조, 『성종실록』 권257, 성종 22년 9월 정축.

161) 『세종실록』 권66, 16년 11월 신묘, 『문종실록』 권10, 1년 10월 병자, 『태종실록』 권18, 9년 8월 무오, 외.

162) 『세종실록』 권79, 19년 12월 무오・108, 27년 6월 기미・권122, 30년 12월 을해, 권43, 11년 1월 정묘, 외

되었으며, 수령은 임기가 차면 서반에 개수되었다.163) 또 문반직에 있어서는 議政府·六曹·司憲府·司諫院·弘文館 관원 등이 가장 엄선되고 우대되었다. 164) 근무기간을 채우고 체직되는 경우에 承文院判校·宗簿寺正·通禮院左通禮와 의정부·육조 당하관(문반)과 訓鍊院正(무반)이 가자·승직되면서 체직되었고, 의정부 檢詳은 舍人이 결원되면 근무기간에 구애되지 않고 사인에 승직되었다.165) 또 正郞에는 佐郞이 승직되면서나 持平·獻納을 역임하고 제수되었고, 좌랑에는 正言을 역임하고 제수되었다.166)

이를 볼 때 조선초기의 관직적 지위는 문반직이 가장 우월하고 무반직과 잡직의 순서였고, 경관직이 외관직 보다 우월하였다. 문반직 내에 있어서는 의정부·육조 당하관이 가장 우월하였고, 사헌부·사간원·홍문관관원이 그 다음이었다. 이러한 관직적 지위는 조선의 조선왕조가 문·무 양반제를 표방하기는 하였지만 문반 중심의 정치가 운영되었음을 잘 보여준다고 하겠다.

---

163) 『성종실록』 권10, 2년 6월 기미.

164) 한충희, 2003, 「朝鮮時代 '淸職', '要職', '淸要職'의 用例에 대하여」, 『대구사학』 73, 166~168쪽.

165) 『경국대전』 권1, 이전 경관직·권4, 병전 경관직. 검상의 사인 승직상은 한충희, 1990, 「조선초기 의정부 사인·검상의 관인적 지위 -사인·검상의 역관과 그 기능의 분석을 중심으로-」, 『역사교육』 13·14합, 527~533·538~541쪽 참조.

166) 한충희, 1990, 「조선초기 육조 정랑·좌랑의 관인적 지위 -그 역관과 기능의 분석을 중심으로-」, 『한국학논집』 17, 153~162쪽.

# 제12장 官職·官衙·國政運營體制와 國政運營

## 제1절 官職과 國政運營

### 1. 宰相職과 國政運營

조선초기의 宰相은 협의로는 국정을 총령하는 議政府 領·左·右議政을 의미하였지만, 광의로나 일반적으로는 국왕이 임석하는 대소 朝會에 참여하여 국정을 보고하고 논의하는 從2品 이상의 관인을 의미하였다.[1] 이러한 재상의 용례에 따라 여기에서는 재상직을 정1~종2품관직자로 상정하여 파악한다.

조선초기의 정1~종2품관직은 태조 1년 개국 때에는 領門下府事 이하 90여직이 있었다.[2] 이 재상직이 이후 태종~성종대에 문하부·삼사가 혁거되고 의정부·돈령부가 설치, 삼군도총제부가 설치되었다가 중추부로 개편, 7道2面이 8도체제로 개편되는 등에 수반된 관직정비, 육조의

---

1) 『三峰集』 권7, 「朝鮮經國傳」 상 治典總序·『태종실록』 권15, 8년 2월 계미·『세종실록』 권36, 9년 6월 갑술, 『태종실록』 권33, 17년 6월 경술·『세종실록』 권6, 1년 11월 경오, 외.

2) 『태조실록』 권1, 1년 7월 정미. 경관은 64직이 확인되었고, 외관은 언급되지 않았지만 경기좌·우도 등 7도2면과 평양·계림부윤부 각1직을 추정하여 파악한다.

정2품아문으로의 승격 등에 수반된 판서·참판 각1직의 설치 등에 따라 영·좌·우의정 각1직 이하 경관직 48직과 관찰사·병사·부윤 19직의 62직(무정수의 종친·의빈·충훈부관 제외)으로[3] 정비되었다가 『경국대전』에 법제화되었다.

재상직은 국왕의 신임이 깊고 학식이 뛰어난 관인이 제수되는 최고위 관직이었고, 그 관직은 다음의 표에서와 같이 그 모두가 국정운영의 중추가 된 아문의 장관이거나 차관이었다. 이에서 재상은 중요한 국정을 논의·결정하고 그 집행을 지휘하는 즉, 국정운영의 중추적인 기능을 수행하였을 것으로 추측된다.

<표 12-1> 『경국대전』 재상직(권1, 이전·권4 병전. 겸직제외)

| | | 장관 | | | 차관 | | 기타 | |
|---|---|---|---|---|---|---|---|---|
| | | 정1품 | 종1 | 정·종2 | 종1 | 종2 | 정2 | 종2 |
| 정무아문 | 議政府 | 議政 3 | | | 贊成 2 | | 參贊 2 | |
| | 6曹 | | 判書 각1 | | | 參判 각1 | | |
| | 漢城府 | | 判尹 1 | | | 尹 2 | | |
| | 司憲府 | | | 大司憲 1 | | | | |
| | 開城府 | | | 留守 1 | | | | |
| | 8道 | | | 觀察使 8 | | | | 兵使7·府尹4 |
| 예우아문 | 中樞府 | 領中樞 1 | | | 判中樞 2 | | 知中樞 6 | 同知中樞 7 |
| | 敦寧府 | 領敦寧 1 | | | 判敦寧 1 | | 知敦寧 1 | 同知敦寧 1 |
| | 宗親府 | 大君*1 | | | | | | |
| | 儀賓府 | 儀賓*2 | | | | | | |
| | 忠勳府 | 府院君*2 | | | | | | |

*1 무품·무정수, *2 무정수.

이들 재상은 국정운영의 중심이 된 관아의 장관과 차관으로서 낭관을 지휘하면서 그 관아의 공사 전반에 대해 최종결정을 내리고 책임을 지면

3) 『경국대전』 권1·4, 이·병전 경·외관직.

서 주관하였고, 소속 낭청이나 속아문관(육조)을 褒貶하였다. 날마다 국왕이 임석하여 조회를 하고 그 뒤에 정무를 논의하는 常參(朝參)에 참여하여 그 아문의 공사를 稟達하였으며(의정부 · 육조 · 한성부 등 당상관), 매달 3 · 13일 · 23일에 국왕의 임석하에 賓廳에서 정책을 논의하고 결정하는 次對에 참여하였으며(의정 · 판서 등), 수시로 현안 · 긴급사를 논의하는 引見에 참여하였다(의정 · 판서 등). 그 외에 국왕의 요청에 따라 使臣 · 按覈御史 파견 등사를 논의하는 召見에 참여하였다(일부 재상). 이 때 차대 · 인견은 합의에 의하여, 상참 · 소견은 중의에 의하여 결정되고 시행되었다.[4] 즉, 재상은 국정운영의 중추가 된 관아운영을 주관하였고, 국왕이 임석하는 대소 정사 모임에 참여하여 그 조의 정사를 보고하고 지시를 받는 동시에 국가정책과 국정 전반에 대해 논의하고 결정하는 등 국정운영의 중추적 역할을 수행하였다.

재상은 소수의 당상관이 중심이 된 국정운영과 그 관계 · 관직에 따라 정1~종2품의 각급 관직을 겸대하면서 국정이나 그 아문의 정사를 지휘하였고, 그 아문에 소속된 관원을 포폄하고 추천하였다.[5] 그 겸직에는 院相(세조 14년~성종 7, 의정 · 부원군), 判吏 · 戶 · 禮 · 兵曹事(조선초기, 의정 · 찬성 등), 都提調·提調(조선초기, 정1 의정~종2품 참판 등, 육조속아문 · 諸都監), 領事·監事·知事 · 同知事(조선초기, 정1 의정~종2 참판 등, 경연 · 춘추관 · 의금부 · 성균관), 師 · 傅 · 貳師 · 賓客 · 副賓客(조선초기, 정1 의정~종2 참판 등, 세자시강원), 大提學 · 提學(조선초

4) 한충희, 1998, 『조선초기 육조와 통치체계』, 계명대학교출판부, 72~78쪽, 외.

5) 한충희, 1983, 「조선초기 육조속아문의 행정체계에 대하여」, 『한국학논집』 10, 377~378쪽, 김송희, 1998, 『조선초기 당상관 겸직제연구』, 한양대학교출판부, 118~172쪽.

기, 정2 판서~종2 참판 등, 집현전 · 예문관 · 홍문관), 都摠管·副摠管 · 將(조선초기, 정2 판서~종2 참판 등, 오위도총부 · 오위 · 내금위 · 겸사복), 兵馬節度使(조선초기, 종2 관찰사, 8도) 등이 있었다.[6)]

재상은 對明外交나 국내의 변란 등 현안사가 야기될 때에 책임자로 파견되어 그에 부여된 일을 수행하였다. 그 出使之任에는 賀登極使 · 正朝使 · 冬至使 · 聖節使 · 謝恩使 · 奏請使 · 進賀使 · 告訃使(조선초기, 정1 의정~종2 참판 등, 명사), 都摠使 · 都體察使 · 都巡撫使 · 巡問使 · 賑恤使(조선초기, 정1 의정~종2 참판 등, 국내) 등이 있었다.[7)]

이러한 재상의 직무수행 때에 재상이 발휘한 기능은 왕권 · 국정운영체제 등과 관련되어 대체로 태조 · 정종 · 문종 · 단종 · 예종 · 성종초에는 강력하였고, 태종 · 세종 · 세조 · 성종중기 이후는 다소 약화되었다.[8)] 최고위 재상인 의정 · 부원군 등 관직자 간에 있어서는 그들의 재식 · 경륜과 그들에 대한 국왕의 신임이나 국왕의 국정운영스타일과 관련되어 그 기능의 발휘에 차이가 있었다. 의정부의 경우에 그 정사는 3의정이 찬성 이하의 협조를 받아 합의로써 처리하게 되었지만 때로는 국왕의 寵信을 받는 1, 2의정이 부사를 천단하였다. 그 예로서는 河崙(태종대), 黃喜(세종), 皇甫仁 · 金宗瑞(문종~단종초), 首陽大君(단종후기), 申叔

6) 김갑주, 1973, 「원상제의 성립과 기능」, 『동국사학』 12, 34~42쪽, 한충희, 1985, 「조선초기 판이 · 병조사연구」, 『한국학논집』 11, 112~119쪽, 한충희, 위 「조선초기 육조속아문의 행정체계에 대하여」, 177~378쪽, 김송희, 위 책, 118~172 쪽, 『경국대전』 권4, 병전 외관직.

7) 한충희, 위 「조선초기 육조속아문의 행정체계에 대하여」, 378쪽, 김송희, 위 책, 228~292쪽.

8) 한충희, 1981, 「조선초기 의정부연구」 하, 『한국사연구』 32, 92~99 쪽, 1987, 「조선초기 육조연구 첨보 -육조와 통치기구와의 관계를 중심으로-」, 『대구사학』 33, 29~45쪽, 「조선초기 승정원연구」, 『한국사연구』 59, 79, 93쪽 외.

舟 · 韓明澮(세조~성종초) 등이 있다.[9] 그런가하면 육조의 정사는 議政府署事制 때에는 判書 이하가 의정부의 지시를 받아 처리하고 六曹直啓制 때에는 판서가 주관하도록 되었지만 判吏 · 兵曹事나 院相이 운영된 시기에는 판서가 이들의 이하를 받으면서 그 조의 정사를 처리하였다.[10]

또 조선초기 종친부 · 의빈부 · 돈령부 · 충훈부에 소속된 재상은 대부분의 시기에는 그 관아가 정무관아가 아니고 종친들의 예우기관이었기에 존친이나 공신으로서 대우는 받았지만 정치에는 큰 영향을 발휘하지 못하였다. 그런 중에서도 세조대에는 세조의 왕권강화를 위한 종친 · 의빈 우용에 따라 다수의 종친 · 의빈이 의정부 · 육조 · 시위군 당상직에 등용되어 큰 영향력을 발휘하였다.[11]

그 반면에 승정원의 都承旨 이하 6승지는 職秩은 정3품 通政大夫이나 그 왕명출납의 직장 및 이와 관련된 국왕의 신임을 토대로 정치전반에 큰 영향력을 발휘하였다.[12] 이에서 승지는 태종이 "너희들은 직질은 비록 通政大夫(정3품 당상)이나 大事에 참결하니 재상과 다름이 없다"[13] 라고 하였듯이 재상으로 인식되면서 그에 준하는 대우를 받았다.

이상에서 조선초기의 재상직은 국정운영의 중추가 되는 아문의 장관과 차관으로서 그 아문의 운영을 주관하였고, 국가정책과 대소 국정을 논의하

---

9) 韓忠熙, 1991, 「朝鮮前期(태조~선조 24년)의 權力構造硏究」, 『國史館論叢』30, 46~51쪽에서 종합.

10) 한충희, 위 「조선초기 판이 · 병조사연구」, 120~135쪽, 김갑주, 위 논문, 60~70쪽, 최승희, 2002, 『조선초기 정치사연구』, 지식산업사, 408~411쪽.

11) 한충희, 1995, 「조선 세조대 종친연구」, 『한국한논집』 22, 198~204쪽, 1996, 「조선초기 의빈연구」, 『조선사연구』 5, 18~29쪽.

12) 한충희, 1987, 「조선초기 승정원연구」, 『한국사연구』 59, 50~67쪽.

13) 『태종실록』 권36, 18년 4월 신묘.

는 제 회의에 참여하여 그 논의와 결정을 주도하였으며, 院相이나 육조·육조속아문·제도감의 판사·도제조·영사·사 이하의 겸직을 통하여 군소아문을 지휘하는 등 국정운영의 최고 논의·결정·집행자였다고 하겠다.

## 2. 淸要職과 國政運營

淸要職은 淸職과 要職을 합칭하는 용어였다.[14] 조선초기 청요직에 포함된 관직은 당하관 이하 제 관직의 기능과 除授資格·陞資 등과 관련되어 의정부의 舍人·檢詳·司祿, 육조의 正郞·佐郞, 三司의 大司諫(사간원)·副提學(집현전과 홍문관)·執義(사헌부) 이하, 承政院의 注書가 망라되었다.[15]

이들 청요직은 그 직질은 정3품 당상관 이하였지만, 그 기능의 발휘는 이들이 속한 관아의 기능·업무분장과 관련되어 재상을 보좌하고 중추가 된 국정운영의 실무를 수행하였고, 재상의 독주·비리를 견제·규찰하고 국왕에게 간쟁하면서 기강을 확립함과 동시에 원만한 국정운영과 선정을 보장하는 토대가 되었다.

舍人은 舍人司의 책임자로서 의정부내의 행정사무와 의정부·의정의 뜻을 받들어 이들을 대신하여 제국사를 국왕에게 전문하고 외교·의례·형정사를 담당하였으며, 부차적으로 侍從之任 등의 기능을 수행하였다. 檢詳은 의정부를 경유하는 각종 조례를 등록하여 입법에 대비하고 『議政府謄錄』 작성 등을 담당하였으며, 부차적으로 사인을 도와 부내의 행정과 정사를 국왕에게 전문하는 등의 기능을 수행하였다. 또 사인·검상은

14) 한충희, 2003, 「조선초기 '청직', '요직', '청요직'의 용례에 대하여」, 『대구사학』 73, 161쪽.

15) 위 논문, 163~180쪽.

春秋館修撰官을 겸대하면서 『朝鮮王朝實錄』의 편찬에 참여하였고, 執事官과 郞廳 등을 겸대하고 각종 儀禮와 都監 등의 실무를 담당하였다.16)

正郞·佐郞은 육조 18屬司의 책임자로서 육조운영의 토대가 된 屬司事를 주관하였고, 이와 관련되어 該曹事에 광범히 참여하고 屬衙門事를 지휘하였다. 또 춘추관기사관을 겸대하고 『조선왕조실록』의 편찬 등에 참여하였고, 집사관과 낭청 등을 겸대하고 각종 의례사와 도감 등의 실무를 담당하였다.17)

大司諫·執義 이하 대간은 백관을 규찰하고 諫諍·署經을 행하였고, 이를 통하여 관기를 확립하고 선정을 보장하였다.18) 弘文館의 副提學 이하는 법제적으로는 국왕을 교육하고 자문하도록 되어 있지만, 1476년(성종 7) 이후는 성종이 홍문관과 대간 우용을 통하여 훈구재상을 약화시키면서 왕권을 강화하려는 언론정책에 따라 대간과 함께 삼사로 불리면서 활발한 언론활동을 전개하였다. 이리하여 성종대의 삼사는 왕권을 안정·강화하고 문운을 융성시키는 토대가 되었다.19)

이상에서 청요직은 국정운영의 중추가 된 의정부·육조의 실무를 담당하였고, 백관을 규찰하고 재상의 전횡을 견제하였으며, 국왕을 간쟁하고 서경하는 등으로써 재상의 국정지휘를 뒷받침하고 관기를 진작 및 선정을 보장하는 토대가 되었다고 하겠다.

---

16) 韓忠熙, 1990, 「朝鮮初期 議政府舍人·檢詳의 官人的 地位 -舍人·檢詳의 歷官과 그 機能의 分析을 중심으로-」, 『(경북대)歷史教育論集』 13·14, 543~549쪽.

17) 한충희, 1990, 「조선초기 육조정랑·좌랑의 관인적 지위 -그 역관과 기능의 분석을 중심으로-」, 『한국학논집』 17, 162~171쪽.

18) 최승희, 1976, 『조선초기 언관·언론연구』, 서울대학교 출판부, 30~65쪽.

19) 최승희, 위 책, 408~411쪽, 崔異敦, 1986, 「成宗代 弘文館의 言官化 過程」(『震檀學報』 61), 21~36쪽.

### 3. 庶官職과 國政運營

서관은 청요직에 대비되는 관직, 즉 육조속아문의 정3품 당하관 이하 350여 관직의 총칭이었다.[20] 서관에는 正・判校・通禮(정3)・副正(종3), 守(정4), 僉正(종4), 判官・令(종5), 主簿(종6), 直長(종7), 副直長(정8), 奉事(종8), 副奉事(정9), 參奉(종9) 등이 있었다.[21]

正・判校・左通禮는 그 아문이 소속된 仰曹(該曹)와 都提調・提調의 지휘를 받고 副正이나 右通禮 이하를 지휘하면서 관아사를 총관하였다. 副正이나 우통례 이하는 정의 지휘를 받으면서 관아사를 수행하였으며 (당하아문), 守(정4)・令(종5품아문)과 主簿(종6품아문)는 주부와 직장 이하를 지휘하면서 관아사를 총관하였다.[22] 그 중 봉상시의 운영에 있어서는 그 직장이 작고한 재상의 시호를 의논하여 결정하는 것이었기에 정 이하가 仰曹(예조)와 도제조 등의 간섭을 배제하고 전장하였다.[23]

정 이하 서관은 소수의 직계아문・당상관을 중심으로 한 국정운영에 따라 앙조・제조의 지휘를 받으면서 그 관아에 부여된 기능을 수행하였다. 그러나 그들이 수행한 기능이 국정을 분장한 육조기능의 기초가 되는 것이었고, 그 관직의 수가 문・무반 정직의 대부분을 점한 등에서 국정운영의 토대가 되었다.

---

20) 『광해군일기』 권70, 5년 9월 경진, 외.

21) 『경국대전』 권1, 이전 경관직・권4, 병전 경관직.

22) 한충희, 2001, 「조선초기 육조속아문연구 2 -관직의 정비를 중심으로-」, 『계명사학』 12, 45쪽.

23) 『성종실록』 권211, 19년 1월 갑인.

## 제2절 官衙와 國政運營

### 1. 直啓衙門과 國政運營

직계아문은 『經國大典』 권3, 禮典 用文字式條에 "二品衙門直啓 直行移, 其餘衙門 並報屬曹"라고 하였듯이 議政府 등 20미만의 2품 이상 아문(3품아문이나 그 기능이 중시된 사간원·승정원 포함)은 그 관아의 정사를 국왕에게 직접 보고하고 지시를 받으면서 수행하는 관아였다. 직계아문제는 조선개국과 함께 시작되고 태종 5년 육조속아문제의 실시와[24) ]함께 정착되었다.

直啓衙門은 태종 5년에 개국 이래로 당시까지 존속된 100여 아문을 소수의 당상아문을 중심으로 한 국정운영도모와 함께 의정부 이하 10여 당상아문을 직계아문으로 하고, 그 외의 90여 아문을 그 기능과 관련시켜 육조에 소속시키면서 정착되었다.[25)] 이 직계아문이 이후 세조대까지 관제정비 등과 관련되어 敦寧府(태종 14)·中樞院(세종 14, 세조 12년에 중추부))·宗親府(세종 12)·駙馬府(세종 26, 세조 12년에 의빈부로 개칭)가 직계아문으로 설치되었다. 속아문인 義勇巡禁司(병)·經筵(예)·忠勳司(이)·兼司僕(중군)·內禁衛(중군)·5軍鎭撫所(병조)가 義禁府(태종 14)·經筵(세종 초)·忠勳府(단종 2)·兼司僕(세조 3)·內禁衛(세조 3)·5衛都摠府(세조 5)로 개칭되면서 직계아문이 되었다. 3軍都摠制府(세종 14)가 혁거되고 集賢殿(세종 2~세조 2)·詹事院(세종 27~문종 즉)이 직계아문이 되었다가 혁거되는 등 의정부·육조 등 십수아문으로 정립되었다가[26)] 『경국대전』에 법제화되었다.

---

24) 『태종실록』 권9, 5년 3월 정유.

25) 『조선왕조실록』 태조 1년~태종 5년조(『태종실록』 권9, 5년 3월 병신).

직계아문인 의정부·중추부·종친부·충훈부·의빈부·돈령부(이상 정 1품아문), 의금부(종1), 육조·한성부·오위도총부(정2), 사헌부·개성부·겸사복·내금위(종2), 승정원·사간원·경연(정3 당상)은 가장 지위가 높고 국정운영의 중추가 되는 아문이었다.

議政府는 1400년(정종 2)~1413년(태종 13)·1436년(세종 18)~1455년(단종 3)에는 육조를 지휘하면서 국정운영을 주도하였고, 1414년(태종 14)~1435년(세종 17)·1455년(세조 1) 이후에는 국왕의 명을 받아 대소 국정논의에 활발하게 참여하였다.[27)]

六曹는 태조 1년~정종 1년과 정종 2년~태종 4년에는 都評議使司와 의정부의 지휘를 받아 부여된 기능을 수행하였고, 태종 5~태종 13년·세종 17년~단종 3년에는 의정부의 지휘를 받아 국정을 분장하였고, 태종 14년~세종 17년·세조 1~14년·성종 7~25년에는 국정운영을 주도 하였으며, 1469년(예종 1)~1475년(성종 1)에는 院相의 지휘를 받으면서 국정을 분장하였다.[28)]

承政院은 조선초기를 통해 王과 百司·百官의 중간에서 왕명과 대소 공사를 매개하였고, 이러한 직장·왕권과 관련되어 태종·세종·세조대에는 그 법제적인 직장을 초월하여 대소 국정의 논의에 참여하고 인사에 간여함으로써 의정부·육조에 비견되는 관아로 인식되었다.[29)]

義禁府는 조선초기를 통하여 왕명을 받아 반역사나 중대한 옥사의

---

26) 한충희, 2001, 「중앙 정치 기구의 정비」, 『세종문화사대계』 3, 세종대왕기념사업회, 16~48쪽.

27) 한충희, 1980, 「조선초기 의정부연구 상」, 『한국사연구』 31, 116~148쪽.

28) 한충희, 1998, 『조선초기 육조와 통치체계』, 계명대학교출판부, 155~202쪽.

29) 한충희, 1987, 「조선초기 승정원연구」, 『한국사』 59, 51~59쪽.

재판을 주관하였고, 이를 통하여 왕권과 국기를 뒷받침하였다.[30]

司憲府와 司諫院은 조선초기를 통하여 국왕의 대간 억압이나 우용과 관련되어 기능의 신축은 있지만 관기를 진작하고 선정을 보장하였다.[31]

五衛都摠府는 군령을 전장하면서 왕권을 뒷받침하였다. 그러나 그 기능의 발휘는 군정기관인 병조의 대두 및 예하부대인 오위가 병조속아문이었고, 문반 중심의 국정운영 등과 관련되어 독자적인 기능의 발휘가 제약되고 약화되었다.[32]

內禁衛와 兼司僕은 국왕의 燕居 및 도성 내·외 행차시에 국왕의 최측근에서 시위를 담당하면서 왕권을 뒷받침하였다.[33]

漢城府는 조선초기를 통하여 왕도의 치안과 인구·가옥·토지·시장 및 전국의 호적 등을 관장하였다.[34] 그 기능은 발휘는 직장상 육조와 관련되면서 전개되었다.

宗親府·敦寧府·儀賓府·忠勳府는 조관이 중심이 된 국정운영, 왕권의 안정도모 등과 관련되어 명예를 누리고 우대 받았으나, 정치 참여가 금지되었다. 그렇기는 하나 세조대에는 국왕의 종친·의빈 중용책에 따라 많은 종친이 정치·군사의 요직에 등용되면서 왕권의 토대가 되었다.[35]

이를 볼 때에 의정부·육조·승정원·의금부·사헌부·사간원 등 직

---

30) 이상식, 1975, 「의금부고」, 『(전남대)역사학연구』 6, 48~58쪽.

31) 최승희, 1976, 『조선초기 언관·언론연구』, 서울대출판부, 30~65쪽.

32) 민현구, 1983, 『조선초기의 군사제도와 정치』, 한국연구원, 286~288쪽.

33) 차문섭, 1973, 「선초의 내금위에 대하여」, 『조선시대 군제연구』, 단국대출판부, 52~63쪽, 남도영, 1969, 「조선초기의 겸사복에 대하여」, 『김재원박사화갑기념논총』, 155~180쪽.

34) 원영환, 1990, 『한성부연구』, 강원대학교출판부, 62~107쪽.

35) 한충희, 1995, 「조선 세조대(1455~1468) 종친연구」, 『한국학논집』 22, 205~210쪽, 1996, 「조선초기 의빈연구」, 『조선사연구』 5, 29~34쪽.

계아문은 조선초기를 통하여 국가의 정책을 결정하고 국정운영을 주도하는 국가통치의 핵심이 되었다고 하겠다.

### 2. 六曹屬衙門과 國政運營

육조속아문은『經國大典』권3, 禮典 用文字式條에 "二品衙門直啓 直行移, 其餘衙門 並報屬曹"라고 하였듯이 정3품 이하 아문인 諸館·寺·監 등 70여 아문(직계아문인 承政院·司諫院·經筵 제외)이었다.[36] 육조속아문제는 1405년(태종 5)에 당시에 존속된 100여 중앙관아를 그 관아의 지위·기능과 관련시켜 의정부·육조 등 10여 아문을 제외한 90여 아문을 그 관아의 기능과 관련시켜 이, 호, 예, 병, 형, 공조에 소속시키고, 그 아문이 관장한 정사를 그 아문이 소속된 曹(屬曹 또는 仰曹)에게 보고하고 지시를 받으면서 수행하게 한 제도였다.[37] 六曹屬衙門은 이후 정치제도의 정비, 경비절감 등과 관련되어 80여~110여 아문으로 개변되면서 정비되었다가 마지막 반포된『경국대전』에 70여 아문으로 법제화되었다.[38]

조선초기의 六曹屬衙門은 그 소속처에 따라 이조, 호조, 예조, 병조, 형조, 공조속아문으로 구분되었고, 또 그 아문의 지위에 따라 당상(홍문관·장예원·성균관), 당하(제시·감 등), 참상아문(제서·고 등)으로 구분되었다.[39] 그 기능은 그 아문의 법제적인 기능 및 그 아문의 지위와

---

36) 韓忠熙, 1989,「朝鮮初期 六曹屬衙門의 行政體系에 대하여」,『韓國學論集』10 364~366쪽.

37) 한충희, 위 논문, 367~372쪽(『태종실록』권9, 5년 3월 정유).

38) 위 논문, 364~366쪽. 중앙관아는 세종말에는 110여(직계아문 20여, 육조속아문 90여)였고, 세조 12년에는 100여(20, 80)였으며,『경국대전』에는 90여(20여, 70여)였다.

39) 그 아문의 변천과 정립된 속아문은 본서 256~315쪽 참조. 참하아문은 태조 1년

관련되면서 전개되었고, 또 그 관아의 운영은 소수의 직계아문·당상관 중심의 국정운영과 관련된 제조의 속아문지위에 따라 장관인 정 이하는 속조·도제조 이하의 지휘를 받으면서 담당하였다.

弘文館은 법제적으로는 궐내의 경적을 관장하고 문한을 다스리며 왕의 고문에 대비하는 즉, 왕실도서관·국왕고문기관이었다. 그러나 성종의 훈구재상 견제를 위한 언론장려·경연에서의 대소국정논의 등에 따라 사헌부·사간원과 함께 활발한 언론기능을 전개하였기에 성종중기 이후에는 왕권을 안정·강화시키고 문운을 진흥의 한 토대가 되었다.[40]

成均館·藝文館·春秋館·承文院은 각각 유교국가운영의 토대가 되는 유학교육, 왕명작성, 역사편찬, 외교문서의 작성 등을 관장하였다.[41]

諸寺·監 등은 判事(태종 5년~세조 12년)나 正(세조 12년 이후) 이하가 등차적으로 편제되어 그 각각에 부여된 정사를 수행하였다.[42]

그런데 조선초기의 국정운영은 다소 차이는 있지만 태조 1년~정종 2년에는 도평의사사, 정종 2년~태종14년·세종 18년~단종대에는 의정부, 태종 14년~세종 17년·세조대·성종7년 이후에는 육조, 예종~성종 6년에는 원상이 중심이 된 국정운영체제가 운영되었다.

육조의 기능은 이러한 국정운영과 관련되어 의정부의 지휘를 받으면

---

에 의염창 등 10여아문이 설치되었다가 세조 12년 이전에 혁거되거나 참상아문으로 승격되면서 소멸되었다(229~233쪽).

40) 최승희, 2001, 「성종조의 국정운영체제와 왕권」, 『조선사연구』 10, 74~78쪽, 최이돈, 1986, 「성종대 홍문관의 언관화 과정」, 『진단학보』 61, 21~36쪽.

41) 『경국대전』 권1, 이전 경관직 성균관·예문관·춘추관·승문원조.

42) 그 외의 속아문관에는 副正(종3), 僉正(종4), 判官·令(종5), 主簿(종6), 直長(종7), 副直長(정8), 奉事(종8), 副奉事(정9), 參奉(종9) 등이 있었다.

서나(의정부서사제 운영기) 주도적으로(육조직계제 운영기) 발휘되는 차이가 있었지만 육조속아문은 시종 육조(仰曹)나 도제조·제조 등의 지휘를 받으면서 그 관아의 일을 운영하였다.

이를 볼 때 육조속아문은 직계아문에 비하여 관아의 지위가 낮고 그 기능이 그렇게 중요하지는 않았지만, 그 관아수가 중앙 정치기구의 대부분을 점하면서 육조기능의 기초가 되었기에 조선초기 국정운영의 토대가 되었다고 하겠다.

### 3. 臨時衙門과 國政運營

임시아문은 1392년(태조 1)에 開國功臣의 책록을 위한 開國功臣都監을 두면서 비롯되었다.[43] 이후 1485년(성종 16)까지 奴婢辨定都監·城門都監·六典修撰色·國葬都監·實錄廳·儀禮詳定所·貢法詳定所 등 20~30여 아문이 치·폐되면서 운영되었다.[44]

임시아문에는 都提調 이하 각급 겸관이 설치되어 부여된 일을 집중적으로 수행하였다. 이 중 국장도감, 노비변정도감, 실록청, 육전수찬색, 의례상정소, 공법상정소 등은 도제조 이하 수십명의 겸관이 설치되면서[45] 국장, 개국이래로 20여년간 계속된 노비쟁송, 역대『실록』수찬, 의례의 정리, 공법실시 등을 정리하고 주관하였다.

이에서 임시기관은 임시로 운영되기는 하나 이들이 수행한 국사는 상설아문이 수행한 그것에 못지않게 조선초기의 典故整理·통치체제의 확립에 기여하였다고 하겠다.

---

43)『태조실록』권1, 1년 8월 신해.

44) 한충희, 위 논문 9쪽, 18~19쪽.

45) 앞 315~323쪽.

## 제3절 國政運營體制와 國政運營[46)]

조선초기의 국정운영은 왕권의 강약 및 의정부·육조기능, 直啓衙門과 소수의 당상관을 중심으로 한 국정운영 도모와 관련되어 크게 '王 - 都評議使司 - 六曹體制'와 '王 - 議政府 - 六曹體制' 및 '王 - 六曹體制'에 의해 수행되었다. 그러나 이를 세분하면 '왕 - 도평의사사 - 육조체제' 때에는 태조 1~6년에는 '王 - 都評議使司·義興三軍府 - 六曹體制'와 태조 7~정종 1년에는 '왕 - 도평의사사 - 육조체제'가 운영되었다. '왕 - 육조체제' 때에는 세조 1년~세조 14년과 성종 7~25년에는 '왕 - 육조체제'가 운영되었고, 예종 1년~성종 6년에는 '王 - 院相 - 六曹體制'가 운영되었다.[47)] 이 절에서는 이러한 국정운영체제의 운영과 관련시켜 조선초기의 국정운영상을 '왕 - 도평의사사 - 육조체제기', '왕 - 의정부 - 육조체제기', '왕 - 육조체제기', '왕 - 원상 - 육조체제기'로 구분하여 살펴본다.

### 1. 王 - 都評議使司 - 六曹體制期의 國政運營

#### 1) 太祖 1~6년

태조 1~6년의 법제적인 국정운영체제는 '王 - 都評議使司 - 六曹 · 百司, 道'였다. 실제의 국정운영을 보면 도평의사사가 制度 · 經濟 · 刑政 · 軍事 · 冊封 · 赴役 · 人事 등 모든 분야에 걸쳐 활동하였고,[48)] 또 도평의

---

46) 한충희, 2005, 「朝鮮初期의 國政運營體制와 國政運營」, 『朝鮮史研究』 14, 2005, 77~101쪽에서 전재.

47) 한충희, 1980, 「조선초기 의정부연구」 상, 116~148쪽, 위 「朝鮮初期의 國政運營體制와 國政運營」, 69~77쪽.

48) 한충희, 위 「조선초기 의정부연구」 상, 116~117쪽 <표 9>.

사사의 총 활동수가 166건(수명이 78건, 계문이 62건, 의의 26건)으로 육조 활동 56건(受命 13, 啓聞 43, 擬議 0)이었듯이 대개의 정사는 이러한 체제하에서 영위되었다.

<표 12-2> 태조 1년~태종 13년 議政府(태조 1~정종 1은 都評議使司)·六曹 정치활동[49]

| | | 태조 | | | | | | | | 정종 | | | 태종(1~13년) | | | | | |
|---|---|---|---|---|---|---|---|---|---|---|---|---|---|---|---|---|---|---|
| | | 1 | 2 | 3 | 4 | 5 | 6 | 7* | 계 | 1 | 2* | 계 | 1 | 2 | 3 | 4 | 5 | 6 |
| 수명 | 의정부 | 12 | 19 | 12 | 15 | 5 | 15 | 17 | 95 | 2 | 1 | 3 | 5 | 7 | 9 | 7 | 6 | 3 |
| | 육조 | 1 | 0 | 1 | 4 | 3 | 4 | 3 | 16 | 0 | 1 | 1 | 0 | 4 | 2 | 2 | 2 | 0 |
| 계문 | 의정부 | 10 | 13 | 23 | 6 | 5 | 5 | 10 | 72 | 3 | 7 | 10 | 13 | 14 | 13 | 17 | 14 | 31 |
| | 육조 | 7 | 6 | 21 | 2 | 5 | 2 | 7 | 50 | 5 | 7 | 12 | 3 | 8 | 9 | 3 | 9 | 15 |
| 의의 | 의정부 | 4 | 2 | 9 | 4 | 2 | 5 | 9 | 35 | 3 | 2 | 5 | 7 | 22 | 17 | 11 | 17 | 14 |
| | 육조 | 0 | 0 | 0 | 0 | 0 | 0 | 0 | 0 | 0 | 2 | 2 | 0 | 1 | 3 | 0 | 1 | 0 |
| 합계 | 의정부 | 26 | 34 | 44 | 25 | 12 | 25 | 36 | 202 | 8 | 10 | 18 | 25 | 43 | 39 | 35 | 37 | 48 |
| | 육조 | 8 | 6 | 22 | 6 | 8 | 6 | 10 | 66 | 5 | 10 | 15 | 3 | 13 | 14 | 5 | 12 | 15 |

| | | 태종(1~13년) | | | | | | | | 합계 | 비고<br>* 각 정종 즉위, 태종 즉위년 포함 |
|---|---|---|---|---|---|---|---|---|---|---|---|
| | | 7 | 8 | 9 | 10 | 11 | 12 | 13 | 계 | | |
| 수명 | 의정부 | 5 | 2 | 11 | 12 | 8 | 11 | 7 | 93 | 191 | |
| | 육조 | 5 | 3 | 2 | 4 | 9 | 2 | 0 | 35 | 52 | |
| 계문 | 의정부 | 28 | 28 | 46 | 50 | 50 | 50 | 54 | 408 | 490 | |
| | 육조 | 14 | 17 | 13 | 12 | 46 | 32 | 28 | 209 | 271 | |
| 의의 | 의정부 | 23 | 15 | 26 | 34 | 30 | 31 | 35 | 282 | 322 | |
| | 육조 | 2 | 5 | 3 | 3 | 7 | 4 | 2 | 31 | 33 | |
| 합계 | 의정부 | 56 | 45 | 83 | 96 | 88 | 92 | 96 | 783 | 1,003 | |
| | 육조 | 21 | 25 | 18 | 19 | 62 | 38 | 30 | 275 | 356 | |

49) 『조선왕조실록』 태조 1년~태종 13년조.

그러면서도 태조 2년에 義興三軍府가 설치되어 군정을 관장하고 그 장관인 判事 鄭道傳과 節制使 南誾 등이 태조의 신임을 토대로 군정은 물론 정치에도 큰 영향력을 발휘함에 따라 의흥삼군부가 도평의사사에 양립하는 權府로 대두되었다.[50] 이에 따라 '王 - 都評議使司, 義興三軍府 - 六曹' 체제로 국정이 영위되었다.

2) 太祖 7년~定宗 1년

태조 7년에 靖安君 李芳遠 주도하의 정변으로 義興三軍府의 운영을 주도하던 鄭道傳·南誾 등의 살해와 함께 의흥삼군부가 약화되면서 다시 都評議使司가 중심이 된 국정운영 즉, '王 - 都評議使司 - 六曹' 체제로 복구되었다.[51] 실제의 국정운영도 도평의사사가 經濟·人事·文敎·賑濟·制度 등 모든 국정에 걸쳐 활동하였고,[52] 도평의사사의 총 활동수가 44건(受命 19·啓門 13·擬議 12)으로 육조의 25건(수명 4·계문 19 ·의의 2)을 압도하였듯이 대개의 정사는 이러한 체제하에서 영위되었다.

그러나 이 시기의 도평의사사 기능은 정안군(정종 2년 1월 이후 세자)이 정종을 추대하고 判尙瑞司事 등으로서 정치·군사를 주도하였으므로[53] 그 이전에 비해 크게 약화되었다.

50) 한충희, 위「조선초(태조 2년~태종 1년) 의흥삼군부연구」, 15~23쪽.

51) 한충희, 위「조선초기 의정부연구」 상, 118쪽.

52) 위 논문, 116~117쪽 <표 9>태조 7년~정종 1년조.

53) 한충희, 1998,「潛邸期(1367~1400) 太宗硏究」,『大丘史學』56, 34~38쪽. 이 시기 정안군이 대유한 관직은 다음과 같다.
義興三軍府右軍節制使 ; 태조 7년 9월~정종 2년 2월, 兼判尙瑞司事 ; 정종 즉.9~1.2, 江原道東北面都節制使 ; 정종 1.11~2.2, 都督內外諸軍事 ; 정종 2.2 ~ 2.4, 條例詳定都監判事 ; 정종 1.10~2.2.

## 2. 王 - 議政府 - 六曹體制期의 國政運營

### 1) 定宗 2년~太宗 13년

#### (1) 定宗 2년~太宗 4년

정종 2년에 都評議使司가 議政府로 개편됨에 따라 법제적인 '王 - 都評議使司 - 六曹 등' 국정운영체제가 '王 - 議政府 - 六曹 등' 체제로 전환되었다. 실제의 국정운영을 보면 의정부는 군사・제도・형정・경제・천도・인사・문교・의례 등 모든 국정에 걸쳐 활발한 활동을 전개하였고,[54] 의정부의 총 활동 수가 142건(수명 28・계문 57・의의 57)으로 육조의 35건(수명 8・계문 23・의의 4)을 압도하였듯이(<표 12-2>) 대개의 정사는 이러한 체계 하에서 영위되었다.

#### (2) 太宗 5~13년

태종 5~13년의 국정은 법제적으로는 '王 - 議政府 - 六曹 등' 체제로 운영되도록 규정되었다. 실제의 국정운영을 보면 의정부는 刑政・經濟・軍事・儀禮・制度・時務條進・人事・文教・賑濟・外交 등 모든 국정에 걸쳐 활발한 활동을 전개하였고,[55] 의정부의 총 활동수가 641건(수명 65・계문 351・의의 225)으로 육조의 240건(수명 27・계문 185건・의의 27)을 압도하였듯이(<표 12-2>) 대개의 정사는 이러한 체계하에서 영위되었다.

그러나 이 시기의 육조는 왕 5년에 정2품의 정책아문으로 격상되고 屬司・屬衙門制의 정비와 함께 국정을 명확하게 분장하면서 활발하게 국정에 참여하였다. 또 태종은 지속적으로 왕권의 강화를 도모하고 의정

---

54) 뒤 <표 12-7> 정종 2년~태종 4년조.

55) 뒤 <표 12-7> 태종 5년~13년조.

부의 기능을 약화시키기 위하여 의정부가 중심이 된 국정운영체제(議政府署事制)를 육조가 중심이 된 국정운영체제(六曹直啓制)로 전환시키고자 하였다. 이에 따라 비록 육조가 중심이 된 국정운영체제가 실현되지는 못하였지만 의정부의 기능이 약화되고 육조기능이 크게 강화되면서 육조 중심의 국정운영이 실현되는 토대가 구축되었다.[56]

이상에서 정종 2년~태종 13년의 의정부기능은 정종대에는 왕권이 미약하고 도평의사사 이래의 정치형태가 연장되면서 의정부가 국정을 주도하였고, 태종대에는 점진적인 왕권의 강화 및 이와 관련된 육조지위의 강화 · 육조서무의 논의와 함께 의정부가 대소국정을 주도하기는 하나 육조도 활발하게 국정에 참여하였다. 즉, 태종 初 · 중기에는 육조서무가 단행되지는 않았지만 의정부가 약화되면서 국왕 중심의 정치, 즉 육조직계제를 실시할 토대가 조성되었다.

2) 世宗 18년~端宗 3년

(1) 世宗 18년~文宗 2년

세종 18~문종 2년의 국정은 법제적으로는 '王 - 議政府 - 六曹' 체제로 운영되도록 규정되었다. 실제의 국정운영을 보면 의정부는 군사 · 형정 · 인사 · 의례 · 제도 · 경제 · 외교 · 진제 · 문교 등 모든 국정에 걸쳐 활동하고 있으며(뒤 <표 12-7>), 의정부의 총 활동수가 1,609건(수명 79, 계문 1,566, 의의 964)이고 육조의 1,684건(수명 640, 계문 890, 의의 154)이었듯이 대개의 정사가 이러한 체계하에서 영위되었다.

---

56) 한충희, 위 「조선초기 의정부연구」 상, 123~128쪽.

<표 12-3> 세종 18년~단종 2년 의정부 · 육조 정치활동[57]

| | | 세종 | | | | | | | | | | | | | | | 문종 | |
|---|---|---|---|---|---|---|---|---|---|---|---|---|---|---|---|---|---|---|
| | | 18 | 19 | 20 | 21 | 22 | 23 | 24 | 25 | 26 | 27 | 28 | 29 | 30 | 31 | 32* | 1 | 2* |
| 수명 | 의정부 | 3 | 4 | 2 | 1 | 0 | 0 | 12 | 4 | 5 | 8 | 3 | 9 | 9 | 4 | 7 | 4 | 4 |
| | 육조 | 19 | 36 | 20 | 55 | 35 | 21 | 32 | 74 | 80 | 43 | 20 | 26 | 34 | 23 | 45 | 52 | 25 |
| 계문 | 의정부 | 67 | 71 | 126 | 118 | 70 | 56 | 65 | 44 | 76 | 118 | 134 | 81 | 94 | 57 | 108 | 149 | 132 |
| | 육조 | 52 | 52 | 35 | 82 | 35 | 49 | 73 | 89 | 61 | 26 | 23 | 41 | 65 | 28 | 66 | 93 | 20 |
| 의의 | 의정부 | 52 | 54 | 44 | 52 | 36 | 38 | 44 | 70 | 59 | 29 | 43 | 30 | 56 | 51 | 108 | 102 | 96 |
| | 육조 | 4 | 4 | 3 | 17 | 13 | 9 | 11 | 11 | 14 | 11 | 10 | 2 | 8 | 2 | 13 | 17 | 5 |
| 합계 | 의정부 | 122 | 129 | 172 | 171 | 106 | 94 | 121 | 118 | 140 | 155 | 180 | 120 | 159 | 112 | 223 | 255 | 232 |
| | 육조 | 75 | 92 | 58 | 154 | 83 | 79 | 116 | 174 | 155 | 80 | 53 | 69 | 107 | 53 | 124 | 162 | 50 |

| | | 단종 | | 합계 | 비고<br>* 각 문종 즉위년, 단종 즉위년 포함 |
|---|---|---|---|---|---|
| | | 1 | 2 | | |
| 수명 | 의정부 | 0 | 0 | 79 | |
| | 육조 | 42 | 52 | 734 | |
| 계문 | 의정부 | 132 | 139 | 1,837 | |
| | 육조 | 10 | 13 | 913 | |
| 의의 | 의정부 | 136 | 73 | 1,173 | |
| | 육조 | 4 | 2 | 160 | |
| 합계 | 의정부 | 268 | 212 | 3,089 | |
| | 육조 | 56 | 67 | 1,807 | |

이 시기 의정부가 중심이 된 국정운영은 세종 18년에 육조직계제가 의정부서사제로 전환되게 된 배경이 세종이 건강의 악화로 의정부대신의 정무협찬을 필요로 하기도 하였지만 의정부대신에 黃喜 · 崔潤德 · 盧閈 등 세종이 믿고 정사를 맡길만한 유능한 인물이 재직하고 있었기 때문이었다.[58] 이 점에서 이 시기의 정사가 의정부가 중심이 된 체제로

57) 『조선왕조실록』 세종 18년~단종 2년조.

운영될 것이 예상되었고, 특히 의정부는 세종의 건강악화와 관련되어

> 육조는 그 관장사무 모두를 먼저 의정부에 보고하고 의정부를 가부를 헤아린 연후에 계문하고 上旨를 취하여 육조에 還下해서 시행하게 하였으며, 오직 이·병조의 제수, 병조의 군사, 형조의 사수를 제외한 형결만은 계속해서 직계하여 시행하게 되었다. 그러나 이것도 즉시 의정부에 통보하고 합당하지 못한 것이 있으면 의정부의 審駁에 따라서 更啓한 후 시행하게 하였다.[59)]

라고 하였음과 같이 육조를 지휘하면서 대소 국정을 주도하였다.

(2) 端宗 즉위~2년

단종이 즉위한 이후에도 세종 18년 이래의 '王 - 議政府 - 六曹 - 六曹屬衙門'의 국정운영체계가 계속되었다. 그러나 이 시기의 국정운영은 이전과는 달리 단종이 13세의 유년이었고 정무재결의 능력이 없음과 관련되어 의정부가 대소국정을 전담하였다. 즉 의정부는 단종의 위임을 받아 육조의 모든 정사를 보고 받아 啓聞하였고, 大小人事·大小科罪·特賜를 전장하였으며, 승정원을 통한 제신의 私事 上啓를 금지하면서 국왕의 면대를 독점하였다. 이러한 상황에서 '黃標政事'[60)] 라든가 "국왕은 손끝

---

58) 한충희, 위「조선초기 의정부연구」상, 96쪽. 황희 등의 세종대 의정 재직기간은 다음과 같다.
황희 ; 우의정 - 8년 5월~9년 1월, 좌의정 - 9.1~9.7·9.7~13.9, 영의정 - 13.9~31.10, 최윤덕 ; 우 - 15.5~17.2, 좌 - 17.2~18.7, 노한 ; 우 - 17.2~19.7.

59)『세종실록』권72, 18년 4월 무신.

60)『단종실록』권2, 즉위년 7월 계사 議政府堂上 每日詣賓廳 吏兵曹堂上就議 所除臺省政曹沿邊將帥及守令 必書三人姓名 取其中可用者一人 付黃標以啓 魯山但

하나 움직일 수 없었다"[61]라고 하였듯이 의정부의 기능이 극대화되면서 의정부가 국정을 천단한 반면에 국왕은 허수아비로 전락되었다. 이어 단종 1년에 首陽大君 李瑈가 주도한 癸酉政變이 성공한 뒤에는 이전의 皇甫仁·金宗瑞 등 대신에 수양대군의 천단이 계속되었다. 이 점은 의정부가 형정·인사·의례·군사·진제·제도·경제·문교·외교 등 모든 국정에 걸쳐 활동하였고, 의정부의 총 활동수가 480건(수명 0, 계문 271, 의의 209건)이었으나 육조는 123건(수명 94, 계문 23, 의의 6)에 불과하였음에서 입증된다고 하겠다.

### 3. 王 - 六曹體制期의 國政運營

#### 1) 太宗 14년~世宗 17년

##### (1) 太宗 14~18년

태종 14년~18년의 국정운영체제는 '王 - 六曹 - 六曹屬衙門' 체제로 규정되었고, 실제로도 육조의 총 활동수가 637건(수명 90, 계문 484, 의의 63)으로 의정부의 254건(수명 30, 계문 107, 의의 117)을 압도하였듯이 대개의 정사는 이 체제에 의해 운영되었다.

그러면서도 의정인 河崙·李稷·南在·成石璘·朴訔·柳廷顯·韓尙敬 등이 학식과 경륜을 구비하고 태종의 신임을 받았음과[62] 관련되어

---

筆點之而已 時謂之曰 黃標政事.

61) 『세조실록』 권2, 1년 8월 임자 史官李承召曰 (중략) 當魯山之時 倒持大阿 授諸姦臣 人主不得而搖手 百官不假於承命 頤指氣使 莫敢誰何 知有政府而不知有君之日久矣.

62) 『태종실록』 14~18년조. 이들의 의정 재직기간은 다음과 같다.
하륜 ; 좌의정 - 12.8~14.4, 영 - 14.4~16.3, 이직 ; 판의정 - 14.4~14.6, 우 - 14.6~15.5, 남재 ; 좌 - 14.6~15.2, 우 - 15.11~15.12, 영 - 16.5~17.4, 성석린

① 『태종실록』 권28, 14년 9월 정묘 命議政府 議定奴婢數.

② 『태종실록』 권28, 14년 8월 무오 召議政府六曹 議漕運及給田事宜.

라고 한 예와 같이 의정부는 단독으로나 육조와 함께 의의활동을 전개하였다. 의의된 정사는 위에서의 노비, 조운 · 급전사와 같이 당시의 현안

<표 12-4> 태종 14년~세종 17년 의정부 · 육조 정치활동[63)]

| | | 태종 | | | | | 세종 | | | | | | | | | | | |
|---|---|---|---|---|---|---|---|---|---|---|---|---|---|---|---|---|---|---|
| | | 14 | 15 | 16 | 17 | 18* | 1 | 2 | 3 | 4 | 5 | 6 | 7 | 8 | 9 | 10 | 11 | 12 |
| 수명 | 의정부 | 11 | 3 | 6 | 2 | 8 | 4 | 5 | 2 | 1 | 0 | 5 | 2 | 3 | 0 | 1 | 1 | 1 |
| | 육조 | 7 | 32 | 16 | 22 | 13 | 18 | 13 | 15 | 20 | 38 | 26 | 33 | 54 | 21 | 30 | 26 | 40 |
| 계문 | 의정부 | 25 | 23 | 18 | 11 | 30 | 26 | 9 | 9 | 22 | 7 | 6 | 5 | 10 | 9 | 16 | 9 | 6 |
| | 육조 | 81 | 93 | 91 | 92 | 127 | 142 | 112 | 127 | 112 | 269 | 213 | 230 | 152 | 99 | 144 | 150 | 204 |
| 의의 | 의정부 | 25 | 15 | 18 | 20 | 39 | 27 | 28 | 13 | 13 | 16 | 15 | 22 | 27 | 31 | 41 | 46 | 57 |
| | 육조 | 10 | 20 | 10 | 13 | 10 | 5 | 3 | 5 | 1 | 4 | 5 | 15 | 6 | 4 | 8 | 7 | 3 |
| 합계 | 의정부 | 61 | 41 | 42 | 33 | 77 | 57 | 42 | 24 | 36 | 23 | 26 | 29 | 40 | 40 | 58 | 56 | 64 |
| | 육조 | 98 | 145 | 117 | 127 | 150 | 165 | 128 | 147 | 133 | 311 | 244 | 278 | 212 | 124 | 182 | 183 | 247 |

| | | 세종 | | | | | 합계 | 비고<br>* 세종 즉위년 포함 |
|---|---|---|---|---|---|---|---|---|
| | | 13 | 14 | 15 | 16 | 17 | | |
| 수명 | 의정부 | 3 | 0 | 0 | 0 | 2 | 60 | |
| | 육조 | 43 | 42 | 31 | 53 | 44 | 637 | |
| 계문 | 의정부 | 13 | 5 | 7 | 7 | 6 | 279 | |
| | 육조 | 195 | 134 | 185 | 177 | 157 | 3,286 | |
| 의의 | 의정부 | 113 | 86 | 108 | 78 | 56 | 894 | |
| | 육조 | 14 | 7 | 16 | 22 | 10 | 198 | |
| 합계 | 의정부 | 129 | 91 | 115 | 85 | 64 | 1,233 | |
| | 육조 | 252 | 183 | 232 | 252 | 211 | 4,121 | |

---

; 영 - 15.10~16.5, 박은 ; 우 - 16.5~16.11, 좌 - 16.11 세종 3.12, 유정현 ; 좌 - 16.5~16.11, 영 - 16.11~18.3, 한상경 ; 우 - 16.11~18.6.

63) 『조선왕조실록』 태종 14년~세종 17년조.

사이거나 중요국사였고, 의정부의 활동수가 육조를 압도하였다. 또 의정부의 활동은 이전에 비하여는 위축되었지만 刑政 · 經濟 · 軍事 · 外交 · 時務開陳 등 정사를 활발히 참여하였다(<표 12-7>). 이 점에서 중요한 정사는 議政府擬議, 즉 '王 - 議政府 - 六曹' 나 '王 - 議政府 · 六曹' 체제로 결정하고 시행하는 경향이 현저하였다고 하겠다.

이에서 이 시기 국정운영은 대개는 법제적인 '王 - 六曹 - 六曹屬衙門' 체계에 의해 수행되었지만, 중대사는 국왕의 자문에 따라 의정부가 참여하는 '王 - 議政府 - 六曹 - 六曹屬衙門'이나 '王 - 議政府 · 六曹 - 六曹屬衙門' 체계로 운영되는 경향이 현저하였다고 하겠다.

(2) 世宗 즉위~4년

세종 즉위~4년의 국정운영체계는 법제적으로는 '王 - 六曹 - 六曹屬衙門' 체제로 영위되도록 규정되었고, 실제로도 육조의 정치활동 총수가 573건(수명 66, 계문 493, 의의 14)이고 의정부가 159건(수명 12, 계문 66, 의의 81) 이었듯이 대부분의 정사는 이러한 체체로 운영되었다.

그러나 의정부는 그 구성원의 자질과 그들에 대한 국왕의 신임, 세종의 신중한 국정운영 스타일과 관련되어

① 『세종실록』 권9, 2년 9월 기묘 全羅道觀察使請 修築碧骨堤訥堤 令政府六曹議之 (하략).
② 『세종실록』 권15, 4년 3월 무인 命政府六曹 議變事.

라고 한 예와 같이 왕명을 받아 육조와 함께 중요국사의 의의에 참여하였고, 그 의의활동 총 수가 육조의 그것을 압도하였다. 이에서 의정부는

국왕의 자문을 받아 중요 국정에 참여하는 경향이 현저하였다고 하겠다.

그런데 이 시기에는 세종이 재위하기는 하나 태종이 선위와 함께 "군사는 친히 聽斷하고, 국가의 중대사의 논의에도 참여하겠다"[64]고 천명하면서 薨逝하기까지 병조를 親掌하면서[65] 군사는 물론 대소국정을 지휘하였다.[66] 따라서 이 시기는 세종이 『태종실록』의 편찬을 두고 "己亥年(세종 1)으로부터 壬寅年(4)까지는 내가 비록 왕위에 있기는 하였지만 그 간의 국정은 내가 모두 태종께 아뢴 후에 시행하였다"[67]라고 하였듯이 상왕인 태종치세의 연장이었다.

이에서 이 시기 국정운영은 법제적으로는 세종을 중심한 '王 - 六曹 - 六曹屬衙門' 체제로 규정되었지만, 실제로는 이러한 체제와 함께 상왕인 태종을 중심으로 한 '上王 - 王 - 六曹 - 六曹屬衙門' 체제가 병행되었다고 하겠다. 이에 따라 국정운영도 대개의 정사는 '上王 - 王 - 六曹 - 六曹屬衙門' 체제하에서 영위되었지만, 중요 국사는 '上王 - 王 - 議政府・六曹 - 六曹屬衙門' 체제로 영위되는 경향이 현저하였다고 하겠다.

#### (3) 世宗 5~17년

세종 5~17년의 법제적인 국정운영체계는 '王 - 六曹 - 六曹屬衙門' 체제가 계승되었다. 실제의 국정운영은 육조의 정치활동 총수가 2,911건(수명 481, 계문 2,039, 의의 121)이었고 의정부가 820건(수명 18, 계문

---

64) 『태종실록』 권36, 18년 8월 정해, 『세종실록』 권1, 즉위년 8월 정축 세종총서.

65) 『세종실록』 권1, 즉위년 8월 정미・9월 갑술・10월 기묘・무술.

66) 한충희, 1999, 「上王期(세종 즉위~세종 4, 1422) 太宗硏究」, 『大丘史學』 58, 102~107쪽.

67) 『세종실록』 권26, 6년 12월 임인.

106, 의의 696)건이었듯이 대개의 정사는 법제적으로 규정된 '王 - 六曹'의 국정운영체계에 따라 수행되었다.

그러면서도 세종이 중요한 국정은 학식과 경륜을 겸비한 의정부대신에게 자문을 한 후 결정하기도 하였지만, 왕 7년 이후 신병으로[68] 인해 의정부대신의 정무협찬이 요청되었다. 이에 따라 의정부·의정은

① 『세종실록』 권33, 8년 9월 병오 兵曹據咸吉道觀察使關啓 移船泊之事 命下議政府諸曹同議 (하략).
② 『세종실록』 권34, 8년 11월 을미 命議政府六曹議 慶尙道加設兵馬都節制使水軍都按撫處置使 因革便否 (하략).
③ 『세종실록』 권45, 11년 7월 갑술 命召(영의정)黃喜(우의정)孟思誠議請免金銀堪爲使副使者 (하략).

라고 한 예에서와 같이 단독으로나 육조와 함께 刑政·外交·軍事·制度·經濟·人事·時務·文敎 등 중요 국사의 논의에 활발히 참여하였다. 이 점은 의정부 의의활동(696건)이 육조의 의의 활동(121건)을 압도하였음에서 잘 입증된다고 하겠다.

이에서 이 시기 국정운영은 대개는 법제적인 '王 - 六曹 - 六曹屬衙門' 체계로 영위되었고, 중대사는 의정부가 중심이 된 '王 - 議政府 - 六曹 - 六曹屬衙門'이나 '王 - 議政府 ·六曹 - 六曹屬衙門' 체계로 운영되는 경향이 현저하였다고 하겠다.

68) 李崇寧, 1981,「世宗大王의 學問과 思想 - 學者들과 그 業績 -」, 『亞細亞文化社』, 109~115(18년 이후의 질병은 115~125)쪽.

2) 世祖 1년~成宗 25년

(1) 世祖 1~14년

세조 1~14년의 법제적인 국정운영체계는 '王 - 六曹 - 六曹屬衙門' 체제였고, 실제적인 국정운영도 육조의 정치활동 총수가 1,917건(수명 764, 계문 1,018, 의의 135)이었고, 의정부가 794건(수명 81, 계문 234, 의의 479)이었듯이 대개의 정사는 법제적인 체제로 수행되었다.

그러면서도 癸酉政變과 세조추대에 참여하거나 주도하고 세조의 신임을 받은 靖難·佐翼功臣인 姜孟卿·鄭昌孫·申叔舟·權覽·韓明澮 등이 의정부 대신에 진출하였다.[69] 이들 의정은

① 『세조실록』 권19, 6년 3월 무자 序班張敬言 (明)副使求彩花席二十張 請於赴京宰相之行囑送 命議政府議之 (하략).

② 『세조실록』 권19, 6년 2월 신유 召領議政姜孟卿 右議政申叔舟 吏曹判書具致寬 都承旨尹子雲 藝文直提學姜孝文 議北邊事 (하략).

라고 한 예와 같이 단독으로나 육조와 함께 군사·형정·의례·외교·제도·인사·경제 등(<표 12-7>) 중요 정사의 논의에 활발하게 참여하였다.

또 세조 14년에는 세조가 자신의 중병을 기해 국정운영과 왕권의 보호를 위해 원로대신의 국정협찬을 절감하고 院相制를 실시함에 따라[70]

---

69) 이들의 의정 재직기간은 다음과 같다.
정창손 ; 우의정 - 2.10~3.2, 좌 - 3.2~3.7, 영 - 4.12~5.11, 강맹경 ; 우 - 3.2~4.12, 좌 - 4.12~5.11, 영 - 5.11~7.4, 신숙주 ; 우 - 4.12~5.11, 좌 - 5.11~8.5, 영 - 12.4~성종 2.10, 권람 ; 우 - 5.11~8.5, 좌 - 8.5~9.9, 한명회 ; 우 - 8.5~9.8, 좌 - 9.8~10.1, 영 - 12.10~13.4.

70) 그 배경에 있어서 金甲周는 「院相制의 成立과 機能」(『東國史學』 12, 1973) 35쪽에서 『성종실록』 권 60, 6년 10월 무인조를 제시하면서 명과의 현안외교처리를

院相이 육조·승정원을 지휘하면서 국정을 주도한,[71] 즉 '王 - 院相 - 六曹 - 六曹屬衙門'의 체제로 운영되는 경향이 현저하였다.

이에서 세조 1~14년의 정치는 대개는 법제적인 '王 - 六曹 - 六曹屬衙門' 체제로 수행되었고, 중대사는 '王 - 議政府 - 六曹 - 六曹屬衙門' 체계나 '王 - 院相 - 六曹 - 六曹屬衙門' 체제로 수행되는 경향이 현저하였다.

(2) 睿宗 1년~成宗 6년

예종 1년~성종 6년의 국정운영은 법제적으로는 '王 - 六曹 - 六曹屬衙門'의 체제로 수행되도록 규정되었고, 실제로도 육조의 정치활동 총수가 1,414건(수명 522, 계문 837, 의의 55)이었고, 의정부가 133건(수명 38, 계문 50, 의의 45)이었듯이 대개의 정사는 이 체제로 수행되었다.

그러나 이 시기에는 세조 14년 이래의 원상제가 운영되었다. 원상은 총 활동수가 678건으로 육조의 1,414건에는 미치지 못하였다. 그러나 원상은 성종 7년 輪對 때에 禮賓寺副正 宋克昌이 "殿下卽位之初 置院相 凡政事無不咨焉"[72]이라고 하였고, 실제로도 刑政·儀禮·軍事·人事·制度·外交·時務·經濟·文敎 등 정사에 활발히 참여하면서[73] 국정운영을 주도하였다. 이 점에서 이 시기에는 법제적인 국정운영체계와

---

위해 실시되었다고 하였다. 그러나 세조의 신병, 정변을 일으켜 집권하고 즉위한 경력, 의심이 많은 성격, 원상이 예종·성종초에 남이옥사·구성군 제거 등을 주도하면서 왕권을 보호하면서 국정을 지휘하였다. 이점에서 명과의 외교처리도 일인이 되었지만 보다 근본적으로는 세조가 자신의 사후에 야기될 왕권동요·정치혼란에 대비한 것에서 기인된 것으로 추측된다.

71) 김갑주, 위 논문, 60~70쪽.

72) 『성종실록』 권66, 7년 4월 임인.

73) 『조선왕조실록』 예종 1년~성종 6년조. 분야별 활동건수는 형정 151, 의례 87, 군사 70, 인사 69, 제도 61, 외교 50, 시무조진 34, 경제 30, 문교 23건 등이었다.

'王 - 院相 - 六曹 - 六曹屬衙門' 체제가 병행되었다고 하겠다.

<표 12-5> 세조 1년~성종 6년 의정부 · 육조 · 원상 정치활동[74)]

| | | 세조 1~14 | | | | | | | | | | | | | | |
|---|---|---|---|---|---|---|---|---|---|---|---|---|---|---|---|---|
| | | 세 1* | 2 | 3 | 4 | 5 | 6 | 7 | 8 | 9 | 10 | 11 | 12 | 13 | 14 | 계 |
| 수명 | 의정부 | 4 | 4 | 6 | 6 | 3 | 5 | 9 | 6 | 8 | 5 | 4 | 3 | 8 | 10 | 81 |
| | 육조 | 77 | 61 | 69 | 43 | 31 | 57 | 52 | 37 | 30 | 57 | 41 | 68 | 58 | 83 | 764 |
| | 원상 | | | | | | | | | | | | | | | |
| 계문 | 의정부 | 82 | 12 | 20 | 18 | 20 | 10 | 19 | 12 | 12 | 5 | 3 | 5 | 7 | 9 | 234 |
| | 육조 | 43 | 76 | 119 | 113 | 102 | 96 | 69 | 64 | 22 | 102 | 67 | 69 | 31 | 45 | 1,018 |
| | 원상 | | | | | | | | | | | | | | | |
| 의의 | 의정부 | 43 | 22 | 29 | 16 | 17 | 21 | 73 | 28 | 39 | 36 | 17 | 42 | 65 | 31 | 479 |
| | 육조 | 1 | 19 | 22 | 3 | 6 | 18 | 13 | 2 | 9 | 6 | 10 | 11 | 16 | 9 | 135 |
| | 원상 | | | | | | | | | | | | | | | |
| 합계 | 의정부 | 129 | 38 | 55 | 40 | 40 | 36 | 101 | 46 | 59 | 46 | 24 | 50 | 80 | 50 | 794 |
| | 육조 | 121 | 156 | 210 | 159 | 139 | 171 | 134 | 103 | 61 | 165 | 118 | 148 | 105 | 137 | 1,917 |
| | 원상 | | | | | | | | | | | | | | | |

| | | 예종 1~성종 6 | | | | | | | | 합계 | 비 고<br>* 각 단종 3년, 예종 즉위년, 성종 즉위년 포함. |
|---|---|---|---|---|---|---|---|---|---|---|---|
| | | 예 1* | 성 1 | 2 | 3 | 4 | 5 | 6 | 계 | | |
| 수명 | 의정부 | 14 | 3 | 3 | 2 | 9 | 4 | 3 | 38 | 119 | |
| | 육조 | 96 | 68 | 93 | 82 | 38 | 62 | 83 | 522 | 1,286 | |
| | 원상 | 14 | 14 | 3 | 2 | 2 | 2 | 3 | 40 | 40 | |
| 계문 | 의정부 | 12 | 3 | 2 | 13 | 4 | 9 | 7 | 50 | 284 | |
| | 육조 | 85 | 105 | 154 | 156 | 104 | 84 | 149 | 837 | 1,855 | |
| | 원상 | 46 | 71 | 21 | 11 | 8 | 24 | 12 | 193 | 193 | |
| 의의 | 의정부 | 24 | 2 | 2 | 3 | 0 | 3 | 11 | 45 | 524 | |
| | 육조 | 5 | 2 | 1 | 3 | 0 | 21 | 23 | 55 | 190 | |
| | 원상 | 143 | 110 | 30 | 23 | 25 | 42 | 72 | 445 | 445 | |
| 합계 | 의정부 | 50 | 8 | 7 | 18 | 13 | 16 | 21 | 133 | 927 | |
| | 육조 | 186 | 175 | 248 | 241 | 142 | 167 | 255 | 1,414 | 3,331 | * 세조 14, 예종 즉위, |
| | 원상 | 203 | 195 | 54 | 36 | 35 | 68 | 87 | 678 | 678* | 성종 7년 제외 |

74) 『조선왕조실록』 세조 1년~성종 6년.

또 이 성종 1~6년(엄밀히는 윤대비의 섭정이 종식된 7년 5월[75])에는 성종의 유년즉위로 인한 국정지휘와 왕권보호를 위하여 세조비 윤대비가 섭정이 되어 원상의 협찬을 받으면서 국정을 지휘하였다.[76] 이에서 실제의 국정운영은 '攝政(윤대비) - 王 - 院相 - 六曹 - 六曹屬衙門' 체제로 운영되는 경향이 현저하였다고 하겠다.

이에서 예종 1~성종 6년의 정치는 법제적인 '王 - 六曹 - 六曹屬衙門'의 체제와 섭정이 중심이 된 '攝政 - 王 - 院相 - 六曹 - 六曹屬衙門' 체제가 병행되면서 운영되었다. 그러면서도 국정의 성격과 관련되어 일상적인 정사는 법제적인 행정체제로 운영되었지만 중대한 국사는 원상을 중심으로 운영되는 경향이 현저하였다고 하겠다.

(3) 成宗 7~25년

성종 7~25년에는 법제적인 국정운영체제는 이전의 '王 - 六曹 - 六曹屬衙門' 체제가 복구되었다. 실제의 국정운영은 성종 7년에 윤대비의 섭정이 종식되고 성종의 친정이 시작되면서 육조가 중심이 된 국정운영체제가 복구되었다. 또 대개의 국정은 육조의 정치활동 총수가 2,434건(수명 731, 계문 1,171, 의의 532)이고 의정부의 활동수가 1,971건(수명 135, 계문 141, 의의 1,695)이었듯이 법제적인 국정체계로 운영되었다.

그런데 이 시기에는 성종의 好學, 言官우대와 관련되어 경연과 언론활동이 활발히 전개되고 경연석상에서 대소정치가 논의되면서 의정부·육조를 주도한 훈구재상의 활동이 위축되고 왕권이 안정·강화되었다.[77]

---

75) 『성종실록』 권67, 7년 5월 정사·신유.

76) 『성종실록』 권1, 즉위년 11월 무신·권19, 3년 6월 갑신.

77) 權延雄, 1982, 「朝鮮 成宗朝의 經筵」, 『世宗朝 文化研究』, 博英社, 62~66·79~

또 1482년(성종 13)경 이후에는 성종의 의정 등 원로대신과의 현안·주요 국정 논의 방침에 따라

① 『성종실록』 권161, 14년 12월 정해 命召領敦寧以上 議減別獻雜像及土豹皮貂鼠皮等物 鄭昌孫等僉議 (하략).
② 『성종실록』 권162, 15년 1월 경술 兵曹啓 永安道五鎭人物互相交流其許接戶首 固宜痛懲 依前免役 (중략) 命領敦寧以上 (하략).

라고 한 예와 같이 領敦寧府事 이상 議政·曾經議政에게 중요국정을 의의하게 한 후 결정하여 집행하는 경향이 현저하였다.78) 이 때 의정 재직자는 1,736건의 의의활동을 주도하거나 참여하는 등 육조의 의의활동(436건)을 압도하면서 의의활동을 주도하였다.

이에서 이 시기에는 대부분의 정사가 법제적인 '王 - 六曹 - 六曹屬衙門' 체제에 의하여 수행되는 가운데 경연관과 의정부 대신 등의 활발한 정치참여에 따라 '王 - 經筵 - 六曹 - 六曹屬衙門(성종 7~25)' 체제와 '王 - 議政府(원로대신) - 六曹 - 六曹屬衙門(성종 13~25)' 체제가 병행되면서 영위되었다고 하겠다.

---

87쪽.

78) 『성종실록』 13~25년조. 이 시기의 영돈령 이상에는 영돈령부사·영중추부사·3의정과 의정을 역임자가 등 10여명이 망라되었다. 이들은 다음과 같다(재직기간). 3의정 ; 윤필상(9.11~24.11), 홍응(10.8~23.4), 이극배(16.3~18.9, 24.1~), 노사신(18.9~), 허종(23.5~25.2), 윤호(25.4~25.10), 신승선(25.11~), 영돈령부사 ; 윤호(12.~25.4, 25.10~), 영중추부사 ; 이극배(12~15.10), 노사신(16.3~18.9), 증경의정 ; 윤사흔(7.8~16.5), 심회(10.8~24.1), 한명회(13.4~18), 이극배(18.9~24.1), 윤필상(24.11~).

<표 12-6> 성종 7~25년 의정부 · 육조 정치활동(『조선왕조실록』)

| | | 성종 | | | | | | | | | | | | | | | | |
|---|---|---|---|---|---|---|---|---|---|---|---|---|---|---|---|---|---|---|
| | | 7 | 8 | 9 | 10 | 11 | 12 | 13 | 14 | 15 | 16 | 17 | 18 | 19 | 20 | 21 | 22 | 23 |
| 수명 | 의정부 | 5 | 3 | 12 | 4 | 3 | 7 | 4 | 12 | 8 | 10 | 5 | 4 | 5 | 12 | 15 | 12 | 5 |
| | 육조 | 41 | 48 | 75 | 45 | 24 | 69 | 40 | 35 | 43 | 35 | 19 | 20 | 32 | 42 | 35 | 23 | 25 |
| 계문 | 의정부 | 9 | 7 | 5 | 1 | 0 | 6 | 5 | 16 | 8 | 9 | 5 | 8 | 5 | 10 | 10 | 4 | 11 |
| | 육조 | 75 | 103 | 78 | 67 | 17 | 58 | 71 | 79 | 46 | 76 | 61 | 38 | 35 | 61 | 57 | 37 | 43 |
| 의의 | 의정부 | 9 | 10 | 15 | 69 | 22 | 48 | 137 | 100 | 104 | 118 | 99 | 105 | 112 | 112 | 142 | 122 | 94 |
| | 육조 | 11 | 15 | 17 | 22 | 6 | 25 | 49 | 47 | 28 | 42 | 20 | 23 | 35 | 28 | 32 | 34 | 33 |
| 합계 | 의정부 | 23 | 20 | 32 | 74 | 25 | 61 | 146 | 128 | 120 | 137 | 109 | 117 | 122 | 134 | 167 | 138 | 110 |
| | 육조 | 127 | 166 | 170 | 134 | 47 | 152 | 160 | 178 | 117 | 153 | 100 | 81 | 102 | 131 | 124 | 94 | 101 |

| | | 성종 | | | 총계 | 비 고 |
|---|---|---|---|---|---|---|
| | | 24 | 25 | 합계 | | |
| 수명 | 의정부 | 7 | 2 | 135 | 584 | |
| | 육조 | 31 | 32 | 731 | 3,440 | |
| 계문 | 의정부 | 18 | 4 | 141 | 3,031 | |
| | 육조 | 79 | 90 | 1,171 | 7,496 | |
| 의의 | 의정부 | 156 | 121 | 1,695 | 4,608 | |
| | 육조 | 36 | 29 | 532 | 1,113 | |
| 합계 | 의정부 | 181 | 127 | 1,971 | 8,223 | 태조 1~성종 25(태조 1~정종 1은 도평의사사) |
| | 육조 | 146 | 151 | 2,434 | 12,049 | 태조 1~성종 25 |
| | 원상 | | | | 678 | 예종 1~성종 6 |

참고로 조선초기 의정부의 정치활동 분야와 육조의 정치활동수 · 활동경향을 표로 정리하여 제시하면 다음과 같다.

<표 12-7> 정종 2년~성종 25년 의정부 정치활동 분야[79]

|  | 정종 2~태종 13 | | | | | | | | | | | | | | | 태종 14~세종 17 | | |
|---|---|---|---|---|---|---|---|---|---|---|---|---|---|---|---|---|---|---|
|  | 정 2* | 태 1 | 2 | 3 | 4 | 5 | 6 | 7 | 8 | 9 | 10 | 11 | 12 | 13 | 계 | 태 14 | 15 | 16 |
| 刑政·奴婢 |  | 3 | 4 | 1 | 10 | 9 | 9 | 13 | 8 | 22 | 27 | 17 | 14 | 17 | 155 | 20 | 27 | 19 |
| 軍事 |  | 3 | 12 | 7 | 2 | 2 | 1 | 5 | 6 | 4 | 21 | 4 | 9 | 10 | 86 | 8 | 1 | 2 |
| 儀禮·服制 | 1 |  | 2 | 1 |  | 3 | 3 | 4 | 5 | 3 | 9 | 16 | 4 | 4 | 55 | 1 | 1 | 2 |
| 人事 | 1 | 1 | 1 | 2 |  | 1 |  | 6 | 2 | 5 | 2 | 4 | 6 | 8 | 39 | 5 | 1 | 1 |
| 外交 |  |  |  | 3 |  | 1 | 1 | 1 | 4 |  | 3 | 2 | 1 | 5 | 21 | 2 | 1 | 0 |
| 制度·立法 | 1 | 4 | 3 | 4 | 7 | 2 | 7 | 3 | 1 | 3 | 1 | 1 | 7 | 9 | 53 | 3 | 0 | 1 |
| 經濟·田制 |  | 3 | 9 | 5 | 2 | 6 | 8 | 10 | 2 | 15 | 12 | 17 | 14 | 13 | 116 | 7 | 1 | 6 |
| 賑濟·救療 |  | 3 | 1 | 1 |  | 3 | 1 | 1 |  | 3 | 1 | 2 | 5 | 2 | 23 | 0 | 0 | 1 |
| 教育·科擧·風俗 등 | 1 | 2 |  | 1 |  | 1 | 4 | 2 | 2 | 2 | 1 | 4 | 5 | 3 | 28 | 4 | 0 | 1 |
| 時務條陳 |  | 2 | 3 | 4 | 4 | 3 | 5 | 6 | 1 | 6 | 2 | 3 | 4 | 5 | 48 | 2 | 3 | 3 |
| 기타 | 6 | 4 | 8 | 9 | 10 | 6 | 9 | 5 | 14 | 20 | 17 | 18 | 23 | 20 | 169 | 9 | 6 | 6 |
| 합계 | 10 | 25 | 43 | 39 | 35 | 37 | 48 | 56 | 45 | 83 | 96 | 88 | 92 | 96 | 793 | 61 | 41 | 42 |

|  | 태종 14~세종 17 | | | | | | | | | | | | | | | | | |
|---|---|---|---|---|---|---|---|---|---|---|---|---|---|---|---|---|---|---|
|  | 태 17 | 18* | 세 1 | 2 | 3 | 4 | 5 | 6 | 7 | 8 | 9 | 10 | 11 | 12 | 13 | 14 | 15 | 16 |
| 刑政·奴婢 | 10 | 25 | 9 |  | 1 | 8 | 7 | 5 | 5 | 5 | 9 | 18 | 7 | 13 | 20 | 11 | 10 | 14 |
| 軍事 | 3 | 5 | 13 | 5 | 5 | 4 | 3 | 3 | 6 | 10 | 7 | 6 | 7 | 6 | 11 | 14 | 36 | 16 |
| 儀禮·服制 | 1 | 4 | 4 | 10 | 3 | 5 | 2 | 4 | 1 | 5 | 0 | 5 | 3 | 9 | 14 | 8 | 1 | 2 |
| 人事 | 1 | 2 | 2 | 0 | 1 | 1 | 0 | 0 | 3 | 0 | 0 | 2 | 9 | 4 | 11 | 8 | 2 | 7 |
| 外交 | 5 | 9 | 6 | 3 | 2 | 3 | 4 | 3 | 3 | 6 | 6 | 6 | 14 | 12 | 35 | 10 | 32 | 18 |
| 制度·立法 | 0 | 0 | 2 | 1 | 2 | 2 | 1 | 1 | 1 | 2 | 6 | 4 | 6 | 6 | 9 | 11 | 6 | 4 |
| 經濟·田制 | 5 | 4 | 4 | 2 | 2 | 3 | 1 | 2 | 4 | 4 | 0 | 5 | 2 | 2 | 7 | 6 | 4 | 2 |
| 賑濟·救療 | 0 | 1 | 3 | 0 | 1 | 3 | 0 | 1 | 0 | 2 | 5 | 3 | 1 | 0 | 1 | 0 | 1 | 2 |
| 教育·科擧·風俗 등 | 1 | 0 | 1 | 0 | 0 | 1 | 1 | 0 | 0 | 1 | 1 | 3 | 3 | 5 | 6 | 6 | 1 | 1 |
| 時務條陳 | 2 | 1 | 3 | 4 | 1 | 0 | 3 | 1 | 2 | 1 | 4 | 1 | 0 | 1 | 7 | 4 | 11 | 10 |
| 기타 | 5 | 26 | 10 | 14 | 6 | 6 | 1 | 6 | 4 | 4 | 2 | 5 | 4 | 6 | 8 | 13 | 11 | 9 |
| 합계 | 33 | 77 | 57 | 42 | 24 | 36 | 23 | 26 | 29 | 40 | 40 | 58 | 56 | 64 | 129 | 91 | 115 | 85 |

79) 한충희, 1980, 「조선초기 의정부연구」 상, 122~123쪽 <표 12>, 131~134쪽 <표 13>, 138쪽 <표 14>, 141쪽 <표 15>,『조선왕조실록』 성종 10~25년조.

| | 태종 14~세종 17 | | 세종 18~ 단종 2 | | | | | | | | | | | | | | |
|---|---|---|---|---|---|---|---|---|---|---|---|---|---|---|---|---|---|
| | 세 17 | 계 | 세 18 | 19 | 20 | 21 | 22 | 23 | 24 | 25 | 26 | 27 | 28 | 29 | 30 | 31 | 32* |
| 刑政·奴婢 | 5 | 251 | 17 | 12 | 20 | 23 | 15 | 12 | 17 | 12 | 21 | 10 | 9 | 14 | 16 | 16 | 19 |
| 軍事 | 17 | 188 | 16 | 20 | 25 | 24 | 19 | 20 | 23 | 23 | 12 | 15 | 14 | 13 | 21 | 13 | 36 |
| 儀禮·服制 | 5 | 90 | 16 | 11 | 26 | 19 | 13 | 10 | 10 | 8 | 7 | 15 | 24 | 17 | 22 | 16 | 39 |
| 人事 | 2 | 62 | 15 | 18 | 18 | 12 | 14 | 8 | 7 | 13 | 23 | 15 | 20 | 14 | 10 | 6 | 35 |
| 外交 | 11 | 191 | 4 | 3 | 20 | 20 | 4 | 9 | 25 | 21 | 14 | 16 | 7 | 2 | 14 | 11 | 20 |
| 制度·立法 | 4 | 72 | 15 | 16 | 22 | 21 | 15 | 3 | 13 | 10 | 6 | 19 | 16 | 23 | 20 | 20 | 19 |
| 經濟·田制 | 3 | 75 | 7 | 23 | 12 | 20 | 8 | 12 | 7 | 4 | 17 | 14 | 18 | 7 | 15 | 6 | 21 |
| 賑濟·救療 | 2 | 27 | 12 | 13 | 3 | 7 | 5 | 4 | 3 | 3 | 11 | 24 | 48 | 8 | 6 | 5 | 4 |
| 教育·科擧·風俗 등 | 2 | 38 | 4 | 4 | 5 | 8 | 5 | | 3 | 3 | 8 | 4 | 1 | 7 | 3 | 3 | 10 |
| 時務條陳 | 4 | 68 | 5 | 2 | 2 | 2 | 4 | 0 | 0 | 1 | 2 | 0 | 4 | 1 | 5 | 1 | 2 |
| 기타 | 9 | 170 | 11 | 7 | 19 | 15 | 4 | 9 | 13 | 20 | 19 | 23 | 19 | 14 | 27 | 15 | 18 |
| 합계 | 64 | 1,232 | 122 | 129 | 172 | 171 | 106 | 94 | 121 | 118 | 140 | 155 | 180 | 120 | 159 | 112 | 223 |

| | 세종 18~단종 2 | | | | | 세조 1~14 | | | | | | | | | | | |
|---|---|---|---|---|---|---|---|---|---|---|---|---|---|---|---|---|---|
| | 문 1 | 2* | 단 1 | 2 | 계 | 세 1* | 2 | 3 | 4 | 5 | 6 | 7 | 8 | 9 | 10 | 11 | 12 |
| 刑政·奴婢 | 27 | 35 | 47 | 56 | 398 | 31 | 6 | 11 | 15 | 17 | 7 | 12 | 14 | 6 | 3 | 7 | 10 |
| 軍事 | 48 | 19 | 18 | 30 | 409 | 13 | 2 | 9 | 6 | 4 | 11 | 46 | 16 | 14 | 15 | 8 | 26 |
| 儀禮·服制 | 16 | 45 | 24 | 25 | 363 | 15 | 8 | 11 | 4 | 4 | 1 | 6 | 2 | 12 | 2 | 2 | 1 |
| 人事 | 28 | 29 | 63 | 27 | 375 | 14 | 1 | 2 | 1 | 1 | 0 | 3 | 2 | 5 | 2 | 0 | 3 |
| 外交 | 10 | 16 | 5 | 5 | 226 | 8 | 7 | 0 | 5 | 5 | 9 | 17 | 4 | 4 | 3 | 1 | 1 |
| 制度·立法 | 27 | 20 | 14 | 16 | 315 | 16 | 2 | 3 | 2 | 0 | 4 | 4 | 1 | 4 | 4 | 0 | 2 |
| 經濟·田制 | 25 | 8 | 13 | 8 | 245 | 6 | 3 | 0 | 2 | 1 | 1 | 2 | 3 | 2 | 7 | 2 | 2 |
| 賑濟·救療 | 18 | 21 | 21 | 13 | 229 | 9 | 1 | 1 | 1 | 2 | 0 | 2 | 0 | 0 | 2 | 1 | 1 |
| 教育·科擧·風俗 등 | 11 | 3 | 10 | 5 | 104 | 7 | 2 | 0 | 2 | 1 | 0 | 1 | 2 | 2 | 2 | 1 | 0 |
| 時務條陳 | 8 | 6 | 7 | 2 | 54 | 0 | 1 | 0 | 1 | 2 | 0 | 0 | 1 | 1 | 1 | 0 | 0 |
| 기타 | 37 | 30 | 46 | 25 | 371 | 10 | 5 | 18 | 1 | 3 | 3 | 8 | 1 | 9 | 5 | 2 | 4 |
| 합계 | 255 | 232 | 268 | 212 | 3,089 | 129 | 38 | 55 | 40 | 40 | 36 | 101 | 46 | 59 | 46 | 24 | 50 |

| | 세조 1~14 | | | 예종 1~성종 6 | | | | | | | | 성종 7~25 | | | | | | |
|---|---|---|---|---|---|---|---|---|---|---|---|---|---|---|---|---|---|---|
| | 세 13 | 14* | 계 | 예 1* | 성 1* | 2 | 3 | 4 | 5 | 6 | 계 | 성 7 | 8 | 9 | 10 | 11 | 12 | 13 |
| 刑政·奴婢 | 16 | 12 | 167 | 12 | 2 | 0 | 3 | 2 | 1 | 3 | 23 | 3 | 7 | 11 | 17 | 3 | 13 | 49 |
| 軍事 | 32 | 7 | 209 | 6 | 0 | 0 | 0 | 0 | 1 | 5 | 12 | 2 | 1 | 4 | 12 | 3 | 5 | 14 |
| 儀禮·服制 | 0 | 11 | 79 | 4 | 3 | 0 | 0 | 1 | 4 | 6 | 18 | 2 | 2 | 3 | 1 | 1 | 2 | 4 |
| 人事 | 7 | 4 | 45 | 6 | 2 | 1 | 5 | 0 | 3 | 2 | 19 | 5 | 0 | 3 | 16 | 6 | 12 | 15 |
| 外交 | 6 | 3 | 73 | 2 | 0 | 0 | 1 | 9 | 6 | 1 | 19 | 2 | 4 | 2 | 7 | 4 | 6 | 25 |
| 制度·立法 | 4 | 0 | 46 | 9 | 0 | 2 | 2 | 0 | 0 | 1 | 14 | 3 | 2 | 2 | 4 | 0 | 1 | 11 |
| 經濟·田制 | 1 | 1 | 33 | 0 | 0 | 1 | 1 | 1 | 0 | 1 | 4 | 0 | 0 | 1 | 1 | 1 | 3 | 3 |
| 賑濟·救療 | 0 | 0 | 20 | 1 | 0 | 0 | 0 | 0 | 0 | 0 | 1 | 0 | 0 | 1 | 2 | 1 | 2 | 2 |
| 教育·科擧·風俗 등 | 0 | 0 | 20 | 4 | 0 | 1 | 3 | 0 | 0 | 0 | 8 | 1 | 1 | 0 | 0 | 0 | 0 | 2 |
| 時務條陳 | 9 | 6 | 22 | 2 | 1 | 2 | 1 | 0 | 1 | 1 | 8 | 1 | 0 | 3 | 0 | 0 | 3 | 0 |
| 기타 | 5 | 6 | 80 | 4 | 0 | 0 | 2 | 0 | 0 | 1 | 7 | 4 | 3 | 2 | 14 | 6 | 14 | 21 |
| 합계 | 85 | 50 | 794 | 50 | 8 | 7 | 18 | 13 | 16 | 21 | 133 | 23 | 20 | 32 | 74 | 25 | 61 | 146 |

| | 성종 7~25 | | | | | | | | | | | | | 총계 | 비고 |
|---|---|---|---|---|---|---|---|---|---|---|---|---|---|---|---|
| | 성 14 | 15 | 16 | 17 | 18 | 19 | 20 | 21 | 22 | 23 | 24 | 25 | 계 | | |
| 刑政·奴婢 | 16 | 23 | 28 | 23 | 31 | 48 | 47 | 45 | 16 | 26 | 46 | 45 | 497 | 1,491 | |
| 軍事 | 14 | 14 | 7 | 19 | 21 | 12 | 12 | 14 | 41 | 10 | 34 | 12 | 251 | 1,155 | |
| 儀禮·服制 | 38 | 10 | 6 | 1 | 4 | 7 | 4 | 7 | 3 | 2 | 1 | 5 | 103 | 708 | |
| 人事 | 14 | 26 | 26 | 18 | 14 | 16 | 30 | 54 | 42 | 37 | 48 | 31 | 413 | 953 | |
| 外交 | 21 | 17 | 17 | 11 | 12 | 4 | 3 | 5 | 6 | 10 | 19 | 12 | 187 | 717 | |
| 制度·立法 | 6 | 5 | 9 | 11 | 5 | 7 | 8 | 7 | 3 | 4 | 7 | 6 | 101 | 601 | |
| 經濟·田制 | 4 | 5 | 16 | 8 | 10 | 8 | 6 | 7 | 3 | 4 | 5 | 5 | 90 | 563 | |
| 賑濟·救療 | 0 | 4 | 13 | 6 | 3 | 5 | 7 | 4 | 9 | 5 | 8 | 3 | 75 | 375 | |
| 教育·科擧·風俗 등 | 0 | 5 | 2 | 4 | 2 | 6 | 2 | 5 | 5 | 1 | 1 | 3 | 40 | 238 | |
| 時務條陳 | 0 | 0 | 3 | 1 | 6 | 0 | 0 | 1 | 0 | 2 | 1 | 1 | 22 | 222 | |
| 기타 | 15 | 11 | 10 | 7 | 9 | 9 | 15 | 18 | 10 | 9 | 11 | 4 | 192 | 989 | |
| 합계 | 128 | 120 | 137 | 109 | 117 | 122 | 134 | 167 | 138 | 110 | 181 | 127 | 1,971 | 8,012 | |

<표 12-8> 조선초기 이, 호, 예, 병, 형, 공조 정치활동수(『조선왕조실록』)

| | 태종 5~13 | | | | | | | | | | 태종 14~세종 17 | | | | | | | | |
|---|---|---|---|---|---|---|---|---|---|---|---|---|---|---|---|---|---|---|---|
| | 태 5 | 6 | 7 | 8 | 9 | 10 | 11 | 12 | 13 | 계 | 태 14 | 15 | 16 | 17 | 18* | 세 1 | 2 | 3 | 4 |
| 吏曹 | 2 | 6 | 0 | 1 | 1 | 0 | 4 | 1 | 0 | 15 | 10 | 14 | 16 | 3 | 8 | 11 | 14 | 11 | 11 |
| 戶曹 | 0 | 2 | 1 | 1 | 2 | 4 | 9 | 1 | 2 | 22 | 28 | 27 | 17 | 26 | 16 | 16 | 12 | 22 | 13 |
| 禮曹 | 5 | 7 | 7 | 13 | 8 | 11 | 35 | 31 | 10 | 127 | 27 | 24 | 34 | 44 | 63 | 81 | 86 | 73 | 67 |
| 兵曹 | 3 | 0 | 3 | 2 | 5 | 3 | 6 | 1 | 4 | 27 | 15 | 19 | 15 | 18 | 28 | 36 | 6 | 26 | 22 |
| 刑曹 | 2 | 0 | 9 | 7 | 2 | 1 | 7 | 4 | 14 | 46 | 16 | 55 | 33 | 31 | 32 | 18 | 7 | 11 | 13 |
| 工曹 | 0 | 0 | 0 | 0 | 0 | 0 | 1 | 0 | 0 | 1 | 0 | 0 | 0 | 4 | 1 | 2 | 2 | 4 | 6 |
| 2~6曹 | 0 | 1 | 1 | 0 | 0 | 0 | 0 | 0 | 0 | 2 | 1 | 1 | 0 | 1 | 2 | 0 | 0 | 4 | 1 |
| 합계 | 12 | 15 | 21 | 25 | 18 | 19 | 62 | 38 | 30 | 240 | 98 | 145 | 117 | 127 | 150 | 165 | 128 | 147 | 133 |

| | 태종 14~세종 17 | | | | | | | | | | | | | | 세종 18~단종 2 | | | |
|---|---|---|---|---|---|---|---|---|---|---|---|---|---|---|---|---|---|---|
| | 세 5 | 6 | 7 | 8 | 9 | 10 | 11 | 12 | 13 | 14 | 15 | 16 | 17 | 계 | 세 18 | 19 | 20 | 21 |
| 吏曹 | 33 | 25 | 47 | 34 | 11 | 20 | 17 | 24 | 34 | 28 | 30 | 23 | 27 | 451 | 5 | 4 | 5 | 16 |
| 戶曹 | 89 | 50 | 56 | 26 | 14 | 23 | 11 | 19 | 32 | 12 | 15 | 33 | 23 | 580 | 7 | 15 | 1 | 11 |
| 禮曹 | 102 | 83 | 80 | 58 | 35 | 44 | 73 | 64 | 77 | 83 | 89 | 91 | 78 | 1,456 | 15 | 16 | 15 | 54 |
| 兵曹 | 39 | 39 | 57 | 38 | 19 | 47 | 34 | 51 | 52 | 26 | 72 | 79 | 53 | 791 | 20 | 19 | 9 | 46 |
| 刑曹 | 45 | 41 | 35 | 51 | 42 | 35 | 44 | 85 | 851 | 31 | 23 | 25 | 26 | 750 | 28 | 38 | 28 | 23 |
| 工曹 | 1 | 6 | 3 | 1 | 2 | 3 | 4 | 1.4 | 6 | 2 | 1 | 1 | 2 | 55 | 0 | 0 | 0 | 4 |
| 2~6曹 | 2 | 0 | 0 | 4 | 1 | 0 | 0 | 0 | 0 | 1 | 2 | 0 | 2 | 28 | 0 | 0 | 0 | 0 |
| 합계 | 311 | 244 | 278 | 212 | 124 | 182 | 183 | 247 | 252 | 183 | 232 | 252 | 211 | 4,111 | 75 | 92 | 58 | 154 |

| | 세종 18~단종 2 | | | | | | | | | | | | | | | | 세조 1~14 | |
|---|---|---|---|---|---|---|---|---|---|---|---|---|---|---|---|---|---|---|
| | 세 22 | 23 | 24 | 25 | 26 | 27 | 28 | 29 | 30 | 31 | 32* | 문 1 | 2* | 단 1 | 2 | 계 | 세 1 | 2 |
| 吏曹 | 8 | 9 | 17 | 22 | 19 | 8 | 7 | 8 | 3 | 9 | 12 | 12 | 8 | 9 | 18 | 199 | 28 | 32 |
| 戶曹 | 6 | 1 | 12 | 12 | 11 | 8 | 5 | 1 | 5 | 0 | 14 | 19 | 4 | 15 | 11 | 158 | 20 | 8 |
| 禮曹 | 26 | 22 | 34 | 66 | 42 | 17 | 19 | 15 | 35 | 11 | 52 | 44 | 23 | 15 | 14 | 535 | 24 | 47 |
| 兵曹 | 21 | 33 | 26 | 38 | 57 | 20 | 10 | 3 | 12 | 3 | 40 | 72 | 8 | 12 | 15 | 464 | 31 | 38 |
| 刑曹 | 21 | 11 | 25 | 33 | 26 | 23 | 12 | 41 | 49 | 29 | 5 | 12 | 5 | 4 | 9 | 422 | 17 | 27 |
| 工曹 | 1 | 3 | 0 | 3 | 0 | 4 | 0 | 1 | 2 | 0 | 1 | 3 | 2 | 1 | 0 | 25 | 1 | 2 |
| 2~6曹 | 0 | 0 | 2 | 0 | 0 | 0 | 0 | 0 | 1 | 1 | 0 | 0 | 0 | 0 | 0 | 4 | 0 | 2 |
| 합계 | 83 | 79 | 116 | 174 | 155 | 80 | 53 | 69 | 107 | 53 | 124 | 162 | 50 | 56 | 67 | 1,807 | 121 | 156 |

| | 세조 1~14 | | | | | | | | | | | | | 예종 1~성종 6 | | | | |
|---|---|---|---|---|---|---|---|---|---|---|---|---|---|---|---|---|---|---|
| | 세 3 | 4 | 5 | 6 | 7 | 8 | 9 | 10 | 11 | 12 | 13 | 14* | 계 | 예 1* | 성 1 | 2 | 3 | 4 |
| 吏曹 | 54 | 29 | 20 | 35 | 20 | 17 | 19 | 31 | 20 | 13 | 8 | 22 | 348 | 33 | 33 | 44 | 34 | 13 |
| 戶曹 | 21 | 12 | 23 | 27 | 15 | 16 | 4 | 40 | 37 | 21 | 28 | 33 | 305 | 31 | 45 | 38 | 56 | 26 |
| 禮曹 | 54 | 30 | 25 | 25 | 26 | 27 | 9 | 33 | 27 | 34 | 23 | 32 | 417 | 47 | 38 | 66 | 59 | 32 |
| 兵曹 | 55 | 60 | 56 | 66 | 47 | 32 | 17 | 41 | 19 | 45 | 28 | 32 | 567 | 38 | 23 | 31 | 34 | 23 |
| 刑曹 | 23 | 24 | 12 | 17 | 26 | 11 | 9 | 20 | 15 | 32 | 18 | 18 | 269 | 35 | 35 | 57 | 53 | 48 |
| 工曹 | 0 | 4 | 2 | 1 | 0 | 0 | 2 | 0 | 0 | 2 | 0 | 0 | 14 | 1 | 1 | 1 | 5 | 0 |
| 2 ~ 6曹 | 3 | 0 | 0 | 0 | 0 | 0 | 1 | 0 | 0 | 1 | 0 | 0 | 7 | 1 | 0 | 1 | 0 | 0 |
| 합계 | 210 | 159 | 139 | 171 | 134 | 103 | 61 | 165 | 118 | 148 | 105 | 137 | 1,927 | 186 | 175 | 238 | 241 | 142 |

| | 예종 1~성종 6 | | | 성종 7~25 | | | | | | | | | | | | | | |
|---|---|---|---|---|---|---|---|---|---|---|---|---|---|---|---|---|---|---|
| | 성 5 | 6 | 계 | 성 7 | 8 | 9 | 10 | 11 | 12 | 13 | 14 | 15 | 16 | 17 | 18 | 19 | 20 | 21 |
| 吏曹 | 29 | 23 | 242 | 27 | 24 | 33 | 16 | 9 | 29 | 17 | 21 | 17 | 21 | 8 | 12 | 18 | 22 | 24 |
| 戶曹 | 42 | 41 | 310 | 15 | 29 | 25 | 16 | 7 | 27 | 27 | 13 | 12 | 26 | 26 | 16 | 6 | 14 | 11 |
| 禮曹 | 37 | 71 | 397 | 22 | 51 | 43 | 34 | 5 | 26 | 38 | 60 | 33 | 49 | 20 | 20 | 22 | 28 | 14 |
| 兵曹 | 25 | 45 | 257 | 26 | 33 | 23 | 32 | 13 | 29 | 29 | 43 | 34 | 23 | 15 | 20 | 19 | 36 | 35 |
| 刑曹 | 31 | 72 | 366 | 35 | 27 | 43 | 24 | 9 | 27 | 33 | 15 | 7 | 18 | 18 | 9 | 23 | 19 | 23 |
| 工曹 | 3 | 3 | 15 | 1 | 1 | 3 | 0 | 3 | 2 | 0 | 1 | 1 | 0 | 0 | 1 | 1 | 1 | 2 |
| 2～6曹 | 0 | 0 | 2 | 1 | 1 | 0 | 10 | 2 | 12 | 17 | 25 | 11 | 23 | 9 | 3 | 15 | 15 | 14 |
| 합계 | 167 | 255 | 1,404 | 127 | 166 | 170 | 132 | 48 | 152 | 161 | 178 | 115 | 160 | 96 | 81 | 104 | 135 | 123 |

| | 성종 7~25 | | | | | 총계 태종 5~성종 25 |
|---|---|---|---|---|---|---|
| | 성 22 | 23 | 24 | 25 | 계 | |
| 吏曹 | 11 | 16 | 21 | 27 | 373 | 1,628(13.4%) |
| 戶曹 | 9 | 15 | 23 | 22 | 339 | 1,714(14.1%) |
| 禮曹 | 14 | 11 | 28 | 34 | 552 | 3,484(28.7%) |
| 兵曹 | 38 | 30 | 45 | 30 | 553 | 2,659(22.0%) |
| 刑曹 | 6 | 16 | 15 | 21 | 388 | 2,241(18.5%) |
| 工曹 | 0 | 1 | 3 | 2 | 23 | 133(1.1%) |
| 2~6曹 | 17 | 14 | 15 | 14 | 219 | 262(2.2%) |
| 합계 | 95 | 103 | 151 | 150 | 2,447 | 12,121(100%) |

<표 12-9> 조선초기 이, 호, 예, 병, 형, 공조 정치활동 경향(『조선왕조실록』, 합은 육조합동활동)

| | | 태조~태종 4 | | | | | | | | 태종 5~세종 17 | | | | | | | | 태종 | |
|---|---|---|---|---|---|---|---|---|---|---|---|---|---|---|---|---|---|---|---|
| | | 吏 | 戶 | 禮 | 兵 | 刑 | 工 | 合 | 계 | 吏 | 戶 | 禮 | 兵 | 刑 | 工 | 合 | 계 | 吏 | 戶 |
| 受命 | 수<br>% | 1 | 0 | 2 | 1 | 0 | 0 | 0 | 4<br>7 | 0 | 1 | 0 | 0 | 0 | 0 | 0 | 1<br>8 | 6 | 23 |
| 啓聞 | 수<br>% | 5 | 1 | 15 | 0 | 28 | 0 | 1 | 50<br>93 | 0 | 0 | 5 | 0 | 6 | 0 | 0 | 11<br>92 | 48 | 80 |
| 擬議 | 수<br>% | 0 | 0 | 0 | 0 | 0 | 0 | 0 | 0 | 0 | 0 | 0 | 0 | 0 | 0 | 0 | 0 | 6 | 14 |
| 합계 | 수<br>% | 6 | 1 | 17 | 1 | 28 | 0 | 1 | 54<br>100 | 0 | 1 | 5 | 0 | 6 | 0 | 0 | 12<br>100 | 117 | 117 |

| | | 태종 | | | | | | 세종 | | | | | | | | 문종 | |
|---|---|---|---|---|---|---|---|---|---|---|---|---|---|---|---|---|---|
| | | 禮 | 兵 | 刑 | 工 | 合 | 계 | 吏 | 戶 | 禮 | 兵 | 刑 | 工 | 合 | 계 | 吏 | 戶 |
| 受命 | 수<br>% | 34 | 15 | 28 | 4 | 8 | 118<br>14 | 159 | 185 | 265 | 252 | 170 | 26 | 15 | 1,072<br>22 | 15 | 20 |
| 啓聞 | 수<br>% | 213 | 84 | 146 | 5 | 24 | 600<br>73 | 330 | 361 | 1,359 | 702 | 780 | 38 | 12 | 3,582<br>73 | 9 | 12 |
| 擬議 | 수<br>% | 35 | 15 | 4 | 0 | 34 | 108<br>13 | 22 | 38 | 97 | 79 | 18 | 4 | 10 | 268<br>5 | 3 | 4 |
| 합계 | 수<br>% | 282 | 114 | 178 | 9 | 66 | 826<br>100 | 541 | 554 | 1,721 | 1,033 | 968 | 68 | 37 | 4,922<br>100 | 27 | 36 |

| | | 문종 | | | | | | 단종 | | | | | | | | 세조 | | | |
|---|---|---|---|---|---|---|---|---|---|---|---|---|---|---|---|---|---|---|---|
| | | 禮 | 兵 | 刑 | 工 | 合 | 계 | 吏 | 戶 | 禮 | 兵 | 刑 | 工 | 合 | 계 | 吏 | 戶 | 禮 | 兵 |
| 受命 | 수<br>% | 34 | 26 | 4 | 3 | 0 | 102<br>34 | 31 | 30 | 29 | 25 | 11 | 1 | 0 | 127<br>34 | 149 | 95 | 149 | 150 |
| 啓聞 | 수<br>% | 58 | 68 | 12 | 4 | 3 | 166<br>55 | 3 | 0 | 13 | 9 | 11 | 1 | 0 | 37<br>21 | 151. | 157 | 227 | 341 |
| 擬議 | 수<br>% | 6 | 19 | 1 | 0 | 2 | 35<br>12 | 2 | 1 | 3 | 9 | 0 | 0 | 1 | 10<br>6 | 22 | 21 | 17 | 56 |
| 합계 | 수<br>% | 98 | 113 | 17 | 7 | 5 | 303<br>100 | 36 | 31 | 45 | 37 | 22 | 2 | 1 | 174<br>100 | 322 | 273 | 393 | 547 |

| | | 세조 | | | | 예종 | | | | | | | | 성종 1~25 | | | | |
|---|---|---|---|---|---|---|---|---|---|---|---|---|---|---|---|---|---|---|
| | | 刑 | 工 | 合 | 계 | 吏 | 戶 | 禮 | 兵 | 刑 | 工 | 合 | 계 | 吏 | 戶 | 禮 | 兵 | 刑 |
| 受命 | 수<br>% | 142 | 7 | 25 | 717<br>39 | 24 | 27 | 22 | 26 | 22 | 1 | 1 | 123<br>54 | 344 | 207 | 220 | 222 | 132 |
| 啓聞 | 수<br>% | 95 | 9 | 5 | 985<br>54 | 12 | 22 | 27 | 20 | 11 | 1 | 2 | 95<br>42 | 148 | 299 | 534 | 344 | 527 |
| 擬議 | 수<br>% | 15 | 0 | 4 | 135<br>7 | 2 | 1 | 4 | 2 | 1 | 0 | 0 | 10<br>4 | 57 | 80 | 110 | 129 | 24 |
| 합계 | 수<br>% | 252 | 16 | 34 | 1837<br>100 | 38 | 50 | 53 | 48 | 34 | 2 | 3 | 228<br>100 | 549 | 586 | 864 | 695 | 683 |

| | | 성종 1~25 | | | 합계 | | | | | | | |
|---|---|---|---|---|---|---|---|---|---|---|---|---|
| | | 工 | 合 | 계 | 吏 | 戶 | 禮 | 兵 | 刑 | 工 | 合 | 계 |
| 受命 | 수<br>% | 17 | 15 | 1,157<br>32 | 729 | 588 | 755 | 717 | 509 | 59 | 64 | 3,421<br>29 |
| 啓聞 | 수<br>% | 15 | 18 | 1,885<br>52 | 706 | 932 | 2,451 | 1,568 | 1,616 | 73 | 65 | 7,411<br>62 |
| 擬議 | 수<br>% | 4 | 186 | 590<br>16 | 114 | 159 | 272 | 303 | 59 | 12 | 237 | 1,156<br>10 |
| 합계 | 수<br>% | 36 | 219 | 3,622<br>100 | 1,549 | 1,679 | 3,478 | 2,588 | 2,184 | 144 | 366 | 11,988<br>100 |

# 제13장 結論

지금까지 조선 개국과 함께 성립되고 이후 1485년(성종 15)에 반포된 마지막 『경국대전』에 법제화되기까지 수십 차에 걸쳐 수정 · 정비되면서 정립된 조선 官階 · 官職 · 官衙制의 淵源, 官階의 成立 · 整備, 官職의 성립 · 정비, 官衙의 성립 · 정비, 官衙機能의 성립 · 정비, 官階 · 官職의 獲得·昇進과 地位, 官職 · 官衙 · 國政運營體制와 國政運營을 종합적으로 고찰하였다. 이를 요약하면서 朝鮮初期 政治制度와 國政運營의 특징을 결론을 지어 보면 다음과 같다.

1. 조선개국과 함께 반포된 文 · 武散階, 京 · 外의 文 · 武官과 正職 · 兼職, 경 · 외의 官衙 등 모두는 중국의 唐 · 宋制에서 연원되었고, 당 · 송제의 받아들여 정비한 고려 文宗代의 관제와 元制의 영향을 받아 개변된 忠烈王代의 관제가 교차되면서 운영되다가 恭讓王 1년에 고착된 문종대의 관제가 계승된 것이었다.

2. 조선 개국과 함께 성립된 官階 · 官職 · 官衙는 이후 1484년까지 王權과 議政府機能, 周 · 明制를 참작한 통치제제의 정비, 경비절약, 소수의 당상아문 · 당상관을 중심한 국정운영, 신분제정비 등과 관련되어 수십차에 걸쳐 개변되면서 정립되었다.

文散階는 태종대에 정1품 상·하계가 개칭되면서 大匡輔國崇祿·輔國崇祿大夫 등 30계로 정립되었다. 武散階는 세종대에 정9·종9품계가 신치되면서 문산계와 같이 30계가 되었고, 세조대에 정3품 果毅將軍 등 13계가 개정되면서 대광보국숭록·보국숭록대부 등 30계로 정립되었다. 종친계와 의빈계는 세종대에 정1품 顯祿·興祿大夫~정6품 執順·忠順郞의 22계와 정1품 綏祿·成祿大夫~종3품 明信·敦信大夫의 12계로 제정되었고, 그대로 계승되었다. 雜職階는 세종대와 세조대에 정6품 奉任·修任校尉~종9품 勤力副尉의 10서반계와 정6품 供職·勵直郞~종9품 展勤郞의 10동반계로 제정되었고, 그대로 계승되었다. 土官階는 세종대에 정6품 通義郞~종9품 시사랑의 10 동반계와 정6품 建忠隊尉~종9품 彈力隊尉의 10 서반계가 제정되었고, 그대로 계승되었다. 外命婦는 태조~세종대에 대전유모(奉保夫人, 종2)·왕비모(三韓國大夫人, 정1)·왕녀(宮主)·왕세자녀(郡主)·종친처[三韓國大夫人 (대군처, 정1)~惠人(종4)의 5계]·문관과 무관처[小國夫人(정·종1품)~縣君(9품)]가 제정되었다. 이것이 이후 예종 1년까지 직질이 조정되고 직명이 개정 및 분화·체계화 되면서 奉保夫人(종1), 府夫人(정1), 公主·翁主(무품), 郡主(정2)·縣主(정3), 府夫人(정1)~順人(정6)의 8계, 正卿夫人(정·종1품)~孺人(정·종9품)의 10계로 정립되었다.

京官職은 태종~성종대에 종친·의빈·외척·공신의 우대직으로 무품 大君~정6품 監(무정수)·정1품 尉~종3품 僉尉(무정수)·정1 領事~종9 參奉의 19직·정1 府院君~종2 君(무정수)이 각각 설치되고 잡류를 위한 잡직이 설치 및 10司나 5衛 군사를 지휘하고 시위에 종사할 都摠制 이하 군직이 설치되면서 文·武·雜職과 政務·禮遇·軍事職으로 구분되고 체계화되었다. 直啓衙門과 六曹屬衙門의 정비에 따라 正品職이 중심이 된 직계아문 관직과 從品職이 중심이 된 육조속아문 관직으로 구분되었고, 직계아문 관직은 관아별로 관직이 달랐지만 육조속아문 관직은 관아는 달라도 직질이 같으면 같도록 통일되었다. 武班職은 문반직과는 달리 일부만이 正職으로 계승되고 그 대다수를 점한 軍職은 遞兒職으로 전환되었다. 또 정직이 久任官과 그 외의 관직으로, 잡다한 兼職이 領事・提調체제와 例兼職・그 외 관직으로 구분되고 체계화되면서 정립되었다. 外官職은 태종~세종대에 道의 장관명이 觀察使로 통일되고 군현이 府尹府・大都護府・牧・都護府・郡・縣官과 鎭・萬戶官로 정비되었다. 수령의 직질이 읍호에 따라 종2품(府尹)・정3품(大都護府使・牧使)・종3(都護府使・僉節制使)・종4(郡守・萬戶)・종5(縣令)・종6(縣監)으로 정비되었다. 鎭管制의 실시에 따라 첨절제사・만호를 제외한 府尹 이하 모든 수령이 節制使 이하 군직을 겸대하였다(관찰사는 兵馬・水軍都節制使).

官衙는 태종~단종대에 소수의 당상아문・당상관과 육조 중심의 국정운영에 따라 100여 중앙아문이 10여 直啓衙門과 90여 六曹屬衙門으로 체계화되었으며, 육조의 행정기구로 18屬司가 정비되었다. 종친・의빈・외척・공신을 위한 宗親・儀賓・敦寧・忠勳府가 설치됨에 따라 중앙아문이 政務衙門과 禮遇衙門으로 분화되었고, 또 5衛都摠府 - 5衛體制와 內禁衛 등의 軍令・侍衛機構가 정립되었다.

이와 같이 성종 15년까지 정립된 조선 관계, 관직, 관아가 그대로 마지막 반포된『경국대전』(을사본)에 법제화되었고, 이것이 이후 조선말까지 큰 변동 없이 그대로 계승되었다.

3. 京・外 官衙의 機能은 조선 개국과 함께 고려말의 그것을 계승하면서 정착되었고, 이후 태종・세종・세조대에 관제정비, 古制硏究와 周

官·明制를 참작한 기능의 체계화·용어의 정리에 따라 체계화되고 간명하게 개정되면서 정립되었다.

中央官衙는 태종대에 육조 중심의 국정운영을 뒷받침하기 위한 육조의 정2품아문으로의 승격 및 屬司·屬衙門制의 정비에 따라 육조의 기능이 각조의 총괄적인 기능과 이를 구체화한 속사의 기능으로 체계화되었다. 세종대에는 義禁府·漢城府·開城府·司憲府·經筵 등 직계아문의 기능이 보다 간명하게 정리되었고, 宗簿寺 등 수십의 육조속아문 기능이 仰曹기능과 연관되면서 간명한 용어로 개정되었다. 세조대에는 司膳署 등 십여 육조속아문의 기능이 다시 간명한 용어로 개정되었다.

外官은 도는 개국 이래의 관내 수령을 출척하고 모든 정사를 관장하는 것이 계승되었고, 군현은 개국 때의 수령6사가 태종·세종·성종대에 체계화되고 간명한 용어로 정리되면서 農桑盛·學校興·詞訟簡·간활息·軍政修·戶口增·賦役均의 7事로 정립되었다.

이와 같이 성종 15년까지 정립된 조선 관계, 관직, 관아가 그대로 마지막 반포된 『경국대전』에 법제화되었고, 이것이 이후 조선말까지 큰 변동없이 그대로 계승되었다.

4. 官階·官職의 獲得·昇進과 地位는 개국과 함께 고려말의 그것이 계승되었다가 조선왕조의 이행과 함께 통치체제·인사행정의 정비, 정치상황 등과 관련되면서 체계화되고 구체화되면서 정립되었다.

官階의 獲得은 대개 文散·武散階는 문·무과급제, 군공, 공신·원종공신 책록, 恩賜, 대가 등에 의하였고(무산계는 군역종사 추가), 종친계와 의빈계는 20세의 연령과 공주 이하 왕녀·왕손녀와의 결혼에 의하였다. 중심이 된 문·무산계 획득로는 시기적으로 차이는 있지만 대개 태조~세종 30년에는 문과나 무과·군역종사였고, 세종 31년 이후는 은사·공신책록 · 군공 · 군역종사 · 과거였다. 官職의 獲得은 대개 문관 · 무관직은 도목정 · 전동정 · 과거 · 음서 · 천거 · 특지 등에 의하였고, 종친 · 의빈직은 종친 · 의빈계의 획득에 의하였다. 중심이 된 문관 · 무관직 획득로는 대개 태조~문종대에는 과거 · 음서였고, 단종~성종대에는 과거 · 음서 · 특지(무관은 군공추가)였다.

加階는 문 · 무산계 당상관은 임기만료 · 과거 · 대소공로 · 특지 등에 의하였고, 당하관 이하는 근무기간 · 과거 · 공신책록 · 대소공로 · 은사 · 문무예시 · 대가 · 특지 등에 의하였다. 문 · 무산계의 중심이 된 가계로는 대개 태조~세종 30년에는 당상관은 근무기간 · 특지이고 당하관 이하는 근무기간 · 과거 · 원종공신 책록 등이었으며, 세종 31년 이후는 당상관은 근무기간 · 특지이고 당하관 이하는 근무기간 · 은사 · 공신책록 · 대소공로 · 특지 등이었다.

陞職은 문 · 무관 당상관직은 근무기간 · 과거 · 특지 등에 의하였고, 당하관 이하는 근무기간 · 과거 · 공신책록 · 대소공로 · 특지 등에 의하였다. 문 · 무관의 중심이 된 승직로는 대개 태조~문종대에는 당상관은 근무기간 · 과거 · 특지 등이고 당하관 이하는 근무기간 · 과거 · 공신책록 · 대소공로 · 특지 등이었으며, 단종~성종대에는 당상관은 근무기간 · 과거 · 특지 등이고 당하관 이하는 근무기간 · 과거 · 공신책록 · 대소공로 · 특지 등이었다.

官階別 地位는 그 보유자의 신분, 限品, 관직의 지위와 관련되어 문산계가 가장 높았고, 무산계, 잡직계, 토관계의 순서였다. 官職別 地位는 그 관직이 소속된 아문의 지위와 기능, 관직 제수자의 출신, 인사행정 등과 관련되어 문관직이 가장 높았고, 무관직, 잡직, 토관직의 순서였다. 그리고 문관직과 무관직내에 있어서는 당상관과 당하관 이하 모두 의정

부 · 육조 · 대간 등의 관직이 그 외 아문의 관직보다, 정직이 체아직보다, 경관직이 외관직보다 각각 지위가 높았다.

5. 朝鮮初期의 國政은 왕권과 의정부 · 육조기능, 의정부 · 육조가 중심이 된 소수의 당상관 · 당상아문 중심의 국정도모와 관련되어 대개 宰相과 淸要職, 直啓衙門, 국왕이나 의정부가 중심이 된 국정운영체제에 의해 주도되고 운영되었다.

宰相은 국정운영의 중심이 된 직계아문의 장관과 차관으로서 낭관을 지휘하면서 그 아문의 정사를 주관하였고, 국왕이 임석하여 대소정사를 논의하는 각종 회의에 참석하여 의견을 개진함으로써 그 결정과 집행을 주도하였으며, 都提調 등의 겸직을 통하여 六曹屬衙門의 정사를 지휘하고 그 屬官을 褒貶하였다. 淸要職은 직계아문의 낭청으로서 그 아문의 실무를 주관하여 재상의 국정주도를 뒷받침하였고, 諫諍 · 署經 · 百官糾察을 통하여 국왕 · 재상의 전횡을 견제하고 통치기강을 진작하며 선정을 보장하였다. 庶官은 그 관아에 부여된 정사를 처리하면서 국정을 분장한 육조가 기능을 발휘하는 토대가 되었다.

直啓衙門은 국왕에게 그 아문의 정사를 직계하고 傳聞하면서 국정주도기관으로서의 기능을 수행하였고, 육조속아문은 육조 · 직계아문의 당상관이 겸대한 도제조 등의 지휘를 받으면서 국정운영의 기초가 되는 직무를 수행하였다. 外官은 왕명을 받아 그 관내의 수령을 지휘 · 감독하면서 모든 정사를 관장하거나 백성을 다스리면서 국가운영을 뒷받침하였다.

都評議使司 運營期(태조 1년~정종 1)에는 도평의사사가 왕을 받들고 百司 · 百官을 지휘하면서 국정을 주도하였다. 議政府署事制運營期(정종 2년~태종 13년 · 세종 18년~단종 3)에는 의정부가 국왕을 받들고

육조를 지휘하면서 국정을 주도하였다. 六曹直啓制운영기(태종 14년~세종 17년·세조 1~14년·성종 7~25년)에는 육조가 국왕의 지휘를 받고 六曹屬衙門을 거느리면서 국정을 주도하였다. 院相制운영기(예종 1~성종 6)에는 원상이 예종이나 섭정인 세조비 윤씨·성종을 받들고 육조를 지휘하면서 국정을 주도하였다.

6. 朝鮮初期 官階·官職·官衙는 兩班·中人·良人의 신분제, 문반이 중심이 된 양반제와 관련되면서 차별되고 체계화되면서 운영되었다. 文班은 능력이 있으면 정1품 大匡輔國崇祿大夫, 議政府 領議政·六曹 判書 등에까지 구애되지 않고 승진되었다. 그 반면에 武班은 정1품 官階·官職에까지 승진될 수는 있었지만 그 수가 많지 못하였고, 그나마 종2품 관계·관직 이상이 되면 문반으로 전환되었다. 또 무반 당상관직은 소수일 뿐만이 아니라 겸직이었고, 그 겸직자는 대개가 문반이었다. 雜科者가 진출하는 醫·譯官職 등은 정3품이 限品이었고, 하층 양반과 양인 진출하는 內禁衛·甲士 등의 5衛 軍職도 정3품이 한품이었으며, 土官은 정6품이 한품이었다.

朝鮮初期의 政治는 문반이 중심이 된 議政府·六曹·承政院 등 당상관이 議政府署事制 운영기인가? 六曹直啓制 운영기인가? 院相制 운영기인가? 에 따라 차이는 있지만 국왕을 받들고 六曹나 六曹屬衙門을 지휘하면서 국정운영을 주관하였고, 司憲府·司諫院·弘文館 당상관 이하가 왕에게 諫諍하고 署經 및 議政 이하 백관을 규찰하면서 정치기강을 확립하고 선정을 보장하였다.

이상에서 朝鮮初期 官階·官職·官衙는 文官에게 수여된 文散階·문관이 대부분을 점한 堂上官職과 그들이 근무한 直啓衙門이 중심이 되어 武官 등으로 제수된 武散階 등·堂下官職 이하·六曹屬衙門을 망라하는 체제로 구성되었다. 朝鮮初期의 政治는 소수의 直啓衙門·堂上官 즉, 議政府·六曹 宰相이 六曹屬衙門·堂下官 이하를 지휘하면서 주도하였다. 요컨대 朝鮮初期의 國家統治는 議政府·六曹가 중심이 된 소수의 直啓衙門 宰相이 국왕을 받들고 다수의 六曹屬衙門 堂下官 이하를 지휘하면서 운영하는 체제로 구성되고 운영되었다고 하겠다.

# 참고문헌

## 1. 원전자료


『三國史記』

『太祖實錄』

『太宗實錄』

『文宗實錄』

『世祖實錄』

『成宗實錄』

『三峰集』

『國朝人物考』

『增補文獻備考』

『韓國金石文追補』(金蘭英편)

『璿源世系』

『晉書』

『宋史』

『明史』

『九通分類總纂』(汪鍾霖찬)

『高麗史』

『定宗實錄』

『世宗實錄』

『端宗實錄』

『睿宗實錄』

『牧隱文藁』

『顔樂堂集』

『新增東國輿地勝覽』

『燃藜室記述』 別集

『經國大典』

『淸州韓氏 제6교 大同族譜』

『新唐書』

『元史』

『淵鑑類函』

## 2. 저 서

金泰永, 1983, 『朝鮮前期 土地制度史硏究』, 지식산업사.

金松熙, 1998, 『朝鮮初期 堂上官 兼職制硏究 - 東班 京官職과 臨時職을 중심으로 -』, 한양대학교 출판부.

閔賢九, 1983, 『朝鮮前期의 軍事制度와 政治』, 한국연구원.

朴龍雲, 1987, 『高麗時代 官階 · 官職硏究』, 고려대학교 출판부.

方相鉉, 1991, 『朝鮮初期 水軍制度』, 民族文化社

邊太燮, 1971, 『高麗政治制度史硏究』, 일조각

元永煥, 1990, 『漢城府硏究』, 강원대학교 출판부.

李成茂, 1980, 『朝鮮初期 兩班硏究』, 일조각.

이성무, 1994, 『改訂增補 韓國의 科擧制度』, 集文堂.

李樹健, 1989, 『朝鮮時代 地方行政史』, 民音社.

李崇寧, 1981, 『世宗大王의 學問과 思想 - 學者들과 그 業績 -』, 아세아문화사.

李存熙, 1990, 『朝鮮時代 地方行政制度 硏究』, 一志社.

鄭求先, 1995, 『朝鮮時代 薦擧制硏究』, 초록배.

鄭杜熙, 1983, 『朝鮮初期 政治支配勢力硏究』, 일조각.

車文燮, 1973, 『朝鮮時代 軍事制度硏究』, 단국대학교출판부.

千寬宇, 1979, 『近世朝鮮史硏究』, 일조각.

崔承熙, 1976, 『朝鮮初期 言官 · 言論硏究』, 서울대학교 출판부.

최승희, 2002, 『朝鮮初期 政治史硏究』, 지식산업사.

崔貞煥, 1991, 『高麗 · 朝鮮時代 祿俸制硏究』, 경북대학교출판부.

韓永愚, 1983, 『朝鮮前期 社會經濟硏究』, 乙酉文化社

韓忠熙, 1998, 『朝鮮初期 六曹와 統治體系』, 계명대학교출판부.

한충희, 2005, 『朝鮮初期 官衙硏究』, 도서출판 사람.

韓佑劤 외, 1986, 『譯註 經國大典』 註釋篇, 한국정신문화연구원.

姜文奎, 1987, 『中國歷代政制考』, 國立編譯官.

## 3. 논 문


權延雄, 1982, 「世宗朝의 經筵과 儒學」, 『世宗朝 文化硏究』 (1), 박영사.

권연웅, 1982, 「朝鮮 成宗朝의 經筵」, 『韓國文化의 諸問題』, 國際文化財團

金甲周, 1973, 「院相制의 成立과 機能」, 『동국사학』 12.

김구진, 1995, 「여진과의 관계」, 『한국사』 22.

金大洙, 1982, 「朝鮮初期의 承政院 - 職制와 機能-」(경북대학교 석사학위논문).

金善坤, 1963, 「李朝初期 妃嬪考」, 『역사학보』 21.

金成俊, 1964, 「宗親府考」, 『사학연구』 18.

金雲泰, 1981, 「朝鮮王朝의 統治構造와 機能」, 『조선왕조행정사』 근대편, 박영사.

金潤坤, 1964, 「麗末鮮初의 尙瑞司」, 『역사학보』 25.

金昌鉉, 1986, 「朝鮮初期의 承政院에 관한 연구」, 『(한양대)韓國學論集』 10.

南都泳, 1964, 「朝鮮初期의 兼司僕에 대하여」, 『김재원박사회갑기념논총』, 논총간행위원회.

南智大, 1980, 「朝鮮初期 經筵制度」, 『(서울대)한국사론』 6.

남지대, 1992,「朝鮮初期 散官(官品)의 構造와 機能」, 『韓國文化』 13.

남지대, 1993, 「朝鮮初期 中央政治制度硏究」(서울대 박사학위논문).

남지대, 1994, 「朝鮮初期 禮遇衙門의 成立과 整備」, 『동양학』 24.

남지대, 1996, 「朝鮮初期 官署・官職體系의 整備」, 『호서문화논총』 9・10.

朴秉濠, 1995, 「경국대전의 편찬과 계승」, 『한국사』 22, 국사편찬위원회.

朴天圭, 1972, 「文衡考」, 『사학지』 6.

朴洪甲, 1986, 「朝鮮前期의 無祿官」, 『교남사학』 2.

延正悅, 1997, 「高麗와 至正條格에 關한 硏究」, 『家事調停』 창간호.

元永煥, 1981, 「漢城府硏究(1) - 行政制度와 管轄區域을 중심으로 -」, 『향토서울』 39.

尹熏杓, 1984, 「朝鮮時代 武科制度研究」(연세대학교 석사학위논문)
李光麟, 1961, 「鮮初의 4部學堂」, 『역사학보』 16.
이광린, 1967, 「提調制度研究」, 『東方學志』 8
李基白, 1972, 「高麗史解題」, 『高麗史』, 아세아문화사
李相佰, 1962, 「朝鮮王朝의 政治的構造」, 『한국사』 근세전기편, 을류문화사.
李相寔, 1975, 「義禁府考」, 『(전남대)역사학연구』 6.
이상식, 1977, 「捕盜廳의 設置에 관한 고찰」, 『역사학연구』 7.
李成茂, 1967, 「鮮初의 成均館 研究」, 『역사학보』 35・36.
이성무, 1976, 「官職制度를 通해 본 朝鮮初期 兩班의 身分的 地位」, 『국민대논문집』 11
이성무, 1980, 「兩班과 官階組織」, 『朝鮮初期 兩班研究』, 일조각.
이성무, 1980, 「兩班과 官職」, 위 책.
李樹健, 1971, 「朝鮮初期 郡縣制 整備에 대하여」, 『嶠南史學』 1.
李英淑, 1982, 「朝鮮初期의 內命婦에 대하여」, 『역사학보』 96.
李載龑, 1966, 「朝鮮初期의 土官에 대하여」, 『진단학보』 29・30합호.
이재룡, 1967, 「朝鮮時代 遞兒職에 대한 고찰 - 西班遞兒를 중심으로 -」, 『역사학보』 35・36.
李存熙, 1984, 「朝鮮時代 留守府經營」, 『한국사연구』 47.
李鉉淙, 1974, 「여진관계」, 『한국사』 9, 국사편찬위원회.
任先彬, 1998, 「朝鮮初期 外官制研究」(한국정신문화연구원 한국학대학원 박사학위논문).
張炳仁, 1978, 「朝鮮初期의 觀察使」, 『韓國史論』 4.
鄭杜熙, 1980, 「集賢殿 學士研究」, 『全北史學』 4.
鄭鉉在, 1981, 「鮮初 內需司 奴婢考」, 『경북사학』 3.
車文燮, 1964, 「鮮初의 內禁衛에 대하여」, 『사학연구』 18.
차문섭, 1974, 「정치구조」, 『한국사』 10, 국사편찬위원회.
千寬宇, 1962, 「朝鮮初期 五衛의 形成」, 『역사학보』 17・18.

천관우, 1964, 「朝鮮初期 五衛의 兵種」, 『사학연구』 18.
崔承熙, 1994, 「世宗朝의 王權과 國政運營體系」, 『한국사연구』 87.
최승희, 1967, 1968, 「集賢殿硏究」 상, 하, 『역사학보』 32, 33.
최승희, 1970, 「弘文館의 成立經緯」, 『한국사연구』 5.
최승희, 1970, 「弘文錄考」, 『대구사학』 15 · 16합호.
최승희, 1985, 「朝鮮時代 兩班의 代加制, 『진단학보』 60
최승희, 1991, 「太宗朝의 王權과 政治運營體系」, 『국사관논총』 31.
최승희, 1997, 「太祖의 王權과 政治運營」, 『진단학보』 64.
최승희, 2001, 「成宗朝의 國政運營과 王權」, 『조선사연구』 10.
崔異敦, 1986, 「成宗代 弘文館의 言官化 過程」, 『진단학보』 61.
崔楨鏞, 1995, 「世祖朝 原從功臣의 策定過程과 性格」, 『昌原史學』 2.
하우봉, 1995, 「일본과의 관계」, 『한국사』 22.
韓永愚, 1971, 「朝鮮初期의 上級胥吏 成衆官」, 『東亞文化』 10.
한영우, 1973, 「왕권의 확립과 제도의 완성」, 『한국사』 9, 국사편찬위원회.
韓佑劤, 1961, 「麗末鮮初 巡軍硏究 - 麗初 巡檢制에서 起論하여 鮮初 義禁府成立에까지 미침 -」, 『진단학보』 22.
한우근, 1966, 「勳官檢校考 - 그 淵源에서 起論하여 鮮初 整備過程에 미침-」 『진단학보』 29 · 30.
韓忠熙, 1980, 1981, 「朝鮮初期 議政府 硏究」 상, 하, 『한국사연구』 31, 32.
한충희, 1981, 「朝鮮初期 六曹硏究 - 制度의 確立과 實際機能을 중심으로」, 『대구사학』 20 · 21.
한충희, 1983, 「朝鮮初期 六曹屬衙門의 行政體系에 대하여」, 『(계명대)한국학논집』 10.
한충희, 1984, 「朝鮮初(태조 2년~태종 1년) 義興三軍府硏究」, 『계명사학』 5.
한충희, 1985, 「朝鮮 世祖~成宗代의 加資濫發에 대하여」, 『한국학논집』 12.
한충희, 1985, 「朝鮮初期 判吏 · 兵曹事硏究」, 『한국학논집』 11.
한충희, 1986, 「朝鮮初期 都試硏究」, 『한국학논집』 13.

한충희, 1987, 「朝鮮初期 承政院研究」, 『한국사연구』 59.
한충희, 1987, 「朝鮮初期 六曹研究 添補 - 六曹와 統治機構와의 관계를 중심으로 -」, 『대구사학』 33.
한충희, 1990, 「朝鮮初期 議政府 舍人·檢詳의 官人的 地位 - 舍人·檢詳의 歷官과 그 機能의 分析을 중심으로 -」, 『(경북대)역사교육논집』 13·14.
한충희, 1990, 「朝鮮初期 六曹正郞·佐郞의 官人的 地位 - 그 歷官과 機能의 分析을 중심으로 -」, 『한국학논집』 17.
한충희, 1991, 「朝鮮前期(태조~선조 24년) 權力構造研究 - 議政府·六曹·承政院을 중심으로 -」, 『국사관논총』 30.
한충희, 1992, 「朝鮮初期 六曹研究」(고려대학교 대학원 박사학위논문).
한충희, 1994, 「관직과 관계」, 『한국사』 23, 국사편찬위원회.
한충희, 1994, 「정치구조의 정비와 정치기구」, 『한국사』 23, 국사편찬위원회.
한충희, 1994, 「朝鮮初(태조 2년~태종 1년) 義興三軍府研究」, 『계명사학』 5.
한충희, 1995, 「왕권의 확립과 제도의 완성」, 『한국사』 22, 국사편찬위원회.
한충희, 1995, 「朝鮮 世祖代(1455~1468) 宗親研究」, 『한국학논집』 22.
한충희, 1995, 「朝鮮初期 蔭敍의 實際와 役割」, 『한국사연구』 91.
한충희, 1996, 「朝鮮初期 六曹參議研究」, 『한국학논집』 23.
한충희, 1996, 「朝鮮初期 儀賓研究」, 『朝鮮史研究』 5.
한충희, 1997, 「朝鮮前期 韓山李氏 穡(-種德, 種學, 種善)系 家系研究」, 『계명사학』 8.
한충희, 1998, 「潛邸期(1367~1400) 太宗研究」, 『대구사학』 56.
한충희, 1999, 「上王期(세종즉위, 1418~세종 4, 1422) 太宗研究」, 『대구사학』 58.
한충희, 2000, 「朝鮮 世宗代(세종 5~14년) 摠制研究」, 『조선사연구』 9.
한충희, 2000, 「朝鮮 太宗代(정종 2년~세종 4년) 摠制研究」, 『李樹健教授停年紀念 韓國中世史論叢』, 논총간행위원회.
한충희, 2001, 「朝鮮初期 六曹屬衙門研究 1 - 官員의 性分·官歷과 官職의

地位를 중심으로 -」, 『조선사연구』 10.
한충희, 2001, 「朝鮮 太宗王權의 政治的 基盤研究」, 『대구사학』 63.
한충희, 2001, 「중앙 관부의 구성과 기능」, 『세종문화사대계』 3, 세종대왕기념사업회.
한충희, 2001, 「중앙 정치 기구의 정비」, 『세종문화사대계』 3.
한충희, 2001, 「朝鮮初期 六曹屬衙門研究 2 - 官職의 整備를 중심으로 -」, 『계명사학』 12.
한충희, 2001, 「朝鮮 太宗 王權의 政治的 基盤研究」, 『대구사학』 63.
한충희, 2002, 「朝鮮 成宗代 三司官員의 性分·官歷과 官職的地位 1 - 堂上官과 正品職을 중심으로 -」, 『朝鮮의 政治와 社會』, 集文堂.
한충희, 2002, 「朝鮮 成宗代 三司官員의 性分·官歷과 官職的地位 2 - 從品職을 중심으로 -」, 『조선사연구』 11.
한충희, 2002, 「朝鮮初期 官衙構造研究」, 『계명사학』 13.
한충희, 2003, 「朝鮮時代 '淸職', '要職', '淸要職'의 用例에 대하여」, 『대구사학』 73.
한충희, 2003, 「朝鮮初期 文·武散階의 淵源과 整備小考」, 『仁荷史學』 10.
한충희, 2004, 「朝鮮初期 官職構造研究」, 『대구사학』 75.
한충희, 2005, 「朝鮮初期 國政運營體制와 國政運營」, 『조선사연구』 14.
許興植, 1981, 「金祉의 選粹集·周官六翼과 그 價値」, 『奎章閣』 4.
吉田光男, 1981, 「15世紀 朝鮮의 土官制 - 李朝初期 地方支配體制의 一斷面 -」, 『朝鮮史研究論文集』 18.
麻生武龜, 1923, 「朝鮮中央 및 地方制度沿革史」, 『朝鮮史講座』 分類史, 조선총독부.
末松保和, 1954, 「朝鮮議政府攷」, 『朝鮮學報』 9.

# Abstract

The civil service grades(官階), the government offices(官職), and the government agencies(官衙) which were promulgated simultaneously with the founding of Chosun dynasty, were derived from the government organization of Tang and Sung dynasties of China. Because both the government organization of King MunJong(文宗) which was influenced by Tang and Sung dynasties and that of King ChungYeol(忠烈) which was influenced by Yüan dynasty, ultimately were linked with that of the 1st year of King GongYang(恭讓).

The civil service grades, the government offices, and the government agencies in the founding of Chosun were amended, established until the 15th year of King SungJong(成宗), and finally were legislated by 『Gyeong-Guk-Dae-Jeon(經國大典)』. The process was connected with the function of king and Ui-Jeong-Bu(議政府), the reorganization of ruling system according to the system of Ju and Ming dynasties, the reduction of expenditure, the operation of the central administration by a few of Dang-Sang-A-Mun(堂上衙門) and Dang-Sang-Gwan(堂上官,) and the reorganization of social status system.

The civil service grades were classified into Jong-Chin(宗親), Ui-Bin(儀賓), Jap-Jik(雜職), To-Gwan-Gye(土官階), Oe-Myeong-Bu(外命婦), and were made up of Mun-Gwan(文官), Mu-Gwan(武官), Jong-

Chin, Ui-Bin, Jap-Jik, To-Gwan, as well as Mun-San-Gye, Mu-San-Gye, Jong-Chin-Gye, Ui-Bin-Gye, Jap-Jik-Gye, To-Gwan-Gye, and Oe-Myeong-Bu which were applied to the women of bureaucrats.

The government offices were classified into Jong-Chin, Ui-Bin, Jap-Jik, To-Gwan, Nae-Myeong-Bu(內命婦), and consisted of Mun-Gwan-Jik, Mu-Gwan-Jik, Jap-Jik, To-Gwan-Jik, Nae-Myeong-Bu. The government agencies were composed of more than one hundred Jung-Ang-A-Muns, over ten Jik-Gye-A-Muns(直啓衙門), over ninety Yuk-Jo-Sok-A-Muns(六曹屬衙門) and Yuk-Jo-Sok-Sa-Gyes(六曹屬司制), according to the operation of national administration by a few of Dang-Sang-A-Mun and Dang-Sang-Gwan and to the classification of administration Yuk-Jo. Jung-Ang-A-Mun were divided into Jeong-Mu-A-Mun, Ye-U-A-Mun, according to the establishment of Jong-Chin, Ui-Bin, Don-Ryeong, Chung-Hun-Bu for the Jong-Chin, the Ui-Bin, the Oe-Cheok, and the Gong-Sin.

The functions of the government agencies which succeeded to those of the end of Goryeo dynasty, were systematized by the improvement of government organization, the research of ancient systems, and the readjustment of terms, and finally were legislated by 『Gyeong-Guk-Dae-Jeon』 during the regimes of Tae-Jong, Se-Jong, and Se-Jo.

The central government agencies were systematized as follows. Yuk-Jo upgraded in status to Jeong-the 2nd grade-A-Mun. They had the functions of generalizing all the Jos and the functions of Sok-Sa after establishing Sok-Sa · Sok-A-Mun. The governors of provinces(道) generalized the politics instead of king. The chieftains of districts(郡縣) ruled the subjects and supplied human and material resources for the central government.

Acquirement, promotion, and rank of the officials which succeeded to those of the end of Goryeo were systematized until the 15th year of King SungJong, were connected with a ruling system, personnel changes, political situation, and were legislated by 『Gyeong -Guk -Dae -Jeon』. The methods of acquiring the civil service grades were various according to the grade. But generally the standards were Kwa -Go(科擧) and military service from King TaeJo(太祖) to King SeJong(世宗) and were Eun -Sa(恩賜), Gong -Sin -Chaek -Rok(功臣冊封), military service and merit from the 31st year of Kinf SeJong, to the 25th year of King SungJong. The methods of acquiring the government offices also were diverse according to the office. But generally the standards were Do -Mok -Jeong(都目政), Kwa -Go, Eum -Seo(蔭敍), Dae -So -Gong -Ro(大小功勞), Teuk -Ji(特旨) from King DanJong(端宗) to King SungJong.

The methods of promoting in rank were various according to the grade of ranks and the civil service grades. But generally the standards were the term of officials' service, Kwa -Go, Won -Jong -Gong -Sin -Chaek -Rok(原從功臣冊錄) from King TaeJo to King SeJong and were the term of officials' service, Eun -Sa, Gong -Sin -Chaek -Rok, Dae -So -Gong -Ro, Teuk -Ji after the 31th year of King SeJong. The methods of raising their position also varied according to the government office. But generally the standards were the term of officials' service, Kwa -Go, Dae -So -Gong -Ro, Teuk -Ji from Tae -Jo to Se -Jong.

The position of the grades was connected with the civil servants' status, Han -Pum(限品), the rank of the official posts. The order was Mun -San -Gye(文散階), Mu -San -Gye(武散階), Jap -Jik -Gye(雜職階), and To -Gwan -Gye(土官階.) The position of the offices was connected with the position and function of A -Mun(衙門), the civil servants' status, and personnel changes. The order was Mun-Gwan-Jik(文官職), Mu-Gwan-Jik(武官職), Jap-Jik(雜職), and To-Gwan-Jik(土官職). Ui-Jeong-Bu(議政府), Yuk-Jo(六曹), Dae-Gan(臺諫) were higher in position than the others of A-Mun under Dang-Sang-Gwan(堂上官) and Dang-Ha-Gwan(堂下官), Jeong-Jik(正職) than Che-A-Jik(遞兒職), and Gyeong-Gwan-Jik(京官職) than Oe-Gwan-Jik(外官職).

The real power over the central government was retained by king, Ui-Jeong-Bu, Yuk-Jo, and was assisted by a few of Dang-Sang-Gwan, Dang-Sang-A-Mun, the prime ministers(宰相), Cheong-Yo-Jik(淸要職), and Jik-Gye-A-Mun early in the Chosun era.

The prime ministers aided a king, operated the central government by commanding Nang-Cheong(郎廳) and several man of A-Mun under Dang-Ha-Gwan. Cheong-Yo-Jik assisted the prime ministers and tightened the fundamental principles of the government by regulating Gan-Jaeng(諫諍), Seo-Gyeong(署經), Baek-Gwan -Giu -Chal(百官糾察). Jik-Gye-A-Mun(直啓衙門) managed the affairs of state and commanded Yuk-Jo-Sok-A-Mun(六曹屬衙門). Yuk-Jo-Sok-A-Mun managed their affairs. Gwan-Chal-Sa(觀察使) supervised chieftains in obedience to royal command and chieftains(守令) ruled the subjects in barracks.

The king was at the top of his government. Under the king, the leadership of the central government was held by Do-Pyeong-Ui-Sa-Sa(都評議使司), Ui-Jeong-Bu(議政府), Yuk-Jo(六曹), Won-Sang(院相). Do-Pyeong-Ui-Sa-Sa took the leadership by commanding Baek-Sa(百司)·Baek-Gwan(百官) during the period of operationg Do-Pyeong-Ui-Sa-Sa system(from the 1st year of King TaeJo to the 1st year of King JeongJong). Ui-Jeong-Bu took it by commanding Yuk-Jo during the period of operating Ui-Jeong-Bu-Seo-Sa system(from the 2nd year of King JeongJong to the 13rd year of King TaeJong · from the 18th year of King SeJong to the 3rd year of King DanJong). Yuk-Jo took it by commanding Yuk-Jo-Sok-A-Mun during the period of operating Yuk-Jo-Jik-Gye system(from the 14th year of King TaeJong to the 17th year of King SeJong · for the 1st-14th years of King SeJo · for the 7th-25th years of King SungJong). Won-Sang took it by commanding Yuk-Jo in obedience to King YeJong, the princess of King SeJo, King SungJong's orders during the period of operationg Won-Sang system(from the 1st year of King Ye-Jong to the 6th year of King SungJong).

The civil service grades, the government offices, and the government agencies were linked with the social status system composed of the aristocratic class(兩班), the middle class(中人), and the commons(良人), and with the bureaucratic system formed an organization around civil officials. The civil officials were permitted to promote to Ui-Jeong(議政) of Ui-Jeong-Bu, Pan-Seo(判書) of Yuk-Jo, without an obstacle. On the other hand, only a few of the military officers were promoted to Ui-Jeong or Pan-Seo. If they were appointed at a higher office than Jong-the 2nd grade(從二品), they could be changed into the civil officials. Ui-Gwan and Yeok-Gwan were promoted to Jeong-the 3rd grade(正三品.) The military official posts, such as Nae-Geum-Wi(內禁衛), Gap-Sa(甲士), were the office of Che-A(遞兒職). They were promoted to Jeong-the 3rd grade. To-Gwan was promoted to Jeong-the 6th grade(正六品).

As we have seen previously, the system of government was composed of the civil officials included Mun-San-Gye(文散階), Dang-Sang-

Gwan(堂上官), Jik-Gye-A-Mun(直啓衙門). The military officers included Mu-San-Gye, the officials under Dang-Ha-Gwan(堂下官), Yuk-Jo-Sok-A-Mun(六曹屬衙門).

The central government was operated by a few of Jik-Gye-A-Mun, Dang-Sang-Gwan, that is, Ui-Jeong-Bu, the prime ministers(宰相) of Yuk-Jo.

They commanded Yuk-Jo-Sok-A-Mun, the officials under Dang-Ha-Gwan. In summary, the government early in the Chosun era was the system in which the prime ministers of a few of Jik-Gye-A-Mun assisted the administration of a king and commanded the majority of Yuk-Jo-Sok-A-Mun, the officials under Dang-Ha-Gwan.

## ▸ 찾아보기 ◂

ㄴ



ㄷ

## ㅅ

## ㅇ

ㅈ

ㅊ

저자 한 충 희
1947년 경북 김천에서 출생
계명대학교 학사 및 석사, 고려대학교 박사
현재 계명대학교 사학과 교수, 인문대학장

대표논저
1998, 『朝鮮初期 六曹와 統治体系』, 계명대학교 출판부
2005, 『朝鮮初期 官衙研究』, 도서출판 사람
1980, 1981, 「朝鮮初期 議政府研究」, 『韓國史研究』 31, 32 외

계명대학교 한국학연구 총서 13

조선초기의 정치제도와 정치

인쇄 | 2006년 6월 25일
발행 | 2006년 6월 30일
저 자 | 한충희
펴낸이 | 이진우
펴낸곳 | 계명대학교출판부
704-701 대구시 달서구 신당동 1000번지
전화 053-580-6233 팩스 053-583-5213
등록 | 1970. 9. 1. (신고번호 제347-1998-1호)

ISBN 89-7585-364-0 93910

값 18,000원